Skaupy
Franchising

Franchising

Handbuch für die Betriebs-
und Rechtspraxis

von

Dr. Walther Skaupy
Rechtsanwalt in München

2., neu bearbeitete Auflage

Verlag Franz Vahlen München

Die Deutsche Bibliothek – CIP-Einheitsaufnahme

Skaupy, Walther:
Franchising : Handbuch für die Betriebs- und Rechtspraxis /
von Walther Skaupy. - 2., neu bearb. Aufl. - München :
Vahlen, 1995
    ISBN 3-8006-1690-4

ISBN 3 8006 1690 4
© 1995 Verlag Franz Vahlen GmbH München
Satz: Studio Karin Geiss, München
Druck: Wagner GmbH, Nördlingen

Vorwort zur zeiten Auflage

Mehr als sieben Jahre sind vergangen, seitdem dieses Buch in erster Auflage erschienen ist. In ihm wurden Erkenntnisse, Absichten und Ziele des Verfassers dargelegt, die unverändert geblieben sind. Schon damals wurde auf die inzwischen weiter angestiegene Flut von Publikationen hingewiesen, bei denen ein ausreichender Durchblick nicht mehr möglich ist. Franchising ist, wie der Verfasser vor mehr als 25 Jahren erkannte, zum bedeutendsten neuen Konzept vertikaler Kooperation aufgerückt. Es wird national und international in so gut wie allen Ländern der Welt zu einer immer bedeutsameren und verfeinerten Strukturform wirtschaftlicher Zusammenarbeit. In kurzer Zeit hat es nicht nur in den neuen Bundesländern, sondern auch in anderen, bisher durch eine erstarrte Kommandowirtschaft gekennzeichneten Staaten beachtliche Anfangserfolge gegeben.

Die vorliegende Auflage soll erneut für den Benutzer in Wirtschaft und Recht ein erweiterter Leitfaden sein, der alle wichtigen Probleme berührt, ohne sich in Einzelheiten zu verlieren, die in ihrer Menge kaum noch aufzufangen sind. Es wird wiederum davon Abstand genommen, auf wissenschaftliche Spezialfragen einzugehen und das Buch mit einer Unzahl von Zitaten zu belasten. Der Leser wird, so hofft der Verfasser, die Erörterung aller bestimmenden einschlägigen Entwicklungen in der neuen Auflage finden und zu seinem Vorteil nutzen können.

Durch die Erweiterung der „EG" ist diese inzwischen zur „EU" – Europäische Union – geworden. In der vorliegenden Darstellung wird meist auf den EG-Vertrag und die EG-Kommission Bezug genommen, da in der Praxis die bisher noch üblichen Bezeichnungen verwendet werden.

Allen denen, die durch Hinweise, Informationen oder Ratschläge hilfreich waren, sei hiermit herzlich gedankt.

München, im Herbst 1994   *Walther Skaupy*

Aus dem Vorwort zur ersten Auflage

Die Begriffe „Franchise" und „Franchising" waren bis vor 18 Jahren in der deutschen Wirtschaft so gut wie unbekannt, als Dr. *Herbert Gross*, einer der Gründer des „Handelsblatt", gemeinsam mit dem Verfasser dieses Handbuchs ihr erstes Buch „Das Franchise-System – Neue Vertriebswege für Waren und Dienste" veröffentlichten. Dieses Vertriebskonzept wird in steigendem Maße als wirksamste und modernste Methode der vertikalen Kooperation zur Lösung der Probleme mittlerer und kleinerer Betriebe des Groß- und Einzelhandels, des Handwerks und der Dienstleistungsbranche angesehen. In den verschiedensten Anwendungsbereichen und Marktstufen wird es mit wachsendem Erfolg angewandt.

Vorausgegangen waren die USA, in denen das Franchise-System zwar schon am Ende des vorigen und am Anfang dieses Jahrhunderts praktiziert wurde, das jedoch in den 50er Jahren in neuer Form zu einer Welle neuer Existenzgründungen führte. Nach *Herbert Gross* hafteten ihr die Merkmale einer Gründerbewegung an. Bald folgten andere Länder der westlichen Welt, namentlich Kanada, Frankreich, England, Holland und Belgien, Japan und Australien. Die deutsche Wirtschaft folgte zunächst etwas zögernd, läßt aber in der Entwicklung der letzten Jahre einen sich beschleunigenden Trend zur Gründung und Ausbreitung neuer Franchise-Systeme erkennen. Zu ihnen treten auch zahlreiche Umstrukturierungen anderer Vertriebsorganisationen in Franchise-Systeme oder deren Integrierung in bestehende Verbundgruppen.

Die Vertriebsmethoden des Franchising sind äußerst vielfältig und in so verschiedenen Wirtschaftszweigen anwendbar, daß eine knappe Charakterisierung nicht einfach ist. Kurz zusammengefaßt kann man einführend sagen: Franchising besteht im wesentlichen darin, daß ein selbständiger Unternehmer, der „Franchisegeber", ein Erzeugnis oder eine Service-Leistung (z.B. eine Verkaufstechnik) oder beides zusammen unter Verwendung eines gemeinsamen Namens, Symbols, Waren- bzw. Dienstleistungszeichens und einer Ausstattung entwickelt hat und seinen „Franchisenehmern", die ihrerseits selbständige Unternehmer bleiben, den Vertrieb eines Produktes und/oder einer Service-Leistung überträgt. Der Franchisegeber vermittelt hierzu im Rahmen des Franchise-Vertrages gegen Entgelt laufend geschäftlichen Beistand, Beratung, Werbung, Ausbildung, Erfahrungen und Betriebsgeheimnisse.

Mit dem vorliegenden Handbuch hat sich der Verfasser zum Ziel gesetzt, angesichts der ausufernden Erörterungen des Franchisekonzepts in Medien, Zeitungen, Zeitschriften, Büchern und Dissertationen sowie auf Symposien, Seminaren und Tagungen verschiedener Qualität eine zusammenfassende Darstellung der Bedeutung und des Wirkens von Franchise-Systemen zu geben. Sie soll, ohne auf wissenschaftliche Einzelheiten und Spezialfragen einzugehen, die Grundlagen des Franchising in allen ihren wirtschaftlichen und rechtlichen Aspekten aufzeigen. Namentlich soll sie dem Praktiker der Wirtschaft und des Rechts eine zuverlässige Orientierung ermöglichen. Im Gegensatz zu den meisten Darstellungen wird bewußt darauf verzichtet, unternehmerische und juristische Probleme absolut getrennt zu behandeln. Sie sollten von

Anfang an, von der ersten Planung bis zum erfolgreichen Anlaufen des Systems und seiner Führung, zusammen in die planerischen Erwägungen einbezogen werden müssen. Natürlich beruht in erster Linie die wirtschaftliche „Machbarkeit" eines Franchise-Systems auf unternehmerischen Ideen, Untersuchungen und Zahlen.

Das Buch erscheint in einer Zeit, in der die Gründung und Förderung neuer wirtschaftlicher Existenzen zu den Zielen der Wirtschaftspolitik nicht nur in Deutschland, sondern der meisten anderen Staaten der westlichen Welt gehört. Franchising ist — selbstverständlich neben anderen Kooperationserscheinungen – ein besonders wirksames, wenn nicht das beste Mittel zur Schaffung und Erhaltung selbständiger, mittelständischer Existenzen. Durch das Franchisekonzept werden sie auf eine festere Grundlage gestellt und das so oft festzustellende Absinken in die Verlustzone bei den auf sich allein gestellten Betrieben kann vermieden werden.

Dieses Buch soll zwar möglichst viele Facetten des Franchising beleuchten, es kann aber nicht alles für alle denkbaren Leser bringen, wozu der beschränkte Raum nicht reicht. Der Verfasser hofft, daß der verständige Leser für das Ausbleiben mancher Punkte Verständnis hat und nicht für jeden möglichen Fall ein „Patentrezept" erwartet.

Abschließend noch eine Bemerkung: Da wir in einer Zeit rasanter Zunahme wirtschaftlicher Verflechtungen über die Grenzen hinweg leben, konnte unsere Darstellung nicht bei einer Erörterung der deutschen Situation stehen bleiben, sondern mußte einen angemessenen Teil des Buches dem internationalen Franchising und den entsprechenden Rechtsproblemen einschließlich des europäischen Gemeinschaftsrechts widmen. Ein kurzer Überblick über die Bedeutung des Franchising in den wichtigsten Ländern der westlichen Welt schließt den internationalen Teil ab.

München, im Herbst 1986   *Walther Skaupy*

Abkürzungsverzeichnis

ABl.	Amtsblatt der europäischen Gemeinschaften
AbzG	Gesetz betreffend die Abzahlungsgeschäfte
AGB	Allgemeine Geschäftsbedingungen
AGBG	Gesetz über die allg. Geschäftsbedingungen
aif	assoziazione italiana del Franchising
AP	Arbeitsrechtliche Praxis
AZR	Zeitschrift für Arbeitsrecht
BAG	Bundesarbeitsgericht
BB	Der Betriebs-Berater
BBE	Unternehmensberatung GmbH (Betriebsberatung des Einzelhandels), Köln
BDI	Bundesverband der deutschen Industrie
BetrVerfG	Betriebsverfassungsgesetz
BFA	British Franchise Association
BFH	Bundesfinanzhof
BGB	Bürgerliches Gesetzbuch
BGBl.	Bundesgesetzblatt
BGH	Bundesgerichtshof
BGHZ	Entscheidungen des Bundesgerichtshofes in Zivilsachen
BKartA bzw. BKA	Bundeskartellamt
BStBl.	Bundessteuerblatt
DB	Der Betrieb
DFV	Deutscher Franchise-Verband e.V.
DtA	Deutsche Ausgleichsbank
ECU	European Current Unit
EFF	European Franchise Federation
EFTA	Europäische Freihandelszone (European Free Trade Ass.)
EG	Europäische Gemeinschaft
EG-Komm.	Kommission der Europäischen Gemeinschaften
EKG	Einheitliches Kaufgesetz
ERP	European Recovery Program
EStG	Einkommensteuergesetz
EU	Europäische Union
EuGH	Europäischer Gerichtshof
EWGV	Vertrag zur Gründung der Europäischen Wirtschaftsgemeinschaft
EFF	Fédération Française de la Franchise
GewO	Gewerbeordnung
GewStG	Gewerbesteuergesetz
GRUR	Gewerblicher Rechtschutz und Urheberrecht
GWB	Gesetz gegen Wettbewerbsbeschränkungen (Kartellgesetz)
HandWO	Handwerksordnung
HGB	Handelsgesetzbuch

HTWG	Haustürwiderrufsgesetz
IFA	International Franchise Association (Washington D.C.)
IHK	Industrie- und Handelskammer
KG	Kammergericht
KO	Konkursordnung
MDR	Monatszeitschrift für deutsches Recht
Mio.	Million
MMA	Madrider Markenschutzabkommen
MRG	Markenrechtsreformgesetz
nF	neue Fassung
NJW	Neue juristische Wochenzeitschrift
OECD	Organisation für europäische wirtschaftliche Zusammenarbeit
OLG	Oberlandesgericht
RIW-AWD	Recht der internationalen Wirtschaft/Außenwirtschaftsdienst des Betriebs-Beraters
RGZ	Reichsgericht in Zivilsachen
Slg.	Sammlung der Rechtsprechung des Europäischen Gerichtshofes (EuGH)
UrhG	Gesetz über Urheberrecht und verwandte Schutzrechte
UStG	Umsatzsteuergesetz
UWG	Gesetz gegen den unlauteren Wettbewerb
VerbrKrG	Verbraucherkreditgesetz
VO	Verordnung
VStR	Vermögensteuerrichtlinien
WRP	Wettbewerb in Recht und Praxis
WuW	Wirtschaft und Wettbewerb
WZG	Warenzeichengesetz
ZPO	Zivilprozeßordnung

Inhaltsübersicht

Vorwort	. . . .	V
Abkürzungsverzeichnis	. . . .	IX
I.	Geschichte des Franchising	1
II.	Was ist Franchising?	6
III.	Die zahlreichen Vertriebsmethoden der Praxis und ihre Abgrenzung vom Franchise-System	11
IV.	Gesellschafts- und wirtschaftspolitische Aspekte des Franchising	24
V.	Typologie der Franchisen	30
VI.	Die vielfältigen Anwendungsbereiche des Franchise-Konzepts	38
VII.	Geschäftszweige, in denen das Franchise-Konzept verwendbar ist	46
VIII.	Größere wirtschaftliche Effizienz durch Franchising .	50
IX.	Die entscheidenden Vorteile des Franchise-Konzepts für den Franchisegeber	52
X.	Wesentliche Vorteile für den Franchisenehmer im Vergleich zu neugründenden „Alleinkämpfern".	57
XI.	Zusätzliche Vorteile für den Franchisenehmer . . .	62
XII.	Mögliche Nachteile des Franchise-Konzepts für Franchisegeber und Franchisenehmer	65
XIII.	Die unternehmerische Planung von Vertriebssystemen, namentlich eines Franchise-Systems	69
XIV.	Grundlegende Anfangsvoraussetzungen für die Errichtung eines Franchise-Systems	75
XV.	Das Organisations- und Marketingschema und die Erstellung des „Franchise-Pakets"	77
XVI.	Die rechtzeitige Sicherung des Rechtsschutzes für das System: Das neue Markenrechtsreformgesetz . . .	82
XVII.	Systemerprobung, Pilotbetrieb und Betriebshandbuch .	90
XVIII.	Die Organisation der Systemzentrale des Franchisegebers und ihre Einnahmequellen	97

XIX.   Die Auswahl der Franchisenehmer, ihr Training und die
            Einrichtung der Franchise-Betriebe   107

XX.   Frage und Antwort zwischen Franchisegeber und
            Franchisenehmer   115

XXI.   Das Leben in den Franchise-Betrieben – die Gefahr des
            Systemzerfalls   118

XXII.   Der Franchise-Vertrag – Inhalt und Gestaltung . . .   126

XXIII.   Die wesentlichen Bestimmungen eines Franchise-Vertrages 132

XXIV.   Spezielle Probleme bei der Abfassung von Franchise-Ver-
            trägen   146

XXV.   Der Widerruf von Franchise-Verträgen   156

XXVI.   Zusätzliche Verträge bei Franchise-Systemen . . .   161

XXVII.   Franchising und deutsches Kartellrecht   167

XXVIII.   Franchising und Finanzierung   185

XXIX.   Steuerliche Aspekte im Franchising   194

XXX.   Zahlungsunfähigkeit, Überschuldung und Konkurs bei
            Franchise-Systemen   199

XXXI.   Fehlerhaftes, unseriöses und kriminelles Franchising . 202

XXXII.   Die Ausbreitung des Franchising in Deutschland und Europa 208

XXXIII.   Franchising – international   213

XXXIV.   Besondere Rechtsfragen im internationalen Franchising.   221

XXXV.   Die EG-Gruppenfreistellungs-Verordnung für Franchise-
            Vereinbarungen   228

XXXVI.   Situation und Tendenzen im Franchising einiger wichtiger
            Länder – Ein Überblick   238

XXXVII.   Der Deutsche Franchise-Verband e.V. und das Deutsche
            Franchise-Institut   255

XXXVIII.   Der Europäische Franchise-Verband   258

XXXIX.   Der Europäische Verhaltenskodex für Franchising . .   260

XXXX.   Ausblick: Franchising vor der Wende des Jahrhunderts . 265

XXXXI.   Anhang – Texte   267

Literaturverzeichnis   350

Namenverzeichnis   355

Sachverzeichnis   362

Inhaltsverzeichnis

Vorwort zur 2. Auflage V

Vorwort zur 1. Auflage VII

Abkürzungsverzeichnis IX

I. Geschichte des Franchising

   1. Die Herkunft und Entwicklung der Worte „Franchise" und

      „Franchising" 1

   2. Aussprache der Worte „Franchise" und „Franchising" . . 1

   3. Die ursprünglichen „traditionellen" amerikanischen

      Franchise-Systeme 2

   4. Das „moderne" Franchising des Dienstleistungszeitalters

      (Business Format Franchising) 2

   5. Amerikanische Definitionen des modernen Franchising . . 4

II. Was ist Franchising?

   1. Deutsche Begriffsbestimmungen 6

   2. Definition des europäischen Verhaltenskodex für Franchising 8

III. Die zahlreichen Vertriebsmethoden der Praxis und ihre Abgrenzung vom Franchise-System

   1. Das Franchise-System 11

   2. Partnerschaftsverträge mit unvollständigem Franchise-

      Konzept 12

   3. Das Vertragshändler-System 13

   4. Lizenzverträge 14

   5. Know-how-Vereinbarungen 14

   6. Handelsvertreterverträge und Agentur-Systeme, Kommissions-

      vertrieb 15

   7. Das Filial-System 16

   8. Mischformen, unechtes und Quasi-Franchising; Franchisegeber-

      Beteiligung an Franchisenehmer-Betrieben 17

   9. Weitere vertikale Vertriebsformen mit wirtschaftlich und rechtlich

      selbständigen Partnern, namentlich Alleinvertriebsverträge,

      Zuliefersysteme, Depotsysteme, selektiver Vertrieb, Vertriebs-

      mittler mit Beratungsrecht, Direktvertrieb 18

  10. Genossenschaften mit Handelsketten 21

  11. Joint ventures und Gemeinschaftsunternehmen 21

  12. Das Partnersystem von *1,2,3 AutoService ///* 22

IV.   **Gesellschafts- und wirtschaftspolitische Aspekte des Franchising**

1. Franchising als Vehikel moderner Mittelstandspolitik . . 24
2. Privatisierung und Franchising 25
3. Aufrechterhaltung der Selbständigkeit im Einzelhandel . 26
4. Neue Arbeitsplätze durch Franchise-Systeme 27
5. Die Vorteile für den Verbraucher 27
6. Franchising als Ausdruck zukunftsorientierter Systemwirtschaft 28

V.   **Typologie der Franchisen**

1. Allgemeines zu den drei Grundtypen von Franchisen . . 30
2. Der Europäische Gerichtshof und die EG-Kommission zum Konzept des Franchising 31
3. Die Vertriebs-Franchise 31
4. Die Dienstleistungs-Franchise 32
5. Die sog. Produkt-Franchise (industrielle Franchise) – Abgrenzung zur Know-how-Lizenz 32
6. Mischformen der Franchise-Typen 33
7. Vollfranchisen und Abteilungs-(Mini)Franchisen . . . 34
8. Shop-in-shops 35
9. Investitions-Franchisen 35
10. Mehrfach-Franchisen 36
11. Franchisen in mehreren Systemen 36
12. Master-Franchisen 36
13. Area Development Agreements 37

VI.   **Die vielfältigen Anwendungsbereiche des Franchise-Konzepts**

1. Die sieben Marktstufen 38
2. Die Verflechtungen von Franchise-Systemen mit anderen Vertriebsformen (Eigenbetriebe, Filialen) 41
3. Die Umwandlung anderer Vertriebssysteme in Franchise-Systeme 42
4. Die Bedeutung des Franchise-Konzepts für den Großhandel 43
5. Franchising in Export und Import 44

VII.   **Geschäftszweige, in denen das Franchise-Konzept verwendbar ist**

1. Grundsatz „Tout est franchisable" 46
2. Die wichtigsten Anwendungsbereiche des Franchising . . 46
3. Nichtfranchisierungsfähige Tätigkeiten 48

VIII.   **Größere wirtschaftliche Effizienz durch Franchising**

1. Franchising und Systemwirtschaft 50
2. Das gemeinsame Image aller Systembetriebe 50
3. Straffe Organisation und Führung 50
4. Zeitgemäßes Marketing durch moderne Vertriebsstrategie . 51

5. Schnellere Expansion durch leichtere Finanzierung . . . 51
6. Entlastung beim Aufbau eines Franchise-Systems . . . 51

IX. **Die entscheidenden Vorteile des Franchise-Konzepts für den Franchisegeber**

1. Grundsätze 52
2. Franchising als optimales Marketing-Werkzeug 52
3. Franchising als Mittel der Expansion 53
4. Straffe Organisation und Führungsstrukturen im Franchising verhindern Fehlentscheidungen 54
5. Franchising als Finanzierungswerkzeug 54
6. Franchising hilft bei der Lösung von Personalproblemen . 55
7. Franchising und Diversifikation 55

X. **Wesentliche Vorteile für den Franchisenehmer im Vergleich zu neugründenden „Alleinkämpfern"**

1. Der Traum von der Selbständigkeit 57
2. Die Übernahme der Erfolgsformel des Systems 57
3. Die Bedeutung des Images 58
4. Einarbeitung und laufende Seminare 58
5. Der „Pilotbetrieb" 59
6. Der logistische Beistand der System-Zentrale 59
7. Mitgenuß an Werbung, Verkaufsförderung und Öffentlichkeitsarbeit des Franchisegebers 60
8. Das verminderte Risiko des Franchisenehmers 60
9. Die Zugehörigkeit zur „System-Familie" 61

XI. **Zusätzliche Vorteile für den Franchisenehmer**

1. Standortsuche bzw. -hilfe durch Franchisegeber 62
2. Zurverfügungstellung von Geschäftsräumen (Untermietverträge) 62
3. Einrichtungs- und Starthilfe bei Geschäftseröffnung des Franchise-Betriebs 62
4. Vermittlung bzw. Bewilligung von guten Konditionen bei Material- und Apparateeinkäufen des Franchisenehmers . 62
5. Austauschbörse unter Franchisenehmern 63
6. Günstige Versicherungsmöglichkeiten über Gemeinschaftspolicen 63
7. Unterstützung des Franchisenehmers bei anfänglichen und späteren Finanzierungen 63
8. Existenzsicherung als Verantwortung des Franchisegebers (Initiativen von *Getifix* und *Eismann*) 64

XII. **Mögliche Nachteile des Franchise-Konzepts für Franchisegeber und Franchisenehmer**

1. Nicht immer scheint die Sonne im Franchising 65

2. Die möglichen Nachteile für Franchisegeber   65
3. Die möglichen Nachteile für Franchisenehmer   66
4. Bewertung der Vorteile und Nachteile   68

**XIII. Die unternehmerische Planung von Vertriebssystemen,
        namentlich eines Franchise-Systems**

1. Grundsätze für die Entwicklung einer Vertriebskonzeption   .   69
2. Einfachheit und Übersichtlichkeit als Voraussetzung   .   .   69
3. Die empirische Vorgehensweise *(Mendelsohn)*   69
4. Die differenzierte Planungsstrategie *(H. Boehm)*   .   .   .   70
5. Strategisches Franchising nach der engpaßkonzentrierten
   Gründungsstrategie *(Wolfgang Mewes, Günter Reimers)*   .   71
6. Die Strategie der innovativen Imitation *(Norman Rentrop)*   . 73
7. Die systematische Methode *(Skaupy)*   73
8. Wer wirkt bei der Planung mit?   74

**XIV. Grundlegende Anfangsvoraussetzungen für die Errichtung
        eines Franchise-Systems**

1. Die Idee und die Findung des „richtigen" Marktes   .   .   .   75
2. Die Hauptfragen beim Beginn der Planung   75
3. Die verschiedenen Schritte der Planungsstrategie   .   .   .   76

**XV.   Das Organisations- und Marketingschema und die Erstellung
        des „Franchise-Pakets"**

1. Das Marketing- und Organisationskonzept einschließlich
   Finanzierungsplanung und Rentabilitätsrechnung   .   .   .   77
2. Image, Marken und Kennzeichen des zu errichtenden
   Vertriebssystems   77
3. Der Franchise-Vertrag nebst eventuellen Vorverträgen sowie
   ergänzender und begleitender Verträge   78
4. Wie sieht ein Franchise-Paket in der Praxis aus?   .   .   .   79
5. Controlling und Qualitätssicherung   80

**XVI. Die rechtzeitige Sicherung des Rechtsschutzes für das System:
        Das neue Markenrechtsreformgesetz**

1. Die Notwendigkeit früher Rechtsschutzmaßnahmen   .   .   82
2. Die Bedeutung der Marke nach dem bisherigen Recht   .   .   82
3. Bedeutung von Marken und Kennzeichen im neuen Markenrechtsreformgesetz   84
4. Geschäftliche Bezeichnungen nach dem neuen Markenrecht   85
5. Der Schutz von geographischen Herkunftsangaben   .   .   .   86
6. Wie kommt der Franchisegeber zur Findung einer geeigneten
   Marke?   86
7. Handelsregisterliche Eintragung einer Vertriebsfirma   .   .   87
8. Nachahmungen – Marken- und Dienstleistungspiraterie   .   87
9. Urheberrecht   88

10. Markenanmeldungen international – Die neue europäische
    Marke 88

XVII.   **Systemerprobung, Pilotbetrieb und Betriebshandbuch**

1. Die prinzipielle Notwendigkeit eines „Pilotbetriebs" . .   90
2. Variationen der Erprobung   90
3. Die Systemerprobung im Pilotbetrieb   91
4. Die Erstellung des Betriebshandbuchs bzw. der Richtlinien
   zur Führung des franchisierten Betriebes   92

XVIII. **Die Organisation der Systemzentrale des Franchisegebers und
        ihre Einnahmequellen**

1. Der Aufbau der Organisation in der Systemspitze . . .   97
2. Die interne Struktur der Franchise-Zentrale und ihre Dienstleistungen   98
3. Der notwendige Anfangspersonalbestand einer Franchise-
   Zentrale   100
4. Die Finanzierung der Franchise-Zentrale und ihrer Organisation   100

XIX.   **Die Auswahl der Franchisenehmer, ihr Training und die
        Einrichtung der Franchise-Betriebe**

1. Wie und wo findet man Franchisenehmer?   107
2. Das Problem, den *richtigen* Franchisenehmer zu finden . .   108
3. Das Training des Franchisenehmers   111
4. Die Errichtung der Franchise-Betriebe   111
5. Geschäftsbezeichnungen und Telefonbucheintragung der
   Franchisenehmer   113

XX.   **Frage und Antwort zwischen Franchisegeber und Franchise-
        nehmer**

1. Die Notwendigkeit der gegenseitigen Ausforschung zwischen
   Franchisegeber und Franchisenehmern   115
2. Was sollte der Franchisegeber vom Franchisenehmer-
   Kandidaten unbedingt erfahren?   115
3. Welche Fragen sollte der vorsichtige Franchisenehmer vor dem
   Vertragsabschluß an den Franchisegeber stellen? . . .   116

XXI.   **Das Leben in den Franchise-Betrieben – die Gefahr des
        Systemzerfalls**

1. Das Verhältnis zwischen Franchise-Zentrale und Franchise-
   Betrieben   118
2. Die Unterstützung des Franchisenehmers durch den Franchisegeber   119
3. Die zentrifugalen Tendenzen bei Franchisenehmern und ihre
   Gefahr für das System   120

    4. Wie können Konflikte mit Franchisenehmern vermieden und
       beendigt werden? 121
    5. Franchisenehmer-Beiräte und sonstige Kommunikationsformen
       innerhalb des Systems – kartellrechtliche Aspekte . . . 123

XXII.   **Der Franchise-Vertrag – Inhalt und Gestaltung**

    1. Der Franchise-Vertrag als Rückgrat des Systems . . . 126
    2. Die Sicherung der Selbständigkeit des Franchisenehmers . 127
    3. Gleichgewichtslage im Franchise-Vertrag und die Anwend-
       barkeit des AGBG 128
    4. Das Schriftformerfordernis für Franchise-Verträge nach § 34
       GWB (Kartellgesetz) 129

XXIII.   **Die wesentlichen Bestimmungen eines Franchise-Vertrags**

    1. Die Bedeutung der Präambel 132
    2. Die Gewährung der Franchise-Rechte 132
    3. Die einzelnen Rechte und Pflichten der Vertragsparteien . 133
    4. Die Mindestabnahmepflicht 134
    5. Zahlungen und Gebühren 135
    6. Die Laufzeit von Franchise-Verträgen und ihre Kündigung . 137
    7. Die Rechtsfolgen einer fristlosen Kündigung 139
    8. Die Beendigung des Vertrags mit seinen Folgen . . . 139
    9. Anspruch auf Verlängerung eines Franchise-Vertrags? . . 145

XXIV.   **Spezielle Probleme bei der Abfassung von Franchise-Verträgen**

    1. Allgemeines 146
    2. Gewerbliche Schutzrechte und Urheberrecht 146
    3. Vertraulichkeit und Geheimhaltung 146
    4. Vertragsstrafen 147
    5. Risiken und Haftung des Franchisegebers 148
    6. Haftung des Franchisenehmers und Versicherungen . . . 149
    7. Gewerbeordnung und Handwerksrecht 150
    8. Gesetzlicher Güterstand und Eherecht 151
    9. Die salvatorischen Klauseln 152
    10. Schieds- und Schlichtungsvereinbarungen 153
    11. Arbeitsrechtliche Fragen 154

XXV.   **Der Widerruf von Franchise-Verträgen**

    1. Die Lage nach dem Abzahlungsgesetz 156
    2. Das Widerrufsrecht nach dem Verbraucherkreditgesetz vom
       1. Januar 1991 157
    3. Die Voraussetzungen hinsichtlich der „Belehrung" über das
       Widerrufsrecht 157
    4. Kritik 159
    5. Die Anwendung des Haustürwiderrufsgesetzes auf Franchise-
       Verträge 159

XXVI. **Zusätzliche Verträge bei Franchise-Systemen**

   1. Übersicht über die verschiedenen Vertragstypen 161
   2. Vorverträge, Optionsverträge, Reservierungsverträge . . 161
   3. Ergänzende Verträge zu Franchise-Verträgen 164
   4. Begleitende Verträge 165
   5. Zusätzliche Verträge mit Dritten, namentlich Kreditlieferverträge, gesellschaftsrechtliche Verflechtungen 165

XXVII. **Franchising und deutsches Kartellrecht**

   1. Der Franchise-Vertrag als vertikale Vertriebsform . . . 167
   2. Exklusivität und Gebietsschutz 168
   3. Die Bezugspflichten des Franchisenehmers 170
   4. Preise, Preisempfehlungen und Mittelstandsempfehlungen . 171
   5. Kartellrechtliche Fragen bei Franchisen mit Lizenzen auf gewerbliche Schutzrechte (§§ 20, 21 GWB) 177
   6. Kann ein Franchise-System marktbeherrschend sein? . . 179
   7. Liefer- und Bezugssperren sowie das Diskriminierungsverbot im Franchising 179
   8. Konkurrenzklauseln, namentlich nachvertragliche Wettbewerbsverbote 180
   9. Horizontale Komponente bei Franchise-Systemen . . . 181
  10. Der Einbau von Franchise-Systemen in größere Verbundgruppen 183

XXVIII. **Franchising und Finanzierung**

   1. Finanzierungsbedarf der Franchise-Partner 185
   2. Finanzierung und Liquiditätsplanung des Franchisegebers . 185
   3. Die Finanzierung des Franchisenehmers 186

XXIX. **Steuerliche Aspekte im Franchising**

   1. Allgemeine Bemerkungen 194
   2. Umsatzsteuer 194
   3. Einkommensteuer und Körperschaftsteuer 194
   4. Vermögensteuerrechtliche Gesichtspunkte 195
   5. Gewerbesteuer 196
   6. Bilanzierungsfragen 197
   7. Außensteuer-Probleme 198

XXX. **Zahlungsunfähigkeit, Überschuldung und Konkurs bei Franchise-Systemen**

   1. Grundsätzliche Aspekte 199
   2. Die Rechtssituation bei den Franchise-Partnern 199
   3. Abwicklungsmöglichkeiten in der Praxis 200
   4. Vergleich von Insolvenzziffern bei Franchise-Betrieben und freien Existenzgründern 201

XXXI.   Fehlerhaftes, unseriöses und kriminelles Franchising

   1. Scheitern von Franchise-Systemen   202
   2. Schon lange Mißbräuche im Ausland   203
   3. Vielfache Mißbräuche in Deutschland bis heute   205

XXXII. Die Ausbreitung des Franchising in Deutschland und Europa

   1. Die Entwicklung des Franchising in Deutschland . . .   208
   2. Die Situation in Deutschland im Vergleich zu anderen europäischen Ländern um 1990   208
   3. Die aktuelle Situation in Deutschland   209

XXXIII. Franchising – international

   1. Vorzüge und Probleme bei der grenzüberschreitenden Franchisierung   213
   2. Aussichtsreiche Länder für den Export von Franchisen . .   214
   3. Methoden des internationalen Franchising   215
   4. Allgemeine Grundsätze für die Internationalisierung von Franchise-Systemen   219
   5. BC-NET – grenzüberschreitende Partnervermittlung . .   220

XXXIV. Besondere Rechtsfragen im internationalen Franchising

   1. Rechtliche Aspekte und Hindernisse bei der Franchisierung in anderen Staaten   221
   2. Das grenzüberschreitende Franchising innerhalb der EG .   222
   3. Die Gruppenfreistellungsverordnungen vom Kartellverbot .   224
   4. Die Entscheidung des Europäischen Gerichtshofs (EuGH) zum *Pronuptia*-Fall   224
   5. Die Bagatell-Bekanntmachung der EG-Kommission . .   226

XXXV. Die EG-Gruppenfreistellungs-Verordnung für Franchise-Vereinbarungen

   1. Allgemeines   228
   2. Die Erwägungsgründe der Gruppen-Freistellungs-VO . .   228
   3. Die neuen Begriffsbestimmungen der Verordnung für Franchise-Vereinbarungen   229
   4. Die weiße Liste der freigestellten (erlaubten) Wettbewerbsbeschränkungen   231
   5. Die schwarze Liste   233
   6. Widerspruchsverfahren und Entziehung der Freistellung .   234
   7. Wann kann bei Franchise-Verträgen das europäische Kartellrecht zur Anwendung kommen?   234
   8. Die Anwendung des EG-Kartellrechts durch den nationalen Richter   235
   9. Was geschieht mit Franchise-Verträgen, die von der Freistellungs-VO nicht gedeckt sind?   236

XXXVI. **Situation und Tendenzen im Franchising einiger wichtiger Länder – Ein Überblick**

    1. Vereinigte Staaten von Amerika 238

    2. Frankreich 240

    3. Großbritannien – United Kingdom 242

    4. Italien 244

    5. Niederlande 245

    6. Belgien 246

    7. Österreich 247

    8. Schweiz 248

    9. Spanien 249

    10. Kanada 250

    11. Weitere europäische und außereuropäische Länder . . . 251

    12. Anschriften der Franchise-Verbände 252

XXXVII. **Der Deutsche Franchise-Verband e.V. und das Deutsche Franchise-Institut** 255

XXXVIII. **Der Europäische Franchise-Verband** 258

XXXIX. **Der Europäische Verhaltenskodex für Franchising**

    1. Grundlagen und Entstehung 260

    2. Die wesentlichen Regelungen des Europäischen Verhaltens-kodex 260

    3. Einzelbestimmungen 261

XXXX. **Ausblick: Franchising vor der Wende des Jahrhunderts** . 265

XXXXI. **Anhang - Texte**

    1. Modell eines Franchise-Vertrags 267

    2. Europäischer Verhaltenskodex für Franchising 279

    3. Gruppenfreistellungs-Verordnung für Franchise-Vereinbarungen 284

    4. Standard-Franchise-Vertrag der *Yves Rocher GmbH* . . . 296

    5. Veröffentlichung der EG-Kommission betreffend Anmeldung des *Yves Rocher*-Vertrags 307

    6. Merkblatt Schlichtungsverfahren 311

    7. BC-NET – grenzüberschreitende Partnervermittlung . . 314

    8. Gesetz gegen Wettbewerbsbeschränkungen (Kartellgesetz) – Auszug 316

    9. AGBG – Auszug 322

    10. Gesetz gegen den unlauteren Wettbewerb – Auszug . . . 328

    11. BGB – Auszug 332

    12. HGB – Auszug 334

    13. Verbraucherkreditgesetz – Auszug 343

    14. Richtlinien des *Deutschen Franchise-Verbands e.V.* „Training bei Franchise-Systemen" 347

Literaturverzeichnis   350

Namenverzeichnis   355

Sachverzeichnis   362

I. Geschichte des Franchising

1. Die Herkunft und Entwicklung der Worte „Franchise" und „Franchising"

Die ursprüngliche Bedeutung des Wortes „Franchise", welches der französischen Sprache entstammt, sagt für seine heutige Bedeutung wenig aus. In Frankreich verstand und versteht man unter „Franchisen" noch heute in erster Linie die Befreiung von Zöllen und Steuern. Im weiteren Verlauf, namentlich im 17. und 18. Jahrhundert, wurde das Wort sowohl in Frankreich als auch in Großbritannien und später in den Vereinigten Staaten in einer Erweiterung seiner Bedeutung als Einräumung eines Privilegs verstanden, welches die Könige bzw. der Staat an zuverlässige Persönlichkeiten vergaben, denen damit ein monopolartiges Recht erteilt wurde, gegen Entgelt eine im staatlichen Interesse liegende Produktion oder den Handel mit gewissen Erzeugnissen zu betreiben.

In der späteren Bedeutung des Wortes handelt es sich dann im angelsächsischen Bereich um die Bewilligung einer Erlaubnis, in kommerzieller Weise die Rechte zu benutzen, die einem anderen zustehen. Auch in Frankreich hat das Wort Franchise neben seiner ursprünglichen Bedeutung den kommerziellen Charakter eines Nutzungs- und Vertriebsrechts erhalten.[1]

Als „Franchising" bezeichnet man heute international die Vertriebsmethode als solche.

2. Aussprache der Worte „Franchise" und „Franchising"

Was zunächst das Wort „Franchising" anbetrifft, das sich im angelsächsischen Sprachgebrauch – ähnlich wie „Licencing", „Factoring" oder „Leasing" – als Bezeichnung für eine bestimmte Form der geschäftlichen Betätigung entwickelt hat, so wird es phonetisch international wie „Fräntscheising" mit Akzent auf der ersten Silbe ausgesprochen. Anregungen von verschiedener Seite, ein deutsches Wort einzuführen, hatten keinen Erfolg.

In Frankreich zieht man es vor, einfach das Wort „la franchise" als Begriff zu verwenden, nachdem die künstlich geprägte Bezeichnung „le franchisage" als unfranzösisch empfunden und wenig angewandt wurde.

Das Wort „Franchise" wird hingegen in den einzelnen Ländern, soweit nicht andere Worte verwendet werden, etwas differenziert ausgesprochen. Im deutschen Sprachgebrauch hat sich leider die Aussprache „Fräntscheis" weitgehend eingebürgert. Dies klingt einmal häßlich, andererseits ist die „Franchise" (Anm.: vgl. Kap. II) ein be-

---

[1] Vgl. *Emmons*, The American Franchise Revolution. A New Management Thrust, New Post Beach (Cal.) 1970, S. 13; *Herbert Gross/Walter Skaupy*, Franchising in der Praxis, Düsseldorf, Wien 1976, S. 267 ff.

stimmter Rechtsbegriff, dessen Aussprache sich besser dem französischen Wort (also: Franschise, mit Nasallaut) anschließt, und zwar mit Betonung auf der zweiten Silbe.

3. Die ursprünglichen „traditionellen" amerikanischen Franchise-Systeme

Franchising im neueren Sinne wurde zuerst in USA durch die *Singer Sewing Machine Company* in den Jahren 1860–1865 in Anschluß an den Bürgerkrieg mittels eines durchdachten Vertriebssystems für die Singer-Nähmaschinen eingeführt.[2] Um die Jahrhundertwende begannen verschiedene Automobilproduzenten ihre Händlernetze nach dem Franchise-System zu organisieren, denen sich Vertriebssysteme für den Kraftstoffvertrieb und gewisse Abfüll-Vertriebssysteme wie *Coca-Cola* anschlossen. All diese Systeme hatten, wie es auch heute noch der Fall ist, einen vertikal gegliederten Vertrieb zum Gegenstand. Man spricht in Amerika bei derjenigen Art des Franchising, welche diese historischen Vertriebssysteme praktizierten, von einem **„Product Distribution Franchising"** oder auch **„Product and Tradename Franchising"**, heute meist als „traditionelles" Franchising bezeichnet. Bei den Systemen einer moderneren Generation des Franchising, die seit den 50er Jahren aufkamen und die den noch jetzt in USA und vielen Ländern anhaltenden einmaligen Aufschwung des Franchising bewirkten, spricht man von **„Business Format Franchising"**.

Bei der ursprünglich praktizierten Art des traditionellen Franchising, namentlich also den seit Jahrzehnten bestehenden Verteilungssystemen im Automobil- und Autozubehörhandel und im Kraftstoffvertrieb, liegt das Schwergewicht auf dem reinen Warenvertrieb, wodurch diese Systeme dem in Deutschland ebenfalls seit langem bekannten Vertragsvertrieb mit selbständigen Händlern stark ähneln, so daß oft die Auffassung vertreten wird, der amerikanische Begriff des „Product Distribution Franchising" sei letztlich nichts anderes als ein üblicher Vertragshandel. Im allgemeinen dürften die amerikanischen Verträge mit Händlern in den erwähnten Wirtschaftsbranchen jedoch eine straffere Bindung des Händlers an die Gesellschaft beinhalten, welche die Franchise erteilt hat,[3] als dies bei Vertragshändlern hierzulande der Fall ist.

4. Das „moderne" Franchising des Dienstleistungszeitalters (Business Format Franchising)

Während die vorstehend erwähnten historischen, „traditionellen" Systeme weiterhin ihr Eigenleben führen, konzentriert sich das allgemeine Interesse sowohl in den Vereinigten Staaten als auch in Europa, Japan und den englischsprachigen ehemaligen

---

[2] Vgl. *Charles L. Vaughn*, Franchising, 2. Aufl., S. 19; *Andrew B. Jack*, The Channels of Distribution for an Innovation: The Sewing Machine Industry in America, 1860–1865, in: Explorations in Entrepreneurial History, Harvard University Research Center in Entrepreneurial History, Cambridge, Mass. 1957, S. 113–141.

[3] Vgl. *Gross/Skaupy*, Franchising in der Praxis, Düsseldorf, Wien 1976, S. 268; Hearings before the Subcommittee on Urban and Rural Economic Development of the Select Committee on Small Business, U. S. Senate, on „The Impact of Franchising on Small Business", Part 2, S. 820; *Skaupy*, AWD 1973, S. 297.

Dominions auf die Systeme der zweiten Kategorie, nämlich des „Business Format Franchising", die im Gegensatz zu den historischen Produkte-Vertriebsfranchisen stehen. Den ungewöhnlich raschen Aufstieg dieser modernen Franchisen in USA seit den 50er Jahren führt man heute allgemein auf die sog. „service revolution" zurück, ein Terminus, der zum ersten Mal in dem bekannten Buch von *Victor R. Fuchs*: „The Service Revolution" (1968) verwendet worden ist. Diese Revolution der Dienstleistungswirtschaft – auch als „tertiärer Sektor" bezeichnet – wird als Folge der Dynamik des technischen Zeitalters angesehen. So schrieb *Herbert Gross* schon in der ersten deutschen Darstellung der Franchise-Systeme:

„Der schnelle Aufstieg der Dienstleistungen und ihr wachsender Anteil am Sozialprodukt wurden schon in den vierziger Jahren von *Colin Clark* und kurz darauf von *Jean Fourastié* vorausgesagt. Die rapide steigende Nachfrage nach Dienstleistungen und Produkten, die nur als Kern eines umfassenden Dienstleistungspakets Absatz beim Verbraucher finden, gilt als typischer Ausdruck der modernen Industriegesellschaft, die differenzierte Wünsche äußert und persönliche Dienstleistungen verlangt. Daraus ergeben sich wiederum eine wachsende Arbeitsteilung und eine neue Systembildung im Dienstleistungssektor.

Eine reiche Gesellschaft muß Dienstleistungen in rationeller und standardisierter Form anbieten. Dienstleistungen müssen sich also in Systemen vollziehen, die große Serien ermöglichen. Das Gesetz der großen Zahl gilt für Dienstleistungen ebenso wie für das Angebot von Gütern; es widerspricht nicht dem Wunsch nach wachsender Vielfalt und Differenzierung am Markt. Die moderne Konsumgesellschaft ist ja reich, anspruchsvoll und differenziert, wie *Jean Fourastié* es ausdrückt. Damit wird eine bunte Vielfalt der Angebote möglich, die stets auf der großen Serie beruht. Je reicher eine Gesellschaft wird, desto weniger sind Dienstleistungen in Formen möglich, wie wir sie noch aus vorindustriellen Gesellschaften, etwa des Feudalismus, kennen.

Die Dienstleistungen müssen auf eine wachsende Zahl anspruchsvoller Verbraucher abgestellt werden. Die Verbraucher wollen nach Standort und im Service bequem einkaufen, auswärts speisen, Reinigungs- und Reparaturdienste beziehen usw. Das erfordert ein breit gestreutes und dichtes Netzwerk von Verkaufs- oder Servicestellen, die eine persönliche Note und vielseitigen Kundendienst bieten. Die Vielzahl der Kontaktpunkte mit den Verbrauchern bedarf nun einer Synthese mit einem rationell produktiven, organischen und standardisierten Angebot."[4]

Das „Business Format Franchising" beinhaltet nach amerikanischer Auffassung eine Lizenzierung der Marke, des Know-how und des gesamten geschäftlichen Systems für den Vertrieb von Waren oder Diensten. Es ist – worauf später noch in allen Einzelheiten eingegangen wird – in der Mehrzahl aller Wirtschaftsbereiche anwendbar, und jedes Jahr werden neue Anwendungsmöglichkeiten entdeckt. Immer mehr tritt aber folgendes hervor: Bei vielen Franchisen läßt sich eigentlich eine Kreuzung der beiden Systemtypen feststellen, da auch heutige Produkt- und Vertriebsfranchisen, um erfolgreich zu sein, in ein Dienstleistungskonzept eingebaut sein müssen, namentlich bei den Franchisen im Einzelhandel und im Handwerk, wo der Franchisenehmer sich strikt an das Organisations-, Marketing- und Werbungskonzept des Franchisegebers anpassen muß. Da dies in den USA bald erkannt worden ist und dort angesichts der zahlreichen Definitionen des Franchising sich das Bestreben einstellte, eine einheitliche Begriffsbestimmung zu finden, sind verschiedene Einzelstaaten der USA – eine gesetzliche

---

4　Vgl. *Gross/Skaupy*, Das Franchise-System, 1968, S. 11–13; *Colin Clark*, Conditions of Economic Progress, 2. Aufl., London 1950; *Jean Fourastié*, Die große Hoffnung des 20. Jahrhunderts, Köln 1950.

Regelung auf bundesstaatlicher Ebene ist geplant, aber noch nicht in Sicht –, die auf ihrem Gebiet eine gesetzliche Regelung des Franchising für wünschenswert hielten, zum Erlaß entsprechender Gesetze übergegangen. Allerdings weichen diese gesetzlichen Begriffsbestimmungen nicht unerheblich voneinander ab, und manche sind in der Tat als unvollständig und nicht sehr geglückt zu betrachten.

5. Amerikanische Definition des modernen Franchising

Die treffendste Definition des Franchising findet sich in dem „California Franchise Investment Act", die im wesentlichen den Empfehlungen der Interessenvertretung der amerikanischen Franchisegeber, der *International Franchise Association (IFA)* folgt und die Franchise wie nachstehend definiert:[5]

„Franchise means a contract or agreement, either expressed or implied, whether oral or written, between two or more persons by which:

(a) A franchise is granted the right to engage in the business of offering, selling or distributing goods or services under a marketing plan or system prescribed in substantial part by a franchisor; and
(b) The operation of the franchisee's business pursuant to such a plan or system is substantially associated with the franchisor's trademark, service mark, trade name, logotype, advertising or other commercial symbol designating the franchisor or its affiliate; and
(c) The franchise is required to pay directly or indirectly, a franchise fee."

In deutscher Übersetzung:

„Franchise bedeutet einen Vertrag oder eine Vereinbarung, gleichgültig, ob ausdrücklich oder inhaltlich, ob mündlich oder schriftlich, zwischen zwei oder mehreren Personen, wodurch

(a) einem Franchisenehmer das Recht gewährt wird, nach einem Marketingplan oder -system, das zum wesentlichen Teil von dem Franchisegeber vorgeschrieben wird, Waren oder Dienste anzubieten, zu verkaufen oder zu verteilen; und
(b) die Führung des nach einem solchen Plan oder System betriebenen Unternehmens ist wesentlich verbunden mit dem Warenzeichen, der Dienstleistungsmarke, dem Handelsnamen, der Logotype und dem Werbungs- oder sonstigen geschäftlichen Symbol, die den Franchisegeber oder seine angeschlossenen Unternehmen kennzeichnet; und
(c) der Franchisenehmer ist verpflichtet, direkt oder indirekt eine Franchisegebühr zu zahlen.

Leider ist auch diese Begriffsbestimmung nicht vollständig und bringt nicht klar genug zum Ausdruck, daß der Franchisegeber anders als bei dem bloßen Vertragsvertrieb, die strikte Einhaltung seines Systemkonzepts im Interesse des einwandfreien Funktionierens des Systems überwachen und durchsetzen muß, und dafür andererseits dem Franchisenehmer Beistand, Rat und Ausbildung gewährt, so wie dies heute international in allen Franchiseverträgen gesagt wird.

---

[5] Vgl. Cal. Corp. Code 31005, West Supp. 1971; *David E. Krischer*, Student Comment, Franchise Regulation: An Appraisal of Recent State Legislation, 1972, S. 542, reprinted from Boston College Industrial and Commercial Law Review, Vol. XIII, No. 3, February 1972.

Immerhin läßt diese Definition, der andere gefolgt sind und noch folgen werden, die allgemeine Auffassung des Franchising in Amerika erkennen. In Praxis läuft das amerikanische Verständnis des „modernen" Franchising, also des „Business Format Franchising", auf dasselbe hinaus, was in Europa, wenn auch durch voneinander im einzelnen abweichenden Definitionen, als Franchising überhaupt verstanden wird.

II. Was ist Franchising?

1. Deutsche Begriffsbestimmungen

Wie schon im Vorwort angedeutet, ist die Frage nach dem Wesen und die Bestimmung des Begriffs Franchising kurz und präzise kaum zu beantworten, da die Gestaltungsmöglichkeiten und die Form von Franchise-Systemen in einem sehr differenzierten Spektrum in Erscheinung treten. Auch in europäischen Ländern sind verschiedene Definitionen entwickelt worden. Fast sämtliche Franchiseverbände der einzelnen Länder haben für ihren Bereich Begriffsbestimmungen entwickelt. Auch hat der *Europäische Franchise-Verband* im Zusammenwirken mit den zuständigen Stellen der EG-Kommission einen Verhaltenskodex für Franchising geschaffen, der ebenfalls eine Definition enthält. Wir wollen uns hier darauf beschränken, zwei in Deutschland entwickelte Definitionen, eine mehr wirtschaftlich und eine andere mehr juristisch betonte, darzulegen, sowie die Definition des Europäischen Verhaltenskodex für Franchising zu erörtern.

Der *Deutsche Franchise-Verband e.V. (DFV)* in München hat folgende Begriffsbestimmung ausgearbeitet, die auch in der Informationsschrift des *DFV* zum Thema „Franchising" auf S. 2 abgedruckt ist. Sie lautet:

Franchising ist ein vertikal-kooperativ organisiertes Absatzsystem rechtlich selbständiger Unternehmen auf der Basis eines vertraglichen Dauerschuldverhältnisses. Dieses System tritt am Markt einheitlich auf und wird geprägt durch das arbeitsteilige Leistungsprogramm der Systempartner, sowie durch ein Weisungs- und Kontrollsystem eines systemkonformen Verhaltens.

Das Leistungsprogramm des Franchisegebers ist das Franchise-Paket. Es besteht aus einem Beschaffungs-, Absatz- und Organisationskonzept, dem Nutzungsrecht an Schutzrechten, der Ausbildung des Franchisenehmers und der Verpflichtung des Franchisegebers, den Franchisenehmer aktiv und laufend zu unterstützen und das Konzept ständig weiterzuentwickeln.

Der Franchisenehmer ist im eigenen Namen und für eigene Rechnung tätig; er hat das Recht und die Pflicht, das Franchise-Paket gegen Entgelt zu nutzen. Als Leistungsbeitrag liefert er Arbeit, Kapital und Information.

In seinen Beratungen über die Schaffung einer zufriedenstellenden Definition, die vom Gesetzgeber voraussichtlich nicht so schnell oder – was für die freiere Entwicklung des Franchisekonzepts vielleicht am besten wäre – überhaupt nicht geschaffen werden wird, ist der *DFV* zu der Überzeugung gelangt, daß die vorstehende Definition alleine nicht genügt, um das Wesen des Franchising für jedermann verständlich erscheinen zu lassen. Die verbale Begriffsbestimmung ist daher durch folgenden Merkmalskatalog ergänzt worden.

(1) Absatzsystem
  * Dezentrales Absatzsystem
  * Rechtlich selbständige Vertriebsstellen

(2) Leistungsprogramm
- des Systemgebers (Franchise-Paket):
  Nutzung von Schutzrechten
  Beschaffungs-, Absatz- und Organisationskonzept
  Betriebsaufbau/Ausbildung
  Weiterentwicklung des Systems
  Laufende aktive Unterstützung
- des Systemnehmers:
  Arbeitseinsatz
  Kapitaleinsatz
  Informationspflicht

(3) Vertikal-kooperative Organisation
- Straffe Organisation
- Intensive Zusammenarbeit
- Vertikale Arbeitsteilung
- Weisungs- und Kontrollsystem

(4) Einheitliches Auftreten
- Namen/Marke/Zeichen
- Einheitliches Erscheinungsbild
- Gemeinsame Strategie
- Systemkonformes Verhalten

(5) Rechtliche Selbständigkeit
- Unternehmerische Initiative
- Im eigenen Namen und auf eigene Rechnung

(6) Vertragliches Dauerschuldverhältnis
- Längerfristige Zusammenarbeit
- Rechte und Pflichten des Systemnehmers
- Rechte und Pflichten des Systemgebers
- Entgeltregelung

Die vorstehende Definition, ergänzt durch den Merkmalskatalog, läßt erkennen, wann bei einem Vertriebssystem wirklich ein Franchise-System vorliegt. Eine Abgrenzung des Franchise-Systems von anderen Vertriebsmethoden ist nicht nur aus rechtlichen, sondern auch aus wirtschaftlichen Gründen eine unbedingte Notwendigkeit; sie wird in Kapitel III abgehandelt werden.

Eine andere Begriffsbestimmung geht auf den Verfasser der vorliegenden Darstellung zurück. Sie stammt aus dem Jahre 1968 und ist, soweit ersichtlich, die erste in Europa formulierte Charakterisierung des Franchising.[1] Sie lautet nach mehreren Überarbeitungen:

Der Franchise-Vertrag ist ein Inbegriff von gegenseitigen Verpflichtungen im Rahmen eines Dauerschuldverhältnisses, durch den der Franchisegeber dem Franchisenehmer, einem selbständigen Händler oder Unternehmer, gegen Entgelt das Recht gewährt, bestimmte Waren und/oder Dienstleistungen unter Verwendung von Namen, Warenzeichen, Ausstattung oder sonstigen Schutzrechten sowie der technischen und gewerblichen Erfahrungen des Franchisegebers und unter Beachtung des von letzterem entwickelten Organisations- und

---

[1] Vgl. *Gross/Skaupy*, Das Franchise-System, 1968, S. 192.

Werbungssystems zu vertreiben, wobei der Franchisegeber dem Franchisenehmer Beistand, Rat und Schulung gewährt und eine Kontrolle ausübt.

Nach einer erweiterten Fassung dieser Definition in einer erneuten Darstellung des Franchising durch die gleichen Autoren[2] ist aufgrund weiterer Erfahrungen in der Praxis eine neue Fassung (1980) entstanden, die sich voraussichtlich kaum noch ändern wird. Diese Begriffsbestimmung, die mehr vom rechtlichen Standpunkt ausgeht und gewissermaßen schon den normalen wesentlichen Inhalt eines Franchise-Vertrages wiedergibt, lautet folgendermaßen:[3]

„Durch eine Franchise wird

dem Franchisenehmer, einem rechtlich selbständigen Händler oder Unternehmer

von dem Franchisegeber gegen direktes oder indirektes Entgelt das Recht eingeräumt,

im Rahmen eines Dauerschuldverhältnisses bestimmte Waren und/oder Dienstleistungen zu vertreiben,

und zwar

(a) unter Benutzung von Image, Namen, Zeichenrechten, Ausstattung, Kennzeichnungen, Symbolen oder sonstigen Schutzrechten des Franchisegebers,
(b) unter Benutzung seiner gewerblichen und/oder technischen Erfahrungen,
(c) und unter Beachtung des vom Franchisegeber entwickelten Organisations- und Marketingsystems, dessen ständige Weiterentwicklung ihm obliegt;

hierbei verspricht der Franchisegeber dem Franchisenehmer einerseits Ausbildung, Beistand und Rat

und überwacht andererseits die Einhaltung seiner geschäftlichen Konzeption, die er durch allgemeine Weisungen ohne Eingriff in den Betrieb des Franchisenehmers durchsetzen kann.

Die vorstehende Begriffsbestimmung kann auch am besten als Grundlage für eine Gegenüberstellung und Abgrenzung zu den anderen Vertriebssystemen dienen.

2. Definition des europäischen Verhaltenskodex für Franchising

Eine weitere Begriffsbestimmung des Franchising enthält der vorerwähnte europäische Verhaltenskodex für Franchising von 1991, gültig ab 1. Januar 1992. Er stellt eine völlige Neufassung des früheren Kodex dar, welche noch in der Vorauflage dieses Buches erwähnt wurde.[4] Hier heißt es:

Franchising ist ein Vertriebssystem, durch das Waren und/oder Dienstleistungen und/oder Technologien vermarktet werden. Es gründet sich auf eine enge und fortlaufende Zusammenarbeit rechtlich und finanziell selbständiger und unabhängiger Unternehmen, den Franchisegeber und seine Franchisenehmer. Der Franchisegeber gewährt seinen Franchisenehmern das Recht und legt ihnen gleichzeitig die Verpflichtung auf, ein Geschäft entsprechend seinem Konzept zu betreiben. Dieses Recht berechtigt und verpflichtet den Franchisenehmer, gegen ein direktes oder indirektes Entgelt im Rahmen

---

2 Vgl. *Gross/Skaupy*, Franchising in der Praxis, 1976, S. 271.
3 Vgl. *Boehm/Kuhn/Skaupy*, Checklist Franchising, München 1980, S. 144.
4 Vgl. Offizielle Ausgabe der EG-Kommission.

und für die Dauer eines schriftlichen, zu diesem Zweck zwischen den Parteien abgeschlossenen Franchise-Vertrags bei laufender technischer und betriebswirtschaftlicher Unterstützung durch den Franchisegeber, den Systemnamen und/oder das Warenzeichen und/oder die Dienstleistungsmarke und/oder andere gewerbliche Schutz- oder Urheberrechte sowie das Know-how, die wirtschaftlichen und technischen Methoden und das Geschäftssystem des Franchisegebers zu nutzen.

„Know-how" bedeutet ein Paket von nichtpatentierten praktischen Kenntnissen, die auf Erfahrungen des Franchisegebers und Erprobungen durch diesen beruhen und die geheim, wesentlich und identifiziert sind.

- „Geheim" bedeutet, daß das Know-how in seiner Substanz, seiner Struktur oder der genauen Zusammensetzung seiner Teile nicht allgemein bekannt oder nicht leicht zugänglich ist; der Begriff ist nicht in dem engen Sinne zu verstehen, daß jeder einzelne Teil des Know-hows außerhalb des Geschäfts des Franchisegebers völlig unbekannt oder unerhältlich sein müßte.

- „Wesentlich" bedeutet, daß das Know-how Kenntnisse umfaßt, die für den Verkauf von Waren oder die Erbringung von Dienstleistungen an Endverbraucher, insbesondere für die Präsentation der zum Verkauf bestimmten Waren, die Bearbeitung von Erzeugnissen im Zusammenhang mit der Erbringung von Dienstleistungen, die Art und Weise der Kundenbedienung sowie die Führung des Geschäftes in verwaltungsmäßiger und finanzieller Hinsicht wichtig sind. Das Know-how muß für den Franchisenehmer nützlich sein; dies trifft zu, wenn es bei Abschluß der Vereinbarung geeignet ist, die Wettbewerbsstellung des Franchisenehmers insbesondere dadurch zu verbessern, daß es dessen Leistungsfähigkeit steigert und ihm das Eindringen in einen neuen Markt erleichtert.

- „Identifiziert" bedeutet, daß das Know-how ausführlich genug beschrieben sein muß, um prüfen zu können, ob es die Merkmale des Geheimnisses und der Wesentlichkeit erfüllt; die Beschreibung des Know-hows kann entweder in der Franchise-Vereinbarung oder in einem besonderen Schriftstück niedergelegt oder in jeder anderen geeigneten Form vorgenommen werden.

Diese neue Definition ist leider etwas länger als vielleicht wünschenswert, läßt aber, zumal sie in Abstimmung mit zuständigen Stellen der EG-Kommission von den europäischen Landes-Franchise-Verbänden erstellt worden ist, einerseits die Bedeutung erkennen, die seitens der EG dem Franchising beigemessen wird, andererseits weiterhin, daß man seitens der EG besonderen Wert auf die rechtliche Gleichordnung unabhängiger Partner im Franchising und auf die Zusammenarbeit der Franchisepartner im Hinblick auf die gemeinsame Erstrebung wirtschaftlicher Vorteile Wert legt.

Damit ist im besonderen das gemeinsame Interesse der Franchisepartner zum Ausdruck gebracht, die – und dies ist ja der tiefere Sinn des Franchising – gewissermaßen „in einem Boot sitzen" bzw. „an einem Strang ziehen sollen". Der Europäische Verhaltenskodex ist mit seinem Gesamttext in Ziffer 2 des Anhangs abgedruckt.

Es wird manche geben, denen das juristische Geplänkel um Definition und Begriffsbestimmungen überflüssig erscheint und darauf hinweisen, daß dergleichen komplizierte Begriffsbestimmungen nicht viel praktischen Sinn haben. Dies ist eine grobe Vereinfachung. Einerseits ist die Abgrenzung des Franchising von anderen Vertriebsformen (vgl. hierzu das nächste Kapitel) aus mehreren rechtlichen, insbesondere kartellrechtlichen Gründen, von erheblicher Bedeutung, besonders im internationalen Bereich, wo diese Unterscheidungen sorgfältig beachtet werden. Zum anderen muß sich der Aufbau eines Franchise-Systems, soll es ein solches wirklich sein, an die in langjähriger Praxis erarbeiteten Merkmale dieses Systems halten. Es ist klar, daß der Franchisegeber beim Aufbau eines Systems die einzelnen Merkmale der Definitionskataloge konkret mit dem im Einzelfall notwendigen Inhalt füllen muß, die maßgebend für das gesamte Konzept, den Vertrag und das Betriebshandbuch wie auch gelegentlich bei der Gewährung von Krediten sind.

III. Die zahlreichen Vertriebsmethoden der Praxis und ihre Abgrenzung vom Franchise-System

Eine Erörterung der Abgrenzungsfaktoren wird am klarsten unter juristischen Aspekten vorgenommen. Ein Unternehmen, das nach einer optimalen Vertriebsmethode für seine Waren und/oder Dienstleistungen sucht, muß sich darüber Klarheit verschaffen, welche rechtlichen Strukturen für das für ihn zu entwickelnde Marketingkonzept am besten passen, welche am zweckmäßigsten und erfolgreichsten eine reibungslose Kooperation mit den in Aussicht genommenen Vertriebspartnern bietet.

1. Das Franchise-System

Die vorstehenden Definitionen lassen erkennen, daß Franchise-Verträge komplizierte Vertragsgebilde sind, welche sich zwangsläufig aus den verschiedensten Elementen zusammensetzen. Deswegen ist der Franchise-Vertrag zutreffend unter die Kategorie der Kombinationsverträge einzuordnen.[1] Er ist ein vertikal ausgerichtetes Dauer-schuldverhältnis, das normalerweise aus obligatorischen und fakultativen Elementen zusammengesetzt ist und mit dem in den meisten Fällen gleichzeitig andere, gesonderte (vorausgehende, ergänzende und begleitende) Verträge abzuschließen sind. Obligatorisch enthält ein Franchise-Vertrag eine Lizenzvereinbarung über die Gestattung des Gebrauchs gewerblicher Schutzrechte (Waren- bzw. Dienstleistungszeichen, Namensrechte, gewerbliche Kennzeichnungsrechte verschiedener Art, oft auch Patente, Gebrauchs- und Geschmacksmuster), weiterhin eine Know-how-Vereinbarung über kommerzielles, betriebswirtschaftliches und technisches Erfahrungswissen (einschließlich von Betriebsgeheimnissen), und zwar im Rahmen eines genau festgelegten Organisations- und Marketingkonzepts, und schließlich eine Art Vertretungsverhältnis.

Als fakultative Elemente treten zu einem Franchise-Vertrag, sei es durch Eingliederung in diesen selbst, sei es durch separat formulierte Nebenabreden, die Bestandteile eines Geschäftsbesorgungsvertrages bezüglich besonderer Dienstleistungen des Franchise-gebers und eventuell des Franchisenehmers, ferner (bei Vertriebsfranchisen) Elemente eines Warenlieferungsvertrages nebst Lieferbedingungen mit besonderen Eigentums-vorbehaltsklauseln und Sicherungsübereignungsklauseln, separate Wettbewerbsabreden, Schiedsverträge etc.

Zu den ergänzenden Verträgen gehören häufig Mietverträge, Untermietverträge bzw. Pachtverträge, je nachdem ob der Franchisegeber Hauseigentümer oder Hauptmieter der Geschäftsräume ist, in denen der Franchisenehmer seine Tätigkeit abwickeln soll; ferner sind oft vorausgehende Options- bzw. Reservierungsverträge erforderlich, falls der Franchisenehmer vor Vertragsabschluß über vertrauliche und geheime Einzelheiten des Systems informiert werden muß und für seine Entscheidung einer gewissen Be-

---

[1] Vgl. *Palandt/Heinrichs*, Kommentar zum BGB, Anm. 5b, c vor § 305 BGB.

denkzeit bedarf. Auch für den Franchisegeber sind solche Verträge zweckmäßig, um sämtliche Modalitäten eines Zwischenzustandes festzulegen, insbesondere Schadensersatzpflichten des Franchisenehmers, falls dieser bösgläubig ihm bekanntgewordene Systemgeheimnisse zum Schaden des Franchisegebers anderweitig benutzt.

Ferner kommen zu dem gesamten Franchise-Vertragswerk häufig noch weitere, oft dreiseitige oder multilaterale Vertragswerke hinzu, falls nämlich Kreditgeber oder Lieferanten in das System eingebunden werden müssen, ferner Gesellschaftsverträge, die entweder der Franchisenehmer zur Gründung einer Gesellschaft, welche die ihm erteilte Franchise auswerten soll, mit Kreditgebern schließt, oder auch Gesellschaftsverträge, die einer der beiden Franchisepartner mit Dritten zu verschiedenen Zwecken schließt (vgl. hierzu Kapitel XXVI).

Der Verfasser sieht es für verfehlt an, wenn versucht wird, den Begriff des Franchising bzw. den Franchise-Vertrag mit Gewalt in das Prokrustes-Bett eines bekannten Vertragstyps oder anderer Typen zu pressen, wie namentlich *Martinek* versucht hat.[2] Das allgemein akzeptierte und praktizierte Franchising wird von ihm als „Subordinations-Franchising" bezeichnet, dem ein „Partnerschafts-Franchising" offenbar horizontalen Charakters gegenüberstehe. Hinsichtlich des Subordinations-Franchising wird die Meinung vertreten, daß der Franchisegeber „Inhaber einer wirtschaftlichen Verfügungsgewalt" über den franchisierten Betrieb habe, welcher als „Anweisungsbetrieb" bezeichnet wird. Dies verkennt offensichtlich das allgemein praktizierte Franchising, so wie es vorstehend definiert wurde. Andererseits würde das „Partnerschafts-Franchising", welches ein gleichberechtigtes Zusammenwirken" und eine „anteilige Systemsteuerung" beinhalte, ja horizontalen Charakter haben und unter das Kartellverbot fallen.[3]

2. Partnerschaftsverträge mit unvollständigem Franchise-Konzept

In der Praxis kommen öfter unter verschiedenen Bezeichnungen, die rechtlich für die juristische Bewertung ohne Belang sind, vertikale Partnerschaftsverträge vor, die in ihrer Struktur einem Franchise-Vertrag ähneln. Diese Verträge enthalten aber nicht alle Elemente eines wirklichen Franchise-Konzepts. So fehlen z.B. die eindeutige Einräumung des Nutzungsrechts an Namen, Warenzeichen und anderer Schutzrechte oder die fortlaufende kommerzielle und technische Unterstützung des Partners und seine Ausbildung durch die Systemzentrale. Es wird meist zweckmäßig sein, solche Verträge analog den Franchise-Verträgen zu behandeln.

Nach deutschem Recht ist der Partnerschaftsvertrag nach allgemeinen Rechtsgrundsätzen ähnlich dem Franchise-Vertrag zu behandeln. Soweit er in seinen Auswirkungen die Grenze zu anderen EG-Ländern überschreitet, kommt allerdings EG-Recht zur Anwendung. Allerdings ist eine Anwendung der Gruppenfreistellungs-Verordnung für

---

[2] Vgl. u.a. „FRANCHISING" 1987, S. 297 ff.
[3] Vgl. *Skaupy*, NJW 92, S. 1788; zu den rechtlichen Konstruktionen *Martineks*, der auch noch ein „Konföderations-Franchising", ein „Koalitions-Franchising" und ein „Koordinations-Franchising" erkennen will, die umfassende Kritik bei *Weltrich*, Franchising im EG-Kartellrecht, 1992, S. 58 ff.; ferner *Liesegang*, NJW 1990, S. 1525).

Franchise-Vereinbarungen[4] zweifelhaft, da der Partnerschaftsvertrag nicht den Definitionselementen der Verordnung entspricht, so daß meist eine Individualfreistellung durch die EG-Kommission notwendig werden könnte. Falls der Partnerschaftsvertrag sich als Alleinvertriebs- oder Alleinbezugsvertrag darstellen sollte, käme eine Anwendung der beiden Gruppenfreistellungs-Verordnungen Nr. 1983/83 und Nr. 1984/83 in Betracht.[5]

3. Das Vertragshändler-System

Begrifflich steht dieses dem Franchise-System am nächsten. Auch hier steht auf der einen Seite ein Hersteller, Großhändler oder anderer Unternehmer, sein Vertriebsapparat oder auch ein übergeordneter Großhändler, der dem Vertragshändler auf der anderen Seite, auch ein selbständiger Kaufmann, oft ein Großhändler, das Recht gewährt, die von ihm hergestellten bzw. vertriebenen Erzeugnisse in eigenem Namen und für eigene Rechnung zu verkaufen bzw. weiter zu vertreiben. Diese Vertragshändler – häufig auch „Eigenhändler", „autorisierte Händler", „Fachhändler" oder (wie häufig im Ausland) „Konzessionär" genannt – sind im allgemeinen mehr oder minder stark in die Absatzorganisation des Unternehmens, für das sie Waren verkaufen, eingegliedert. Meist bestehen vertragliche Abmachungen, nach denen das Interesse des Unternehmens wahrzunehmen ist und bei Verkäufen gewisse, von diesem Unternehmen dem Vertragshändler gegebene Richtlinien zu beachten sind.[6]

Die wesentlichen Unterschiede des Vertragshändlersystems zum Franchise-System:

- Der Vertragshändler benutzt zwar in gewissem Umfang, aber nicht in allen Einzelheiten vorgeschrieben, Marke, Namen und Kennzeichnungsrecht des von ihm vertretenen Unternehmens, bei ihm fehlt jedoch die völlige Identifizierung mit dem einheitlichen, genau festgelegten Gruppen-Image eines straffen Vertriebssystems einschließlich aller seiner Marken, Kennzeichen und Symbole.

- Im Vertragshändler-System fehlt normalerweise ein bis in alle Einzelheiten geregeltes straffes Organisationssystem.

- Das Vertragshändlersystem kennt kein einheitliches, alle Vertriebsstellen gleichmäßig betreuendes, sich stets erneuerndes Marketing- und Werbungskonzept.

- In einem Vertragshändlersystem fehlt das Überwachungs- und Weisungsrecht des Franchisegebers, der die genaue Einhaltung seines Konzepts durch die Franchisenehmer sicherstellt.

- Im Vertragshändlersystem ist die laufende Unterstützung und Beratung, häufig auch eine Ausbildung des Vertragshändlers, der oft selbst Fachmann ist bzw. sein muß, nicht üblich.

- Im Vertragshandel werden niemals reine Dienstleistungen vertrieben, sondern nur Erzeugnisse, häufig technische Anlagen und Apparate, wenn auch keineswegs immer.

---

[4] Vgl. EG VO Nr. 4087/88, Abl. Nr. L 359/46 vom 28.12.1988.
[5] Abl. Nr. L 173 v. 30.6.1983, S. 1 ff., 5 ff.
[6] Vgl. *Herbert Stumpf*, Der Vertragshändlervertrag, 2. Aufl., Heidelberg 1979.

• Das Franchise-Verhältnis ist im Gegensatz zum Vertragshändlersystem im allgemeinen auf eine festere und langfristigere Zusammenarbeit der Vertragspartner abgestellt.

• Wie *Bauder*[7] zusätzlich bemerkt, enthalten Vertragshandelsverträge im Gegensatz zu Franchise-Verträgen meist keine Entgeltsregelung für die Überlassung von Betriebs-Know-how. Im Gegenteil ist es gerade der Vertragshändler, der häufig ein Entgelt vom „Hersteller als Geschäftsherrn" erhält.[8]

Wenn auch das Franchise-System in der überwiegenden Zahl der Fälle heute dem erheblich loseren Vertragshändler-System vorzuziehen sein wird, so behält letzteres weiter seine erhebliche Bedeutung beim Vertrieb von technischen Anlagen und Produkten, deren Verteilung an Betriebe und letzte Verbraucher von technisch besonders versierten Fachhändlern vorgenommen werden muß, deren Eingliederung in ein straffes Vertriebssystem jedoch häufig nicht angezeigt erscheint. Obwohl zahlreiche Vertragshandelssysteme, um den Erfordernissen des modernen Vertriebes gerecht zu werden, in Franchise-Systeme umgewandelt werden, gibt es umgekehrt auch Fälle, in denen Franchise-Systeme in Vertragshändler-Systeme umstrukturiert werden, weil sich der Vertrieb über Franchisen als nicht vorteilhaft herausgestellt hat und die Vertragshändler größere Unabhängigkeit besitzen.

4. Lizenzverträge

Lizenzverträge beinhalten die Erlaubnis zum Gebrauch von gewerblichen Schutzrechten des Lizenzgebers an den Lizenznehmer, besonders von technischen Schutzrechten (Patente, Gebrauchsmuster), Waren- und Dienstleistungszeichen, Namens- und Ausstattungsrechten. Beide Vertragspartner sind normalerweise selbständige Unternehmer. Gegen eine Zahlung von meist umsatzbezogenen Lizenzgebühren hat der Lizenznehmer das Recht und meist auch die Pflicht zur selbständigen laufenden Nutzung dieses Rechts. In der wirtschaftlichen Praxis werden Lizenzen namentlich für die Herstellung und/oder den Vertrieb von Produkten erteilt sowie für den Gebrauch von Waren- und Dienstleistungszeichen.

Bei Lizenzverhältnissen fehlen das Organisations-, Marketing- und Werbungskonzept, die straffe Organisation sowie das Überwachungs- und Weisungsrecht, für welche Franchise-Verhältnisse typisch sind. Allerdings sind Lizenzvereinbarungen immer in Franchise-Verträgen enthalten, ja sogar obligatorische Bestandteile von ihnen, da die Lizenzierung der genannten Schutzrechte von der Definition der Franchise-Verträge umfaßt wird.

5. Know-how-Vereinbarungen

Im Gegensatz zu Lizenzen an gewerblichen oder sonstigen gesetzlich geregelten Schutzrechten umfaßt das Know-how nicht nur technische, sondern unternehmerische,

---

[7]   Der Franchise-Vertrag, Stuttgart, 1988, S. 49.
[8]   Vgl. *Ulmer*, Der Vertragshändler, S. 426 ff.

betriebswirtschaftliche, kaufmännische und werbliche Kenntnisse und Erfahrungen, die nicht durch spezielle gewerbliche Schutzrechte geschützt sind. Know-how ist entweder geheim oder nicht allgemein bekannt. Der Know-how-Nehmer erhält durch eine Know-how-Vereinbarung das Recht zur Benutzung eines Know-how zur Produktion und/oder zum Vertrieb von Waren und/oder Dienstleistungen.[9] Wie bei Lizenzverträgen fehlt den Know-how-Vereinbarungen als solchen eine straffe Systemorganisation und ein Überwachungs- und Weisungsrecht. Sie sind aber im Rahmen eines Franchise-Verhältnisses ein obligatorisches Element. Sie enthalten im Franchise-Vertrag selbst oder in besonderen Systemhandbüchern genaue Betriebsführungsrichtlinien. Für all das, was das Know-how bei Franchise-Verträgen beinhaltet, hat die EG-Gruppenfreistellungs-VO eine für Franchise-Verhältnisse zugeschnittene Definition erstellt, die unten in Kapitel XXXV wiedergegeben ist.[10]

6. Handelsvertreterverträge und Agentur-Systeme, Kommissionsvertrieb

Äußerer Aufbau und Organisationskonzept von Handelsvertreter- und Agentursystemen werden häufig einem Franchise-System ähneln und führen daher leicht zu Verwechslungen. Der entscheidende Unterschied des Agentur-Systems gegenüber dem Franchise-System liegt darin, daß der Agent, obwohl er handelsrechtlich (§ 1 Ziff. 7 HGB), gewerberechtlich und steuerrechtlich als Kaufmann anzusehen ist, niemals im eigenen Namen und für eigene Rechnung tätig ist.

Ihm fehlt die unternehmerische Selbständigkeit bei den von ihm vermittelten und abgeschlossenen Geschäften. Er hat kein Warenrisiko und trägt kein sonstiges geschäftliches Risiko (es sei denn bei Bewilligung einer Delkredere Provision, § 86b HGB) und hat in der Regel nur einen vergleichsweise geringen Kapitaleinsatz. Auch kann er aus den von ihm zustandegebrachten Geschäften niemals, es sei denn bei Vorliegen von unerlaubten Handlungen, in Anspruch genommen werden, da er sie ja nur für Rechnung und im Namen des von ihm vertretenen Unternehmens abgeschlossen hat (§ 84 HGB).

Dem Agentur-System wird gegenüber dem Franchise-System dann der Vorzug zu geben sein, wenn der Planer eines Vertriebssystems seinen Vertragspartner enger an sich binden will, wenn er keinen Partner mit Finanzierungsmöglichkeiten sucht oder falls er mit Rücksicht auf die Bindung der Verkaufspreise, die in einem Franchise-System nicht möglich ist (vgl. Kapitel XXVII) einen Agenturvertrag vorzieht und das Risiko der betreffenden Verkaufsstelle lieber selbst trägt.

Auch mit Kommissionären oder Kommissionsagenten, die zwischen Franchisenehmern bzw. Vertragshändlern und Agenten eine Mittelstellung einnehmen, kann ein Vertriebssystem arbeiten. Diese Gruppen von Vertriebsmittlern arbeiten zwar wie Franchisenehmer und Vertragshändler im eigenen Namen, aber für Rechnung eines anderen (§ 383 HGB). Die Einordnung dieser Gruppe in ein Vertriebssystem kann ziemlich strikt oder auch sehr lose sein, zumal diese Personen ohne eigenes Risiko und un-

---

9 Vgl. *Stumpf*, Der Know-how-Vertrag, RN 29 ff., 169 ff.; *Weltrich*, Franchising im EG-Kartellrecht, S. 86 ff.; *Skaupy*, GRUR 1964, S. 541.
10 Abl. Nr. L 359/46 v. 28.12.1988.

ternehmerische Selbständigkeit tätig sind. In der Reihe bekannter Vertriebssysteme sind diese Kommissionäre bisher wenig in Erscheinung getreten. Ein Franchisegeber, der dem Franchisenehmer keine Preisbindung auferlegen darf (vgl. Kapitel XXVII), kann sich eines Kommissionsagenten bedienen, wenn er die Preise der zu vertreibenden Produkte selbst festlegen will. Auf diese Weise können auch Teilnehmer fester an Vertriebssysteme gebunden werden, wenn diese auf einem schwächeren Konzept beruhen.

Es ist nach der Entscheidung des BGH[11] vom 15.4.1986 in dem Verfahren des *Bundeskartellamtes* gegen die Firma *Telefunken* (damals noch zur *AEG* gehörend) unbedenklich, daß ein Hersteller sein Vertragshändler-System (und gleiches muß für ein Franchise-System gelten) in ein Vertriebssystem mit Handelsvertretern (und dies müßte sinngemäß auch für Kommissionsagenten gelten) umwandeln kann; dies gilt auch, wenn er das Preisbindungsverbot durch eine andere Struktur im Interesse des von ihm für zweckmäßig gehaltenen Vertriebsweges damit vermeidet. Die Kartellbehörde und das Kammergericht hatten in den Vorinstanzen die Umwandlung als unzulässige Umgehung des Preisbindungsverbots betrachtet und § 15 GWB (Verbot der Preisbindung) angewandt. Der BGH sagt nun klar in seiner Entscheidung, daß § 15 GWB keine Anwendung auf das Weisungsrecht des Unternehmens gegenüber seinem Handelsvertreter für die in seinem Namen und auf seine Rechnung abgeschlossenen Verträge findet, auch wenn vorher ein Vertrieb über Handelsvertreter nicht üblich war und der Hersteller mit der Umstrukturierung dem Preisbindungsverbot entgehen kann.

7. Das Filial-System

Obwohl Filial-Systeme von außen gesehen von Franchise-Systemen kaum zu unterscheiden sind – häufig sind ja Franchise- und Filial-Systeme in einem Gesamtsystem nebeneinander vertreten (vgl. nachstehend unter 8.) –, bestehen grundsätzliche Unterschiede zwischen beiden Vertriebsformen. Während der Franchisenehmer unternehmerisch selbständiger Kaufmann ist, der in eigenem Namen für eigene Rechnung tätig wird, steht ihm der Filialleiter als persönlich Abhängiger, dem Arbeitsrecht unterliegender Angestellter gegenüber. Er mag in der Praxis eine erhebliche Handlungsfreiheit haben und durch eine ihm neben dem Gehalt zugesagte Erfolgsprovision an den Einnahmen der Filiale beteiligt sein. Indessen unterliegt er bei allen seinen Geschäftstätigkeiten den Wünschen und eventuell Einzelanweisungen seines Chefs in der Direktion bzw. Verkaufszentrale eines Filialunternehmens, bei dem er angestellt ist und für dessen Namen und Rechnung er arbeitet. Ob ein Unternehmen besser mit Filialleitern oder mit Franchisenehmern arbeitet, wird in der Praxis von verschiedensten Erwägungen abhängen, die nachfolgend noch zu diskutieren sind.

---

[11] BGH/KVR 3/85, *(Telefunken)*, E. vom 15.4.1986, BB 1986, S. 1387 ff.

8. Mischformen, unechtes und Quasi-Franchising; Franchisegeber-Beteiligung an Frachisenehmer-Betrieben

Verschiedene Vertriebssysteme, die das Franchise-Konzept teilweise verwerten, sind Mischsysteme, oder sie sind echtem Franchising in ihrer Organisationsart, ihrer Marketing-Konzeption und in dem angebotenen Dienstleistungspaket sehr ähnlich.

Zunächst seien hier die Mischtypen erwähnt, bei denen die Systemzentrale nebeneinander Verkaufsstellen franchisiert und filialisiert, so daß diese im Rahmen des Gesamtvertriebssystems teils nach dem einen, teils nach dem anderen System organisiert sind. Beispiele hierfür sind u.a. *Ihr Platz* (Parfümerie, Kosmetik und Drogeriewaren) und *McDonald's* (Schnellimbißrestaurants). In solchen Fällen bestehen mithin zwei oder möglicherweise mehr Systemarten nebeneinander im gleichen Gesamtsystem, was auch bei anderen als den hier genannten Vertriebstypen denkbar ist.

Sowohl Vertragshändlersysteme als auch Agentursysteme und Kommissionsagentursysteme können in ihrer Ausgestaltung hinsichtlich Image, Konzept und Dienstleistungsangebot franchiseähnlich aufgezogen sein. Hier ist gelegentlich von **unechten Franchising** gesprochen worden, was z.B. angebracht ist, wenn ein Agent bzw. Generalagent mit relativ hohem Kapitaleinsatz arbeitet und über eine normale Provision hinaus am Gewinn des Unternehmens maßgeblich beteiligt ist, obwohl im Prinzip mangels Handeln im eigenen Namen und für eigene Rechnung, also bei fehlender unternehmerischer Selbständigkeit, kein eigentliches Franchise-System vorliegt.

Auch Vertragshändler- und Kommissionsagentursysteme können so gestaltet sein, daß man von einem **Quasi-Franchising** sprechen kann. Im letzteren Fall ist diese Bezeichnung z.B. dann angebracht, wenn diese Vertriebsform als Ausweichmöglichkeit gewählt wird, weil das echte Franchising nicht zweckmäßig erscheint oder rechtlichen Schwierigkeiten begegnet.

Fälle des Quasi-Franchising liegen grundsätzlich vor, wenn Franchise-Verhältnisse durch wirtschaft- bzw. gesellschaftrechtliche Bindungen der Vertragspartner überlagert bzw. abgesichert sind. Nicht selten wird zwischen den Franchisepartnern gleichzeitig eine Kapitalgesellschaft oder Kommanditgesellschaft zur Nutzung der Franchise gegründet, wobei der Franchisegeber eine Mehrheitsbeteiligung erwirbt bzw. Komplementär ist. Hier liegt deswegen kein echtes Franchising vor, weil das Organisations-, Überwachungs- und Weisungsrecht sich primär nicht aus dem Franchise-Vertrag, sondern automatisch aus der handelsrechtlichen Stellung des Mehrheitsgesellschafters bzw. Komplementärs, (Franchisegebers) ergibt. In diesen Fällen wird zwar ein üblicher Franchise-Vertrag abgeschlossen, aber letzten Endes beherrscht der Franchisegeber kapitalmäßig bzw. gesellschaftsrechtlich ohnehin den Franchisenehmer.[12] Die Zweckmäßigkeit solcher Lösungen ist nur im einzelnen Fall zu bejahen oder zu verneinen; sie wird weitgehend von Finanzierungsproblemen abhängen.

Ganz anders gelagert sind jedoch Fälle, in denen der Franchisenehmer, um das notwendige Kapital zu beschaffen, seinerseits eine Gesellschaft gründet, in welcher der Franchisegeber eine Minderheitsbeteiligung erwirbt, evtl. eine Sperrminorität von

---

[12] Vgl. die Studie von *Infratest-Industria*, Franchising in der Bundesrepublik Deutschland, 1973, S. 37 ff.

25%. Da die Franchise prinzipiell nur mit Rücksicht auf die Person des Franchisenehmers aufgrund seiner persönlichen Voraussetzungen erteilt wird, wird die Begründung einer solchen Franchisenehmergesellschaft von dem Einverständnis des Franchisegebers abhängig gemacht. Bei einer solchen Beteiligung des Franchisegebers
wird häufig das Bestreben des Franchisegebers maßgebend sein, eine Überfremdung
des franchisierten Unternehmens bzw. sonstige ihm nicht wünschenswerte ggf. imageschädigenden Veränderungen oder sonstige Vorgänge in dem Unternehmen des Franchisenehmers im Interesse des gesamten Systems zu verhindern. Nach diesseitiger
Auffassung liegt in solchen Fällen aber echtes Franchising vor, denn der Franchisenehmer ist selbst Mehrheitsgesellschafter und Geschäftsführer bzw. Komplementär,
womit ihm die verantwortliche Leitung des franchisierten Betriebes obliegt, woran der
Franchisegeber seinerseits ein eigenes Interesse hat. Die Bindungen, die dem Franchisenehmer in diesem Falle durch die Beteiligung des Franchisegebers an seiner Gesellschaft auferlegt sind, überschreiten dann kaum diejenigen des Franchise-Vertrages.

9. Weitere vertikale Vertriebsformen mit wirtschaftlich und rechtlich selbständigen Partnern, namentlich Alleinvertriebsverträge, Zuliefersysteme, Depotsysteme, selektiver Vertrieb, Vertriebsmittler mit Beratungsrecht, Direktvertrieb

Zu den im Wirtschaftsleben entwickelten Formen vertikaler Kooperation, die gelegentlich dem Franchising ähneln und mit ihm verwechselt werden, seien kurz aufgeführt:

(a) Bei einer **Alleinvertriebsbindung** überträgt ein Hersteller oder Lieferant seinem
Abnehmer das ausschließliche Recht zum Vertrieb seiner Waren, entweder allgemein
oder in einem bestimmten Gebiet oder an einen bestimmten Kreis von Abnehmern.[13]

Im allgemeinen wird dem Abnehmer die Verpflichtung auferlegt, ausschließlich seine
Ware bei ihm zu beziehen. Die Rationalisierungsvorteile der Alleinvertriebsverträge
sind erheblich und werden weitgehend im grenzüberschreitenden Geschäftsverkehr
verwandt.[14] Alleinvertriebsverträge bilden häufig den Bestandteil der Vereinbarungen
im Rahmen eines Franchise-Verhältnisses und können wesentliche Aspekte desselben
annehmen, so daß sie sich in entsprechender Ausgestaltung selbstverständlich auch als
Franchise-Verträge darstellen können. Was ihnen von Haus aus fehlt, ist die im Franchise-System übliche Identifizierung des Franchisenehmrs (Abnehmers) mit dem
System-Image, ebenso wie häufig auch das strikte Organisations- und Marketingkonzept des Franchising hier fehlen werden.

(b) Eine Vertriebsform von großer Bedeutung ist besonders auf dem Gebiet hochwerti-
ger Güter aller Art der **selektive Vertrieb**. Unter diesem versteht man die Beschränkung

---

13 Vgl. *Arno Sölter*, Vertriebsverbindungen im gemeinsamen Markt, S. 14.
14 Vgl. die Definition in der Präambel der von der EG-Kommission erlassenen Gruppenfrei-
    stellungs-VO Nr. 67/67, Abl. 849/67 vom 25.3.1967.

des Absatzweges auf eine ausgewählte Gruppe von Absatzmittlern.[15] Die Auswahl kann nach bestimmten Handelskriterien (Fachhändler) oder quantitativ (autorisierte Händler) erfolgen und orientiert sich häufig nach beiden Kriterien. Auch hier profitieren die selektierten Händler, genau wie die Franchisenehmer, von dem „goodwill" des Produktes und von den gebotenen breiten Verkaufschancen; sie können im übrigen mit einer Rentabilität ihres Kundendienstes rechnen. Ein selektiver Vertrieb kann durchaus im Rahmen eines Franchise-Systems erfolgen und dessen Charakteristika aufweisen, dies wird aber keinesfalls in jedem Falle so sein. Der selektive Vertrieb läßt sich also begrifflich von dem Franchise-System als solchem nicht abgrenzen, sondern ist, wenn man so will, eine häufig dem Franchising entsprechende Ausgestaltung des Vertriebes.

(c) Gelegentlich wird auch das **Depot-System** mit dem Franchise-System in einem Atemzug genannt oder mit diesem verwechselt. Hier handelt es sich um eine Auswahl von Händlern (Despositären), denen der Hersteller Gebietsschutz einräumt, wofür diese Händler das gesamte Sortiment des Herstellers führen müssen. Hauptanwendungsgebiete dieses Vertriebssystems sind die Kosmetik oder hochwertige Fotoerzeugnisse.[16] Dieses besondere Vertriebssystem hat mit dem Franchising als solchem nichts zu tun, aber es scheint denkbar, daß solche Verträge mit der Pflicht zur Führung des gesamten Sortiments des Herstellers auch in der Form von Franchise-Verträgen in Erscheinung treten können.

(d) Es gibt oft Geschäftszweige, in denen ein Vertriebssystem angewandt wird, das außer der Selektion und Vertriebsbindung ein **Beratungsrecht** der selektierten Großhändler bei der Produktions- und Absatzplanung des Herstellers vorsieht. Darüber hinaus erhalten Großhändler Zertifikate, die ihnen einen Kaufanspruch in dem Maß gewähren, in dem sie mit ihrer Umsatzleistung zum wirtschaftlichen Erfolg des Herstellers beitragen.[17] Dieses System ist begrifflich offensichtlich etwas ganz anderes als das Franchise-System, es kann aber ebenfalls wie die vorgenannten Systeme bei entsprechender Vertragsgestaltung den Charakter eines Franchise-Systems annehmen. Das Beratungsrecht des Großhändlers ist naturgemäß ein besonderer Aspekt, es wird z.B. in einem bekannten Franchise-System, dem *OBI*-System für Baumärkte und Heimwerker, verwendet, so daß es sich auch bei dieser Kooperationserscheinung nicht um ein im Gegensatz zum Franchising stehendes System handelt.

(e) Ferner sei das sog. **Zuliefersystem** erwähnt, für welches die OECD folgende Definition erstellt hat:

„Zulieferung ist eine vertragliche Vereinbarung zwischen einem Auftraggeber und einem Zulieferer

über

---

[15] Vgl. *Werner Benisch*, Kooperationsfibel, 4. Aufl., 1973, S. 395 ff. Vgl. neuerdings *Klinkert*, WRP, 1986, 249 ff. Nach europäischem Kartellrecht sind selektive Vertriebssysteme zulässig, gewisse Beschränkungen sind jedoch zu berücksichtigen, vgl.
EuGH Metro-Saba vom 25.10.77 Slg. 1977, 1875 ff.
EuGH Lancôme vom 10.7.80 Slg. 1980, 2511 ff.
EuGH L'Oréal vom 11.12.80 Slg. 1980, 3775 ff.

[16] Vgl. *Benisch*, S. 397; *Westrick/Löwenheim/Belke*, Kommentar zum GWB, 5. Aufl., 1985, Anm. 22 zu § 18.

[17] Vgl. *Benisch*, S. 398.

(i) die Fertigung von Teilen, Aggregaten, Zubehörteilen und Ergänzungsteilen auf Anweisungen des Auftraggebers, welche in ein verkaufsfertiges Produkt der auftraggebenden Firma eingebaut werden,

(ii) die Verarbeitung von Material für einen Auftraggeber – gleichgültig, ob dies vom Auftraggeber gestellt wird oder nicht – und die Bearbeitung und Fertigstellung von Teilen, welche der Auftraggeber ausgegeben hat und welche zu ihm zurückgehen."

Es ist offensichtlich, daß dieses Kooperationssystem als solches, das weitgehend andere Elemente enthält, nicht mit dem Franchise-System verglichen werden kann. Allerdings könnten Zulieferverträge dieser Art unter gewissen Voraussetzungen den sog. Produkt-Franchisen nahekommen (vgl. Kapitel V.5).

(f) Zu steigender Bedeutung unter den Vertriebsformen ist in den letzten Jahren der **Direktvertrieb** gelangt, auch Hausservice genannt. Nach *Engelhardt/Witte*[18] beziehen Kunden jährlich Waren und Dienstleistungen im Wert von knapp 200 Milliarden DM über diesen Vertriebsweg. 80% der Versicherungen, 20% Bausparverträge, 50% der Fertighäuser und 10% der Automobile werden mit Hilfe von Hausservicerepräsentanten zu Hause angeschafft. Neuerdings machen auch Broker, Anlageberater und Makler Milliardengeschäfte auf diesem Vertriebsweg. Dem Direktvertrieb haben sich auch in weiteren Branchen einige bekannte Hersteller und Handelsunternehmen zugewandt, z.B. die *Avon Cosmetics GmbH, Tupperware Deutschland GmbH* (Kunststoffbehälter), die altbekannte *Elektrolux GmbH* (Bodenpflegegeräte, Reinigungsmaschinen), die österreichische *Bertelsmann Buchcluborganisation Donauland* u.a.m.

Gegenüber den ursprünglichen Vorbehalten im Publikum (Bedrängungsmethoden, Überrumpelung) ist der Direktvertrieb jetzt weitgehend akzeptiert. Fast 40% aller Haushalte sind in irgendeiner Beziehung Direktvertriebskunde. Eine große Zahl der diesen Vertriebsweg praktizierenden Firmen haben sich – ebenso wie etwa in der Schweiz, Italien und Frankreich – zu einer Selbstkontroll-Organisation zusammengefunden, nämlich dem *Arbeitskreis „Gut beraten – zu Hause gekauft",* zu dessen Aufgaben, abgesehen von der Selbstkontrolle, auch die Bekämpfung unlauterer Erscheinungsformen durch Hausservice-Wirtschaft gehört. Die Adresse des Arbeitskreises ist: Klugstraße 53, 80638 München, Tel. 089/15 46 34, Fax 089/157 6684.

Der Arbeitskreis unterhält eine Kontrollkommission zur Überwachung der Einhaltung des Verhaltensstandards der Direktvertriebe. Er kann als aktiv legitimierte Wirtschaftsvereinigung i.S. v. § 13 Abs. 2 Nr. 2 UWG auf Unterlassung von wettbewerbswidrigen Vertriebsmethoden klagen. In vielen Ländern der Welt existieren solche Wirtschaftsvereinigungen. Für Europa ist dies die *FEDERATION OF THE DIRECT SELLING ASSOCIATIONS (FEDSA)* mit Sitz in Brüssel. Weltweit faßt einschlägig die *WORLD FEDERATION OF THE DIRECT SELLING ASSOCIATIONS (WFDSA)* mit Sitz in Washington die Tätigkeit der Landesorganisationen zusammen. Bei dem Arbeitskreis ist einschlägiges Material erhältlich.

Besonders hervorgetreten im Hinblick auf die Benutzung des Franchising als Vertriebsmethode sind in letzter Zeit häufig die Zulieferer von Tiefkühlkost, die Firmen *Eismann & Co., Getränke-Heimdienst* und *Aquella.* Auch die Firma *AloVer Cosmetics GmbH* bedient sich des Franchise-Konzepts für ihren Vertrieb in Deutschland. Manche Unternehmen arbeiten allerdings auch mit Kommissionären bzw. Kommissionärinnen, wie *Avon Cosmetics.*

---

[18] Direktvertrieb im Konsumgüter- und Dienstleistungsbereich, 1990.

10. Genossenschaften und Handelsketten

Im Gegensatz zum Franchising haben die Genossenschaften horizontalen Charakter, d.h. die Kooperation erfolgt zwischen Partnern derselben Wirtschaftsstufe. Genossenschaften sind juristische Personen mit nicht geschlossener Mitgliederzahl, welche „die Förderung des Erwerbs oder der Wirtschaft ihrer Mitglieder mittels gemeinschaftlichen Geschäftsbetriebes bezwecken" (§ 1 Genossenschaftsgesetz). Die Verbindung zwischen den einzelnen Genossen, die gleichzeitig Mitglieder und Kunden der Genossenschaft sind, ist lose, da der Vorstand der Genossenschaft gegenüber den Mitgliedern kein Überwachungs- und Weisungsrecht hat. Eine Zusammenarbeit, die auf verschiedene Weise erfolgen könnte, häufig im Einkauf oder Verkauf, evtl. in der Produktion oder bei der Materialbeschaffung, ist daher nicht durchzusetzen.[19]

Bei dem scharfen Wettbewerb auf den heutigen Märkten reicht die Form der Genossenschaft häufig nicht aus, um einen modernen den Bedürfnissen entsprechenden und genügend gewinnträchtigen Betrieb zu sichern.

Durch das Fehlen eines straff organisierten Vertriebs genügt die Form der Genossenschaft daher häufig nicht mehr den Erfordernissen der Zeit, so daß ihre Umwandlung in ein Franchise-System oder ihre Eingliederung bzw. Angliederung in ein Franchise-System mit einer starken Zentrale (Kapitalgesellschaft), häufig eine AG, angestrebt wird.

Ebensowenig wie die Genossenschaften sind auch die Handelsketten (freiwillige Ketten) mit Franchise-Systemen zu vergleichen. Hier handelt es sich um „freiwillige Zusammenschlüsse eines oder mehrerer selbständiger Großhändler mit mehreren selbständigen Einzelhändlern zum Zwecke einer engen institutionellen beschaffungs- und absatzwirtschaftlichen Zusammenarbeit unter einem einheitlichen Organisationszeichen, wobei die rechtliche und wirtschaftliche Selbständigkeit der Mitglieder gewahrt bleiben soll.[20]

Diese Begriffsbestimmung stellt klar, daß es sich hier um eine weitreichende, drei- bis vierstufige Kooperation handelt, bei der das Merkmal „Freiwilligkeit" allein schon den Unterschied zum Franchising erkennen läßt. Die typischen Merkmale des Franchising wie straffe Organisation, einheitliche Marketing-Konzeption wie auch das Überwachungs- und Weisungsrecht fehlen. Es kann bezweifelt werden, ob die lose Kooperation im Rahmen der Handelsketten noch genug leistungssteigernde Effekte angesichts des zunehmenden Wettbewerbdrucks erreichen kann. Auch hier wird vielfach die Umwandlung in ein Franchise-System, ein Quasi-Franchise-System oder auch in ein Filial-System kaum abzuwenden sein.

11. Joint ventures und Gemeinschaftsunternehmen

Auch diese Systeme sind mit Franchise-Systemen manchmal verwechselt worden. Joint ventures sind im allgemeinen zeitlich begrenzte Kooperationen zweier oder meh-

---

19 Vgl. Management Enzyklopädie, 1983, Bd. 4, S. 130 ff.
20 Vgl. *Disch*, Der Groß- und Einzelhandel in der Bundesrepublik, 1966, S. 130 ff.

rerer Unternehmen, die ein bestimmtes Vorhaben oder eine Reihe von Einzelprojekten gemeinsam durchführen wollen. Die beteiligten Unternehmen, die selbständig bleiben, sind rechtlich in dieser Kooperation als bürgerlich-rechtliche Gesellschaften (§§ 705 ff. BGB) zu betrachten. Sollten jedoch zwei oder mehrere Unternehmen nicht nur gelegentlich Vorhaben oder Projekte durchführen wollen, sondern eine dauerhafte Kooperation beabsichtigen, so werden sie häufig ein Gemeinschaftsunternehmen, meist eine GmbH, gründen. Hierbei wird es sich üblicherweise um eine, von zwei oder mehreren kapitalmäßig beteiligten Unternehmen abhängige „Tochtergesellschaft" mit einer eigenen Rechtspersönlichkeit handeln, welche die Kooperation der sie beherrschenden Unternehmen auf einem bestimmten wirtschaftlichen oder technischen Gebiet betreibt.[21]

Sowohl bei Joint ventures wie bei Gemeinschaftsunternehmen kann die Kooperation nicht nur horizontal, sondern auch vertikal erfolgen (z.B. bei der Produktion auf verschiedenen Wirtschaftsstufen). Auch bei vertikaler Kooperation liegt hier niemals wie beim Franchise-System ein Vertrieb im Rahmen eines straffen Vertikalsystems mit prinzipiell offener Teilnehmerzahl vor, da ein das Organisations- und Marketingkonzept überwachender Systemkopf nicht besteht. Bei beiden Kooperationsformen bringt meist jeder beteiligte Partner etwas in die Kooperation ein, was der andere gerade nicht hat. Kernkriterium für Joint ventures ist die Zusammenlegung komplementärer Kenntnisse und/oder Mittel bei gleichzeitiger adäquater Risiko- und Gewinnteilung.[22] Beim Franchising hingegen erbringt eine offene Zahl von Partnern die gleiche Leistung. Ein anderes Problem liegt vor, wenn ein Franchisegeber sich mit einem Geschäftspartner bzw. einer anderen Gesellschaft zu einem Joint venture oder einem Gemeinschaftsunternehmen zusammenfindet, um ein Franchise-System zu betreiben. Dann liegt ein Verbund vor, der aus einem Joint venture *plus* einem Franchise-System besteht. Amerikanische Franchisegeber bedienen sich im internationalen Franchising gelegentlich dieser Methode, um auf einem fremden Markt mit einem dort ansässigen und eingeführten Unternehmen einen günstigeren Start zu haben (vgl. auch Kapitel XXIX.6).

12. Das Partnersystem von *1, 2, 3 AutoService ///*

Ursprünglich war *1,2,3 AutoService* ein von der amerikanischen *ITT* gegründetes Franchise-System, das sich mit dem Schnell-Service am Auto – Auspuff, Bremsen, Stoßdämpfer – befaßte. Als sich das System nicht wunschgemäß entwickelte, hatten sich einige Franchisenehmerbetriebe zusammengeschlossen, erwarben die Marke und gründeten die *AS Autoservice-Partnerbetriebe GmbH & Co. KG* in Dortmund. Vier Reparaturbetriebe sind jetzt Gesellschafter der GmbH, die als Komplementär der Kommanditgesellschaft fungiert. Kommanditisten zur Zeit der Abfassung dieser Zeilen sind 34 Partner. Weitere 117 andere Partnerbetriebe sind ohne Kapitalbeteiligung, jedoch mit Option und vertraglicher Bindung Mitglieder des Systems. Dieses stellt sich als Gemeinschaft von Kfz-Meisterbetrieben dar mit gemeinschaftlichem Erscheinungsbild,

---

[21] Vgl. Münchner Rechtslexikon, 1987, Bd. 5.
[22] Vgl. Management Enzyklopädie, 1983, Bd. 5, S. 175 ff.

gemeinsam organisiertem Einkauf, gemeinsamer Werbelinie sowie in technischer und betriebswirtschaftlicher Hinsicht mit Unterstützung durch die Systemzentrale. Beim Eintritt in das überaus erfolgreiche System ist eine Abschlußgebühr von DM 5000, ferner eine laufende Gebühr von DM 250 pro Monat zu zahlen. Der Verbund versteht sich als ein „von genossenschaftlichem Denkansatz operierendes Partner-Kundensystem". Es dürfte in dieser Art einmalig sein und läßt erkennen, wie unbegrenzt die Vielfalt moderner Vertriebssysteme sein kann.

IV. Gesellschafts- und wirtschaftspolitische Aspekte des Franchising

1. Franchising als Vehikel moderner Mittelstandspolitik

Die unbegrenzten Möglichkeiten des Franchising sind lange nicht zur Kenntnis genommen worden, obwohl z.B. der *BDI* schon in einer Stellungnahme im Herbst 1968 feststellte, daß sich die „verschiedenartigsten Formen der vertikalen Branchen- und Gruppenkooperation" entwickeln würden.[1] Diese Feststellung stützte sich auf den Umstand, daß sich angesichts der weitgehenden Verlagerung des Schwergewichts von der Güter-Produktion auf Dienstleistungen in der modernen Volkswirtschaft der Handel den Service- und Vertriebssystemen folgen würde. Zu diesen Vertriebsformen gehört, wie der Verfasser 1969 schrieb, auch das Franchise-System, „dem in der nächsten Zukunft die besondere Aufmerksamkeit aller Wirtschaftskreise gehört bzw. gebührt"[2]. Der Verlauf der letzten 24 Jahre hat diese sich namentlich auf Beobachtung amerikanischer Entwicklungen stützende Voraussage vollauf bestätigt. Unwidersprochen kann heute festgestellt werden, daß die in fast allen westlichen Ländern betriebene Mittelstandspolitik einen besonderen Akzent auf Existenzgründungen im Bereich kleinerer und mittlerer Betriebe und auf deren Förderung legt, was jetzt auch besonders für die neuen Bundesländer und Osteuropa gilt.

Das Franchise-System bietet hierzu, wie *Josef Grünbeck*, MdB, in einem Aufsatz Ende 1984 feststellte, „ideale Voraussetzungen" und bessere Möglichkeiten als „der Ruf nach neuen staatlichen Initiativen und damit auch nach neuen technokratischen und bürokratischen Ebenen"[3]. Franchising hat daher eminent gesellschaftspolitischen Charakter, da es die Schaffung neuer und auch die Umstrukturierung bestehender, aber wenig rentabler und nicht mehr zeitgemäßer Vertriebsformen ermöglicht. In erster Linie steht hier der Einzelhandel im Blickfeld. Aber auch dem Großhandel bietet das Franchising eine Chance: Manche Großhändler leiden unter der zunehmenden Konkurrenz von Herstellern, Einkaufsvereinigungen und sonstigen großbetrieblichen Formen des Handels, die den direkten Weg zum Einzelhändler suchen und häufig den angestammten Großhandel ausschalten. Auch für den Großhandel bietet daher Franchising häufig den besten Weg zur Existenzsicherung und -erhaltung. Durch ein Franchise-System kann er seine Abnehmer durch einen leistungsfähigen Verbund, durch moderne Problemlösungen und ein umfassendes Dienstleistungspaket an sich binden. Auch die Erhaltung eines leistungsfähigen Großhandels ist gesellschafts- und wirtschaftspolitisch ein wichtiges Anliegen einer Wettbewerbspolitik, die einem Überhandnehmen monopolistischer Tendenzen in der Distribution vorbeugen muß, die häufig auch von dem Verlust von Arbeitsplätzen begleitet wird.

Schließlich bietet Franchising auch den Schlüssel für Existenzgründungen und Existenzsicherung von Handwerksbetrieben und Dienstleistungsunternehmen vielerlei Art.

---

[1] Vgl. Mitteilungen des *BDI* Nr. 9/10 vom 10.10.1968, S. 13.
[2] Vgl. BB, 1969, S. 113 ff.
[3] Vgl. Handelsblatt Nr. 235 vom 11.12.1984, Sonderbeilage Franchising.

Auch sie geraten durch Wettbewerb, Kostendruck und mangelnde eigene Innovationskraft oft genug an den Rand des Zusammenbruchs, wenn sie nicht überhaupt aufgeben müssen. Die Gründung bzw. der Anschluß an einen geeigneten Verbund und namentlich ein Franchise-System kann Rettung und Wiederaufrichtung von Betrieben bringen, deren Erhaltung im gesellschafts- und wirtschaftspolitischen Interesse unseres landes liegt.

Franchising ist naturgemäß nicht die einzige Kooperationsform der Wirtschaft und vielfach werden andere Formen der Zusammenarbeit näher liegen. Als vertikale Vertriebsform steht sie jedoch sicher an erster Stelle.

2. Privatisierung und Franchising

Mehr denn je ist in den letzten Jahren die Privatisierung von bisher der öffentlichen Hand gehörenden Unternehmen in das Blickfeld der Öffentlichkeit getreten. Diese Tendenz wird nicht nur bei großen Firmen, die ganz oder weitgehend dem Bund oder den Ländern gehören (*Lufthansa, Veba, Preussag*), sondern in steigendem Maße im Hinblick auf die in kommunaler Hand befindlichen Betriebe diskutiert. Diese Betriebe können in erheblichem Umfang heute privatisiert werden, losgelöst von langsam arbeitenden Behörden und organisiert von Privatbetrieben, die mit besserem Gewinn arbeiten.

In einer Studie des finanzwissenschaftlichen Forschungsinstituts an der Universität Köln werden nicht weniger als 42 Leistungsbereiche erwähnt, die in NRW von Städten und Gemeinden in großem Umfang abgedeckt werden, und wo sich die Frage nach einer Privatisierung stellt, die für die betreffenden Kommunen selbst von Vorteil wären.[4]

Genannt seien hier u.a. die Datenverarbeitung, die Verwaltung von Haus- und Grundbesitz, die Wartung von Verkehrseinrichtungen, der Betrieb von Sportstätten, Schwimmbädern, Unterhaltung von Straßen und Plätzen, Bücherausleihen, die Abwasserbeseitigung, Märkte und Markteinrichtungen. Mittlere und kleinere, gut organisierte Franchise-Betriebe könnten viele solcher Bereiche optimal abdecken.

In besonders eindrucksvoller Weise ist die Notwendigkeit der Privatisierung kommunaler Tätigkeiten auf dem Gebiet der Abwasserentsorgung hervorgetreten, wo die Kanalgebühren seit 1990 um 40% zugenommen haben und der Ruf nach privaten Kläranlagen immer lauter wird.[5]

In der 2. Privatisierungstagung des *Frankfurter Instituts für wirtschaftlich-politische Forschung e.V.* am 5. Mai 1994 befaßte sich der derzeitige Präsident des *Deutschen Franchise-Verbandes, Oskar D. Biffar*, in einem Referat zu dem Thema „Sicherung staatlichen Wollens durch Franchise-Unternehmen bei der Privatisierung" mit den Möglichkeiten, welche das Franchise-Konzept bei der Privatisierung von kommunalen Betrieben aller Art bieten kann. Er erwähnte, daß der *Deutsche Franchise-Verband* auf

---

4 Vgl. „Privatisierung auch im Westen", Band 26, Hrsg. *Frankfurter Institut für wirtschaftspolitische Forschung e.V.*; ferner *Steinheuer*, Privatisierung kommunaler Leistungen, Köln, 1961, S. 66, hrsg. vom *Bund der Steuerzahler NRW*, Schriftenreihe Nr. 17.
5 Vgl. Bericht *Hanna Gieskes*, „Die Welt" v. 30.5.1994, S. 14.

der Suche nach Unternehmen ist, die bestimmte Dienstleistungen von Gemeinden durch Franchise-Partner ausführen lassen können, oder die bereit sind, Franchise-Systeme zu gründen, die solche Dienstleistungen der öffentlichen Verwaltung durch Franchisenehmer erbringen wollen.

Man könne sich auch vorstellen, so meinte *Biffar*, daß die öffentliche Verwaltung selbst z.B. auf der Ebene von Landkreisen, Regierungsbezirken oder Ländern solche Franchise-Systeme gründet, in denen sie auch Einfluß auf strategische Ziele nehmen kann, im übrigen aber diese Franchise-Zentralen privatwirtschaftlich organisiert. Die einzelnen Franchise-Betriebe könnten dann völlig selbständig organisiert sein, auch wenn die Zentrale jedenfalls noch der öffentlichen Hand gehörte.[6]

Hinzuzufügen wäre noch, daß die jeweilige Kommune ja auch etwa eine GmbH gründen könnte, die völlig selbständig als Franchisegeber tätig sein könnte. Die Geschäftsanteile könnten dann ganz oder teilweise an geeignete Interessenten abgetreten werden. Es kann kaum einem Zweifel unterliegen, daß Franchise-Systeme auch auf diesem Gebiet eine vielseitige Zukunft haben. Weitere Privatisierungstagungen sind vorgesehen. Die dritte hat während der Drucklegung dieses Buches Anfang Oktober 1994 in Detmold stattgefunden.

3. Aufrechterhaltung der Selbständigkeit im Einzelhandel

Nach einer Anfang 1985 veröffentlichten Studie des Münchner *Ifo-Instituts für Wirtschaftsforschung* ist damit zu rechnen, daß die kleinen und mittleren Einzelhandelsgeschäfte bis zum Ende des Jahrzehnts zugunsten der großen Unternehmen weiter an Boden verlieren werden.[7] Im Vergleich zu 1982 wird im Einzelhandel bis 1990 ein Rückgang der Betriebe um 5 bis 10 Prozent erwartet, nachdem schon in den Jahren 1968 bis 1982 die Zahl der Einzelhandelsfirmen von 410 000 auf 373 000 abgenommen hat. Überdurchschnittlich ist der Lebensmitteleinzelhandel betroffen, der bis 1982 ein Minus von 43,8 Prozent aufweist, während die Einbuße bei Tankstellen 23,2 Prozent betrug. Auch die Bereiche Bekleidung/Wäsche/Ausstattungsartikel sowie Eisenwaren und Hausrat sind betroffen, weniger allerdings Geschäfte in guten Stadtlagen.

Es ist offensichtlich – wie die oben erwähnte Studie zeigt –, daß „kapitalintensive Verteilungsformen" mit ihren Filialen vordringen. Im übrigen werden die in „Verbundgruppen kooperierenden Einzelhandelsunternehmen" mit einem Jahresumsatz von mehr als 1 Mio. DM ihre Marktstellung weiter festigen können, während der kleinbetriebliche Einzelhandel erheblich an Marktbedeutung verliert.

Diese Tendenzen lassen erkennen, daß für selbständige Betriebe nur im Verbund Überlebenschancen bestehen, sicher auch im kleinen Einzelhandel. Dem Verschwinden so vieler kleiner und mittlerer Existenzen muß eine ausbalancierte Gesellschafts- und Wirtschaftspolitik Einhalt gebieten. Ein wichtiger Schlüssel zur Änderung des unerwünschten Trends des Verschwindens von Einzelhändlern liegt gerade im Franchising. Durch Anschluß an ein mit Mitteln eines modernen, sich dauernd erneuernden Knowhow arbeitenden Systems werden viele Selbständige ihre Existenz sichern können. Für

---

6   Vgl. Dokumentation der 2. Privatisierungstagung 1994, S. 166 ff.
7   Vgl. Welt der Wirtschaft Nr. 12 vom 15.1.1985.

unternehmungsfreudige Kaufleute mit einigen Eigenmitteln werden sich in manchen Geschäftszweigen Chancen bieten, neben neu zu errichtenden Franchise-Betrieben bereits bestehende, in Schwierigkeiten befindliche Geschäfte in Franchise zu übernehmen.

Es ist charakteristisch, daß im Franchising alle Teilnehmer am System, auf der einen Seite der Franchisegeber, auf der anderen Seite der bzw. die Franchisenehmer, kaufmännisch selbständige Unternehmer sind, womit die betriebliche Selbständigkeit im Einzelhandel, im Handwerk und in Dienstleistungsbetrieben gefördert wird, die sonst häufig verloren gehen würde.

Franchising wird daher zu einem wichtigen Instrument der Mittelstandspolitik im Rahmen einer größeren Organisation, welche die Vorzüge kleiner und großer Unternehmen vereinigt und die leistungsfähige Selbständigkeit fördert. Die Franchisenehmer sind nicht Agenten, Angestellte oder Vertreter ohne Entscheidungsfähigkeit, sondern selbständige Betriebsinhaber, die im Rahmen des Gesamtsystems an der Verkaufsfront tätig sind und durch Eigeninitiative und Tüchtigkeit ein gewinnträchtiges Unternehmen aufbauen können.

4. Neue Arbeitsplätze durch Franchise-Systeme

Können Franchise-Systeme neue Arbeitsplätze schaffen? Zunächst wird häufig der neue Franchisegeber unmittelbar einen neuen Arbeitsplatz haben – für sich selbst! Unter den Systemgründern befinden sich oft aus dem Wirtschaftsleben ausgeschiedene Personen mit einigem Kapital, die mit einem neuen Konzept, überwiegend auf dem Dienstleistungssektor und dem Vertrieb neuer Produkte, ein System gründen, wobei sie als Leiter der Systemzentralen Geschäftsführer werden, denen sich bei der Ausdehnung des Systems weitere Mitarbeiter und Büropersonal hinzugesellen. Auch Franchisenehmer werden, besonders bei zu gründenden Systemen, neben den häufig mitarbeitenden Familienmitgliedern zusätzliche Mitarbeiter, evtl. auch Teilzeitkräfte bei sich einstellen. Neue Vertriebskonzepte, die am besten im Franchising realistisch und zügig durchgeführt werden, können in vielen Fällen Arbeitsplätze schaffen, die sonst nicht vorhanden wären. Voraussetzung ist selbstverständlich immer die neue Idee, das funktionierende Konzept und seine Durchsetzung am Markt. Zahlreiche Arbeitsplätze wurden in den letzten Jahren vor allem in den **neuen Bundesländern** in einer Reihe von sprunghaft ins Leben getretenen Franchise-Systemen geschaffen. Die Entwicklung ist weiterhin im Gange, da neue Vertriebsstrukturen in den ehemals zur DDR gehörenden Gebieten notwendig sind, um die erstarrte Kommandowirtschaft völlig abzulösen. Von den Franchisenehmer-Betrieben, die zu den dem *Deutschen Franchise-Verband* beigetretenen Systemen gehören, stammen 1994 immerhin schon über 22% aus den neuen Bundesländern, was die weitere Entstehung neuer Arbeitsplätze im Gefolge hat.

5. Die Vorteile für den Verbraucher

Ein modernes Vertriebssystem ist nicht denkbar, ohne auch Vorteile für den Verbraucher zu bringen, dem es letztlich dient. Im heutigen Käufermarkt ist wirklich der

Kunde König. Jedes Franchising-System wird sich das Ziel des Dienstes am Verbraucher setzen, ohne daß dies besonders gesagt wird, denn die vielen Vorzüge, die es bietet, kommen zwangsläufig seinem Kunden zugute. Die Marktnähe eines Franchise-Systems durch die an der „Verkaufsfront" tätigen Franchisenehmer, welche die Wünsche und Gedanken ihrer Kundschaft genau kennen, ist für den Konsumenten in unserer Zeit von zentraler Bedeutung. Durch den raschen Informationsfluß zwischen Systemkopf und den Franchisenehmern werden die letzteren sachverständige Berater ihrer Kunden. Sie bieten ihren Kunden geprüfte, ausgereifte und standardisierte Produkte und Dienstleistungen, die infolge der Innovationsverpflichtung jedes Franchisegebers jeweils den Erfordernissen der Zeit und den Erwartungen der Kundschaft angepaßt werden. Schließlich werden die Franchisenehmer infolge der optimalen Zusammenarbeit im System, die Verzögerungen und unnötige Reibungen vermeidet, häufig in der Lage sein, in einen erfolgreichen Wettbewerb nicht nur hinsichtlich der Preise, sondern auch anderer Wettbewerbsfaktoren, wie z.B. Garantie- und Kundendienstleistungen, Sortimentsbreite und Lieferbedingungen, mit anderen Anbietern am Markt aufzutreten.

6. Franchising als Ausdruck zukunftsorientierter Systemwirtschaft

Wie wir anfangs gesehen haben (Kapitel I.3), ist Franchising eine logische und typische Erscheinung des tertiären Zeitalters der Dienstleistungswirtschaft, in dem wir uns jetzt befinden. Es folgte auf das primäre (Urproduktion) und sekundäre Zeitalter (Industrie). Die infolge technischen Fortschritts bedingte erhebliche Produktionssteigerung bei sekundären Beschäftigungen bewirkt eine steigende Nachfrage nach Dienstleistungen aller Art, und immer mehr Arbeitskraft wandert in den tertiären Sektor, dessen Produktivität langsamer wächst,[8] da sich Dienstleistungen, jedenfalls bisher nicht, so schnell rationalisieren lassen.[9]

Daher steigen die Preise für Serviceleistungen viel schneller als in der Produktion, was sich aber auf die Kosten für primäre und sekundäre Produkte auswirkt, die ohne umfangreiche Dienstleistungen nicht vermarktet werden können. Die logische Folge der übergroßen Verteuerung im tertiären Sektor ist die Notwendigkeit ihrer Rationalisierung, die nur auf dem Wege der Bildung von Dienstleistungssystemen erfolgen kann. Durch sie lassen sich nicht nur die Kosten senken, sondern der primäre, sekundäre und auch tertiäre Sektor besser organisieren und mit Innovationen laufend fortentwickeln. Hierdurch wird ein Systemdenken erforderlich, das eine Epoche intensiver Planung, der Beratung, der Kooperation und Zusammenfassung verschiedenster Elemente zu einem System herbeiführt. Diese von manchen Autoren als notwendige Weiterentwicklung des Dienstleistungs-Zeitalters betrachtete Erscheinung wird oft als quartäres Zeit-

---

[8] Vgl. *Herbert Gross*, Das quartäre Zeitalter, Düsseldorf, Wien 1973, S. 53 ff. und weitere Nachweise S. 247 ff.

[9] Zum tertiären Sektor gehören Groß- und Einzelhandel, Transport, Kommunikation und Versorgung, Banken, Versicherungen, Grundstückswesen, Gastronomie, Hotellerie, Krankenpflege, Reinigung, aber auch die gesamte Staats- und Kommunalverwaltung mit allen ihren Leistungen. Hier ruht das Schwergewicht weitgehend auf gegenseitigen Arbeitsleistungen oder auch auf handwerklicher Betätigung, die sich nicht so schnell wie die moderne maschinelle Produktion des primären und sekundären Sektors erledigen läßt.

alter bezeichnet.[10] In ihm werden durch Systemdenken neue Zielsetzungen und durch gemeinsame Planung in Gesellschaft und Staat neue Dimensionen menschlicher Entwicklung herangeführt. Am besten hat diese Entwicklung *Herbert Gross* in wenigen Sätzen folgendermaßen zusammengefaßt:

„Systemdenken wird für jede Firma, auch für die Initiative bei öffentlichen Aufgaben und Projekten unentbehrlich. Dafür sprechen die immer schnellere Folge von Innovationen, die beschleunigtes Veralten nach sich ziehen, und die Diskontinuitäten von Zielen, Problemen und Wünschen und Problemlösungen.

Das heutige Zeitalter der Diskontinuität beschleunigt die Vergänglichkeit aller Produkte und allen Tuns. Bei Firmen geht es deshalb um eine Kontinuität von Wachstum und Ertrag, die von permanenter Diskontinuität des konkreten Tuns begleitet wird. Es kommt die Wandlung des Bedarfs mit Richtung auf möglichst umfassende Problemlösungen hinzu, die eine Verbindung von Hardware und Software umschließen.

Zunehmend müssen Firmen ganzheitliche ‚Pakete‘, eine Mischung von Hardware und Software anbieten. Jede Firma bietet deshalb Zielsysteme, deren Komponenten durch Eigenproduktion oder Zukauf jederzeit auswechselbar sind. Wer in Systemen denkt, ist im Tun flexibler, hungrig auf Neuerungen und mit einem Denk- und Operationsstil versorgt, der neue Probleme entdecken und lösen kann.“[11]

Das Systemdenken schafft mithin eine neue Integration, durch die „Teilvorgänge zu einem Ganzheitsoptimum“ verbunden werden. Dieser Beginn eines neuen Denkstils, der durch einen „System Approach“ gekennzeichnet ist, findet mit seinen neuen Zielsetzungen in der Kombination verschiedenster Elemente zu Systemen seinen besonderen Ausdruck, eine Kombination, die auf den verschiedensten Gebieten in Staat und Wirtschaft heute zwangsläufig entstehen muß, was in diesem Rahmen nur angedeutet werden kann.

Die hiermit schon mitten im Entstehen befindliche „System-Wirtschaft“ erlangt auf dem tertiären Sektor und besonders im Vertrieb von Waren und Dienstleistungen besondere Bedeutung. Dienstleistungssysteme sind in der Lage, wichtige Funktionen, die der isolierte Marktteilnehmer allein nicht mehr rational erfüllen kann, von einer „Systemzentrale“ oder einem „Systemkopf“ zusammenzufassen. Neben andere Vertriebsformen und -möglichkeiten tritt aber immer mehr das Franchise-System in den Vordergrund, das nach einem straffen, aber den Teilnehmern in den wesentlichen Aspekten seine Selbständigkeit lassenden Konzept statt eines Gegeneinanders ein sinnvolles Miteinander bietet. Mehr denn je sind neue Ideen, „massive Umorientierung“, „Flexibilität, „lebenslanges Lernen“ und die Akzeptanz des Wandels gefragt, wie erst neuerdings der österreichisch-amerikanische Wirtschafts-Management-Experte *Peter F. Drucker* als Voraussetzung für ein weiterzuentwickelndes „Innovations-Management“ gefordert hat.[12]

---

10 Vgl. *Herbert Gross*, S. 13 ff. Zu den geistigen Grundlagen des quartären Zeitalters vgl. insbesondere *Peter F. Drucker*, Die Zukunft bewältigen, Düsseldorf, Wien 1970.
11 Vgl. *Herbert Gross*, S. 41.
12 Vgl. *Peter F. Drucker*, Innovations-Management für Wirtschaft/Politik, Düsseldorf 1985.

V. Typologie der Franchisen

1. Allgemeines zu den drei Grundtypen von Franchisen

Über die verschiedenen Arten der Franchisen ist in ungezählten Aufsätzen und Sonderdarstellungen des Franchising viel geschrieben worden, ohne daß nach diesseitiger Auffassung eine befriedigende Abgrenzung gefunden wurde. Man nimmt vielfach auf Begriffsbestimmungen Bezug, die aus Amerika stammen und ein uneinheitliches Bild ergeben. In dieser Darstellung nehmen wir von einer näheren Betrachtung amerikanischer Franchise-Definitionen, abgesehen von einer Bezugnahme auf einige wesentliche Erscheinungsformen, Abstand. In Deutschland hat man sich bemüht, verschiedene Typen von Franchisen zu unterscheiden, ohne daß ein allgemein befriedigender Überblick gefunden worden ist. Man kann selbstverständlich die Franchisen nach den verschiedensten Gesichtspunkten einteilen; in der Rechts- und Wirtschaftspraxis haben solche Einordnungen nur sehr begrenzten Sinn.

Wir sind der Auffassung, daß die sinnvollste Einteilung der Grundtypen von Franchisen sich nach dem Objekt des franchisierten Systems richten sollte, d.h. sie sollte entsprechend der Natur der geschäftlichen Betätigung, die der Franchisegeber mit Erfolg konzipiert hat und seinem Franchisenehmer zur Anwendung überläßt, erfolgen. Unter diesem Gesichtspunkt kann eine Franchise im Prinzip dreierlei Geschäftstätigkeiten zum Gegenstand haben:

- ein oder mehrere Güter zu vertreiben,
- Dienstleistungen zu erbringen,
- ein oder mehrere Erzeugnisse zu produzieren und zu vertreiben.

Daher kann man am besten von drei großen Kategorien von Franchisen sprechen:

- die Vertriebs-Franchisen,
- die Dienstleistungs-Franchisen,[1]
- die Produkt-Franchisen.

Hierbei ist festzustellen, daß sich diese Kategorien in Praxis häufig in einem einzigen Franchise-Vertrag wiederfinden werden und daß man, wie aus den verschiedenen Erörterungen zum Thema Franchising oben in Kap. II ersichtlich ist, alle diese Typen unter den heute in den meisten europäischen Ländern akzeptierten Definitionen zusammenfassen kann. Die Unterscheidung ist gleichwohl von Bedeutung, weil der Charakter und die rechtliche bzw. vertragliche Behandlung bei diesen drei Franchise-Typen häufig in mancher Hinsicht voneinander abweichen werden.

---

[1] So insbesondere *Jean-Marie Leloup*, Droit et Pratique de la Franchise, Paris 1991, 2ième édition, C.II.5.

2. Der Europäische Gerichtshof und die EG-Kommission zum Konzept des Franchising

Es ist interessant festzustellen, daß der *Europäische Gerichtshof (EuGH)* in seiner bekannten *Pronuptia*-Entscheidung[2] vom 28.1.1986 ebenfalls die vom Verfasser hier vertretene Dreiteilung von Franchisen in Vertriebs-, Dienstleistungs- und Produkt-Franchisen vertritt, wie sie schon vor längerer Zeit von *Leloup*, einem der Rechtsberater der *Fédération Française de la Franchise* entwickelt wurde. Die Entscheidung, die sich mit dem *Pronuptia*-System (Vertrieb von Brautmoden nebst Zubehör) befaßt, weist unzweideutig darauf hin, daß sich ihre Entscheidungsgründe ausschließlich auf Vertriebs-Franchising und nicht auf Produkt- und Dienstleistungs-Franchising beziehen. Eine abweichende rechtliche Beurteilung dieser drei Franchise-Typen durch den Gerichtshof in anderen Fällen ist daher denkbar. Unter diesen Umständen erscheint es sinnvoll, bei der Grundtypologie der Franchisen in weiteren Diskussionen von der Dreiteilung auszugehen, die sich im gesamten EG-Raum durchsetzen wird.

Die EG-Freistellungs-VO für Franchise-Vereinbarungen, die etwa drei Jahre nach der *Pronuptia*-Entscheidung des *EuGH* erlassen wurde, folgt in ihren Definitionen im wesentlichen der rechtlichen Charakterisierung des *EuGH* in seiner *Pronuptia*-Entscheidung (vgl. näher Kapitel XXXV). Allerdings spricht die VO nur von zwei Franchise-Typen, nämlich solchen, „die zum Zweck der Vermarktung bestimmter Waren und/oder Dienstleistungen dienen".

Der dritte Typ, die industrielle (Produktions-)Franchise, bei welcher der Franchisenehmer die Ware (teilweise oder ganz) produziert *und* vertreibt, wird in der Freistellungs-VO nicht erwähnt. Dies rührt wohl daher, daß man sich in der Kommission noch nicht über die Abgrenzung der Produktions-Franchise von der Behandlung der Nutzungserlaubnis bezüglich des technischen Know-how klar ist, für welche eine eigene Freistellungs-VO erlassen wurde.[3] Manche Experten in der Kommission meinen, daß es sich bei der Produktions-Franchise nicht um wirkliches Franchising handele, sondern um eine übliche Produktionslizenz nebst Know-how-Vereinbarung. Im übrigen schließt sich auch die EG-Kommission in ihren Begriffsbestimmungen der *Pronuptia*-Entscheidung an.[4]

3. Die Vertriebs-Franchise

Von Vertriebs-Franchisen spricht man, wenn der Gegenstand des franchisierten Systems der Vertrieb eines Erzeugnisses oder eines Inbegriffs von Gütern ist. Diese Franchisen, die wahrscheinlich die Mehrzahl der überhaupt in Deutschland vorhandenen Systeme darstellen[5], können sowohl vom Produzenten wie auch durch einen Verteiler (Großhändler) gewährt werden, wobei im letzteren Fall auch mehrere Stufen eingeschaltet sein können (vgl. Kapitel V). Vertriebs-Franchise-Systeme kommen fast in

---

2 Vgl. WuW, 1986, S. 523 ff.; NJW, 1986, S. 1415 ff.
3 Vgl. die Gruppenfreistellungs-VO für Know-how-Vereinbarungen, ABl. 1984 Nr. C 101/2.
4 Vgl. *Skaupy*, NJW 1992, S. 1785 ff.
5 In Frankreich sind z.B. die Vertriebs-Franchisen von *CECOD (Centre d' études du Commerce et de la Distribution)* vor einigen Jahren auf 70% geschätzt worden.

allen Bereichen des Handels vor. Einige bekannte Beispiele sind: *Ihr Platz* (Kosmetik-
und Drogerieartikel), *Afra-Pingouin* (Wollgeschäfte), *Der Teeladen* (Teefach-
geschäfte), *Candy & Company* (Süßwaren), *Eismann* (Tiefkühlkost-Heimservice), *Yves
Rocher* (pflanzliche Kosmetikprodukte), *Bleyle* (Textilgeschäfte).

4. Die Dienstleistungs-Franchise

Bei ihr ist der Gegenstand des franchisierten Systems die Leistung von Diensten. Bei
dieser Art von Franchise tritt der spezifische Charakter des Franchising am deutlich-
sten hervor: Der Erfolg der geschäftlichen Tätigkeit des Franchisenehmers ist mehr als
irgendwo sonst die unmittelbare Folge eines ausgefeilten und dem Franchisenehmer
übermittelten Know-how. Die Dienstleistungs-Franchise findet sich in sehr hetero-
genen Geschäftszweigen. Zu erwähnen sind insbesondere die Franchisen in der Gastronomie *(McDonald's, Burger-King)* und Hotellerie *(Holiday Inn)*, in der Vermietung von Material und Reinigungsdiensten (*Getifix*-Reinigungsgeräte), bei Reparatur-
und Renovierungsdiensten *(Portas)*, bei Schönheits- und Frisiersalons, ferner insbesondere bei Dienstleistungen intellektuellen Charakters *(Inlingua-Sprachschulen,*
Schülerhilfe), Unternehmensbetreuung verschiedenster Art, Zeitpersonal *(Manpower)*,
Autoschnelldienste *(Cosy-Wash-Autoservice)* und viele andere. Im täglichen Verkehr
spricht man zwar häufig kurz von Hotel-Franchisen, Restaurant-Franchisen, Handwerks-Franchisen, Reinigungs-Franchisen etc., deren Bezeichnungen sich von dem
direkten Gegenstand der Franchise ableiten. Es hat aber wenig Sinn, diese Kurz-
bezeichnungen besonderen Kategorien zuzuordnen. Im übrigen überschneiden sich in
der Praxis auch manche Franchise-Typen. Die Türen- und Küchenrenovierungs-Fran-
chise von *Portas* kann z.B. sowohl als Produktions-Franchise (technische Bearbeitung), wie auch als Dienstleistungs-Franchise (technische Bearbeitung), wie auch als
Dienstleistungs-Franchise (Reparatur bzw. Materialpflege) betrachtet werden (vgl.
hierzu weiter unten 6.).

5. Die sog. Produkt-Franchise (industrielle Franchise) – Abgrenzung zur Know-how-Lizenz

Bei dieser Franchise handelt es sich um eine solche, deren Gegenstand die Herstellung
und der Verkauf eines Produktes ist. Häufig wird hier, besonders in anderen Ländern,
von der „industriellen Franchise" gesprochen, wobei das Produkt evtl. auch von einem
handwerklich arbeitenden Betrieb hergestellt werden kann.

Es scheint mir nicht richtig zu sagen, daß beim Produkt-Franchising die vom Hersteller
ausgewählten Händler das Recht erhalten, ein bestimmtes Produkt oder eine Produkt-
gruppe am Markt anzubieten.[6] Dies würde praktisch bedeuten, daß sich die Produkt-
Franchise kaum noch von der Vertriebs-Franchise unterscheidet. Die spezifische
Eigenart der Produkt-Franchise ist es vielmehr, daß es der Franchisenehmer ist, wel-

---

[6] Vgl. *Mack*, Neuere Vertragssysteme in der Bundesrepublik Deutschland, Bielefeld 1975,
    S. 32.

cher aufgrund des ihm vermittelten Know-how des Franchisegebers selbst das Erzeugnis herstellt, bearbeitet, verarbeitet, veredelt *und* vertreibt.

Die Produkt-Franchise bzw. industrielle Franchise ist allerdings, wie schon erwähnt, bis heute noch viel weniger verbreitet als die Vertriebs- und die Dienstleistungs-Franchise, auch in den USA. Bei ihr entfaltet der Franchisenehmer aufgrund des ihm vermittelten Know-hows üblicherweise in abgegrenztem Rahmen eine bearbeitende, verarbeitende oder auch partiell herstellende Tätigkeit. Praktische Beispiele sind die Franchise-Systeme der *Coca-Cola*-Gesellschaft und die ebenfalls international verbreitete *Yoplait*-Franchise der französischen *Sodima*-Gesellschaft zur Herstellung bestimmter Yoghurt-Produkte. Bemerkenswert für diesen Franchise-Typ ist es – und dies ist öfter ihr Hauptzweck –, daß sie den Ort der Produktion demjenigen des Verkaufs annähern und dergestalt Transportkosten eingespart werden, so daß solche Franchisen für großräumige Systeme geeignet sind.[7]

Manche Experten, wie z.B. *Jean Dubois*, der frühere Leiter der Abteilung „Vertriebsverträge" bei der Generaldirektion Wettbewerb der EG-Kommission, meinen, daß es sich bei der industriellen Franchise nicht um wirkliches Franchising handelt, sondern vielmehr nur um eine Produktionslizenz nebst Know-how-Vereinbarung und evtl. der Lieferung von Rohstoffen.[8] Dieser Ansicht kann nicht zugestimmt werden, denn eine industrielle Franchise geht weit über eine Patentlizenz nebst technischem Know-how hinaus (häufig wird sie nicht einmal ein Patent zum Gegenstand haben), denn sie umfaßt noch immer die Lizenzierung einer Marke, eines Namens und anderer Kennzeichnungen, ganz abgesehen von dem für eine Franchise typischen Organisations- und Marketingkonzept. Der Transfer der Technologie erfolgt hier immer im Rahmen der anderen Bestandteile, die zusammen die Franchise ausmachen. Die Produkt-Franchise kann man vielleicht sogar als das umfassendste System der Lizenzierung von Produkten *und* Kommerzialisierung im weitesten Sinne betrachten.[9]

6. Mischformen der Franchise-Typen

Zur Grundtypologie der Franchisen ist zu ergänzen, daß in der Praxis eine Reihe von Systemen bestehen, bei denen die Merkmale verschiedener Franchise-Typen gleichzeitig in Erscheinung treten. Nicht nur in dem oben erwähnten Fall der *Portas*-Franchise, sondern auch sonst finden sich Mischformen des Franchising, besonders in Verträgen, die primär als Dienstleistungs-Franchisen zu betrachten sind.

So kann z.B. der Inhaber einer Reinigungsfranchise – abgesehen von dem anfänglichen Bezug der notwendigen Apparaturen – verpflichtet sein, spezifische Reinigungsmittel vom Franchisegeber zu beziehen. Dem Inhaber einer Sprachenschule kann die Pflicht zum Bezug und Wiederverkauf gewisser vom Franchisegeber zu liefernden Lehrbücher obliegen. Der Inhaber einer Restaurant-Franchise kann z.B. vertraglich gehalten sein, gewisse Spezialitäten wie etwa Wildbret oder hochwertige Fischsorten über den Franchisegeber zu beziehen. Der franchisierte Schönheitssalon kann zur Ab-

---

[7] So auch *Leloup*, a.a.O.
[8] Vgl. Vortrag vom 14.3.1986 vor der internationalen Liga für Wettbewerbsrecht in Amsterdam, S. 25/26.
[9] So *Leloup*, a.a.O.

nahme bestimmter Kosmetika beim Franchisegeber verpflichtet sein. In allen solchen Fällen ist, wie bei der Vertriebs-Franchise, neben der Dienstleistung auch der Vertrieb gewisser Güter mit franchisiert.

Im übrigen ist zu vermerken, daß andererseits zum Franchise-Konzept bei reinen Produkt- und Vertriebs-Franchisen auch die Gewährung einer großen Reihe von Dienstleistungen des Franchisegebers gehören, wie sich aus den Definitionen des Franchising ergibt, allerdings ist hier das Objekt der Franchise selbst die Herstellung bzw. Bearbeitung des Produkts oder der Vertrieb eines solchen. Diese Betrachtungen lassen letztlich erkennen, daß alle Franchise-Typen etwas grundsätzlich Gemeinsames haben, so wie es in den verschiedenen, alle Franchise-Kategorien deckenden Definitionen in Kapitel II zum Ausdruck gekommen ist.

7. Vollfranchisen und Abteilungs-(Mini)Franchisen

Franchisen können, abgesehen vom Gegenstand ihrer Betätigung sinnvoll in anderer Beziehung unterschieden bzw. charakterisiert werden, nämlich nach dem Umfang ihrer Erteilung (Vollfranchisen oder sog. Abteilungs- ((Mini-)) Franchisen), ferner entsprechend ihrer wirtschaftlichen Bedeutung und Tragweite (Groß- und Investitions-Franchisen) sowie sog. „Master-Franchisen".

Eine **Vollfranchise** liegt nur vor, wenn der Franchisenehmer den franchisierten Betrieb als wirtschaftlich und rechtlich selbständige Einheit entsprechend dem jeweiligen Systemkonzept führt und er für ihn die alleinige geschäftliche einschlägige Tätigkeit darstellt (bzw. falls er zwar noch einen anderen geschäftlichen Betrieb besitzt, dieser in keinem Zusammenhang mit dem franchisierten Betrieb steht). Die Vollfranchise kann als der Normalfall betrachtet werden.

Es gibt aber auch Fälle, in denen ein Franchisenehmer bereits einen anderen, vielleicht auf einem technisch benachbarten Gebiet tätigen Betrieb besitzt, den er gern durch ein neues Arbeitsgebiet ergänzen möchte und auf dem ein Franchise-System tätig ist. Er wird sich dann bemühen, eine von diesem System zu gewährende Franchise zu erhalten, die er seinem ursprünglichen Betrieb als eine neue Abteilung angliedert. Bei dieser **Abteilungs-Franchise**, international meist **Mini-Franchise** genannt[10], wird der betroffene Betriebsinhaber im Rahmen der neuen Abteilung, aber naturgemäß nur so weit, Franchisenehmer für ein weiteres Gebiet. Beispiel hierfür ist die *Optima*-Franchise der Firmen *Aktual* (Pinneberg) und *Wilhelm Harzmann* (Göggingen-Krauchenwies), die sich auf die Begrünung von Terrassen, Häusern und Dachgärten bezieht. Sie wird neben Vollfranchisen gelegentlich auch an Baufirmen erteilt, die sich dieses florierende Arbeitsgebiet mit seinem besonderen Know-how angliedern möchte. Die Abteilung entwickelt sich in solchen Fällen gelegentlich so gut, daß sie zur überwiegenden Tätigkeit des „Mini"-Franchisenehmers wird.

---

[10] In England werden solche „add-on businesses" auch „fractional franchises" genannt.

8. Shop-in-shops

Auch die „**Shop-in-shops**", mithin kleinere Abteilungen mit besonderem Sortiment in größeren Einzelhandelsbetrieben, können mit Erfolg als Mini-Franchise betrieben werden. Hierbei kann der Inhaber des einzelnen kleinen „Shops" Franchisenehmer sowohl des größeren Einzelhandelsbetriebes als auch eines außenstehenden Franchisegebers sein, der entsprechende Vereinbarungen mit dem Einzelhandelsgeschäfts-Inhaber getroffen hat. Ferner kann der letztere seine eigene Mini-Franchise von einem externen Franchisegeber erwerben, wobei es sich in diesem Fall wohl um den echtesten Fall einer Abteilungs-Franchise handelt. So ist es z.B. schon praktiziert worden, daß der Inhaber eines eleganten Modehauses eine Mini-Franchise für eine in seinem Betrieb errichtete Schmuck-Boutique betrieben hat. In großen Warenhäusern sind Shops in the Shop in steigendem Maße zu finden, z.B. Snack-Bars, Juwelengeschäfte, Reisebüros.

9. Investitions-Franchisen

Eine weitere Kategorie von Franchisen sind gewissermaßen am anderen Ende des Franchisespektrums angesiedelt, nämlich die **Groß-Franchisen**, meist Investitionsfranchisen genannt, und namentlich in USA als „**corporate franchises**" bezeichnet. Hier handelt es sich um Franchise-Systeme, bei denen der finanzielle Einsatz der Franchisenehmer recht erheblich ist, und der Franchisenehmer selbst ein kleiner oder auch größerer „Kapitalist" ist und über mehr Mittel verfügt als mancher Franchisegeber in einem mittleren Vertriebssystem. Man wird wohl sagen können, daß in diese Kategorie Franchisen fallen, bei denen die Investition des Franchisenehmers mindestens bei einer Million DM und häufig sogar viel höher liegt.

Es ist klar, daß – wie im übrigen auch bei kleineren Franchisen – ebenfalls Gesellschaften Franchisenehmer sein bzw. eine Franchise betreiben können. Hierdurch erklärt sich auch die amerikanische Bezeichnung „corporate franchises", womit einerseits auf das finanzielle Ausmaß der für jede einzelne Franchise notwendigen Investition, andererseits darauf hingewiesen wird, daß juristische Personen und Gesellschaften als Franchisenehmer auftreten. So ist verständlich, daß die Investitions-Franchisen, besonders wiederum in den USA, häufig ein Mittel der Diversifizierung anlagefreudiger und potenter Gruppen ist, für die eine Franchise eine Art Beteiligung an einem System darstellt entsprechend einer üblichen Beteiligung an einem größeren Unternehmen. Für Anleger in den USA ist dies um so offenkundiger, als die Franchise dort einer Aktie in gewissem Umfange durch die neuere Gesetzgebung insofern gleichgestellt wird, als ihre Emission einer gewissen Aufsicht durch die Börsenaufsichtsbehörde untersteht.[11]

Investitions-Franchisen sind in Deutschland z.B. bei einigen Heimwerkermärkten *(Obi)*, in der Gastronomie *(McDonald's, Burger King)* und am oberen Ende der Skala in der Hotellerie *(Holiday Inn)* festzustellen.

Bei derartigen Franchisen ist der kapitalkräftige Franchisenehmer häufig gar nicht, wie bei der üblichen Franchise, selbst im franchisierten Betrieb tätig, sondern setzt Ge-

---

[11] Vgl. näher Kap. XXXIII.3.

schäftsführer oder sonstige Beauftragte ein, die als Fachleute am besten für diese
Tätigkeit geeignet erscheinen und die sich evtl. ihrerseits von externen Beratern unterstützen lassen können. Gelegentlich soll es auch bei Hotelfranchisen vorkommen, daß
der Franchisenehmer sich zum Betrieb des an ihn franchisierten Hotels an den
Franchisegeber selbst wendet, der mit seiner fachkundigen Organisation im Rahmen
eines Management-Vertrages die Führung des franchisierten Hotels übernimmt. Dies
alles sind Erscheinungen, die sich von dem lupenreinen Franchising ursprünglicher Art
in manchem unterscheiden, aber letztlich die Breite des Franchisespektrums erkennen
lassen.

10. Mehrfach-Franchisen

Eine weitere interessante Erscheinung im Zusammenhang mit der Ausbreitung von
Franchisen sind Systeme, in denen den Franchisenehmern innerhalb eines Systems
mehrere Franchisen gewährt werden, so daß sie verschiedene Verkaufsstellen unter der
gleichen Marke und Bezeichnung eröffnen können. In Frankreich spricht man in solchen Fällen von einer „multi-franchise", mithin einer Mehrfach-Franchise, die entsprechend der geschäftlichen Dynamik des Franchisenehmers sehr gewinnträchtig sein
kann. Andererseits kann die Machtstellung eines einzelnen Franchisenehmers dann
allzu groß werden und die Ausgewogenheit des Systems beeinträchtigen oder es sogar
sprengen.[12]

11. Franchisen in mehreren Systemen

Eine andere, auch in Frankreich festzustellende Erscheinung sind die sogenannten
„pluri-franchises", bei denen ein und derselbe Franchisenehmer in verschiedenen
Systemen Partner wird. So soll ein französischer Geschäftsmann als Franchisenehmer
einer der „Könige des Franchising" geworden sein, weil er innerhalb von zwölf Jahren
zwei Franchisen von *Rodier*, eine von *Kickers*, zwei von der *Descamps*, drei von
Pingouin und eine von *Boîte à pulls*, eine von *Eram* und eine von *Pronuptia* nacheinander erworben hatte.[13] In Deutschland sind derartige Erscheinungen noch nicht bekannt geworden; es ist auch fraglich, ob sie zu empfehlen und überhaupt möglich sind,
nachdem in den meisten Franchise-Verträgen festgelegt ist, daß der Franchisenehmer
sich vollberuflich um seinen franchisierten Betrieb zu kümmern hat und ihm Ausnahmen nur gelegentlich gestattet werden.

12. Master-Franchisen

Zu den verschiedenen Methoden der Internationalisierung von Franchise-Systemen
(vgl. Kapitel XXXIII) rechnet in erster Linie diejenige, in welcher der Franchisegeber

---

[12] Vgl. *Corvol, Claudie*, Le Livre Blanc de la Franchise, Paris 1989, S. 80.
[13] Vgl. *Corvol, Claudie*, a.a.O., S. 80–81.

in dem anderen Land, in das er die Franchise exportieren will, entweder eine neue Gesellschaft als Auslandstochter gründet oder sich mit einem unabhängigen Geschäftsmann bzw. einem dortigen Unternehmen verbindet, denen die Franchise mit einem gleichen bzw. angepaßten Franchisepaket gewährt wird. Man kann sagen, daß ein Master-Franchisenehmer eine Art „Unterfranchisegeber" in seinem Land bzw. einer Region ist. Er wird dann regionale und lokale Franchisen und evtl. auch Unterfranchisen an die von ihm auszusuchenden Franchisenehmer seines Landes vergeben.

Denkbar ist selbstverständlich auch ein Master-Franchisenehmer im eigenen Land, wenn nämlich die Franchise für ein größeres Gebiet bzw. eine ganze Region erteilt wird, die dann von dem Franchisenehmer, der für sein Gebiet eine selbständige Zentrale gründet und das betreffende System auf der Basis seiner regionalen Gebietsfranchise durch die Erteilung von lokalen Franchisen bzw. Unterfranchisen entwickelt, weiter aufgeteilt wird.

13. Area Development Agreements

Eine namentlich in USA häufig praktizierte Methode des Franchising, die sich bei gewünschter besonders schneller Expansion eines Systems anbietet, ist das sogenannte **aria development agreement**. Ein solches liegt vor, wenn dem „developer" (Franchisenehmer) das Recht eingeräumt wird, eine Mehrzahl bzw. Vielzahl von Verkaufsstellen nach einem vorher festgelegten genauen Plan in einem bestimmten Gebiet zu eröffnen. Durch eine solche Vereinbarung kann auch weitergehend dem „developer" das Recht gegeben werden, nach einem genau fixierten Plan in einem Vertragsgebiet eine Kombination eigener Verkaufsstellen und solcher seiner Subfranchisenehmer zu eröffnen bzw. eröffnen zu lassen. In Praxis stellen sich solche Konzepte für den „developer" gegebenenfalls als sehr kostspielig heraus, wenn der festgelegte Zeitraum für die Erstellung einer größeren Anzahl von Verkaufsläden beschränkt ist bzw. sich als zu kurz herausstellt. In Deutschland dürfte diese Methode wohl wenig Erfolg in der Praxis finden, da sie einen größeren Markt voraussetzt.[14]

---

[14] Vgl. *Mendelsohn*, The Guide to FRANCHISING, 5th edition, 1992.

VI. Die vielfältigen Anwendungsbereiche des Franchise-Konzepts

1. Die sieben Marktstufen

Eine der wesentlichsten Erscheinungen des Franchising ist zunächst die Möglichkeit ihrer Anwendung auf mehreren Marktstufen. Es sind dies folgende:

* Hersteller   – Hersteller (Verarbeitung, Bearbeitung, Veredelung)
* Hersteller   – Großhändler
* Hersteller   – Einzelhändler/Handwerker
* Großhändler   – Einzelhändler/Handwerker
* Service-Franchisegeber   – Service-Franchisenehmer
* Franchisenehmer   – Unter-Franchisenehmer
* Master-Franchisegeber   – Master-Franchisenehmer

Zusätzlich kann man noch eine weitere Marktstufe hinzufügen, nämlich für alle die Fälle, in denen beim Vertrieb, besonders bei spezialisierten Produkten oder der Notwendigkeit von Transporten in weit entfernte Gebiete zwei oder mehrere Großhändler eingeschaltet sind, so daß eine Franchise-Beziehung zwischen zwei Großhändlern denkbar ist, wenn auch wohl selten vorkommen wird. Zu den sieben vorgenannten Stufen ist folgendes zu bemerken:

a) Hersteller – Hersteller (Verarbeitung, Bearbeitung, Veredelung)

In dieser Marktstufe wird es sich wohl ausnahmslos um Produktfranchisen bzw. industrielle Franchisen handeln. Der Franchisenehmer bezieht ein spezialisiertes Produkt (vgl. oben Kapitel V), das von ihm unter Beachtung des Systemkonzepts be- oder verarbeitet und dann entweder durch ihn selbst oder durch einen Großhändler vertrieben wird. Das bekannteste Beispiel hierfür ist das bereits erwähnte historische *Coca-Cola*-Konzept, dem *Pepsi-Cola* und andere Getränkeabfüller gleichzustellen sind. Die von diesen als Franchisegeber gelieferte Geheim-Essenz ist von den Franchisenehmern in der vorgeschriebenen Weise fachgerecht abzufüllen und zu vertreiben. Ebenso bekannt ist die französische *Yoplait*-Joghurt-Franchise, die mit großem Erfolg entsprechend dem Franchise-Konzept in viele Länder exportiert wurde. Etwas anders funktioniert das österreichische *Almdudler*-Konzept, wo die geheimgehaltene Essenz nicht vom Franchisenehmer, sondern von Drittfirmen hergestellt wird.[1]

b) Hersteller – Großhändler

Franchisen auf dieser Marktstufe sind Vertriebsfranchisen z.B. kombiniert mit dem Know-how für die Montage und der Lagerung der gelieferten Produkte. Auch auf die-

---

[1]   Vgl. Vortrag *Harald Messner*, 6. Österreichischer Franchise-Tag 28.11.1992.

ser Marktstufe sind bisher noch relativ wenig Franchisen bekannt. Ein interessantes Beispiel ist jedoch das besonders gestaltete Franchise-Vertriebssystem der Kölner *Ford Werke AG*. Hier bestehen auf der Großhandelsstufe „Haupthändler" und auf einer weiteren Stufe die sog. „Unterorganisationen", die sich als Vertragswerkstätten darstellen.[2] Franchisierte Vertragspartner des Herstellers sind die Haupthändler. An diese sind die Vertragswerkstätten als Unterorganisationen angeschlossen, welche Kfz und Ersatzteile vom Haupthändler beziehen. Sie können als Unter-Franchisenehmer angesehen werden. Dieses System ähnelt naturgemäß einem Vertragshandelssystem.

c) Hersteller – Einzelhändler/Handwerker

Auf dieser Marktstufe finden sich eine Reihe interessanter Vertriebsfranchisen, z.B. auf dem Gebiet der Herren- und Damenbekleidung *Bleyle-Contex*, bei der Herstellung von Türen und Vordächern *Oscar D. Biffar*, auf dem Gebiet der Produktion und dem Vertrieb von Solarhäusern *Domus* und *Domo-Solar*, ferner *Eismann* (Tiefkühlkost), *Candy & Company* (Süßwaren), *Yves Rocher* (Kosmetik), *Ramp und Mauer* (Parkettstudios). Die direkte Verbindung vom Hersteller zum Einzelhändler oder Handwerker ist, verglichen zum Franchising zwischen Großhändler und Einzelhändler/Handwerker, bisher relativ wenig zu finden.   Jedoch wird es gerade für mittlere und kleinere Produzenten angesichts des Wettbewerbsdrucks immer wichtiger, einen sicheren und effizienteren Vertriebsweg zu finden, besonders wenn sie über ein weites Produktionsspektrum verfügen und problemlösende Erzeugnisse anzubieten haben. Der Vertrieb durch eigene Verkaufsstellen wird für solche Produzenten oft sehr kostspielig und die Auswahl geeigneter Mitarbeiter im Innen- wie Außendienst wie auch ihre Kontrolle zu zeitraubend und aufwendig sein, so daß der Vertriebsapparat unrentabel wird. Hier dürfte das Franchise-Konzept für viele Hersteller einen leistungsfähigen und zuverlässigen Vertriebsweg sichern. Nach der einmal erfolgten Auswahl geeigneter Franchisenehmer werden die Investitionen und der Zeitaufwand für den Franchisegeber erheblich geringer als bei einem selbstgeführten Vertriebsapparat sein.

d) Großhändler – Einzelhändler/Handwerker

Auf dieser Marktstufe – abgesehen von der reinen Dienstleistungs-Franchise – sind Franchise-Systeme überaus zahlreich, zumal hier auch viele Großhandelsfirmen bestehen, welche Tochtergesellschaften großer Produzenten, namentlich auch im Ausland sind, z.B. *Rodier* (Damen- und Herrenbekleidung), *Pingouin* (Wollgeschäfte, Strumpfhosen), *Phildar* (Wollgeschäfte), *Pronuptia* (Brautkleider). Folgende bekannte Systeme fallen in diese Kategorie: *Etienne Aigner* (anspruchsvolle Kleidung, Lederwaren, Accessoires), *Quick-Schuh* (modische Niedrigpreis-Schuhe), *OBI-Heimwerkerbedarf, Valhall* (Möbelvertrieb gehobener Qualität), *Snap-on-tools* (Werkzeugvertrieb), *Marc Picard* (Lederwarenfachgeschäft), *Goodyear* (Reifenhandel und -service), *Photo-Porst* (Fotoartikel), *IP 20 Einbau* (Einrichtungssysteme).

---

2   Vgl. Franchise-Chancen 1986/87, S. 51.

e) Service Franchisegeber – Service Franchisenehmer

In dieser Kategorie finden sich eine große Anzahl sehr differenzierter Franchise-Systeme. Die Möglichkeiten franchisierbarer Dienstleistungen sind praktisch unbegrenzt. Nach Dienstleistungsgebieten geordnet, seien hier einige bekannte bzw. interessante Franchisen genannt: Gastronomie *(Wienerwald, McDonald's, Burger-King*, Reinigungsdienste *(Getifix)*, Zeitarbeit *(Manpower)*, Bildungszentren und Sprachschulen *(Inlingua)*, Nachhilfeunterricht (Schülerhilfe), Türen- und Küchenrenovierung *(Portas)*, Autodienste *(Cosy Wash-Autoservice)*, Reinigungs- und Verleihunternehmen *(Getifix*, Verleih von Reinigungsgeräten), Immobilienmakler *(Aufina)*, Pizza-Heimlieferdienst *(Call-a-Pizza)*, Reifenservice *(Goodyear)*, Autovermietung *(Sixt)*.

f) Franchisenehmer – Unterfranchisenehmer

Soweit der Franchisenehmer vertraglich das Recht erhalten hat, Unterfranchisen zu erteilen, um sein Vertragsgebiet besser zu erschließen, kann er dies „erteilen", wobei er naturgemäß das ihm selbst vermittelte „Leistungspaket" in systementsprechender Form weitergeben muß. Von der Möglichkeit des Unterfranchising wird nur zögernd Gebrauch gemacht, vermutlich, weil normalerweise – was vernünftiger Planung entspricht – die Vertragsgebiete für Franchisenehmer so bemessen sind, daß diese sie mit eigenen Kräften nutzen können. Dann wird auch vertraglich die Unterfranchisierung ausgeschlossen sein.

Abschließend zur Erörterung der Marktstufen ist zu vermerken, daß z.B. auch noch ein Franchising von Einzelhändler zu Einzelhändler denkbar ist und gelegentlich im kleinen Rahmen praktiziert wird, wenn z.B. ein größeres Einzelhandelsgeschäft andere Verkaufsstellen gleicher Art im gleichen Bezirk gründen will und diese nicht selbst betreiben möchte.

g) Master-Franchisegeber – Master-Franchisenehmer

Zu den Marktstufen sind auch die sog. Master-Franchisen (Haupt-Franchisen) zu rechnen (s. schon oben Kapitel IV.12), die im grenzüberschreitenden Franchising eine steigende Rolle spielen. Hier vergibt ein exportwilliger Franchisegeber, der nicht direkt im Ausland sein Franchise-Konzept realisieren will, die Master-Franchise an einen im betreffenden Ausland ansässigen Master-Franchisenehmer, der dann seinerseits auf der Basis dieser Master-Franchise zum Franchisegeber wird und in diesem Land das Konzept seines Master-Franchisegebers verwirklicht und mit den dort ansässigen Franchisenehmern ein Vertriebsnetz auf der Grundlage des ihm selbst überlassenen Franchise-Konzepts aufbaut. Ein Beispiel hierfür ist die *Ott Franchise-Vertriebsgesellschaft m.b.H.* in Düsseldorf (Modefachgeschäfte fil à fil), welche eine Master-Franchise eines französischen Unternehmens besitzt.

Master-Franchising kann nicht nur im Verhältnis zu einem anderen Land betrieben werden, sondern es kann auch zwischen verschiedenen Regionen desselben Landes praktiziert werden (vgl. auch Kapitel XXXIII).

2. Die Verflechtungen von Franchise-Systemen mit anderen Vertriebsformen (Eigenbetriebe, Filialen)

Wie schon erwähnt (Kapitel II.3) sind Mischformen des Franchising nicht unüblich und zeugen von der vielfältigen Verwendbarkeit dieses Vertriebskonzepts. Der in der Praxis wohl am meisten vorkommende Fall ist die gemischte Verwendung von filialisierten Verkaufsstellen und franchisierten Betrieben, meist in größeren Vertriebs- und Dienstleistungssystemen. So ist z.B. bekannt, daß die amerikanische Hotelkette *Holiday Inn*, die jetzt weltweit über 1900 Betriebe zählt, von denen rund ein Drittel der Franchisegeberin selbst gehören (company-owned), während etwa zwei Drittel der Betriebe franchisierte Hotels sind, die von Investoren, unter denen sich auch wiederum andere Hoteliers befinden, betrieben werden. In Deutschland allein gibt es zur Zeit 31 *Holiday Inn*, von denen auch etwa zwei Drittel franchisiert sind. Ferner sind in Deutschland von einer der anderen großen Gastronomieketten, nämlich *Burger King*, 100 Betriebe bekannt, von denen 40 franchisiert sind und 60 in eigener Regie geführt werden.

Ferner gibt es in Deutschland weitere gemischte Systeme von hohem Bekanntheitsgrad, z.B. *Ihr Platz* (Drogeriewaren, Kosmetik), wo 457 eigenen Betrieben etwa 166 franchisierte Verkaufsstellen gegenüber stehen. Andere Beispiele sind die Restaurant-Kette *McDonald's* (145 Franchisenehmer, 100 eigene Gaststätten) und die Firma *Oskar D. Biffar GmbH und Co. KG.* (Bauelemente, Haustüren), die über 76 Franchisepartner verfügt, denen 34 eigene Betriebe und Niederlassungen gegenüberstehen. Die Verschiedenartigkeit der Vertriebs- und Dienstleistungssysteme, in denen Franchising und Filialisierung gemischt verwendet werden, läßt die Frage nach Grund und Zweck dieser Mischungen entstehen. Bei internationalen Hotelketten ist das Motiv klar: Eine Franchisierung gewisser Hotels empfiehlt sich häufig in anderen Ländern als dem Ursprungsland Amerika, weil lokale und regionale Fachleute bzw. heimische Investoren mit der Hilfe von ortsansässigen Fachkräften viel besser die Zweckmäßigkeit, Ausgestaltung und Rentabilität eines neuen Hotelbetriebes gewährleisten, als dies durch die weit entfernte Zentrale geschehen kann. Auch muß das grundlegende Konzept den Verhältnissen des entsprechenden Landes angepaßt werden. Selbstverständlich spielt ferner der finanzielle Effekt des Franchising für die franchisegewährende Hotel-System-Zentrale eine erhebliche Rolle: Der Hotel-Franchisenehmer finanziert Einrichtung und Anlaufen des Betriebes selbst bzw. mit Unterstützung von heimischen Banken, die seine Bonität kennen.

Bei den gemischten deutschen Systemen liegt der Hauptgrund für die Franchisierung darin, daß eigene Filialen zwar in größeren Orten mit stärkerem Marktpotential sehr erfolgreich arbeiten können, für die Systemzentrale dies in mittleren und kleineren Städten aber nicht rentabel genug ist. Die Anstellung von Filialleitern ist für kleinere Verkaufsstellen zu kostspielig. So gibt man einem fleißigen, häufig ortsansässigen, auf eigenes Risiko arbeitenden Franchisenehmer den Vorzug, der auch über die Geschäftsstunden hinaus arbeitet und im engen Kontakt zur potentiellen Kundschaft steht. Er wird häufig Familienmitglieder nach Bedarf zur Unterstützung einsetzen und dadurch seine Fixkosten niedrig halten können. Ein Franchisenehmer wird daher in solchen Orten ein besseres Ergebnis als ein Filialleiter erzielen. Natürlich wird dies auch in größeren Städten gelegentlich der Fall sein, so daß die Franchisierung in solchen Vertriebssystemen nicht nur in kleineren Orten praktiziert werden kann.

Für viele Vertriebssysteme, die primär filialisiert sind, wird daher Franchising eine ideale Ergänzung sein. Es ist um so leichter, Franchising in ein Gesamtsystem einzubauen, da der Franchisenehmer von der bestehenden Organisation, dem Image und dem Bekanntheitsgrad profitiert. Auch hier, wie beim Hersteller-Franchising (vgl. oben unter e) wird daher der Ausbau eines gewissermaßen eingeschobenen Franchise-Systems meist weniger kostspielig und zeitaufwendig sein, als die weitere Expansion des Filialnetzes. Naturgemäß kann die Entwicklung auch umgekehrt laufen, so daß zuerst das Franchise-System da ist und später Filialen dazukommen bzw. daß der Systemkopf eine Anzahl franchisierter Betriebe zurückkauft.

Die Verwendung von Mischsystemen unter Einschaltung des Franchising ist nicht begrenzt. Nicht nur mit filialisierten Betrieben kann Franchising gemeinsam verwendet werden, sondern auch in Verbindung mit anderen Vertriebsformen, z.B. Vertragshandelssystemen, Joint Ventures (vgl. bes. Kapitel XXXIV zum internationalen Franchising) und auch bei Agentursystemen, wo mancher Franchisegeber ein Interesse daran hat, die Verteilung seiner Güter auf verschiedenen Vertriebsschienen durchzuführen.

Ein interessantes, durch die Bekanntmachung Nr. 41/86[3] des *Bundeskartellamts* bekannt gewordenes Beispiel eines Mischsystems ist die bei der vorgenannten Behörde angemeldete Gründung eines Gemeinschaftsunternehmens der *System-gut Logistik Service GmbH* in Eichenzell durch zehn Speditions- und Transportunternehmen. Dieses Gemeinschaftsunternehmen, das gem. § 5b GWB als Rationalisierungskartell angemeldet ist (hilfsweise ist eine Erlaubnis gem. § 5 Abs. 2 und 3 GWB beantragt worden), hat als Geschäftszweck den Aufbau, die organisatorische und umschlagstechnische Handhabung eines Franchisesystems zur Beförderung von Stückgutsendungen, die aus band- oder staplerumschlagsfähigen Packstücken bestehen. Diese Gründung läßt weiterhin den sich ausbreitenden Anwendungsbereich von Franchise-Systemen erkennen.

3. Die Umwandlung anderer Vertriebssysteme in Franchise-Systeme

Franchising hat sich so sehr zur „Mehrzweckwaffe" entwickelt, daß es zunehmend für die Restrukturierung anderer Vertriebsformen verwendet wird. Der einfachste Fall ist die Umwandlung von Vertragshändlersystemen in ein Franchise-System. Das schon seit langer Zeit praktizierte Vertrags-(Eigen)Händlersystem – vielfach auch namentlich in anderen Ländern als Konzessionssystem bezeichnet –, das besonders im Vertrieb spezialisierter technischer Güter und Apparaturen seinen Schwerpunkt hat und zunehmend im letzten Jahrzehnt von Industrieunternehmen als eigener Vertriebsweg benutzt wurde, ist auch traditionell schon vielfach für den Vertrieb von Konsumwaren der Einrichtungsbranche, von Spielwaren, Büroartikeln etc. benutzt worden. Auch bei den Ver-tragshandelssystemen besteht die Tendenz, durch Straffung von Organisation, Marketing und Werbung bei stärkerer Herausstellung der Marke, den Vertrieb zu rationalisieren und damit letztlich in ein Franchise-System umzuwandeln, um das Marktpotential stärker auszuschöpfen. Praktisch läuft dies auf erhebliche Korrekturen und auf

---

[3] Vgl. Bundesanzeiger Nr. 82 vom 3. Mai 1986, S. 5428.

neue, straffe Verträge hinaus, die den bisher zu statisch gewordenen Betrieb dynamischer gestalten.

Tiefgründigere Wandlungen ergeben sich durch das Eindringen des Franchise-Konzepts in Einkaufsvereinigungen, Genossenschaften, Handelsketten und sonstigen Verbundgruppen. Diese teils historischen Vertriebsformen, z.B. die Genossenschaften, die weitgehend als Einkaufsvereinigungen seit über 100 Jahren existieren – das erste Genossenschaftsgesetz datiert vom 4. Juli 1868 –, kamen in den letzten zwei Jahrzehnten in scharfen Wettbewerb zu anderen Vertriebsformen wie straff organisierten Filialketten, Handelskonzernen, sonstigen Großvertriebsformen des Handels und den eigenen Vertriebsapparaten von Herstellern ebenso wie zu einigen neuentstandenen Franchisesystemen, die alle nur durch ihre Größe häufig günstigere Einkaufsbedingungen bieten. Um im Wettbewerb zu bestehen, müssen die älteren Verbundgruppen über den Einkauf hinaus bei ihren Mitgliedern Einfluß nehmen auf die Sortimentsgestaltung, die Verkaufsförderung, auf Image und Werbung sowie auf die innere und äußere Aufmachung der Verkaufsstellen einschließlich der Warenpräsentation, damit sie durch die Konkurrenz der neuen Großbetriebsformen nicht immer mehr ausgeschaltet werden.[4] Dies alles sind Elemente des Franchise-Konzeptes, die in irgendeiner Form Eingang in erneute Strukturen der Verbundgruppen finden müssen, um sich als Lieferanten des Fachhandels im Wettbewerb gegenüber Herstellern und Großhändlern zu stärken.

Die Umstrukturierung dieser Verbundgruppen, die horizontalen Charakter haben, in Franchise-Systeme, ist nicht einfach, da Franchising eine sehr strikte Kooperationsform ist und zum Funktionieren einen effizienten Systemkopf voraussetzt.

Wie *H. Boehm* aufgrund seiner Untersuchungen[5] festgestellt hat, können traditionelle Einkaufsvereinigungen schon wegen der Heterogenität ihrer Mitglieder nicht als Gesamtkomplex in Franchisesysteme überführt werden. Mehrere Gruppen und eventuelle Untergruppen, die sich gegeneinander abgrenzen, werden getrennt in Franchise-Systeme zu überführen sein, wobei auch zahlreiche rechtliche Probleme zu berücksichtigen sind.

4. Die Bedeutung des Franchise-Konzepts für den Großhandel

Ungeachtet der zeitweisen krisenhaften Entwicklung des Großhandels durch Ausschaltungstendenzen seitens der Produzenten – namentlich auf dem Markenartikelsektor – ist die wirtschaftliche Stellung und Bedeutung des Großhandels im Vertrieb wieder aufwärts gerichtet. Nach Auskunft des *Landesverbandes des Bayerischen Groß- und Außenhandels* geht heute 40% des inländischen Warenabsatzes über den Großhandel. Er kann zudem eine wichtige Rolle auch im Franchising spielen, besonders in den neuen Bundesländern.

Die steigende, immer mehr erkannte Chance des Großhandels bedeutet, zusätzlich zu der Lieferung seiner Erzeugnisse dem Fachhändler all das zu geben, was dieser seiner-

---

4 Vgl. *Boehm/Kuhn/Skaupy*, Checklist Franchising, 1980, S. 37–39.
5 Vgl. *Boehm, Infratest Industria*, CHANCE (Franchising in der Bundesrepublik Deutschland 1974/1977).

seits braucht, um seine eigene Existenz zu erhalten und zu sichern. Denn auch er befindet sich in krisenhafter Lage. In seinen Markt drängen Verbrauchermärkte, Handelskonzerne und C+C-Märkte. Großbetriebliche Handelsformen erreichen heute oft Fachhandelsniveau, an das von der Kundschaft immer höhere Ansprüche gestellt werden, die der Fachhandel selbst manchmal nicht angemessen befriedigen kann. Die großen Organisationen sind in Management, Verkaufstechniken und Kapital stärker, während der Fachhändler gegenüber den Handelsgesellschaften angesichts des sich stets wandelnden Marktes nicht die notwendige Flexibilität besitzt.

Franchising eröffnet hier, worauf *H. Boehm* immer erneut hingewiesen hat, dem Großhandel die Möglichkeit, seinen Fachhandelskunden im Rahmen von sorgfältig geplanten Franchise-Systemen nicht nur sinnvoll konzipierte Warensortimente, sondern ein sich laufend innovierendes Know-how auf dem Gebiet des Marketing, der Verkaufstechnik und der Werbung anzubieten. Im Rahmen des Franchise-Verbundes mit dem Großhändler als Franchisegeber und Fachhändlern als Franchisenehmer werden beide Seiten unter dem gemeinsamen Dach eines sorgfältig gepflegten Images den Wettbewerbsdruck vieler mächtiger Konkurrenten abwehren und ihre geschäftliche Zukunft besser sichern können.

5. Franchising in Export und Import

Immer häufiger werden die Wirkung von Franchise-Systemen und ihre Anwendung im grenzüberschreitenden Handelsverkehr erörtert, und international wird vermehrt vom „Export" von Franchisen gesprochen. Gemeint sind damit die zunehmenden Fälle, in denen sich ein Franchisegeber dazu entschließt, sein erfolgreiches System über die Grenzen auszudehnen, um in anderen Ländern sein Warensortiment über ein dortiges Franchise-System abzusetzen und durch diese externe Franchisierung, die Lizenzierung seiner Marken und Kennzeichen sowie seine Dienstleistungen eine zusätzliche Einnahmequelle zu erschließen. Für die Internationalisierung von Franchisen gibt es eine Reihe von Methoden, die einschließlich der rechtlichen Probleme in Kapitel XXXIII und XXXIV näher erörtert werden. Ein anderes Problem ist die zunehmend beobachtete Gründung von Franchise-Systemen durch Großhändler, die als Importeure ausländischer Erzeugnisse, namentlich von mittleren und kleineren Unternehmen anderer Länder, auftreten. Manche ausländischen Hersteller oder Großhandelsorganisationen werden bestrebt sein, vorrangig inländische Importeure, die möglichst gründlich und zielstrebig den deutschen Markt erschließen, als Franchise-Partner zu gewinnen; denn dies wird häufig nicht mit den begrenzten Möglichkeiten von Handelsvertretungen oder auch über lose Vertragshändlernetze gehen, soweit der Vertrieb fremder Produkte besondere Fachkenntnisse, Verkaufstechniken und auch Sprachkenntnisse erfordert.

Andererseits können Importeure, die mit Geschick interessante und attraktive Produkte im Ausland ausfindig machen, national durch ein Franchise-System einen schnelleren Absatz erreichen als durch andere Vertriebsmethoden, denn in der Regel läßt sich der Aufbau eines solchen Vertriebsnetzes viel schneller durchführen. In dieser Konstellation ist es sowohl möglich, daß der Importeur von sich aus das Franchise-System erstellt. Er kann aber auch als Master-Franchisenehmer oder Generallizenznehmer des ausländischen Produzenten oder Händlers tätig werden, wodurch er naturgemäß seinerseits als „Nehmer" den vertraglichen Bindungen und Weisungen unterliegt, welche der ausländische Produzent bzw. Händler ihm vertraglich auferlegt. In diesem Zusammenhang ist die Feststellung interessant, daß der französische Franchise-Verband *(FFF)* schon am 14. April 1986 in Paris in der „Journée de la Franchise" das Franchising als Hebel für den Export französischer Erzeugnisse laufend in Referaten vorgestellt hat, ebenso wie in Frankreich Gesamtdarstellungen zu diesem Thema herauskommen.[6] Auch die Amerikaner betrachten Franchising als wirksames Export-Instrument und fördern amtlich Besuchsreisen von exportwilligen Franchisegebern.

---

[6] Vgl. Programm der *FFF* zur Tagung vom 14.4.1986; ferner *Rodica-Elena Muth,* Franchise Export, Méthode, Paris 1986.

VII. Geschäftszweige, in denen das Franchise-Konzept verwendbar ist

1. Grundsatz „Tout est franchisable"

Auf die Frage, welche Arten von Konzepten überhaupt franchisiert werden können, antwortete anläßlich einer Franchise-Tagung, wie ich wiederholt berichtet habe, ein französischer Moderator mit den Worten: „Tout est franchisable" – alles ist franchisierbar! Mit gewissen Einschränkungen ist dieser Satz in allen Ländern mit freiheitlicher Wirtschaftsverfassung zutreffend. Für die Franchisierung kommt der Handel mit allen nur denkbaren Wirtschaftsgütern, sämtlichen vertretbaren Dienstleistungen sowie Auftragsproduktionen neben einer Marke plus Vertrieb und schließlich auch bei beratenden und intellektuellen Tätigkeiten in Betracht, welche letztlich in die Kategorie der Dienstleistungen gehören.

Ein Einblick in die Mannigfaltigkeit der Branchen, in denen Franchising verwendet wird, läßt sich bereits aus den in Kapitel V bei der Abhandlung der Typologien von Franchise-Systemen erwähnten Beispielen gewinnen. Dasselbe gilt für die Auflistung einer Reihe bekannter und typischer deutscher Franchise-Systeme in Kapitel XXXII.

2. Die wichtigsten Anwendungsbereiche des Franchising

In Deutschland sind zwar viele, aber noch nicht alle Geschäfts- und Berufszweige im Franchising vertreten. Nachfolgend werden daher einige der häufigsten einschlägigen Geschäfts- und Berufszweige aufgezählt, die über das breite Spektrum der franchisierbaren Geschäftsmethoden Aufschluß geben.

Gastronomie und Hotellerie
Schnell-Imbißbetriebe
Eis-Dielen
Croissants- und Waffelläden
Spezialitätenrestaurants
Pizzerien
Steak-Häuser
Hotels
Motels
Bungalowvermietung

Lebensmittel und Getränke
Lebensmittelmärkte
Lebensmittelspezialgeschäfte
Süßwarengeschäfte

Speise- und Getränke-Heimdienste
Weinvertrieb
Getränke-Fachhandel
Eisautomaten
Teeläden
Catering

Schönheit, Gesundheit, Körperpflege
Schönheits- und Frisiersalons
Fitness-Studios
Kosmetik-Vertrieb
Dentalversorgung
Drogerien
Schlankheitsstudios
Naturheilkundeinstitute

Aerobic-Studios
Gehörhilfe-Studios
Optische Produkte und Dienste

Reinigungsdienste
Chemische Reinigung
Mietwäsche-Service
Gebäudereinigung
Eisenbahn- und Flugzeugreinigung

Möbel und Einrichtung
Kindermöbel
Einrichtungs- und Möbelvertrieb
Büromöbel
Möbelrenovierung
Möbelreparatur
Möbel abbeizen
Innenausbauteile
Innendekorationsbedarf
Gemäldegalerien
Rahmengeschäfte
Teppiche
Tapeten
Mitnahme-Möbel
Sägewerkzeuge

Büro- und Geschäftsdienste
Geschäfts- und Beratungssysteme
Buchführungssysteme
Geschäftsvertretungen
Allgemeine Bürodienstleistungen
Zeitpersonal
Zeitmanagement
Finanzplanung
Fotomodell-Vermittlung
Schnelldruckereien
Immobilienvermittlung
Computerläden
Softwareservice
Kopiershops
Existenzgründungsberatung
Sicherheitsprüfung von Druckbehältern
Verchromung von Metall

Bau, Haus, Garten
Baumaterialien
Hausrenovierungen
Fertighäuser

Haus- und Terrassenbegrünung
Feuerlöschgeräte
Gartencenter
Tapetenvertrieb
Fenster- und Zubehörbedarf
Haus- und Wohnungsvermietung
Fassadenrenovierung
Wintergärten
Balkonausbau
Innenausbau
Küchen-Center
Ladenbau
Treppenrenovierung
Entsorgung
Holz- und Bautenschutz
Fliesenfachmarkt
Schlafbedarf
Sonnenschutzanlagen
Antriebstechnik
Sicherheitssysteme
Schwimmbecken
Wasseraufbereitung
Hausmeisterdienste
Türen-, Fenster- und Küchen-
    renovierungen
Bauelemente
Heimwerkerbedarf
Rohrreinigung
Heizanlagenservice
Trockenlegung von nassen Fundamenten
Müllpressen

Ausbildung und Erziehung
Schul- und Ausbildungsbedarf
Schnell-Lernsysteme
Sprachschulen
Schauspielschulen
Nachhilfeunterricht
Musikschulen

Reise, Unterhaltung, Freizeit
Reiseagenturen
Minigolfplätze
Sportartikel
Fotoläden
Heimelektronik
Audio- und Videoartikel

Campingplätze
Spielwaren

Kleidung, Schuhwerk und -zubehör
Schuhgeschäfte
Anzug- und Kleiderverleih
Strick-Wollgeschäfte
Damen- und Herrenbekleidung
Wäschegeschäfte
Lederwaren
Brautmoden
Abendkleidung
Kindermoden
Textildruck

Diverse Handels- und Dienstleistungen
Geschenkartikel
Umweltpflege
Brötchenzustellung
Haustiere
Tierbedarf
Blumengeschäfte
Geräte und Werkzeuge
Drugstores
Tauschzentralen
Videofilm-Herstellung
Zustellung gesungener Telegramme
Schuh- und Schlüsseldienste
Bestattungswesen
Schädlingsbekämpfung
Korrosionsschutz
Kioske
Ausstellungssysteme

Diese naturgemäß nicht vollständige Aufzählung läßt den breiten Anwendungsspielraum der Franchise-Systeme erkennen. Gewisse Zweige können als besonders zukunftsträchtig angesehen werden, namentlich das Gebiet der Reisen und Freizeitgestaltung, der personellen und technischen Dienstleistungen sowie der Sektor „Büro- und Geschäftsdienste."

In Amerika spricht man bei letzterem Gebiet von „business aids and services". Insbesondere stehen hier die sog. „gemischten Dienste" im Vordergrund. Als typisches Beispiel erwähnte bei einem Münchner Symposium hier der ehemalige Präsident der *IFA (International Franchise Association)*, Mr. *Lloyd S. Farwell*, „The Headquarters Companies", die sich darauf spezialisiert haben, andere Unternehmungen oder ein Büro mit allen Dienstleistungen, die dazu gehören, zu versorgen, einschließlich der Einrichtungen von Telefonkonferenzen. Überhaupt sind für die nächste Zukunft, wie *Bruno Tietz* in einem Interview mit „franchise report" bemerkte[1], Dienstleistungsspezialisierungen verschiedenster Art zu erwarten, d.h. „die Phase, in der man aus Produktions- und Handelsvertrieben bestimmte Dienstleistungsaktivitäten herauslöst und verselbständigt, weil sie kostengünstiger durch Spezialisten betrieben werden können oder weil arbeitsrechtliche Restriktionen es opportun erscheinen lassen, sie auszugliedern."

3. Nichtfranchisierungsfähige Tätigkeiten

Den zahlreichen Anwendungsbereichen des Franchising müssen aber diejenigen Geschäftszweige und Tätigkeiten gegenübergestellt werden, die *nicht* franchisiert werden können. Hierher gehören alle Dienstleistungen, deren Erbringung nur Personen, die entsprechende Examina absolviert und Zulassungen erhalten haben, persönlich gestat-

---

[1]   Vgl. Prof. *B. Tietz* in „franchise report", Okt. 1985, S. 21.

tet ist, so namentlich die Tätigkeiten der Ärzte, Rechtsanwälte, Notare, Wirtschaftsprüfer, Steuerberater u.a.m. Dies bezieht sich jedoch nicht auf Hilfsdienste für diesen Personenkreis, wie Buchhaltungssysteme, Datenservice-Leistungen für Anwälte, Laboreinrichtungen für Ärzte etc.

Weiterhin ist dem Franchising normalerweise nicht der Abschluß von Versicherungsverträgen zugänglich. Da allein die Versicherungsgesellschaft das Versicherungsrisiko übernimmt und übernehmen muß, kann sie zwar solche Verträge durch Agenten oder Makler vermitteln lassen, diese können jedoch nicht im eigenen Namen und für eigene Rechnung die Versicherungsverträge mit ihren Kunden abschließen.

VIII. Größere wirtschaftliche Effizienz durch Franchising

1. Franchising und Systemwirtschaft

Im weiteren Sinne bedeutet die Errichtung eines Franchise-Systems für den Franchise-geber einen Schritt in die moderne Systemwirtschaft, die wir weiter oben dargestellt haben (vgl. Kapitel IV). In dieser Phase der wirtschaftlichen Entwicklung verschwindet eine Zeitperiode immer mehr, in welcher in der Wirtschaft planlos nebeneinander und gegeneinander gearbeitet wurde. Mehr und mehr entstehen Verbundsysteme verschiedenster Art, zwischen denen letztlich der für das Fortbestehen unserer Marktwirtschaft so wesentliche Wettbewerb unter verschiedenen konkurrierenden Systemen sich abspielt.

Die Vorteile für den Franchisegeber fallen praktisch zusammen mit den Vorteilen, die das System als solches bietet, und mit den Vorteilen, die auch dem Franchisenehmer zugute kommen. Daher finden sich die Faktoren, welche die wesentlichen Vorteile des Franchise-Systems für den Franchisegeber darstellen, auf der anderen Seite beinahe spiegelgleich als Vorteile des Franchisenehmers wieder – vorausgesetzt, daß beide Partner bzw. alle Partner die Spielregeln des Systems beachten und sich an Verhaltens-regeln halten, ohne die eine fruchtbringende Zusammenarbeit nicht denkbar ist.

2. Das gemeinsame Image aller Systembetriebe

Der erste wesentliche Faktor, der sich als Vorteil für einen Franchisegeber darstellt, ist das Arbeiten in einem dezentralisierten Verbund unter gemeinsamer Marke und ge-meinsamen Kennzeichen verschiedenster Art. Alle Marken, Namen, Kennzeichen, Far-ben, Slogans etc. sind wesentliche Bestandteile eines Franchise-Systems, die bei richti-ger Planung (vgl. Kapitel XVI) das System zusammenhalten. Sie haben durch das ge-meinsame Auftreten des Franchisegebers und Franchisenehmers einen optimalen Wirkungsgrad im Markt und schaffen das für den geschäftlichen Erfolg so wichtige gemeinsame Image.

3. Straffe Organisation und Führung

Der zweite grundlegende Faktor für einen Erfolg des Franchisegebers mit seinem System ist die straffe Organisation und Führung im System. Gerade hierdurch unter-scheidet sich das Franchise-System vorteilhaft von fast allen anderen Vertriebssyste-men, weil nicht jeder für sich handelt, sondern alle zum gemeinsamen Erfolg beitragen mit dem wesentlichen Ziel, Absatz und Umsatz zu stärken und zu vermehren.

4. Zeitgemäßes Marketing durch moderne Vertriebsstrategie

Durch straffe Organisation und Führung hat der Franchisegeber die Möglichkeit, für sein Gesamtsystem und sämtliche Teilnehmer eine von allen zu beachtende Vertriebsstrategie zu entwerfen, die nach sorgfältiger Planung und fortlaufender Innovierung einen erfolgreichen Absatz garantiert. Er kann unter Anwendung moderner Marketinggrundsätze diejenigen Werkzeuge entwickeln und bei seinen Franchisenehmern durchsetzen, die den Absatz optimieren. Er kann, auch wenn er nicht Hersteller, sondern Großhändler ist, auf die Anpassung der Produktion Einfluß nehmen, wodurch ggf. eine Spezialisierung die Produktivität des Systems entscheidend verstärkt. Hierdurch wird er sichere und gesicherte Vertriebswege schaffen, die sich letztlich wieder günstig auf die Produktivität des Systems auswirken.

5. Schnellere Expansion durch leichtere Finanzierung

Durch die Kombination von Eigenkapital und Finanzierungsbeiträgen der Franchisenehmer (Abschlußgebühr und laufende Franchisegebühren) gewinnt der Franchisegeber schnellere Expansionsmöglichkeiten, da sein eigener Kapitaleinsatz geringer ist und die Eigeninitiative selbständiger Franchisenehmer eine zügige Abdeckung und Verdichtung des vorgesehenen Standortnetzes bewirkt. Eine dynamische Erschließung eines häufig noch unausgeschöpften Marktes wird zur reellen Chance.

6. Entlastung beim Aufbau eines Franchise-Systems

Der Aufbau eines Vertriebsstellennetzes bedeutet für den Gründer oder den üblichen Weiterentwickler von Vertriebssystemen erfahrungsgemäß erhebliche arbeitsmäßige Belastungen und damit Kosten. Entscheidend ist demgegenüber die Entlastung des Franchisegebers durch leichtere Bewältigung zahlreicher Personalprobleme und Risiken, die im Gegensatz zum Filialsystem beim Franchise-System erheblich vermindert sind. Filialisierung erfordert die kostenträchtige Einstellung neuen Personals, an das in der Regel geringere Anforderungen gestellt werden können. Die Auffindung und Auswahl von Franchisenehmern ist zwar häufig mühselig, aber ihr Einsatz als sorgfältig geprüfte Inhaber franchisierter Vertriebsstellen läßt die Belastung des Franchisegebers nach einmal erfolgter Einarbeitung auf ein Minimum im Vergleich zu einem Filialsystem herabsinken. Eine relativ kurze Zeit der Formation durch Seminare bewirkt eine bei Filialleitern meist nicht erreichbare Motivation betrieblich selbständiger Partner, bei denen schon infolge des eigenen finanziellen Risikos ein Kosten- und Ertragsbewußtsein entwickelt wird, welches im Rahmen des Systems selbständige, den Franchisegeber wenig belastende Initiativen des Franchisenehmers erlaubt.

IX. Die entscheidenden Vorteile des Franchise-Konzepts für den Franchisegeber

1. Grundsätze

Franchising führt zwei bzw. mehrere Vertragsteile zusammen, weil der eine ohne den anderen – oder die anderen – gewisse wirtschaftliche Ziele allein nicht verwirklichen kann oder will. Für beide muß ein Franchise-System Vorteile bieten, damit es Bestand haben kann. Es muß letztlich auf Anstand sowie Treu und Glauben aufgebaut sein, weil es eine enge Zusammenarbeit bedingt. Auf die Verantwortung des Franchisegebers einerseits und diejenige des Franchisenehmers andererseits werden wir später zurückkommen (vgl. Kapitel XXI).

Was reizt den Franchisegeber dazu, ein Franchise-System aufzubauen, anstatt den Vertrieb seiner Waren und/oder Dienstleistungen auf den konventionellen Wegen durchzuführen? Die Aspekte, die für den angehenden Franchisegeber vorrangig maßgebend sind und ihm die typischen Vorteile des Franchising verschaffen, sind im wesentlichen folgende:

- In erster Linie ist Franchising ein Werkzeug für optimales **Marketing**.
- Das Marketingkonzept eines Franchise-Systems ermöglicht seine schnellere und solidere Ausbreitung – **Expansion**.
- Möglich werden besonders effizientes Marketing und erfolgreiche Expansion durch die franchisetypische straffe **Organisation** und **Führung**.
- Das Franchise-Konzept ermöglicht es dem Franchisegeber, durch Beiträge des Franchisenehmers zu seinen Aufbaukosten eine zusätzliche **Finanzierung** zu erreichen.
- Franchising löst häufig ein sonst schwer lösbares **Personalproblem** bei der Ausbreitung seines Vertriebsnetzes.
- Franchising kann auch für Investoren zu einem Mittel der **Diversifikation**, mithin der Kapitalanlage in einer anderen gewinnbringenden Branche werden.

Diese Vorteile haben im Einzelfall einen sehr verschiedenen Stellenwert bei der Errichtung eines Systems, sie brauchen nicht in jedem Fall gehäuft vorzuliegen. Gelegentlich wird z.B. das Personalproblem im Vordergrund stehen und die Finanzierung zumindest nicht das Hauptproblem bzw. Hauptmotiv für den Aufbau eines Franchise-Systems sein. Andererseits ist eine angestrebte Diversifizierung weniger häufig Anlaß für die Planung eines Franchise-Konzeptes. Immer jedoch müssen als unverzichtbare Faktoren eines Franchise-Systems das besondere Marketingkonzept nebst seinem Expansionseffekt sowie straffe Organisation und Führung vorhanden sein.

2. Franchising als optimales Marketing-Werkzeug

Die nach außen sichtbare Wirkung des Franchising entspricht in wesentlichen Zügen einem Filialsystem und erfüllt letztlich die gleichen Aufgaben. Ein Marketingkonzept kann aber durch Franchising erfolgreicher und kostensparender durchgeführt werden als durch ein Filialsystem oder andere Vertriebswege. Insbesondere sind der „unsichtbare Vertriebsweg" und der unmittelbare Zugang zum Markt für den Franchisegeber entscheidend.[1] Sein Absatz wird sichergestellt durch einheitlich motivierte Franchisenehmer, deren Verkaufspraxis er im Rahmen der Systemplanung aufgrund langfristiger Dispositionen fördern und beeinflussen kann.

Der an der Verkaufsfront stehende Franchisenehmer, der – im Gegensatz zu Händlern oder Handelsvertretern – fast immer, jedenfalls in seiner Branche, ausschließlich für den Franchisegeber tätig ist, vertritt den Franchisegeber gegenüber den Verbrauchern bzw. Abnehmern. Hierdurch kann der Franchisegeber diese jederzeit durch den Franchisenehmer ansprechen, der ihm in Erfüllung seiner vertraglichen Pflichten überdies alle für sein Marketing erforderlichen Informationen unmittelbar zukommen läßt. Ebenso wird umgekehrt ein Abnehmer der franchisierten Produkte im Sinne des Franchisegebers durch den Franchisenehmer über die Produkte bzw. Dienstleistungen des Systems informiert. Durch diesen zweigleisigen Informationsfluß wird auch die Sortimentsbildung für den Franchisegeber erleichtert, wobei in manchen Systemen die Franchisenehmer Beratungsstellen bilden und die bei der Kundschaft gesammelten Erfahrungen und Informationen dem Franchisegeber vermitteln können. Hierdurch kann die Produktivität des Franchisegebers bzw. Herstellers gesteigert und verfeinert werden. Auf der anderen Seite kann sich aufgrund aller dieser Fakten der Franchisenehmer unternehmerisch im Vertrieb der an ihn franchisierten Waren oder Dienstleistungen wirkungsvoller entfalten.

Zum effizienten Marketing gehört auch eine sinnvolle Abgrenzung der dem einzelnen Franchisenehmer eingeräumten Vertragsgebiete. Meist, aber durchaus nicht immer, wird es ein weiterer Vorteil für den Franchisegeber sein, ausschließliche Gebietsfranchisen zu vergeben, wobei den Franchisenehmern die Abnahme des gesamten Sortiments zur Pflicht gemacht wird. Bei solchen Bezugspflichten sind aber die kartellrechtlichen Schranken (vgl. Kapitel XXVII) zu beachten.

3. Franchising als Mittel der Expansion

Wirksames Marketing im Franchise-Verbund bedeutet auch Expansion, mithin schnelle Ausbreitung der franchisierten Verkaufsstellen auf dem gesamten Zielgebiet des Franchisegebers, häufig das gesamte Staatsgebiet oder eine größere Region, später ggf. über die Grenzen hinaus.

Primär sichert sich der Franchisegeber seine Wettbewerbsposition am besten durch den zügigen Aufbau und Ausbau eines effizienten Verkaufsstellennetzes durch geeignete Franchisenehmer. Sie zu finden, ist eine der schwersten Aufgaben einer Franchise-Zentrale. Je mehr sich die Vertriebsorganisation als weit gefächertes Netz von aktiven Franchisenehmern darstellt, desto mehr werden der Markt abgedeckt und die Absatzwege gesichert. Während ein Filialsystem mit zahlreichen Verkaufsstellen nur zum Preis erheblicher Investitionen und Lohnfixkosten aufgebaut werden kann, ist eine Expansion im Franchise-System unter gleichen Voraussetzungen erheblich kostengünsti-

---

[1] Vgl. *Boehm*, in: *Boehm/Kuhn/Skaupy*, Checklist Franchising, 1980, S. 22.

ger durchfürbar. Dies auch deshalb, weil der Franchisenehmer in der Regel einerseits durch die Abschlußgebühr einen Teil der Entwicklungs- und Aufbaukosten des Franchisegebers trägt, andererseits den eigenen Betrieb durch eigene Mittel – die teils aus seinen Rücklagen, teils durch Kredite aufgebracht werden – finanziert und so den Franchisegeber entlastet.

4. Straffe Organisation und Führungsstrukturen im Franchising verhindern Fehlentscheidungen

Im Gegensatz namentlich zu Vertragshändler-Systemen und vielen anderen dezentralisierten Vertriebsformen ist die Organisation des Franchise-Systems straff und bestimmt in vielen Einzelheiten den Aufbau der Vertriebsstellen und den Gang der Geschäfte. Der Franchise-Vertrag selbst regelt die großen Züge der Imagebildung und -erhaltung, der äußeren und inneren Ausstattung der Betriebe, den Ablauf der Geschäfte, die Formation der Franchisenehmer sowie die vertikale Arbeitsteilung, bei welcher der Franchisegeber die zweckmäßig nur zentral zu erfüllenden Funktionen übernehmen und der Franchisenehmer sich völlig auf den Verkauf konzentrieren kann. Alle Verhaltensweisen der Franchisenehmer werden, soweit notwendig, eingehend in den Handbüchern, Instruktionen und Anleitungen dergestalt programmiert, daß die wesentlichen betrieblichen Funktionen standardisiert sind.

Die straffe Organisation im Franchise-System erlaubt auch eine straffe Führung durch die Systemzentrale, die entsprechend der Definition des Franchising auf die Geschäftsführung des Franchisenehmers durch Beistand und Rat Einfluß nimmt, die Einhaltung der geschäftlichen Konzeption des Franchisegebers überwacht, welche dieser durch Weisungen durchsetzen kann. Auf der Fernsteuerung einer oft größeren Anzahl von Franchisenehmern und deren unternehmerischen Aktivitäten im Rahmen des Franchise-Konzepts beruht die Stärke des Franchise-Systems im Wettbewerb gegenüber anderen Vertriebsformen.

5. Franchising als Finanzierungswerkzeug

Ein schon erwähnter Vorteil beim Aufbau eines Franchise-Systems – im Vergleich zu anderen, sowohl in der Anlaufphase wie im Betrieb einer Verkaufsstelle viel kostenträchtigeren Systemen – ist der Finanzierungseffekt des Franchising.

Der Franchisenehmer hat in den meisten Fällen eine angemessene Abschlußgebühr zu zahlen, die der Franchisegeber möglichst immer verlangen sollte, um ein baldiges Abspringen von unzuverlässigen Partnern zu vermeiden, die ohne eigenes Engagement nur einmal „sehen" wollen und ohne Begründung kurzerhand verschwinden.

Die laufenden Franchisegebühren, deren Höhe sorgfältig, jedoch nach dem Ausmaß der Dienstleistungen des Franchisegebers (Verkaufsförderung, Werbung, Schulung, Betreuung, Überwachung etc.) kalkuliert werden sollte (vgl. Kapitel XXIII), sind ein weiterer finanzieller Beitrag der Franchisenehmer und stellen sich als zusätzliche Finanzierungsquelle für den Franchisegeber dar, dem in anderen Vertriebssystemen nichts Entsprechendes gegenübersteht. Manche, besonders ausländische Systeme, nehmen von laufenden Gebühren Abstand, kalkulieren aber den Gegenwert für die von ihnen gegenüber den Franchisenehmern zu erbringenden Leistungen in den Preis der von ihnen zu beziehenden Produkte ein. Dieser Weg ist nur sinnvoll, wenn der Franchisenehmer tatsächlich weitgehend Bezugspflichten hat, bei denen aber eventuell kartellrechtliche Grenzen zu beachten sind. In den laufenden Gebühren ist meist auch eine Abgeltung für die im Franchise-Vertrag enthaltene Lizenzierung von Namen, Marken, Know-how und anderen gewerblichen Schutzrechten enthalten, ein weiterer Finanzierungseffekt, der zur Finanzierung der Systemzentrale beiträgt und ihr unternehmerischen Gewinn bringt.

6. Franchising hilft bei der Lösung von Personalproblemen

Beim Aufbau von Vertriebssystemen ist die Auffindung und Auswahl geeigneter Leiter von Verkaufsstellen eines der Hauptprobleme. Filialleiter sind oft nur schwer zu finden und produzieren vom ersten Tag an erhebliche Fixkosten, die nur sehr langsam, wenn überhaupt, wieder hereinkommen. Bei Handelsvertretern, von deren Wohlwollen und Arbeitseifer eine Vertriebszentrale abhängig ist, ohne genug direkte Einwirkungsmöglichkeiten zu haben, können leicht ähnliche Nachteile entstehen. Im Franchise-System garantiert dagegen die besonders sorgfältige Auswahl der künftigen Franchisenehmer, die schon wegen des System-Images notwendig ist, den Beitritt von persönlich, kaufmännisch und finanziell geeigneten Bewerbern. Franchisenehmer sind kostengünstiger als Filialleiter oder Agenturen, wie schon vorstehend gezeigt wurde. Dies trifft besonders bei Verkaufsstellen in kleineren Gemeinden zu, in denen das Marktpotential begrenzt und schwer voll auszunutzen ist. Hier würde sich ein die Fixkosten belastender Filialleiter oder ein Agent mit erheblichem festen Unkostenzuschuß nicht lohnen, während ein viel intensiver arbeitender, meist lokal verwurzelter Franchisenehmer mit seinem persönlichen Einsatz und Familienmitgliedern, die „mithelfen", erhebliche Kosten spart und die Verkaufsstelle zu einem rentablen Bestandteil des Gesamtsystems macht.

7. Franchising und Diversifikation

Eine dem Franchising an sich nicht inhärente Funktion ergibt sich aus dem Umstand, daß manche Investoren (wohlhabende Einzelpersonen oder investitionsbereite Firmen und Firmengruppen) zur Absicherung oder Erweiterung ihrer Marktpositionen sich als Kapitalanlage in ein Franchise-System einkaufen. Das bedeutet, daß sie eine Franchise und damit einen bestehenden franchisierten Geschäftsbetrieb eines als seriös und gewinnträchtig anzusehenden Franchise-Systems übernehmen, sei es vom Franchisegeber oder sei es durch Kauf von einem veräußerungswilligen Franchisenehmer. Der Investor kann, wenn er nach sorgfältiger Prüfung einen guten Griff macht, viel Forschung, Entwicklung und Zeit sparen, besonders in einer ihm noch nicht so gut bekannten Branche. Abgesehen von den niedrigen Kosten ist ein solches Vorgehen weniger riskant als eine eigene Neugründung. Die Kapitalanlage in einer Franchise ist in Deutschland bisher ungewöhnlich, in den USA z.B. dagegen nicht unüblich und auch nicht erstaunlich, nachdem eine Franchise durch die Gesetzgebung ähnlich wie ein Wertpapier behandelt wird. Vor dem Verkauf von Franchisen muß der Franchisegeber in einem „Disclosure Statement" genaue Angaben gegenüber der *Federal Trade Commission* bzw. der jeweiligen staatlichen Behörde für Investorenschutz machen; diese Angaben sind dann den Interessenten für eine Franchise vorzulegen."[2]

Eine weitere Möglichkeit der Investition zwecks Diversifikation im Franchise-Bereich ist der Erwerb einer sogenannten Master-Franchise eines erfolgreichen ausländischen Unternehmens in Deutschland oder eines deutschen Unternehmens im Ausland. Allerdings wird die Übernahme einer Master-Franchise (oder Generallizenz) eines ausländischen Unternehmens in Deutschland praktisch auf den Aufbau eines neuen Franchise-Systems hinauslaufen, obwohl dem Franchisenehmer bzw. dem Lizenznehmer das Know-how des ausländischen Franchisegebers zur Verfügung steht, das allerdings meist nicht genügen wird. Auf der anderen Seite ist die Übernahme einer Master-Franchise eines deutschen Unternehmens im Ausland zwecks Diversifikation durch ein deutsches Unternehmen im allgemeinen nur selten in Erwägung zu ziehen, es sei denn, es besitzt eine Tochtergesellschaft in dem betreffenden Land, die mit den dortigen Verhältnissen ausreichend vertraut ist.

Schließlich sind Investitionen im Franchise-Bereich durch Beteiligungen sowohl an dem Unternehmen des Franchisegebers wie Franchisenehmers möglich und kommen auch häufig vor.[3] Diese Beteiligungen sind, falls sie im Unternehmen des Franchisegebers erfolgen, eigentlich nur übliche Kapitalanlagen und nicht unbedingt typisch diversifikativer Art an einem Unternehmen mit franchisierten Verkaufsstellen, ohne daß diese Beteiligung als solche unmittelbar als „Werkzeug" des Franchising angesehen werden kann bzw. eine Folge des Franchisekonzepts ist. Das erfolgreiche System ist zwar infolge des guten Konzepts ein interessantes Beteiligungsobjekt ebenso wie etwa ein Unternehmen, das ein gewinnbringendes Filialsystem betreibt. Franchising ist hier als solches keine typische Diversifikationserscheinung oder Investitionswerkzeug.

---

2 Vgl. hierzu auch Kapitel XXXVI.
3 Vgl. *Ekkehard Brysch*, Handelsblatt Nr. 235/1984, Sonderbeilage Franchising, S. 12.

X. Wesentliche Vorteile für den Franchisenehmer im Vergleich zu neugründenden „Alleinkämpfern"

1. Der Traum von der Selbständigkeit

Vor etwa 30 Jahren schrieb der frühere Präsident der amerikanischen Restaurations-Franchise *Dunkin' Donuts Inc., Robert M. Rosenberg*, daß der Trieb, sein eigener „Boss" zu sein, in dem amerikanischen Charakter fest eingeprägt zu sein scheint, eine Veranlagung, die ohne Rücksicht auf wirtschaftliche Veränderungen von Generation zu Generation unverändert (starr) weitergegeben werde. „Franchising – ein amerikanischer Traum", unter dieser häufig erwähnten Devise analysiert *Rosenberg* die unbegrenzten Möglichkeiten, die Franchising dem unternehmerischen Geist bietet.[1] Selbständig sein und Inhaber eines eigenen Geschäftsbetriebes zu werden, ist für viele auch in Deutschland die treibende Kraft, sich auf eigene Beine zu stellen und ein juristisch wie wirtschaftlich selbständiges Unternehmen aufzubauen. Denn trotz der Bindungen zu System und Franchisegeber bleibt der Franchisenehmer immer in seinem Geschäft der „Chef", der rechtliche Eigentümer eines Betriebes, ob er ihn nun selbst betreibt – die übliche Form des Franchising –, oder ob er die Leitung einem anderen überträgt. In Deutschland ist das Franchising schon jetzt in den **neuen Bundesländern** zu einem wichtigen Instrument der Privatisierung und des Aufbaus neuer Wirtschaftsstrukturen geworden, denn zahlreiche in den alten Bundesländern bestehende Franchise-Systeme haben mit teilweise sehr großem Erfolg in die neuen Gebiete expandiert. Ähnliche Aspekte sind bei anderen Staaten im östlichen Europa zu beobachten.

Personen mit etwas Kapital, unternehmerischer Initiative, Fleiß und schneller Auffassungsgabe haben die Chance, im Rahmen eines Verbundes und mit dessen Unterstützung selbständig zu sein und die viel größeren Risiken des Alleinganges zu vermeiden. Dies ist sicher der erste und wesentlichste Vorteil für einen Franchisenehmer, der allerdings hauptsächlich durch ihn selbst erarbeitet werden muß.

2. Die Übernahme der Erfolgsformel des Systems

Der einem Franchise-System sich anschließende Franchisenehmer befindet sich niemals in der Lage, im Alleingang die vielfältigen Probleme der Errichtung und Führung eines neuen Betriebes bewältigen zu müssen, die so häufig schon in den ersten Jahren, wenn nicht gar in kürzerer Zeit, zu geschäftlichen Zusammenbrüchen führen. In einem soliden Franchise-System – und natürlich nur in einem solchen – kommt der Franchisenehmer sofort in den Genuß des ihm vertraglich zu gewährenden Erfahrungswissens, das ihm neben der Übergabe eines Betriebshandbuches und der Instruktion des Franchisegebers eine auf das System zugeschnittene Ausbildung in technischer, kauf-

---

[1] Vgl. *Robert M. Rosenberg, Madelon Bedell*, Profits from Franchising, New York 1969.

männischer und betriebswirtschaftlicher Hinsicht einschließlich der entscheidenden Marketing-, Verkaufsförderungs- und Werbegrundsätze des Franchisegebers vermittelt.

Es ist offenkundig, daß – besonders in der Anfangsphase – der Franchisenehmer gegenüber dem Alleingründer mit großem Abstand vor allem deswegen im Vorteil ist, weil ihm die wesentlichen Elemente für eine erfolgreiche Betriebsführung vor Beginn seiner Tätigkeit vermittelt werden. Daher auch der ungeheure Unterschied zwischen den negativen Erfolgszahlen, der in den USA und Frankreich angegeben wird. In den USA soll es mindestens 65%, ggf. bis zu 90% geschäftlicher Zusammenbrüche in den ersten fünf Jahren bei nichtfranchisierten neuen Betrieben geben, während dieser Prozentsatz bei franchisierten Geschäften lediglich etwa 10% betrage.[2]

In Frankreich geht man nach *Michel Kahn* für Läden von folgenden Ziffern aus: bei außerhalb eines Franchise-Systems geführten Geschäften brachen in den ersten fünf Jahren 90% der Geschäfte zusammen, bei franchisierten Betrieben etwa nur 10%.[3] Diese Ziffern sind naturgemäß nur Schätzungen und erscheinen etwas übertrieben; genaue Statistiken sind nicht vorhanden.

3. Die Bedeutung des Images

Der im „Alleingang" anfangende Unternehmer kann sich im allgemeinen auf kein Image, kein Prestige und keinen Namen stützen, denn wer weiß schon, wer Herr Schmidt, Herr Huber oder Herr Kraus ist (auch wenn der Name seltener sein sollte). Ganz anders der Franchisenehmer, der sofort in den Genuß eines Namens und Images des in der Regel schon tätigen und erprobten Systems kommt, das überwiegend auch durch ein nationalen Schutz genießendes Waren- oder Dienstleistungzeichen abgesichert ist. Der Franchisenehmer profitiert zusätzlich vom Know-how und dem Beistand des Franchisegebers, auch von dem Bekanntheitsgrad und dem Image des etablierten Systems, sei es auf nationaler oder regionaler Ebene. Bei kleinen und im Anfangsstadium befindlichen Systemen ist das Image zwar gelegentlich erst im Entstehen, aber seine nachdrückliche Förderung gehört zu den inhärenten Pflichten des Franchisegebers, so daß auch die Franchisenehmer bald davon profitieren. Es ist offenkundig, daß ein vorhandenes Image insbesondere zur Beschleunigung der Anfangserfolge eines Franchisenehmers erheblich beiträgt und ein schnelleres Bekanntwerden im Einzugsbereich fördert.

4. Einarbeitung und laufende Seminare

Die Ausbildung des Franchisenehmers und damit seiner leitenden Mitarbeiter ist ein „must" in jedem seriösen Franchise-System, da auch ein noch so erfahrener und talentierter Neuankömmling in einem Verbund wie dem Franchise-System wenn nicht eine grundlegende Unterrichtung, so doch spezialisiertes Wissen und Erfahrung benötigt, um seinen Betrieb entsprechend der Erfolgsformel des Systems zu führen. Zur Vorbe-

---

2 Vgl. *Martin Mendelsohn*, The Guide to Franchising, 5. Aufl., 1992, S. 12 ff.
3 Vgl. *Michel Kahn*, La franchise, Guide du candidat franchisé, Paris 1982, S. 10 (Ein Führer für den angehenden Franchisenehmer).

reitung und Einarbeitung neuer Franchisenehmer wird das Trainingsprogramm neben der üblichen Schulung evtl. eine vorübergehende Mitarbeit in der Zentrale umfassen, gelegentlich aber auch die Errichtung einer sog. Patenschaft, wie sie von *Yves Rocher* praktiziert wird. Hier übernimmt ein erfahrener systemangehöriger Franchisenehmer gegen Vergütung durch den Franchisegeber „die persönliche Betreuung" des zukünftigen Franchisenehmers. Der „Pate", der sich selbst einmal in der gleichen Situation befand, wird sich auf die Lage des neuen Franchisenehmers besonders gut einstellen und ihn in die Betriebspraxis zum Beginn seiner Tätigkeit einführen können. Während der Vertragsdauer sind, wie in jedem Franchisevertrag festzulegen ist, von Zeit zu Zeit Seminare für den Franchisenehmer und ggf. seine Mitarbeiter durchzuführen, um laufend eine Verbesserung der Leistungen des Systems und seiner Gewinnchancen sicherzustellen (zum Training vgl. näher Kap. XIX.3).

5. Der „Pilotbetrieb"

Ein kaum zu überbietender Vorteil für den Franchisenehmer ist es, daß er von dem Franchisegeber den Nachweis der Praktikabilität seines Vertriebskonzepts erwarten kann. Der Franchisegeber muß also – entweder selbst oder durch ein verbundenes Unternehmen – einen Musterbetrieb, allgemein als „Pilotbetrieb" bezeichnet, vorweisen können, in dem das System auch mit Erfolg und Gewinn angewandt wird.

Ein solcher Pilotbetrieb ist zwar – anders in einigen Gesetzen in den USA – nicht gesetzlich vorgeschrieben, und manche Franchisegeber versuchen den Aufbau eines Systems ohne praktische Erprobung, wovor nur gewarnt werden kann. Der neugefaßte, ab 1.1.1992 gültige Europäische Verhaltenskodex für Franchising[4] sieht daher vor, daß ein Franchisegeber vor der Gründung seines Franchise-Netzes sein Geschäftskonzept schon in einem angemessenen Zeitraum mit wenigstens einem Pilotobjekt erfolgreich betrieben hat.

Die Existenz eines Pilotbetriebes oder ggf. mehrerer Pilotbetriebe bzw. einiger schon bestehender Franchise-Betriebe sind für den angehenden Franchisenehmer, der sich über den Gang solcher Betriebe informieren kann, ein kaum zu überblickender Vorteil, den kein Alleingründer hat.

6. Der logistische Beistand der System-Zentrale

Einem Franchisenehmer, der sich einem System angeschlossen hat, steht vom ersten Augenblick an aufgrund des geschlossenen Vertrages die gesamte Unterstützung zur Verfügung, welche die Logistik der Franchisezentrale für das reibungslose Funktionieren des gesamten Systems bietet. Zu den Dienstleistungen des Franchisegebers gehören laufender Rat und Beistand nebst Besuchen der Abgesandten der System-Zentrale auf folgenden Gebieten:

---

4 Vgl. Kapitel XXXIX.

Einrichtung, Betriebsführung, Marketing, Verkaufsförderung, Werbung, Öffentlich-keitsarbeit, Statistiken, Buchhaltung, Betriebsvergleiche, laufende Informationen, die einen Ideenaustausch in Gang setzen, sowie besonders vereinbarte Hilfen.

Hierdurch werden franchisierten Betrieben als Mitgliedern eines Verbundes alle logi-stischen Mittel der Betriebsführung zugänglich, über die sonst nur große Unternehmen verfügen. Ein Teil der entsprechenden Tätigkeiten wird gelegentlich auch vom Franchisegeber oder in seinem Auftrage von Beratungs- und Buchführungsfirmen übernommen, wodurch eine fühlbare Entlastung des Franchisenehmers eintritt, der sich dadurch mit mehr Intensität seiner Hauptaufgabe im Verkauf widmen kann.

7. Mitgenuß an Werbung, Verkaufsförderung und Öffentlichkeitsarbeit des Franchisegebers

Die Gesamtheit der Vorteile für den Franchisenehmer, die durch diese drei bereits er-wähnten Stichworte gekennzeichnet werden, verdienen hier eine besondere Heraus-stellung. Durch den Mitgenuß an der Werbung des Systems nimmt der Franchise-nehmer an den nationalen (zunehmend auch internationalen) und regionalen Werbe-kampagnen teil, die, je nach Größe und Finanzkraft des Systems in den verschieden-sten Medien einschließlich des kostspieligen Fernsehens von der Franchise-Zentrale organisiert werden. Die Werbekampagnen steigern den Bekanntheitsgrad des Systems und sind gleichzeitig auf die Vermarktung der Produkte und/oder der angebotenen Dienstleistungen gerichtet. Die Wirkungen dieser Werbefeldzüge werden durch ein gleichzeitiges Merchandising an allen franchisierten Verkaufsstellen verstärkt, nament-lich durch Auslagenmaterial, Aufschriften und Plakate mit Wiedergabe der Anzeigen in der Presse, Aufkleber und andere von der Zentrale konzipierte Werbemittel, die dem Franchisenehmer zur Verfügung gestellt werden. Hand in Hand mit diesen Werbe- und Verkaufsförderungshilfen, die jedes System dem Franchisenehmer nach Maßgabe seiner Bedeutung und finanziellen Möglichkeit bietet, steht der Franchisegeber neben anderen Leistungen entsprechend dem einzelnen Fall dem Franchisenehmer mit einer angemessenen PR-Einführung am Standort seines neuen Geschäftes bei der Eröffnung zur Verfügung. All dieser Beistand, sicherlich der überwiegende Teil, fehlt dem Allein-gründer.

8. Das verminderte Risiko des Franchisenehmers

Die vielfältige Unterstützung, die der Franchisenehmer schon zu Beginn seiner Tätig-keit und später genießt, bewirkt auch eine erhebliche Verminderung des geschäftlichen Risikos. Dies findet in den oben erwähnten Zahlen über Fehlschläge bei Alleingängen im Vergleich zu Franchisenehmern seinen klaren Niederschlag. Da der Franchise-nehmer trotz seiner Bindungen und Unterstützungen ein rechtlich wie wirtschaftlich selbständiger Kaufmann ist, ist klar, daß der schützende Schirm der Franchise-Zentrale ihn nicht automatisch von allen Risiken freistellt. Jede geschäftliche Betätigung hat Risiken im Gefolge, und der Franchisenehmer muß, um erfolgreich zu sein, fast immer harte Arbeit leisten, sicher härter als in einer fest besoldeten Position.

9. Die Zugehörigkeit zur „System-Familie"

Da der Franchisenehmer immer in einem kleineren oder größeren Verbund tätig ist, stellt sich in einem sorgfältig aufgebauten System – und von dieser Voraussetzung muß bei der Schilderung der üblichen Vorteile eines Franchisenehmers ausgegangen werden – unter den Systemteilnehmern ein Zugehörigkeitsgefühl heraus. Eine Art System-Familie entsteht, die dem kontaktzugänglichen Franchisenehmer neben einem fruchtbaren Informationsaustausch einen gefühlsmäßigen Rückhalt bietet, so daß neben die materiellen Gesichtspunkte eines Franchise-Systems auch ideelle Aspekte treten. Ein guter Franchisegeber, der immer psychologische Momente in Betracht ziehen muß, wird eine Tendenz zur Entwicklung einer Franchise-Familie durch Veranstaltungen, Feste, Belohnungen u.ä. mit gebotener Umsicht fördern. Einige amerikanische Autoren haben sogar zwischen Franchisegeber und Franchisenehmer ein Vater/Sohn-Verhältnis für häufig vorliegend bzw. wünschenswert gefunden. Dies ist sicher eine ideelle Vorstellung des Franchising, jedoch etwas weitgehend, zumal gerade heute die Söhne meist danach trachten, dem Einfluß des Vaters bald zu entrinnen. Jedenfalls erscheint der gefühlsmäßige Aspekt eines Franchise-Systems als eines losen, aber familienähnlichen Verbundes durchaus realistisch, auch dies ein Vorteil für Franchisenehmer in einem der aufrichtigen Kooperation verschriebenen System.

XI. Zusätzliche Vorteile für den Franchisenehmer

Die vorstehenden Vorteile für den Franchisenehmer finden sich so gut wie in allen Systemen. Angesichts der vielfältigen Formen der Franchise sind aber weitere spezifische Vorzüge zu nennen, die sich nicht bei allen Systemen, aber doch häufig genug finden:

1. Standortsuche bzw. -hilfe durch Franchisegeber

Oft hilft der Franchisegeber dem Franchisenehmer bei der Suche nach einem geeigneten Standort für sein Geschäft bzw. der Analyse seiner Brauchbarkeit, wobei die Erfahrungen des Franchisegebers überaus nützlich, ja sogar entscheidend sein werden. Dies kann sogar überwiegend als Standardleistung des Franchisegebers angesehen werden, die in vielen Verträgen ausdrücklich festgelegt ist.

2. Zurverfügungstellung von Geschäftsräumen (Untermietverträge)

Mietverträge sind in guten Stadtlagen nicht einfach für einen besonders zunächst anfangenden Franchisenehmer zu haben. Hier springt der Franchisegeber mit seinem Prestige und im Interesse eines guten Standortes ein und wird Hauptmieter, während der Franchisenehmer einen Untermiet- bzw. Unterpachtvertrag erhält.

3. Einrichtungs- und Starthilfe bei Geschäftseröffnung des Franchise-Betriebs

Der Franchisegeber stellt dem Franchisenehmer häufig das Konzept für die Einrichtung einer Geschäftsstelle zur Verfügung und überwacht die Einhaltung des Konzepts. Während die Kosten meist zu Lasten des Franchisenehmers gehen, übernimmt der Franchisegeber gelegentlich auch diese Kosten, namentlich in Fällen, in denen er Hauptmieter wird.

4. Vermittlung bzw. Bewilligung von guten Konditionen bei Material- und Apparateeinkäufen des Franchisenehmers

Dem Franchisenehmer werden oft für den notwendigen Einkauf von Apparaturen, Einrichtungen und Material seitens des Franchisegebers besonders gute Konditionen bewilligt bzw. vermittelt.

Dasselbe gilt für Vertriebsfranchisen besonders bei Bezugsbindungen für system-typische Produkte, soweit sie von dem Franchisegeber bzw. bei speziellen Lieferanten bezogen werden.

Auch bei sonstigen, nicht zum Vertrieb gehörigen Materialien wie Büromaterial, zu-sätzliche Gebrauchsgegenstände etc. wird der Franchisegeber seinem Franchisenehmer durch die Möglichkeit von Großeinkauf günstigere Konditionen bieten können, als sie ein Einzelgänger erreichen kann.

5. Austauschbörse unter Franchisenehmern

In gut organisierten Systemen mit funktionierender Logistik wird es daher oft eine Art Austauschbörse für Warenbestände geben, die es ermöglichen, sowohl einem mit zu niedrigen als auch zu vollen Lagerbeständen versehenen Franchisenehmer zu helfen.

6. Günstige Versicherungsmöglichkeiten über Gemeinschaftspolicen

Die zahlreichen Versicherungen, die ein Franchisenehmer zur Absicherung aller ge-schäftlichen Risiken abschließen muß (vgl. Kapitel XXIV.6.) können ihm über Generalpolicen des Franchisegebers erhebliche Einsparungen an Prämien bringen.

7. Unterstützung des Franchisenehmers bei anfänglichen und späteren Finanzierungen

Die finanzielle Hilfe durch die Franchise-Zentrale kann für viele Franchisenehmer überhaupt erst die Möglichkeit des Eintritts in ein System schaffen bzw. erheblich er-leichtern. Hier kommen nicht nur eigene Kredite des Franchisegebers mit angemesse-nen Abzahlungsvereinbarungen in Betracht, sondern auch die Vermittlung bzw. Hilfe bei der Erlangung von Existenzgründungskrediten. Letzteren sind bei der noch immer bestehenden Zurückhaltung vieler Banken, besonders der öffentlichen Kreditinstitute, die über Existenzgründungsmittel verfügen, für den Großteil der Franchisenehmer zum Aufbau der Existenz unerläßlich (vgl. Kapitel XXVIII). Die Vermittlung, Fürsprache und evtl. Bürgschaft des Franchisegebers erleichtert solche Kredite sicher in größerem Maße als für den Alleingrnder, der keinen an dem Florieren seines Geschäftes interes-sierten Partner hinter sich weiß.

Dies sind eine Reihe von Vorteilen, die nur ein Franchisenehmer genießt. Noch andere Vorzüge werden im Einzelfall einem Franchisenehmer-Kandidaten geboten, der bei der ansteigenden Zahl von Systemen immer zahlreichere Auswahlmöglichkeiten hat. Zur Frage, was er dabei zu beachten hat, vergleiche weiter unten Kapitel XXVIII.

8. Existenzsicherung als Verantwortung des Franchisegebers (Initiativen von *Getifix* und *Eismann*)

Auch in solidesten Franchise-Systemen kann ein Franchisenehmer unverschuldet in Schwierigkeiten kommen. Hohe Forderungsausfälle bei Kunden, Krankheit, schwere Verkehrsunfälle und häufig sich als unzureichend herausstellende Kreditlinien von Banken können zum Zusammenbruch von Franchise-Betrieben führen (90% von Firmenzusammenbrüchen in Deutschland sind die Folge von mangelndem Kapital).

Zur Sicherung der Franchisenehmer ist seit einigen Jahren zugunsten der *Getifix*-Systemteilnehmer ein *Getifix-Existenzversicherungsverein e.V.* gegründet worden, der nach dem Versicherungsprinzip arbeitet. Jeder Franchisenehmer zahlt als Vereinsmitglied über einen Zeitraum von fünf Jahren einen Betrag von DM 200,– in die Vereinskasse, während die Systemzentrale bei Gründung DM 400,– einzahlt. Ein Verwaltungsrat entscheidet über eine Kapitalspritze als zinsloses Darlehen an den in Not geratenen Franchisenehmer, der nach Überwindung seiner temporären Notlage die erhaltene Summe wieder zurückzahlen muß.

Ein ähnliches System hat *Eismann* mit einem *Selbsthilfe e.V.* geschaffen, ein Zusammenschluß selbständiger *Eismann*-Vertriebspartner zur Unterstützung von unverschuldet bei Krankheit in wirtschaftliche Not geratener Mitglieder. Die Vertriebspartner müssen eine Aufnahmegebühr von DM 50,– sowie einen Monatsbeitrag von DM 17,50 zahlen. Bei Eintritt eines Versicherungsfalles wird ein Tagessatz von DM 100,– bis zum 21. Krankheitstag des Mitglieds gezahlt. Sonstige Hilfsleistungen (z.B. bei Tod des Mitglieds oder seiner Lebensgefährtin) können in Höhe von DM 1500,– gezahlt werden. Diese Hilfsleistungen sind begrenzt, und zwar innerhalb eines Jahres auf maximal DM 2500,–, von drei Jahren auf maximal DM 3500,– und innerhalb von fünf Jahren auf maximal DM 5000,–. Die Entscheidungen trifft der Vereinsvorstand (1. Vorsitzender ein *Eismann*-Partner, 2. Vorsitzender ein Unternehmensberater, ein Schriftführer, vier Beisitzer). Der Verein hat über 1600 Mitglieder.

Die vorerwähnten Hilfsleistungen werden sicher nicht bei allen Franchise-Systemen einzurichten sein, sie sollten aber ein gutes Beispiel für alle diejenigen Systeme geben, die das Problem in verschiedener Weise lösen können.

XII. Mögliche Nachteile des Franchise-Konzepts für Franchisegeber und Franchisenehmer

1. Nicht immer scheint die Sonne im Franchising

Da jede Erscheinung in dieser Welt neben Vorteilen auch Nachteile im Gefolge hat und auch umgekehrt, wäre eine Darstellung des Franchising unvollkommen und möglicherweise auch unseriös, wenn hier nicht die möglichen Schattenseiten realistisch und ungeschminkt behandelt würden. Daher sollen, getrennt für Franchisegeber und Franchisenehmer, die hier in Betracht kommenden Aspekte erörtert werden. Obwohl der Verfasser meint, daß viele dieser „Nachteile" nur konstruiert sind, denn es gibt im Wirtschaftsleben wie auch sonst immer Alternativen, die im einzelnen Fall sogar eine bessere Lösung ermöglichen würden. Diese Nachteile sind für Franchisegeber und Franchisenehmer begreiflicherweise sehr verschieden, da beide in ihren Planungen zwangsläufig von verschiedenen Gesichtspunkten ausgehen.

2. Die möglichen Nachteile für Franchisegeber

Überwiegend sind die „Nachteile" für den Franchisegeber eigentlich nur Probleme, welche die Franchise-Beziehung als enge Kooperation zwangsläufig im Laufe der Zeit, manchmal allerdings schon am Anfang, zur Folge hat. Viele dieser Probleme sind bei richtiger Anwendung des Franchise-Konzepts und gegenseitigem Vertrauen lösbar. Einige dieser Nachteile sind allerdings prinzipieller Natur. Wir stellen sie an den Anfang unserer Aufzählung:

(a) Eine vom Franchisegeber selbst betriebene Verkaufsstelle wird, besonders bei gutem Geschäftsgang, oft gewinnbringender sein als eine franchisierte Einheit. Von ihr erhält der Franchisegeber neben der meist üblichen Eintrittsgebühr lediglich eine laufende Gebühr vom Umsatz, wobei letzterer vielleicht nicht einmal genau angegeben oder überprüfbar ist. Daher ist die gelegentlich in Amerika beobachtete Tendenz des Rückkaufs von erfolgreichen Franchise-Betrieben durch die Systemzentrale zu beobachten. Finanziell steht sich der Franchisegeber dann eventuell bei einer franchisierten Vertriebsstelle, die gut läuft, weniger günstig als mit einer eigenen Filiale oder Zweigstelle.

(b) Trotz des einheitlichen Organisations- und Marketingkonzepts im Franchise-System kann der Franchisegeber in ihm weniger direkt und strikt seine geschäftlichen Intentionen durchsetzen als bei integrierten filialisierten Vertriebsstellen. Durch unmittelbar wirksame Anordnungen kann er Verhaltensweisen bei seinen Angestellten meist schneller erreichen als bei den zwar im Verbund tätigen, aber sonst selbständigen Franchisenehmern.

(c) Die Auflösung eines Franchiseverhältnisses kann mehr Komplikationen im Gefolge haben als die Beendigung eines Arbeitsverhältnisses mit Angestellten. Im letzteren Fall ist mit einer Kündigung meistens das Hauptproblem gelöst, und es kann nur Streit um finanzielle Ansprüche fortbestehen, der außerhalb der bisherigen Arbeitsstelle ohne Aufsehen entschieden werden kann. Beim Franchisenehmer käme die Übertragung bzw. Übernahme des Betriebes, der Rückkauf von Waren und Einrichtungsgegenständen, die eventuellen Ausgleichsansprüche, nachvertragliche Konkurrenzprobleme und andere Auseinandersetzungsfragen zu äußerlich sichtbaren Streitigkeiten, die auf das Image des Systems zurückwirken.

(d) Die Selektion von Franchisenehmern ist ein häufig sehr schwieriges und zeitraubendes Geschäft (vgl. Kapitel XIX), zumal der Franchisegeber sich dann überzeugen muß, daß der Kandidat auch wirklich der richtige Mann gerade für diejenige Franchise ist, die er ihm gewähren will. Das Eingehen von Arbeitsverhältnissen ist dagegen, wenn auch hier Umsicht und Sorgfalt erforderlich sind, doch einfacher zu bewältigen; die Einstellung eines ungeeigneten Mannes ist weniger folgenschwer als die eines später versagenden Franchisenehmers. Auch kann mit dem Angestellten eine angemessene Probezeit mit baldiger Beendigungsmöglichkeit für den negativen Fall vereinbart werden, während beim Franchisenehmer die Abwicklung des Rechtsverhältnisses umständlicher ist.

(e) Manche Franchisenehmer entwickeln zu schnell eine Tendenz zu großer Unabhängigkeit und Selbstüberschätzung, wenn sie erfolgreich sind. Sie meinen dann, sie könnten ohne den Franchisegeber auskommen und mehr verdienen, denn der geschäftliche Erfolg sei auf ihre eigene Tätigkeit allein zurückzuführen, und der Franchisegeber sei eigentlich überflüssig. Solche Fälle führen gelegentlich zum Bruch zwischen den Parteien. Hier erwartet den Franchisegeber manchmal eine schwierige und delikate Aufgabe (vgl. Kapitel XXI).

(f) Das vorausgesetzte Vertrauensverhältnis der Vertragsparteien kann aus irgendwelchen Gründen, sei es auch nur infolge persönlicher Antipathie oder durch Reibungen des Franchisenehmers mit den Mitarbeitern des Franchisegebers, getrübt werden. Solche Probleme sind gegenüber einem Franchisenehmer mit besonderer Umsicht zu behandeln und zu lösen, was im allgemeinen schwieriger ist als mit einem Angestellten.

3. Die möglichen Nachteile für Franchisenehmer

Auch für den Franchisenehmer kann das Franchise-Konzept Nachteile haben oder als nachteilig empfunden werden. Welches können diese mehr oder weniger ungünstigen Aspekte sein?

(a) An erster Stelle wird von vielen immer wieder auf den Gesichtspunkt der angeblich beschränkten Selbständigkeit und Abhängigkeit des Franchisenehmers verwiesen. Die typische Franchise sieht in der Tat in dem zugrundeliegenden Organisations- und Marketingkonzept die Befolgung und Beachtung strikter Regeln und die Möglichkeit ihrer Durchsetzung durch den Franchisegeber vor. Die rechtliche und wirtschaftliche Selbständigkeit des Franchisenehmers ist daher mit einer Reihe von Bindungen verknüpft, die der Alleingänger nicht kennt. Aber dafür erhält der Franchisenehmer alle erdenklichen Werkzeuge, um aus dem Nichts in kurzer Zeit eine eigene Existenz aufzubauen.

(b) Ein weniger günstiger Faktor beim Franchising ist viel eher, daß der Franchisenehmer häufig Schwierigkeiten haben wird, die Qualitäten der ihm angebotenen Franchise und die Persönlichkeit des Franchisegebers bzw. den Status seines Unternehmens richtig zu bewerten. Neben anderen Faktoren kann einmal das angebotene „Paket" mit den Dienstleistungen des Franchisegebers nicht das sein, als was es äußerlich erscheint. Zum anderen kann der Franchisenehmer nicht mit Sicherheit wissen, ob der Franchisegeber in kaufmännischer, betriebswirtschaftlicher und technischer Hinsicht die laufenden Dienstleistungen ordnungsgemäß erbringen kann und wird, die der Franchisenehmer zur Durchführung eines gewinnbringenden Geschäfts benötigt. Um dieses Risiko zu minimieren, wird er erhebliche Vorsicht walten lassen (vgl. unter (g)).

(c) Die Geschäftspolitik des Franchisegebers kann den Gewinn des Franchisenehmers beeinträchtigen, namentlich wenn Innovationen beschlossen werden, die sich als erfolglos erweisen und Verluste auch für den Franchisenehmer bringen. Aber der Franchisenehmer ist so oder so ein selbständiger Geschäftsmann, der immer selbst ein Risiko trägt. Wie er sich nach Möglichkeit vor unerwünschten Entwicklungen im System schützen kann, werden wir weiter unten untersuchen (vgl. Kapitel XXI).

(d) Trotz seines guten Konzepts können die laufenden Leistungen des Franchisegebers ungenügend sein, wie etwa unzureichende Information oder mangelhafte Betreuung der Franchisenehmer, säumige Belieferung des Franchisenehmers, verfehlte Sortimentspolitik oder nicht ausreichende Werbung. Diese Mängel sind aber meist zu beheben, wenn der Franchisenehmer auf vertragsgemäße Erfüllung der Franchisegeber-Pflichten mit Nachdruck hinweist.[1]

(e) Der gute Name des Systems und sein Image können aus Gründen, die jenseits der Einwirkungsmöglichkeiten des Franchisenehmers liegen, Schaden nehmen. Hier gilt das vorstehend unter (c) Gesagte entsprechend.

(f) Der Franchise-Vertrag wird häufig für den beabsichtigten Verkauf des franchisierten Betriebes durch den Franchisenehmer (er sollte dies eigentlich immer) gewisse Beschränkungen beinhalten. Der Franchisenehmer ist insoweit gegenüber einem nicht im Franchise-Verbund tätigen Unternehmer im Nachteil. Aber solche Beschränkungen, die meist durch das Vorkaufsrecht des Franchisegebers entstehen, basieren auf der Systemzugehörigkeit des Betriebes, denn ein Nachfolger muß im Interesse des Images des Systems und seiner Wirksamkeit ebenso sorgfältig ausgewählt werden wie der Franchisenehmer selbst.

(g) Um den denkbaren Nachteilen eines ihm angebotenen Franchise-Vertrages zu entgehen, sind angehenden Franchisenehmern häufig Vorschläge gemacht worden, was er im Laufe der Verhandlungen prüfen sollte. Allerdings kann man von dem Franchisenehmer-Kandidaten nicht erwarten, die Tätigkeit eines Detektivbüros zu übernehmen, zumal er einen seriösen Franchisegeber dadurch leicht verletzen und damit den Abschluß eines von ihm an sich erstrebten Franchise-Vertrages zunichte machen könnte. Folgende Fragen sollte er aber klären:

(1) Welche Ausbildung und Erfahrungen hat der Franchisegeber?

(2) Wie und wann ist sein Unternehmen aufgebaut? Ist es ausreichend kapitalisiert?

(3) Wie viele firmeneigene Betriebe hat der Franchisegeber und wie viele Franchisenehmer (mit welchen evtl. Rücksprache genommen werden sollte)?

---

[1]   Vgl. auch *Silvia Heimeran-Emans*, Jahrbuch Franchising 1992, S. 67 ff.

(4) Sind Warenzeichen, Dienstleistungszeichen oder sonstige gewerbliche Schutzrechte eingetragen bzw. angemeldet bzw. wie lange in Gebrauch?

(5) Ist die Geschäftsidee erfolgversprechend, und sind die Marktchancen für das Produkt bzw. das Sortiment und die dem Kunden gebotenen Dienstleistungen auf längere Sicht profitabel?

(6) Sind das angebotene Vertragsgebiet und der Gebietsschutz ausreichend?

(7) Ist das angebotene Leistungspaket klar und vertrauenswürdig, und ist die Kalkulation hinsichtlich der prognostizierten Gewinnspanne sowie des Unternehmerlohnes realistisch? Welche Erfahrungen haben die bereits tätigen Franchisebetriebe insoweit gemacht?

Hinzu kommen naturgemäß im Einzelfall manche andere Fragen. Der Franchisenehmer-Kandidat sollte sich, da er ja immer ein Risiko eingeht, in ausreichendem Umfang in unternehmerischer und rechtlicher Hinsicht von zuverlässigen Experten beraten lassen.

4. Bewertung der Vorteile und Nachteile

Bei der Bewertung von Vorzügen und Nachteilen ist die Situation aus der Sicht einerseits des Franchisegebers und andererseits des Franchisenehmers getrennt zu betrachten. Auch ist die Frage für jedes Vertriebssystem und jeden einzelnen Fall gesondert zu beantworten. Im Prinzip kann aber kein Zweifel daran bestehen – und dieses Buch legt es eingehend dar –, daß sich die Waage des Franchising eindeutig zugunsten dieses Vertriebskonzepts, für Franchisegeber wie für Franchisenehmer, senkt. Dem Franchisegeber bietet das Franchising die zahlreichen, in den vorstehenden Kapiteln dargestellten Vorteile und Möglichkeiten. Dem Franchisenehmer bietet es Chancen, die er sonst nicht hat. Dies gilt auch für den großen Investor, der eine Investitions-Franchise erwirbt. Das entscheidende Problem ist, die Fehler zu vermeiden, die immer wieder vorkommen, weil die Vertragsparteien nicht den nötigen kooperativen Geist walten lassen, bei dessen Beachtung sich ungünstige Entwicklungen so gut wie immer vermeiden lassen.

Immer wieder muß betont werden, daß die Parteien eines Franchise-Vertrags ohne Hintergedanken aufeinander zugehen und bestrebt sein müssen, während der gesamten Dauer ihres Vertragsverhältnisses auch den Standpunkt des anderen anzuerkennen und zu berücksichtigen.

XIII. Die unternehmerische Planung von Vertriebssystemen, namentlich eines Franchise-Systems

1. Grundsätze für die Entwicklung einer Vertriebskonzeption

Die Entwicklung einer Vertriebskonzeption erfordert intensivste Planung und die Vorausschau aller nur denkbaren Notwendigkeiten, Problembereiche und Konfliktsituationen. Es ist schwieriger, ein System auf der Basis eines bisher nicht oder kaum tätig gewesenen Geschäftsbetriebes zu gründen als ein bereits bestehendes Unternehmen durch Hinzufügen eines Franchise-Systems zu erweitern. Jedes System ist verschieden, jede Branche erfordert andere Planungen. Die Planung eines Neugründers und auch einer Umgründung muß in jedem Fall eine kaum bezifferbare Zahl von Faktoren berücksichtigen.

2. Einfachheit und Übersichtlichkeit als Voraussetzung

An der Spitze sollte in allen Fällen die Erkenntnis stehen, daß ein Vertriebssystem, das meist mit einer nicht begrenzten Zahl selbständiger, über ein größeres Gebiet verteilter, heterogener Existenzen arbeitet, so klar, einfach und überzeugend wie möglich aufgebaut sein sollte. Der gesamte zu franchisierende Geschäftsrahmen muß so abgesteckt sein, daß er von allen Mitgliedern des Systems, den Franchisenehmern, durch allfällige Instruktionen ohne Schwierigkeiten in der Praxis anwendbar ist. Noch immer haben zu komplexe Regelungen einen negativen Erfolg gehabt, wenn sie von den verschiedensten Individuen durchgeführt werden sollen. Das oberste Ziel muß es sein, die Kontrollen in beiderseitigem Interesse zu vereinfachen, überflüssigen Papierkrieg zu vermeiden und das Gesamtsystem so narrensicher wie nur möglich zu gestalten.[1] Die Strategie im Franchise-System muß darauf zielen, **Gemeinsamkeit** zu erzeugen. Das Haupthindernis bisheriger Kooperationen sind, wie *Wolfgang Mewes* schreibt, unausgewogene Machtverhältnisse, mangelndes Vertrauen, mangelnde Offenheit und Neid. Beispiel einer klar und einfach konzipierten Franchise ist in Deutschland das *Portas* Türen- und Küchenerneuerungssystem, eine Handwerks-Franchise, die sich innerhalb von wenigen jahren aus dem Nichts zu einem der erfolgreichsten Systeme im In- und Ausland entwickelt hat.

3. Die empirische Vorgehensweise *(Mendelsohn)*

Mit der Planung und dem Aufbau eines Systems haben sich nur relativ wenig Autoren näher befaßt. Und doch lassen sich trotz der Notwendigkeit verschiedenen Vorgehens

---

[1] Vgl. *Wolfgang Mewes*, „franchise report" II/86, S. 41; *Martin Mendelsohn*, The Guide to Franchising, 5. Aufl. 1992.

gewisse Grundregeln festlegen, nach denen man verfahren sollte. Allerdings werden die Prioritäten verschieden gesetzt, und man kann in der Tat auf recht unterschiedlichen Wegen zum Ziel kommen.

Eingehend befaßt sich der Londoner Anwalt und Franchise-Experte *Martin Mendelsohn* mit dem Aufbau eins Franchise-Systems, wobei er in folgender Reihenfolge sieben Hauptlemente als wesentlich erkennt:[2]

(1) Geschäftskonzept,
(2) Pilotbetriebe,
(3) Entwicklung des Franchise-Pakets,
(4) Entwicklung des Betriebshandbuchs,
(5) Marketing des Franchise--akets,
(6) Auswahl von Franchisenehmern,
(7) Entwicklung der Organisation des Franchisegebers.

Interessant ist, daß bei *Mendelsohn* die Pilotbetriebe so weit oben in der Skala der einzuschlagenden Wege stehen, während die Entwicklung des Franchise-Pakets und des Betriebshandbuchs erst darauf folgen. Neben der Verantwortung des Franchisegebers gegenüber dem Franchisenehmer, dem niemals das Risiko des Ausprobierens aufgebürdet werden dürfe, so meint *Mendelsohn*, daß gerade der Pilotbetrieb von Anfang an bestimmte Problembereiche klären kann, namentlich die Marketing-Methoden, die Durchsetzungsmöglichkeit der zu vertreibenden Produkte und/oder Dienstleistungen, das Ausmaß der notwendigen Ausbildung und der Findung geeigneter Angestellter u.a.m. Diese offenbar weiterhin in England praktizierte Methode entspricht offenkundig der empirischen Vorgehensweise, die dem angelsächsischen Denken so naheliegt und bei der das praktische Ausprobieren häufig am Anfang liegt, während die theoretischen Festlegungen erst später erfolgen.

4. Die differenzierte Planungsstrategie *(H. Boehm)*

In anderer, erheblich differenzierter Weise will *Hubertus Boehm* den Planungsablauf vor sich gehen lassen, nämlich nach dem Schema:

*   Ideenfindung,
*   Ideenbewertung,
*   Informationssammlung,
*   Strategische Entscheidung,
*   Definition der Strategie,
*   Entwicklung der Franchise-Basiskonzeption,
*   Überprüfung im Markt,
*   Bestätigung der strategischen Entscheidungen,
*   Detailplanung der Instrumente und Verfahren,
*   Erprobung.

---

[2] Vgl. *Martin Mendelsohn*, S. 45.

Weiterhin empfiehlt *Boehm*, auf dessen gründliche Darstellung bezüglich weiterer Einzelheiten hier verwiesen wird[3], die Planung zweckmäßigerweise in einzelne Phasen zu gliedern, beispielsweise in folgender Reihenfolge:

* Sondierungsphase,
* Absicherungsphase,
* Organisationsphase,
* Konstruktionsphase,
* Erprobungsphase.

Diese einzelnen Themen sollen nach *Boehm* in kleine und überschaubare Schritte unterteilt werden. In der Sondierungsphase sollen zunächst vage Vorstellungen auf ihre Verwertbarkeit überprüft werden. Das Ergebnis muß dann in der darauf folgenden Absicherungsphase durch psychologische Explorationen, Breitenerhebungen bei einer größeren Zahl potentieller Franchisenehmer sowie Mehrthemen-Untersuchungen bei einer repräsentativen Zahl von Endabnehmern „abgesichert" werden. Erst dann folgen die Phasen der eigentlichen Planung.

5. Strategisches Franchising nach der engpaßkonzentrierten Gründungsstrategie *(Wolfgang Mewes, Günter Reimers)*

Ein noch anderes Vorgehen bei der Planung und Durchführung eines Franchise-Konzepts stammt von dem Spezial-Berater für Baumarkt-Franchisen, *Günter Reimers*. Er hat das "7-Phasen-Star-System" nach den Grundsätzen der kybernetischen Management-Lehre von *Wolfgang Mewes* entwickelt, die auf der sog. „Engpaß-konzentrierten Strategie (EKS)" beruht. Diese Star-Lösung wird Schritt für Schritt mit dem generellen Ziel des Aufbaues eines Franchise-Systems entwickelt. Kurz zusammengefaßt handelt es sich hier um folgende Phasen:[4]

Phase I: **Prüfung der Grundvoraussetzung**
           • Welche Struktur hat das Unternehmen heute?
           • Welche Stellung im Markt?
           • Welche Probleme hat die Branche und
           • in welcher strategischen Situation befindet sich das Unternehmen heute?

Phase II: **Ideen-Phase**
           • Ermittlung der herausragenden Leistungen,
           • Ermittlung des speziellen Problemlösungs-Know-how,
           • Ermittlung der Bedarfsfelder und Zielgruppen,
           • Ermittlung der Partner,
           • Entwicklung einer einmaligen Problemlösung;

Phase III: **Profilierungs-Phase**
           • Ermittlung der Marktdaten,
           • Zielsetzung – Unternehmensphilosophie,

---

3 Vgl. *Boehm/Kuhn/Skaupy*, Checklist Franchising, München 1980, S. 53.
4 Vgl. näher *Günter Reimers*, Markt-Chance Franchising Sonderdruck von „pro image", 25548 Rosdorf.

- Markttest mit Hilfe des Optimalbetriebes,
- Mittel- und langfristige Wirtschaftlichkeitsberechnung;

Phase IV: Pilot-Phase
- Vorläufiges Franchising-Paket mit Vorvertrag,
- Gewinnung der Pilot-Partner,
- Schulung und Startvorbereitung,
- Start und Auftragsabwicklung;

Phase V: Startphase
- Herstellung Franchise-Paket und Vertragswerk,
- Verstärkung der Systemzentrale,
- Gewinnung der Partner,
- Schulung der Partner,
- Aufbau des Systems;

Phase VI: Einführungs-Phase
- Gewinnung weiterer Partner,
- Kommunikation ausbauen,
- Werbung und Marketing verstärken,
- Schulungen und Tagungen durchführen,
- Kontrolle und Anerkennung;

Phase VII: Wachstum-Phase
- Beirat bilden,
- Projektgruppen bilden,
- Wenn nötig oder möglich, Untersysteme bilden,
- Master-Franchisen etablieren.

Diese Phasen des „strategischen Franchising" werden durch nachfolgendes Diagramm dargestellt:

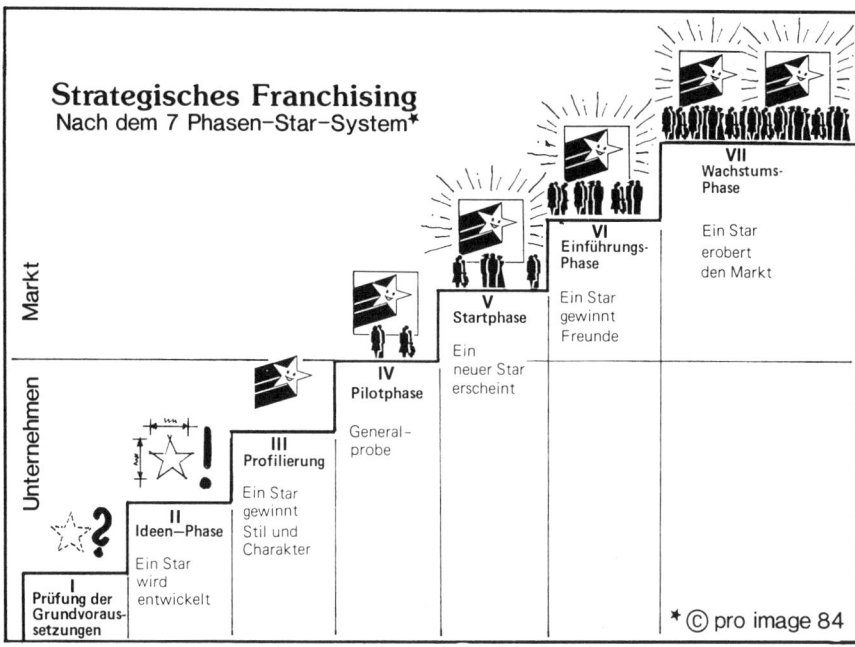

6. Die Strategie der innovativen Imitation *(Norman Rentrop)*

Eine weitere, auch bei Gründung von Franchise-Systemen anwendbare Methode ist die Strategie der innovativen Imitation (vgl. *Norman Rentrop* in *Willi K. Dieterle/Eike Winckler*, Unternehmensgründung, Handbuch des Gründungsmanagements, München 1990). Diese Strategie besteht nicht etwa im Nachahmen von Einzelheiten einer schon bekannten innovativen Strategie, sondern das Nachahmen erstreckt sich auf alle Aspekte der Unternehmenskonzeption. Bei der Imitation bekannter Unternehmensgründungen läßt sich leichter feststellen, ob der Zeitpunkt für die Markteinführung günstig ist. Auch Kapitalbedarf, Preiskalkulationen und Marketing-Methoden können durch Imitation bereits bekannter innovativer Strategien leichter gefunden bzw. erstellt werden. Die Strategie der Imitation wird im Einzelfall sehr verschieden sein, so daß allgemeine Regeln sich schwer aufstellen lassen. Sie birgt aber auch manche Risiken, wie *Rentrop* dargelegt hat (Unternehmensgründung a.a.O., S. 122).

7. Die systematische Methode *(Skaupy)*

Alle vorstehenden Planungsmethoden sind mit Erfolg gangbar und auch kombinationsfähig; für jedes Projekt kann die eine oder andere vorzuziehen sein. Insbesondere können alle Entwicklungsphasen, soweit anhängig, zeitlich parallel behandelt werden, zumal wenn eine Beschleunigung eines Systemaufbaues angezeigt erscheint.

Die anschließend entwickelten Vorschläge des Verfassers, für welche die vorstehenden Bemerkungen die gleiche Gültigkeit haben, setzen in mancher Hinsicht die Akzente anders als die erwähnten Planungsmethoden. Sie stellen die Ausarbeitung des Franchise-Paketes einschließlich des Rechtsschutzes und eines Entwurfs des Franchise-Vertrages mehr an den Anfang der Planung, weil Konzept und Vertrag zunächst die erste Grundlage des Angebots an potentielle Partner darstellen. Hierbei können ein eventuell angelaufener Pilotbetrieb und seine Erfahrungen durchaus zu einigen gelegentlich sogar erheblichen Korrekturen des Franchise-Betriebes führen.

Die Reihenfolge der Entwicklungsstadien des Franchise-Konzepts sieht hiernach folgendermaßen aus:

(a) Grundlegende Anfangsvoraussetzungen für die Errichtung eines Franchise-Systems (XIV).
(b) Das Organisations- und Marketingschema und die Erstellung des „Franchise-Pakets" (XV).
(c) Die rechtzeitige Sicherung des Rechtsschutzes für das System (XVI).
(d) Systemerprobung, Pilotbetrieb und Betriebshandbuch (XVII).
(e) Die Organisation der Systemzentrale (Systemspitze) des Franchisegebers und ihre Einnahmequellen (XVIII).
(f) Die Auswahl der Franchisenehmer, ihr Training und die Errichtung der Franchise-Betriebe (XIX).
(g) Die Führung von Franchise-Betrieben – Gefahr des Systemzerfalls (XX).
(h) Der endgültige Franchise-Vertrag – Gestaltung und Rechtsprobleme (XXI).

Diese wesentlichen Stationen der Projektierung, Etablierung und Realisierung eines Franchise-Systems sind so bedeutsam, daß sie in den folgenden Kapitel XIV bis XXI gesondert behandelt und dort ihrerseits weiterhin untergliedert werden.

8. Wer wirkt bei der Planung mit?

Vielfach wird der Franchisegeber, besonders wenn er ein schon längere Zeit tätiges Unternehmen und einen geeigneten Mitarbeiterstab besitzt, die unternehmerische Planung weitgehend ohne Hinzuziehung externer Berater durchführen können. Lediglich die rechtlichen Fragen sollten, wenn kein spezialisierter Hausanwalt oder Syndikus da ist, von Anbeginn einem in Franchise-, Lizenz- und Vertriebsrecht erfahrenen Anwalt übertragen werden. Insbesondere die Fragen des gewerblichen Rechtsschutzes und Urheberrechts, die Kennzeichnungsmittel (Warenzeichen, Dienstleistungszeichen, sonstige Kennzeichen) müßten gleich am Anfang in das Planungsstudium mit einbezogen werden.

Bei komplizierteren Planungen und auch bei Franchisegebern ohne interne Berater, besonders bei Franchiseneulingen, ist die Hinzuziehung von Unternehmensberatern notwendig, soweit sie über Franchiseerfahrungen sowie Praxis auf den Gebieten des Marketing, der Markterkennung, der Marktanalyse und der Organisation verfügen. Für weitere Spezialprobleme werden je nach Lage des Falles Spezialisten für Image-Aufbau, Werbekonzepte, EDV-Probleme, Steuerfragen und eventuell Ladenbau heranzuziehen sein. Hinzu kommen können später bei der Suche nach Franchisenehmern eventuell geeignete Personalagenturen und -experten. Naturgemäß muß der angehende Franchisegeber auf die durch solche Beratungen entstehenden Kosten achten, die er allerdings durch die weitgehend üblichen Abschluß- bzw. Eintrittsgebühren jedenfalls zum Teil wieder von den Franchisenehmern hereinbekommen kann.

XIV. Grundlegende Anfangsvoraussetzungen für die Errichtung eines Franchise-Systems

1. Die Idee und die Findung des „richtigen" Marktes

Am Anfang steht immer die Idee, die innovative Produkt-, Service- und/oder Vertriebsidee. Ohne sie sollte sich kein angehender Franchisegeber mit dem Franchising befassen. Sie muß ausgehen von dem **Markt**, in dem ein Vertriebssystem nach der Franchiseformel aufgezogen werden soll. Dies bedeutet nicht nur den betreffenden Geschäftszweig, etwa Schuhvertrieb, Restaurationsbetriebe, Baumaterialienhandel etc., sondern vor allem die Frage, ob es sich um den **richtigen** Markt für das projektierte Franchise-System handelt und ob das zu franchisierende Konzept wirklich etwas Neues oder eine wichtige Ergänzung zu Vorhandenem bringt, ob das zu vertreibende Produkt und seine Aufmachung von den Verbrauchern akzeptiert wird (Marktanalyse) und ob der vorhandenen Konkurrenz, auch wenn sie nur auf Teilgebieten da ist, durch das neue Konzept Paroli geboten werden kann.

2. Die Hauptfragen beim Beginn der Planung

Am Beginn der Planung sind folgende Fragen zu stellen und bis in alle erforderlichen Einzelheiten durchzuspielen:

(a) Ist der Markt in der betreffenden Branche aufnahmebereit für die Produkte und/ oder Dienstleistungen des angehenden Franchisegebers und kann eine entsprechende Einstellung bei einer genügenden Anzahl von Verbrauchern auch für eine voraussehbare Zukunft prognostiziert werden (Markterkundung, Marktanalyse)?

(b) Bringt das Franchise-Konzept eine Innovation in Produkt, Service oder Vertrieb, welches eine Bejahung der Frage unter (a) erleichtert?

(c) Besitzt der Franchisegeber genügend Mittel bzw. kann er sich ausreichend finanzieren, um die von ihm zunächst selbst aufzubringenden Kosten der Planung und Erprobung (Pilotbetrieb) zu tragen?

(d) Kann realistisch prognostiziert werden, daß genügend Franchisenehmer mit genügend Verständnis und Tatkraft gefunden werden können, die genügend Mittel für die Einrichtung eines Franchise-Betriebes besitzen oder sich ausreichend finanzieren können?

Zusammengefaßt sind dies die Fragen, die unbedingt im positiven Sinn beantwortet werden müssen, bevor der Franchisegeber zu weiteren Überlegungen schreitet. Für die Ideenfindung bzw. -entwicklung wird es sich ggf. empfehlen, die bekannten Kreativ-Techniken und Ideen-Entwicklungssysteme einzusetzen. Neben der Erforschung bereits bestehender Kundenwünsche sind auch denkbare zukünftige Marktwünsche und -bedürfnisse zu erforschen. Hierbei wird von den genannten Ansatzpunkten wie Freizeit, Bildung, Tourismus, Außer-Haus-Mahlzeiten und anderen zu erwartenden Wünschen einer stets anspruchsvoller werdenden Kundschaft auszugehen sein.[1]

3. Die verschiedenen Schritte der Planungsstrategie

Ist die zu franchisierende Idee in wesentlichen Zügen festgelegt, tritt der Franchisegeber in eine weitere, ebenfalls noch vorbereitende Phase der Planung, nämlich die Planungsstrategie, welche den Gang der konkreten Planung in seinen wesentlichen Punkten erarbeitet und festlegt, mit diesem gewissermaßen ein genaues Programm der zur Erstellung und Realisierung des Franchise-Konzeptes notwendigen Maßnahmen. Für diese Strategiephase der Vorbereitungsplanung empfiehlt *Boehm* die Festlegung von fünf Teilplänen, und zwar:[2]

*   den Aktionsplan,
*   den Organisationsplan,
*   den Kommunikationsplan,
*   den Terminplan und
*   den Kostenplan.

Der **Aktionsplan**, der die Grundlage aller weiteren Maßnahmen bildet, konkretisiert die bei der weiteren Planung durchzuführenden Aufgaben und formuliert in wesentlichen Umrissen die einzelnen Elemente (*Boehm* spricht hier von „Bausteinen"), aus denen sich das Gesamtsystem zusammensetzt. Der Plan soll also die gefundene Idee gewissermaßen materialisieren.

Der **Organisationsplan** betrifft noch nicht das zu erstellende System selbst, sondern die Organisation der Gesamtplanung. Hier ist zu entscheiden, ob und welche externen Spezialisten (Unternehmensberater, Rechtsberater etc.) hinzuzuziehen sind, um das Franchise-Paket zusammenzustellen.

Ein **Kommunikationsplan** erscheint notwendig, um die Zusammenarbeit der verschiedenen Planer und den gegenseitigen Fluß von Informationen sowie ihre Wertung sicherzustellen.

Ein **Terminplan** unter Festlegung von Zwischenterminen, Besprechungsterminen der Planer und dem Abschlußtermin erscheint im Interesse zügiger Planung notwendig.

Schließlich soll in dieser Phase der Planungsstrategie ein überschlägiger **Kostenplan** für die gesamte Planung und Errichtung des Systems erstellt werden. Das Gesamtvolumen dieser Kosten bildet dann u.a. auch die Grundlage für die Festlegung der verschiedenen, vom Franchisenehmer zu zahlenden Gebühren, Werbebeiträge etc.

Bei der Planung vieler relativ unkomplizierter Franchise-Systeme kann die Ausarbeitung von Idee- und Planungsstrategie häufig in einem Zug mit der nachstehend unter Kapitel XV dargestellten Erstellung des Organisations- und Marketingschemas sowie des „Franchise-Pakets" erfolgen.

---

[1] Vgl. *Manfred Hanrieder*, Franchising, Planung und Praxis, 1973, S. 122 ff.
[2] Vgl. *Boehm/Kuhn/Skaupy*, S. 53 ff.

XV. Das Organisations- und Marketingschema und die Erstellung des „Franchise-Pakets"

1. Das Marketing- und Organisationskonzept einschließlich Finanzierungsplanung und Rentabilitätsrechnung

Das Leistungsprogramm des Franchisegebers im Rahmen des Franchise-Verhältnisses ist das Franchise-Paket. Es besteht, wie es in der Definition des *Deutschen Franchise-Verbandes* heißt, „aus einem Beschaffungs-, Absatz- und Organisationskonzept, der Nutzung von Schutzrechten, der Ausbildung des Franchisenehmers und der Verpflichtung des Franchisegebers, den Franchisenehmer aktiv und laufend zu unterstützen und das Konzept ständig weiterzuentwickeln". An diese Richtlinien sollte sich der Franchisegeber, der vorher in der ersten Phase der Systemplanung Idee und Strategie festgelegt hat (vgl. Kapitel XVII), in der Regel halten.

Den Kern des Franchise-Pakets bildet das eigentliche Marketing- und Organisationskonzept. Hierbei befaßt sich die **Marketingkonzeption** mit der geschäftlichen Tätigkeit des Systems am relevanten Markt, sie regelt weiterhin bei größter Präzision die Probleme der Beschaffung, der Sortimentspolitik, der Vermarktung der Produkte und/oder Dienstleistungen des Systems, die Grundsätze für die Standortbestimmung und eventuelle Bedingungen für Mietverträge sowie Werbung, Verkaufsförderung, Distribution, Transport u.a.m.

Demgegenüber befaßt sich die **Organisation** im Rahmen des Franchise-Pakets mit sämtlichen Interna des Systems, namentlich der Festlegung der Rechte und Pflichten der Vertragsparteien, der Systemorganisation, der Betriebsführung bei den Franchise-Betrieben, der Innen- und Außeneinrichtung der Verkaufsstellen, der Kommunikation zwischen den Partnern, den Lieferungen des Franchisegebers an seine Franchisenehmer, dem Lieferservice, der Ausbildung des Franchisenehmers und seiner Mitarbeiter, der Logistik, Beratung sowie dem betrieblichen Beistand mit Rat und Tat, der eventuellen Beteiligung an einer EDV-Anlage u.a.m. Hierzu tritt als herausragendes Element die Finanzierungsplanung und Rentabilitätsberechnung nebst Gewinnvorausplanung für das gesamte System und die zu ihm gehörenden Betriebe. In diesem Zusammenhang gehören auch Gesichtspunkte wie die Größe der einzelnen Franchise-Betriebe (m^2-Fläche, geschätzter Umsatz und dessen Steigerungen), die voraussehbare, approximative Dichte des Vertriebsnetzes, die bevorzugten Standorte der Franchise-Betriebe, das Tempo des Systemaufbaus und eine realistische Zukunftsprognose nebst Voraussetzungen für künftige Entwicklungen.

2. Image, Marken und Kennzeichen des zu errichtenden Vertriebssystems

Um das Marketing- und Organisationskonzept, den Kern des Pakets, herum ist vom Franchisegeber vom Anbeginn der Planung das Image des Systems mit allen seinen

Ausstrahlungen zu entwickeln. Was ist Image? Nach *Antonoff*, dem bekannten Image-Bildner, ist das Image eines Unternehmens „die Summe aller seiner Darstellungsweisen". Das Image ist auch im Franchising ein Leitbild, ohne welches das System nicht leben kann und das fortlaufend gepflegt werden muß. Zu den wesentlichen Erscheinungsformen, die das Image bilden, gehören u.a. Waren- und Dienstleistungszeichen, Namen, Geschäftszeichen, Logos, Symbole, Embleme, Geschäftsbezeichnungen und Geschäftsabzeichen im Sinne von § 16 UWG, die Aufmachung der Produkte, Farben und Farbkombinationen, Ornamente, Werbesprüche, Ausgestaltung des Sortiments, Dienstkleidung bzw. Abzeichen von Belegschaftsmitgliedern u.a.m.

Alle diese Faktoren in ihrer Gesamtheit fügen sich zu dem **einheitlichen Erscheinungsbild** eines Unternehmens bzw. eines Verbundes von Unternehmungen zusammen, international heute allgemein mit dem Schlagwort **„corporate identity"** (C.I.) bezeichnet.

Als weiteres tritt an die Seite vorstehender Erscheinungsformen des Images und gemeinsam mit ihm wirkend das Design als heute unverzichtbares Instrument moderner Unternehmenspolitik. Ein gutes Design ist Voraussetzung für eine gute Marke (Waren- und Dienstleistungszeichen), gute Symbole, Embleme, Ornamente, Abzeichen, Berufskleidung und – last but not least – besonders auch in erheblichem Maße für die zu vertreibenden Produkte selbst. „Produkt-Ästhetik" ist ein integrierender Bestandteil der Problemlösung für ein optimal zu vermarktendes Produkt. Andersherum gesagt: Die Marktfähigkeit eines Produktes ist ein entscheidendes Kriterium für gutes Design.[1] All dies gilt im besonderen Maße für Franchise-Systeme, wo das gemeinsame Image einschließlich Marke, Name, Kennzeichnungen und der Ausstrahlung des Produktes selbst (soweit nicht nur Dienstleistungen franchisiert werden) die Klammer für das gesamte System bildet, dem dieses weitgehend seinen Erfolg verdankt. Über den Rechtsschutz des Images vgl. Kapitel XVI.

3. Der Franchise-Vertrag nebst eventuellen Vorverträgen sowie ergänzender und begleitender Verträge

Der Franchise-Vertrag ist oft als das Rückgrat des Franchise-Systems bezeichnet worden. Er ist eigentlich mehr, er ist das Gerippe, nämlich die innere Struktur des Systems, weil er praktisch alles beschreibt und festlegt, was für das Franchise-Verhältnis und das gesamte Leben des Systems einschließlich seiner Nachwirkungen wesentlich ist. Die genaue Formulierung des Franchise-Vertrages gehört daher zu den Dingen, die frühzeitig nach oder besser schon während der Diskussion der anderen Paketbestandteile diskutiert und festgelegt werden müssen, nicht erst hastig im letzten Moment, bevor oder nachdem (!) man dem ersten Franchisenehmer-Kandidaten den Eintritt in das System anbietet. Der Vertrag muß unter Beachtung aller wesentlichen Bestandteile der Franchise-Konzeption mit in das Paket „eingeschnürt" werden. Über Grundsätze der Vertragsgestaltung und die einschlägigen Rechtsprobleme wird in Kapitel XXII gesprochen.

---

[1]   Vgl. hierzu *Busse*, Der Erfolgsberater, Oktober 1983, S 40/001 ff.

4. Wie sieht ein Franchise-Paket in der Praxis aus?

Das Franchise-Paket ist der Inbegriff der Leistungen, die der Franchisegeber dem Franchisenehmer bietet, weswegen man auch häufig von einem „Leistungspaket" spricht. Es umfaßt nach der Definition des *DFV* (vgl. Abschnitt II.1) stichwortartig gesagt: Die Nutzung von Schutzrechten, ein Beschaffungs-, Absatz- und Organisationskonzept, Betriebsaufbau, Ausbildung, Weiterentwicklung des Systems und laufende aktive Unterstützung. Das Paket braucht nicht notwendig in einem umfangreichen Konvolut von Schriftstücken nebst Anlagen niedergelegt zu sein, zumal viele Einzelfragen üblicherweise in dem Betriebshandbuch aufgeführt werden, das dem Franchisenehmer als Richtschnur dient.

Besser ist es – besonders bei nicht ganz einfachen Konzepten –, alle wesentlichen Leistungen des Franchisegebers in ein Gesamtdokument aufzunehmen, damit Zweifel, auch rechtlicher Art, von vornherein ausgeschlossen werden.

Das Leistungspaket wird seiner Form und seinem Inhalt nach bei jedem Vertriebssystem angesichts der Vielfalt der Möglichkeiten ein anderes Aussehen haben. Folgende Systemgrundlagen und Leistungen des Franchisegebers werden aber üblicherweise für die meisten Systeme darzulegen sein:

(a) eine ausreichende Schilderung des gesamten Franchise-Konzepts unter Einschluß der Marktsituation und einer Analyse der Markttrends (Punkte, die sich später stichwortartig in der Präambel des Franchise-Vertrages wiederfinden);

(b) die Darlegung der Gründe für den Aufbau des Franchise-Systems, dessen Wirkungsweisen sowie der Schwerpunkte seiner Strategien;

(c) die Bedeutung, Organisation und Arbeitsweise der Systemzentrale und die Grundzüge ihrer Finanzierung und Nutzenentwicklung;

(d) die Rolle und Aufgaben der Franchisenehmer;

(e) die detaillierte Aufzählung sämtlicher, zum Erscheinungsbild des Systems gehörenden Fakten (Marken, Kennzeichen, Ausstattungen etc.), deren Nutzung dem Franchisenehmer überlassen wird;

(f) alle einzelnen Leistungen des Franchisegebers, die der Franchise-Definition und dem Organisations- und Marketingkonzept des jeweiligen Systems entsprechen, und zwar einschließlich einer Übersicht über die technischen Anleitungen, die im Betriebshandbuch im einzelnen spezifiziert werden;

(g) eine Standortanalyse bzw. Hilfe und Beratung bei der Findung und Fixierung eines Standorts für den Franchise-Betrieb, evtl. plus regionaler bzw. örtlicher Marktanalyse;

(h) die Darlegung der Grundzüge der Produkt- und Verkaufspolitik des Systems einschließlich seiner Leistungen sowie der Beschaffungsmaßnahmen und Logistik des Systems unter Aufzeichnung der wesentlichen Einzelleistungen des Franchisegebers gegenüber dem Franchisenehmer und unter Hinweis auf das bestehende bzw. einzurichtende Warenwirtschaftssystem;

(i) eine kurzfristige Erfolgsrechnung zur Kontrolle der Warenlagerhöhe und der Umsatzentwicklung des Franchise-Betriebes;

(j) ein Exposé über die Werbekonzeptionen und Verkaufsförderungsgrundsätze des Franchisegebers und der einschlägigen Leistungen, die von ihm geboten werden;

(k) allgemeine Grundsätze für die Preisbildung, wobei Preisbindungen unzulässig und Preisempfehlungen nur im gesetzlich zulässigen Rahmen möglich sind;

(l) eine ausreichend detaillierte Angabe der Leistungen des Franchisegebers auf dem Gebiet der Ausbildung, Schulung und Fortbildung;

(m) das Angebot eines Versicherungsservices;

(n) die Angabe der Höhe der Eintritts- bzw. Abschlußgebühr, die der Franchisenehmer zu entrichten hat und die Modalitäten der Zahlung sowie die Festlegung der Höhe der laufenden Franchise-Gebühren als Entgelt für die fortlaufenden Leistungen des Franchisegebers, evtl. die Höhe eines laufenden Werbebeitrags des Franchisenehmers, soweit derselbe nicht in die Franchise-Gebühr einkalkuliert ist;

(o) die Übermittlung eines detaillierten Entwurfs des Franchise-Vertrags, der noch einiger Anpassung bedarf;

(p) ein realistischer Ausblick auf die Zukunftsentwicklung des Systems und die Innovationsbereitschaft und -verpflichtung des Franchisegebers.

Zu diesen weitgehend üblichen Bestandteilen des Franchise-Pakets wird das Leistungsverzeichnis im Einzelfall noch Angaben über die Warenbeschaffung und die zu schließenden Lieferungsverträge, den Text der Lieferungsbedingungen, einen EDV-Dienstleistungsvertrag, die einzelnen Phasen der Realisierung und Aufgabenverteilung, die eventuell weiterhin zu schließenden vorausgehenden und begleitenden Verträge u.a.m. enthalten.

Ein Franchise-Paket soll ferner – da dem erwähnten Leistungsprogramm des Franchisegebers dasjenige des Franchisenehmers gegenübersteht, wie auch in dem Merkmalskatalog des *DFV* (vgl. Abschnitt II.1) zum Ausdruck kommt – die wesentlichen Verpflichtungen des Franchisenehmers aufführen, die in dem vorerwähnten Katalog mit den Stichworten „Arbeitseinsatz, Kapitaleinsatz und Informationspflichten" umschrieben sind.

Es ist darauf hinzuweisen, daß das Leistungsprogramm, in welchem Gewand es auch immer in Erscheinung tritt, ein rechtlich eminent relevantes Schriftstück ist, das in jederlei Beziehung nach den Grundsätzen des gewerblichen Rechtsschutzes und Urheberrechts geschützt ist. Einem besonderen Schutz unterliegen immer, soweit sie in dem Franchise-Paket offenbar sind, Betriebsgeheimnisse, Geheimverfahren und sonstiges Erfahrungswissen (Know how). Darauf sollte ein angehender Franchisenehmer in angemessener Form hingewiesen werden. Häufig wird ein Options- und Reservierungsvertrag notwendig sein (vgl. Kapitel XXVI).

5. Controlling und Qualitätssicherung

Zu dem Marketing- und Organisationskonzept gehören auch zwei weitere Elemente: Controlling und Qualitätssicherung. Mit dem System-Controlling muß dem Franchisegeber auch ein Steuerungsinstrument seines Vertriebsnetzes zur Verfügung stehen. Mit dem Angebot einer Existenz als Franchisenehmer ist der Franchisegeber nicht nur berechtigt, sondern auch verpflichtet, den wirtschaftlichen Erfolg seiner Partner zu fördern, denn ihm obliegt ungeachtet der Selbständigkeit seines Partners eine Mitverantwortung hinsichtlich dessen geschäftlicher Tätigkeit. Dieses Controlling ist eine allgemein praktizierte Erscheinung im heutigen Geschäftsleben und geht über eine übliche Kontrolle weit hinaus. Controlling im heutigen Sinn umfaßt die Förderung und

Qualitätssicherung der partnerschaftlichen Leistungen. Es sichert die Abstimmung innerhalb des Systems und trägt damit zur Effizienz des gesamten Verbunds bei.[2]

Zu den weiteren, für Franchisenehmer künftig immer wichtiger werdenden Leistungen gehört die Qualitätssicherung für Waren und Dienstleistungen auf der Grundlage der international in Aufnahme gekommenen **ISO Normen Reihe 9000**. Fehler und Mängel sollen hierdurch nicht erst am Ende eines Fertigungs- oder Dienstleistungsprozesses festgestellt und behoben, sondern durch ein Qualitätsmanagement vermieden werden. Nach den Normenreihen ISO 9000 ff. erfolgt eine Zertifizierung durch eine neutrale, international anerkannte Instanz als objektiver Nachweis für die Qualität der Produkte und Dienstleistungen eines Unternehmens, wodurch eine laufende Qualitätsbesserung gewährleistet wird. Für Franchisegeber kann durch die Zertifizierung das Image und der Erfolg seines Systems gesteigert werden.[3]

---

[2] Vgl. Management-Enzyklopädie, 2. Auflage, 1982, S. 506 ff.
[3] Vgl. DIN ISO 9000, Qualitätsmanagement, Sonderdruck DIN Deutsches Institut für Normung e.V., 1993; *Winfried Glaap*, „ISO 9000 leicht gemacht", Praktische Hinweise und Hilfen zur Entwicklung und Einführung von QS-Systemen, München/Wien *Jochen Wesseler*, Qualitätsmanagement und Zertifizierung nach ISO 9000 ff. im Franchising, in: Jahrbuch Franchising 1994.

XVI. Die rechtzeitige Sicherung des Rechtsschutzes für das System: Das neue Markenrechtsreformgesetz

1. Die Notwendigkeit früher Rechtsschutzmaßnahmen

Schon bei der Planung eines Franchise-Systems, eventuell aber auch bei der Umstrukturierung eines schon bestehenden anderen Vertriebssystems, muß die Frage des Rechtsschutzes des Systems nach außen und innen geklärt und gesichert werden, mithin nicht nur gegenüber den Konkurrenten auf dem Markt zur Sicherung einer rechtlich möglichst unangreifbaren Marktposition, sondern auch gegenüber den internen Vertragspartnern, den Franchisenehmern, mit denen es gelegentlich zu systemgefährdenden Differenzen kommen kann und die eines Tages selbst als Wettbewerber von außen das System beeinträchtigen können.

Bereits im Anfangsstadium aller Erörterungen ist namentlich die Planung des „Images" für das System von Bedeutung, denn nur mit einem Leitbild, das stets gepflegt werden muß, kann ein Franchise-System gut funktionieren. Zu den Erscheinungsformen, die das Image bilden, gehören u.a. Waren- und Dienstleistungszeichen, Namen, Geschäftsbezeichnungen, Symbole, Aufmachung der Produkte, Werbesprüche, Ausgestaltung des Sortiments etc.

Darüber hinaus muß der Franchisegeber an den rechtzeitigen Schutz weiterer gewerblicher Schutzrechte wie Patente, Gebrauchsmuster und Geschmacksmuster denken, die zweckmäßig mit genauer Bezeichnung und Numerierung in die Präambel des Franchise-Vertrags aufgenommen werden sollten, schon um das Ausmaß und die Bedeutung der ihm gehörenden und an den Franchisenehmer zu lizenzierenden Rechte vertraglich festzulegen. Für viele Schriftstücke und Dokumente, die den Franchise-Vertrag begleiten oder ergänzen werden, wie z.B. Betriebshandbücher, Instruktionen u.a.m., wird der Franchisegeber einen Urheberrechtsschutz beanspruchen können.

2. Die Bedeutung der Marke nach dem bisherigen Recht

Die Marke, mithin ein Warenzeichen oder Dienstleistungszeichen, war sicher das beste Identifizierungsmerkmal eines Franchise-Systems. Sie war ein Herkunftszeichen für Waren, das der sichtbaren Kennzeichnung der Ware zwecks Unterscheidung von gleichen oder gleichartigen Artikeln anderer Unternehmen diente. Sie diente mithin der Identifikation einer Ware und verkörpert in sich den Ruf und das Ansehen des Unternehmens, das sie benutzt. Ferner hatte das Warenzeichen auch eine Garantiefunktion, denn die Öffentlichkeit erwartet bei der gekennzeichneten Ware eine gleichbleibende Qualität.[1]

---

[1] Vgl. hierzu näher *Baumbach/Hefermehl*, Warenzeichenrecht, 12. Auflage, München 1985, RNr. 9 ff. zu Einl. WZG.

Die sog. Funktionstheorien faßten die wirtschaftliche Bedeutung der Marke noch weiter auf und maßen der Marke Unterscheidungs-, Herkunfts-, Garantie-, Werbe-, Monopolisierungs- und Schutzfunktion bei. Hierbei kann im Einzelfall teils die eine, teils die andere Funktion in den Vordergrund treten. Grundlage war jedoch gemäß § 1 des alten WZG die Unterscheidungsfunktion.

Während eine Marke früher nur zur Unterscheidung von Waren eines Geschäftsbetriebes von den Waren anderer in die Zeichenrolle des Deutschen Patentamtes eingetragen werden konnte, war durch das Gesetz vom 29.1.1979 (BGBl. I, 125) entsprechend der Regelung der meisten anderen, hauptsächlich europäischen Industrieländer ab 1.4.1979 auch die Dienstleistungsmarke eingeführt worden. Hierdurch ist den Unternehmungen, die keine Warenabsatzbetriebe sind, die Möglichkeit gegeben worden, einen Zeichenschutz für die besondere Individualität und Originalität ihrer Dienstleistungen sichern zu lassen. Die räumliche Ausgestaltung bei Waren- und Dienstleistungszeichen ist etwa dieselbe. Der Katalog der betreffenden Dienstleistungsbetriebe nennt hier in den Klassen 35–42 folgende Dienstleistungsbereiche: Werbung und Geschäftswesen, Versicherungs- und Finanzwesen; Bau- und Reparaturwesen; Nachrichtenwesen; Transport- und Lagerwesen; Materialbearbeitung; Erziehung und Unterhaltung; Verschiedenes.

Von der Vielfalt der hier denkbaren Betriebe gibt der Katalog nur einen sehr unvollständigen Eindruck. Daher hatte der Präsident des Deutschen Patentamtes eine übrigens nicht als vollständig anzusehende Liste der wichtigsten Dienstleistungsbezeichnungen nach Klassen geordnet, herausgegeben.[2]

Gerade für Franchise-Systeme war die Schaffung von Dienstleistungsmarken sehr wichtig geworden, da Franchising in steigendem Maße bei Dienstleistungsbetrieben Anwendung findet (z.B. Gastronomie, Hotellerie, Freizeit, Erziehung, Unterhaltung, Reinigung, etc.).

Durch die vielfältige Verwendung von Marke, Handelsnamen und sonstigen Kennzeichnungen eines Unternehmens in den verschiedensten Medien (Zeitungen, Zeitschriften, Anzeigenblätter, Radio, Fernsehen, Btx) wächst die Bedeutung der Marken und der anderen Unternehmenskennzeichen ständig.

Mit Recht wird die Marke international als eines der einprägsamsten, wahrscheinlich sogar besten Werbemittel angesehen, zumal sie einen entscheidenden Vorteil gegenüber allen anderen Kennzeichnungen hat: Ihr Schutz erstreckt sich, falls sie eingetragen ist, auf das gesamte jeweilige Staatsgebiet. Dieser Schutz kann auf andere Länder – namentlich die meisten europäischen Staaten – durch das Madrider Markenschutzabkommen (MMA) i.d.F. vom 14.7.1967 unter finanziellen und bürokratischen Erleichterungen[3] – übertragen werden, in denen ebenfalls ein eingetragener nationaler Rechtsschutz gewährt wird.

Eine gute Marke stellt daher einen erheblichen Vermögenswert eines Unternehmens dar, besonders jedoch für ein Franchise-System, bei welchem alle Teilnehmer das Recht und die Pflicht zum Gebrauch dieser Marke haben. Jeder Franchisegeber sollte

---

2 Abgedruckt bei *Baumbach/Hefermehl*, Anh. II 6 zu § 2 WZG; vgl. im übrigen Mitt. des Präsidenten Nr. 7/1983 vom 2.9.1983, Blatt für Patent-, Muster- und Zeichenwesen.

3 Abgedruckt bei *Baumbach/Hefermehl*, Warenzeichenrecht, S. 1102 ff.; vgl. auch BGBl. 1970 II 418.

der Schaffung einer Marke, deren Schutz in Deutschland zehn Jahre beträgt und jeweils unbegrenzt um weitere zehn Jahre verlängert werden kann, möglichst schon im Planungsstadium gesteigerte Beachtung zuwenden.

3. Bedeutung von Marken und Kennzeichen im neuen Markenrechtsreformgesetz

Es ist ein erfreuliches Zusammentreffen, daß gerade mit dem Erscheinen des vorliegenden Handbuchs das neue „Gesetz zur Reform des Markenrechts und zur Umsetzung der Ersten Richtlinie 89/104 EWG des Rates vom 21.12.1988 zur Angleichung der Rechtsvorschriften der Mitgliedstaaten über die Marken (Markenrechtsreformgesetz – MRG) am 1.1.1995 in Kraft getreten ist.[4] Mit diesem Gesetz ist das bisher geltende Warenzeichengesetz abgelöst. Unter Angleichung der neuen Bestimmungen an die Erste Richtlinie 89/104 EWG des Ministerrates zur Harmonisierung der Rechtsvorschriften der einzelnen EG-Mitgliedsstaaten ist das deutsche Markenrecht insgesamt reformiert worden. Das neue Markengesetz enthält eine vollständige und in sich geschlossene Regelung über den Schutz der im geschäftlichen Verkehr verwendeten Kennzeichen (Marken, geschäftliche Bezeichnungen, geographische Herkunftsangaben).

Der Anwendungsbereich des umfangreichen neuen Gesetzes schützt mithin nicht nur alle Arten von „Marken" (der Terminus „Warenzeichen" erscheint nicht mehr), sondern auch „geschäftliche Bezeichnungen" und „geographische Herkunftsangaben" (§ 1 MRG). Was versteht das neue Gesetz nun unter diesen drei Kategorien von „geschützten Kennzeichen"?

Hier bestimmt § 3 Abs. 1 MRG, welche Marken als „schutzfähige Zeichen" anzusehen sind. Er lautet:

„Als Marken können alle Zeichen, insbesondere Wörter einschließlich Personennamen, Abbildungen, Buchstaben, Zeichen, Hörzeichen, dreidimensionale Gestaltungen einschließlich der Form einer Ware oder ihrer Verpackung sowie sonstige Aufmachungen einschließlich Farben und Farbzusammenstellungen geschützt werden, die geeignet sind, Waren oder Dienstleistungen eines Unternehmens von denjenigen anderer Unternehmen zu unterscheiden."

Eine wesentliche Neuerung ist es, daß nunmehr neben den Hörzeichen auch „dreidimensionale Gestaltungen" schutzfähig sind, was sicher für die Werbung von Unternehmen und auch Franchise-Systemen interessante Perspektiven eröffnet. Die Vorschrift des § 3 Abs. 1 MRG erfaßt sowohl eingetragene oder angemeldete als auch durch Benutzung erworbene Marken wie auch sogenannte notorische Marken (Art. 6 bis der Pariser Verbandsübereinkunft). Unter den Begriff der Marke fällt jetzt auch die sogenannte Ausstattung (bisher § 25 WZG), welcher Begriff im neuen Gesetz nicht mehr gesondert erwähnt wird.[5]

---

4   Vgl. BGBl. 1994 I Nr. 74, S. 3082 ff. v. 25.10.1994.
5   Vgl. Begründung zum Entwurf des neuen Markenrechtsreformgesetzes BTDrucksache 12/6581, S. 64 ff.

Wesentlich ist ferner, daß nach § 3 Abs. 2 MRG dem Schutz der Marke solche *nicht* zugänglich sind, die ausschließlich aus einer Form bestehen, die durch die Art der Ware selbst bedingt ist, die zur Erreichung einer technischen Wirkung erforderlich ist oder die der Ware einen wesentlichen Wert verleiht. Diese komplizierte Regelung dürfte allerdings in der Praxis nicht selten die Schutzfähigkeit einer Marke ausschließen.

Der Markenschutz entsteht nach § 4 MRG

1. durch die Eintragung eines Zeichens als Marke in das vom Patentamt geführte Register,

2. durch die Benutzung eines Zeichens im geschäftlichen Verkehr, soweit das Zeichen innerhalb beteiligter Verkehrskreise als Marke Verkehrsgeltung erworben hat, oder

3. durch die im Sinne des Artikels 6 bis der Pariser Verbandsübereinkunft zum Schutz des gewerblichen Eigentums (Pariser Verbandsübereinkunft) notorische Bekanntheit einer Marke.

Die Bestimmungen des neuen Gesetzes über das Eintragungsverfahren für Marken (§§ 32 ff.) entsprechen im wesentlichen den Vorschriften des bisherigen Warenzeichengesetzes, allerdings ist das Verfahren vielfach modernisiert und beschleunigt worden. So erfolgt jetzt die Eintragung ohne Zwischenbekanntmachung und eventuellem Widerspruchsverfahren nach Abschluß der Prüfung. Erst hiernach ist ein eventuelles Widerspruchsverfahren eines anderen Interessenten möglich (§§ 41, 43 MRG). Hierdurch wird in vilen Fällen eine erhebliche Beschleunigung des Eintragungsverfahrens erreicht. Auch gibt es jetzt die Möglichkeit einer „beschleunigten" Prüfung gegen Zahlung einer zusätzlichen Gebühr (§ 38). Diese Vorteile dürften gerade auch für den angehenden Franchisegeber wichtig sein, der seine Franchise-Konzeption möglichst schnell fertigstellen möchte.

Das komplizierte Eintragungsverfahren (§§ 32 f. MRG) ähnelt dem bisher aufgrund des Warenzeichengesetzes üblichen Verfahren. Die Schutzdauer der Marke beginnt mit dem Anmeldetag und endet *zehn* Jahre nach Ablauf des Monats, in den der Anmeldetag fällt (§ 47 Abs. 1). Wie bisher kann die Schutzdauer um jeweils zehn Jahre verlängert werden (§ 47 Abs. 2). Voraussetzung für die Verlängerung ist die Zahlung von Verlängerungsgebühren (vgl. näher § 47 Abs. 3,4).

4. Geschäftliche Bezeichnungen nach dem neuen Markenrecht

Wie schon vorstehend erwähnt, bezieht sich das Markenreformgesetz auch auf songenannte „geschäftliche Bezeichnungen", die bisher in § 16 UWG geregelt sind. Nunmehr bildet § 5 MRG die Grundbestimmung über den Schutz geschäftlicher Bezeichnungen. Nach § 5 Abs. 1 ist dieser Begriff der Oberbegriff für **Unternehmenskennzeichnungen** und **Werktitel**. Nach § 5 Abs. 2 sind Unternehmenskennzeichen solche, „die im geschäftlichen Verkehr als **Name**, als **Firma** oder als **besondere Bezeichnungen** im Geschäftsbetrieb eines Unternehmens benutzt werden". Ihnen stehen solche „Geschäftsabzeichen und sonstige zur Unterscheidung des Geschäftsbetriebes von anderen Geschäftsbetrieben bestimmte Zeichen gleich, die innerhalb beteiligter Verkehrskreise als Kennzeichen des Geschäftsbetriebes gelten". Diese Abgrenzungen entsprechen im übrigen denen des bisherigen Rechts (§ 16 UWG).

Eine Abweichung vom bisherigen Recht ergibt sich indessen für die „Werktitel". Dieser umfaßt in § 5 Abs. 3 MRG „die Namen und besonderen Bezeichnungen in Druckschriften, Filmwerken, Tonwerken, Bühnenwerken oder sonstigen vergleichbaren Werken". Bezüglich der Entstehung ihres Schutzes enthält das MRG keine besondere Regelung. Wie nach dem bisherigen Recht entsteht der Schutz mit der ersten Benutzungshandlung bzw. dem Erwerb der Verkehrsgeltung. Der Erwerb des Schutzes einer geschäftlichen Bezeichnung gewährt ihrem Inhaber ein ausschließliches Recht gegenüber Dritten einschließlich von Unterlassungs- und Schadensersatzansprüchen (§ 15 MRG).

5. Der Schutz von geographischen Herkunftsangaben

Die Bestimmung des § 151 des neuen Markenreformgesetzes regelt die Beschlagnahme bei der Einfuhr, Ausfuhr oder Durchfuhr rechtswidrig mit einer geographischen Herkunftsangabe versehener Ware und tritt an die Stelle der bisherigen Regelung. Sie dient dem Zwecke der Beseitigung einer widerrechtlichen Kennzeichnung, soweit die Rechtsverletzung offensichtlich ist. Für den Verkehr mit den übrigen Mitgliedsstaaten der EG sowie den übrigen Vertragsstaaten des Abkommens über den europäischen Wirtschaftsraum gilt diese Regelung jedoch nur, soweit Kontrollen durch die Zollbehörden stattfinden. Die Beschlagnahme wird durch die Zollbehörde vorgenommen, die auch die zur Beseitigung der widerrechtlichen Kennzeichnung erforderlichen Maßnahmen einleitet. Ist die Beseitigung untunlich, so ordnet die Zollbehörde die Einziehung der Waren an. Beschlagnahme und Einziehung können mit den Rechtsmitteln angefochten werden, die im Bußgeldverfahren nach dem Gesetz über Ordnungswidrigkeiten gegen die Beschlagnahme und Einziehung zulässig sind (vgl. § 151 MRG).[6]

6. Wie kommt der Franchisegeber zur Findung einer geeigneten Marke?

Hierbei ist große Umsicht geboten, und im Prinzip ist folgendes zu berücksichtigen:

(a) Die Marke muß unterscheidungskräftig sein. In der Praxis ist die „Unterscheidungskraft" das wesentliche Indiz, das immer fehlt, wenn ein angemeldetes Zeichen verwechslungsfähig mit anderen schon eingetragenen oder angemeldeten Marken ist. Verwechslungsfähigkeit kann auch schon bei gewissen Abweichungen und bloßen Ähnlichkeiten vorliegen.

(b) Zweckmäßig sind daher Warenzeichen-Recherchen bei renommierten Recherchierbüros im Hinblick auf die Eintragung oder die Anmeldung verwechslungsfähiger Marken durchzuführen, und zwar auch im Hinblick auf angrenzende Waren- oder Dienstleistungsklassen. Ein tragbarer Weg ist, evtl. zwecks Kostenersparnis, nach eigenen Recherchen beim Deutschen Patentamt die erstrebte Anmeldung vorzunehmen und zu sehen, welche Bedenken die Warenzeichenstelle

---

6   Vgl. auch Begründung zum Entwurf des neuen Gesetzes BTDrucksache 12/6581, S. 185 ff.

gegen die Eintragung haben sollte, wonach der Eintragungsantrag ggf. bei Rückzahlung der halben Anmeldegebühr zurückgenommen werden kann.

(c) Soll die Marke wegen geplanter Ausdehnung des Franchise-Systems auf andere Länder auch in letzteren eingetragen werden, so ist die Rechtslage dort separat zu prüfen. In Ländern des MMA kann die Marke prioritätsbegründend und kostengünstiger innerhalb von sechs Monaten registriert werden.

(d) Wird die notwendige Vorsicht nicht gewahrt, so kann eine Marke, falls ihre Eintragung nicht sofort abgelehnt wird, später von Amts wegen oder auf Antrag eines betroffenen Dritten durch eine Löschungsklage gelöscht werden, falls sich erst dann Versagungsgründe herausstellen sollten. Eine derartige Vernichtung der Marke kann, je später sie erfolgt, desto mehr einen erheblichen wirtschaftlichen Schaden bedeuten, wenn sie bereits im Verkehr eingeführt war und nunmehr durch eine neu zu schaffende Marke ersetzt werden muß.

7. Handelsregisterliche Eintragung einer Vertriebsfirma

Weiteren Rechtsschutz bietet dem Franchisegeber und seinem System die Handelsfirma (§ 17 ff. HGB). Obwohl der registerrechtliche Schutz nur in dem jeweiligen Bezirk des Handelsregisters besteht, d.h. des betreffenden Amtsgerichts, reicht dieser Schutz räumlich und sachlich so weit, wie das Bedürfnis nach Verhütung von Verletzungen. Der Schutz gegen Verwechslung reicht in der Regel über das gesamte Inland, es sei denn, daß das Unternehmen nach Zweck, Art und Inhalt auf eine regionale oder örtliche Tätigkeit begrenzt ist.[7]

Auch die Wahl der Firma ist für ein Franchise-System von Bedeutung, da eine Firma registerrechtlich zulässig sein kann, nicht aber namens- und wettbewerbsrechtlich gegenüber den Prioritäten bestehender Unternehmen.[8]

Bei Zweifelsfragen im Bereich aller vorgenannten Schutzrechte sollte zur Vermeidung von erheblichen Schäden für das System ein spezialisierter Berater hinzugezogen werden. Gegebenenfalls können unerwünschte Prozesse durch einverständliche Regelungen mit Mitbewerbern vermieden werden, soweit dabei eventuelle kartellrechtliche Grundsätze nicht verletzt werden.

8. Nachahmungen – Marken- und Dienstleistungspiraterie

Erheblichen Schaden kann ein Franchise-System auch durch verschiedenste Formen des sog. parasitären Wettbewerbs nehmen. Sein Image kann durch Ausbeutung seines Rufes und Images, seiner Werbung oder sonstigen Leistungen geschädigt werden, weil der unlautere Konkurrent gewissermaßen maßstabsgetreu die häufig aufgrund langer Bemühungen erworbenen Ergebnisse des Franchisegebers in sittenwidriger Weise ausnützt und selbst nachahmt, sog. „sklavische Nachahmung" oder auch „sklavischer

---

[7] *Baumbach/Duden/Hopt*, HGB, 28. Auflage, München 1990, 4 g zu § 17.

[8] Vgl. dazu näher *Baumbach/Hefermehl*, Wettbewerbsrecht, RNr. 97 zu § 16 UWG.

Nachbau" genannt. Eine erhebliche negative Bedeutung haben in den letzten Jahren auch unlautere Ausnutzung fremder Arbeit, Markenpiraterie, Produktpiraterie und Dienstleistungspiraterie erlangt, meist eine Nachahmung fremder Kennzeichen bzw. Dienstleistungen.[9]

Auch Dienstleistungsmodelle können in dieser Weise nachgeahmt werden. Allerdings ist meist eine Grenze zwischen erlaubtem Nachahmen und sittenwidriger Ausbeutung fremder Arbeit in der Praxis schwer zu ziehen.[10]

Der richtig planende Franchisegeber muß diese Rechtsprobleme anfangs und später in sein Kalkül einbeziehen und nicht etwa selbst durch wettbewerbswidrige Nachahmung fremder Leistungen seinerseits Prozesse gegen sich selbst heraufbeschwören.

9. Urheberrecht

Der Aufbau eines Franchise-Systems bringt es mit sich, daß neben dem Franchise-Vertrag eine Reihe von zusätzlichen Schriftstücken erstellt werden müssen, ebenso wie ein Betriebshandbuch bzw. Systemhandbuch, und auch Instruktionen und Weisungen entstehen, ohne welche das Franchise-System nicht existieren kann. Jedes Schriftstück hat aber einen Urheber, der Dritten gegenüber geschützt werden muß. Der Urheber eines Schriftstücks wird in seinen geistigen und persönlichen Beziehungen zum Werk und in der Nutzung des Werks gegenüber Dritten geschützt (§ 11 UrhG). Urheber ist immer der Schöpfer des Werks (§ 7 UrhG). Soweit der Urheber nicht auf dem Original oder seinen Vervielfältigungen vermerkt ist, ist der Herausgeber, anderenfalls der Verleger, zur Geltendmachung der Urheberrechte berechtigt (§ 19 I und II UrhG).

Der wahre Urheber kann aber innerhalb von 70 Jahren nach der Veröffentlichung des Schriftwerks seine Eintragung in die Urheberrolle beim Deutschen Patentamt in München während dieser gesamten Frist beantragen (§§ 66, 138 UrhG). Ein Franchisegeber, der auf Klarstellung seiner Urheberschaft gegenüber Dritten Wert legt, kann also jederzeit während vorgenannter Frist seine Urheberschaft eintragen lassen. Damit erlangt er zwar keinen absoluten Beweis, jedoch eine Vermutung, die allerdings ein anderer Antragsteller widerlegen müßte.

Mithin hat ein Franchisegeber die Möglichkeit, sein Urheberrecht bezüglich der von ihm erstellten Schriftstücke gegen Verletzung und Nachahmung durch Dritte zu schützen. Dies kann beim Betriebshandbuch (vgl. näher Kapitel XVII) von erheblichem Wert sein.

10. Markenanmeldungen international: Die neue europäische Marke

Wie schon vorstehend erwähnt, ist die Marke nebst den anderen Unternehmenskennzeichnungen international von erheblicher wirtschaftlicher Bedeutung, die ange-

---

[9] Vgl. *Gloy* (Hrsg.), Handbuch des Wettbewerbsrechts, München 1986, S. 334 ff., Nachtrag S. 38 ff.; *Baumbach/Hefermehl*, Warenzeichenrecht, 12. Aufl., 1985.

[10] Vgl. näher *Baumbach/Hefermehl*, Wettbewerbsrecht, RNr. 379/389 zu § 1 UWG.

sichts der steigenden Verflechtung der Märkte künftig immer größer wird. Es ist offensichtlich, daß moderne Rechtsstrukturen dem Rechnung tragen, so daß Marken zunehmend grenzüberschreitend werden. Hier bieten sich neben den schon seit langer Zeit in Gebrauch befindlichen IR-Marken neuerdings die EG-Gemeinschaftsmarken an.

Die Anmeldung der Marken in den MMA-Ländern (die dem Madrider Markenabkommen beigetreten sind) erfolgt auf der Grundlage der Heimatanmeldung oder -eintragung über das deutsche Patentamt (Art. 3 des Madrider Markenabkommens in der Stockholmer Fassung vom 14.7.1967). Für Staaten, die dem Abkommen nicht beigetreten sind, wie namentlich Großbritannien und die skandinavischen Länder, müssen Anmeldungen aufgrund des Trademark Registration Treaty (TRT) unmittelbar beim Internationalen Büro in Genf bewirkt werden.[11]

Eine neue europäische Marke ist kürzlich durch die Verordnung (EG) Nr. 1494 des Miniterrates über die Gemeinschaftsmarke am 20.4.1993 geschaffen worden, die am 15.3.1994 in Kraft getreten ist.[12] Mit dieser Verordnung wurde die lange erwartete europäische Gemeinschaftsmarke geschaffen, die den einheitlichen Schutz einer Marke in dem gesamten EG- bzw. EU-Gebiet darstellt und keinen Ersatz für nationale Markenrechte bietet.

Gemeinschaftsmarken können für alle Symbole gewährt werden, die graphische Darstellungen sind (Worte, Zeichen, Buchstaben, Figuren und die Form eines Produkts), und zwar unter der Voraussetzung, daß die Symbole von den Produkten oder Dienstleistungen anderer Firmen unterschieden werden können. Die Anmeldung kann bei der europäischen Markenbehörde, die in Alicante (Spanien) eingerichtet worden ist, oder aber bei der Zentralbehörde für den gewerblichen Rechtsschutz eines Mitgliedsstaates oder beim Benelux-Markenamt erfolgen. Gleichgültig wo die Anmeldung bewirkt wird, hat sie dieselbe Wirkung, wie wenn sie an demselben Tag beim europäischen Markenamt eingereicht worden wäre (Art. 25 (1) b). Zur Zeit kann die Anmeldung allerdings noch nicht bewirkt werden, voraussichtlich ab 1996. Das entsprechende Datum wird zu gegebener Zeit amtlich mitgeteilt.

Darüber, ob ein Anmelder entweder eine IR-Marke oder eine europäische Gemeinschaftsmarke anmelden sollte, sind die Ansichten geteilt. Bei den IR-Marken kann man sich diejenigen Länder auswählen, in denen man die Marke eintragen lassen möchte. Bei der Gemeinschaftsmarke hingegen erfolgt die Anmeldung zwangsläufig bei allen EG- bzw. EU-Ländern. Ein Franchisegeber muß sich daher entscheiden, ob er nur in einigen Ländern die Marke anmelden will oder ob er sie zwangläufig in allen europäischen Ländern erwerben möchte. Falls eine breitere internationale Expansion geplant ist, dürfte sich die Gemeinschaftsmarke empfehlen.[13]

---

11 Vgl. *Baumbach/Hefermehl*, Warenzeichenrecht, 12. Auflage, München 1985, S. 973 ff.
12 ABl. Nr. L 11/1 vom 14.1.1994.
13 Vgl. *Brandi/Dohm*, Die kommende Neuordnung des Kennzeichenrechts: Das Markenrechtsreformgesetz, in: Betriebsberater 1994, Beilage 16 zu Heft 25, S. 14/15.

XVII. Systemerprobung, Pilotbetrieb und Betriebshandbuch

1. Die prinzipielle Notwendigkeit eines „Pilotbetriebes"

Das Paket, das der Franchisegeber seinem Franchisenehmer anbietet, darf nicht nur auf dem Papier entwickelt worden sein. Daher ist es von jeher die feste Meinung aller Franchise-Experten gewesen, daß die Praktikabilität des Systems in aller Regel – Ausnahmen sind denkbar selten – vor dem Beginn der Franchisierung erprobt sein muß.

Der ursprünglich vom *Deutschen Franchise-Verband* aufgestellte, für Verbandsmitglieder verbindliche Ehrenkodex (vgl. Kapitel XXXVII) sagte in Ziffer 4 ausdrücklich, daß der Franchisegeber „nur ein erprobtes und mit Erfolg anwendbares Leistungsprogramm anbieten wird". Die praktische Erprobung des Franchise-Pakets setzt daher regelmäßig mindestens einen Musterbetrieb voraus. Manchmal wird es sogar zweckmäßig sein, mehrere Pilotbetriebe vor der Franchisierung zu errichten, damit gezeigt werden kann, daß der Erfolg eines Systems nicht nur auf einem, vielleicht einmaligen Standort oder einer besonderen Situation abhängt.[1]

2. Variationen der Erprobung

Der nunmehr von der European Franchise Association erstellte, von allen Mitgliedern einschließlich Deutschlands angenommene „Europäische Verhaltenskodex für Franchising" (vgl. näher auch Kapitel XXXIX) sagt in Ziffer 2.2 zu den Pflichten des Franchisegebers u.a., daß dieser „vor der Gründung seines Franchisenetzes ein Geschäftskonzept schon in einem angemessenen Zeitraum und mit wenigstens einem Pilotobjekt erfolgreich betrieben haben" muß.

Ob bei dieser Übersetzung aus dem englischen Original das Wort „muß" nicht eher „sollte" („should" anstatt „shall") heißen müßte, ist nicht ganz geklärt. Aber der Verhaltenskodex ist kein Gesetz mit zwingenden Rechtsvorschriften, sondern enthält nur „guidelines", die zwar in der Regel beachtet werden sollten, aber nicht in jedem Fall zwingend sind. Es kann z.B. ausnahmsweise genügen, wenn der Franchisegeber das System in seinem eigenen Geschäftsbetrieb ausreichend erprobt hat, ohne daß dies in einem besonderen „profit center" erfolgt ist.

Die nicht nur moralische, besonders auch rechtliche Verantwortung des Franchisegebers läßt es untragbar erscheinen, daß der Franchisegeber das Risiko für das Funktionieren des Systems auf die Franchisenehmer abwälzt, die häufig ihre sämtlichen oder überwiegenden Ersparnisse im Vertrauen darauf aufgewendet haben, eine neue Existenz zu gründen.[2]

---

[1] So schon *Mendelsohn*, S. 65 ff.
[2] Vgl. auch *Skaupy*, Franchise-Chancen 1986/87, S. 20 ff.

Ein nicht getestetes System kann einem Franchisenehmer nur im Falle ausdrücklicher Vereinbarung angeboten werden, z.B. im Rahmen eines Vorvertrages (vgl. dazu Kapitel XXVI).

3. Die Systemerprobung im Pilotbetrieb

Beim Pilotbetrieb kann der eigene vielleicht der einzige Betrieb des Franchisegebers sein, wenn die bei ihm vorliegenden Voraussetzungen denen einer künftigen franchisierten Verkaufsstelle entsprechen. Meist wird der Franchisegeber eine Filiale besitzen oder eine neue separate Vertriebsstelle gründen, um die Erfolgschancen seiner Konzeption zu erproben. Um ein realistisches Bild von dem Funktionieren der künftigen Franchise-Betriebe und ihrer Rentabilität zu gewinnen, muß der Pilotbetrieb auch genau zu den gleichen Bedingungen geführt werden wie die später zu eröffnenden franchisierten Betriebe. Er muß als separate Einheit mit getrennter Buchführung und nur derjenigen Unterstützung der künftigen Systemzentrale geführt werden, die für den späteren Betrieb vorgesehen ist. Falls am Markt unterschiedliche Bedingungen bestehen, sollte der Musterbetrieb unter diesen verschiedenen Bedingungen erprobt werden, ggf. in Form von Varianten,[3] wie schon vorstehend erwähnt.

Neben dem Produkttest (der aber oft schon bei dem Franchisegeber durchgeführt wurde, was teils auch für die Serviceleistungen gelten kann) wird der Pilotbetrieb die Lebensfähigkeit der Franchise in der Erprobung des konzeptgemäßen Zusammenwirkens von Produkt, Dienstleistung, Marketing und Vertrieb im Markt getestet sowie die reibungslose Kooperation im Innenverhältnis zwischen Franchisegeber und Franchisenehmer.

Nach einer genügend langen Erprobungszeit muß der Franchisegeber seinem Franchisenehmer-Kandidaten den Nachweis erbringen können, daß sein Konzept den Markterfordernissen entspricht, bei strikter Anwendung seiner Grundsätze erfolgreich und rentabel ist, kurzum, daß das Konzept den Erwartungen eines Franchisenehmers entspricht. Die gesamte Testperiode wird je nach Lage des Einzelfalles verschieden lange dauern, wobei im Schnitt von einem bis eineinhalb Jahren auszugehen sein wird. Soweit das technische Erzeugnis und/oder die Dienstleistung für den Verbraucher schon im Unternehmen des Franchisegebers bzw. im Rahmen seines Filialsystems erprobt war, wird der Zeitraum unter Umständen kürzer sein können als bei einer absoluten Neugründung.

Im Rahmen des Musterbetriebes erstreckt sich die Erprobung des Systems auf sämtliche Aspekte der gewerblichen Tätigkeit eines Franchise-Betriebes. Ohne auf Einzelheiten einzugehen, sind namentlich folgende Funktionskreise zu nennen, über die ein Pilotbetrieb zwecks Vorbereitung der eigentlichen Franchisierung für neuzugründende Betriebe Gewißheit erbringen muß:

- Eignung des Standortes bzw. potentieller weiter vergleichbarer Standorte,
- Gestaltung der Marketinginstrumente (Ladeneinrichtung, Innen- und Außenausstattung, Design, Display),

---

3 So auch *Boehm/Kuhn/Skaupy*, Checklist Franchising, S. 107.

- Verkaufs- und Vertriebsgrundsätze (Verkaufsfläche- und -methoden, Kundenberatung, Sortimente, Serviceleistungen),
- Beschaffung und Belieferung (Warenbestellung, Lagerhaltung und Verwaltung, Schriftverkehr),
- Planung des Personalbereichs, Einführungs- und Ergänzungsschulungen für Franchisenehmer und Mitarbeiter,
- Werbung, Promotion, Verkaufsförderungsaktionen, Marktbeobachtung,
- betriebswirtschaftliche Grundlagen (Buchhaltung, Statistik, Kostenrechnung, Umsatz- und Gewinnprognosen, kurzfristige Erfolgsrechnung, evtl. EDV, Btx),
- Übermittlung von Erfolgswissen, beiderseitiger Informationsfluß, Kontrollen, Weisungen, Besuche beim Pilotbetrieb.

Das Resultat einer praxisnahen Erprobung aller vorstehenden Aspekte muß in der unzweideutigen Feststellung enden, daß das gesamte System funktionsfähig und rentabel ist, und daß sichere Vermarktungschancen in dem gewünschten Umfang bestehen.

4. Die Erstellung des Betriebshandbuchs bzw. der Richtlinien zur Führung des franchisierten Betriebes

Ein Betriebshandbuch bzw. Systemhandbuch (operation manual) ist in der einen oder anderen Form notwendig, um dem Franchisenehmer alle für die Führung eines Geschäfts notwendigen Richtlinien, Informationen und Instruktionen im Einklang mit den Grundsätzen des Franchise-Konzeptes zu vermitteln. Es sollte im folgenden alle notwendigen verschiedenen Führungsgrundsätze für den Betrieb des Franchisenehmers enthalten und sich auch mit allen Einzelheiten des täglichen Geschäftsablaufes in seiner Vertriebsstelle befassen.

Wenn im folgenden immer von dem Betriebshandbuch gesprochen wird, so ist anzumerken, daß es mit der Entwicklung der Franchise-Systeme häufig immer notwendiger geworden ist, sich nicht auf ein einzelnes Handbuch zu beschränken. Vielmehr ist es heute immer mehr üblich, entsprechend der Bedeutung und Art des vom Franchisegeber zu transferierenden Know-how mehrere Handbücher bzw. Richtlinien zu erstellen, um den komplizierter werdenden Aufgaben eines Systems für seine einzelnen Franchisenehmer gerecht zu werden. Neben dem allgemeinen Betriebshandbuch, das sich mit dem alltäglichen Geschäftsbetrieb befaßt, sind heute Spezialhandbücher für die folgenden Gebiete vorgesehen: Marketing und Organisation (Strategie), Bestell- und Lieferungswesen, technische Anleitungen, Werbung und Verkaufsförderung, Training der Franchisenehmer, EDV, Warenwirtschaftssystem, Personalfragen u.a.m. Alle diese Problemfelder, die in verschiedenen Einzeldarstellungen abgehandelt werden, bilden aber zusammengefaßt das Betriebshandbuch. Von ihm wird im folgenden kurz allein gesprochen werden, wobei die einzelnen Sonderaufgaben der Franchisenehmer in einer Übersicht dargestellt werden sollen.

Es muß betont werden, daß das Betriebshandbuch bzw. die Betriebshandbücher – die ja bei Abschluß des Franchise-Vertrages häufig noch nicht vollständig fertiggestellt sind – keinerlei Vereinbarungen enthalten darf bzw. dürfen, die als grundsätzliche Teile nur in dem Franchise-Vertrag selbst untergebracht werden müssen. Würde ein Betriebshandbuch neben den allein dorthin gehörenden technischen Regelungen auch noch Abmachungen rechtlicher Natur enthalten, so könnte bei mangelnder Fertigstellung des Betriebshandbuchs der Franchise-Vertrag, dessen Klauseln unbedingt schriftlich niedergelegt werden müssen (§ 34 GWB), unwirksam sein.

(a) Da das Betriebshandbuch den Niederschlag der Ideen, des Know-how und ggf. der Geschäftsgeheimnisse des Franchisegebers enthält, ist es auch von eminenter rechtlicher Bedeutung. Dem Franchisegeber steht das Urheberrecht an diesem Schriftstück zu (wie auch an allen übrigen schriftlichen Aufzeichnungen, die er seinen Franchisenehmern zur Verfügung stellt), und die unerlaubte Ausbeutung seines Inhalts ist wettbewerbsrechtlich geschützt; ein Verrat der in ihnen enthaltenen Geschäftsgeheimnisse oder jegliche andere nicht genehmigte Verwendung kann abgesehen von zivilrechtlichen Unterlassungs- und Schadensersatzansprüchen auch strafrechtliche Konsequenzen haben (§ 17 UWG).

(b) Häufig wird den Franchise-Verträgen in der Praxis das Betriebshandbuch als Anlage beigefügt und zu einem Teil des Vertrages erklärt. Hiervor kann nur gewarnt werden, da dies bedeutet, daß der Franchisegeber es später von sich aus in keinem Punkt ändern und ergänzen kann, obwohl in der Praxis sich nach einer gewissen Laufzeit des Franchise-Verhältnisses häufig die Notwendigkeit von Verbesserungen, Änderungen oder Anpassungen an neue Entwicklungen ergibt. Da der Franchise-Vertrag selbst fast immer die Klausel enthält, daß Änderungen nur schriftlich von beiden Parteien vereinbart werden müssen, wäre der Franchisegeber von allen seinen Franchisenehmern für jede, auch kleine Änderung abhängig. Damit würde seine Pflicht zur Weiterentwicklung und Modernisierung seines Systems beeinträchtigt, wenn nicht sogar in Frage gestellt. Die von mancher Seite vorgeschlagene Lösung, daß dem Franchisegeber im Franchise-Vertrag selbst die Befugnis zur Änderung erteilt wird, ist bedenklich, da sich dadurch der Franchisenehmer eventuell unvertretbaren Handlungen des Franchisegebers durch derartige Blankoermächtigung ausliefern würde und andererseits ein oder mehrere Franchisenehmer vernünftige und betrieblich erforderliche Änderungen und Innovationen blockieren könnten.

Obwohl gelegentlich die Meinung vertreten wird, daß das Handbuch schon vor der Einrichtung eines Pilotbetriebes erstellt sein sollte, erscheint es zweckmäßiger, ein ausgereiftes Handbuch erst aufgrund der Piloterfahrungen endgültig fertigzustellen, was nicht ausschließt, daß ein solches im Entwurf schon bei Einrichtung des Musterbetriebs vorliegt.

(c) Der Inhalt des Betriebshandbuches wird je nach Bedeutung, Umfang und Branche des Franchise-Systems sehr verschieden sein. Es kann im Einzelfall folgendermaßen aussehen:

Einführung: Systembeschreibung

Einleitend sind die Grundzüge der gewährten Franchise einschließlich des Gesamtkonzeptes in wesentlichen Umrissen niederzulegen. Das Tätigkeitsfeld des Franchisenehmers und sämtliche Anwendungsgebiete sind in großen Zügen, aber in allen wesentlichen Aspekten darzulegen, um dem Franchisenehmer einen Überblick über sämtliche Aktivitäten des Systems zu vermitteln. Es sollte erklärt werden, in welcher Weise die Systemzentrale errichtet wurde und funktioniert und wie die verschiedenen Teile und Aktivitäten der Systembeteiligten ineinandergreifen. Soweit ein detailliert ausgearbeitetes Franchise-Paket dem Franchisenehmer übermittelt wurde, kann diese einleitende Darstellung naturgemäß kürzer sein.

Die Betriebsmethoden im einzelnen

Dieser Abschnitt sollte die notwendige Einrichtung, Ausstattung und die Funktionen des Franchise-Betriebes und seines normalen Arbeitsablaufs in allen wesentlichen Einzelheiten erklären und die Grundlage für das reibungslose Funktionieren des Betriebes schaffen. Eine Einleitung zur Vermeidung und Beseitigung üblicher und auch außergewöhnlicher Fehlerquellen sollte nicht fehlen. Dies gilt insbesondere für Franchisen, die eine technische Bedienung und Wartung von Geräten voraussetzen.

Anleitungen für den täglichen Geschäftsbetrieb

In diesem Abschnitt sollten Anleitungen für die Gestaltung des Betriebsablaufs in detaillierter Form gegeben werden. Nachstehende Punkte können etwa in folgender oder auch anderer Reihenfolge in das Handbuch aufgenommen werden, ohne daß es sich hierbei um eine erschöpfende Liste handelt.

(1) Allgemeines

    (a) Betriebsschema
    (b) Liste der erforderlichen Mitarbeiter nebst Arbeitszeiten
    (c) Öffnungszeiten des Geschäfts
    (d) Erfordernisse hinsichtlich des Auftretens von Mitarbeitern (z.B. Dienstkleidung).

(2) Situation der Mitarbeiter des Franchise-Betriebes

    (a) Grundsätze für die Einstellung von Mitarbeitern und Information über gesetzliche Erfordernisse
    (b) Methoden der Mitarbeiterschulung
    (c) Betreuung und Behandlung der Mitarbeiter unter Berücksichtigung der gesetzlichen Verpflichtungen des Franchisenehmers als Arbeitgeber
    (d) Vorgehen bei der Entlassung bzw. Kündigung von Mitarbeitern unter Berücksichtigung der Kündigungsschutzbestimmungen
    (e) Detaillierte Beschreibung aller von jedem Belegschaftsmitglied erwarteten Tätigkeiten, wobei Art und Umfang der Methoden und Arbeitsweisen genau anzugeben sind.

(3) Verkauf und Verkaufsförderung

    (a) Fragen der Preisbildung (keine Preisbindung, jedoch gesetzlich zulässige Preisempfehlungen)
    (b) Verkaufstechniken (genaue Beschreibung)
    (c) Standard der zu verkaufenden Produkte (Qualität, Quantität)
    (d) Standard der Serviceleistungen
    (e) Detaillierte Beschreibung der Verkaufsförderungsmaßnahmen.

(4) Marketing und Anzeigen

    (a) Standardgrundsätze und Beschreibung einschlägiger Marketingtechniken

(b) Grundregeln der Anzeigenschaltung für das Geschäft des Franchisenehmers (soweit nicht dem Franchisegeber vorbehalten) unter Einschluß einer Aufstellung von „Tabus".

(5) Verwaltung und Finanzen

(a) Detaillierte Grundsätze für einen vom System-Image geprägten Geschäftsablauf sowie für die Ordnung im Betrieb

(b) Beschreibung der Maßnahmen für die Warenbewirtschaftung

(c) Grundsätze für Buchführung, Kontenplan etc.[4]

(d) Beispiele für einschlägige Formblätter und Standardformulare einschließlich einer Verpflichtungserklärung für Geschäftsführer und Angestellte, die Geschäftsgeheimnisse und Geschäftsmethoden etc. des Franchisenehmers geheimzuhalten und sie für keine anderen als dienstliche Zwecke zu benutzen

(e) Berechnung und Entrichtung der Franchisegebühren

(f) Unterstützung des Franchisegebers bei der Überwachung von Zeichenrechten, Patentrechten etc.

(g) Beschreibung der vom Franchisenehmer abzuschließenden Versicherungen und Angabe der emfpohlenen Deckungssummen. Evtl. Hinweise, wie der Franchisenehmer sich die erforderliche Abdeckung gegen Risiken durch Versicherungen selbst verschaffen kann.

(6) Technische Anleitungen

(a) Genaueste Beschreibung der zu vertreibenden Produkte und zu bedienenden Geräte, am besten visualisiert mit zahlreichen Bildern, Skizzen, Diagrammen etc.

(b) Detaillierte Aufstellung der verschiedenen Geschehensabläufe, mithin Handhabung von Geräten, Gerätemontage, Wartung etc.

(c) Evtl. Ergänzung der Benutzungsanweisungen des Produzenten durch Instruktionen der technischen Abteilung des Franchisegebers

(d) Maßnahmen zugunsten des Umweltschutzes

(e) Instruktionen zur Abfallentsorgung.

(7) Organisationsverzeichnis des Franchisegebers und Telefonbuch

(a) Ein „Who is Who"-Verzeichnis betreffend die Organisation des Franchisegebers nebst Angabe der Personen, die bei besonderen Problemen des franchisierten Betriebes anzusprechen sind

(b) Ein Telefonbuch aller nützlichen Telefonnummern, z.B. Service, Betrieb, Lieferanten, Reparaturfirmen, Behörden.

(8) Spezielle Anleitungen für den Einzelhandel

Zu den vorstehenden Grundsätzen treten naturgemäß gewisse Varianten, die in jedem Handbuch verschieden sind. Bei Einzelhandelsgeschäften sollte das Betriebshandbuch noch genaue Instruktionen in folgenden Punkten enthalten:

---

4 Die Franchisenehmer dürfen im Hinblick auf § 15 GWB jedoch keinesfalls verpflichtet werden, ihren Vertragspartnern gewisse Verträge mit Dritten obligatorisch aufzuerlegen. Es muß sich stets nur um Beispiele handeln, deren Benutzung dem Franchisenehmer anheimgestellt wird.

(a) Anforderungen im Hinblick auf die Warenbevorratung, auf Quantitäten, Qualität und Lagerung der Waren

(b) Lay-out des Ladengeschäfts (Ausgestaltung des Verkaufsraumes)

(c) Präsentation einschließlich des „window displays" (Schaufensterauslage)

(d) Besondere Verkaufsförderungsmaßnahmen einschließlich der Diskontgewährungen, Rabatte, Zahlungsaufschübe und Ratenzahlungen

(e) Kundenkontakte

(f) Garantiezusagen und Verfahren bei Kundenreklamationen.

(9) Verschiedenheiten in den einzelnen Branchen

Weiterhin ist zu bemerken, daß die Gestaltung der Handbücher je nach dem Geschäftszweck überaus verschieden sein wird. Bei gewissen Branchen, z.B. besonders in der Hotellerie und Gastronomie wie auch auf dem Bausektor wird es erforderlich sein, wegen der Notwendigkeit eines gleichbleibenden Images aller Franchise-Betriebe die Geschehensabläufe bei der Handhabung von Geräten und Produkten sowie der Erbringung der meist in viele Einzelabschnitte zerfallenden Dienstleistungen in besonders sorgfältiger und präziser Form im Handbuch festzulegen.

Betriebshandbücher der vorgeschriebenen Art haben namentlich folgende Franchisegeber erstellt: *Candy & Company* (Süßwaren-Einzelhandel), *Paul Bunke DTH GmbH*, Herdecke/Ruhr (Diamanttechnik), *Kristallbausystem GmbH & Co. Flora Loggia* (Balkonausbau), *NEFF GmbH*, Waldenbuch (NEFF Gewindespindeln).

XVIII. Die Organisation der Systemzentrale des Franchisegebers und ihre Einnahmequellen

1. Der Aufbau der Organisation in der Systemspitze

Um den an ihn zu stellenden Anforderungen als Systemkopf zu genügen, obliegt es dem Franchisegeber, eine Systemzentrale aufzubauen, welche die im Franchise-Vertrag und im „Franchise-Paket" übernommenen Verpflichtungen gegenüber dem Franchisenehmer zu erfüllen sowie die Leitung und die Kontrolle des gesamten Vertriebsnetzes sicherzustellen hat.

Ein Franchisegeber, der ohnehin einen in der Branche arbeitenden Betrieb und sogar schon einige Außenstellen oder Filialen hat, wird die Organisation zur Entwicklung eines Franchise-Netzes anfangs mit seinen bisherigen Mitarbeitern beginnen können. Es empfiehlt sich aus Kostengründen, keinesfalls allzu rasch mit der Bildung eines die Franchisenehmer betreuenden Stabes zu beginnen, vielmehr sollte die Einstellung neuer Mitarbeiter nur allmählich, wenn auch nicht zu langsam, in Koordination mit dem Anwachsen der Zahl von Franchisenehmern erfolgen. Wie schnell sich ein Vertriebsnetz entwickelt, ist mit absoluter Gewißheit niemals vorauszusehen.

Das Problem ist ähnlich bei Franchisegebern, die das Franchising gewissermaßen aus dem Stand beginnen und allenfalls einen Pilotbetrieb haben, nur mit dem Unterschied, daß ein erst am Anfang stehender Franchisegeber mit einem ganz kleinen Stab vielseitig versierter Mitarbeiter tätig sein muß, welcher die vielfachen und steigenden Belastungen einer Franchise-Zentrale, die später von Spezialisten (Finanzierung, Bestellungswesen, Lieferungen, Marketing, Werbung, Beratungen, Kontrollen, Selektion neuer Franchisenehmer, Besuche bei Franchisenehmern u.a.m.) wahrgenommen werden, allein tragen müßte.

Die Frage des vorsichtigen Aufbaus der Systemzentrale ist vor allem wegen der auf den Franchisegeber zukommenden Kostenlast von Bedeutung. Zu den bei der Planung des Systems zwangsläufig entstehenden Kosten für Büromieten, Reisen, Image-Aufbau nebst Marken- und Kennzeichenschaffung (Designer), Beratungsgebühren (Franchise-Berater, Anwälte), Publizitäts-, PR- und Druckkosten treten die laufenden Gehälter und Löhne. Es gilt, diese möglichst niedrig zu halten, denn der Franchisegeber hat, wenn er nicht andere Einnahmequellen besitzt, beim eigentlichen Beginn des Franchisierens für einen längeren Zeitraum mit roten Zahlen zu rechnen, zumal die Eintrittsgebühren der Franchisenehmer nur ein Beitrag zu den Planungs- und Aufbaukosten darstellen und die laufenden Franchisegebühren zunächst nur spärlich fließen werden. Hierzu und zur Frage der Einkommensquellen des Franchisegebers vgl. Abschnitt 4.

Es ist offensichtlich, daß angesichts der Verschiedenartigkeit der Franchise-Systeme an dieser Stelle nur allgemeine Empfehlungen gegeben werden können und alle hiermit gegebenen „Rezepte" nur „cum grano salis" aufzufassen sind. Hauptregel ist, besonders für kleinere Systeme, mit einem beschränkten Programm zu beginnen und die schwer zurückzuschraubenden Generalunkosten möglichst niedrig zu halten.

2. Die interne Struktur der Franchise-Zentrale und ihre Dienstleistungen

Für die vielfältigen Dienstleistungen, zu denen sich der Franchisegeber im Franchise-Paket gegenüber den Franchisenehmern verpflichtet (vgl. Kapitel XV), müssen – wenn das System funktionieren soll – von verschiedenen Abteilungen bzw. „Teams" der Zentrale durch erfahrenes Fachpersonal wahrgenommen werden.

Bei kleineren Systemen, oder in der Anfangszeit auch bei mittleren Systemen werden wenige Fachkräfte gleichzeitig die Aufgaben verschiedener Abteilungen wahrnehmen können, welche später getrennt mit je einer Fachkraft und der notwendigen Zahl von Hilfskräften besetzt werden.

Entsprechend den verschiedenen Aufgaben der Systemspitze können für folgende Dienstleistungskomplexe Abteilungen bzw. „Teams" gebildet werden:

(a) Finanzierung, Steuern, Buchführung, innere Organisation,
(b) Beschaffung, Lagerung, Lieferung, Transport, Logistik, Warenwirtschaftssystem,
(c) Marketing, Promotion, PR, Medien, Einrichtung und Ausstattung der Franchise-Betriebe,
(d) Schulung/Ausbildung, Training,
(e) Weiterentwicklung des Franchisekonzepts, Innovation, „Brain Trust",
(f) Ausbreitung des Vertriebsnetzes, Anwerbung bzw. Austausch von Franchise-nehmern,
(g) Betreuung der Franchise-Betriebe, besondere Zusammenkünfte und Veranstaltungen mit Franchisenehmern.

Hierzu wird in entsprechenden Fällen noch ein technisches Team treten z.B. bei technischen Franchisen, Handwerks-Franchisen u.a.

Jedoch sollte sich der Franchisegeber bzw. sein Geschäftsführer oder Vertreter in allen wichtigen Fragen die Entscheidung vorbehalten.

Zu den vorerwähnten Hauptaufgabengebieten und den entsprechenden Tätigkeiten der Mitarbeiter des Franchisegebers ist noch folgendes zu sagen:

Die unter (a) und (b) aufgeführten Tätigkeitsgebiete entsprechen denjenigen in den Abteilungen üblicher Unternehmen zum Thema Finanzierung, Organisation etc.

Die unter (c) erwähnte „Marketing-Abteilung" wird sich namentlich mit der Erhaltung und Weiterentwicklung des Systemimages und der notwendigen Kontake zu Werbeagenturen und Medien befassen und auch die Franchisenehmer mit dem notwendigen Werbematerial versehen. Hierzu gehört auch, soweit notwendig, die Standortsuche und Standortanalyse für neue Franchisebetriebe und die für jeden neuen Betrieb so wichtige Einführungskampagne.

Schulung, Ausbildung, Seminare, Auffrischungskurse (d) spielen in der Praxis der Franchisierung eine entscheidende Rolle. Sie sind typisch für Franchise-Systeme und sie stellen eines der Hauptmerkmale dar, in denen sich Franchising von anderen Kooperationsformen unterscheidet.

Um diese Aufgabe sollte sich der Franchisegeber oder sein Vertreter in besonderem Maße kümmern, denn von dem richtigen Training hängt der Verkaufserfolg des Franchisenehmers weitgehend ab. Ihre Ausbildung kann je nach den besonderen Schwierigkeiten der von ihnen zu leitenden Betriebe sehr verschieden lang sein:

Von einigen Tagen bis zu zwei oder drei Monaten und noch länger kann die Ausbildung dauern. Sie umfaßt letztlich alles, was auch im Betriebshandbuch zusammenfassend gesagt ist, und soll den Franchisenehmer zur sicheren Leitung seines Betriebes im Verbund des Systems erziehen.

Während der Ausbildung und später bei allen denkbaren Gelegenheiten sollte auch die Motivierung des Franchisenehmers mit an erster Stelle der Bemühungen des Franchisegebers stehen. Ohne ausreichend geförderte Leistungsmotivation der Franchisenehmer, welche die Aufgaben des Systems zu ihren eigenen machen, kann eine schematisch erlernte Verkaufstechnik allein nicht die gewünschten Erfolge erzielen.

Zu den Verpflichtungen des Franchisegebers gehört auch die permanente Innovation (e). Eine Art, wenn auch kleiner, „Brain Trust" sollte laufend am Werk sein und die für die Branche einschlägige Entwicklung auf den Gebieten von Wirtschaft, Technik, Marketing, Verkaufsförderung verfolgen, damit der gesamte System-Verbund „am Ball bleibt" und den sich schnell ändernden Gegebenheiten des heutigen Wirtschaftslebens im elektronischen Zeitalter anpaßt.

Die Ausbreitung des Vertriebsnetzes (f) wird von jedem Franchisegeber bis zu einem natürlichen Sättigungspunkt mit Vorrang betrieben werden, denn je größer der Verbund ist, desto mehr Einnahmen wird er verzeichnen. Diese kann er in den weiteren Ausbau bzw. die Diversifizierung bzw. auch Internationalisierung des Systems investieren.

Die Ausdehnung des Systems setzt die Anwerbung neuer Franchisenehmer voraus. Ihre Selektion ist eins der schwierigsten Probleme des Franchising überhaupt, denn ein ungeeigneter Partner bzw. ein „schwarzes Schaf" kann sich für den gesamten Verbund als sehr nachteilig und besonders für den Franchisegeber als sehr kostspielig erweisen. Daher muß sich der Franchisegeber bzw. sein höchstrangiger Vertreter mit diesem Problem intensiv befassen und über alle nur denkbaren personalpolitischen und psychologischen Fähigkeiten verfügen, um die richtige Wahl zu treffen (vgl. hierzu näher Kapitel XIX). Betreuung und Kontrolle der Franchisenehmer (g) ist eine der typischsten Aufgaben der Franchise-Zentrale. Auch hierauf sollte der Franchisegeber und seine nächsten Mitarbeiter besonderes Augenmerk richten. Vernachlässigte, nicht motivierte und nicht genügend überprüfte Franchisenehmer können zu einer erheblichen Schädigung des Verbundes führen und haben auch schon den Zusammenbruch mancher Systeme herbeigeführt.

Der/die Betreuer der Franchise-Partner müssen fortlaufend in engem Kontakt mit den Franchisenehmern stehen, wie es in fast allen Franchise-Verträgen festgelegt wird, und diesen mit Rat und Beistand immer zur Verfügung stehen. Zu den Betreuern gehören – zum Teil werden sie identisch sein – die Abgesandten, welche den Franchise-Betrieben Besuche abstatten und sie beraten und überprüfen. Sie haben die Wünsche der Systemzentrale durchzuführen und ggf. im Interesse des Gesamt-Verbundes die notwendigen allgemeinen Weisungen zur Einhaltung des Betriebshandbuches und anderer Instruktionen zu geben. Daher sollten ihre Besuche bei den Franchisenehmern so häufig wie erforderlich stattfinden; die Häufigkeit läßt sich angesichts der Verschiedenheit der Situationen (Entfernungen, mehr oder monder komplizierte, evtl. technische Aufgaben etc.) nicht allgemein festlegen. In manchen Systemen gibt es auch Gemeinschaften der Franchisenehmer, mit denen ebenfalls enger Kontakt und evtl. Anwesenheit bei einigen ihrer Sitzungen erforderlich ist (vgl. Abschnitt XXI.5). Eine gemein-schaftsfördernde und für den Zusammenhalt der Franchisenehmer nützliche Maßnahme ist die Organisation von Jahresfesten (z.b. bei der *PORTAS*-Organisation) oder auch anderer Festlichkeiten mit z.b. Preisverleihungen, um das Zusammengehörigkeitsgefühl der „Familie" zu stärken.

3. Der notwendige Anfangspersonalbestand einer Franchise-Zentrale

Wie schon erwähnt, wird der durchschnittliche, besonders kleine Franchisegeber, besonders zum Zeitpunkt der Systemgründung nicht so viele Abteilungen oder „Teams" benötigen bzw. finanzieren können, wie die vorerwähnten Organisationsvorschläge dies vorsehen. Wesentlich ist, daß der Franchisegeber, der bereits am Beginn der Franchisierung ohnehin selbst „die Ärmel hochkrempeln" muß, mit einem ganz kleinen Stab tüchtiger Mitarbeiter anfängt, wobei er sich in erster Linie vertrauenswürdiger und erfahrener Mitarbeiter seines bisherigen Unternehmens bzw. Pilotbetriebes bedienen wird. Dieser kleine Stab könnte, wie der Londoner Rechtsanwalt *Martin Mendelsohn*[1] vorschlägt, etwa wie folgt aussehen:

- Verkauf der Franchise (an neue Franchisenehmer): der Franchisegeber selbst nebst einer guten Sekretärin,
- Vermarktung des Produkts bzw. der Dienstleistungen: der Franchisegeber nebst Sekretärin sowie Anzeigen-(PR)Agentur,
- Betreuung der Franchisenehmer und Kontakt mit ihnen: ein Mitarbeiter des bestehenden Unternehmens,
- Geschäftsausstattung und Einrichtung: Mitarbeiter wie vorstehend, zusätzlich externe Lieferanten und Ladenbauer,
- Ausbildung, Formation und Training: vorhandene Mitarbeiter des Unternehmens,
- Finanzierung und Verwaltung: die bereits bestehende Unternehmensabteilung nebst Beistand von Buchprüfern, Anwälten u.a.

4. Die Finanzierung der Franchise-Zentrale und ihrer Organisation

Über die Finanzen im Rahmen von Franchise-Systemen ist viel geschrieben und gesprochen worden, meist aus der Sicht des Franchisenehmers hinsichtlich der von ihm an den Franchisegeber zu bezahlenden Gebühren. Logischer erscheint es, die Finanzierungsquellen zunächst vom Standpunkt des Franchisegebers zu betrachten. Er ist es, der das Vertriebssystem plant, errichtet und im Rahmen des Franchise-Konzeptes leitet. Eine seiner ersten und sehr naheliegenden Aufgaben ist es, sich schon sehr früh über die finanziellen Probleme der gesamten Planung und Durchführung sowohl aus seiner Sicht wie auch aus der der Franchisenehmer Gedanken zu machen. Er muß mithin sich über seine eigenen Einkommensquellen klar werden, um sein eigenes Unter-

---

[1]   Vgl. *Martin Mendelsohn*, The Guide to Franchising, 5. Auflage, London 1992.

nehmen und die Systemorganisation auf eine solide Basis zu stellen, sowie die den Franchisenehmern zugesagten Serviceleistungen zu erbringen, um einen angemessenen Gewinn zu erwirtschaften.

Die Einnahmen des Franchisegebers können, soweit sie mit dem Vertriebssystem zusammenhängen, aus folgenden Quellen fließen:

(a) Die einmalige Eintrittsgebühr oder Abschlußgebühr;
(b) Die fortlaufenden Franchisegebühren für die Serviceleistungen gegenüber den Franchisenehmern;
(c) Der Verkauf von Produkten an den Franchisenehmer (der Aufschlag auf den Einkaufspreis);
(d) Der Verkauf von Ausstattungs- bzw. Einrichtungsgegenständen, inkl. Erstausstattung;
(e) Die Deckungsbeiträge der Franchisenehmer zu den Werbe- und Promotionskosten;
(f) Die Mieteinnahmen aus der Vermietung eigener Räumlichkeiten an den Franchisenehmer bzw. die Vermittlung und Verwaltung von Räumlichkeiten Dritter;
(g) Evtl. Gebühren aus der Vermittlung von Krediten an Franchisenehmer;
(h) EDV- und Buchhaltungsgebühren.

Bei der großen Unterschiedlichkeit der zahlreichen Typen von Franchise-Verträgen können sich im einzelnen noch andere Einnahmequellen ergeben.

Gleich anfangs muß betont werden, daß selbstverständlich nicht alle der vorher erwähnten „Quellen" in jedem Falle fließen, ebenso wie die Höhe der aus ihnen stammenden Einnahmen überaus stark variieren können. Ein Hauptgrundsatz des Franchisegebers muß es sein, wie schon mehrfach vermerkt, eine übergroße Belastung der Franchisenehmer, abgesehen von dem moralischen Standpunkt, auf jeden Fall zu vermeiden. Eine solche würde sich letztlich gegen den Franchisegeber selbst, sein System und sein Image richten, wenn sie nicht gar den Zusammenbruch des Systems herbeiführt.

Ein verantwortliches Streben des Franchisegebers bezweckt die Erzielung eines angemessenen Gewinns aus dem Franchise-System, wobei ihm immer genügende finanzielle Möglichkeiten zur Weiterentwicklung und Innovierung bzw. zur Diversifikation seiner Tätigkeiten übrigbleiben müssen. Nur bei ausreichendem Gewinn kann auf die Dauer in neue und bessere Serviceleistungen investiert und damit auch beim Franchisenehmer eine Umsatzsteigerung erzielt werden. Dieser sollte bei Vertragsabschluß über sämtliche wesentlichen Aspekte der Kosten-Gewinnrechnung sowohl bei dem Franchisegeber wie auch bei ihm selbst unterrichtet werden. Die vom Franchisenehmer zu zahlenden Entgelte sollten auch psychologisch nicht belastend, hingegen einfach kontrollierbar sein. Bei Auswahl und Höhe der Einnahmequelle darf der Franchisegeber auch kein irgendwie geartetes Angriffsfeld für die Konkurrenz bieten.[2]

Zur konkreten Berechnung, Bemessung und dem hierbei zu beachtenden Rahmen der einzelnen Einnahmequellen des Franchisegebers ist folgendes zu sagen:

(a) Die **Eintritts-** oder **Abschlußgebühr** ist üblicherweise ein Pauschbetrag, der als Entgelt für die Gewährung des Franchiserechts sowie als Beteiligung an den Regiekosten

---

2 *Knigge*, Ertragsquellen für Franchisegeber, Referat auf dem Franchise-Management Symposium 19./20. Juni 1985.

anzusehen ist, die der Franchisegeber bei der Planung und Errichtung des Systems gehabt hat. Gelegentlich liefert der Franchisegeber aber auch dem Franchisenehmer Apparaturen, Maschinen oder Teile bzw. die ganze Geschäftseinrichtung, und der Preis hierfür wird in die Abschlußgebühr einkalkuliert.

Üblicher und besser ist es allerdings, solche Beträge getrennt auszuweisen, um die Transparenz der finanziellen Verpflichtungen des Franchisenehmers zu verbessern (vgl. auch nachstehend unter (c); zur steuerlichen Behandlung der Abschlußgebühren für Franchisegeber und -nehmer vgl. Kapitel XXIX).

Wie hoch sollte die Abschlußgebühr bemessen werden?

Offensichtlich ist es, daß sie von zahlreichen Faktoren abhängt, die der gewissenhaft und realistisch rechnende Franchisegeber berücksichtigen wird. Um einige Beispiele bekannter Systeme zu geben:

Candy & Company DM 15 000,–
Wienerwald DM 30 000,–
Optima Dach- und Terrassenbegrünung DM 38 000,–
McDonald's DM 45 000,–
Obi DM 40 000,–
Aufina Immobilienmarkt 48 000,–[3]

Bei Durchsicht dieser und anderer Zahlen fällt auf, daß sie nicht unbedingt im Zusammenhang mit der Größe und Bedeutung des Systems stehen, wenn auch größere Systeme, bei denen auch die Franchisenehmer für ihre Betriebe mehr investieren müssen, begreiflicherweise im allgemeinen höhere Eintrittsgebühren verlangen.

Ganz andere Kalkulationen sind u.a. bei Textil- und Kosmetik-Franchisen anzutreffen: so verlangen *Marc O'Polo* und *Yves Rocher* u.a. überhaupt keine Eintrittsgebühr, manche nicht einmal laufende Gebühren, weil der Franchisegeber hier seinen Partnern eine weitgehende, evtl. 100%ige Bezugspflicht für bestimmte Markenartikel vorschreibt, in deren Abgabepreis die Regiekosten für Planung und Aufbau sowie die laufenden Dienstleistungen eingerechnet sind.

Im Prinzip sollten jedoch Eintrittsgebühren verlangt werden, besonders bei serviceorientierten und daher schwächeren Franchisen. Wird dies nicht getan, so kann der Franchisegeber leicht mit „Schnüffel-Interessenten" und solchen Kandidaten Ärger haben, die erst einmal unterschreiben und es sich dann wieder anders überlegen, wobei sie ohne nennenswertes Risiko wieder abspringen können.

Einnahmen aus Abschlußgebühren können, besonders wenn relativ schnell neue Franchise-Partner sich dem System anschließen, eine bedeutende Ertragsquelle darstellen und für den Franchisegeber eine rasche Entlastung von den finanziellen Belastungen der Planungs- und Aufbauphase im Gefolge haben. Abschluß- und Eintrittsgebühren sollten nicht mit den Investitionssummen verwechselt werden, die der Franchisenehmer zur Einrichtung seines Franchise-Betriebes einschließlich eines Anfangswarenbestandes braucht, wobei es sich meist um Beträge handelt, welche die Abschlußgebühren bei weitem übersteigen. Um sich ein realistisches Bild von seinen finanziellen Verpflichtungen bei Beginn des Vertragsverhältnisses zu machen, muß ein Fran-

---

[3] Diese naturgemäß veränderlichen Zahlen beruhen auf den Angaben in Heft 10/Okt. 1992 des Forbes Magazins und der „Franchise-Chancen" 1992/93.

chisenehmer-Kandidat beide Posten zusammenzählen, wozu im übrigen auch noch Mieten, Mietkaution und andere ihm sofort obliegende Leistungen gehören.

(b) Die **laufenden Gebühren** für die Serviceleistungen des Franchisegebers an die Franchisenehmer sind meist (wenn nicht in den Warenbezug einkalkuliert) die Haupteinnahmequelle des Franchisegebers. Ganz überwiegend werden diese Gebühren einen bestimmten Prozentsatz vom Umsatz des Franchisenehmers betragen. Gelegentlich werden diese Gebühren aber auch als Stücklizenz entsprechend der Anzahl der vom Franchisenehmer verkauften Produkte berechnet, noch seltener als Prozentsatz oder nach der Anzahl der von dem Franchisegeber gelieferten Waren. Der ersten Methode wird mit Recht ver Vorzug gegeben, weil am einfachsten nachweisbar und berechenbar. Bei reinen Dienstleistungs-Franchises ist sie unverzichtbar.

Das entscheidende Problem bei umsatzbezogenen laufenden Franchisegebühren ist die Bemessung des Prozentsatzes. Er rangiert üblicherweise zwischen einem und zehn Prozent des Nettoumsatzes des Franchisenehmers, kann aber in Einzelfällen auch höher sein. Bei der Kalkulation hat der Franchisegeber den Umfang und die Intensität seiner Serviceleistungen aufgrund des Leistungs-Pakets, die Ausbildungs- und Fortbildungskosten, die geschätzten Durchschnittslöhne auf Stundenbasis bei seinen Mitarbeitern, entsprechend ihrem Einsatz nach Erfahrungswerten, die Spesen für projektbezogene Sachkosten und Auslagen u.a.m. mit einzubeziehen. Auf der Basis dieser Werte ist eine Aufwands- und Ertragsrechnung unter Errechnung einer angemessenen Gewinnspanne zu erstellen. Zusätzliche Hilfe hierbei können Vergleiche mit den Kalkulationen von Unternehmungen der gleichen Branche bringen. Dasselbe gilt für die Berechnung externer Serviceleistungen durch Drittfirmen.

Bei der Kalkulation seiner laufenden Gebühren hat der Franchisegeber aber auch Rücksicht auf die Situation der Franchisenehmer zu nehmen, denen ebenfalls ausreichende Gewinnspannen zugebilligt werden müssen. Daher sieht man oft Gebühren, die nach einem Umsatzrahmen gestaffelt sind. Hierbei empfiehlt es sich, am Anfang der Tätigkeit der Franchise-Betriebe geringere Prozentsätze festzulegen und diese dann bis zur „normalen" Höhe ansteigen zu lassen, nämlich wenn der Franchisenehmer eine ausreichende Umsatzhöhe erreicht hat, die ihm einen komfortablen Gewinn ermöglicht.

Grundsätzlich sollte es aber vermieden werden, einen sehr hohen Prozentsatz für ewige Zeiten aufrechtzuerhalten, besonders wenn der Franchisenehmer aufgrund langer Praxis in die Tätigkeit des Systems eingearbeitet ist, keine nennenswerten Neuerungen von dem Franchisenehmer geboten werden und ihm zu hoch erscheinende Gebühren ihn auf den Gedanken kommen lassen, wozu er noch so viel Geld bezahle. Nach international festgestellten Erfahrungen können hier leicht zentrifugale Tendenzen und das Ausscheiden mehrerer Franchisenehmer die Folge sein. In solchen Fällen dürfte es gelegentlich gut sein, ab einem bestimmten Zeitpunkt wieder den Prozentsatz zu senken.

Auch für die Bemessung laufender Gebühren sollen hier einige Beispiele gegeben werden:

Es belrechnen *Eismann*-Tiefkühlkost 6%, *Getifix* Reinigungsgeräte 5%, *Portas* 3%, *Optima* 4%, *Pronuptia* 4,5%, *McDonalds* 5%, *Burger-King* 5%, *OBI* 2,5%, *Apollo-*

Optik 4%, *Quick-Schuh* 3%, *Yves Rocher* 3%, *Ihr Büro* 8%, *Fielmann Optik* 9,5%
(keine Eintrittsgebühr).[4]

Diese verschiedenen Prozentsätze bedeuten selbstverständlich nicht, wie immer wieder
betont werden muß, daß gewisse Systeme besonders günstig kalkulieren und andere
wiederum nicht. Da die Umstände und Dienstleistungen sehr verschieden sind, kann
die Frage der Angemessenheit die Prozentsätze nur in jedem einzelnen Fall bei Berücksichtigung aller in Betracht kommenden Umstände festgestellt werden.[5]

Im übrigen vermittelt die Höhe der vorstehenden Prozentsätze allein kein ausreichendes Bild über die effektive Belastung der Franchisenehmer, vielmehr müssen diese
Sätze im Zusammenhang mit den sich aus der Eintrittsgebühr, den Bezugspreisen für
Warenlieferungen, den Werbebeiträgen etc. erforderlichen Lasten eines Franchisenehmers gesehen werden.

Ergänzend sei bemerkt, daß manche Franchisegeber keine umsatzbezogenen Gebühren
verlangen, sondern nur bestimmte, häufig variable Festbeträge, die sich meist weniger
belastend auswirken.

(c)–(d) Eine wichtige Einnahmequelle des Franchisegebers erschließt sich durch die
Warenlieferungen an den Franchisenehmer einschließlich der **Erstausstattung** sowie
dem **Verkauf von Ausstattungs- und Einrichtungsgegenständen** einschließlich technischer Apparaturen verschiedenster Art, evtl. auch alle fälligen Reparaturleistungen.

Bei den Hersteller-Franchisen, d.h. bei der vom Hersteller selbst errichteten Franchise-
Systemen, dürfte der Verdienst oft sogar die Haupteinnahmequelle darstellen, ganz abgesehen von manchen im Textilsektor bekannten Fällen, in denen die sonst praktizierten laufenden Franchise-Gebühren in die Warenabgabepreise einkalkuliert sind.

In letzteren Fällen enthalten diese Abgabepreise eine entsprechende Kalkulation für
Warenbestellungen, Lieferung und sämtliche Serviceleistungen, auch solche, die der
Absatz- und Umsatzsicherung dienen, es sei denn, entsprechende Ausgaben sind in
dem Werbebeitrag eingerechnet.

Bei Franchise-Systemen mit Warenbezugpflichten, namentlich bei Markenwaren,
wird dem Franchisenehmer häufig gestattet, schon um eventuellen kartellrechtlichen
Beanstandungen zu entgehen (vgl. unter Kapitel XXVII), auch Fremdwaren bis zu
einem gewissen Prozentsatz seiner gesamten Warenbezüge von anderen Lieferanten
zu beziehen, soweit sie dem Image des Systems nicht schaden. Da der Franchisegeber
insoweit letztlich diese Umsätze mit seinem System finanziert, wird dann gelegentlich
eine Ausgleichsgebühr auf die Umsätze des Franchisenehmers mit Fremdwaren berechnet.

Eine andere Methode ist es – falls die Franchisegebühren umsatzbezogen sind –, hierbei **alle** Umsätze des Franchisenehmers einschließlich der Fremdwaren als Berech-
nungsbasis für die Prozentsätze zugrunde zu legen. Bei allen solchen Gebühren sollte
aber immer „die Kirche im Dorf" bleiben und nur das vom Franchisegeber verlangt
werden, was seinen angemessenen Verdienst nicht schmälert. Häufig wird der Fran-

---

4   Vgl. Fußnote 3.
5   Die obigen Prozentsätze, die evtl. teils nach Brutto-, teils nach Netto-Umsätzen errechnet
    wurden, entsprechen den Angaben in Heft 10/Okt. 1992 des Forbes-Magazins und der
    „Franchise-Chancen" 1992/93.

chisegeber bei der Lieferung von Ausstattungs- und Einrichtungsgegenständen durch Dritte, von ihm genannte Firmen von diesen Vermittlungsprovision beziehen, was bis zu einem gewissen Grade kaufmännisch berechtigt ist.

Dies sollte aber offen geschehen und nicht verheimlicht werden, damit nicht die in Amerika bekannte Erscheinung der „kickbacks" auftritt.

(e) **Beiträge zu den Werbekosten** des Systems sind so gut wie allgemein üblich, da im Franchising dem Franchisegeber die vertragliche Verpflichtung zu ausreichender Werbung, Promotion, Imagepflege etc. meist auf nationaler und regionaler Basis fast immer auferlegt ist. Oft sind die Werbebeiträge in die laufenden Franchise-Gebühren einkalkuliert, wodurch sich gelegentlich deren relative Höhe erklärt. Hierbei kann sich der Franchisegeber verpflichten, nicht weniger als einen Mindestsatz der Gebühr auf Anzeigen und Promotion zu verwenden. Meist werden die Werbebeiträge aber, was um der Transparenz willen vorzuziehen ist, gesondert ausgewiesen. Sie rangieren üblicherweise zwischen zwei und fünf Prozent vom Nettoumsatz des Franchisenehmers, werden aber gelegentlich auch anders berechnet. Auch hier muß sich die Höhe des Hundertsatzes den Gegebenheiten in den einzelnen, sehr verschieden liegenden Fällen angleichen.

(f) Ist der Franchisegeber selbst Eigentümer des Hauses, in dem sich die Räume für den Franchise-Betrieb befinden, so bezieht er den **Mietpreis** als weiteren Ertrag des Franchise-Systems, wenn diese Einnahme auch nicht direkt auf das Franchise-Verhältnis zurückzuführen ist. Häufiger wird es sich aber um Räume in den Häusern Dritter handeln, die der Franchisenehmer mietet. Hierbei kann ein Beistand des Franchisegebers sich als notwendig erweisen, wenn der Hauseigentümer Bedenken haben sollte, mit einem „kleinen" und nicht so bedeutenden Franchisenehmer einen meist relativ langfristigen Mietvertrag abzuschließen.

Hier könnte der Franchisegeber Garantien bieten. Viel häufiger kommt es aber vor, daß der Franchisegeber selbst als Mieter auftritt und die Räume an seinen Franchisenehmer untervermietet bzw. unterverpachtet. In allen solchen Fällen erscheint eine angemessene Vergütung bzw. ein etwas höherer Mietzins als der Hauptmietzins zur Abdeckung der erhöhten Risiken und Regiekosten des Franchisegebers angemessen. Auch hier sollte der Franchisegeber die Auferlegung von überhöhten Konditionen vermeiden.

(g) Die **Finanzierung** des Franchisenehmers bildet einen besonders umfangreichen Komplex von Problemen, der in Kapitel XXVII näher behandelt wird. Die Finanzierung kann aber auch durch Vermittlung und Beziehungen des Franchisegebers erfolgen, wie denn auch viele Franchisegeber bei ihren Franchise-Angeboten darauf hinweisen, daß „bei Finanzierung geholfen" wird.

Hier kann je nach Einzelfall der Franchisegeber von dem Kreditinstitut eine übliche **Vermittlungs-** bzw. **Einführungsgebühr** erhalten. Größere Franchisegeber können selbst eine Finanzierungsgesellschaft gründen und unter diesem Aspekt eine zusätzliche und angemessene Einnahmequelle aus solchen Finanzierungen erschließen.

(h) In manchen Systemen wird der Franchisegeber die **Buchhaltung**, besonders wenn diese spezielle Probleme beinhaltet, für den Franchisenehmer abwickeln bzw. sie einem vertrauenswürdigen Steuer- und Buchführungsbüro übertragen. Auch insoweit können marginale Gewinne für den Franchisegeber zur Deckung der bei ihm anfallenden Regiekosten etc. anfallen. Allerdings sollte es der Franchisegeber wegen der notwendigen Unabhängigkeit des Franchisenehmers tunlichst vermeiden, sich direkt in die internen Dinge des Franchisenehmers einzumischen.

Immer häufiger wird es vorkommen, daß für das Vertriebssystem früher oder später eine EDV-Anlage zur Bewältigung von zahlreichen Daten aller Art eingeführt wird, namentlich wenn das System sich mit dem Vertrieb vieler verschiedenster Produkte (wie z.B. bei Heimwerkermärkten, im Werkzeughandel oder bei Baumärkten) befaßt.

Hier können Einnahmen für den Franchisegeber durch den Betrieb einer eigenen oder geleasten EDV-Anlage, die dem Franchisenehmer eine besondere Serviceleistung bieten, entstehen. Bei der Bemessung solcher Gebühren sollte der Franchisegeber zum Vorteil der Franchisenehmer keinesfalls Sätze zugrunde legen, die das Branchenübliche überschreiten.

(i) Schließlich kann eine weitere marginale Ertragsquelle für den Franchisegeber durch das **Verleasen von** hochwertigen **Apparaten oder industriellen Anlagen** entstehen, sei es, daß diese sein Eigentum sind, sei es, daß er entsprechende Vereinbarungen entriert und für den Franchisenehmer vermittelt.

Abschließend muß nochmals betont werden, daß alle diese vorbezeichneten „Quellen" selten in einem System gleichzeitig fließen; die kaufmännischen, hier bestehenden Möglichkeiten sollen mit diesen Ausführungen nach allen Seiten beleuchtet werden. Maßhalten ist auch hier unbedingt zu empfehlen.

XIX. Die Auswahl der Franchisenehmer, ihr Training und die Einrichtung der Franchise-Betriebe

1. Wie und wo findet man Franchisenehmer?

Ein Franchise-System steht und geht mit seinen Franchisenehmern. Sie stehen an der vielberufenen „Verkaufsfront", nämlich dort, wo der Umsatz produziert wird, von dem der gesamte Verbund leben will. Die Auswahl der richtigen Partner ist daher seit eh und je das schwierigste Problem für den Franchisegeber gewesen, der zunächst einmal Konzept und „Paket" geschaffen hat. Welche Art von Individuen sind es nun, die als ideale, zumindest geeignete Partner für eine längerfristige Zusammenarbeit in Betracht kommen, und wie findet man sie?

In Amerika gibt man viel auf Anzeigen. Seit Jahren bringt das „Wall Street Journal" jeden Donnerstag Dutzende von Anzeigen, in denen Franchisen angeboten werden; andere Presseorgane sind dem Beispiel gefolgt. Da in den USA der Staat die wirtschaftspolitische Bedeutung des Franchising früher erkannt hat, gab das Handelsministerium, das *United States Department of Commerce* in Washington, D.C. jedes Jahr im Herbst die schon erwähnte Broschüre ‚Franchising Opportunities Handbook‘ heraus. Neuerdings wird das Handbuch zweimal im Jahr von der *International Franchise Association* in Washington, D.C., dem Verband der Franchisegeber, herausgegeben. In ihm findet jeder Interessierte eine Auflistung der wichtigen amerikanischen Franchise-Systeme branchenmäßig mit Angaben über Tätigkeitsbereiche, Beitrittsbedingungen und Zahl der vorhandenen Franchisenehmer. In Frankreich und Belgien kennt man seit Jahren Franchise-Börsen, an denen einmal oder mehrmals im Jahr sich eine größere Zahl von Franchise-Systemen der Öffentlichkeit vorstellt, erheblichen Zuspruch verzeichnet und regelmäßig eine Reihe neuer Partner findet. In besonders großem Umfang konnte früher die gleiche Situation jedes Jahr im Vorfrühling anläßlich des in Paris stattfindenden „Salon International de la Franchise" festgestellt werden.

In Deutschland hat die Wirtschaftszeitschrift „Impulse" seit einigen Jahren starken Anklang in weiten Publikumskreisen mit ihrer Spezialausgabe „Franchising" gefunden, während der *Norman Rentrop Verlag* in Bonn erstmalig im Februar 1986 eine Ausgabe der „Franchise-Chancen" herausgebracht hat. Hier können sowohl Franchisegeber durch ihre Werbung Interessenten für den Anschluß an ihr System finden wie auch potentielle Franchisenehmer sich einen Überblick über Franchise-Systeme verschaffen, bei denen sie von sich aus Chancen für einen Systembeitritt erkunden können. Anzeigen in Zeitungen sieht man in Deutschland weniger, in Fachorganen jedoch hin und wieder. Unter den Fachzeitungen sind es u.a. die „Textilwirtschaft" und die „Lebensmittel-Zeitung", die sich der Idee des Franchising besonders angenommen haben, und die für Anzeigen geeignet sein dürften. Unter den Zeitungen haben Anzeigen in der „Welt am Sonntag" gelegentlich Erfolge gezeigt.

Abgesehen von der Einschaltung der Medien zwecks Werbung von Franchisenehmern bzw. Auffindung von Einstiegsmöglichkeiten für Personen, die einen Franchise-Betrieb übernehmen wollen, werden in der Bundesrepublik Deutschland verschiedene andere Wege praktiziert. Die persönliche Empfehlung, besonders über Fachkreise, spielt eine nicht unerhebliche Rolle. Manche filialisierte Vertriebssysteme, die sich ein ergänzendes Franchise-System angliedern wollen, finden Franchisenehmer unter bisherigen Filialleitern, welche die größere Selbständigkeit und das zu erwartende höhere Einkommen reizt. Ähnliches ist in der Gastronomie festzustellen, wo bisherigen Geschäftsführern eines zu einer Kette gehörenden Restaurants ebenfalls die gleiche Möglichkeit geboten wird. Oft werden auch frühere oder noch tätige Franchisenehmer eines Systems geeignete neue Bewerber vorschlagen können. Im übrigen werden sich angehende Franchisegeber ohne besondere Schwierigkeiten Adressen der in Betracht kommenden Zielgruppen verschaffen können, evtl. bei Industrie- und Handelskammern, Existenzbörsen, anderen Organisationen, insbesondere bei dem *DFV*, wodurch ihnen die direkte Ansprache zu potentiellen Franchisenehmern ermöglicht wird.

Gelegentlich wird auch die Möglichkeit diskutiert, Franchisenehmer durch die Einschaltung von Spezialfirmen und Personalberatungsbüros zu gewinnen. Diese Frage wurde schon bei der Erfa-Tagung des *DFV* in Frankfurt/Main am 28.2.1986 ausgiebig behandelt. Es bestanden zum Teil divergierende Auffassungen, ob derartige, möglicherweise kostspielige Dienstleistungen nach Aufwand bezahlt oder durch Erfolgshonorar beglichen werden sollten, ob man für die verschiedenen Vertragsgebiete mehrere Berater heranziehen solle und ob diese branchenabhängig bzw. branchenkundig sein sollten oder nicht. Die Antworten werden vom Einzelfall abhängen. Eine interessante Entwicklung auf dem Gebiet der „Franchisenehmer-Suche" ist die 1993 gegründete „FRANCHISE-BÖRSE für Hotellerie und Gastronomie e.V." (Menterschwaigstr. 4, 81545 München, Tel. 089/65105-114). Nach Auffassung der Gründer, einer Reihe von renommierten Gastronomiebetrieben, ist Franchising die Brücke zwischen der mittelständischen Gastronomie und der System-Gastronomie, wo es kraft des Systems mit der Stärke eines privaten Unternehmens verbunden wird *(Erich Kaub)*. Die neue Börse wendet sich mit einem umfangreichen Angebot an künftige Partner, sei es als Franchise- und Systemgeber oder als selbständige Franchisenehmer. Sicher wird die Börse in erheblichem Umfang zur Findung von geeigneten Franchisenehmern auf dem Gebiet der Gastronomie beitragen.

2. Das Problem, den *richtigen* Franchisenehmer zu finden

Das dornigere, vielleicht überhaupt das schwierigste Problem beim Aufbau eines Franchise-Netzes ist sicher, unter den Bewerbern die wirklich geeigneten Personen herauszusuchen und zum Beitritt in ein Franchise-System zu bewegen. Gerade beim Beginn eines Systemaufbaues ist die Selektion besonders fähiger Partner von entscheidender Bedeutung, denn sie sind es, von deren anfänglicher Tätigkeit Ruf und Image des Systems abhängen. Es muß dringend empfohlen werden, bei dieser Auswahl eher etwas langsamer, aber dafür um so sorgfältiger vorzugehen, ein Grundsatz, der in der Praxis offenbar häufig nicht genug beachtet wird, wohl weil der Franchisegeber nach der mühevollen Vorbereitungszeit nun endlich sein Konzept in die Praxis umsetzen will.

Um die gewünschten Franchisenehmer zu finden, haben in England viele Franchisegeber mit einigem Erfolg ein sog. „Franchisenehmer-Profil" entwickelt – eine auch in

Deutschland zunehmend angewandte Methode. Dies ist ein Durchschnitt der Eigenschaften und Qualifikationen der bereits vorhandenen Franchisenehmer eines Systems.[1] So kann z.B. ein Franchisegeber sehen, daß sein Franchisenehmer-Profil etwa folgendermaßen aussieht: 39–45 Jahre, verheiratet, zwei Kinder, erfolgreiche Karriere im „Middle-Management", enttäuscht über das Fehlen beruflicher Aussichten und die Geschäftspolitik, darauf versessen, sein eigener Herr zu sein, von seiner Frau in seinen Bestrebungen unterstützt, keine Erfahrungen in der Branche der angebotenen Franchise, geregelte finanzielle Lage und ausreichendes Vermögen durch sein Haus, das er beleihen kann.

Dieses Beispiel ist interessant und bezeichnend, und es kann auch für Deutschland ein Hinweis darauf sein, wie hier etwa ein „Franchisenehmer-Profil" aussehen könnte. Interessant, aber in Deutschland häufig nicht üblich noch gebilligt, ist der Franchisenehmertyp ohne jegliche vorherige Branchenerfahrungen. Ebenso wie in den USA ist offenbar auch in England die Auffassung verbreitet, daß der wünschenswerte Franchisenehmer zwar Management-Erfahrungen, aber nicht in der neuen Branche haben sollte. Man geht davon aus, daß allgemeine Erfahrungen besser sind als branchenmäßige frühere, durch deren Vorhandensein die unvoreingenommene Anpassung an das Franchise-System beeinträchtigt werden könnte – eine sehr angelsächsische Einstellung. Sie hat viel für sich, wird hierzulande wohl nur teilweise akzeptiert werden. Dazu kommt, daß in Deutschland gewisse franchisierbare Berufstätigkeiten aufgrund der Gewerbeordnung einen Meister voraussetzen (vgl. hierzu Abschnitt XXIV.7.).).

Bei der Prüfung der Eignung von Franchisenehmer-Kandidaten sollte man nacheinander die Prüfung von zwei Hauptkomplexen vornehmen:

- Im Vordergrund stehen rein **sachliche materielle Umstände** (Alter, Personenstand des Franchisenehmers, finanzielle Lage, Gesundheit, Erfahrung etc.).
- Zum anderen wird der Franchisegeber einige **psychologische Faktoren** im Zusammenhang mit dem charakterlichen Bild des Bewerbers beachten müssen.

(a) Was das Alter des neuen Franchisenehmers anbetrifft, so dürfte ein solches zwischen 35 und 50 Jahren im allgemeinen besonders wünschenswert sein, obwohl es natürlich viel jüngere und auch viel ältere erfolgreiche Franchisenehmer geben kann. Im letzteren Falle denkt man an relativ frühzeitig pensionierte Manager, die noch vor Energie bersten. Die Franchisenehmer sollten auch eine positiv zu ihrer Tätigkeit eingestellte Ehefrau haben. Besonders bei kleineren, aber auch mittleren Franchisen wird diese ein unentbehrliches mithelfendes Familienmitglied sein. Ähnliches gilt für einsatzfähige Jugendliche im elterlichen Haushalt.

Der Franchisegeber sollte auch bei den Verhandlungen einen Einblick in den Hausstand des Bewerbers nehmen, der eine Menge über ihn und seine Familie aussagen kann. Auch soll der Franchisegeber ohnehin eine Art Vaterfigur in seinem System sein und sich zum Wohl desselben auch um manche persönliche, für den Franchisenehmer wichtigen Umstände kümmern.

Auch über den Gesundheitszustand des Franchisenehmer-Kandidaten sollte sich der Franchisegeber rechtzeitig Gedanken machen. Überstunden sowie sonstige körperliche

---

[1] Vgl. *Mendelsohn*, The Guide to Franchising, 5th edition 1992.

und nervliche Anstrengungen muß der Franchisenehmer in seinem eigenen Betrieb ertragen können, auch aus dem Gesichtswinkel des Kunden muß er ein gesundes, sauberes und ordentliches Aussehen vermitteln.

Ein ganz wichtiger Punkt für den Franchisegeber ist auch die finanzielle Situation des Franchisenehmers, denn ein aus nicht geordneten Verhältnissen startender Franchisenehmer kann bald zu einer Belastung des Systems werden.

Er sollte daher einen Teil der Finanzierung der übernommenen Franchise aus wirklich eigenen Mitteln bewirken können, z.B. durch Beleihung eines Hauses, von beleihungsfähigen Wertpapieren etc.[2] Mit Recht wird bei Franchise-Angeboten immer von dem Mindest-Eigenkapital gesprochen, das möglichst nicht irgendwo und irgendwie geborgt sein sollte bzw. bei welchem bald Rückforderungsansprüche drohen könnten. Kreditgeber sollten im übrigen nur zuverlässige Geldinstitute sein (vgl. näher unter Kapitel XXVIII).

Auf der anderen Seite ist es zweifelhaft, ob zu „reiche" Franchisenehmer so ideal sind, zumal sie leichter geneigt sein werden, aufgrund ihres finanziellen Polsters arrogant zu werden und bei passender Gelegenheit dem Verband den Rücken zu kehren und womöglich noch andere Franchisenehmer auch gegen die Systemzentrale aufzustacheln.

(b) Kataloge von wünschenswerte Charaktereigenschaften bei Franchisenehmern sind gelegentlich, so z.B. von *Hubertus Boehm*, aufgestellt worden.[3] Sie haben sicher ihre Berechtigung, denn gewisse Eigenschaften sind für die erforderliche Anpassung an den Verbund dienlich, wenn nicht notwendig; andere können dem System-Image und der Verträglichkeit aller mit allen erheblichen Schaden zufügen.

Setzt man die erforderliche berufliche Eignung als selbständig arbeitender und disponierender Kaufmann voraus (sie muß sich aus Unterlagen, Zeugnissen etc. ergeben wie bei jeder Personalentscheidung), so sind Verträglichkeit, Kompromißbereitschaft, Kontaktfreudigkeit gegenüber dem Franchisegeber, anderen Systempartnern und Kunden, Vertrauenswürdigkeit, Anpassungsfähigkeit, Arbeits- und Erfolgswille, Risikobereitschaft und Durchsetzungskraft bei den eigenen Mitarbeitern die wichtigsten Eigenschaften eines idealen Franchisenehmers.

Auf der negativen Seite der Charakterbilanz stehen Selbstüberschätzung, kleinliches Denken, Überbetonung von Nebensächlichkeiten, schroffes Wesen, wenig ansprechendes Benehmen und ungeschickte Ausdrucksweise.

Durch mehrere Verhandlungen und Gespräche bei einem Besuch im Hause des Franchisenehmers sowie Unterhaltung mit seiner Ehefrau wird der Franchisegeber in einem durchschnittlichen System sicher mit einigem Einfühlungsvermögen die notwendigen Schlüsse ziehen können. Oft wird ein Personal- oder Unternehmensberater von Nutzen sein, soweit diesem die grundsätzlichen Ideen und das Wesen des Franchising ausreichend geläufig sind.

---

[2] Vgl. *Mendelsohn*, S. 66.
[3] Vgl. *Boehm/Skaupy*, S. 75 ff.

3. Das Training des Franchisenehmers

Vor dem Einstieg in seine Tätigkeit als Inhaber eines Franchise-Betriebes muß sich der Franchisenehmer einem Training unterziehen, das überdies während der Laufzeit des Vertrages noch mehrfach zu wiederholen sein wird. Zu den Hauptpflichten des Franchisegebers gehört nach heutiger Auffassung, die insbesondere durch die EG-Freistellungs-VO für Franchise-Vereinbarungen vom 30.11.1988 (Art. I (2) f) – i))[4] sowie auch durch den Europäischen Verhaltenskodex für Franchising[5] auch in Deutschland Allgemeingut geworden sind, daß der Franchisegeber über ein in der Praxis erworbenes Know-how verfügt, das er im Rahmen des Franchise-Pakets seinen Franchisenehmern zu vermitteln hat. Dies geschieht zunächst durch die Anfangsschulung sowie eine kommerzielle und/oder technische Unterstützung während der gesamten Laufzeit des Vertrags (Ziff. 2.2 des Euro-Verhaltenskodex).

Ein Trainingskonzept ist mithin ein Bestandteil des Leistungspakets des Franchisegebers. Es „reicht von der Anfangsschulung über Fortbildungsangebote bis hin zu Fachschulungen und Spezialausbildungen"[6]. Nach den Richtlinien des *DFV* ist Training eine Dauerverpflichtung für Franchisegeber und Franchisenehmer mit zukunftsweisender Funktion für das jeweilige Franchise-System (vgl. Kapitel XXXXI, Ziff. 14).

Das Training sollte je nach Situation des betreffenden Systems möglichst breit gefächert sein und, wie es in den vorgenannten Richtlinien heißt, folgende Schwerpunkte enthalten: Waren- und Sortimentskunde, Betriebs-/Geschäftsordnungssystem, Betriebswirtschaft, Finanzwesen, Warenwirtschaft, Mitarbeitersuche, -auswahl und -führung, Verkauf und Verhalten, Betriebshandbuch.

Keinesfalls sollte das Ziel des Trainings der „perfekte Verkaufsroboter" sein. Vielmehr sollte der direkte Umgang mit dem Menschen „Kunde" erlernt werden, denn ein Verkäufer ist nur dann erfolgreich, wenn der persönliche Kontakt von Mensch zu Mensch funktioniert[7].

Training ist eine der wichtigsten Notwendigkeiten im Franchising, wodurch sich dieses von anderen Vertriebssystemen deutlich unterscheidet. Je nach Lage des Falles können Trainingskurse bis zu Monaten und eventuell länger dauern, wenn dies erforderlich erscheint. Es gibt aber auch weniger komplizierte kleinere Systeme, wo ein Training gelegentlich nur eine Woche oder wenige Tage dauert.

4. Die Errichtung der Franchise-Betriebe

Bevor der neue franchisierte Betrieb eröffnet wird, obliegen dem Franchisegeber eine größere Reihe von Leistungen gegenüber dem Franchisenehmer, so wie sie im Fran-

---

4 Der gesamte Text der VO ist im Anhang unter Nr. 3 abgedruckt.
5 Der gesamte Text ist ebenfalls im Anhang unter Nr. 2 abgedruckt.
6 Vgl. die im Anhang unter Nr. 14 abgedruckten Richtlinien des *Deutschen Franchise-Verbandes e.V.*, betreffend „Training bei Franchise-Systemen", Ziff. 1.
7 So *Stockinger*, Entwicklung einer gemeinsamen Unternehmenskultur bei Franchise-Systemen, Jahrbuch Franchising 1992, S. 202.

chise-Paket in allen wesentlichen Zügen niedergelegt, im Franchise-Vertrag aufgeführt und im Betriebshandbuch näher dargelegt sind. Zusammengefaßt sind dies die nachfolgenden Verpflichtungen des Franchisegebers, wobei die hier aufgestellte Reihenfolge allerdings nicht unbedingt etwas über die im Einzelfall tatsächlich zu praktizierende Reihenfolge besagt, da alle Punkte in ihrer Bedeutung letztlich gleichrangig sind und in Praxis nebeneinander erledigt werden müssen.

Folgende Probleme stehen hier an:

(a) Standortanalyse und Beratung bei der Standortsuche und -Fixierung (einschl. der Höhe des Miet- und Pachtzins),
(b) Einweisung des Franchisenehmers,
(c) Einrichtung und Ausstattung eines franchisierten Betriebes,
(d) Belieferung des Franchisenehmers mit der Erstausstattung,
(e) Hilfe bei der Einstellung der ersten Mitarbeiter,
(f) Unterstützung bei der Eröffnung des Betriebes nach Werbe- und PR-Vorbereitung.

Im einzelnen sollten hierbei die nachfolgenden Grundsätze beachtet werden:

Was zunächst den **Standort** des neuen Betriebes anbetrifft, so ist, soweit Einzelhandel in Betracht kommt, aber auch in anderen Branchen wie z.B. der Gastronomie und im Reinigungsgewerbe von der primären überragenden Bedeutung der richtigen Auswahl auszugehen. Die Lage des franchisierten Betriebes ist auch, besonders bei geplanter größerer Ausdehnung des Vertriebssystems, für das Image des gesamten Verbundes wichtig und wirkt sich dabei wiederum auf den Gesamtsystemumsatz aus. Auch kleinere Ladengeschäfte mit origineller Ausstattung, die sich an Brennpunkten des Verkehrs befinden, wie z.B. die Parfümerie-Spezialgeschäfte von *Yves Rocher* etwa in Wien, München und vielen anderen Orten, sind gemeinsam Träger und Verbreiter des System-Images und erzielen aus dem Stand heraus einen besseren Umsatz als weniger gut gelegene und gekennzeichnete Geschäfte.

Auch wenn die Unterstützung des Franchisenehmers bei der Standortsuche nicht im Vertrag bzw. Franchise-Paket als Vertragspflicht festgesetzt ist, so dürfte doch eine dem Franchising immanente Verpflichtung des Franchisegebers zugrunde liegen, dem Franchisenehmer hier zu helfen. Da der Standort entscheidend ist und der Franchisenehmer häufig keine einschlägigen Erfahrungen oder Möglichkeiten hat und sich selbst kein annähernd präzises Urteil über den Wert des Standortes bilden kann, ist eine Standortanalyse vom Franchisegeber zu erwarten. Dieser hat selbstverständlich an der richtigen Wahl das größte Interesse im Hinblick auf den Gesamtumsatz.

Bei der Selektion des Standortes ist namentlich von der Ortsgröße und/oder dem lizenzierten Vertragsgebiet auszugehen, welche vorkalkulatorisch ein ausreichendes Umsatzvolumen erwarten lassen müssen. Die Straßenlage ist das nächstwichtigste Element des geschäftlichen Erfolges. Dafür gibt es zwar allgemein bekannte und im Einzelfall feststellbare Kriterien (Frequenzanalyse), die aber durch besondere örtliche Momente ergänzt werden müssen. Zur Standortanalyse gehört auch die Frage nach der Größe und Art der benötigten Geschäfts- und Lagerräume und ihre Eignung für den Franchisenehmer und seine Geschäftstätigkeit (Unterbringung der Apparate und Geräte, Chefbüro, Arbeitsplätze für Mitarbeiter, angemessene Empfangsflächen für Kunden, Parkmöglichkeiten etc.).

Entscheidend ist für den Franchisenehmer ferner, daß die von ihm zu zahlende Miete bzw. Pacht in angemessenem Verhältnis zu dem prognostizierten durchschnittlichen Umsatz nach Beendigung der Anlaufzeit steht. Dieses Verhältnis kann im Einzelfall sehr verschieden sein. In manchen Branchen rechnet man z.B. damit, daß die Miete in Großstädten sich auf sechs Prozent des Bruttoumsatzes belaufen darf, um nicht die Rentabilität zu beeinträchtigen, während etwa in kleineren Städten, in denen die Ausnutzung der Franchise nicht so profitabel ist, der entsprechende Prozentsatz der Miete nicht mehr als vier bis fünf Prozent betragen darf. Entsprechende Beratung durch den Franchisegeber gehört im allgemeinen Interesse des Systems zu den von ihm zu erwartenden Leistungen.

Die **Einweisung** des Franchisenehmers in seine speziellen Tätigkeiten gehört weiter zu den üblichen Pflichten des Franchisegebers. Sie muß sich auf das vorausgegangene Training stützen.

Entwicklung und Ausstattung des Betriebs ist vertragsgemäß fast immer entsprechend den Weisungen des Franchisegebers und im Einklang mit dem Betriebshandbuch zu bewirken. Besonders die innere und äußere Ausstattung ist für die Erlangung und Erhaltung des gemeinsamen System-Images von größter Bedeutung. Sie hat entsprechend den Richtlinien des Betriebshandbuches und den Weisungen des Franchisegebers zu erfolgen.

Die Belieferung des Franchisenehmers mit seiner **Erstausstattung** ist ein entscheidender Punkt, auf den der Franchisegeber im Rahmen seiner Unterstützung vor der Betriebseröffnung zu achten hat, gleichgültig, ob er selbst oder ein anderer der Lieferant ist. Bei einer sinnvollen Lagerung der Waren, Ersatzteile etc. sollte ein Mitarbeiter des Franchisegebers ebenfalls mit Rat und Tat dem Franchisenehmer zur Seite stehen.

Die **Einstellung** gerade **der ersten Mitarbeiter** des Franchisenehmers kann entscheidend für seinen Erfolg sein. Daher ist aktiver Beistand durch den Franchisegeber geboten, besonders wenn der Franchisenehmer in personalpolitischen und den damit verbundenen psychologischen Problemen keine einschlägige ausreichende Erfahrung hat.

Wenn nach allen Vorbereitungen schließlich der Tag der **Eröffnung** naht, verstärken sich die Unterstützungsmaßnahmen des Franchisegebers zunächst durch die notwendigen, auf den Betrieb abgestellten, aber das Gesamtsystem fest im Auge habenden Werbe- und PR-Maßnahmen in den Medien, durch Wurfsendungen, Plakate und Werbebriefe. Ganz besonders wichtig ist der direkte Beistand des Franchisegebers „on the spot" am Tage der Eröffnung, wo er je nach Bedeutung des neuen Betriebes mindestens mit zwei oder drei vertrauten Mitarbeitern anwesend sein muß. Mindestens einen Tag lang sollte dieser Beistand für den Franchisenehmer angesichts des zu erwartenden Andranges von Kunden und „Sehleuten" verfügbar sein. Eine weitere persönliche Unterstützung, vielleicht etwas vermindert, dürfte auch an einem oder mehreren der darauffolgenden Tage im Einzelfall zweckmäßig sein.

5. Geschäftsbezeichnung und Telefonbucheintragung der Franchisenehmer

Die Bezeichnung der Franchisenehmer in der Werbung und bei Telefonbucheintragungen richtet sich nach der rechtlichen Verfassung des Franchisenehmer-Betriebes.

Soweit es sich hierbei um handelsregisterlich eingetragene Kaufleute oder Gesellschaften handelt, ist es selbstverständlich, daß diese unter ihrer Handelsfirma im Geschäftsleben auftreten können. Einzelkaufleute treten mit Vornamen, Nachnamen, evtl. unter Hinweis auf ihr Tätigkeitsgebiet im Geschäftsverkehr auf. Bei Gesellschaften bürgerlichen Rechts sollten Vornamen und Familiennamen aller Gesellschafter unter Hinzufügung der Worte „Gesellschaft bürgerlichen Rechts" oder kurz „GbR" genannt werden. Andererseits besteht ein anerkanntes Bedürfnis des Geschäftsverkehrs, sich einer **besonderen Geschäftsbezeichnung** zu bedienen, die diesem Wort nach lediglich auf das Unternehmen als solches hinweist, und zwar neben oder anstelle der handelsrechtlichen Firma, welche den Inhaber des Unternehmens zu kennzeichnen hat, wie eingehend von *Ullmann*[8] dargelegt worden ist. Daher ist es z.B. den nicht vollkaufmännischen und einzelkaufmännischen Gewerbetreibenden oder einer BGB-Gesellschaft erlaubt, unter ihrer Geschäftsbezeichnung aufzutreten, soweit diese im Einklang mit dem Gesetz steht. Mißbrauch kann nach § 37 HGB und § 3 UWG geahndet werden.

Auf jeden Fall soll aber die irreführende Benützung der Firmenbezeichnung des Franchisegebers durch einen Franchisenehmer vermieden werden, wie das OLG Bremen in einer Entscheidung vom 11.12.1993 ausgesprochen hat.[9] Der Franchisenehmer sollte, um Irrtümer zu vermeiden, mit dem Zusatz „Inhaber" nach seiner Geschäftsbezeichnung Werbung treiben und seine Geschäftspapiere versehen.

Schwierigkeiten entstehen öfter für Franchisenehmer als nicht handelsregisterlich eingetragene Kaufleute, die bei Telefonbüchern und Kontobezeichnungen neben ihrem Namen und/oder ihrer Geschäftsbezeichnung **auch** das für das gesamte Franchise-System geltende Logo bzw. die Marke des Franchisegebers eintragen lassen wollen. Unbestreitbar können hier Unklarheiten entstehen, und es müssen im Einzelfall Lösungen gefunden werden, die von den oft zu engherzig taktierenden Poststellen akzeptiert werden. Es bleibt abzuwarten, ob eine überall praktizierbare Lösung hierbei gefunden werden kann.[10]

---

8   Vgl. NJW 1994, S. 1255 ff., 1260.
9   Vgl. NJW 1994, S. 1292 ff., mit Anmerkung von *Ullmann*
10 Vgl. Merkblatt der *IHK Berlin*, „Die Geschäftsbezeichnung von Gewerbetreibenden"; „Franchisereport", März 1989 1/1990.

XX. Frage und Antwort zwischen Franchisegeber und Franchisenehmer

1. Die Notwendigkeit der gegenseitigen Ausforschung zwischen Franchisegeber und Frachisenehmer

Nicht nur der Franchisenehmer, sondern auch der Franchisegeber geht bei Abschluß eines Franchise-Vertrages, der ein auf Vertrauensbasis gegründetes Dauerschuldverhältnis ist, ein erhebliches Risiko ein. Es kann für den Franchisenehmer, falls das Vertragsverhältnis sich zu seinen Ungunsten auswirkt, zum Verlust der Existenz und seiner Investitionen führen. Aber auch der Franchisegeber kann durch unseriöse, unfähige und unredliche Franchisenehmer schwere geschäftliche Verluste erleiden, die gegebenenfalls den Zusammenbruch seines mühsam erstellten Vertriebssystems bedeuten. Es ist daher in jedem Fall unerläßlich, daß sich jeder Partner klare geschäftliche, persönliche und nachprüfbare Daten seines Kontrahenten beschafft, damit er vor unangenehmen späteren Überraschungen möglichst geschützt ist.

Die neuen Vertragspartner sollten sich in der einen oder anderen Form die nachstehend formulierten Fragen stellen, obwohl nicht alle immer einschlägig sein werden. Andererseits werden im Einzelfall noch nähere Auskünfte zu erfragen sein, die in dem folgenden Fragenkatalog nicht enthalten sind.

2. Was sollte der Franchisegeber vom Franchisenehmer-Kandidaten unbedingt erfahren?

Wie schon früher ausgeführt, ist das schwierigste Problem für den Franchisegeber, die richtigen Franchisenehmer zu finden, denn von ihrer Tätigkeit hängen die Umsätze des Systems und damit der beiderseitige Gewinn ab. Die an den Franchisenehmer vor Unterzeichnung zu stellenden Fragen des Franchisegebers sollten namentlich die folgenden sein:

(a) Wo ist der Franchisenehmer zur Zeit beschäftigt, bzw. welches Geschäft betreibt er?

(b) Welches sind die Gründe für den Franchisenehmer, eine Veränderung seiner beruflichen Lage anzustreben?

(c) Welches ist im einzelnen der berufliche bzw. geschäftliche Werdegang des Franchisenehmers (Zeugnisse, Bescheinigungen)?

(d) Wie sind die persönlichen Verhältnisse des Franchisenehmers (Alter, Familie, Kinder)? Welche Vorbildung kann er anhand von Unterlagen nachweisen?

(e) Ist die Ehefrau mit der Bewerbung ihres Mannes einverstanden und ausreichend informiert (Gespräch mit der Ehefrau)?

(f) Ist die Ehefrau bereit, im Franchisebetrieb mitzuhelfen (sie sollte bei den Verhandlungen zugegen sein)?

(g) Wie ist der Gesundheitszustand des Franchisenehmers und seiner Ehefrau?
(h) Ist der Franchisenehmer bereit, in seinem künftigen Betrieb Überstunden zu machen sowie sonstige körperliche und nervliche Anstrengungen zu ertragen?
(i) Welches ist die finanzielle Situation des Franchisenehmers? Welche Mittel kann er (z.B. durch Beleihung seines Hauses, von beleihungsfähigen Wertpapieren etc.) für eine Eintrittsgebühr und die erforderlichen anfänglichen Investitionen bereitstellen?
(j) Welches sind die Bankverbindungen des Franchisenehmers? Erfüllt er die Voraussetzungen für eine Eigenkapitalhilfe öffentlicher Kreditinstitute?
(k) Hat der Franchisenehmer Branchenerfahrung? Ist er bereit, und fühlt er sich in der Lage und fähig, einen für ihn völlig neuen Geschäftszweig im Franchise-Vertrieb zu führen?

3. Welche Fragen sollte der vorsichtige Franchisenehmer vor dem Vertragsabschluß an den Franchisegeber stellen?

Angesichts seines großen Risikos ist für den Franchisenehmer-Kandidaten die Seriosität und Effizienz des Systems, dem er sich anschließen möchte, von entscheidender Bedeutung. Er sollte daher die nachfolgenden Fragen an den Franchisegeber stellen[1]:

(a) Welche Kenntnisse und Erfahrungen hat der Franchisegeber im Franchising erworben und wie?
(b) Welche Ausbildung und welche geschäftlichen Erfahrungen haben der Franchisegeber und/oder seine gesetzlichen Vertreter erworben (Examina, Empfehlungen)?
(c) Welche Methoden sind angewandt worden, um das Franchise-System aufzubauen und weiter zu entwickeln?
(d) Welche Pilotbetriebe hat der Franchisegeber erstellt und mit Erfolg geführt, bevor er mit der Franchisierung seines Systems begonnen hat (genaue Zahlen, Unterlagen)?
(e) Welche Ressourcen hat der Franchisegeber investiert, um festzustellen, daß sein Konzept franchisierbar ist?
(f) Wie kann der Franchisegeber darlegen, daß er genügend Marktanalysen durchgeführt hat, damit der Franchisenehmer davon überzeugt ist, daß er in ein gründlich getestetes Vertriebskonzept investiert, in welchem die täglichen betrieblichen Probleme ohne Schwierigkeiten gelöst werden können?
(g) Welche gewerblichen Schutzrechte (Marken, Patente, Gebrauchsmuster etc.) besitzt der Franchisegeber bzw. ist er zu ihrer Nutzung berechtigt (Unterlagen)? Welche anderen Kennzeichnungen seines Systems verwendet der Franchisegeber?
(h) Wie und wo soll der Franchisenehmer seine Waren beziehen? Bestehen Bezugspflichten gegenüber dem Franchisegeber und welche? Inwieweit kann der Franchisenehmer Produkte aus anderen Quellen beziehen?
(i) Warum hat der Franchisegeber sich zum Aufbau eines Franchise-Systems entschlossen, statt mit seinem eigenen Betrieb zu expandieren?
(j) Welches ist die Zuwachsrate, welche der Franchisegeber für die nächsten fünf Jahre errechnet?

---

[1] Vgl. *Kowertz*, Franchise-Chancen 1992/1993, S. 48 f.; *Skaupy*, ebendort, S. 22 f.

(k) Kann er Franchisegeber nähere Angaben über die frühere Betätigung seiner leitenden Mitarbeiter machen, soweit sie mit der Entwicklung des Franchise-Systems und den Beziehungen zu den Franchisenehmern befaßt sind?

(l) Wieviele und welche Franchisenehmer hat der Franchisegeber zur Zeit? Welches sind ihre Namen und Adressen?

(m) Wie hat sich das System in den letzten Jahren entwickelt? Welche Verträge sind von wem und in welcher Weise gekündigt worden? Hatte der Franchisegeber Rechtsstreitigkeiten mit seinen Franchisenehmern?

(n) Nach welchem Konzept wählt der Franchisegeber seine Franchisenehmer aus?

(o) Ist der Franchisegeber bereit, seine letzte Bilanz und Gewinn- und Verlust-Rechnung vorzulegen und zu versichern, daß seitdem keine Verschlechterung seiner finanziellen Lage eingetreten ist?

(p) Welches sind die Bankverbindungen des Franchisegebers? Kann der Franchisenehmer bei dieser Bank wenigstens in der Größenordnung seiner eigenen Investitionen Referenzen anfordern? Hat eine Bank die Franchise-Planung des Franchisegebers nicht akzeptiert und wann?

Es empfiehlt sich jedoch, daß der Franchisenehmer diese und eventuell weitere Fragen mit dem entsprechenden Takt vorbringt, besonders bei eingeführten und in der Wirtschaft allgemein akzeptierten Systemen.

XXI. Das Leben in den Franchise-Betrieben – die Gefahr des Systemzerfalls

1. Das Verhältnis zwischen Franchise-Zentrale und Franchise-Betrieben

Die Beziehung von Franchisegeber zu Franchisenehmer ist im Franchising unter verschiedenen Aspekten anders als sonst das Verhältnis zwischen zwei rechtlich und wirtschaftlich selbständigen Betrieben. In dem Franchise-Vertrag übernimmt der Franchisegeber mit seinen Einwirkungsmöglichkeiten eine gewisse Mitverantwortung für den wirtschaftlichen Erfolg des Franchisenehmers, denn er hat letzterem sein Konzept „verkauft". Er hat überdies ein eigenes Interesse daran, daß der Franchisenehmer mit Erfolg arbeitet, denn über den Franchisenehmer setzt er häufig zum erheblichen Teil seine Produkte ab und zieht weitere Vorteile aus den ihm für Beratung und Beistand zu zahlenden Franchise-Gebühren[1]. Der laufende Beistand des Franchisegebers ist besonders bei kleinen Franchise-Systemen und noch nicht in ihren Aufgaben bereits vertrauten Franchisenehmern von großer Bedeutung.

Das Verhältnis Franchisegeber/Franchisenehmer wird namentlich in den USA und England immer wieder zu Recht mit einer Vater/Kind-Beziehung verglichen, obwohl dieses bei größeren Betrieben nicht wörtlich genommen werden kann, aber im Prinzip doch im Kern vorhanden sein sollte. In der Frühzeit dieser Beziehung ist der Franchisenehmer wie ein Kind gegenüber den Eltern noch sehr stark von den Informationsquellen, dem Know-how und dem Wissen über die praktische Anwendung der Systemgrundlagen abhängig. Mit der Zeit nimmt sein Selbständigkeitsgefühl, besonders bei geschäftlichen Erfolgen, immer mehr zu. Gelegentlich wird er sich selbst allein für den Urheber aller seiner Erfolge ansehen, etwa wie ein erwachsen werdender Jugendlicher. Hierbei setzt das bekannte Problem der Zentrifugalkräfte bei Franchise-Systemen ein, im Ausland auch häufig mit der Bezeichnung „das Altern der Franchise" belegt. Besonders bei Dienstleistungs-Franchisen wird diese Erscheinung auftreten, die ohnehin im Konzept schwächer sind und weniger oder gar nicht von einem Produkt abhängen.

Jedoch sollte im Idealfall der Franchisenehmer in einem erfolgreichen System von der Überzeugung durchdrungen sein, daß er nirgendwo anders besser als in seinem System geschäftlich placiert sein kann. Es genügt aber schon, wenn er – zwar in der Erkenntnis, daß er möglicherweise woanders, wenn auch nicht konkret greifbar, bessere Chancen haben könnte – mit seinem Verdienst, seinem Verhältnis zum Franchisegeber und seinen Beziehungen zu den anderen Partnern des Systems in allen wesentlichen Aspekten zufrieden ist.

---

[1] Vgl. *H. Boehm*, Jahrbuch Franchising 1992, S. 207.

2. Die Unterstützung des Franchisenehmers durch den Franchisegeber

Im Prinzip gleicht der Tagesablauf der Geschäfte im Unternehmen des Franchise-nehmers zwangsläufig demjenigen in einem Geschäft, das keinem Verbund ange-schlossen ist. Das Besondere, Andere ergibt sich aus der vertraglichen Beziehung zur Franchise-Zentrale, die beiden Seiten weitgehend Pflichten auferlegt. Es sind hier die laufenden Serviceleistungen, die dem Franchisegeber obliegen, und denen auf seiten des Franchisenehmers die Beachtung von Instruktionen und allgemeinen Weisungen des Franchisegebers und seiner Kontrollen gegenüberstehen. Dieses Geflecht wirkt sich, auch wenn nicht immer hervortretend, laufend auf den Betrieb der Verkaufsstelle des Franchisenehmers aus.

Die wichtigsten dieser Besonderheiten seien nachstehend erwähnt:

(a) Da die laufende Kommunikation zwischen Franchisegeber und Franchisenehmer ein Hauptaspekt der Franchisebindung ist, obliegt es dem Franchisenehmer in erster Linie, abgesehen von den immer wieder zweckmäßigen Konsultationen des Betriebs-handbuches, alle Mitteilungen, Instruktionen und Empfehlungen der Franchisezen-trale regelmäßig zu studieren und zur Anwendung zu bringen.

Nur so läßt sich das gemeinsame gute Image des Systems und sein Erfolg an der Verkaufsfront erreichen, an welcher der Franchisenehmer steht.

(b) In jedem Franchise-Vertrag ist der Besuch von Abgesandten bzw. Mitarbeitern des Franchisegebers in gewissen Abständen vorgesehen. Ihre Aufgabe ist es, das system-konforme Verhalten des Franchisenehmers zu überprüfen und ggf. Empfehlungen für Verbesserungen zu geben, die der Franchisenehmer befolgen soll. Diese Abgesandten sollen, wie es meist im Vertrage heißt, dem Franchisenehmer mit Rat und Tat bei-stehen, sie sollen vor allem diejenigen Kontakte herstellen, die nicht durch schrift-liches Material ersetzt werden können. Sie sollen auch, ggf. auf Anruf des Franchise-nehmers, zur Regelung von akuten Problemen verschiedenster Art am Ort zur Ver-fügung stehen, z.B. Probleme mit Mitarbeitern des Franchisenehmers oder Kunden, dringende Buchhaltungs- und Steuerfragen, technische Fragen bzw. Reparaturen bei Apparaten, Materialfehler etc. Diese regelmäßigen sowie außertourlichen Besuche sind ein typischer Aspekt der Franchise-Betriebe, die aber ihren täglichen Geschäftsab-lauf im allgemeinen kaum berühren sollten.

(c) Zu den Pflichten des Franchisegebers gehört die fortlaufende Zurverfügungstellung des geschäftlichen und technischen Know-how und die ständige Innovation seiner Lei-stungen. Dies kann sich auf die Weiterentwicklung von Produkten (oder Anregung zu solchen), auf die Verbesserung von Verkaufstechniken aufgrund von Marktstudien, der Modernisierung von Ausrüstung, der Einrichtung und Präsentation im Franchise-Betrieb, auf die Einführung neuer Werbe- und Verkaufsförderungsmaßnahmen u.a.m. beziehen.

Der Franchisenehmer muß im Interesse der laufenden Weiterentwicklung des Systems und seiner Leistungen diese Innovationen entsprechend der Weisungen der Zentrale in seinem Betrieb einführen.

Es kann sein, daß ein Franchisenehmer gelegentlich Bedenken hat, gewisse Neuerun-gen einzuführen. Da wird es Aufgabe des Franchisegebers sein, selbst oder durch einen leitenden Mitarbeiter dem Franchisenehmer die Notwendigkeit der Innovationen zu erklären. Dies könnte auch in einem Gespräch gemeinsam mit den anderen Franchisenehmern geschehen, die ihrerseits noch Probleme sehen (vgl. auch Abschnitt 5: „Beiräte"). Sollte ein Franchisenehmer sich nach allen Erklärungen einer Anpassung an gewisse Neuerungen widersetzen, so wird sich tatsächlich die Frage nach seinem Ausscheiden aus dem System stellen.

(d) Ein Punkt, in welchem der Franchisegeber üblicherweise dem Franchisenehmer absolute Handlungsfreiheit einräumt, ist die lokale Werbung und Verkaufsförderung. Werbe-, PR- und Promotionsmaßnahmen auf nationaler und regionaler Ebene sind grundsätzlich Sache der Franchise-Zentrale, und die Franchisenehmer haben diese Maßnahmen zu akzeptieren und z.B. Werbeschriften, Plakate etc. der Franchisezentrale zu benutzen.

Die örtliche Werbung und evtl. Verkaufsförderung kann der Franchisenehmer fast immer vertragsgemäß nach eigenem Ermessen und auf eigenes Risiko handhaben, soweit allgemeine Systemgrundsätze einschließlich der wesentlichen Image-Gesichtspunkte nicht verletzt werden. Die Formulierung kleiner Anzeigen ist daher meist von jeder Überprüfung freigestellt, so daß der Franchisenehmer angesichts der Bedeutung lokaler Zeitungen und Anzeigenblätter eine gut zu nutzende Bewegungsfreiheit hat.

(e) Zur Unterstützung seiner Geschäftätigkeit ist der Franchisenehmer vertraglich im allgemeinen verpflichtet, weitere Seminare und Auffrischungskurse der Franchisezentrale zu besuchen. Sie sind eine wichtige Ergänzung der ihm bisher bekanntgemachten Betriebsgrundsätze. Der Besuch dieser Veranstaltungen ist dem Franchisenehmer im allgemeinen im Vertrag sowie im Betriebshandbuch zur Pflicht gemacht. Auch dies ist eine Maßnahme zu seinen Gunsten. Letztlich muß sich der außerhalb eines Verbundes tätige Geschäftsmann ohnehin auch um seine Fortbildung kümmern, so daß die Teilnahme an Seminaren, die spezialisiert auf Betriebe der Franchisenehmer abgestellt sind, sich als weiterer großer Vorteil des Franchising erweist.

3. Die zentrifugalen Tendenzen bei Franchisenehmern und ihre Gefahr für das System

„Wie stark oder schwach ein Franchise-System auch sein mag – die zentrifugalen Kräfte sind latent vorhanden", so hat *H. Boehm* mit wenigen Worten dieses für Franchise-Systeme häufig sehr unerfreuliche Problem gekennzeichnet."[2]

Ein Franchisegeber muß sich mit allen vorhandenen oder aufkommenden Konflikten in seinem System so schnell wie möglich befassen, denn die zentrifugalen Kräfte können sich als ansteckende Krankheit erweisen: Eine Flucht zu vieler Partner aus einem System kann seinem Image und dem Umsatz so viel Schaden zufügen, daß es zum Erliegen des Systems kommen kann.

Welches können die Gründe für die Konflikte sein, die ein Franchisenehmer zum Verlassen des Systems treiben?

Im allgemeinen kann man wohl zwei Gruppen von Ursachen unterscheiden:

---

2 Vgl. *Boehm/Kuhn/Skaupy*, S. 11.

- **geschäftliche**, also objektiv feststellbare **Ursachen**,
- **persönliche**, emotionale, überwiegend subjektiv erklärbare **Gründe**.

(a) In die erste Gruppe fallen namentlich folgende Konfliktgründe: Niedrige Gewinne, rückläufige Gewinne und Gewinnchancen, zu hohe laufende Gebühren, zu starke Bezugsbindung, unzureichende Betreuung verschiedenster Art durch den Franchisegeber, vertrauensschädigendes und unzumutbares Verhalten des Franchisegebers, mangelnde Innovationsfähigkeit des Systems und daher schrumpfender Wissensabstand des Franchisegebers zum Franchisenehmer, mangelnde Führungs- und Überzeugungskraft des Franchisegebers, divergierende Zielvorstellungen der Franchisenehmer, zu geringer oder zu großer Spielraum des Franchisenehmers.

(b) In die zweite Gruppe fallen: Unzureichende persönliche Kontakte zwischen Franchisenehmer und Franchisegeber oder seinen Mitarbeitern bzw. Abgesandten, nicht für ausreichend erachtete sonstige Kooperation, keine innerliche Bindung des Franchisenehmers an das System und an die anderen Systempartner, große Fachkenntnis des Franchisenehmers, der sich dem Franchisegeber überlegen dünkt, überhöhtes Selbstbewußtsein des Franchisenehmers, charakterliche Unvereinbarkeit zwischen den Partnern.

Diese zwei Gruppen von unzufriedenen und konfliktanfälligen Franchisenehmern sind naturgemäß nicht immer scharf voneinander zu unterscheiden, da bei den Betreffenden meist besondere Ursachen, nämlich geschäftliche und persönliche, zusammenwirken werden.

Wie macht sich die Unzufriedenheit gewisser Franchisenehmer bemerkbar und was kann bzw. sollte ein Franchisegeber tun, um dem vielleicht unaufhaltsamen Abbröckelungsprozeß Einhalt zu gebieten? Oft wird er den legalen Weg beschreiten und eine ordentliche Kündigung aussprechen, falls der Vertrag dafür Möglichkeiten bietet.

Häufig wird er aber auch passive Resistenz üben und z.B. Informationen zurückhalten, Kontrollen verweigern, Weisungen nicht befolgen, nicht mehr an Ausbildungsseminaren teilnehmen, systematische Opposition betreiben, die vorgesehene Sortimentsgestaltung willkürlich ändern und/oder schließlich sich mit anderen Franchisenehmern zu einer Fronde gegen die Systemspitze zusammentun. Gelegentlich werden die Gruppen solcher Franchisenehmer zunächst die fälligen Gebühren nicht oder nicht vollständig bezahlen, den Franchise-Vertrag fristlos, unter Angabe von vermeintlichen wichtigen Gründen kündigen und ihre Geschäfte unter anderer Bezeichnung weiterbetreiben, was dann die zu erwartenden Gegenmaßnahmen des Franchisegebers auslöst (vgl. zu den rechtlichen Aspekten solcher Erscheinungen Kapitel XXIII und folgende).

4. Wie können Konflikte mit Franchisenehmern vermieden und beendigt werden?

Die Abstimmung von Verhaltensweisen zwischen Franchise-Zentrale und Franchisenehmer stellt, wie *Kuhn*[3] zutreffend ausführt, das wichtigste Führungsproblem in Fran-

---

3 Vgl. *Boehm/Kuhn/Skaupy*, S. 117 ff.

chise-Systemen dar, deren Erfolg vom koordinierten und harmonischen Handeln abhängig ist. Das bedingt namentlich eine Abstimmung der Maßnahmen aller Franchise-Partner, wobei die genau festgelegte vertikale Arbeitsteilung, wie sie im Franchise-Paket aufgezeichnet ist oder sein sollte, die Grundlage bildet. Diese Koordination aller Maßnahmen im Rahmen eines Systems kann aber durch das zentrale Management der Systemspitze erreicht werden. Zusätzlich zu den Weisungs- und Kontrollrechten entstehen hier auch Führungsprobleme: Der Franchisegeber und seine Mitarbeiter in der Zentrale müssen im Geiste der Kooperation und mit leichter Hand das System führen können und niemals vergessen, daß das Ziel aller Teilnehmer am System zwar das gleiche ist, die Interessenlagen aber nicht identisch sind.

Beim Franchisenehmer stehen neben der Erzielung eines mindestens angemessenen Gewinns das Streben nach ausreichender Sicherheit und einer weitgehenden Selbständigkeit im Vordergrund, weswegen er sich ja dem System angeschlossen hat. Hierzu kommt die Notwendigkeit, durch das geschäftliche Handeln im System auch ein Gefühl von Selbstverwirklichung zu erreichen. Für den Franchisenehmer ist diese Interessenlage so dominierend, daß er bei Konflikten normalerweise die Belange seines franchisierten Betriebes über diejenigen des Franchisegebers und der Systemspitze stellen wird, während der Franchisegeber im Bestreben nach Erhaltung und Entwicklung des Gesamtsystems, von dem er lebt, die Belange eben dieses Systems an die Spitze seiner Bemühungen stellen wird.[4]

Diese immanenten Interessen-Divergenzen müssen bei der Führung des Systems berücksichtigt und ein Ausgleich gefunden werden. Jeder ernsthaft werdende Konflikt führt zu einer Schwächung des Gesamtsystems und seiner Gewinnchancen, da potente und gut organisierte Wettbewerber so gut wie immer am Markt sind. Erste Vorbedingung für eine gute Kooperation ist ein fortlaufender gegenseitiger Informationsfluß, der die Grundlage für das Erkennen der Ziele und Interessen der Ziele des anderen Partners bildet.

Die Systemzentrale kann trotz ihres Weisungs- und Kontrollrechts dem Franchisenehmer nicht einfach ein bestimmtes Handeln diktieren, sondern muß ihn von der Notwendigkeit der im Interesse der Gesamtheit und des Einzelnen angeordneten Maßnahmen überzeugen. Hierzu sind ausreichende Informationen durch fortlaufende Informationsblätter, Fachzeitschriften und sonstiges Schriftmaterial sowie darüber hinaus ausreichende Kontakte erforderlich. Daher sind die Besuche bei den Franchise-Betrieben so sehr wichtig, ebenso wie der Franchisenehmer gegebenenfalls auch die Möglichkeit haben muß, die Franchise-Zentrale zur Erörterung seiner Probleme zu besuchen. In vielen Franchise-Systemen werden auch Beiräte mit Vertretern der Franchisenehmer gebildet, welche die persönlichen Kontakte vertiefen (vgl. Abschnitt 5).

Von Anfang an ist es eine vorrangige Aufgabe der Systemspitze, eine positive psychologische Einstellung der Franchisenehmer herbeizuführen und zu erhalten. Diese muß dazu führen, daß sich der Franchisenehmer immer mehr mit dem System und seinen geschäftlichen Vorstellungen und Plänen identifiziert. Dabei muß dem Franchisenehmer klar werden, welche Bedeutung seine speziellen Aufgaben haben und wie sie sich notwendig in das System einfügen. Ihm muß das richtige Gefühl für seine sich im Verbund abspielenden unternehmerischen Leistungen dergestalt vermittelt werden, daß

---

4 Vgl. *Kuhn*, S. 120/121.

er sich nicht als ein weniger wichtiges Rad am Systemwagen vorkommt. Die der Systemzentrale obliegende Innovation und Weiterentwicklung des Systems kann nicht durch Abkapselung von den anderen Parteien gedeihen. Deren Vorstellungen müssen nicht nur gnädig akzeptiert werden, sondern sie sollten mit positiver Einstellung entgegengenommen und erörtert werden. „Kreativität ist kein Privileg der Spitze" – so lautet heute ein Richtsatz nicht nur für die Arbeit im Rahmen eines einzelnen Unternehmens, sondern auch für die Tätigkeit der Franchisenehmer im Verbund.

Ein häufiger Grund für Mißverständnisse zwischen den Partnern liegt darin, daß die Franchisenehmer trotz der ihnen zufließenden Nachrichten doch keinen genügend hohen Informationsstand für die Beurteilung der Verteilung der Managementaufgaben im System haben. Oft haben sie auch nicht das nötige Verständnis für Verbesserungen und Neuerungen. Obwohl nicht nur der Wissensabstand, sondern auch der Informationsabstand zwischen Geber und Nehmer immer da sein werden und auch müssen (die externen Informationen sich zu verschaffen, ist primär Aufgabe des Franchisegebers), so darf doch ein zu großer Abstand nicht bestehen. Es sollte vermieden werden, daß der Franchisenehmer in eine von ihm als untergeordnet empfundene Rolle gedrängt wird.

Bei dem Problem des Informationsaustausches ist auch zu berücksichtigen, daß dem Franchisenehmer ja – abgesehen von seiner Hauptaufgabe an der Verkaufsfront – tatsächlich eine erhebliche Rolle als Marktbeobachter von seiner Verkaufsstelle aus zukommt. Dies ist bei allen Franchisenehmern des Systems der Fall, so daß das Bündel ihrer Meldungen für die Systemspitze von unschätzbarer Bedeutung werden kann: Diese vermeidet dadurch die Marktferne mancher sonstiger Unternehmensleitungen. Die Meldungen der Franchisenehmer betreffen u.a. die örtliche Konkurrenzlage sowie die Einstellung der Verbraucher und ihrer Wünsche und Reaktionen.

Wenn alle vorerwähnten und im Einzelfall noch andere psychologische Momente von dem Franchisegeber berücksichtigt werden, wird sich die Zahl der Konflikte in engen Grenzen halten. Sehr viel kann der Franchisegeber – abgesehen von der Schaffung bzw. Förderung von Beiräten, Ausschüssen etc. der Franchisenehmer (vgl. Abschnitt 5) – durch gentlemanlike Umgangsformen, durch mündliche und in den internen Systemnachrichten auszusprechende Belobigungen erfolgreicher Franchiseneh-mer, durch Verleihung von Urkunden und die Organisation von Verbund-Festlichkeiten erreichen, so wie dies nach amerikanischem Beispiel u.a. von *PORTAS* seit langer Zeit praktiziert wird.

5. Franchisenehmer-Beiräte und sonstige Kommunikationsformen innerhalb des Systems – kartellrechtliche Aspekte

Die vorstehenden Ausführungen lassen erkennen, daß eine der wichtigsten Voraussetzungen für ein gut funktionierendes Franchise-System durch eine optimale Kommunikation zwischen den Franchise-Partnern geschaffen wird, die in beide Richtungen verlaufen muß. Sie sollte aber auch unter den Franchisenehmern selbst bestehen. Diese Erwägungen sollte ein Franchisegeber, wenn nicht von Anfang an, so jedoch bald nach dem Ablauf seines Vertriebssystems berücksichtigen und eine, wenn auch noch so lose, laufende Kooperation mit den Franchisenehmern und unter ihnen fördern, damit auf dem Wege neben dem vertragsgemäßen, gewissermaßen institutionellen Informationsfluß Kontakte gepflegt werden, durch die das Zusammenwirken aller Beteiligten weiterhin gefördert wird. Hierdurch sollte auf jeden Fall die gegen ihn gerichtete Formierung von frustrierten, unzufriedenen und sogar feindlich eingestellten Vereinigungen der Franchisenehmer verhindert werden, die leicht zur Zerschlagung des Systems zum Nachteil aller führen können.

Bei größeren Vertriebssystemen werden sich im übrigen, wenn nicht ohnehin vom Franchisegeber angeregt und mitorganisiert, Vereinigungen von Franchisenehmern bilden, welche die Interessen der Mitglieder gegenüber dem Franchisegeber vertreten und satzungsgemäß mit diesem die Erörterungen über anstehende Probleme aller Art inkl. von Streitigkeiten führen und einer vernünftigen Lösung zuzuführen suchen. Hierzu zählt z.B. im *Porst-Foto*-Vertriebssystem der *IPA-Verband*, der *Interessen-Verband der Foto-Porst-Agenten e.V.* Diese Organisation nimmt nach der fortschreitenden Umwandlung von *Porst*-Agenturen in Franchise-Betriebe weiterhin die Interessen ihrer Mitglieder in Vertrags- und sonstigen Angelegenheiten wahr. Eine entsprechende Situation liegt bei den Händler-Verbänden in der Kfz-Branche vor, die allerdings schon stärker im Gegensatz zu den Herstellern stehen. Da die meisten Händlerverträge, so z.B. bei *VW* und *Ford*, letztlich als Varianten des Franchising aufzufassen sind, so kann auch dieser Verband als Franchisenehmer-Organisation aufgefaßt werden. Alle derartigen Organismen werden üblicherweise von der Systemzentrale als Verhandlungspartner akzeptiert und führen laufend den Dialog mit dieser.

Die normale Form der Organisierung von Franchisenehmern besteht in beratenden Beiräten („Franchise advisory committees" – „Conseils consultatifs de franchisés"), die in verschiedenster Weise entsprechend den Bedürfnissen des jeweiligen Systems aufgezogen werden sollten, um eine „Struktur durch Dialog" zu bilden, wobei sie keinerlei Entscheidungsbefugnisse, aber weitgehend Mitspracherecht haben. Die Franchisenehmer sollten auch die Möglichkeit haben, in gewissem Rahmen manchen allgemein abgelehnten Plänen zu widersprechen. Solche Situationen sollten aber im Interesse der Aufrechterhaltung des guten Einvernehmens im System beiderseitig unbedingt bald einvernehmlich geregelt werden.

Eine offensichtlich zufriedenstellende Lösung der Schaffung eines Franchisenehmer-Organs haben die *OBI-Bau- und Heimwerkermärkte* gefunden, wo mehrere Gremien und Ausschüsse die Kenntnisse und Bedürfnisse der Franchisenehmer in den Kommunikationsprozeß einbeziehen.[5]

Gelegentlich ist die Meinung vertreten worden, daß die Schaffung oder Existenz eines Franchisenehmer-Beirats kartellrechtlich relevante horizontale Bindungen schaffe.[6] Wie vorstehend dargelegt, dienen die Organisationen, in denen Franchisenehmer vertreten sind, der gegenseitigen Information, Beratung sowie dem Gedankenaustausch zwischen den Partnern, haben also kommunikativen Charakter. Selbst wenn die Franchisenehmer gewisse Wünsche vortragen und durchsetzen, so liegen damit noch keine Verträge entsprechend § 1 GWB vor, die zu einem gemeinsamen Zweck geschlossen werden oder geeignet sind, den Wettbewerb zu beschränken. Beratende Organe dieser Art dienen letztlich der Verstärkung der Verpflichtungen des Franchise-

---

5   Vgl. näher *Stockhinger*, Jahrbuch Franchising 1992, S. 188 ff.; ferner „franchise-report" II/1986, S. 21/22.

6   Vgl. *Blaurock*, in Festschrift für Werner, 1984, S. 27/28.

gebers, den Franchisenehmern ein ausreichendes Know-how zu vermitteln und die dazugehörige Unterstützung zukommen zu lassen. Alle Bestimmungen, die zur Vermeidung dieser Gefahr unerläßlich sind, stellen nach der grundsätzlichen Entscheidung des *Europäischen Gerichtshofs (EuGH)* vom 28.1.1986 *(Pronuptia)*, die allerdings zunächst nur für Vertriebs-Franchisen gilt, aber darüber hinausgehende Bedeutung hat, keine Wettbewerbsbeschränkung dar.[7]

Einen besonderen Weg der Heranziehung von Franchisenehmern ist das *Optima Dach- und Terrassenbegrünungssystem* und die Firmen *Aktual GmbH & Co KG* und *Wilhelm Harzmann GmbH & Co.* Als eine entscheidende Weiterentwicklung des Systemangebots zur Erörterung stand, wurde eine Projektgruppe von mehreren Franchisenehmern gebildet, die gemeinsam mit der Systemzentrale ein Exposé für die Innovation erstellte, das allgemeine Billigung fand und später von dem Franchisegeber in die Tat umgesetzt wurde. Inzwischen hatte sich die Projektgruppe wieder aufgelöst, die ähnlich wie ein Sachverständigengremium tätig gewesen war. Sollten ähnliche Innovationsprobleme auftreten, hat die Systemzentrale neuerlich erwogen, diesen Weg zu beschreiten und jegliche Institutionalisierung des Franchisenehmer-Gremiums zu vermeiden. Es dürfte sich meist ohnehin empfehlen, von der formellen Bildung von Ver-einen Abstand zu nehmen (was allerdings bei größeren Systemen manchmal zweckmäßig sein mag), da gewählte Vorstände von juristischen Personen aufgrund ihrer rechtlichen Stellung gelegentlich geneigt sein werden, eine eigenwillige Politik zu betreiben, die dem System nicht nützlich ist. Im übrigen hindert nichts den Franchisegeber daran, den einen oder anderen Franchisenehmer oder mehrere ganz unkonventionell von Fall zu Fall als Berater bei seinen geschäftlichen Erwägungen mit hinzuzuziehen.

---

7 Vgl. WuW 1986, S. 445 ff., 463.

XXII. Der Franchise-Vertrag – Inhalt und Gestaltung

1. Der Franchise-Vertrag als Rückgrat des Systems

Mit dem ihm angebotenen Franchise-Paket erhält der Franchisenehmer alle zusätzlichen Daten der Kooperation – oder sollte sie jedenfalls erhalten –, und auch das allerdings nicht immer bei Vertragsabschluß vollständig vorliegende Betriebshandbuch legt den geschäftstechnischen Ablauf der wirtschaftlichen Dauerbeziehung der Parteien fest. Die rechtliche Basis für ihre Vertragsbeziehungen ergibt sich aber allein aus dem Franchise-Vertrag. Rechte und Pflichten der Parteien für alle während der Vertragsdauer und teilweise auch später auftauchenden Probleme und Ereignisse sind in ihm in endgültiger Form niedergelegt. Mit der Unterschrift der Parteien ist der Vertrag geschlossen, und jede Partei kann aus ihm ihre Rechte herleiten. Meist ist z.B. die Abschlußgebühr oder ein Teil von ihr sofort fällig.

Angesichts der juristischen Bedeutung des Vertrages sollten sich die Parteien, wie immer wieder betont werden muß, eines wirklich sachkundigen Rechtsrates bedienen, zumal die vielen Regelungen des Franchise-Vertrages und auch ihre zusätzlichen Verträge (vgl. Kapitel XXVI) in allen Einzelheiten der Prüfung bedürfen. Mit der Verwendung von kopierten Verträgen anderer ist es nicht getan, obwohl diese Anregung bieten können.

Um den Lesern dieses Handbuchs den Einblick in die Vertragspraxis zu geben, ist in Anhang Nr. 1 ein Mustervertrag abgedruckt.

Der Franchise-Vertrag ist in aller Regel ein vom Franchisegeber vorgefertiges Dokument, denn er ist es, der das System so geplant und aufgebaut hat, daß es funktioniert. Es ist eine völlig abwegige Idee, daß in diesem Zusammenhang von der „Mißachtung von Franchisenehmer-Interessen" deswegen gesprochen wurde, weil Franchise-Verträge eine Reihe von Bindungen und Beschränkungen des Franchisenehmers enthalten. Der *BGH* hat daher mit Recht auch in der bekannten *McDonald's*-Entscheidung[1] vom 3.10.1984 gerade auch die strikten detaillierten Vorschriften des *McDonald's*-Vertrages, die weit über die Bindungen vieler anderer Verträge hinausgehen, für zulässig gehalten. Hierbei ist es eine andere Frage, welche Verstöße gegen solche Vertragsklauseln begründeten Anlaß zu einer fristlosen Kündigung geben können.

Der Umstand, daß ein Franchise-Vertrag eine gewisse Reihe von strikten Verpflichtungen der Franchisenehmer enthält – aber auch des Franchisegebers! – und sie von vornherein festgelegt sind und sein müssen, ergibt sich u.a. aus der Notwendigkeit der Gleichbehandlung aller Partner des Systems. Würde jeder Franchisenehmer einen anders ausgehandelten Vertrag bekommen, so würde sich mancher gegenüber dem anderen wegen wirklicher oder vermeintlicher Benachteiligung als „diskriminiert" betrachten. Die Uniformiertheit des Systems bedingt daher auch uniforme Franchiseverträge.

---

[1] Vgl. NJW 1985, S. 1894.

Diese fallen daher auch, da ihre Bestimmungen nicht individuell ausgehandelt sind, unter das „Gesetz über die Allgemeinen Geschäftsbedingungen" (AGB). Franchise-Verträge werden somit den Allgemeinen Geschäftsbedingungen im Wirtschaftsverkehr gleichgestellt, wodurch sich ein starker Schutz der Franchisenehmer ergibt; denn das Gesetz bezweckt, das strukturelle Ungleichgewicht bei der Anwendung von allgemeinen Geschäftsbedingungen durch Sicherung der Vertragsgerechtigkeit zu vermeiden und den Schutz des Vertragspartners sicherzustellen[2] (vgl. Abschnitt 2).

Dessen ungeachtet muß für alle Franchisenehmer-Kandidaten klar gesagt werden: Sie sind trotz mancher Bindungen rechts- und wirtschaftsunabhängige Kaufleute oder Handwerker. Im Gegensatz zu den Angestellten oder Arbeitnehmern, die von Gehalt oder Lohn leben und deren Pflichten allein in der Arbeitsleistung bestehen, treten sie als unabhängige Geschäftsleute mit eigener Verantwortung in das Franchise-System ein. Die Entscheidung, sich dem System anzuschließen oder nicht, ist persönlicher Teil ihrer Rolle als Geschäftsmann. Sie können sich auch anders entscheiden, denn niemand zwingt sie zum Eintritt in den Verbund. Es ist dies sicher ein wichtiger, vielfach lebensentscheidender Entschluß, der genau überlegt sein muß. Deshalb muß der angehende Franchisenehmer immer Zeit haben, den vorgelegten Vertragstext nebst allen dazugehörigen Fakten und Ziffern zu prüfen. Er wird häufig dazu den Rat von Anwälten und sonstigen Beratern benötigen, bei deren Auswahl er auch bereits Vorsicht walten lassen muß.

2. Die Sicherung der Selbständigkeit des Franchisenehmers

Voraussetzung für die Gültigkeit eines Franchise-Vertrages ist in erster Linie der Umstand, daß die rechtliche Stellung des Franchisenehmers seine Selbständigkeit so unzwei-deutig festlegt, daß er unter keinen Umständen als Arbeitnehmer einzustufen ist. Dieses Problem ist jahrelang diskutiert worden und Gegenstand einer Reihe von richterlichen Entscheidungen gewesen, zumal den Gerichten in manchen Fällen die Abgrenzung schwierig erschien.

Grundsätzlich ist das Selbständigkeitsproblem interessanterweise zum ersten Mal in der vielzitierten *Manpower*-Entscheidung des Bundesarbeitsgerichtes (BAG) vom 27.4.1980[3] behandelt. Hier war ein früherer Arbeitnehmer der Firma später aufgrund des Franchise-Vertrages zum Franchisenehmer geworden, dessen geringe Einnahmen ihn entsprechend § 92 a HGB dem Einfirmenvertreter gleichstellt. Das BAG betont hier, daß Arbeitnehmer derjenige ist, der eine fremdgeplante, fremdnützige und unter fremder Risikobereitschaft getragene Arbeit nach Weisung eines Dienstberechtigten ausführt, was bei einem Franchisenehmer nicht der Fall sei. So hat auch das OLG Schleswig in der bekannten *Eismann*-Entscheidung vom 27.8.1986[4] die Selbständigkeit eines ambulanten Eisverkäufers anerkannt.

Entscheidend ist für die Annahme der Selbständigkeit des Franchisenehmers in erster Linie die Risikotragung, d.h. die Tätigkeit auf eigene Rechnung und Gefahr. Es kommt

---

2 Vgl. *Wolf/Horn/Lindacher*, AGB-Gesetz 2. Aufl. 1994, Einl. S. 17; RNr. 13, 14, 22 zu § 9 AGBG.
3 Vgl. BB 1980, S. 1471.
4 Vgl. NJW RR 1987, 220.

also auf die unternehmerische Selbständigkeit an. Viel diskutiert wurde der ganze Fragenkomplex im Rahmen der langen Diskussion über die Vertriebsverträge von *Jaques-Weindepot*.[5]

Vielfach sind in der Tat Franchise-Verträge mit Kurierfahrern, Kellnern, Kleintransportern abgeschlossen worden, z.T. um den unangenehmen Verpflichtungen eines Arbeitgebers zu entgehen. Jeder Franchisegeber, der ein seriöses Franchise-System aufbaut, müßte daher die ausreichende Selbständigkeit des Franchisenehmers in dem Franchise-Vertrag klar zum Ausdruck bringen, sonst könnte er sich leicht am Ende eines Rechtsstreits als Arbeitgeber wiederfinden.

Trotz Vorliegen eines Unternehmerrisikos könnte, wie mehrfach angenommen wird, die Selbständigkeit dann nicht bejaht werden, wenn dem Unternehmerrisiko nicht größere Gestaltungsfreiheiten oder Verdienstchancen eingeräumt werden können.[6] Diese Auffassung wird auch von *Wank*[7] vertreten, wonach bei einem solchen Franchisenehmer den Risiken auch entsprechende Chancen gegenüberstehen müssen.

Eine sorgfältige rechtliche Prüfung seines Franchise-Vertrages sollte ein Franchisenehmer daher besonders in Zweifelsfällen einem im Franchise-Recht erfahrenen Rechtsberater übertragen, wenn dieser nicht allein schon den Vertrag zu entwerfen hatte.

3. Gleichgewichtslage im Franchise-Vertrag und die Anwendbarkeit des AGBG

Da erfolgreiches Franchising ein besonderes Vertrauensverhältnis voraussetzt, müssen sich im Franchise-Vertrag **Rechte und Pflichten** in einer Art **Gleichgewichtslage** befinden. Dies ist um so mehr notwendig, wenn der Franchisenehmer, wie in der großen Mehrzahl der Fälle, der wirtschaftlich schwächere Teil ist. Sonst treten leicht Folgen ein, wie sie in Kapitel XXI beschrieben wurden.

Wie schon mehrfach betont wurde, trifft den Franchisegeber eine besondere Verantwortung. In vielen Fällen investiert der Franchisenehmer den größten Teil seiner Ersparnisse und nimmt eventuell auch Kredite auf, um eine gewinnbringende Existenz zu erwerben. Der Franchisegeber darf von dem Franchisenehmer z.B. nicht überhöhte Eintrittsgebühren verlangen und ihm das Risiko des Aufbaues des Franchise-Systems aufbürden, da dieses ganz primär bei ihm selbst liegt. Jegliche unbillige Übervorteilung oder wirtschaftliche Knebelung (z.B. auch bei überhöhten Abnahmepflichten) eines Franchisenehmers kann von der Rechtsprechung als sittenwidrig und daher nichtig angesehen werden (§ 138 BGB).

Noch strikter sind heute die Anforderungen des **AGBG** („Gesetz über die Allgemeinen Geschäftsbedingungen"). Ein Franchise-Vertrag fällt in aller Regel unter dieses Gesetz, weil er vorformulierte Vertragsbedingungen enthält (§ 1). Soweit in Allgemeinen Ge-

---

5   Vgl. hierzu *Weltrich*, DB 1988, S. 806 ff.; *Skaupy*, NJW 1992, S. 1789.

6   Vgl. hierzu die Zusammenfassung der nicht veröffentlichten Entscheidung 3 Sa 50/89 des LAG Hamburg vom 6.2.1990, zitiert in Rundbrief II des *Deutschen Franchise-Verbandes* vom 19.2.1992.

7   „Arbeitnehmer und Selbständige", 1988, S. 281 ff.

schäftsbedingungen Regelungen vereinbart werden, durch die von Rechtsvorschriften abweichende oder diese ergänzende Regelungen getroffen werden, sind sie nach der Generalklausel des § 9 Abs. 1 unwirksam, „wenn sie den Vertragspartner des Verwenders (d.h. des Franchisegebers) entgegen den Geboten von Treu und Glauben unangemessen benachteiligen". Eine solche „unangemessene Benachteiligung" ist nach der Auslegungsregelung von § 9 Abs. 2 im Zweifel hauptsächlich dann anzunehmen, wenn eine Vertragsbestimmung „mit wesentlichen Grundgedanken der gesetzlichen Regelung, von der abgewichen wird, nicht zu vereinbaren ist". Diese Bestimmung gilt auch für Kaufleute, wobei auf die handelsüblichen Gewohnheiten und Gebräuche angemessen Rücksicht zu nehmen ist (vgl. näher § 24 AGBG). Es ist daher durchaus denkbar, daß Vereinbarungen, die nicht unbedingt sittenwidrig sind und möglicherweise auch keine Knebelung beinhalten, auch schon bei weniger gravierenden Fällen die Unwirksamkeit eines Vertrages oder zumindest eines Teiles desselben zur Folge haben können.

Zur Frage der Verantwortung des Franchisegebers hatte schon das Bundesarbeitsgericht am 24.4.1980 in einem über die Bestimmung von § 92 a HGB vor die Arbeitsgerichte gekommenen Rechtsstreit zwischen einem Dienstleistungsunternehmen und einem sog. unechten Franchisenehmer (vgl. Kapitel III) Stellung genommen.[8] Hiernach gehört es zu den Verpflichtungen eines Franchisegebers, die Voraussetzungen für eine Geschäftseröffnung durch den Franchisenehmer zu schaffen und ihn vor Fehlinvestitionen zu bewahren; wer große eigene Sachkunde anpreist, verspricht auch sachkundige Beratung und Bewahrung vor Fehlinvestitionen. Es wird sogar die Meinung vertreten[9], daß mangelnde Beratung des Franchisenehmers den Franchisegeber schadensersatzpflichtig macht. Dies dürfte allerdings vom Einzelfall abhängen und wohl nicht sehr häufig vorkommen (vgl. hierzu auch unten Kapitel XXIV).

Wie wichtig die Beachtung des AGBG ist, ergibt sich neuerdings aus der Entscheidung des BGH vom 12.1.1994 – VIII ZR 165/92 BB 1994 (Heft 13), S. 885 ff. – betreffend die Zulässigkeit von Formularbestimmungen in einem Vertragshändlervertrag der Kfz-Branche. In diesem Urteil hat der BGH eine erstaunlich große Anzahl von Formularbestimmungen in jenem Vertragshändlervertrag aufgrund intensiver Durchleuchtung jeder einzelnen Klausel als Verstöße gegen Bestimmungen des AGBG angesehen und hat die entsprechenden Klauseln für unwirksam erklärt.

4. Das Schriftformerfordernis für Franchise-Verträge nach § 34 GWB (Kartellgesetz)

Eines der wichtigsten Erfordernisse bei Abschluß eines Franchise-Vertrages ist die Beachtung der Schriftform. In aller Regel enthält ein Franchise-Vertrag neben anderen wettbewerbsrelevanten Bindungen Vertriebsbindungen und Ausschließlichkeitsbindungen, welche die in § 34 GWB festgelegten Grundsätze beachten müssen. Andernfalls kann der Vertrag sich später bei genauerer Betrachtung als nichtig gemäß §§ 125, 126 BGB herausstellen – eine Folge, die häufig für beide Vertragspartner mit sehr unangenehmen Folgen begleitet sein kann, wenn sie nämlich dann verpflichtet sind, das

---

8   3 AZR 911/77 – AP § 84 HGB Nr. 1.
9   Vgl. *Schaub*, Arbeitsrechtshandbuch, 7. Aufl., München 1992, § 36 V., § 57 II.1.

ganze Vertragswerk „rückabwickeln" zu müssen.[10] Die schriftliche Form kann lediglich durch eine notarielle Beurkundung ersetzt werden, ein Weg, der sich bei komplizierten Vertragswerken empfehlen könnte.

Die Bestimmung des § 34 GWB wirft aber, wie die Praxis gezeigt hat, eine Reihe von Zweifelsfragen auf. Diese Gesetzesbestimmung bezieht sich auf „Beschränkungen" der in den §§ 16 (Preisbindungen), 18 (Ausschließlichkeitsbindungen), 20 (Lizenzverträge) und 21 (Verträge über nicht geschützte Leistungen) genannten Art. Es genügt, so heißt es in Satz 3 des § 34, wenn die Beteiligten Urkunden unterzeichnen, die auf „einen schriftlichen Beschluß, auf eine schriftliche Satzung oder auf eine Preisliste Bezug nehmen". Diesem Schrifterfordernis genügt es mithin, wenn z.B. auf eine Preisliste Bezug genommen wird, die den Umfang der Alleinbezugsverpflichtung des Franchisenehmers klarstellt.

Hier können die in der Rechtsprechung für die Bierlieferungsverträge entwickelten Grundsätze zur Anwendung kommen. Es genügt dann, wenn auf die jeweils gültige Preisliste des Franchisegebers Bezug genommen wird, d.h. diese Bezugnahme erfaßt auch die allfälligen Änderungen einer solchen Preisliste.

Diese Grundsätze sind neuerlich in der BGH-Entscheidung vom 30. September 1992[11] erneut betont worden. Der BGH hat wiederum herausgestellt, daß bei Alleinbezugsverpflichtungen, wie sie namentlich auch in Franchiseverträgen häufig vorkommen, die Schriftform unverzichtbar ist und zwar bezüglich des Inhalts wie auch sämtlicher Nebenabreden, die für die Entscheidung der Gerichte und Kartellbehörden von Bedeutung sein könnten. Zu beachten ist ferner, daß allgemeine Liefer- und Zahlungsbedingungen, die der Franchisenehmer verwenden will, bei Vertragsabschluß in schriftlicher Form vorliegen müssen. Eine bloße Erwähnung genügt nicht, sie müssen dem Franchisenehmer bei Vertragsabschluß zugänig sein. Das dürfte auch bei anderen Nebenabreden der Fall sein, eventuell sogar für einen Mietvertrag, ohne welchen der Franchisevertrag nicht praktikabel wäre.[12]

Fehlt die häufig gebrauchte Bezugnahme auf die Preisliste, so ist der Franchise-Vertrag aber dann nicht nichtig, wenn in dem schriftlichen Vertragstext die Parteien tatsächlich keine oder nur allgemeine Preisregelungen getroffen haben (vgl. *Bechtold*, Kartellrecht, 1993, Anm. 8 zu § 34 GWB). Ferner kann die Schriftform auch die Richtlinien erfassen, die in dem Franchise-Vertrag erwähnt werden. Dies gilt aber nur dann, wenn sie nicht zusätzliche Rechte und Pflichten begründen, sondern lediglich die im Franchise-Vertrag festgelegten und damit rechtswirksam begründeten Pflichten kommentieren bzw. erklären.[13]

Wie weit kann das Schriftformerfordernis für die einzelnen Bindungen und Beschränkungen gelten? Neben den Bezugsbindungen selbst und der Verpflichtung zur Beachtung von allgemeinen Weisungen des Franchisegebers, der Durchführung von Kontrollen des Franchisegebers bezüglich der Systemanwendung, den Wettbewerbsverboten, der Nebentätigkeitsverbote, der Teilnahme an Schulungen, der Zahlung von Gebühren, der Kündigungsbestimmungen, kurz alles, was den jeweiligen Franchisevertrag aus-

---

[10] Vgl. NJW 1993, 64 = BB 1992, 2241.
[11] Vgl. BGH 72, 371 ff.
[12] Vgl. *Flohr*, franchise report 1/1993, S. 17 ff.
[13] Vgl. auch *Oehl/Reimann*, Münchener Vertragshandbuch, 3. Aufl., Kap. VI.1., Ziff. 27.

macht, wobei manche Verträge loser konstruiert sind als andere. Man kann nach heutiger Praxis davon ausgehen, daß es bei allen Richtlinien und Vertragspflichten, soweit sie ausdrücklich in den Vertrag mit einbezogen sind, ausreichend ist, wenn sie durch ausdrückliche Bezugnahme in den Vertrag einbezogen sind.[14] Das bedeutet mithin, daß Bindungen, welche sich weder direkt im Vertrag befinden noch in diesem in Bezug genommen sind, nicht Teil des Vertrages werden können.

---

[14] Vgl. BGH NJW 85, 1895.

XXIII. Die wesentlichen Bestimmungen eines Franchise-Vertrages

1. Die Bedeutung der Präambel

In der Mehrzahl der Franchise-Verträge (mit Ausnahme der ganz einfachen) findet sich ein Vorwort oder eine Einleitung, meist **Präambel** genannt, in welcher die charakteristischen Grundlagen und Merkmale des Systems unter Angabe seines Tätigkeitsbereichs und seiner Methoden dargelegt sowie die Schutzrechte des Franchisegebers aufgeführt werden. Diese Angaben sollten so präzise wie möglich sein, damit kein Zweifel darüber bestehen kann, welche Bestandteile das vom Franchisegeber dem Franchisenehmer angebotene Leistungspaket umfaßt. Die Präambel enthält zweckmäßigerweise die nachfolgenden Angaben:

- Die gewerblichen Schutzrechte (Warenzeichen, Patente, Muster etc.), die dem Franchisenehmer zum Gebrauch überlassen werden unter Angabe der entsprechenden Nummern der Eintragungen bzw. Anmeldungen zu der Zeichenrolle, Patentrolle, Gebrauchsmusterrolle bzw. dem Musterregister;
- soweit Rechte des Franchisenehmers nicht eintragungsfähig sind – sowie neben dem Namen die geschäftlichen Kennzeichnungen (Logo), Geschäftsabzeichen, Ausstattungen, Farben, Farbkombinationen u.a.m. – ihre genaue, Verwechslungen ausschließende Beschreibung;
- die weiteren charakteristischen Merkmale, die das spezifische Leistungspaket bilden und an welchem dem Franchisenehmer Gebrauchsrecht gewährt werden, namentlich das betriebliche und technische Erfahrungswissen (Know how); hierbei sollten die zu vertreibenden Produkte und Dienstleistungen so genau wie möglich angegeben werden, damit kein Zweifel über den Umfang der Vertragserzeugnisse bzw. der Dienstleistungen entstehen kann.
- das spezielle Organisations-, Marketing- und Werbekonzept;
- die laufende Unterstützung des Franchisenehmers einschließlich der später näher zu bezeichnenden Dienstleistungen des Franchisegebers;
- die Lehrgänge und Seminarkurse, die dem Franchisenehmer und gegebenenfalls seinen leitenden Mitarbeitern in technischen, kommerziellen, betriebswirtschaftlichen und verkaufsfördernden Problemen geboten werden.

Die Darlegung dieser Systemmerkmale und Dienstleistungen des Franchisegebers ist empfehlenswert, um rechtliche Klarheit unter den Franchisepartnern und im Hinblick auf die Rechtsposition des Systems gegenüber Konkurrenten zu schaffen. Ferner ist die Aufnahme einer Formulierung dahingehend zweckmäßig, daß der Franchisenehmer Gelegenheit zum eingehenden Studium und zur Überprüfung des Vertragstextes nebst den dazugehörigen Fakten und Ziffern hat.

2. Die Gewährung der Franchise-Rechte

Die Gewährung der Franchise-Rechte bildet den logischen Anfang und den Grundstock der eigentlichen Vertragsbestimmungen, die u.a. folgendes enthalten sollten:

- dic Gewährung der Franchise und die Art und Weise ihrer Nutzung;
- die genaue Festlegung und Abgrenzung des territorialen Vertragsgebietes, ggf. die Vereinbarung einer Exklusivität (hier sind kartellrechtliche Fragen zu beachten);
- die Angabe des Ortes, an dem die Franchise ausgeübt wird bzw. sich die Verkaufsstelle des Franchisenehmers befindet; bei ambulant tätigen Franchisenehmern sind entsprechende Angaben zweckmäßig, evtl. erforderlich;
- der Hinweis, daß der Franchisegeber immer seine Zustimmung zu der Wahl der Geschäftsräume geben muß;
- die Feststellung der Rechtsstellung des Franchisenehmers als selbständigem Kaufmann, der im eigenen Namen und für eigene Rechnung handelt;
- die Angabe, in welchem Maße und in welcher Form der Franchisenehmer Marke, Namen oder sonstige Kennzeichen des Franchisegebers gebrauchen darf und muß;
- die Feststellung, ob und inwieweit der Franchisenehmer die Marke oder Kennzeichen des Franchisegebers in den Namen seiner Firma aufnehmen darf (meist keinesfalls zu empfehlen);
- ein eventuelles Wettbewerbsverbot für die Dauer des Vertrages und die Geheimhaltungpflicht des Franchisenehmers sowie die nachvertraglichen Konkurrenzklauseln.

Dies ist naturgemäß keine erschöpfende Aufzählung, da eine solche bei der Verschiedenartigkeit der Franchise-Systeme nicht möglich ist.

3. Die einzelnen Rechte und Pflichten der Vertragsparteien

Das **Geflecht der Rechte und Pflichten der Vertragspartner** bildet vom Praxisstandpunkt aus das Kernstück des Vertrages. Sie enthalten zusammengefaßt eine Aufzählung der beiderseitigen Rechte und Pflichten im Einklang mit dem Franchise-Paket, wobei Einzelheiten rein ausführenden Charakters im technischen Betriebshandbuch bzw. in Richtlinien und Instruktionen festgehalten werden. Dieser Komplex von Vertragsklauseln sollte im allgemeinen folgende Fragen behandeln, bei welchen die hier aufgeführten einzelnen Pflichten der Partner den jeweiligen Rechten der anderen Partei entsprechen.

Zu den **Pflichten des Franchisegebers** entsprechend dem Leistungspaket gehören folgende:

- die Übertragung des dem Franchisenehmer im Franchise-Paket zugesicherten Know-hows bei der laufenden Unterstützung und Beratung des Franchisenehmers bei der Betriebsführung;
- die Hilfe bei der Einrichtung des Betriebes, evtl. die schlüsselfertige Erstellung desselben;
- die Ausbildung und Fortbildung des Franchisenehmers und evtl. einiger Mitarbeiter;
- die Werbungs- und Verkaufsförderungsmaßnahmen;
- die rechtzeitige und korrekte Lieferung vertragskonformer Produkte, Apparaturen und Ersatzteile auf der Grundlage eines zeitentsprechenden Warenwirtschaftssystems.

Dem stehen folgende **Pflichten des Franchisenehmers** gegenüber:

*   die Beachtung der im Betriebshandbuch und sonstigen Ausführungsbestimmungen enthaltenen Grundsätze für die Einrichtung und Führung des Franchise-Betriebes;
*   den Beauftragten des Franchisegebers bei ihrem Besuch die von diesen gewünschten Auskünfte zu geben und Einsichten in die Geschäftspapiere zu gestatten sowie die von diesen oder unmittelbar vom Franchisegeber empfohlenen Maßnahmen durchzuführen;
*   die Ausbildungskurse und Folgeseminare selbst und ggf. mit den leitenden Mitarbeitern zu besuchen;
*   die empfohlenen Werbe- und Verkaufsförderungsmaßnahmen durchzuführen und die eigene Lokalwerbung zu betreiben;
*   die Wahrung des System-Images durch mit dem Franchisegeber abgestimmte Maßnahmen;
*   die Leistung von Zahlungen, namentlich der Franchise-Gebühren.

Die Aufzeichnungen dieser gegenseitigen Verpflichtungen, welche dem Einzelfall angepaßt sein müssen, sollte mit besonderer Gewissenhaftigkeit erstellt werden. Dadurch können spätere Unklarheiten und mögliche Streitigkeiten auf ein Mindestmaß reduziert werden.

4. Die Mindestabnahmepflicht

In diesem Zusammenhang sei noch eine besondere, häufig in Franchise-Verträgen zu findende Verpflichtung des Franchisenehmers erwähnt, nämlich die sog. **Mindestabnahmepflichten**. Diese sind in neuerer Zeit insoweit unter Beschuß gekommen, als derartige Regelungen von öffentlichen Kreditinstituten, an welche sich Franchisenehmer wegen der Finanzierung ihrer Investitionen gewandt haben, beanstandet wurden. Es wurde gesagt, daß dies eine zu starke Bindung des Franchisenehmers im Gefolge habe und seine wirtschaftliche Selbständigkeit als fragwürdig erscheinen läßt, so daß ein Kredit nicht bewilligt werden könne.

Hierzu ist zu sagen, daß die Mindestabnahmepflichten bei Vertragshändlern, bei denen ja eine stärkere Selbständigkeit als bei Franchisenehmern gegeben ist, seit langen Jahren praktiziert werden.[1] Mindestabnahmepflichten haben ihren guten wirtschaftlichen Sinn. Einmal handelt es sich häufig nur um Vorausschätzungen, an denen sich die Bestellungen des Franchisenehmers orientieren sollen, weiterhin sollen sie ein Ansporn sein, den Umsatz in vertretbarem Maße zu erhöhen, was selbstverständlich im Interesse beider Parteien liegt. Natürlich dürfen die festgesetzten Mindestmengen, die häufig abgestuft sind, nicht überhöht und unbillig sein. Hiergegen kann sich der Franchisenehmer mit den üblichen Mitteln ausreichend zur Wehr setzen. Auch die Festlegung einer außerordentlichen, mit angemessener Frist versehenen Kündigungsmöglichkeit ist keineswegs bedenklich oder etwa ipso iure sittenwidrig. Naturgemäß sollte eine Mindestabnahmepflicht so festgelegt und formuliert werden, daß sie dem Kooperations- und Vertrauensverhältnis der Franchise-Parteien entspricht und die geschäftliche Selbständigkeit des Franchisenehmers nicht beeinträchtigt.

---

[1] Vgl. *Peter Ulmer*, Der Vertragshändler, München 1969, S. 112 ff.; ferner *Stumpf*, a.a.O., RNr. 28 ff.

5. Zahlungen und Gebühren

Wie schon in Kapitel XVIII hervorgehoben, hat der Franchisenehmer für die verschiedenen Leistungen des Franchisegebers verschiedene **Entgelte** zu bezahlen, die wegen ihres bestimmten Zweckes klar auseinandergehalten werden müssen. Es sind dies Abschluß- bzw. Eintrittsgebühren und laufende Gebühren für die Dienstleistungen des Franchisegebers. Bei beiden Kategorien ist die Kalkulation häufig kompliziert, denn sie müssen dem besonderen Fall angepaßt sein. Vorauszuschicken ist bezüglich der Abschlußgebühr, daß sie nicht mit der Investition des Franchisenehmers für die Einrichtung des Betriebes und für einen Anfangsbestand von Waren zu verwechseln ist. Die hierfür erforderlichen Summen sind zwar vom Franchisenehmer üblicherweise etwa zum gleichen Zeitpunkt wie die Abschlußgebühr zu entrichten, sind aber kein Entgelt für die Gewährung der Franchise-Rechte.

Die Abschluß- bzw. Eintrittsgebühr soll, abgesehen von dem Entgelt für die Franchise, hauptsächlich eine angemessene Beteiligung des Franchisenehmers für die häufig sehr hohen Kosten der Planung und des Aufbaus des Systems darstellen, an dem der Franchisenehmer durch die ihm eingeräumten Rechte profitiert. Es wird fast immer zu empfehlen sein, diese Gebühr zu verlangen, um den Franchisenehmer „festzunageln", denn mit einem solchen „down payment" wird er kaum geneigt sein, bald wieder „abzuspringen", wenn er es sich plötzlich wieder anders überlegt hat. Es ist auch zu erwägen, diesen Betrag als nicht rückzahlbar oder nur zur Hälfte bzw. in einem anderen Verhältnis rückzahlbar zu erklären, um „unsichere Kantonisten" von vorneherein fernzuhalten.

Die Höhe der Abschlußgebühr sollte der Bedeutung des Systems entsprechen. Bei größeren Systemen kann etwa ein Satz von zehn, ja zwölf Prozent und evtl. erheblich mehr von der übrigen Gesamtinvestition angemessen sein, bei kleineren ist eine starke Variation in der Praxis festzustellen. Gelegentlich wird auch keine Abschlußgebühr oder nur eine sehr geringe verlangt. Dies kann sinnvoll sein, wenn der Franchisenehmer anfangs nicht zu stark belastet sein soll und dafür später etwas höhere laufende Gebühren zu zahlen hat. Auch ein schon bestehendes größeres System, eventuell bisher nur auf Filialbasis operierend, bei dem der größere Teil der Planungs- und Systemaufbaukosten schon amortisiert sind, kann möglicherweise auf eine Abschlußgebühr verzichten. Jegliche Besserstellung oder Diskriminierung einzelner Franchisenehmer sollte dabei vermieden werden.

Was laufende Gebühren anbetrifft, so sollen sie neben einer Abgeltung für die Gewährung der Franchise-Rechte hauptsächlich als Entgelt für die oft sehr erheblichen Dienstleistungen gezahlt werden. Der Franchisegeber muß sie laufend erbringen, um das System mit allen seinen Vertriebsstellen profitabel zu erhalten und die heute immer häufiger notwendigen Innovationen zu planen und einzuführen.

Die Höhe der laufenden Gebühren ist sehr unterschiedlich, auch weil die zentralen Werbungskosten der Systemzentrale teilweise mit eingerechnet, teilweise gesondert ausgewiesen werden. Sie können sich zwischen einem und zehn Prozent des Umsatzes des Franchisenehmers bewegen. Diese Berechnung ist die bei weitem gebräuchlichste und auch klarste. Hierbei können die Gebühren, falls es sich um eine Waren-Franchise handelt und keine exklusive Bezugspflicht besteht, primär nach dem Umsatz des Franchisenehmers mit den nur vom Franchisegeber gelieferten Produkten berechnet werden, sie können aber auch in besonderen Fällen ganz oder teilweise die Umsätze umfassen, die auf Verkäufen von Waren beruhen, die von dritten Lieferanten stammen. Die Regelung sollte für beide Teile angemessen sein.

Zur Höhe der Gebühren läßt sich allgemein sagen, daß die Berechnung überhöhter Gebühren, denen kein angemessener Gegenwert an Leistung des Franchisegebers gegenübersteht, sich für den Franchisegeber als schädlich erweisen kann. Der Franchisenehmer wird notfalls die Herabsetzung auf ein angemessenes Maß verlangen können. Sehr leicht führt dies auch zum Zerfall des Systems.

Wie bei den Abschlußgebühren, so sind auch gelegentlich die laufenden Gebühren in dem Preis der von dem Franchisenehmer zu beziehenden Waren einkalkuliert, was – neben größerer Einfachheit für die Buchhaltungen – den Vorteil haben kann, daß jegliche Diskussion über Angemessenheit und Höhe der Berechnung vermieden wird. Allerdings wird die Kalkulation der Waren- und Abgabepreise des Franchisegebers aus der Sicht des Franchisenehmers dann wenig durchsichtig. Die Methode der Einkalkulierung der Gebühren in die Warenpreise des Franchisegebers dürfte in der Praxis nur dort praktikabel sein, wo der Franchisenehmer weitgehende Bezugsbindungen gegenüber dem Franchisegeber hat. Bekannte Fälle sind einige Franchisen französischen Ursprungs, z.B. *Rodier, Pingouin, Jacadi.*

Eine in Deutschland selten praktizierte Methode ist, die laufenden Gebühren offen auf die Bezugspreise aufzuschlagen, die der Franchisenehmer dem Franchisegeber für die gelieferte Ware zu entrichten hat (Cost-Plus-System). Dieser Weg ist wohl nur bei größeren nicht zu beanstandenden Bezugsbindungen zu empfehlen.

Eine häufig auftretende Frage ist es, ob und in welchem Umfang eine Eintrittsgebühr **zurückverlangt** werden kann, wenn der Franchise-Vertrag aus dem einen oder anderen Grund vorzeitig endet. Wie bereits dargelegt, stellt die Eintrittsgebühr in einem Franchise-System einen wesentlichen Beitrag zu den Vorlaufkosten eines Franchisegebers dar, der für die Erstellung des gesamten Systems erhebliche Kosten aufwenden mußte. Mit dem Abschluß des Franchise-Vertrages hat es der Franchisenehmer übernommen, ein Entgelt bezüglich der auf ihn entfallenden Vorlaufkosten des Franchisegebers zu erbringen. Das nun oft unversehen schnelle Ende des Vertrages kann eigentlich hieran nichts ändern, jedoch profitiert der Franchisenehmer von den Leistungen des Franchisegebers inzwischen jedenfalls zu einem größeren oder kleineren Teil, weswegen es ungerecht wäre, wenn ihm die gesamte Gebühr erstattet würde. Ein angemessener Teil wird wohl im Einzelfall der Billigkeit entsprechen.

Im Falle des Widerrufs des Vertrages durch den Franchisenehmer, insbesondere wegen unterlassener Belehrung über sein Widerrufsrecht (vgl. Kapitel XXV), gilt der Vertrag als nicht geschlossen, und die Abwicklung erfolgt nach Bereicherungsrecht.[2] Andererseits müßte der Franchisegeber einen Gegenanspruch für die Betreuung des ehemaligen Franchisenehmers haben, z.B. die Übermittlung des Know-how, die Unterstützung, die Ausbildung etc. In einem ähnlichen Fall hat nach Mitteilung von *Flohr*[3] ein Gericht dem Franchisegeber eine gemäß § 287 ZPO zu schätzende Lizenzgebühr zugesprochen.

---

2   Vgl. BGH BB 1990, 2216 – NJW 1991, S. 105.
3   So LG Braunschweig in einem unveröffentlichten Urteil vom 23.9.1992 - 2 0 525/92, zitiert bei *Flohr*, „Aktuelle Entwicklungstendenzen in der Rechtsprechung zu Franchise-Verträgen", TAP 1994, S. 37.

6. Die Laufzeit von Franchise-Verträgen und ihre Kündigung

Die **Laufzeit von Franchise-Verträgen** hängt von mehreren Faktoren ab, von dem Geschäftszweig, der Art des Geschäftes (Großhandel, Einzelhandel, Handwerk, Charakter der Dienstleistung), den persönlichen Wünschen und Verhältnissen der Beteiligten, der Höhe der Investition des Franchisenehmers, den Finanzierungsmöglichkeiten u.a.m. Wenn der Kapitaleinsatz des Franchisenehmers erheblich ist, wie bei Hotel-Franchisen, gewissen gastronomischen Franchisen, größeren Heimwerker-Märkten etc., so wird man ihm einen langfristigen Vertrag anbieten müssen. Sonst müßte er mit der Möglichkeit rechnen, nach relativ kurzer Zeit, vielleicht sogar unter Verlust, aus dem System ausscheiden und sich geschäftlich neu orientieren zu müssen. Bei längerfristigen Verträgen werden gelegentlich Währungs- bzw. Wertsicherungsklauseln notwendig sein.

An dieser Stelle ist eine neuerdings vielfach erörterte Kontroverse zu erwähnen, wonach Franchise-Verträge als „Dauerschuldverhältnisse" aufgrund von § 11, Nr. 12a AGBG höchstens eine Laufzeit von zwei Jahren haben dürfen.[4] Bei wortgetreuer Anwendung dieser Gesetzesbestimmung würde man in der Tat zu einem solchen, allerdings absurden Ergebnis kommen. Zunächst ist der § 11 Nr. 12a AGBG auf den Schutz des normalen Endverbrauchers abgestellt, und seine Anwendung auf zwangsläufig längerfristige Verträge des Wirtschaftsverkehrs kann keinen Sinn ergeben. Wie *Erdmann* mit Recht ausführt, hat noch niemand daran gedacht, Mietverträge über Telefon-Nebenstellenanlagen oder über Bierlieferungsverträge, die in vielem den Franchise-Verträgen ähneln, dem § 11 Nr. 12a des AGBG zu unterstellen. Insbesondere der *BGH* hat mehrfach bei Bierlieferungsverträgen eine Laufzeit von zehn Jahren akzeptiert.[5] Das heißt nicht, daß ggf. eine längere Vertragsdauer einer Unangemessenheitskontrolle unterliegen kann, aber man denke nur an Management- oder Franchise-Verträge über Hotels, die gelegentlich auf eine Laufzeit von zwanzig Jahren abgestellt sind.

Noch ein anderer Punkt spricht für die Nichtanwendbarkeit von § 11 Nr. 12a des AGBG auf Franchise-Verträge. Diese Bestimmung ist gemäß § 24 Ziff. 1 AGB-Gesetz nicht gegenüber einem Kaufmann anzuwenden, wenn der Vertrag zum Betrieb seines Handelsgewerbes gehört. Hier wird man davon ausgehen können, daß „zum Betrieb eines Handelsgewerbes" der Abschluß eines Franchise-Vertrages gehört, wenn der Franchisenehmer in der Aufbau- und Expansionsphase seine Kaufmannseigenschaft erwirbt.[6] Grundlagengeschäfte, durch die der Erwerber bzw. Gründer erst Kaufmann wird, können nach der Vermutung des § 344 HGB als zum Betrieb seines Handelsgewerbes gehörig angesehen werden.

- In der Praxis sind Verträge zwischen einem und zehn Jahren die häufigsten, mit dem Akzent auf drei und fünf Jahren. Im Falle von größeren und Groß-(Investitions-)Franchisen dürfte die niedrigste Grenze bei zehn und die oberste bei zwanzig Jahren liegen. Darüber hinaus werden zu langfristige Bindungen von der Rechtsprechung nicht geschützt; die Gerichte neigen zur Herabsetzung der Dauer.[7]

---

4 Vgl. *Erdmann* und *Schultz* in „franchise report" Nr. 1/1992.

5 Vgl. NJW 1985, 55 - 1983, 159.

6 So *Erdmann*, a.a.O., S. 18; OLG Oldenburg NJW - RR 1989, 1091; a.A. OLG Koblenz NJW 1987, 74.

7 Vgl. z.B. bei langfristigen Bierbezugsverträgen *Palandt*, Anm. 5c zu § 138 BGB mit Rechtsprechungsangaben.

- Die Zeitdauer des Vertrages sollte möglichst immer festgelegt werden, um beiden Parteien die notwendigen geschäftlichen Dispositionen zu gestatten. Bei manchen Systemen, bei denen der Franchisegeber aus mancherlei Gründen noch nicht über längere Erfahrung verfügt und der Erfolg und die Dauer der Entfaltung des Systems schwer vorauszusehen ist, wird häufig aber auch keine Dauer vereinbart; allerdings sollte eine ordentliche Kündigungsfrist (etwa drei Monate zum Quartalsschluß) festgelegt werden, um ein ordnungsgemäßes Ausscheiden nicht zu erschweren. Damit es nicht gleich zu Kündigungen kommt, dürfte es sich dann empfehlen, etwa im ersten Jahr keine Kündigung zuzulassen.

- Falls es sich nicht um Klein-Franchisen mit minimalem Kapitaleinsatz oder sogar Mini-Franchisen (vgl. hierzu Kapitel IV.7) handelt, sollten ordentliche Kündigungsfristen nicht zu kurz bemessen sein, etwa drei oder sechs Monate zum Quartalsschluß. Bei größeren Franchisen sollte diese Frist allerdings länger sein, da auch und gerade bei ihnen das Ausscheiden aus einem System für beide Teile eine erhebliche Zäsur darstellt.

- Außerordentliche Kündigungsfristen sollten bei Vorliegen besonderer Umstände vorgesehen werden, z.B. die mangelnde Rentabilität des Franchise-Betriebes (verschuldet oder unverschuldet), völlig oder partielle Erwerbsunfähigkeit des Franchisenehmers, sonstige grundlegende Veränderungen der Geschäftsgrundlage oder Entzweiung bzw. Störung des Vertrauensverhältnisses zwischen den Parteien, ohne daß ein handfester „wichtiger Grund" vorliegt. Auch das starke Absinken der Umsatzziffern des Franchisenehmers kann hierunter fallen, falls die Weiterführung der Franchise sich letztlich zu einer Belastung des gesamten Systems einwickelt.

Vorzuschlagen wäre hier die jederzeitige Kündigung mit einer Frist von drei bis sechs Monaten zum Monatsende. Wohlüberlegte Regelungen für den Fall des Ablebens des Franchisenehmers sollten möglichst bei jeder Franchise getroffen werden, zumal wenn diese in besonderem Maße auf die Persönlichkeit des Franchisenehmers abgestellt ist.

- Eine fristlose Kündigung aus „wichtigem Grunde" ist bei Dauerschuldverhältnissen in langjähriger Rechtsprechung anerkannt. Naturgemäß ist der Begriff „wichtiger Grund" auslegungsfähig, und ein jederzeit anwendbarer Katalog existiert nicht. Bei der Beurteilung, ob ein wichtiger Grund vorliegt, bedarf es stets nach ständiger, erneut bekräftigter Rechtsprechung des *BGH*[8] „einer Gesamtwürdigung der besonderen Umstände des einzelnen Falles und einer Abwägung der Interessen beider Vertragsteile". Daher sollten in dem Vertragstext bestimmte „wichtige Gründe" besonders aufgeführt werden, u.a. schwere Vertragsverletzungen (die bei den jeweiligen Systemen verschiedenartig sein und spezifiziert werden können), der Antrag auf Eröffnung des Konkurs- oder Vergleichsverfahrens bei einem Partner, die Zahlungseinstellung, Zwangsvollstreckungen, die dem Image des Systems schaden. Solche wichtige Gründe, die immer im Kündigungsschreiben angegeben werden sollen, können naturgemäß auf beiden Seiten vorliegen. Ein wichtiger Grund liegt jedenfalls immer dann vor, wenn das Festhalten an dem Vertrag der anderen Partei nicht mehr zuzumuten ist.

- Das Recht der fristlosen Kündigung muß in angemessener Zeit ausgeübt werden. Ein nicht gerechtfertigtes, zu langes Warten läßt die Kündigung als nicht mehr rechtzeitig erscheinen. Das hat der *BGH* in neuerer Zeit nochmals anläßlich eines

---

8   *BGH* vom 6.3.1986 DB 1986, 1271; vgl. ferner *Palandt*, Anm. 4F zu § 242 BGB.

Rechtsstreits um den Franchise-Vertrag des Restaurationssystems von *McDonald's* in einer Entscheidung vom 3. Oktober 1984 herausgestellt.[9]

Ist die fristlose Kündigung durch ein Verhalten entweder des Franchisegebers oder des Franchisenehmers zu vertreten, so stehen dem kündigenden Teil Schadensersatzansprüche zu, und zwar analog aus § 89a Abs. 2 HGB, wie auch wegen positiver Vertragsverletzung entsprechend §§ 280, 286, 325, 326 BGB.[10]

7. Die Rechtsfolgen einer fristlosen Kündigung

Rechtsfolgen bei einer fristlosen Kündigung können vielfältig sein, wobei sie sowohl bei Franchisegeber wie Franchisenehmer verschieden, auch gleichartig sein können. So kann die Partei, die Anlaß zur fristlosen Kündigung gegeben hat, wegen unerlaubter Handlung nach § 823 BGB ggf. unter dem Gesichtspunkt des Eingriffs in das Recht am eingerichteten und ausgeübten Gewerbebetrieb, evtl. sogar gemäß § 826 BGB wegen sittenwidriger, vorsätzlicher Schädigung, z.B. planmäßiger Schadenszufügung, auf Schadensersatz in Anspruch genommen werden.[11]

Auf der anderen Seite kann eine fristlose Kündigung sich auch auf seiten des Kündigenden als positive Vertragsverletzung darstellen, wenn letzterem ein Verschulden trifft. Wird dem Franchisenehmer der Vertrag vom Franchisegeber wegen schuldhaften Verhaltens gekündigt, so hat er ein nachvertragliches Wettbewerbsverbot zwar weiterhin zu beachten, hat aber analog § 90a Abs. 2 Satz 2 HGB keinen Anspruch auf eine Karenzentschädigung. Kündigt hingegen der Franchisenehmer bei schuldhaftem Verhalten des Franchisegebers, so kann er sich gemäß § 90a Abs. 3 HGB binnen einem Monat nach der Kündigung schriftlich von dem Wettbewerbsverbot lossagen.

8. Die Beendigung des Vertrags mit seinen Folgen

Wie langjährige Erfahrungen erkennen lassen, sind die im Zusammenhang mit der **Beendigung des Vertrages** verbundenen Probleme sehr vielfältig und häufig unerfreulich für die Partner. Eine Reihe von Fragen sind im Vertrage, wenn möglich, festzulegen:

- die Regelung der sofort notwendigen Folgen des Vertragsendes (keine Weiterbenutzung von Marke etc., Herausgabe von Unterlagen);
- die genaue Regelung der Übernahme des Betriebes durch den Franchisegeber (bzw. einem von diesem benannten Dritten), falls dies vorgesehen ist;
- die Übernahme des Geschäftslokals des Franchisenehmers;
- die Übernahme der Geschäftseinrichtung und des Warenbestandes, sowie die Modalitäten der Bewertung und Bezahlung;
- die Frage eines evtl. Entschädigungsanspruches des Franchisenehmers für die Überlassung des Kundenstammes;

---

[9] Vgl. *BGH*, DB 1985, 34 ff.
[10] So auch *Liesegang*, Der Franchisevertrag, Heidelberg, 1990.
[11] Vgl. *BGH* 1969, 2046; *Flohr*, Handbuch, S. 10 m.w.N.

- die evtl. Möglichkeit eines Verkaufs des Franchise-Betriebes durch den Franchisenehmer an einen Dritten, auch ohne Kündigung;
- die Einräumung eines Vorverkaufsrechts für den Franchisegeber;
- das Problem des Ausgleichsanspruches des Franchisenehmers entsprechend den Vorschriften von § 89b HGB;
- die Vereinbarung einer nachvertraglichen Wettbewerbsabrede.

In jedem Franchise-Vertrag sollte vorgesehen werden, daß der Franchisenehmer ab Vertragsende den **Gebrauch von Marke**, Namen und sämtlicher irgendwie gearteter Kennzeichen des Systems mit sofortiger Wirkung **einzustellen** hat. Auch die Rückgabe aller systemeigenen Unterlagen, besonders soweit sie das Know-how und etwaige Geheimrezepte etc. betreffen, des Betriebshandbuches und der internen Informationen, muß dem Franchisenehmer zur Pflicht gemacht werden. Die Beachtung dieser Vertragsklauseln, die für die Erhaltung des Images des Systems von erheblicher Bedeutung ist, sollte durch eine der Höhe nach ausreichende, aber nicht überzogene Vertragsstrafe (Konventionalstrafe) abgesichert werden.

Entsprechend der Vielzahl der möglichen Situationen bei der Vertragsbeendigung ist eine **befriedigende Auseinandersetzung** der bisherigen Partner von einer Reihe von Faktoren abhängig. Hierbei stehen sich im wesentlichen zwei Interessen-Komplexe gegenüber: Der Franchisegeber wird üblicherweise, wenn auch nicht immer, an der Erhaltung oder Weiterführung des Franchise-Betriebes durch sich selbst oder einen von ihm gewünschten neuen Franchisenehmer interessiert sein; der bisherige Franchisenehmer hingegen kann verschiedene Ziele im Auge haben, z.B. das Geschäftslokal (falls er noch einen längeren bzw. mit Sicherheit zu verlängernden Mietvertrag hat oder selbst Eigentümer ist) für eine andere Geschäftstätigkeit zu benutzen oder die Räume aufgeben (um sie evtl. einem Nachfolger zu überlassen), keinerlei vergleichbare Geschäftstätigkeit zu betreiben oder aber ein Geschäft derselben Branche außerhalb und an einem anderen Ort zu eröffnen (falls keine nachvertragliche Wettbewerbsklausel existiert oder er sich außerhalb des Gültigkeitsbereiches derselben weiter betätigen will). Es kommt dabei nicht immer, aber gelegentlich darauf an, von wem die Kündigung ausgeht, ob sie ordentlich, außerordentlich oder fristlos ausgesprochen wurde.

Dieser Vielfalt von Lösungsmöglichkeiten sollte der Franchise-Vertrag Rechnung tragen, wobei von verschiedenen allgemeinen Grundsätzen auszugehen ist.

Der Franchisenehmer hat in der Regel unter für seine Verhältnisse erheblichen Investitionen (häufig durch belastende Kredite ermöglicht) und persönlichen Einsatz (oft unter Mithilfe von Familienmitgliedern) einen Geschäftsbetrieb unter Marke und Namen des Franchisegebers aufgebaut. Bei seinem Ausscheiden muß, auch unter Berücksichtigung seiner im Geschäft investierten Kapitalien, eine für beide Teile akzeptable und angemessene Auseinandersetzung gefunden werden, die dem kooperativen Vertrauensverhältnis der Partner entspricht. Dabei ist es im Prinzip nicht entscheidend, von welchem Partner die Kündigung ausgegangen ist und welche Gründe hierfür maßgebend waren. Spezielle Lösungen können bei einer fristlosen Kündigung notwendig werden. In welchem Fall etwa die Entschädigung für einen schuldhaft die Kündigung herbeigeführt habenden Franchisenehmer, in Analogie zu der für das Handelsvertreterrecht geltenden Vorschrift des § 89b Abs. 3 HGB ausgeschlossen sein kann. Im umgekehrten Fall sind Schadensersatzansprüche gegen den schuldhaft handelnden

Franchisegeber denkbar. Aber es wird wenig zweckmäßig sein, derartige Folgen schon im Franchise-Vertrag zu regeln. Im übrigen wird ein selbst kündigender Franchisenehmer im allgemeinen weniger des Schutzes als im umgekehrten Fall bedürfen, es sei denn, es läge ein zum Schadensersatz verpflichtendes Verschulden des Franchisegebers vor.

Unter den Fällen „normalen" Ausscheidens eines Franchisenehmers kann man folgende Gruppen unterscheiden: Der Franchisenehmer kann oder will die von ihm gemieteten Geschäftsräume nicht behalten. Für diesen Fall kann eine vertragliche Verpflichtung dahingehend aufgenommen werden, daß der Franchisenehmer dem Franchisegeber bzw. einem von ihm zu benennenden Dritten das Geschäft zu übertragen hat bzw. zum Rückkauf anbietet. Den Interessen des Franchisenehmers ist insoweit Rechnung zu tragen, als er den vollen Marktwert seines Betriebes im Zeitpunkt des Verkaufs erhält. Mindestens einige Grundsätze für die Feststellung dieses Marktwertes sollten von vornherein festgelegt werden, etwa die Methode der Berechnung des Marktwertes, die Benennung der Person oder Stelle, die im Falle eines Streits hierüber eine verbindliche Schätzung abgeben soll, gegebenenfalls auch eine Schiedsklausel, die eine rasche Entscheidung ermöglicht.[12]

Für den Fall, daß der Franchisegeber den Geschäftsbetrieb nicht selbst übernehmen kann oder will, kann vertraglich dem Franchisenehmer das Recht eingeräumt werden, den Betrieb an einen für den Franchisegeber annehmbaren Dritten zu veräußern. Solche Klauseln sind besonders sorgfältig den Bedürfnissen des Falles anzupassen und sollten dem Franchisegeber immer das Recht geben, einen Nachfolger abzulehnen, falls dieser die vom Franchisegeber zu stellenden geschäftlichen Voraussetzungen nicht erfüllt.

Die Möglichkeit der **Veräußerung des Betriebes** durch den Franchisenehmer an einen Interessenten kann nicht nur für den Fall einer Kündigung, sondern auch dann vertraglich vereinbart werden, wenn der Franchisenehmer schon vor Ablauf der Vertragszeit aus dem Franchise-Verhältnis ausscheiden möchte, z.B. aus persönlichen, gesundheitlichen, familiären oder sonstigen Gründen. Da solche Situationen oft mitten in der Laufzeit des Vertrages entstehen können, erscheint es, jedenfalls bei mittel- oder langfristigen Verträgen, fast immer angebracht, dem Franchisenehmer diese Möglichkeit einzuräumen. Da andererseits der Franchisegeber aus verschiedensten Gründen im Interesse des Systems daran interessiert sein kann, den Betrieb in eigene Regie zu übernehmen, sollte in diesem Fall ein Vorkaufsrecht zu seinen Gunsten des Inhalts vereinbart werden, daß der Franchisenehmer, falls er einen Nachfolgekandidaten gefunden hat, den Betrieb erst dem Franchisegeber zu gleichen Bedingungen anzubieten hat, und erst dann an den Dritten verkaufen kann, wenn der Franchisegeber nicht interessiert ist. Für diesen letzteren Fall muß klar festgestellt werden, daß der Franchisegeber seine Genehmigung nur dann versagen kann, wenn der Nachfolgekandidat den für die Eingliederung in das jeweilige System zu stellenden Anforderungen nicht erfüllt bzw. nachkommen kann.

In zahlreichen, möglicherweise sogar den meisten Franchise-Verträgen wird zum Problem der Folgen einer Vertragsbeendigung sehr wenig oder nichts gesagt. Es ergibt sich hier die Frage eines evtl. **Entschädigungsanspruches des Franchisenehmers**.

---

[12] Vgl. *Skaupy*, in: *Böhm/Kuhn/Skaupy*, S. 161.

Regelungen dieser Art werden hauptsächlich dann fehlen, wenn das Franchise-System zunächst noch klein ist und der Franchisegeber sich nicht unübersehbaren Verpflichtungen aussetzen will. Auch bei kurzfristigeren Franchisen oder Mini-Franchisen dürfte die Vereinbarung von Entschädigungspflichten häufig kaum zweckmäßig oder gerechtfertigt erscheinen. Ohnehin werden viele Franchisenehmer auch sonst nach rechtlicher Beratung in diesem Punkt eher auf eine vertragliche Verpflichtung verzichten und, falls eine einvernehmliche Regelung nicht möglich erscheint, die Entscheidung den Gerichten überlassen.

Zur Frage möglicher Entschädigungspflichten des Franchisegebers bzw. eines Ausgleichsanspruchs für den Franchisenehmer gibt es in Deutschland bisher keine Rechtsprechung, wohl aber im Hinblick auf die Ansprüche von Vertragshändlern bzw. Eigenhändlern (Konzessionären). Solche Ansprüche hat der *BGH* in ständiger Rechtsprechung in Analogie zu der Bestimmung des § 89b HGB entwickelt. Diese Vorschrift sieht für den Fall des Ausscheidens von Handelsvertretern unter gewissen Voraussetzungen die Gewährung eines Ausgleichsanspruchs vor. Franchisenehmer sind nun genau wie Eigenhändler selbständige in eigenem Namen und für eigene Rechnung und Gefahr tätige Kaufleute, die aufgrund eines Dauerschuldverhältnisses die Waren eines anderen Unternehmens kaufen und auf eigene Rechnung weiterverkaufen. Die Stellung von Franchisenehmern und Vertragshändlern ist also in Beziehung zu dem eigentlichen Warengeschäft sehr ähnlich. Da die Bindung eines Franchisenehmers an seinen Franchisegeber aber noch stärker ist als im Verhältnis des Vertragshändlers zu seinem Produzenten oder Lieferanten, kann erwartet werden, daß die für den Vertragshändler entwickelte Rechtsprechung auch auf Franchise-Verhältnisse ausgedehnt werden wird.

Schon in früheren Jahren hatte der BGH die **analoge Anwendung von § 89b HGB** für angebracht gehalten, wenn zwischen einem Lieferanten bzw. Hersteller ein Rechtsverhältnis besteht, das über reine Käufer/Verkäufer-Beziehungen hinausgeht. Als Voraussetzungen für die Zuerkennung des Anspruchs betrachtete der BGH (a) die Eingliederung des Vertragshändlers in die Absatzorganisation des Lieferanten bzw. Herstellers entsprechend derjenigen des Handelsvertreters, (b) ein Alleinvertriebsrecht für ein bestimmtes Vertragsgebiet, (c) die vertragliche Verpflichtung des Vertragshändlers, bei seinem Ausscheiden den Kundenstamm seinem Vertragspartner zu überlassen, und (d) das Vorliegen einer „Schutzwürdigkeit" des Vertragshändlers, welche bei erheblichem Kapitaleinsatz des Vertragshändlers **nicht** gegeben sei, d.h. wenn also das wirkliche Kapital nicht durch die Kundschaft gebildet sei.[13]

In späteren Jahren hat der für Handelsvertreterangelegenheiten zuständige Senat des *BGH* in seinem Urteil vom 11.2.1977 und seitdem in laufender Rechtsprechung die Anwendung von § 89b HGB **nicht** mehr davon abhängig gemacht, ob und in welchem Umfang im Geschäftsbetrieb des Vertragshändlers Kapital eingesetzt ist.[14]

Trotz Wegfalls des Kriteriums der notwendigen „Schutzwürdigkeit" soll das Gericht weiterhin, wie beim Handelsvertreter selbst, noch prüfen, ob die Zuerkennung des Ausgleichs „unter Berücksichtigung aller Umstände der Billigkeit entspricht" (§ 89b Abs. 1 Ziff. 3 HGB). Einem Vertragshändler, ebenso wie einem Franchisenehmer, der

---

13 Vgl. BGHZ 34, S. 282 ff.; BGH BB 1969, S. 460 ff.
14 Vgl. BGHZ 68, S. 340 ff.; BGH BB 1977, S. 511 ff.; BGH NJW 1982, S. 2810 ff.; BGH DB 1983, S. 2032 ff.

sogar Vorteile aus seinem Ausscheiden gezogen hat oder aufgrund seiner Vermögens-lage überhaupt die Ausgleichszahlung nicht benötigt, dürfte ein auf Billigkeits-grundsätze gestützter Ausgleich wohl kaum zustehen. Andererseits müsse auch die Vermögenslage des Franchisegebers berücksichtigt werden.[15]

Das zentrale Problem der analogen Anwendung des § 89b HGB auch bei Franchise-Systemen ist die Frage der Überlassung des Kundenstammes. Hierbei kommt es nicht so sehr auf die formelle vertragliche Verpflichtung an, sondern auf die Tatsache, daß der Unternehmer nach Vertragsende faktisch in der Lage ist, den Kundenstamm des Händlers bzw. Franchisenehmers weiter zu benutzen. Dies ist besonders dann der Fall, wenn er aufgrund von Berichtspflichten seiner Partner, besonders bei zusätzlich zu er-stellenden Verkaufsanalysen den Kundenstamm des Händlers bzw. Franchisenehmers kennt und nach deren Ausscheiden diese Kenntnis sofort für sich nutzen kann.[16]

Der Fall kann unter Umständen dann anders entschieden werden, wenn der Händler bzw. Franchisenehmer langlebige Wirtschaftsgüter zu vertreiben hatte, bei denen erst nach längerer Zeit ein Neubedarf auftritt, z.B. bei größeren maschinellen Anlagen. Dann ist nämlich eine weiterhin von dem Unternehmen zu nutzende Geschäftsverbin-dung des früheren Vertragshändlers bzw. Franchisenehmers praktisch nicht gegeben.[17]

Die Rechtsprechung des *BGH* kreist in den letzten Jahren vorwiegend um die Eigen-händlerverträge von Automobilhändlern. Deren rechtlicher Situation ist das Franchi-sing aber häufig sehr ähnlich, ja diese Vertriebssysteme müssen, wie sich dies aus dem Verfahren betreffend die Bezugsbindungen der *VW*-Vertragshändler und *VW*-Vertrags-werkstätten ergibt[18], als eine Variante des Franchising bezeichnet werden. Die Recht-sprechung des *BGH* ist zwar seit Jahren im Prinzip unverändert, wird innerhalb der Kfz-Branche jedoch stark angegriffen.[19]

Diese Praxis des *BGH* wird sich im Prinzip aber kaum ändern.[20] Allerdings sind im Einzelfall abweichende Entscheidungen möglich, da eine (analoge) Anwendung des § 89b HGB immer auch eine „entsprechende" Situation voraussetzt, die sich nicht im-mer konstruieren läßt.

Dies kann z.B. der Fall sein bei Investitions-Franchisen, in denen der Erwerb einer Franchise für den Franchisenehmer überwiegend eine Geldanlage ist und er die Fran-chise durch Beauftragte nutzen läßt, ohne tätig zu werden. Auch im Fall von Abteilungs-(Mini)Franchisen erscheint die analoge Anwendung des HGB Zweifeln zu unterliegen, denn die hier auftretenden Franchisenehmer sind gewissermaßen haupt-beruflich in einem anderen Geschäftszweig tätig und übernehmen eine Mini-Franchise nur als zusätzliche, für sie nicht entscheidende Tätigkeit.[21] Selbst wenn eine analoge Anwendung der Grundsätze des HGB Ausgleichsanspruchs zu bejahen wäre, so bieten sich im Hinblick auf die **Höhe** dieses Anspruchs Möglichkeiten der gerichtlichen wie außergerichtlichen Vereinbarung einer angemessenen Entschädigung. Zunächst muß im Falle eines Franchiseverhältnisses auch eine anders geartete Entschädigung oder

---

[15] Vgl. *Skaupy*, „franchise report", Oktober 1985, S. 35.
[16] Vgl. BGH vom 3.3.1983 in DB 1983, S. 2032 ff.
[17] Vgl. BGH vom 25.10.1984 in DB 1985, S. 642 ff.
[18] Vgl. BGH BB 1982, S. 391 ff.
[19] Vgl. *Bechtold*, NJW 1983, S. 1393 ff.; *Bechtold*, BB 1984, S. 1262 ff.
[20] Siehe auch Urteil BGH vom 16.1.1986, DB 1986, S. 1069.
[21] Vgl. *Skaupy*, „franchise report", Oktober 1985, S. 36.

Ablösung des Franchisenehmers anerkannt werden. Denn letztlich ist eine analoge Anwendung von § 89b HGB nur eine juristische Hilfsbrücke, um dem Franchisenehmer eine ihm sonst nicht gewährte, aber zu rechtfertigende Abfindung oder Ablösung zuzusprechen.

Eine analoge Anwendung kann übrigens auch zu einer tragbaren Reduzierung oder sogar Ablehnung des Anspruchs führen, z.B. bei kleineren Systemen, für die sich sonst eine erhebliche Belastung ergeben kann. Denn immer ist nach § 89b Abs. 1 Ziff. 3 ein Ausgleich nur bei „Berücksichtigung aller Umstände" zu gewähren, wobei auch die finanzielle Lage des Systems und des Franchisegebers gehört. Denn von seiner Erhaltung hängen wirtschaftlich wiederum auch die anderen Partner ab.

Bei der Berechnung des Ausgleichsanspruchs beträgt das Maximum des Anspruchs gemäß § 89b Abs. 1 HGB höchstens eine „Jahresprovision" auf der Basis der letzten fünf Jahre, bei kürzerer Vertragsdauer ermäßigt sich der Anspruch entsprechend. Da der Franchisenehmer ebenso wie der Vertragshändler ja überhaupt keine Provision erhält, sondern einen eigenen Unternehmergewinn erwirtschaftet, kann die „entsprechende" Anwendung des HGB im Einzelfall schwierig sein. Hierbei werden nicht nur die Unternehmervorteile wie beim Handelsvertreter zu berücksichtigen sein, sondern auf der Seite des Franchisenehmers bzw. Vertragshändlers der reine Gewinn nach Abzug aller Einsparungen, die der frühere Franchisenehmer nach seinem Ausscheiden machte.

Niemals sollte vergessen werden, daß auch nach § 89b Abs. 3 HGB ein Ausgleichsanspruch **nicht** besteht, wenn der Handelsvertreter das Vertragsverhältnis gekündigt hat, ohne daß ein Verhalten des Unternehmers hierzu begründeten Anlaß gegeben hat. Das gleiche gilt, wenn der Unternehmer das Vertragsverhältnis gekündigt hat und für die Kündigung ein wichtiger Grund wegen schuldhaften Verhaltens des Handelsvertreters vorlag. Situationen dieser Art müssen auch bei Franchise-Verhältnissen und Vertragshändlersystemen die Ablehnung von Ausgleichsansprüchen zur Folge haben. Was die Bemessung des Ausgleichsanspruchs anbetrifft, so hat hier die BGH-Entscheidung vom 15.10.1992[22] für den Handelsvertreter erneut festgelegt, daß der Handelsvertreter, der in die Betriebsorganisation des Unternehmens eingegliedert ist, verpflichtet ist, dem Unternehmer seinen Kundenstamm zu überlassen, falls der Handelsvertreter dem Unternehmer einen Vermögenswert geschaffen hat, den er sonst nicht hätte, und schließlich, daß der Handelsvertreter im konkreten Fall schutzwürdig ist. Erst dann sei zu prüfen, ob die Zubilligung des Ausgleichsanspruchs der Billigkeit entspricht.

Inwieweit solche Voraussetzungen im Falle des Franchisenehmers vorliegen, ist im Einzelfall zu prüfen, da ja seine Rechtsstellung eine ganz andere ist und er keine Provision bezieht, sondern als selbständiger Kaufmann einen unternehmerischen Gewinn aus seiner Tätigkeit bezieht.

Es wäre besser gewesen, wenn man, anstatt von analoger Anwendung des § 89b HGB zu sprechen, davon ausgehen würde, daß dieser Vorschrift ein allgemeingültiger Rechtsgedanke zugrunde liegt, der in Anpassung an die jeweilige Situation anzuwenden ist. Gelegentlich werden übrigens in Franchise-Verträgen Entschädigungszusagen

---

[22] Vgl. BB 1992, S. 2385.

gemacht, die ganz anders begründet und berechnet werden, so daß solchenfalls ohnehin zu prüfen ist, ob dem Rechtsgedanken des § 89b Genüge getan ist.[23]

Wie schon weiter oben vorgeschlagen, können die Probleme des Ausgleichsanspruchs häufig dadurch ausgeschaltet werden, daß man einem Franchisenehmer, der gern aus dem System ausscheiden möchte, vertraglich das Recht einräumt, seinen Franchise-Betrieb an einen qualifizierten Dritten zu veräußern. Selbstverständlich muß dieser Dritte die näher festzulegenden Voraussetzungen für den Eintritt in das System erfüllen. Auch kann dem Franchisegeber in solchen Fällen ein Vorkaufsrecht eingeräumt werden. Ebenso kann schon vertraglich in Aussicht genommen werden, daß der Franchisenehmer bei Vertragsende das Geschäft dem Franchisegeber zum Rückkauf anzubieten bzw. den Betrieb einem vom Franchisegeber zu benennenden Dritten zu übertragen hat.[24] Am besten sollten schon im Franchise-Vertrag derartige Vereinbarungen nach sorgfältiger Prüfung der Konsequenz getroffen werden.

Abschließend sei zu dem Kapitel „Ausgleichsanspruch" noch darauf hingewiesen, daß im Falle der Eigenkündigung des Handelsvertreters (wohl auch des Eigenhändlers und Franchisenehmers) ein Verlust des Anspruchs möglich ist. Die Gültigkeit von § 89b, Abs. 3, Nr. 1 HGB war verfassungsrechtlich bestritten, aber vom Bundesverfassungsgericht bestätigt worden. Die Anforderungen an den Ausschluß des Ausgleichsanspruchs sind demnach möglichst hoch anzusetzen.[25]

Ein weiteres Problem besteht hier für den Fall einer Teilbeendigung des Handelsvertreter-Vertrages, z.B. wenn das Vertragsgebiet verkleinert wird. *Flohr*[26] kommt mit der offenbar überwiegenden Meinung zu dem Ergebnis, daß auch bei einer Teilbeendigung des Vertrages ein Ausgleichsanspruch des Handelsvertreters – und wohl auch des Vertragshändlers und Franchisenehmers – besteht.

9. Anspruch auf Verlängerung eines Franchise-Vertrags?

In einigen anderen Ländern ist es nicht unüblich, daß insbesondere Franchisenehmer, die längere Zeit einen Franchise-Betrieb geführt haben, einen Anspruch auf Verlängerung des Vertrags haben. Diese Anspruch der Franchisenehmer wird auf die vertraglichen Treupflichten des Franchisegebers gestützt. Bis jetzt ist ein derartiger Verlängerungsanspruch bezüglich des Franchise-Vertrags weder in der Rechtsprechung erörtert noch auch im Schrifttum behandelt worden. Grundsätzlich ist davon auszugehen, daß eine derartige quasi automatische Verlängerung des Franchise-Vertrags nach deutschem Recht nicht möglich ist. Eine Verlängerung des Vertrags gehört vielmehr zu den Maßnahmen, die der Vertragsfreiheit der Vertragsparteien unterliegen, also nur im gegenseitigen Einverständnis erreicht werden kann.[27]

---

[23] Vgl. zur Frage des Ausgleichsanspruchs bei Franchisenehmern in der Literatur *Martinek*, Moderne Vertragstypen II, München 1992, S. 158 ff.; *Flohr*, ZAP Fach 6, S. 55; *Horn*, ZIP 1988, S. 140; *Küster* und *v. Manteuffel*, BB 1988, S. 1972; *Köhler*, NJW 1992, S. 1986 ff., der sich mit der Möglichkeit beschäftigt, daß der Ausgleichsanspruch eines ausscheidenden Franchisenehmers auf seinen Nachfolger abgewälzt wird; alle m.w.N.

[24] Vgl. *Skaupy*, „franchise report", Oktober 1985, S. 36.

[25] Vgl. *Flohr*, franchise report, 1/1993, S. 12–13.

[26] Vgl. neuerdings BGH NJW 1994, S. 1993 f., sowie OLG München, NJW-RR 1994, S. 359 f.

[27] Vgl. *Flohr*, Franchise-Handbuch 1994, Gruppe A/III/3, S. 321; *Ulmer*, Der Vertragshändler, 1969, S. 475.

XXIV. Spezielle Probleme bei der Abfassung von Franchise-Verträgen

1. Allgemeines

(a) Kartellrechtliche Fragen einschließlich preisrechtlicher Aspekte.

(b) Form und Zulässigkeit nachvertraglicher Wettbewerbsklauseln.

Die kartellrechtlichen Probleme einschließlich der **nachvertraglichen Wettbewerbsabreden** (Konkurrenzklausel) sind so verzweigt, daß ihre Behandlung, soweit innerdeutsches Recht in Betracht kommt, dem nachfolgenden Kapitel vorbehalten ist. Soweit bei grenzüberschreitenden Franchise-Systemen Probleme des EG-Kartellrechts zu berücksichtigen sind, werden sie im internationalen Teil (vgl. Kapitel XXXIV) behandelt.

2. Gewerbliche Schutzrechte und Urheberrecht

Die **gewerblichen Schutzrechte** (Patente, Waren- und Dienstleistungszeichen etc.) und eventuelle Urheberrechte stellen ein wesentliches Aktivum eines Systems dar, und ihr Schutz muß ein **Anliegen sämtlicher Partner** sein. Der Franchisegeber ist zu ihrem Schutz gegenüber Angriffen von außen wie von innen verpflichtet. Dies sollte im Vertrag gesagt werden. Die Franchisenehmer sollten ihrerseits verpflichtet werden, den Franchisegeber hierbei zu unterstützen und über Schutzrechtsverletzungen auf ihrem Vertragsgebiet, aber auch sonst, zu informieren. Ob ein Einschreiten z.B. durch einen Prozeß gegen Schutzrechtsverletzer dem Franchisegeber vorbehalten werden soll oder auch dem Franchisenehmer gestattet (er bzw. sogar dazu verpflichtet) werden soll, wird zweckmäßigerweise im Vertrag festgelegt.

Gelegentlich wird ein gewerbliches Schutzrecht, z.B. ein Warenzeichen, später gelöscht, beschränkt oder für nichtig erklärt. Für diesen Fall sollte eine Regelung getroffen werden, über die sich die Parteien zu verständigen haben. Die Wirksamkeit des Vertrages sollte möglichst unter Anpassungen aufrechterhalten werden, wobei im Einzelfall verschiedene Lösungen denkbar sind. Ein direktes oder indirektes Vorgehen gegen die Schutzrechte des Franchisegebers durch einen Franchisenehmer sollte vertraglich ausgeschlossen werden.

3. Vertraulichkeit und Geheimhaltung

Vertraulichkeit und Geheimhaltung sind für das Funktionieren eines Franchise-Systems noch mehr ein unabdingbares Erfordernis als für ein Einzelunternehmen. Geschäfts- und Betriebsgeheimnisse müssen von allen Parteien beachtet werden, daher sollten solche Pflichten immer im Vertrag festgelegt werden. Verletzt ein Franchisenehmer eine Verschwiegenheitspflicht, so kann dieses während der Vertragsdauer als positive Vertragsverletzung angesehen werden und zur fristlosen Kündigung berechtigen.

Auch eine deliktische Haftung (unerlaubte Handlung) kann aufgrund von § 823 Abs. 2 BGB i.V.m. § 1 UWG in Betracht kommen.[1]

Die Verpflichtung zur Verschwiegenheit ergibt sich aber auch bei analoger Anwendung von § 90 HGB, der Entsprechendes für Handelsvertreter festlegt. Auch für die Zeit **nach** Vertragsende sollte eine vertragliche Pflicht zur Geheimhaltung von Betriebsgeheimnissen möglichst klar und abgegrenzt festgelegt werden, um so mehr, als hinsichtlich Art und Umfang der analogen Anwendungen von § 90 HGB durch die Gerichte keine ausreichenden Erfahrungen vorliegen.

4. Vertragsstrafen

Von erheblicher Bedeutung für die Durchsetzung gewisser üblicher Vertragsklauseln (Verbot der Markenbenutzung nach Vertragsende, Verletzung des Wettbewerbsverbots, Verletzung der Geheimhaltungspflichten) ist die Vereinbarung von **Vertragsstrafen**. Allerdings muß die Vertragsstrafe der Bedeutung des Systems und der Zuwiderhandlung angepaßt sein. Auch wenn Vertragsstrafen überhöht sein sollten, sind sie nicht in jedem Falle nichtig. Sie können bei Nichtkaufleuten und Minderkaufleuten gerichtlich herabgesetzt werden (§ 343 BGB). Ist der Versprechende ein Vollkaufmann, so kann die Vertragsstrafe, wenn sie im Betriebe des Handelsgewerbes versprochen wurde, grundsätzlich nicht herabgesetzt werden (§ 348 HGB). Allerdings kann u.U. Herabsetzung möglich sein oder sogar Unwirksamkeit die Folge bei völliger Unangemessenheit (§ 138 BGB; § 9 AGBG; BGHZ 85, 314); vgl. neuerdings BGH NJW-RR 1990, 1076 ff.). Während in den meisten Franchise-Verträgen als Vertragsstrafe feste Beträge angesetzt werden, ist es vielfach auch üblich, worauf *Flohr*[2] insbesondere hingewiesen hat, die Festsetzung der Vertragsstrafe nach billigem Ermessen durch das zuständige Gericht (evtl. Schiedsgericht) festsetzen zu lassen (sog. Hamburger Brauch). Über die Bemessungskriterien hat sich neuerdings der BGH in seinem Urteil vom 30.9.1993[3] ausgesprochen. Hierbei sei zunächst neben der Schwere und dem Ausmaß der Zuwiderhandlung der „Sanktionscharakter" der Vertragsstrafe und deren Zweck zu berücksichtigen, erneute Zuwiderhandlung zu verhindern. Von Bedeutung sei hierbei ferner die erfolgte Gefährdung des Franchisegebers sowie der Grad des Verschuldens des Franchisenehmers.

---

1 Hier können Schadensersatz- und Unterlassungsansprüche geltend gemacht werden, ebenso kann Bestrafung gem. § 17 Abs. 2 UWG in Betracht kommen; vgl. *Bandasch*, Kommentar zum HGB, Neuwied, Anm. 5 zu § 90 HGB.
2 Vgl. *Flohr*, Aktuelle Entwicklungstendenzen der Rechtsprechung zu Franchise-Verträgen, ZAP 1994, F 6, S. 224.
3 Vgl. NJW 1994, S. 55 ff., mit Anmerkung von *Köhler*.

5. Risiken und Haftung des Franchisegebers

Bei der Erstellung eines Franchise-Systems und des Entwurfs eines Franchise-Vertrags muß der Franchisegeber – der letzteres niemals ohne sach- und rechtskundige Beratung tun sollte – die zahlreichen Haftungsrisiken im Auge behalten, die mit seinem Vorhaben verbunden sind. Hier sind zunächst die Auskunfts- und Aufklärungsansprüche des Franchisenehmers zu erwähnen, denn der Franchisegeber ist zur wahrheitsgemäßen Offenbarung hinsichtlich der Erfolgsaussichten dem Franchisenehmer gegenüber verpflichtet.[4]

Diese vorvertraglichen Offenbarungspflichten sind um so höher, je unerfahren offenkundig ein Bewerber bei der Einräumung einer Franchise ist.[5] Einschlägig ist hier besonders die Entscheidung des OLG München vom 13.11.1987[6], welche dem Franchisenehmer einen Schadensersatzanspruch aus Verschulden beim Vertragsschluß (culpa in contrahendo) wegen Verletzung der Aufklärungspflicht zubilligt. Obwohl üblicherweise dem Geläubiger einer Forderung die Beweispflicht für die Entstehung seines Schadens obliegt, hat hier das OLG München unter Verwendung des Grundgedankens von § 282 ZPO bei Verletzung der Aufklärungs- und Hinweispflichten durch den Franchisegeber angenommen, daß er es ist, der allein den Einblick in die Vorgänge in seinem Organisationsbereich hätte, die zu der unrichtigen Information gegenüber dem Franchisenehmer geführt habe.[7]

Erneut hatte sich das OLG München mit der Verletzung der vorvertraglichen Aufklärungspflicht des Franchisegebers in einem Urteil vom 16.9.1993 zu befassen.[8] Entscheidend ist hiernach, daß der Franchisegeber nicht seine Pflicht erfüllt hat, den Franchisenehmer richtig und vollständig über die Rentabilität des Systems zu unterrichten. Er kann es dem Franchisenehmer auch nicht als Mitverschulden entgegenhalten, daß er leichtfertig den Anpreisungen des Franchisegebers vertraut hat. Nach der Kommentierung von Böhner ist dieses Urteil als Fortentwicklung zum Umfang der Schadensersatzverpflichtung des Franchisegebers aus culpa in contrahendo anzusehen.

Andere Fälle des Risikos für den Franchisegeber sind vor allem Knebelungsverträge, der Mißbrauch unwirksamer Geschäftsbedingungen und auch der Prospektmißbrauch, wenn z.B. irreführende und falsche Angaben im Werbeprospekt gemacht wurden, die zu Investitionen des Franchisenehmers für den Abschluß eines Franchise-Vertrags veranlassen sollen.[9]

Auch die Produkthaftung kann für den Franchisegeber zu erheblichen Risiken führen, nachdem das neue Produkthaftungsgesetz vom 15.12.1989 eine veränderte Situation geschaffen hat. Das Hauptmerkmal dieses Gesetzes ist die Ablösung der Verschuldenshaftung mit Beweislastumkehr durch die Haftung ohne Verschulden im Bereich der Produzentenhaftung. Haftbar ist gemäß § 4 Abs. 1 PHG der „Hersteller". Als solcher gilt aber auch jeder, der sich durch das Einbringen seines Namens, seines Waren-

---

4   Vgl. BGH vom 12.11.1986, DB 1987, S. 735 ff.
5   Vgl. *Doeser*, Haftungsschwerpunkte des Franchisegebers in „Franchise-Recht", Vortrag beim 1. Franchise-Rechtsforum vom 9.9.1988, S. 154 ff.
6   Vgl. BB 1988, 865 mit Anm. *Skaupy*.
7   Vgl. auch BGH NJW 1978, S. 41 ff.
8   Vgl. NJW-RR 1994, S. 667 f. mit Anmerkung von *Böhner*, NJW 1994, S. 635 f.
9   Vgl. *Doeser*, a.a.O., S. 168 ff. m.w.N.

zeichens oder eines anderen unterscheidungskräftigen Kennzeichens als Hersteller ausgibt. Nach § 4 Abs. 2 PHG gilt als Hersteller ferner, „wer ein Produkt zum Zweck des
Verkaufs, des Mietkaufs oder einer anderen Form des Vertriebs mit wirtschaftlichem
Zweck im Rahmen seiner geschäftlichen Tätigkeit in dem Geltungsbereich des Vertrags zur Gründung der Europäischen Wirtschaftsgemeinschaft einführt oder ver-
bringt".

Für den Franchisegeber, der hiernach häufig als „Hersteller" betrachtet werden kann,
ergibt sich daher eine besondere Sorgfaltspflicht auch bezüglich des Handbuchs und
sonstiger Richtlinien. Eine Produkthaftung des Franchisegebers kann sich aus allen
Pflichtenkreisen seines Unternehmens ergeben (z.B. Organisation, Einkauf, Produkt-
beratung, Instruktionen).[10] Dies ist um so mehr der Fall, als es Freizeichnungs-
möglichkeiten jedenfalls im Außenverhältnis nicht gibt. Indessen sind die meisten
Produkthaftpflicht-Risiken versicherbar, und ein Franchisegeber sollte diese Möglichkeiten mit Versicherungsexperten erörtern, wobei gegebenenfalls auch die Franchisenehmer einbezogen werden können.[11]

Einen besonderen Fall der Haftung des Franchisegebers, welcher Mieter des franchisierten Geschäftslokals ist und letzteres dem Franchisenehmer untervermietet hat,
wenn der Franchisenehmer mutwillig einen Brandschaden verursacht, erläutert *Flohr*
in Franchise-Report 1/1991, S. 6–8.

6. Haftung des Franchisenehmers und Versicherungen

Als unternehmerisch und rechtlich selbständiger Geschäftsinhaber mit eigenem
Geschäftsrisiko haftet der Franchisenehmer für alle Verpflichtungen, die aus seiner geschäftlichen Tätigkeit entstehen, namentlich für **Schadensersatzansprüche** aller Art.
Eine Klarstellung im Vertragstext empfiehlt sich. Für den Franchisegeber ist sie auch
wichtig, weil manche Anspruchsteller in der Hoffnung, dort mehr herauszuholen, den
Franchisegeber selbst u.a. unter dem aus dem gemeinsamen Image hergeleiteten
Gesichtspunkt der Anscheinshaftung haftbar zu machen versuchen. Für solche Fälle
empfiehlt sich im übrigen noch die Aufnahme einer Klausel, durch die der Franchisenehmer den Franchisegeber von allen Ansprüchen freistellt, die aus der Tätigkeit des
Franchisenehmers gegen den Franchisegeber geltend gemacht werden. Dies gilt naturgemäß nicht, falls und soweit den Franchisegeber selbst ein Verschulden trifft oder
z.B. im Falle der Produkthaftung.

Um Schäden für das Gesamtsystem zu vermeiden, sollte der Franchisenehmer immer
vertraglich verpflichtet werden, vor Eröffnung seines Betriebes die üblichen **Versicherungen** gegen alle denkbaren Risiken für seine Art von Geschäftsbetrieb abzuschließen, bei Haftpflichtversicherungen auch für Schäden durch seine Mitarbeiter. Über den
Abschluß solcher Versicherungen und deren Aufrechterhaltung soll der Franchisenehmer verpflichtet sein, dem Franchisegeber Auskunft sowie Einblick in die Unterlagen zu gewähren, ggf. dem Franchisegeber zu gestatten, notwendig erscheinende In-

---

10 Vgl. *Doeser*, a.a.O., S. 183.
11 Vgl. insbesondere *Schüssler*, Produkthaftung bei Franchise-Systemen, franchise-report 9/
    1988, S. 29; *Schüssler*, Handelsblatt, Beilage Franchising vom 20.9.1988, S. 28; *Schüssler*,
    Jahrbuch Franchising 1990, S. 77 ff.

formationen bei den einschlägigen Versicherungsgesellschaften einzuholen. Klauseln dieser Art sind für die Sicherheit und das Image eines Franchise-Systems von erheblicher Bedeutung und werden daher auch international in alle sorgfältig konzipierten Franchise-Verträge aufgenommen. In Betracht kommen im allgemeinen Haftpflichtversicherungen für Schadensersatzansprüche gegen den Franchisenehmer aus seiner geschäftlichen Tätigkeit, Feuerversicherungen, Einbruchs- und Diebstahlsversicherungen, Betriebsunterbrechungsversicherungen, Gebäude- und Inventarversicherungen und ggf. Produkt-Haftpflichtversicherungen.

7. Gewerbeordnung und Handwerksrecht

Bei Abschluß eines Franchise-Vertrages sollten schließlich auch die **gewerblichen Aspekte** nicht vergessen werden. Das Gewerberecht ist zwar in Deutschland im Vergleich zu manchen anderen Ländern weitgehendst liberalisiert, aber gewisse Formen und Verpflichtungen, insbesondere technischer Art, müssen eingehalten werden. So muß z.B. ein bisher nicht als Betriebsinhaber tätig gewesener Franchisenehmer oder auch der Gründer eines zweiten Betriebes das jeweils neue Gewerbe bei der örtlich zuständigen Behörde anmelden (§ 14 GewO), ebenso wenn der Betrieb verlegt oder der Gegenstand des Gewerbes gewechselt wird. Weitergehend sind die Erfordernisse bei Gaststätten- und Beherbergungsbetrieben, für die das Gaststättengesetz (§ 2) eine besondere Erlaubnis vorschreibt. Besonders vorsichtig muß ein Franchisegeber bei der Franchisierung von Handwerksbetrieben sein, bei der die strikten Bestimmungen der jetzt liberalisierten und modernisierten **Handwerksordnung**, nunmehr in der Fassung vom 1.1.1994 durch die Novelle 94, zu beachten sind. Es ist nicht zulässig wie in vielen anderen Ländern, daß in einem ordentlichen Handwerksbetrieb kein verantwortlicher Meister des betreffenden Handwerks die Verantwortung für diesen Betrieb hat, der nicht in die **Handwerksrolle** eingetragen ist (§§ 1, 6 HandwO). Ein Franchisenehmer braucht zwar nicht unbedingt selbst ein Meister des betreffenden Handwerks zu sein, er muß aber für die handwerkliche Betätigung in seinem Franchise-Betrieb einen in die Handwerksrolle eingetragenen Meister verantwortlich beschäftigen. Dies gilt für alle Gewerbe, die in dem Verzeichnis derjenigen Gewerbe aufgeführt sind, die als Handwerk betrieben werden können. Dieses recht umfangreiche Verzeichnis ist in Anlage A zur HandwO niedergelegt. Es kann bei jeder Handwerkskammer beschafft werden.

Hat ein Franchisenehmer weder einen Meisterbrief noch ein gleichwertiges Ausbildungszeugnis (z.B. je nach Lage des Falles als Bau-Ingenieur oder Architekt), so gibt es die Möglichkeit von Ausnahmebewilligungen (§§ 7 Abs. 3, 7a, 8 und 9 HandwO), allerdings müssen zwei Voraussetzungen kumulativ erfüllt sein:

- Über die notwendigen Fähigkeiten und Kenntnisse muß der Befähigungsnachweis geführt werden, wobei auch die bisherigen beruflichen Erfahrungen und Tätigkeiten zu berücksichtigen sind.

- Für den Antragsteller muß es im Zeitpunkt der Anmeldung oder danach unzumutbar sein, auf normalem Wege die Meisterprüfung abzulegen.

Wer auf diesem Wege gehen will, muß sich aber auf ein nicht kurzfristiges Verfahren gefaßt machen. Auflagen, Bedingungen und Befristungen aller Art sind denkbar (§ 8).

Der Franchisegeber, der einen Franchisenehmer in dieser Situation in sein System aufnehmen will, muß diese Umstände bei seiner Entscheidung in Erwägung ziehen bzw. auf die notwendige Klärung warten.

Darüber hinaus gibt es aber auch noch Gewerbebetriebe, die **handwerksähnlich** betrieben werden können (§ 18 Abs. 2 HandwO). Diese Gewerbe sind in Anlage B zur HandwO aufgeführt. Auch die Inhaber solcher handwerksähnlichen Betriebe sind in einer Nebenrolle bei der zuständigen Handwerkskammer aufzuführen. Bei Beginn oder Beendigung eines handwerksähnlichen Betriebes ist unverzüglich eine Anzeige an die für den Bezirk zuständige Handwerkskammer zu richten. Die handwerksähnlichen Betriebe haben die im Gesetz vorgesehenen Beiträge an die Handwerkskammer zu richten.

In der Kategorie der handwerksähnlichen Betriebe befinden sich sehr viele, die franchisiert betrieben werden können, aber für ihre Tätigkeit nicht das Vorhandensein eines Meisters voraussetzen. Aus dem Verzeichnis seien hier beispielsweise folgende Gewerbe dieser Art genannt: Gerüstbauer, Betontrocknungsgewerbe, Bodenleger, Holz- und Bautenschutzgewerbe, Metallschleifer, Bügelanstalten, Dekorationsnäher, Appreteure, Schnellreiniger, Teppichreiniger, Getränkeleitungsreiniger, Schönheitspfleger sowie das Bestattungsgewerbe.

8. Gesetzlicher Güterstand und Eherecht

Einige Probleme können sich, wie auch bei zahlreichen anderen Verträgen, aus dem ehelichen Güterstand ergeben. Soweit die Ehegatten im **gesetzlichen Güterstand** der Zugewinngemeinschaft leben, kann sich ein Ehegatte **nur** mit Einwilligung des anderen verpflichten, **über sein Vermögen im Ganzen** zu verfügen; hat der betreffende Ehegatte ohne diese Einwilligung verfügt, so kann er die übernommene Verpflichtung nur erfüllen, wenn der andere Ehegatte später einwilligt (§ 1365 Abs. 1 BGB). Diese Zustimmung spielt eine erhebliche Rolle, wenn ein Geschäftsmann in ein Geschäft eintritt oder auch als Franchisenehmer ein Franchise-Verhältnis eingeht.

Entscheidend ist die jeweilige Klärung, ob über das „Vermögen im Ganzen" verfügt worden ist. Überwiegend wird in der Praxis angenommen, daß dies der Fall ist, falls über den **wesentlichen Teil** des Vermögens verfügt wird.[12]

Häufig wird z.B. auch ein Franchisenehmer, der seine wesentlichen finanziellen Rücklagen zum Erwerb der Franchise einsetzt, praktisch, abgesehen von einiger persönlicher Habe, sein ganzes Vermögen hierzu verwenden. Es empfiehlt sich daher dringend, diese Frage zu prüfen und, besonders häufig wohl im Falle des Franchisenehmers, die Ehefrau in entsprechenden Fällen zur Zustimmung auf der Vertragsurkunde selbst zu veranlassen. Beide Parteien sollten im eigenen Interesse darauf achten. Die Ehefrau sollte unter den Worten „ich genehmige die Unterschrift meines Ehegatten unter diesem Vertrage" ebenfalls ihre Unterschrift unter den Vertrag setzen. Sollte es notwendig sein, sie zur Haftung ihres Ehegatten heranzuziehen, so muß dies naturgemäß besonders in den Vertrag aufgenommen werden.

---

12 Vgl. *Buchwald/Tiefenbacher/Dernbach*, Die zweckmäßige Gesellschaftsform, 5. Aufl., § 3 m.w.N.

Die Zustimmungspflicht zu den vorerwähnten Rechtsgeschäften durch die Ehefrau kann für den Geschäftsmann aber immer nachteilige Folgen haben, wenn die Ehefrau, mit der er vielleicht in Unfrieden lebt oder die unter dem starken Einfluß Dritter steht, die notwendige Zustimmung verweigert. Um solche Fälle auszuschließen, kann allerdings am besten vor oder bei Eheschließung in notarieller Urkunde (§ 1410 BGB) entweder der gesamte gesetzliche Güterstand oder mindestens die Verfügungsbindung des § 1365 BGB ausgeschlossen werden.

9. Die salvatorischen Klauseln

Solche – ergänzenden – Klauseln finden sich häufig am Ende von Franchise-Verträgen. Sie sollen der Aufrechterhaltung des komplizierten Vertragswerkes für den Fall der Nichtigkeit bzw. der Nichtigerklärung einer oder mehrerer Bestimmungen dienen. Doch ist eine gewisse Vorsicht angebracht, weil solche Bestimmungen sich selbst als unwirksam und daher zwecklos herausstellen können, d.h., daß durch sie die unwirksamen bzw. nichtigen Bestimmungen des Franchise-Vertrages nicht zu heilen sind.[13]

Die Autoren, welche der Klausel überwiegend ablehnend gegenüberstehen, berufen sich auf den Sinn von § 6 AGBG und auf angebliche Verletzung des Transparentsgebotes in § 2 AGBG. Auch die Klausel, daß die Parteien bei Unwirksamkeit einer Bestimmung sich zur Ersetzung derselben durch eine wirksame Klausel verpflichten, wird von manchen nicht für wirksam gehalten, da der Franchisegeber sonst evtl. den Franchisenehmer wiederum benachteiligen könnte.

Allerdings läßt sich ein solcher Einwand dadurch entkräften, daß man in diese Klausel die Formel aufnimmt, daß der Franchisenehmer durch die neue Formulierung in seinen Rechten nicht beeinträchtigt werden darf. Auch kann eine salvatorische Klausel in einer gesonderten, nicht vorformulierten Klausel vereinbart werden. Außerdem wird ja vielfach der Franchise-Vertrag im übrigen bestehen bleiben, wenn nur eine Klausel des Vertrages unwirksam sein sollte (§ 139 BGB).

Im Gegensatz zu den vorerwähnten kritischen Bemerkungen bezüglich der Gültigkeit von salvatorischen Klauseln hat nunmehr der BGH in einer Entscheidung vom 8.2.1994 KZR 2/93[14] in dem bekannten Rechtsstreit *Pronuptia ./. Schillgalis* die in dem zugrundeliegenden Franchise-Vertrag enthaltene salvatorische Klausel als **gültig** anerkannt. Damit hat der BGH, obwohl verschiedene Teile des Franchise-Vertrags als unwirksam bzw. nichtig angesehen worden waren, den Franchise-Vertrag ohne die unzulässigen Abreden **aufrechterhalten**. Unter diesen Umständen wird man für die Praxis annehmen können, daß salvatorische Klauseln, die nicht aus irgendwelchen Gründen

---

13 Vgl. insbesondere *Ulmer/Brandner/Hansen*, Kommentar zum AGB-Gesetz, 5. Auflage, 1986, RNr. 55/56 zu § 6 AGB-Gesetz; *Wolf/Horn/Lindacher*, Kommentar zum AGB-Gesetz, RZ 38 zu § 6 AGB-Gesetz; *Niebling*, Allgemeine Geschäftsbedingungen von A bis Z, dtv, 1. Auflage 1989, S. 88.

14 Vgl. DB 1994, 1184; zustimmend *Flohr*, Teilnichtigkeit und salvatorische Klausel bei Franchise-Verträgen, in: Jahrbuch Franchising 1994, S. 194 ff.

eine sittenwidrige Übervorteilung des Franchisenehmers bewirken, akzeptabel sind. Sie müssen nur die wesentlichen Gesichtspunkte klar herausarbeiten.[15]

10. Schieds- und Schlichtungsvereinbarungen

Ein geeignetes Mittel, um Streitigkeiten aus einem Franchise-Vertrag zu regeln, sind grundsätzlich **Schiedsklauseln**. Eine schlechtgefaßte Schiedsklausel kann aber mehr Nachteile als Vorteile bringen, so daß sich nur wohlüberlegte Klauseln empfehlen. Insbesondere sollten, um ein langwieriges Hinausziehen der Einsetzung eines Schiedsgerichts zu vermeiden, von vornherein bestimmte Persönlichkeiten als Schiedsrichter festgelegt werden, die sofort in Aktion treten können. Sie sollten auch nach Billigkeitsgründen entscheiden dürfen und nicht an starre Rechtsbestimmungen gebunden sein. Auch das anzuwendende Recht sollte angegeben werden. Im Prinzip sollte dies allerdings das Recht des Landes sein, in dem der Franchisenehmer tätig ist.

Die Vereinbarung von Schiedsklauseln muß in Schiedsverträgen niedergelegt werden, die gemäß § 1027 ZPO ausdrücklich geschlossen werden müssen und der Schriftform bedürfen, es sei denn, daß der Schiedsvertrag für beide Teile ein Handelsgeschäft ist.

Listen von geeigneten, im Franchising erfahrenen Schiedsrichtern sind sowohl beim *Deutschen Franchise-Verband* in München wie auch – wenn über internationale Franchise-Probleme zu urteilen ist – bei der *European Franchise Federation* in Brüssel erhältlich.

Für den Fall von Streitigkeiten größeren Ausmaßes, insbesondere grenzüberschreitenden Charakters, können die Beteiligten aber auch das Schiedsgericht der *Internationalen Handelskammer* in Paris anrufen. Dann sollten sie in dem Franchise-Vertrag folgende Standardklausel aufnehmen:

„Alle aus dem gegenwärtigen Vertrage sich ergebenden Streitigkeiten werden nach der Vergleichs- und Schiedsgerichtsordnung der internationalen Handelskammer von einem oder mehreren gemäß dieser Ordnung ernannten Schiedsrichtern endgültig entschieden."[16]

Auch die *Vereinten Nationen* haben für den internationalen Franchisegeber eine UNCITRAL-Schiedsgerichtsordnung erstellt, deren Text beim *BDI* oder den Industrie- und Handelskammern zu beschaffen ist.

Schließlich sei noch erwähnt, daß zur friedlichen Regelung von Streitigkeiten ein **Schlichtungsverfahren** vertraglich vereinbart werden kann. Die Schlichter haben lediglich die Funktion, eine Einigung der Streitparteien und einen billigen Ausgleich zu versuchen. Es handelt sich nur um ein formloses Verfahren, das allerdings im Falle der Nicht-Einigung ein späteres Schiedsgerichtsverfahren oder ein staatliches Gerichtsverfahren nicht ausschließt.

---

[15] Vgl. hierzu im übrigen *BGH* vom 9.5.1955 DB 1955/57; *BGH* vom 15.3.1973 WuW/E *BGH* 1259, 1264; *BGH* vom 28.9.1982 WuW/E *BGH* 1988, 1990; *BGH* vom 9.10.1975 NJW 1977, 38 ff.

[16] Vgl. ICC Schiedsgerichtordnung in der Fassung vom 1.1.1988, ICC Publishing S.A., Paris.

Ein ganz neues Schlichtungsverfahren ist vor einigen Jahren in Bayern eingeführt worden. Das *Bayerische Staatsministerium der Justiz* hat bei den Amtsgerichten München, Würzburg und Traunstein je eine Schlichtungsstelle zur außergerichtlichen Beilegung zivilrechtlicher Streitigkeiten geschaffen.[17] Diese Schlichtungsstellen sind mit Schlichtern besetzt, welche die Befähigung zum Richteramt haben.

Die Schlichtungsstellen können von jedermann, auch außerhalb Bayerns, in Anspruch genommen werden. Das Verfahren ist weitestgehend formfrei, unbürokratisch, zeitsparend und kostengünstig.[18]

Wird vor der Schlichtungsstelle ein Vergleich geschlossen, so ist dieser unter Angabe des Tages seines Zustandekommens schriftlich niederzulegen und von den Parteien zu unterschreiben, was von dem Schlichter zu bestätigen ist. Die Schlichter sind ermächtigt, die Vollstreckungsklausel für die vor der Schlichtungsstelle geschlossenen Vergleiche zu erteilen. Kommt kein Vergleich zustande, so können die Parteien die staatlichen Gerichte anrufen oder auch ein Schiedsgericht vereinbaren.

Ein weiterer Vorteil des Schlichtungsverfahrens ist es, daß die Anrufung der Schlichtungsstelle die Verjährung unterbricht und daher insofern der Erhebung einer Klage gleichsteht (§ 209 Abs. 2 Nr. 1a BGB). Durch das Kostenänderungsgesetz stellt sich die Anrufung der Schiedsstelle, die von jedermann angerufen werden kann, im Verhältnis noch günstiger als vorher, nachdem die Gerichts- und Anwaltskosten relativ stark erhöht worden sind (hierzu vgl. Mitteilungen der Rechtsanwalrskammer für den OLG-Bezirk Nr. 2/August 1994). Kann eine Partei den Kostenbeitrag nicht bezahlen, so kann ihr, falls sie in einem gerichtlichen Verfahren Anspruch auf Prozeßkostenhilfe hätte, die Entrichtung eines Unkostenbeitrags oder von Auslagen ganz oder teilweise erlassen werden. (Die Bekanntmachung des *Bayerischen Staatsministeriums* ist in einem Merkblatt in Kapitel XXXI, Abschnitt 6 abgedruckt.)

11. Arbeitsrechtliche Fragen

Gelegentlich wird, besonders bei größeren Franchise-Systemen, die Frage gestellt werden, ob und wann Betriebsräte in Franchise-Systemen eingerichtet sind. Hierüber hat in den Jahren 1989/90 eine Diskussion zwischen Frau *Brigitte Buschbeck-Bülow* und dem Verfasser stattgefunden.[19]

Der Verfasser dieser Zeilen konnte damals darauf hinweisen, daß es nur einen einzigen Grundtyp des Franchising gibt, dessen Definition in den meisten Ländern beinahe deckungsgleich verwendet wird.[20]

Nach § 1 des BetrVG ist die Rechtslage so, daß „in Betrieben mit in der Regel mindestens fünf ständigen wahlberechtigten Arbeitnehmern, von denen drei wählbar sind, Betriebsräte gewählt werden." Bei Franchise-Systemen können einerseits bei Franchisegebern, wo sich meist die Systemzentrale befindet, andererseits bei jedem

---

[17] Bekanntmachung des *Bayerischen Staatsministeriums der Justiz* vom 31.7.1984, JMBl. S. 146, geändert durch die Bekanntmachung vom 20.11.1987, JMBl. S. 202.
[18] Vgl. *Bethke*, NJW 1993, S. 27/28.
[19] Vgl. BB 1989, S. 359 ff.; BB 1990, S. 134 ff. und S. 1061/62.
[20] Vgl. auch *Skaupy*, NJW 1992, S. 1785 ff.

Franchisenehmer unter den vorerwähnten Voraussetzungen Betriebsräte gewählt werden. Bei den häufig kleinen Franchisenehmer-Betrieben wird dies oft nicht in Betracht kommen, eher aber beim Franchisegeber. Ein Gesamtbetriebsrat ist nicht möglich, der gemäß § 47 BetrVerfG nur zugelassen ist, wenn „in einem Unternehmen" mehrere Betriebsräte bestehen; Franchisegeber und Franchisenehmer bilden aber infolge der rechtlichen Selbständigkeit der Franchisenehmer niemals rechtlich ein einziges Unternehmen. Allerdings dürfte bei größeren Systemen der Betriebsrat beim Franchisegeber auch mit Fragen befaßt werden, die gleichzeitig für die Arbeitnehmer der Franchisenehmer von Bedeutung sind.

XXV. Der Widerruf von Franchise-Verträgen

1. Die Lage nach dem Abzahlungsgesetz

Für manchen Franchisegeber gibt es eine unangenehme Überraschung, wenn ein Franchisenehmer – ob aus billigenswerten oder anderen Gründen – plötzlich den Vertrag ggf. schon längere Zeit nach Inkrafttreten bzw. Praktizierung desselben widerruft. Hierbei stützt bzw. stützte sich ein Franchisenehmer, der den Vertrag **vor** dem 1. Januar 1991 abgeschlossen hatte, auf § 1 c Ziff. 3 des Abzahlungsgesetzes, falls der Vertrag jedoch **nach** diesem Stichtag unterzeichnet wurde, auf § 2 Ziff. 3 des Verbraucherkreditgesetzes. Wie erklärt es sich, daß ein Franchisevertrag aufgrund dieser beiden Gesetze widerrufen werden kann?

Was zunächst das Abzahlungsgesetz anbetrifft, so bezweckte es den Schutz des Verbrauchers, der aufgrund eines Vertrages „die Verpflichtung zum wiederkehrenden Erwerb oder Bezug von Sachen zum Gegenstand" hat. Solche Pflichten sind aber sehr häufig in Franchise-Verträgen enthalten, welche eine Bezugsbindung des Franchisenehmers, d.h. eine laufende Kaufverpflichtung gegenüber dem Franchisegeber enthalten. Gelegentlich handelt es sich sogar um ausschließliche Bezugsbindungen, z.B. wenn die fraglichen Erzeugnisse eigene Produkte des Franchisegebers sind oder vom Produzenten auf seine Anweisung hergestellt worden sind. Außer für die im Handelsregister eingetragenen Kaufleute (§ 8 AbzG) – sehr viele im Einzelhandel und Handwerk tätigen Franchisenehmer sind dies aber nicht – wollte der Gesetzgeber die Verbraucher von zu langfristigen Bindungen und möglicher Übervorteilung schützen und hat ihnen ein Widerrufsrecht gemäß § 1 b AbzG eingeräumt.

Hiernach wird die auf den Abschluß eines als Abzahlungsvertrags anzusehenden Franchise-Vertrages gerichtete Willenserklärung des Franchisenehmers erst wirksam, wenn derselbe nicht binnen einer Frist von einer Woche schriftlich widerruft. Nach dem Urteil des *BGH* vom 16.4.1986[1] kann als feststehende Praxis angesehen werden, daß die Vorschriften des Abzahlungsgesetzes auf Franchiseverträge Anwendung finden.

Nach dem Abzahlungsgesetz war dem Franchisenehmer, soweit er nicht beim Handelsabschluß im Handelsregister eingetragener Kaufmann war, unter Gegenzeichnung mit seiner Unterschrift ein Hinweis auf sein Widerrufsrecht auszuhändigen, am besten in einer separaten Urkunde, jedenfalls aber am Schluß des Franchise-Vertrages, völlig getrennt und durch besondere Schrift hervorgehoben. Dieser urkundliche Hinweis sollte dem Franchisegeber später den Beweis ermöglichen, daß der Franchisenehmer den Hinweis erhalten hatte.

In Ermangelung einer solchen Belehrung konnte das Widerrufsrecht gelegentlich noch für längere Zeit, selbst nach Jahren und immer wieder bezüglich neuer Warenbezüge vom Franchisenehmer geltend gemacht werden – eine für den Franchisegeber und sein

---

[1] Vgl. *BGH* 94, S. 226 = NJW 1985, S. 1544.

System kaum erträgliche, aber durch wiederholte Entscheidungen anderer Gerichte be-stärkte Rechtsfolge.[2]

2. Das Widerrufsrecht nach dem Verbraucherkreditgesetz vom 1. Januar 1991

Nach Aufhebung des Abzahlungsgesetzes ist das Verbraucherkreditgesetz in Kraft ge-treten, dessen wesentlicher Zweck ebenfalls darin bestand, unerfahrene Bürger bei Kreditgeschäften zu schützen. Wichtig ist jetzt, daß für alle vor dem 1.1.1991 abge-schlossenen Verträge das bisherige Abzahlungsgesetz weiter **fortgilt**. Das gilt auch für die Geltendmachung von Widerrufserklärungen. Daher sollte man bei allen Verträgen das Abschlußdatum genau beachten.

Im Prinzip bleibt das Widerrufsrecht nach dem neuen Verbraucherkreditgesetz für Franchise-Verträge und andere als Kreditverträge zu beachtende Vereinbarungen durch Übernahme der bestehenden Bestimmungen bestehen, aber es gibt hinsichtlich der per-sönlichen Anwendung bereits wichtige Ausnahmen, welche die Unanwendbarkeit des Verbraucherkreditgesetzes zur Folge haben:

Kreditverträge oder ähnliche Verträge, z.B. Franchise-Verträge, fallen **nicht** unter das Verbraucherkreditgesetz, wenn sie für eine bereits ausgeübte oder selbständige Tätig-keit bestimmt sind oder der Nettokreditbetrag oder der Barzahlungspreis DM 100 000 übersteigt. Solche Gewerbetreibenden bzw. Freiberufler werden nämlich insofern nicht als „Verbraucher" angesehen bzw. der Verbraucherschutz soll nicht für Großkredite gelten. Der kleinere Existenzgründer wird dagegen durch das Gesetz geschützt (§ 3 Abs. 1 Nr. 2 VerbrKrG).

Ferner sind ausgenommen von der Anwendung des Verbraucherkreditgesetzes Klein-kredite bis DM 400 und Verträge, die dem Verbraucher einen Zahlungsaufschub von nicht mehr als drei Monaten einräumen (§ 3 Abs. 1 Nr. 1, 3 und 4 VerbrKrG). Andere Ausnahmen sind hier nicht von Interesse.

Die Beachtung des komplizierten neuen Gesetzes erfordert viel Vorsicht seitens des Franchisegebers, damit er sich nicht einem Widerruf aussetzt. Ein erheblicher Vorteil des neuen Gesetzes ist es, daß spätestens **ein Jahr** nach Abgabe der auf den Abschluß des Vertrages gerichteten Willenserklärung des Franchisenehmers (Verbrauchers) das Widerrufsrecht in jedem Fall **erlischt** (§ 7 Abs. 2 S. 3 VerbrKrG).

3. Die Voraussetzungen hinsichtlich der „Belehrung" über das Widerrufs-recht

Nach § 7 VerbrKrG wird die auf den Abschluß eines Kreditvertrages gerichtete Willenserklärung des Verbrauchers erst dann wirksam, wenn der Verbraucher sie nicht

---

2 Vgl. OLG Düsseldorf vom 15.1.1987, EWir § 1c, AbzG 1/1987, S. 311; OLG Schleswig, Ur-teil vom 28.7.1988, NJW 1988, S. 3024; zustimmend *Böhner*, NJW 1992, S. 3135 ff., und *Flohr*, ZAP, Fach 6, S. 159, 162.
Vgl. ferner jetzt *BGH* vom 30.9.1992, NJW 1993, S. 64 ff.

binnen einer Frist von einer Woche schriftlich widerruft. Der Lauf der Frist beginnt erst, „wenn dem Verbraucher eine drucktechnisch deutlich gestaltete und vom Verbraucher gesondert zu unterschreibende Belehrung über die vorgenannte Frist zum Widerruf, dessen Wegfall und Anschrift des Widerrufempfängers ausgehändigt worden ist." Wird der Verbraucher nicht nach diesen Voraussetzungen belehrt, so erlischt das Widerrufsrecht nach beiderseits vollständiger Erbringung der Leistung, spätestens jedoch ein Jahr nach Abgabe der auf den Abschluß des Kreditvertrages (Franchise-Vertrag) gerichteten Willenserklärung des Verbrauchers.

Bei der „Belehrung" über das Widerrufsrecht des Franchisenehmers ist daher folgendes zu beachten:

Eine „drucktechnisch deutliche Gestaltung" liegt vor, wenn die gesamte Widerrufsbelehrung in Lettern geschrieben ist, die größer sind als die Lettern des gesamten Vertragstextes, und die Farbintensität (Fettdruck) nicht geringer ist als im Vertragstext; ferner, wenn die Widerrufsbelehrung andersfarbig als der übrige Vertragstext gehalten ist, etwa grün oder gelb im Gegensatz zum schwarzen Vertragstext, und weiterhin, wenn die Widerrufsbelehrung auf einem gesonderten Blatt gedruckt ist.[3]

Weiterhin muß die Widerrufsbelehrung zwingend auch den Beginn der Widerrufsfrist enthalten, wie in einem Urteil des *BGH* vom 17.12.1992 für den Haustürgeschäftsschutz der Verbraucher (Franchisenehmer) gesagt ist.[4]

Wie sich im übrigen aus der neuesten einschlägigen Entscheidung des *BGH* vom 27.4.1994[5] im Hinblick auf einen Getränkelieferungsvertrag ergibt, ist es auch zu empfehlen, zwecks Klarstellung des Beginns der Wochenfrist in der Widerrufsbelehrung darauf hinzuweisen, daß diese Frist für die Belehrung gemäß § 187 Abs. BGB „erst mit dem auf die Aushändigung der Vertragsurkunde **folgenden Tag** beginnt".

Unter diesen Voraussetzungen sollte eine Widerrufsbelehrung wie folgt gestaltet sein:

Zusätzliches Schriftstück zum Franchise-Vertrag zwischen … Franchisegeber und … Franchisenehmer vom …

Der Franchisenehmer wird hiermit ausdrücklich darauf hingewiesen, daß er diesen Vertrag gemäß § 7 des Verbraucherkreditgesetzes binnen einer Woche schriftlich widerrufen kann. Diese Frist beginnt an dem auf die Aushändigung dieser Belehrung am … folgenden Tag zu laufen. Es genügt die rechtzeitige Absendung des Widerrufs. Der Widerruf ist gegenüber der Franchisegeberin, der Firma … in … auszusprechen.

…………………, den ……………

………………………………………
          Franchisenehmer

Es ist nochmals zu empfehlen, daß vorstehende Erklärung zu dem Vertrag in jedem Fall auf einem gesonderten Blatt vom Franchisenehmer unterschrieben und ihm auch ein Exemplar ausgehändigt wird.

---

3   Vgl. OLG Stuttgart vom 31.8.1992, NJW 1992, S. 3245.
4   Vgl. NJW 1993, S. 1013 f.
5   Vgl. *BGH* BB 1994, S. 1164 ff.

4. Kritik

Es ist ein nicht leicht verständlicher Umstand, daß die sprachlich mangelhafte Formulierung von § 7 des Verbraucherkreditgesetzes durch die Rechtsprechung nun auch auf Franchise-Verträge angewendet wird. Sowohl das Verbraucherkreditgesetz als auch sein Vorgänger, das Abzahlungsgesetz, dienten dem Schutz des normalen Verbrauchers. Ein Franchisenehmer ist aber kein Verbraucher, sondern ein Händler, der seinerseits die Ware an einen Verbraucher abgibt. Die nicht richtige Beachtung der Vorschriften über das Widerrufsrecht, die häufig nur auf nicht korrekter bzw. irrtümlicher Beachtung des Verbraucherkreditgesetzes beruht, hat in zahlreichen Fällen die Nichtigkeit von Verträgen im Gefolge, die sonst durchaus gut formuliert sind. Die Konsequenzen sind immer mindestens für einen Vertragspartner, oft aber für beide, recht unangenehm, denn eine erhebliche und meist sorgfältige Vorarbeit wird durch die Nichtigerklärung wertlos gemacht, mit allen wirtschaftlichen Folgen.

Schlimm ist insbesondere, daß die Rechtsprechung neuerdings immer mehr dazu neigt, die Anwendung des Schriftformerfordernisses gemäß § 4 des Verbraucherkreditgesetzes zu überstrapazieren. So berichtet *Flohr*[6], daß das Kammergericht in einem Beschluß vom 11.2.1993 – 2 W 706/93 – einen Franchise-Vertrag für unwirksam erklärt hat, weil der Standort des künftigen Betriebes des Franchisenehmers bei Vertragsabschluß infolge der noch nicht ausgewählten Geschäftsräume in der betreffenden Stadt noch nicht erfolgt war. Dies wird in der Praxis aber öfter vorkommen. Der von *Flohr* empfohlene Ausweg, zunächst einen Vorvertrag auf Abschluß eines Franchise-Vertrages abzuschließen, bis der genaue Standort des Franchise-Betriebes feststehe, ist eine wirklich zu komplizierte Lösung, die möglicherweise zu weiteren Umständen führen kann.

Ebensowenig erfreulich muß auch die *BGH*-Entscheidung vom 8.7.1993[7] empfunden werden, welche die räumlich von der Widerrufsbelehrung vermeintlich nicht genug abgesetzte Empfangsbestätigung des Käufers in einem Haustürgeschäft zum Anlaß genommen hat, die Widerrufsbelehrung für unwirksam zu erklären. Mag dies beim Haustürgeschäft gerade noch nachvollziehbar sein, so dürfte eine solche Folge bei Franchisenehmern noch weniger sinnvoll erscheinen. Von der angeblichen „Ablenkung" des Käufers (evtl. Franchisenehmers) dürfte meist wohl kaum zu sprechen sein.

5. Anwendung des Haustürwiderrufsgesetzes auf Franchise-Verträge?

Neuerdings wird die Meinung vertreten, daß die Bestimmungen des Gesetzes über den Widerruf von Haustürgeschäften und ähnlichen Geschäften (HTWG) auf Franchise-Verträge anwendbar sei (vgl. *Palandt/Putzo*, BGB, 53. Aufl. 1994, Einl. zu § 1 HTWG, RN 5; OLG Koblenz-NJW 1994, 1418 ff.). Diese Auffassung läßt m.E. außer acht, daß auf das Franchising die Bestimmungen von § 1b Abs. 2, S. 2 AbzG bzw. von § 7 des VerbrKrG anwendbar sind, die hier als lex specialis zu betrachten sind; schließlich

---

6 Vgl. franchise report 1/1993, S. 10/11.
7 Az. 1 ZR 202/91 BB 1993, S. 2114.

können Franchise-Verträge in diesem Punkt nicht von verschiedenen Gesetzen, die voneinander abweichende Bestimmungen enthalten, gleichzeitig betroffen werden. Im übrigen ist das HTWG nur anwendbar, wenn der Kunde „durch mündliche Verhandlungen an seinem Arbeitsplatz oder im Bereich einer Privatwohnung" seine einschlägigen Erklärungen abgegeben hat (§ 1 Abs. 1 HTWG). Franchise-Verträge werden aber nur sehr selten am Arbeitsplatz eines künftigen Franchisenehmers oder in einer Privatwohnung erörtert bzw. abgeschlossen – jedenfalls soweit der künftige Franchisegeber in üblicher Weise die Verhandlung abwickelt. Im übrigen werden im Vorfeld des Vertragsabschlusses beim Franchising so gut wie immer schriftliche Unterlagen wie ein Franchise-Vertragsentwurf, ein Vertriebshandbuch etc. Grundlage des angestrebten Vertrages darstellen. Das HTWG will das Publikum aber nur vor plötzlichen Überrumpelungen schützen.[8]

---

[8] Vgl. auch *Flohr*, ZAP 1994, F 6, S. 218.

XXVI. Zusätzliche Verträge bei Franchise-Systemen

1. Übersicht über die verschiedenen Vertragstypen

Nicht immer wird es nur ein Franchise-Vertrag sein, der die einzige vertragliche Grundlage für das gesamte System bildet. In der überwiegenden Zahl der Fälle sind einer oder mehrere andere Verträge notwendig, um das gesamte Vertriebssystem auf die erforderliche sichere Basis zu stellen. Diese zusätzlichen Verträge kann man in zwei Gruppen teilen, nämlich

- Verträge **zwischen den Partnern** des Franchise-Vertrages und
- Verträge **mit Dritten**.

Die erste Gruppe (Verträge unter Partnern) kann man in drei Kategorien teilen:

- **Vorausgehende Verträge** bzw. Vorverträge verschiedener Art, die der Vorbereitung des Franchising dienen (Abschnitt 2);
- **Ergänzende Vereinbarungen**, d.h. solche, die sich unmittelbar auf den Franchise-Vertrag beziehen und gelegentlich sogar in den Franchise-Vertrag mit aufgenommen werden. Hierzu gehören Lieferungsverträge, Zahlungs- und Lieferungsbedingungen mit speziellen Sicherungsübereignungs- bzw. Eigentumsvorbehaltsklauseln, ferner separate Wettbewerbsabreden und Schiedsverträge, welch letztere unbedingt in besonderer Urkunde abgeschlossen werden sollten (Abschnitt 3);
- **Begleitende Verträge**, namentlich Mietverträge bzw. Pachtverträge, Untermietverträge etc., deren Abschluß notwendig ist, um dem Franchise-Betrieb Geschäftsräume zu beschaffen, falls der Franchisenehmer selbst nicht Eigentümer oder Besitzer der Räume ist und diese vom Franchisegeber als Hauseigentümer oder als Hauptmieter mieten bzw. untermieten muß (Abschnitt 4).

Die zweite Gruppe (Verträge mit Dritten) umfaßt eine größere Reihe im Zusammenhang mit den Franchise-Verträgen und mit seinen im Einzelfall zu treffenden Vereinbarungen.

2. Vorverträge, Optionsverträge, Reservierungsverträge

Bevor ein Franchise-Vertrag zur Unterschrift kommt, werden häufig bei Vereinbarungen von vorübergehender Bedeutung oder zur Sicherung von Ansprüchen besondere Vereinbarungen getroffen. Bisher noch wenig in Deutschland praktiziert, aber z.B. in Frankreich schließt man öfter sog. „Contrats de Pré-Franchise" bzw. „Contrats de Pilotage", also Vor-Franchise-Verträge bzw. Pilotverträge.[1]

---

[1] Vgl. *Leloup*-Vortrag vom 7.11.1985 anläßlich des VII. Europäischen Franchise-Symposiums in Brüssel.

In Verträgen dieser Art gestattet der künftige Franchisegeber einem künftigen Franchisenehmer, in experimenteller Form das Franchise-Konzept in einem Pilotbetrieb auszuprobieren. Für den Fall des Gelingens des „Experiments" ist der Abschluß eines Franchise-Vertrages vorgesehen, andernfalls ist eine Auflösung des Vertrages vereinbart, die den Beendigungsklauseln eines Franchise-Vertrages ähnelt. Mit solchen Verträgen soll künftigen Franchisegebern geholfen werden, die über eine marktfähige Idee und ein Konzept verfügen, die aber nicht genügend Mittel für Planung und Aufbau eines Systems haben, während der Inhaber des Pilotbetriebs weitgehend das Risiko dieses Betriebes trägt. Ob diese Idee, die gewissermaßen eine vor das Franchising geschaltete „Joint venture" ist, in Deutschland Anhänger findet, läßt sich noch nicht beurteilen. Die Möglichkeiten von Vorverträgen sind unbegrenzt, und z.B. kann es auch umgekehrt der Franchisegeber sein, der den Pilotbetrieb allein oder überwiegend finanziert und einen in Aussicht genommenen Franchisenehmer beauftragt, den Betrieb nach seinem Konzept aufzuziehen und auf Machbarkeit und Rentabilität zu testen.

Demgegenüber sind andere Vorverträge in Form von Options- und Reservierungsverträgen nicht unüblich und für die Praxis ungemein wichtig. Ihr Abschluß empfiehlt sich häufig dann, wenn ein Franchisenehmer-Kandidat in bestimmtem Umfang in seinen späteren Wirkungskreis eingeweiht werden muß, um seinen Entschluß, in das System einzutreten, vorzubereiten. Dies bedeutet, daß der Franchisegeber, bevor es zum Abschluß eines Franchise-Vertrages kommt, dem Franchisenehmer häufig im erheblichen Umfang Einzelheiten über das System und sein Know-how vermittelt, obwohl er noch nicht weiß, ob ein Vertrag zustande kommt. Auf der anderen Seite ist es der Franchisenehmer, der vor möglichen Übervorteilungen geschützt werden muß. Die rechtliche Gestaltung von Vorverträgen dieser Art war auch ein besonderes Anliegen der *European Franchise Federation*, die einen ab 1. Januar 1992 gültigen und von allen Mitgliedstaaten akzeptierten „Europäischen Verhaltenskodex für Franchising" (nachstehend kurz „Euro-Kodex" genannt) geschaffen hat. Die Bestimmungen dieses Kodex sind kein bindendes Gesetz, sondern lediglich als „guidelines" (Verhaltensregeln) zu betrachten, haben mithin nur richtungsgebende Wirkung. Unter Ziff. 3.4 heißt es dort:

„Falls ein Franchisegeber einen zukünftigen Franchisenehmer durch einen Vorvertrag bindet, sollen die folgenden Grundsätze beachtet werden:

*	Bevor ein Vorvertrag geschlossen wird, erhält der zukünftige Franchisenehmer eine schriftliche Mitteilung über den Zweck des Vorvertrages und die Höhe des Entgeltes, das er möglicherweise an den Franchisegeber zu entrichten hat, um dessen tatsächliche Aufwendungen abzudecken, die während und durch die vorvertragliche Phase entstanden sind; wenn der Franchise-Vertrag zustandekommt, ist die besagte Vergütung vom Franchisegeber zurückzuerstatten oder gegebenenfalls mit der vom Franchisenehmer zu zahlenden Eintrittsgebühr zu verrechnen;
*	der Vorvertrag soll eine Laufzeit und eine Kündigungsklausel enthalten;
*	der Franchisegeber kann Wettbewerbsverbote und/oder Geheimhaltungsklauseln festlegen, um sein Know-how und seine Identität zu schützen".

Dem Euro-Kodex ist es hiernach hauptsächlich daran gelegen, den Franchisenehmer zu schützen. Es soll offensichtlich vermieden werden, vom Franchisenehmer in der vorvertraglichen Phase unangemessene Entgelte zu fordern, die er bei Nichtzustandekommen des eigentlichen Franchise-Vertrages nicht oder in nicht angemessenem Umfang zurückfordern kann. Weiterhin soll nach dem Euro-Kodex der Vorvertrag eine

Laufzeit und eine Kündigungsklausel enthalten, was für beide Teile vorteilhaft ist, während dem Interesse des Franchisegebers insoweit Rechnung getragen werden soll, als dieser Wettbewerbsverbote und/oder Geheimhaltungsklauseln festlegen kann, um sein Know-how und seine Identität zu schützen. Dem häufigsten Typ eines Vorvertrages, nämlich dem Options- und Reservierungsvertrag liegt die Idee zugrunde, daß beide Vertragsteile die Grundlagen für eine fruchtbare Kooperation noch näher untersuchen wollen. Während dieser Optionsfrist von etwa vier bis sechs Wochen wird dem Franchisenehmer die Möglichkeit der Prüfung des ihm angebotenen Vertrages gegeben, damit er zu einem Entschluß über Annahme oder Ablehnung desselben kommt. In dem vorgenannten Zeitraum wird ihm das angebotene Vertragsgebiet im System des Franchisegebers „reserviert". Der Franchisegeber kann seinerseits Bonität und Seriosität des Franchisenehmer-Kandidaten prüfen.

Für die Dauer des Optionsvertrages verzichtet der Franchisegeber auf die Möglichkeit, das vorgesehene Vertragsgebiet anderen Interessenten anzubieten bzw. mit ihnen sogar einen Vertrag abzuschließen oder gar selbst dort eigene Niederlassungen zu eröffnen. Dies sollte im Interesse des Franchisenehmers in diesem Vorvertrag klar herausgestellt werden.

Besonders wichtig ist es, in dem zu schließenden Optionsvertrag festzulegen, daß der Franchisenehmer dem Franchisegeber eine angemessene Vergütung dafür zahlt, daß dieser sich jeglicher Verfügungen über das vorgesehene Vertragsgebiet enthält. Die Höhe des Entgelts, der sog. Optionsgebühr, unterliegt der freien Vereinbarung der Vertragspartner. Sie sollte nicht zu hoch bemessen werden und am besten bei Abschluß dieses Vertrags fällig sein. Was angemessen ist, ergibt sich aus der wirtschaftlichen Bedeutung der zu vergebenden Franchise, der Größe des Vertragsgebietes und der Dauer des Optionszeitraums. Ein zu hohes Entgelt könnte den guten Sitten zuwiderlaufen und gegebenenfalls als nichtig angesehen werden.[2]

Empfehlenswert ist es, ein Enddatum für die Ausübung des Optionsrechts durch den Franchisenehmer zu fixieren, etwa „bis zum 31. Oktober 1994", um etwaige Meinungsverschiedenheiten bei der Berechnung der Wochen auszuschalten. Nach den Richtlinien des Euro-Kodex soll der Vorvertrag eine Kündigungsklausel enthalten, wobei die Kündigungsfrist grundsätzlich für beide Parteien gleich lang sein sollte.

Das Schicksal der Optionssumme nach Ablauf der Frist hängt davon ab, ob der Franchise-Vertrag zustandekommt oder nicht. Ist das nicht der Fall, so wird manchmal vereinbart, daß der Franchisegeber einen Teil des Optionsbetrages zurückzuzahlen hat. Nach dem Euro-Kodex wird das Entgelt entrichtet, um die „tatsächlichen Aufwendungen" abzudecken, die der Franchisegeber während der vorvertraglichen Phase bzw. der Laufzeit der Option hatte. Diese Summe ist im vorhinein schwer zu schätzen; im allgemeinen wird es billig sein, daß der Franchisegeber einen gewissen Betrag, evtl. die Hälfte, wieder zurückerstattet. Eine Pauschalierung des zurückzuzahlenden Betrages dürfte sich aber nicht empfehlen, um nicht evtl. gegen Bestimmungen des AGBG zu verstoßen.

Kommt hingegen der Franchise-Vertrag zustande, so meint der Kodex, daß die fragliche Summe zurückzuerstatten oder jedenfalls mit der Eintrittsgebühr zu verrechnen ist, eine wohl meist geübte Praxis.

---

2 Vgl. *Skaupy*, „franchise report" 1/1992, S. 4.

Ein Options- und Reservierungsvertrag hat aber noch einige andere Probleme zu regeln. Der Euro-Kodex regt selbst an, in dem Optionsvertrag Geheimhaltungsklauseln bezüglich seines Know-how aufzunehmen, welches er dem Franchisenehmer in gewissem Umfang während der Optionszeit zur Prüfung vermittelt hat. Auch Wettbewerbsverbote können dem Franchisenehmer auferlegt werden.

Vom Franchise-Kandidaten sollte ferner die Anerkennung der gewerblichen Schutzrechte und Urheberrechte des Franchisegebers verlangt werden, und zwar im Hinblick auf alle ihm zugänglich gemachten Informationen und Unterlagen. Im Falle der Verletzung solcher Rechte sollte zu Lasten des Franchisenehmers eine Schadensersatzpflicht festgelegt werden.

Bei der Konzipierung eines Options- und Reservierungsvertrages ist besondere Sorgfalt geboten, denn beide Parteien nehmen erhebliche Risiken auf sich, wie auch *Oehl* und *Reimann* betont haben.[3] Diese Autoren nehmen bezüglich aller vorvertraglichen Verhandlungen und beim Austausch von Informationen das Vorliegen eines „vorvertraglichen Vertrauensverhältnisses" an und billigen mit Recht bei Verletzung solcher Pflichten durch den Franchisenehmer und möglicherweise auch durch den Franchisegeber gegebenenfalls Schadensersatzansprüche aus „culpa in contrahendo" (Verschulden bei Vertragsabschluß) zu, evtl. auch einen Anspruch auf Rücktritt oder Auflösung des Vertrages entsprechend § 276 BGB.[4]

3. Ergänzende Verträge zu Franchise-Verträgen

Die Mehrheit solcher Vereinbarungen könnte im Franchise-Vertrag selbst Aufnahme finden. Aber die zahlreichen mit Einzelheiten befrachteten Bestimmungen werden den Hauptvertrag nur unübersichtlicher machen. Es handelt sich hierbei gewissermaßen um Durchführungsbestimmungen, die am besten separat niedergelegt werden. Auch ist der Franchise-Vertrag selbst oft auf längere Zeitdauer konzipiert, während namentlich Lieferungs- und Zahlungsbedingungen öfter der geschäftlichen Weiterentwicklung angepaßt werden müssen. Derartige Geschäftsbedingungen kann der Franchisegeber, wenn sie nicht Teil des Vertrages sind, einseitig unter Anpassung an neue Situationen ändern, falls er sich hierbei im Rahmen des ABGG hält.

Zu den ergänzenden Verträgen in obigem Sinne gehören auch nachvertragliche Wettbewerbsabreden. Diese finden sich meist mit Recht im eigentlichen Vertragstext, jedoch sollten sie vorsorglich in einer gesonderten Urkunde festgehalten werden, die der Franchisegeber dem Franchisenehmer übergibt (entsprechend § 90a Abs. 1 HGB). Entsprechendes gilt für Schiedsabreden. Falls die Franchisenehmer Minderkaufleute (§ 4 HGB) oder Handwerker sind, so ist hier eine separate schriftliche Vereinbarung sogar zwingend für eine Schiedsvereinbarung vorgeschrieben (§ 1027 ZPO).

---

3   Vgl. Münchener Vertragshandbuch, Bd. 3, 1987, S. 667 ff.
4   Nach Fertigstellung des Manuskripts zum vorliegenden Buch ist in ZAP 1994, Heft 11, S. 185 ff., eine längere Darstellung von *Flohr* über „Vorverträge bei Franchise-Verträgen" erschienen, zu der hier nicht näher Stellung genommen werden kann. *Flohr* empfiehlt in erheblich größerem Umfang den Gebrauch von Vorverträgen, was jedoch weitere rechtliche Probleme im Gefolge haben kann.

4. Begleitende Verträge

Zu den begleitenden Verträgen gehören namentlich Miet-, Pacht- oder Untermietverträge, die der Franchisenehmer über ein ihm nicht gehörendes Geschäftslokal abschließen muß, um seine Franchise vertragsgemäß auszuüben. Wichtig ist hier die zeitliche Koordination mit dem Franchise-Vertrag selbst, damit nicht entweder ein Franchise-Vertrag noch läuft, wenn der Mietvertrag beendet (oder vielleicht nicht verlängerbar) ist oder aber der umgekehrte Fall eintritt. Auch an die Garagen ist hierbei zu denken, die für gewisse Betriebe (z.B. Gastronomie) zur Bereitstellung von Parkmöglichkeiten vorgeschrieben sind.

Immer häufiger kommen Franchise-Systeme vor, bei denen der Franchisegeber Eigentümer oder Hauptmieter der Geschäftsräume ist, die er dem Franchisenehmer vertraglich überläßt. Dies hat für den Franchisegeber den Vorteil, einen Franchisenehmer dauerhaft an sich zu binden (wobei selbstverständlich keine Knebelung vorliegen darf) sowie eine weitere laufende Einnahme zu haben. Der Franchisenehmer wird andererseits von dem Problem der Beschaffung und Verwaltung der Mietsache entlastet. Häufig wird auch bei Geschäftsräumen in optimaler Lage allein der Franchisegeber als geeigneter und potenter Mietpartner von den Hauseigentümern angesehen, so daß der Franchisenehmer ohnehin nur durch einen Untermietvertrag bzw. falls die Einrichtung des Geschäftslokals ebenfalls an ihn überlassen wird, durch einen (Unter-)Pachtvertrag in den Besitz der Räume kommen kann.

5. Zusätzliche Verträge mit Dritten, namentlich Kreditlieferungsverträge, gesellschaftsrechtliche Verflechtungen

Verträge mit Dritten, dreiseitige oder mehrseitige Vertragswerke, werden im Rahmen des Aufbaus eines Franchise-Systems im wesentlichen durch die Notwendigkeit von Finanzierungen erforderlich, aber auch durch die Regelung von Lieferungen, die ein Dritter im Auftrag des Franchisegebers gegenüber den Franchisenehmern bewirkt.

(a) Der Franchisenehmer wird zum Erwerb der Franchise, zur Beschaffung einer Einrichtung für sein Geschäft und zur Anschaffung eines Erstbestandes an Waren in den meisten Fällen Kapitalbeträge bei Kreditinstituten aufnehmen müssen. Hierzu sind entsprechende **Kreditverträge**, teilweise auch mit öffentlich/rechtlichen Kreditanstalten, unter Aufnahme von ERP-Krediten (vgl. Kapitel XXVIII) abzuschließen. Häufig wird auch der Franchisegeber bei der Finanzierung selbst oder durch seine Bank helfen. Hierbei ist, auch seitens des Franchisegebers, zu beachten, daß die Kreditierung gegenüber dem Franchisenehmer zu tragbaren Bedingungen, ohne unangemessene Belastungen erfolgt. Der Zusammenbruch eines Franchisenehmers wegen zu hoher Kreditschulden kann sich nachteilig für den Erfolg des Gesamtsystems und sein Image auswirken.

(b) Gelegentlich bildet der Franchisegeber nur eine Systemzentrale, liefert aber keinerlei oder nur wenig Waren, Materialien oder Ersatzteile. Hier wird in dem Franchise-Vertrag unter Beachtung von § 15 GWB ein Rahmen vorgegeben, innerhalb dessen der Franchisenehmer in **Lieferungsverträgen mit externen Lieferanten** über die von ihm benötigten Produkte und Materialien abschließt. Besser wird ein dreiseitiger Vertrag hierzu geschlossen werden.

(c) Sehr häufig wird sich der Franchisenehmer Kapital dadurch beschaffen, daß er mit einem Geldgeber eine **Gesellschaft zur Ausnutzung der Franchise** errichtet. Da dem Franchisenehmer die Franchise aufgrund seiner persönlichen Qualifikation erteilt ist, muß der Franchisegeber immer sein Augenmerk darauf richten, daß der Franchisenehmer ihm gegenüber auch weiterhin, möglicherweise neben der Gesellschaft, verantwortlich bleibt. Auch muß schon im Franchisevertrag abgesichert werden, daß der Franchisenehmer immer die persönliche und unangefochtene Leitung der Gesellschaft behält, d.h. als alleiniger Geschäftsführer, als allein geschäftsführender Gesellschafter etc. Im Franchise-Vertrag muß sich der Franchisegeber auch die vorherige Einwilligung zum Abschluß eines solchen Gesellschaftsvertrages im Systeminteresse vorbehalten.

(d) Oft wird der **Franchisegeber** den Wunsch haben, selbst **Gesellschafter in der** zur Finanzierung **von dem Franchisenehmer gegründeten Gesellschaft** zu werden. In solchen Fällen sollte der Franchisegeber zumindest mit einer Beteiligung von 26% Minderheitsgesellschafter in dieser Gesellschaft werden. Mit einer solchen Sperrminorität kann er jedenfalls die Änderung des Gesellschaftsvertrages in einer für das System ungünstigen Weise unterbinden. Auch kann er bei der Gründung der Gesellschaft dann durch Mitwirkung an dem Gesellschaftsvertrag die Interessen des Systems wahrnehmen.

(e) Gelegentlich wird den **Franchisenehmern** auch angeboten, selbst **Gesellschafter in dem Unternehmen des Franchisegebers** zu werden. Da durch zuviele Franchisenehmer aber eine kapitalmäßige Beherrschung der Systemzentrale möglich ist, können Unklarheiten und Unzuträglichkeiten zwischen den Parteien der Franchise-Verträge die Folge sein.

Eine angemessene Lösung wäre das Angebot kleinerer Anteile an die Franchisenehmer, die aber immer gleich zu behandeln sind. In der Praxis dürfte diese Möglichkeit der Beteiligung von Franchisenehmern an dem Unternehmen des Franchisegebers nur bei größeren Systemen vorkommen. Diese Art von Beteiligung der Franchisenehmer dient gleichzeitig zur engeren Bindung derselben an das System. In Praxis kann hier auf die Beteiligung von Franchisenehmern an der Zentralgesellschaft in umstrukturierenden Systemen verwiesen werden, die sich aus Einkaufsvereinigungen entwickeln.

XXVII. Franchising und deutsches Kartellrecht

1. Der Franchise-Vertrag als vertikale Vertriebsform

Wie bei fast allen Rechtsgebilden im wirtschaftlichen Bereich, muß auch ein Franchise-System die kartellrechtlichen Vorschriften beachten, deren Zweck die Sicherung des freien Wettbewerbs im wirtschaftlichen Leben einer sozialen Marktwirtschaft ist. Auch ein Franchise-Vertrag kann im Sinne des Gesetzes gegen Wettbewerbsbeschränkungen (GWB), meist kurz „Kartellgesetz" genannt, Bestimmungen enthalten, die als wettbewerbsbeschränkend angesehen werden können. Hierzu gehören z.B. Bezugsbindungen, die Einräumung von Exklusivrechten etc. In Praxis enthält jeder Franchise-Vertrag Beschränkungen verschiedener Art, so daß sich die Frage der kartellrechtlichen Zulässigkeit mancher Klauseln immer stellt.

Wie die Definitionen aller Länder einschließlich des Europäischen Verhaltenskodex für Franchising erkennen lassen (vgl. Kapitel II.2), ist der Franchise-Vertrag ein vertikaler Vertrag, bei dem die Partner im Rahmen eines Vertriebssystems auf verschiedenen Wirtschaftsstufen stehen. Im Gegensatz dazu stehen horizontale Verträge, die normalerweise von auf gleicher Stufe stehenden, meist miteinander konkurrierenden Unternehmen geschlossen werden. Als Faustregel kann davon ausgegangen werden, daß horizontale Verträge, falls sie „zu einem gemeinsamen Zweck" abgeschlossen und insoweit selbst geeignet sind, durch wettbewerbsbeschränkende Abmachungen den Markt zu beeinflussen, gemäß § 1 GWB unwirksam sind. Einige von ihnen können allerdings durch Anmeldung bzw. kartellamtliche Erlaubnis wirksam werden (vgl. §§ 2 ff. GWB). Es sind dies wirtschaftlich unschädliche, wenn nicht sogar wünschenswerte Vereinbarungen, wie z.B. Rationalisierungs-Kartelle und Spezialisierungs-Kartelle.

Im Gegensatz zu den horizontalen Vereinbarungen und Beschlüssen sind vertikale Verträge und daher auch nach deutschem Recht einschließlich aller Vertriebsverträge grundsätzlich ohne weiteres wirksam. Sie sind weder anmelde- noch erlaubnispflichtig und unterliegen nur im Rahmen von §§ 18, 19, 20, 21 GWB der Mißbrauchsaufsicht der Kartellbehörden. Das bedeutet, daß die Kartellbehörde nur bei „Mißbräuchen" einschreitet, d.h. gewisse von ihr als übermäßig beschränkend angesehene Praktiken für unwirksam erklären bzw. die Anwendung neuer, gleichartiger Bindungen verbieten kann. Nur ausnahmsweise können Vertikalverträge nichtig sein, namentlich wenn sie einen Vertragspartner in der Freiheit der Gestaltung von Preisen (Preisbindung!) oder von Geschäftsbedingungen mit Dritten beschränken (§ 15 GWB). Spezielle Regeln gelten für technologische Lizenzverträge (§§ 20, 21 GWB).

Es muß aber darauf hingewiesen werden, daß die Unterscheidung zwischen vertikalen und horizontalen Vertragsbestimmungen nicht in **jedem** Falle zu einer eindeutigen kartellrechtlichen Beurteilung führt. Das kann besonders dann vorkommen, wenn Franchise-Verhältnisse, z.B. in horizontale Verbundformen wie Handelsketten und Genossenschaften, in bestimmter Weise eingegliedert sind, so daß sog. Gesamtverträge über einen einheitlichen Sachverhalt vorliegen, die dann gegebenenfalls auch dem allgemeinen Kartellverbot des § 1 GWB unterliegen. Ob solche Vertragsgestaltungen vorliegen, muß im Einzelfall geprüft werden, bei „normalen" Franchise-Systemen verbleibt es bei der grundsätzlichen Zulässigkeit ohne vorherige Genehmigung.[1]

Wie schon dargelegt wurde (vgl. Kapitel XXII.4), muß der Franchise-Vertrag grundsätzlich schriftlich abgeschlossen werden; in der Praxis sind kaum Ausnahmen denkbar. Dies ergibt sich auch aus dem in § 34 GWB niedergelegten Schrifterfordernis, welches auch für Vertikalverträge gilt, da solche, wie der Franchise-Vertrag, so gut wie immer gewisse Beschränkungen gemäß § 18 ff. GWB enthält.

Ein nicht schriftlicher Franchise-Vertrag kann daher ganz oder teilweise nichtig sein. Das gleiche gilt für Schriftstücke, auf die der Vertrag Bezug nimmt, z.B. Beschlüsse, Satzungen und Preislisten (§ 34 S. 3 GWB); vgl. näher oben Kapitel XXII.4.

2. Exklusivität und Gebietsschutz

Zahlreiche Franchise-Verträge sichern dem Franchisenehmer eine „Exklusivität" zu. Dies bedeutet ein Alleinvertriebsrecht bzw. die Ausschließlichkeit der Rechte des Franchisenehmers innerhalb des vertraglich festgelegten territorialen und eventuell sachlichen (bestimmte Waren) Vertragsgebietes. Eine derartige Exklusivität verstößt nicht gegen das deutsche Kartellrecht. Die Exklusivität gehört – obwohl sie in manchen Franchise-Verträgen aus den verschiedensten Gründen nicht vereinbart wird – üblicherweise zu den wesentlichen und typischen Bestandteilen des Franchise-Vertrages. Der Franchisegeber hat die Exklusivität seinerseits strikt zu beachten und zu schützen; er ist mangels besonderer Abrede nicht zu einschlägigen Geschäften in dem Vertragsgebiet des Franchisenehmers berechtigt. Eine solche Verletzung der Verpflichtungen des Franchisegebers im Hinblick auf das Ausschließlichkeitsrecht des Franchisenehmers kann sogar zur Schadensersatzpflicht führen.[2]

Hier muß eingeschaltet werden, daß für das EG-Recht andere Grundsätze gelten, was mithin für alle innerhalb des EG-Bereiches grenzüberschreitende Verträge gilt, d.h. solche, die den innergemeinschaftlichen Handel im Sinne von Art. 85 des EG-Vertrages beeinträchtigen können (hierzu Näheres in Kapitel XXXIV).

Es können sich aber auch im Anwendungsgebiet deutschen Rechts im Hinblick auf die Exklusivität, deren Hauptinhalt der Gebietsschutz bzw. Platzschutz des Franchisenehmers darstellt, Probleme ergeben. Auf dem 1. Deutschen Franchise-Tag hat Prof. *Kartte*, der Präsident des Bundeskartellamts, darauf hingewiesen, daß seine Behörde neben der Preisbildungsfrage „ganz kritisch" im Franchising auch den Gebietsschutz (Platzschutz) und die Wettbewerbsverbote betrachte. Es wurde auch auf die zwei Seiten des Gebietsschutzes hingewiesen, den „externen" gegenüber dem Franchisegeber und den „internen" gegenüber anderen Franchisenehmern (die in das Vertragsgebiet weiterer Franchisenehmer eindringen wollen). Etwaigen Versuchen der Kartellbehörden, einen vernünftigen Gebietsschutz auszuhöhlen, sollte die Gemeinschaft der Franchisenehmer und Franchisegeber allerdings energisch entgegentreten. Nur bei Vor-

---

[1] Vgl. hierzu *Gloy* u.a., Handbuch des Wettbewerbsrechts, München 1986, § 29 RNr. 57.
[2] Vgl. für Vertragshändler: *Stumpf*, Der Vertragshändler-Vertrag, 2. Aufl., 1979, RNr. 70.

liegen der gesetzlichen „Eingriffsvoraussetzungen" des § 18 GWB kann die Behörde einschreiten. Bis dahin ist die Exklusivität erlaubt (zum EG-Recht vgl. Kapitel XXXIV).

Im Recht des Vertragshändlers – und dieser ist eine Art Vorstufe des Franchising, wenn er auch seine eigenständige Bedeutung weiterhin beibehält – war niemals ernsthaft bestritten, daß bei Vorliegen eines Alleinvertriebsrechts der Verpflichtung des Vertragshändlers, die Grenzen seines Vertragsgebiets zu respektieren, die Verpflichtung des Unternehmers gegenübersteht, seinerseits die Ausschließlichkeit der Rechte des Vertragshändlers innerhalb der Grenzen des Vertragsgebiets anzuerkennen.[3]

Um wieviel mehr als der Vertragshändler muß der in seiner Stellung abhängigere Franchisenehmer vor Konkurrenzeingriffen aus dem Bereich des eigenen Vertriebssystems geschützt werden. Auch die Existenz des Franchisenehmers beruht, wenn sie vereinbart ist, weiterhin auf der Exklusivität seines Vertragsgebiets. Im übrigen ist die Exklusivität in Praxis ohnehin niemals absolut, da es den Kunden freisteht, außerhalb eines bestimmten Vertragsgebiets die gewünschten Waren bei anderen Franchisenehmern zu kaufen. Sicher sind Mißbräuche der Exklusivität denkbar, die einem ordnungsgemäßen Wettbewerb zuwiderlaufen, aber in solchen Fällen werden die Kartellbehörden sicher die notwendigen Eingriffsvoraussetzungen in § 18 GWB finden.

Zur Frage des sog. „externen" Gebiets-(Platz)schutzes gegenüber dem Franchisegeber ist noch zu bemerken, daß dieser dem wirtschaftlich meist schwächeren Franchisenehmer gegenüber einem Franchisegeber Schutz bietet, der ohne angemessene Rücksicht auf das vorhandene Marktpotential zu viele Franchisen „verkauft", um in den Besitz möglichst vieler Eintrittsgebühren zu kommen; dies ist übrigens auch eine häufig von unseriösen oder unseriös werdenden Franchisegebern benutzte Methode. Insoweit ist es nicht vertretbar, daß der Franchisegeber mit seinen meist größeren finanziellen Möglichkeiten selbst als mächtiger Konkurrent in das Gebiet seines Franchisenehmers eindringt.

Was den „internen" Gebietsschutz gegenüber dem Eindringen anderer Franchisenehmer in die Gebiete oder Plätze ihrer Franchisenehmer-Kollegen anbelangt, so gilt hier letztlich das gleiche: Der potentere kann sich in einem anderen Vertragsgebiet ausdehnen und den dort etablierten Franchisenehmer in Schwierigkeiten bringen. Dies würde dem Sinn der Franchise widersprechen, bei deren Einräumung der Franchisegeber eine erhebliche Verantwortung für den wirtschaftlichen Erfolg des Franchisenehmers übernimmt. Der optimale Standort eines Franchisenehmers wird vom Franchisegeber immer genau geprüft (Standortanalyse) und ist häufig entscheidend für seinen Erfolg. Eine unkontrollierte Expansion auf andere Gebiete und Standorte und damit die Beeinträchtigung anderer Franchisenehmer kann dem Image des Systems schaden und die Existenz nicht nur anderer Franchisenehmer, sondern ggf. auch des ganzen Systems gefährden. Derartige Folgen können nicht im wohlverstandenen Sinn des Gesetzes liegen (vgl. hierzu auch ein unveröffentlichtes Schreiben vom 27.5.1986 von *H. Boehm* an Prof. *Kartte*).

Mit Recht hat insoweit der *Europäische Gerichtshof*, allerdings nur für den Wirkungsbereich des europäischen Gemeinschaftsrechts, in Ziff. 16 seiner nachstehend (vgl.

---

3 Vgl. schon *Stumpf*, a.a.O., RNr. 69 *BGH*, DB 1970, S. 44; *Ulmer*, Der Vertragshändler, S. 428.

Kapitel XXXIV.4) noch näher zu besprechenden *Pronuptia*-Entscheidung es für zulässig erklärt, einem Franchisenehmer das Verbot aufzuerlegen, ein Geschäft mit gleichem oder ähnlichem Zweck zu eröffnen, in dem er zu einem der Mitglieder der Vertriebsorganisation in Wettbewerb treten könnte.

3. Die Bezugspflichten des Franchisenehmers

Wie in den meisten Vertriebs- und sonstigen Kooperationsverträgen ist auch in Franchise-Verträgen häufig die Verpflichtung des Franchisenehmers festgelegt, alle oder einen Teil der von ihm im Rahmen des Franchise-Systems zu vertreibenden Waren nicht von einem anderen Unternehmen oder sogar von einem Konkurrenzunternehmen, sondern entweder ganz oder teilweise nur von dem Franchisegeber bzw. bei einem vom Franchisegeber benannten Lieferanten zu beziehen. Hier spricht man von Bezugsbindungen bzw. Bezugspflichten. Solche Bezugsbindungen waren bei Vertragshändlern schon immer üblich und entsprechen der Treuepflicht der Vertragspartner insbesondere dann, wenn der Bezugsbindung ein Alleinvertriebsrecht, also ein Exklusivitätsrecht des Vertragshändlers der Bezugspflicht gegenübersteht.

Bezugsbindungen, die zur Gruppe der Ausschließlichkeitsbindungen gehören, sind an sich erlaubt, unterliegen jedoch gemäß § 18 Abs. 1 Ziff. 2 GWB der Mißbrauchsaufsicht der Kartellbehörden. Diese können nach der vorstehenden Gesetzesbestimmung Bezugsbindungen mit sofortiger Wirkung oder für später für unwirksam erklären und neue gleichartige Bindungen unter bestimmten Voraussetzungen verbieten. Dies ist namentlich der Fall, wenn zahlreiche gleichartig gebundene andere Unternehmen in ihrer Wettbewerbsfreiheit unbillig eingeschränkt werden, wenn für andere Unternehmen der Marktzutritt unbillig eingeschränkt wird oder wenn der Wettbewerb auf dem relevanten Markt durch das Ausmaß solcher Beschränkungen wesentlich beeinträchtigt wird (§ 18 Abs. 1a), b), c)).

Ob diese Voraussetzungen vorliegen, die einen kartellamtlichen Eingriff rechtfertigen, ist nur im Einzelfall festzustellen und müssen von der Kartellbehörde begründet werden. Bei Vertragshändlern werden sie selten vorliegen, da es für den sie bindenden Hersteller meist technischer Produkte unzumutbar ist, einem Vertragshändler eine Tätigkeit für Konkurrenzunternehmen zu gestatten. Dieser gesamte Fragenkomplex ist in der bekannten *BGH*-Entscheidung bezüglich des *VW*-Vertriebssystems zur Sprache gekommen, welches vom *BGH* anerkannt wurde – de facto ist es letztlich eine Franchise-Variante.[4]

Im Franchising ist die rechtliche Situation differenzierter zu betrachten als im Vertragshandel. Soweit Gegenstand des Franchise-Vertrages ein oder mehrere systemtypische, spezifische Produkte sind, kann es dem Franchisegeber nicht verübelt werden, wenn er dem Franchisenehmer eine Bezugspflicht insoweit auferlegt. Der Verbraucher muß in solchen Fällen darauf vertrauen können, daß er bei jedem Franchisenehmer, der Produkte unter deren Marke und dem gleichen Kennzeichen vertreibt, die gleiche Qualität vorfindet. Daher hat z.B. auch der *EuGH* in seiner *Pro-*

---

4 Vgl. *BGH* in BB 1982, 391 ff.; s. im übrigen *Stumpf*, Der Vertragshändler-Vertrag, RNr. 173/174 nebst weiteren Nachweisen.

nuptia-Entscheidung vom 28.1.1986 (vgl. hierzu näher Kapitel XXXIV) es ausdrück-lich als **nicht** wettbewerbsbeschränkend angesehen, wenn ein Franchisenehmer nur Waren des Franchisegebers oder von diesem ausgewählter Lieferanten verkaufen darf,[5] ein Gesichtspunkt, der auch im deutschen Kartellrecht gleich zu beurteilen ist. Ähnliche Grundsätze müssen nicht unbedingt für Nebenprodukte gelten, die der Franchisenehmer zusätzlich anbieten soll, z.B. Accessoires, soweit sie nicht ebenfalls deutlich individualisiert und entsprechend gekennzeichnet sind. Sonst sollte aber dem Fran-chisenehmer insoweit ein gewisser Spielraum zur Eigeninitiative gewährt wer-den, vielleicht auch bei sonstigen zusätzlichen Produkten, die der Franchisegeber nicht liefern kann oder will und gegen deren Verkauf unter dem Aspekt der Wahrung des Systemimages er keine Einwendungen erheben kann.

Eine andere rechtliche Situation kann vorliegen, wenn Gegenstand des Vertriebs in einem Franchise-System Massenartikel, besonders in größerer Anzahl, sind, wie das bei Lebensmitteln, Werkzeugen u.a. der Fall ist. Dies gilt besonders dann, wenn das betreffende Franchise-System in irgendeiner Form in eine Großvertriebs-Organisation des Handels eingegliedert ist (vgl. hierzu auch die Ausführungen in Abschnitt 10 zum Problem der eingebauten Franchise-Systeme).

Die Kartellbehörden werden in solchen Fällen im allgemeinen von Maßnahmen wegen der Bezugsbindungen absehen, soweit diese zum Zweck der Existenzgründung und Existenzerhaltung rechtlich und wirtschaftlich selbständiger Einzelhändler notwendig erscheinen und auf andere Art und Weise Kredite oder auch sonstige Leistungen nicht zu erhalten sind. Fast immer aber wird es hier Grenzziehungsprobleme geben: eine hundertprozentige Abnahmeverpflichtung wird wohl meist als kartellwidrig angesehen werden. Daher ist es fast immer zu empfehlen, wie oben schon erwähnt, auch wenn übliche Franchise-Systeme vorliegen, die nicht in Verbundgruppen eingebaut sind, eine gewisse Freiheit bei ihren Bezugsverpflichtungen zu gewähren. Entsprechende Festlegungen können ggf. am besten in Einvernahme mit den Kartellbehörden erfol-gen, soweit diese Beanstandungen erheben. Je nach Lage des Falles können im vorhin-ein die Bezugspflichten des Franchisenehmers auf etwa 10, 20 oder 30% begrenzt wer-den, um seine Selbständigkeit und Eigeninitiative zu fördern.

4. Preise, Preisempfehlungen und Mittelstandsempfehlungen

a) Während das deutsche Kartellrecht früher die sog. **Preisbindung** der zweiten Hand unter bestimmten Voraussetzungen für Markenwaren zuließ (vgl. § 16 GWB, alte Fas-sung), ist sie aufgrund der 2. Kartellnovelle von 1973 zunächst endgültig abgeschafft worden. Nur für Verlagserzeugnisse ist sie weiterhin möglich. Andererseits ist, gewis-sermaßen als eine Art Ausgleich, gemäß § 38a Abs. 1, 2. GWB die Preisempfehlung zugelassen und auf eine gesetzliche Grundlage gestellt worden.[6]

Für wen gilt das Preisbindungsverbot? Für Vertragshändler ist jedenfalls durch die *BGH*-Entscheidung vom 23.9.1975[7] die Geltung des Preisbindungsverbots eindeutig festgestellt worden. Der Vertragshändler ist in der Tat ein rechtlich unabhängiger Un-

---

5   Vgl. *EuGH*, in: Wirtschaft und Wettbewerb, 1986, S. 527, Ziff. 21.
6   Vgl. zu dieser Entwicklung die einschlägigen Kommentare zum GWB.
7   Vgl. *BGH* GRUR 1976, 101/EDV-Zubehör.

ternehmer, dessen Preise durch ihn selbst festgesetzt werden müssen. Da aber auch der typische Franchisenehmer ein rechtlich selbständiger Betriebsinhaber ist, der im eigenen Namen und auf eigenes Risiko arbeitet, muß dasselbe für ihn gelten. Es wird kaum möglich sein, bei dem heutigen Trend der Rechtsprechung eine andere Auffassung durchzusetzen, zumal schon Fälle bekannt sind, in denen sogar gegenüber den unternehmerisch nicht selbständigen Handelsvertretern das Weisungsrecht des Unternehmens und das Recht der Preisbindung bestritten wurde. All diesem hat die *Telefunken*-Entscheidung des *BGH* vom 15.4.1986[8] einen Riegel vorgeschoben.

Für gemischte Systeme – bei denen ein Teil der Vertriebsstellen filialisiert, ein anderer franchisiert ist – kann dieser Rechtszustand unerfreuliche Ergebnisse haben; bei der ersteren kann dann die Systemzentrale die Preise festsetzen, bei letzteren nicht.

Besonders bei geringer örtlicher Entfernung zwischen filialisierten und franchisierten Verkaufsstellen können verschiedene Preise für dieselbe Ware bzw. Dienstleistung einen unerfreulichen Eindruck bei der Kundschaft hervorrufen. Es muß im Einzelfall versucht werden, gangbare Lösungen zu finden. Einen Ersatz kann die Preisempfehlung bieten, soweit Markenwaren verkauft werden; bei Dienstleistungen ist dieser Weg evtl. nur im Wege von Mittelstandsempfehlungen (siehe c) gangbar.

b) Zulässig sind jedoch die **unverbindlichen Preisempfehlungen** bei Markenwaren (§ 38a GWB). Ihre Zulässigkeit ist an verschiedene Voraussetzungen geknüpft. Hierbei gehört zunächst die Kennzeichnung des empfohlenen Preises als unverbindlich („unverbindliche Preisempfehlung") auf allen die Preisempfehlung enthaltenen Unterlagen – ein Erfordernis, das von der Kartellbehörde sehr ernst genommen wird. Weiterhin darf **keinerlei** wirtschaftlicher, gesellschaftlicher oder sonstiger **Druck** ausgeübt werden, um die Einhaltung der Preise sicherzustellen. Über die Verwendung von unverbindlichen Preisempfehlungen hat das Bundeskartellamt ein längeres Merkblatt herausgegeben, auf das hier der Kürze halber verwiesen wird.[9] Nicht jedermann kann Preisempfehlungen aussprechen. In Betracht kommen gemäß Ziffer 5 des Merkblatts:

- Hersteller, die eigene Markenwaren vertreiben. Der ausländische Hersteller kann seinen inländischen Importeur ermächtigen, für die von ihm, dem Hersteller, gekennzeichnete Ware die unverbindliche Preisempfehlung auszusprechen.
- Einkäufer von (markenlosen) Waren (z.B. Hersteller, Großhändler, Importeure) dürfen Preisempfehlungen aussprechen, sofern sie auf der Ware Kennzeichen anbringen, die auf sie selbst hinweisen.

Die Preisempfehlung darf den beim Vertrieb nachfolgenden Wirtschaftsstufen „weitergegeben" werden, d.h. Großhändler und Importeure dürfen die vom Preisempfehler in zulässiger Form gegebenen Empfehlungen den Einzelhändlern gegenüber aussprechen.

Wichtig ist, daß nur marktgerechte Preisempfehlungen ausgesprochen werden dürfen, und nur für Waren, die mit gleichartigen Waren anderer Hersteller im Preiswettbewerb stehen. Es darf nur ein bestimmter Endverbraucherpreis empfohlen werden.

---

8 Vgl. *BGH* Beschluß vom 15.4.1986, BB 1986, S. 1387.
9 Vgl. Merkblatt des *Bundeskartellamts* zur Verwendung von unverbindlichen Preisempfehlungen i.d.F. von Nov. 1980, abgedruckt bei *Bechtold*, Das neue Kartellrecht, München 1981, S. 287 ff. Zur weitgefächerten Problematik der Preisempfehlungen siehe auch *Benisch*, GRUR 1975, S. 47 ff.

Nicht für **zulässig** hält das *Bundeskartellamt* u.a. die Empfehlung von **Circa-Preisen, Höchstpreisen, Mindestpreisen** und **Rahmenpreisen.** Die Mißbrauchsaufsicht der Kartellbehörden über Preisempfehlungen ist sehr strikt und vor allen Dingen bestrebt, die Überhöhung von Preisen zu verhindern. Mißbrauchsverfügungen können mit erheblichen **Geldbußen** gekoppelt werden, so daß die Zulässigkeit einer Preisempfehlung immer sehr sorgfältig zu prüfen ist. Das *Bundeskartellamt* kann Preisempfehlungen, die sich nach seiner Auffassung als Mißbrauch darstellen, für unzulässig erklären und neue, gleichartige Preisempfehlungen verbieten.[10]

Entscheidend für die Gültigkeit einer Preisempfehlung ist ihre Kennzeichnung als „unverbindliche Preisempfehlung" oder „unverbindlich empfohlener Preis" (Ziffer 6 des Merkblatts). Unklare Formulierungen, Zusätze oder Abkürzungen, die den Empfehlungscharakter einschränken könnten, sind unzulässig. Auch muß der Vermerk deutlich gedruckt sein, in engem Zusammenhang mit dem empfohlenen Preis stehen und auch für den flüchtigen Leser ohne weiteres erkennbar sein. Der Unverbindlichkeitsvermerk muß in allen Unterlagen enthalten sein, in denen die unverbindliche Preisempfehlung genannt wird (z.B. in Preislisten, Werbeschriften,[11] Katalogen, auf den Verpackungen, Rechnungen an Wiederverkäufer, Händlerrundschreiben, Zeitungsannoncen und in der Fernsehwerbung, und zwar im gesprochenen und gedruckten Text). Mehrseitige Unterlagen müssen den Vermerk auf jeder Seite enthalten, auf der empfohlene Preise genannt werden.[12]

Neben den vorerwähnten „offiziellen" Preisempfehlungen gibt es indessen in der Praxis ohne ausdrückliche gesetzliche Grundlage Möglichkeiten der Preisempfehlungen auch bei **Nicht-Marken-Waren.** Dies ist der Fall bei sog. **Handelsempfehlungen** bzw. Handelspreisen, die nicht an den Verbraucher, sondern nur an den Handel gerichtet sind. Das *Bundeskartellamt* hat erklärt (Merkblatt Ziffer 3c), daß es bereit sei, von Verfolgungsmaßnahmen bei Handelsempfehlungen Abstand zu nehmen, soweit sie sich auf Kleinpreisartikel ohne Herkunftsmerkmal, also markenlosen Waren, beziehen. Voraussetzung hierfür ist jedoch nach Auffassung des *Bundeskartellamtes,* daß die übrigen Voraussetzungen des Preisempfehlungsrechts beachtet werden; d.h., daß die empfohlenen Verkaufspreise den Endabnehmern nicht durch Aufdruck auf die Waren selbst oder deren Verpackung, durch Pressewerbung, durch Vorlage von Werbedruckschriften mit Preisangaben oder Preislisten bekannt werden.

Abschließend sei bemerkt, daß bei reinen Dienstleistungen keine Möglichkeit der Preisempfehlung besteht. Dies ist außerordentlich bedauerlich, denn es gibt heute viele reine Dienstleistungen, z.B. bei den vielfältigen Reinigungsdiensten, bei kosmetischen Behandlungen etc., die ebenso standardisiert sind wie Produkte. Um deswillen hat der Gesetzgeber ja auch nach längerem Zögern durch das Gesetz vom 29.1.1979 (BGBl. I, 125) auch den Markenschutz der Dienstleistungen ermöglicht. Die wichtigsten Dienstleistungen, die auch nach Klassen geordnet sind, finden sich in einer detaillierten, allerdings nicht vollständigen Liste, die vom Präsidenten des *Deutschen Patentamtes* herausgegeben wurde.[13]

---

[10] Vgl. *BKartA,* Preislisten zur Auswahl, WuW/BKartA 1683.

[11] So auch KG, WRP 1983, S. 585.

[12] Vgl. KG a.a.O.

[13] Abgedruckt bei *Baumbach/Hefermehl,* Warenzeichenrecht, 12. Aufl., München 1985, Anh. II 7, § 2 WZR, S. 254 ff.

Eine Remedur müßte mithin auch auf dem Gebiet der Preisempfehlungen geschaffen werden, denn hier liegt eine nicht vertretbare Ungleichheit vor dem Gesetz vor.

c) Neben den Preisempfehlungen kennt das Gesetz auch die sog. **Mittelstands-empfehlungen**, die besonders für mittlere und kleinere Franchise-Systeme von erheblicher Bedeutung sein können. Nach § 38 Abs. 2 Ziff. 1 GWB gilt das prinzipielle Empfehlungsverbot **nicht** für Empfehlungen, die von Vereinigungen kleiner oder mittlerer Unternehmen unter Beschränkung auf den Kreis der Beteiligten ausgesprochen werden, wenn die Empfehlungen

- dazu dienen, die Leistungsfähigkeit der Beteiligten gegenüber Großbetrieben oder großbetrieblichen Unternehmensformen zu fördern und dadurch die Wettbewerbs-bedingungen zu verbessern und
- gegenüber dem Empfehlungsempfänger ausdrücklich als unverbindlich bezeichnet sind und zu ihrer Durchsetzung kein wirtschaftlicher, gesellschaftlicher oder sonstiger Druck angewendet wird.

Unter den Begriff „Vereinigung kleiner und mittlerer Unternehmen" fallen auch vertikale Gruppen wie Franchise-Systeme. Zur Zulässigkeit dieser Empfehlungen müssen die obigen Voraussetzungen vorliegen. Entscheidend ist vor allem, daß die als Adressaten in den Genuß der Empfehlung kommenden kleineren oder mittleren Unternehmen – denen nach den Absichten des Gesetzgebers gegenüber Großbetrieben ein struktureller Nachteilsausgleich gewährt werden soll – sich tatsächlich gegenüber Großbetrieben und großbetrieblichen Unternehmensformen im Wettbewerb befinden. Auch muß die Leistungsfähigkeit solcher kleineren und mittleren Betriebe durch diese Empfehlung, die nicht nur die Preise zu betreffen brauchen, gefördert werden.

Die Vorschriften über **Mittelstandsempfehlungen**, die sich ursprünglich nur auf bestimmte Formen von Preisempfehlungen bezogen, sind durch die Kartellgesetz-Novelle vom 1.8.1973 durch Neufassung von § 38 Abs. 2 Nr. 1 GWB stark erweitert worden. Der Sinn der Neufassung war es, kleineren und mittleren Unternehmen erleichternde Modalitäten der Kooperation zu geben und damit einen **strukturellen Nachteilsausgleich** gegenüber Großunternehmen zu bieten. Wie es in dem Merkblatt des Bundeskartellamts vom 5.12.1974 über die Anwendungsmöglichkeiten der neuen Mittelstandsempfehlungen heißt[14], solle diesen Unternehmen die Möglichkeit geboten werden, „für alle Formen gemeinsamer Geschäftspolitik, insbesondere gemeinsamer Katalog-, Plakat- und Zeitungswerbung, gemeinsamer Sortimentsgestaltung sowie Sonderangebote ihre Wettbewerbschancen gegenüber großen Unternehmen zu verbessern". Im Unterschied zu den früher erlaubten Mittelstandsempfehlungen beschränkt sich die neue Regelung daher nicht nur auf Preis- und Kalkulationsempfehlungen, sondern umfaßt grundsätzlich auch sämtliche Formen wettbewerblichen Verhaltens. Auch müssen, wie früher notwendig, die empfohlenen Preise nicht im Vergleich zu Großunternehmen unbedingt niedriger sein. Es ist lediglich erforderlich, daß die Empfehlungen „im ganzen konkurrenzfördernden Charakter" gegenüber großen Wettbewerbern haben.[15]

Der Erhalt einer Mittelstandsempfehlung kann, wie schon vorstehend erwähnt, jede Form des wettbewerblichen Verhaltens beinhalten und kann sich abgesehen von Prei-

---

14 Vgl. S. 46.
15 Vgl. *Bechtold*, GWB, RNr. 37 zu § 38.

sen inklusive Mindestpreise auf folgendes wettbewerbliches Handeln beziehen: Rabatte, Rabattverzicht, Zugaben, Mischkalkulation, Kalkulationshilfen, Berechnung der Selbstkosten, Skonti, Konditionen aller Art, Sortimentsgestaltung sowie alle Formen gemeinschaftlicher Werbung. Ein für die Praxis wichtiger und häufigster Fall ist die gemeinschaftliche Werbung unter Angabe des Verkaufspreises für die in der Gemeinschaftswerbung einbezogenen Artikel, „ohne daß der angegebene Preis mit einem Verbindlichkeitsvermerk versehen werden muß", z.B. die Herausgabe eines Gemeinschaftskatalogs oder -prospekts oder einer gemeinsamen Zeitungsanzeige mehrerer mittelständischer Einzelhändler.[16]

Gegenüber früheren Regelungen stellen die jetzt möglichen Mittelstandsempfehlungen einen bemerkenswerten Fortschritt dar und haben zu einer erheblichen Erleichterung des Wettbewerbs für weite Teile der Wirtschaft geführt. Die hier bestehenden Chancen werden zwar von manchen Branchen, nämlich den Drogerien und der Unterhaltungselektronik genutzt, scheinen aber doch noch nicht im vollen Umfang ausgeschöpft zu sein. Gerade für das Franchise-System können die Mittelstandsempfehlungen von erheblicher Bedeutung sein.

In der Praxis ist aber zunächst zu fragen, **wer** überhaupt Mittelstandsempfehlungen aussprechen kann. Es dürfen dies nur Vereinigungen kleiner und mittlerer Unternehmen, und zwar unter **Beschränkung** auf den **Kreis der Beteiligten**. Der Aussprechende darf niemals ein einzelnes Unternehmen sein. Die aussprechende Vereinigung bedarf weder einer bestimmten Rechtsform noch einer auf die Dauer angelegten Organisation, so daß auch sog. **Ad-hoc-Gemeinschaften** in Betracht kommen, die sich nur zum Zweck der Herausgabe von Mittelstandsempfehlungen zusammengetan haben.[17] Letzteres ist nicht möglich, soweit einer Vereinigung auch Großunternehmer angehören, jedoch können sich aus ihrer Mitte kleinere und mittlere Unternehmen, auch Großunternehmen umfassende Wirtschaftsverbände, zu einer Ad-hoc-Gemeinschaft zum alleinigen Zwecke einer Mittelstandsempfehlung zusammentun.

Auch Vertikalvereinigungen verschiedener Wirtschaftsstufen können Mittelstandsempfehlungen aussprechen, z.B. von Groß- und Einzelhändlern, die im Wettbewerb mit Warenhäusern oder Filialisten stehen. Sie dürfen jedoch nicht dazu benutzt werden, für eine Preisbindung Ersatz zu schaffen.[18] Von den empfehlungsberechtigten Verbänden ausgeschlossene Großunternehmen dürfen eine Vereinigung kleiner und mittlerer Unternehmen bei der Vorbereitung und Verbreitung unterstützen, auch in technischer Hinsicht, jedoch nicht bei der Willensbildung der empfehlungsaussprechenden Vereinigungen. Auch muß der unverbindliche Charakter der Mittelstandsempfehlungen immer gewahrt sein. Nach einer Entscheidung des Kammergerichts vom 1.12.1988 fehlt es hieran, wenn sich die Beteiligten faktisch verpflichten, in der Werbung genannte Preise einzuhalten.[19] Es ist offenkundig, daß die Entscheidung, was nun ein **kleines** oder **mittleres** Unternehmen ist, von der jeweiligen Marktstruktur **und** dem Zweck des Gesetzes abhängt, nämlich dem Ausgleich „struktureller Wettbewerbsnachteile". Weniger die absolute Größe (Umsatz) kann hier maßgebend sein, als die

16 Vgl. „Kooperation und Wettbewerb", hrsg. vom *Bayerischen Staatsministerium für Wirtschaft und Verkehr*, 3. Auflage, Kap. IV.6, S. 47.
17 Vgl. „Kooperation und Wettbewerb", a.a.O., S. 48.
18 Vgl. „Kooperation und Wettbewerb", a.a.O., S. 48.
19 Vgl. „BettenPreise", WuW/E OLG 4351.

relative Stellung im Vergleich zu Großbetrieben und großvertrieblichen Unternehmensformen. Bei diesem Vergleich sind in erster Linie die Wettbewerber unter den Empfehlungsteilnehmern einzubeziehen, es können aber auch Unternehmer auf der **vor**- oder **nach**gelagerten Wirtschaftsstufe bei den Entscheidungen berücksichtigt werden.

Aufgrund einer Gesamtbewertung bemißt sich die Relativstellung eines Unternehmens hauptsächlich nach 1. Marktanteil, 2. Umsatz, 3. Kapitalausstattung, 4. Beschäftigtenzahl, im Handel ferner auch nach 5. Verkaufsfläche, 6. Zusammensetzung des Warensortiments und 7. nach der besonderen Vertriebspolitik. Möglich ist letztlich aber auch, daß Unternehmungen **allein** aufgrund ihrer **absoluten** Größe nicht mehr als kleines oder mittleres Unternehmen zu betrachten sind.[20]

Nicht so schwer zu beantworten ist die Frage, an **wen** Mittelstandsempfehlungen zu **richten** sind. Sie können nur auf den Kreis der **Beteiligten** ausgesprochen werden. Das können nicht nur die Mitglieder der Vereinigung sein, sondern auch **außenstehende** Unternehmen, da der Begriff „Beteiligte" weiterreicht als der eines Mitglieds oder Gesellschafters. Daher können auch Verbände oder sonstige Kooperationsgruppen Mittelstandsempfehlungen an solche Unternehmen richten, die sich im gegebenen Falle an der Gemeinschaftsaktion beteiligen.[21]

Zu den weiteren Voraussetzungen, die gemäß § 38 Abs. 2 Nr. 1 GWB für eine Mittelstandsempfehlung erforderlich sind, ist die **Förderung** der **Leistungsfähigkeit** und die **Verbesserung** der **Wettbewerbsbedingungen** notwendig. Zunächst müssen die Empfehlungen konkret dazu dienen, die Leistungsfähigkeit der Empfehlungsadressaten zu fördern, d.h. gegenüber Großbetrieben und großbetrieblichen Unternehmungsformen, mithin SB-Warenhäusern, Verbrauchermärkten, Warenhauskonzernen, Großfilialisten, Versandhandels-Unternehmen sowie größeren Gemeinschaftsstrukturen. In Betracht kommen Katalog-, Prospekt- oder Zeitungswerbung, eine einheitliche, konkurrenzfähige Preisgestaltung sowie auch der Aufbau eines marktgerechten Sortiments, das eine Profilierung gegenüber Großbetriebsformen des Handels ermöglicht. In letzterem Falle braucht nicht für jedes einzelne Produkt der Preis niedriger zu sein. Entscheidend ist, daß bei einer Gesamtwürdigung für das ganze Sortiment die Empfehlung zur Förderung der Leistungsfähigkeit geeignet ist. Unzulässig ist jedoch eine preistreibende Empfehlung. Auf der Beschaffungsseite ermöglicht eine gemeinsame Strategie der beteiligten Unternehmen die Chancen, von den Anbietern ähnlich gute Konditionen zu verlangen, wie von den großen Anbietern; hierdurch werden auch mittelständische Unternehmungen auf der **Nachfrageseite** gestärkt.[22]

Das Kriterium der „Verbesserung der Wettbewerbsbedingungen" ist mithin ein entscheidender Aspekt für die kartellrechtliche Beurteilung der Mittelstandsempfehlungen. Die Auswirkungen der Empfehlungen sind in jedem Einzelfalle zu berücksichtigen. Bei preisbezogenen Mittelstandsempfehlungen für Sortimente braucht nicht für **jedes** Produkt der empfohlene Preis niedriger zu sein als bei konkurrierenden Großunternehmungen. Preistreibende Empfehlungen sind in jedem Fall ausgeschlossen, vor allem wenn die Empfehlung lediglich dazu dient, die Preise allgemein anzuheben. Die

---

[20] Vgl. Kooperation und Wettbewerb, a.a.O., S. 49.
[21] Vgl. Kooperation und Wettbewerb, a.a.O., S. 50.
[22] Vgl. Kooperation und Wettbewerb, a.a.O., S. 51.

Marktstellung der empfehlenden Unternehmen gegenüber Großbetrieben auf der Markt-Gegenseite kann insbesondere eine Verbesserung der Wettbewerbsbedingungen bewirken, wenn wettbewerbsverzerrende Praktiken von Großbetrieben entgegengewirkt wird und dadurch langfristig eine wettbewerbliche Struktur auf der Marktseite der kleinen und mittleren Unternehmen gesichert wird.[23]

Gegenüber den Empfehlungsempfängern müssen die Mittelstandsempfehlungen als **unverbindlich gekennzeichnet** werden. Bei gemeinsamer Werbung für Zeitungsanzeigen, Kataloge oder Plakate sind die **Mitglieder** vor der Veröffentlichung am besten durch entsprechende Begleitschreiben auf die Unverbindlichkeit aufmerksam zu machen. Gegenüber dem **Verbraucher** ist dies nicht notwendig. Ein Gemeinschaftskatalog mit einheitlichen Preisen oder auch eine gemeinsame Zeitungswerbung müssen nicht selbst mit dem Unverbindlichkeitsvermerk gekennzeichnet sein. Wichtig ist ferner, daß die Mitglieder der empfehlenden Vereinigung die Empfehlung **freiwillig** übernehmen; zu ihrer Durchsetzung darf kein wirtschaftlicher, gesellschaftlicher oder sonstiger Druck angewendet werden (§ 38 Abs. 2 Nr. 1 GWB).

Ein besonderer Vorzug der Mittelstandsempfehlungen ist es, daß sie ohne Genehmigungsverfahren zulässig sind. Sollten sie die vorstehend dargelegten Voraussetzungen nicht erfüllen, so können sie im Wege der Mißbrauchsaufsicht gemäß § 38 Abs. 3 GWB im Untersagungsverfahren entsprechend § 37a Abs. 2 GWB untersagt und evtl. auch mit einer Geldbuße belegt werden. Soweit Unklarheiten über die Zulässigkeit einer beabsichtigten Mittelstandsempfehlung bestehen, kann durch Anfrage bei der zuständigen Kartellbehörde eine Klärung herbeigeführt werden. Bei nicht erfolgter Anfrage ist es aber durchaus denkbar, daß die Kartellbehörde von selbst auf bedenkliche Praktiken kommt bzw. Hinweise von interessierter Seite erhält.

Zusammenfassend ist zu sagen, daß besonders auch Franchise-Systeme sich danach Möglichkeiten bieten, durch Mittelstandsempfehlungen eine gewünschte und zulässige Uniformität innerhalb des Systems zu erreichen. Da die Voraussetzungen aber begrenzt und nicht einfach sind, ist eine genaue Prüfung im Einzelfall unerläßlich.

5. Kartellrechtliche Fragen bei Franchisen mit Lizenzen auf gewerbliche Schutzrechte (§§ 20, 21 GWB)

Noch immer wird die industrielle Franchise bzw. Produkt-Franchise in Erörterungen über das Franchise-System wenig beachtet und auch nur in relativ beschränktem Umfang praktiziert (vgl. oben Kapitel V.5). Franchise-Verträge dieser Art enthalten meist eine Lizenz auf Patente und Gebrauchsmuster und/oder die Überlassung gesetzlich nicht geschützter Erfindungsleistungen, Fabrikationsverfahren, Konstruktionen und sonstiger, die Technik bereichernde Leistungen, von Betriebsgeheimnissen und geheimem Know-how zum Gegenstand haben. Derartige Franchisen werden eine steigende wirtschaftliche Bedeutung erlangen, z.B. im Veredelungsverkehr. Die kartellrechtliche Besonderheit in diesen Fällen liegt darin, daß bei Lizenzverträgen, welche die vorgenannten Kategorien von Erfindungsleistungen zum Gegenstand haben, besondere kartellrechtliche Bestimmungen bestehen (§§ 20, 21 GWB).

---

23 Vgl. Kooperation und Wettbewerb, a.a.O., S. 52.

Diese sehen bei zu weitgehenden Wettbewerbsbeschränkungen die Unwirksamkeit entsprechender Verträge insoweit vor, als sie „über den Inhalt des Schutzrechts hinausgehen".

Als zulässig betrachtet allerdings das Gesetz Beschränkungen, die sich auf Art, Umfang, Menge, Gebiet und Zeit der Ausübung des Schutzrechts beziehen. Auch sind diejenigen Beschränkungen zulässig, die „dadurch das Interesse an einer technisch einwandfreien Ausnutzung des Gegenstands des Schutzrechts gerechtfertigt" sind. Dies können aber sowohl Bezugsbindungen für Ersatzteile oder sonstige sekundäre Produkte sein, wie auch Absatzbindungen, z.B. selektiver Vertrieb, d.h. Lieferung nur an Fachgeschäfte (§ 20 Abs. 2 GWB). Diese Vertragsbestimmungen werden allerdings im Prinzip einschränkend zu interpretieren sein.

Nach § 20 Abs. 2 GWB sind Bindungen des Lizenznehmers „hinsichtlich der Preisstellung für den geschützten Gegenstand" zulässig – eine Bestimmung, die in Abweichung von dem sonst geltenden Preisbindungsverbot im wirtschaftlichen Interesse des Lizenzgebers erlassen wurde. Soweit in einem Franchise-Vertrag mithin eine Patent- oder Geheim-Know-how-Lizenz den Schwerpunkt des Vertrages darstellen würde, wäre ausnahmsweise eine Bindung der Preise des Lizenznehmers möglich. Auch diese Ausnahme von dem allgemeinen Preisbindungsverbot wird restriktiv ausgelegt. Ferner sind gemäß § 20 Abs. 2 Ziff. 3, 4 und 5 GWB – und dies ist für industrielle Franchisen von Bedeutung – solche „Beschränkungen", die gegenseitige Verpflichtungen zum Erfahrungsaustausch oder die gegenseitige Gewährung von Lizenzen auf Verbesserungs- oder Anwendungsverfahren, die Verpflichtung zum Nichtangriff auf das Schutzrecht (Patent etc.) oder schließlich die Regelung des Wettbewerbs außerhalb der Bundesrepublik Deutschland zum Gegenstand haben, zulässig. Alle diese Vereinbarungen dürfen allerdings die Laufzeit der lizensierten Schutzrechte nicht überschreiten. Weiterhin kann die Kartellbehörde auf Antrag sogar weitgehend Erlaubnisse betreffend beschränkende Vereinbarungen erteilen, wenn die wirtschaftliche Bewegungsfreiheit des Lizenznehmers oder anderer Marktbeteiligter nicht unbillig und der Wettbewerb am Markt nicht wesentlich eingeschränkt wird (vgl. § 20 Abs. 3 GWB). Alle vorstehenden, für gewerblich geschützte Leistungen geltenden Vorschriften gelten auch für die Überlassung von technischem Know-how, soweit dieses ein Betriebsgeheimnis darstellt (§ 21 Abs. 1 GWB).

Bei industriellen Franchisen soll zur kartellrechtlichen Beurteilung der Vertrag, soweit möglich, aufgeteilt und die typischen zur Franchise gehörenden Teile nach § 18 GWB, der patentrechtliche Teil nach § 20 GWB beurteilt werden. Diese Auffassung des *BKA* ist etwas praxisfern. Richtiger dürfte es sein, den Gesamtvertrag in einen Hauptteil (also den eigentlichen Franchise-Teil) und den Nebenteil zu scheiden. Ein zweckmäßiges Ergebnis wäre es dann, eine Beanstandung nach § 18 einer eventuellen Nichtigkeit aus § 20 den Vorzug zu geben.[24] Schließlich sei darauf hingewiesen, daß – im Gegensatz zu üblichen Franchise-Verträgen ohne Patente etc. – nachvertragliche Wettbewerbsverbote für Lizenznehmer grundsätzlich als unzulässig betrachtet werden.[25]

---

[24] Vgl. *Langen/Niederleithinger/Schmidt*, Kommentar zum GWB, Anm. 10 zu § 20 GWB; BKA 64 WuW/E BKA 913.

[25] Vgl. *Westrick/Löwenheim*, Kommentar zum GWB, 1985, Anm. 19 zu § 20 GWB mit Nachweisen.

Da solche Wettbewerbsverbote aber häufig wirtschaftlich gerechtfertigt sind, ist zu empfehlen, eine Erlaubnis der Kartellbehörde nach § 20 Abs. 3 GWB einzuholen.

6. Kann ein Franchise-System marktbeherrschend sein?

Die Idee eines „marktbeherrschenden" Franchise-Systems erscheint zunächst ungewöhnlich, da diese Systeme, jedenfalls in Deutschland, im allgemeinen begrenzte Bedeutung haben. Jedoch wird der Begriff der „Marktbeherrschung" heute relativ weit gefaßt; diese liegt nicht nur vor, wenn ein Wettbewerber keinem oder keinem wesentlichen Wettbewerb ausgesetzt ist, sondern es kann auch eine „überragende Marktstellung" genügen, wobei nicht nur der Marktanteil, sondern auch Finanzkraft, Zugang zu Beschaffungs- und Absatzmärkten und anderen Faktoren zu berücksichtigen sind (§ 22 Abs. 1 S. 1.2 GWB). Die Voraussetzungen für den Begriff der Marktbeherrschung – für die im übrigen auf den Gesamtwortlaut von § 22 GWB verwiesen wird – können nicht nur auf nationaler Ebene, sondern auch in regionalem oder sogar örtlichem Rahmen vorliegen.[26]

So könnte ein Dienstleistungssystem, z.B. eine Kleiderreinigungsfirma, mit mehreren Franchisenehmern in einer kleineren oder mittleren Stadt auf dem „relevanten" Markt im Vergleich zu den Mitbewerbern am Ort als marktbeherrschend angesehen werden. Fälle dieser Art gibt es in der Praxis.

Auch sonst kann ein Markt für Spezialartikel sehr begrenzt sein und nur wenige Marktteilnehmer haben, so daß ein Franchise-System, das kapitalmäßig gar nicht sehr bedeutend ist, in eine überragende Marktstellung hineinwachsen kann. Weiterhin gibt es einige marktmächtige Franchise-Systeme, die infolge ihrer wirtschaftlichen Bedeutung in ihrem Absatzbereich als marktbeherrschend angesehen werden können, z.B. unter den großen Getränkeabfüllern, im Kfz-Handel und in Kfz-Reparaturbetrieben.

Kartellrechtlich unterliegen marktbeherrschende Unternehmen einer besonders strikten Mißbrauchskontrolle (§ 22 Abs. 4, 5 GWB): Die Kartellbehörde kann mißbräuchliches Verhalten untersagen und Verträge für unwirksam erklären, wobei sie sich der Schutzfunktion der Mißbrauchskontrolle zugunsten kleiner Wettbewerber bewußt sein wird.

7. Liefer- und Bezugssperren sowie Diskriminierungsverbot im Franchising

Auch wenn ein Franchise-System nicht marktbeherrschend ist – in diesem Fall ist dies ohnehin eindeutig –, kann es in seiner Eigenschaft als „Vereinigung von Unternehmen" (vgl. § 26 Abs. 2 S. 2 GWB) nicht andere Unternehmen zu Liefersperren oder Bezugssperren auffordern, um „bestimmte Unternehmen unbillig zu beeinträchtigen". Ebensowenig darf es „ein anderes Unternehmen in einem Geschäftsverkehr, der gleichartigen Unternehmen üblicherweise zugänglich ist, weder unmittelbar noch mittelbar unbillig behandeln oder gegenüber gleichartigen Unternehmen ohne sachlich gerechtfertigten Grund unmittelbar oder mittelbar unterschiedlich behandeln", und zwar

---

[26] Vgl. *Westrick/Löwenheim*, Kommentar zum GWB, 1985, Anm. 10 zu § 22; *Bechtold*, Komm. z. GWB, 1993, Anm. 12 zu § 22.

„soweit von ihnen Anbieter oder Nachfrager einer bestimmten Art von Waren oder gewerblichen Leistungen in der Weise abhängig sind, daß ausreichende und zumutbare Möglichkeiten, auf andere Unternehmen auszuweichen, nicht bestehen".

Dieses sprachliche Ungetüm einer gesetzlichen Regelung will letztlich eine untragbare Diskriminierung zugunsten eines offenen Marktes für alle sicherstellen. Bei Zuwiderhandlungen kann die Kartellbehörde in einem Untersagungsverfahren die Durchführung diskriminierender Verträge oder Beschlüsse ein entsprechendes Verhalten untersagen und dasselbe als Ordnungswidrigkeit mit Geldbußen belegen (§ 37a Abs. 4 GWB).

8. Konkurrenzklauseln, namentlich nachvertragliche Wettbewerbsverbote

Wettbewerbsverbote können im Zeitalter kartellrechtlicher Einwirkung auf die freie Vertragsgestaltung zu einem vielschichtigen Problem werden und sich auch als Wettbewerbsbeschränkungen darstellen. Soweit es sich um vertikale Austauschverträge wie Franchise-Verträge handelt, sind Wettbewerbsverbote jedoch zulässig und nicht unwirksam, wenn sie bei „objektiver Beurteilung und unter Berücksichtigung der auf die Freiheit des Wettbewerbs gerichteten Zielsetzung des GWB nach Art und Umfang sachlich und zeitlich notwendig" sind, um ... den Waren- und Dienstleistungsverkehr abwickeln zu können.[27]

Ein für die Dauer des Franchise-Vertrages dem Franchisenehmer auferlegtes Verbot, seinem eigenen System und dessen Teilnehmern Konkurrenz zu machen, folgt schon aus seiner Treuepflicht gegenüber dem System und ergibt sich in Anlehnung an zahlreiche gesetzliche Wettbewerbsverbote für bestimmte Personengruppen (z.B. Handelsvertreter, Handelsgehilfen). Für Eigenhändler wurde dasselbe unbestritten schon immer angenommen.[28]

Bezüglich der **nachvertraglichen** Wettbewerbsverbote hatte z.B. der *Bundesgerichtshof* schon in einer Entscheidung vom 29.5.1984[29] ausdrücklich zum Ausdruck gebracht, daß dieses Wettbewerbsverbot den Verpflichteten in seiner Berufsausübung örtlich, zeitlich und gegenständlich nicht übermäßig beschränken und damit nicht über die schützenswerten Interessen des Begünstigten hinausgehen darf.

Von diesen Grundlinien ausgehend könnte man unter Beachtung der gebotenen Vorsicht zur Formulierung akzeptabler nachvertraglicher Wettbewerbsabreden kommen. Diese Klauseln werden von der Rechtsprechung genau daraufhin geprüft, ob sie nicht eine übergroße Knebelung des ausgeschiedenen Franchisenehmers darstellen, sonstwie bezüglich des betreffenden Gebiets überzogen sind oder gegen die guten Sitten verstoßen (§ 138 BGB; § 9 AGBG). Für eine Zeitdauer von zwei Jahren nach Vertragsbeendigung wird, wie bei Handelsvertretern (§ 90a HGB) und Handlungsgehilfen (§ 74a HGB), eine Wettbewerbsklausel angemessen sein und kann auch mit einer angemessenen Konventionalstrafe bewehrt sein.

---

[27] So *Lutz* in Handbuch des Wettbewerbsrechts S. 256.
[28] Vgl. *Ulmer*, Der Vertragshändler, 1969, S. 410, S. 422; *Stumpf*, a.a.O., RNr. 174.
[29] Vgl. WuW/E BGH 2090 ff. – *Stadler/Kessel*.

Bei der Prüfung der Zulässigkeit der nachvertraglichen Wettbewerbsklausel analog zu § 90a HGB ist jetzt zu berücksichtigen, daß auch diese für Handelsvertreter konzipierte Bestimmung bei der Novellierung des Handelsvertreterrechts aufgrund des Gesetzes vom 23.10.1989 geändert worden ist. Es heißt jetzt in § 90a Abs. 1 S. 2 folgendermaßen:

„Die Abrede kann nur für längstens zwei Jahre von der Beendigung des Vertragsverhältnisses an getroffen werden; sie darf sich nur auf den, dem Handelsvertreter zugewiesenen Bezirk oder Kundenkreis und nur auf die Gegenstände erstrecken, hinsichtlich deren sich der Handelsvertreter um die Vermittlung oder den Abschluß von Geschäften für den Unternehmer zu bemühen hat."

Mit dieser neuen Formulierung des Gesetzes ist vor allem klargestellt, daß die nachvertragliche Abrede auf keinen Fall eine sachliche Erweiterung gegenüber dem bisherigen Vertragsgebiet des Handelsvertreters festlegen darf, namentlich kein größeres, räumliches oder sachliches Gebiet (eine unerfreuliche Übung, die früher viel praktiziert wurde). Nachdem dieses Problem für den Handelsvertreter klargestellt wurde, kann man als sicher unterstellen, daß eine analoge Anwendung dieser Gesetzesänderung analog auch auf Vertragshändler- und Franchise-Verhältnisse übertragen wird.

Eine weitere Frage ist es, ob dem früheren Franchisenehmer auch eine Entschädigung analog § 90a HGB zuzusprechen ist. Im Prinzip ist dies jedenfalls zu bejahen. Bisher war es streitig, ob mangels einer besonderen Entschädigungszusage dem Handelsvertreter eine Entschädigung zu zahlen war. Diese Rechtsfrage ist aber in der *Aquella*-Entscheidung des *BGH* vom 12.9.1986[30] dahingehend geklärt worden, daß jedenfalls das Fehlen einer Karenzentschädigungs-Zusage in der nachvertraglichen Wettbewerbsklausel das Wettbewerbsverbot nicht unwirksam macht. Diese Entscheidung des *BGH* bezog sich übrigens in der Tat unmittelbar auf ein Franchise-System.

Zu bemerken ist hier noch, daß auf Franchise-Verträge gleichfalls § 90a Abs. 1 S. 1 HGB anwendbar ist, wonach nachträgliche Wettbewerbsabreden neben der Schriftform auch der Aushändigung einer vom Unternehmer (Franchisegeber) unterzeichneten, die vereinbarten Bestimmungen enthaltende Urkunde an den Handelsvertreter/Franchisenehmer bedarf.

9. Horizontale Komponente bei Franchise-Systemen

Von verschiedenen Seiten wird immer wieder die Frage aufgeworfen, ob gewisse vertragliche Gestaltungen im Zusammenhang mit dem Franchising nicht vielleicht kartellwidrige Aspekte aufweisen. Es ist gelegentlich, so namentlich im Rahmen von Äußerungen des *Bundeskartellamts*, davon gesprochen worden, daß manche Erscheinungen eine „horizontale Komponente" hätten. Dies bedeutet im Klartext, daß nicht mehr nur ein vertikales Vertriebssystem vorliegt, sondern auch ein oder mehrere Verträge, die von den Beteiligten „zu einem gemeinsamen Zweck" geschlossen werden und geeignet sind, den Wettbewerb zu beschränken und damit gemäß § 1 GWB unwirksam sein können.

---

[30] Vgl. DB 1987, S. 1039 f.

Zunächst sind neuerdings die gemischten Systeme angesprochen worden, bei denen teils franchisierte, teils filialisierte Verkaufsstellen innerhalb des gleichen Systems nebeneinander bestehen. Es ist dies eine Erscheinung, die absolut international ist und sich von den großen Hotel-Systemen bis hinunter zu bescheidenen Vertriebssystemen jeglicher Art und jeglichen Umfangs findet (vgl. Kapitel III).

Sie kann verschiedene Gründe haben. Üblicherweise entwickelt der Franchisegeber zunächst einen oder mehrere Pilotbetriebe in eigener Regie, die er häufig selbst weiterführt, schon weil er sie selbst als Musterbetrieb ins Leben gerufen hat und weiterbetreibt, um seinerseits direkten Kontakt mit Märkten und Verbrauchern zu behalten. Er ist schließlich zu laufender Innovation verpflichtet und darf in seiner Zentrale nicht praxisfern werden.

Andererseits lassen sich firmeneigene Verkaufsstellen an gewissen Standorten, z.B. in Ballungszentren, häufig besser betreben als Franchise-Betriebe, während letztere in mittleren und kleineren Städten unter günstigeren Bedingungen arbeiten können. Gelegentlich werden auch bei Ausscheiden von Franchisenehmern deren Betriebe wieder vom Franchisegeber übernommen, jedenfalls zeitweise.

Eine „horizontale Beschränkung" der Franchisenehmer[31] ist hier nicht ersichtlich, da Filialen und Franchisenehmer in anderen Vertragsgebieten tätig sind und miteinander keinen „gemeinsamen Zweck" entsprechend § 1 GWB verfolgen. Jede solcher Verkaufsstellen steht völlig unabhängig von der anderen in direkter Rechtsbeziehung lediglich mit einer Systemzentrale.

Ebensowenig schaffen ein **Beirat der Franchisenehmer** oder ähnlicher Gremien, die immer nur konsultativen Charakter haben (vgl. Kapitel XXI.5), ein kartellrechtlich relevantes „horizontales" Rechtsverhältnis. Diese Gremien sollen eine optimale Kommunikation zwischen den Franchise-Partnern sicherstellen, der gegenseitigen sachlichen Befruchtung, dem Austausch von Erfahrungen und der freundschaftlichen Beziehungen unter den Systemteilnehmern dienen. Hierdurch erlangen die einzelnen Franchisenehmer auch keine „Begünstigtenstellung"[32]. Absprachen i.S. von § 1 GWB werden in diesem Rahmen nicht getroffen, worüber die Franchisenehmer, die diese auch gar nicht begehren, üblicherweise informiert sind.

Eine weitere „horizontale Komponente" wird gelegentlich in dem Umstand gesehen, daß **Franchisenehmer Gesellschafter** in den Unternehmungen **ihrer Franchisegeber** sind. Meist handelt es sich hier darum, daß der Franchisegeber seinen Partnern kleinere Anteile an seiner Gesellschaft gibt, um sie fester an das System zu binden. Damit ist aber keine weitere wirtschaftliche oder rechtliche Einflußnahme verbunden, die über die Stellung eines normalen, nicht zur Geschäftsführung gehörenden Gesellschafters, besonders eines kleineren hinausgeht. Eine Mitsprache des Franchisenehmers in dem Unternehmen des Franchisegebers dürfte auch niemals im Interesse des Franchisegebers liegen. Jedenfalls ist in diesem Zusammenhang ein wettbewerbsbeschränkendes Verhalten, welches auf einem „gemeinsamen Zweck" entsprechend § 1 GWB beruhen könnte, in solchen Fällen nicht zu erkennen.

---

[31] So *Blaurock*, a.a.O., S. 27.
[32] So *Blaurock*, a.a.O., S. 28.

10. Der Einbau von Franchise-Systemen in größere Verbundgruppen

Es gibt jedoch sicher Vertriebskonstruktionen, in denen Franchising verwendet bzw. eingebaut wird, und die sich im **Gesamtkonzept** als **horizontale Verbindung** von Unternehmungen „zu einem gemeinsamen Zweck" darstellen und bei Vorliegen von Wettbewerbsbeschränkungen unwirksam nach § 1 GWB sein können. Das kann der Fall sein bei Einschluß von Franchise-Systemen in die Strukturen von Genossenschaften, Einkaufsvereinigungen, Handelsketten, Joint ventures oder sonstigen Verbundgruppen im Rahmen der Restrukturierungen, die eine den heutigen Wirtschaftsabläufen entsprechende Straffung des Vertriebskonzepts bezwecken. Auf die bekannten Beispiele im Lebensmittelhandel sei hier kurz verwiesen.

Die Probleme der sog. „kartellrechtlichen Grenzen von Franchise-Systemen", namentlich bei Bezugsbindungen im Rahmen von Handelsgenossenschaften und Einkaufsgemeinschaften, sind schon seit längerer Zeit zunächst ohne Bezugnahme auf Franchise-Verhältnisse in Anschluß an Stellungnahmen des *Bundeskartellamtes* erörtert worden, namentlich von *Steindorff* im Verfolg eines Gutachtens für *EDEKA* und *REWE*.[33] Das *BKA* hatte damals[34] folgendes ausgeführt: „... auch die einzelnen Mitglieder von regionalen Großhandlungen einer Einkaufsvereinigung in besonderen Verträgen – z.B. in Miet-, Pacht- und Kreditverträgen – auferlegten Bezugspflichten sind mit § 1 unvereinbar. Sie sind Teil einer gemeinsamen Konzeption zur Stärkung einer Gruppe und zur Förderung der Mitglieder. Bei der kartellrechtlichen Prüfung müssen daher alle Verträge, Beschlüsse und sonstige Abstimmungssachverhalte über Art und Ausgestaltung der Fördermaßnahmen **im Zusammenhang gesehen werden**" (Heraushebung durch den Verfasser).

Für „eingebaute" Franchise-Verträge ist es jedoch von besonderer Bedeutung, daß das *BKA* weiterhin folgendes ausführt:

„Das Bundeskartellamt verkennt nicht, daß Bezugsbindungen im Rahmen von besonderen Verträgen als Beitrag für Sonderleistungen der Gruppe sowie zur Minderung der von der Gemeinschaft übernommenen besonderen Risiken kaufmännisch geboten sein können. Es wird daher von kartellrechtlichen Maßnahmen gegen Bezugsbindungen dieser Art abgesehen, soweit diese zum Zweck der Existenzgründung und Existenzerhaltung rechtlich und wirtschaftlich selbständiger Einzelhändler erforderlich und angemessen sind."

Es kann davon ausgegangen werden, daß von den Beteiligten in vergleichbaren Fällen bei Franchise-Verträgen, wie auch in Zusammenhang mit einigen Einkaufsvereinigungen geschehen ist, mit dem *BKA* rechtzeitig Fühlung darüber aufgenommen wird, „unter welchen Voraussetzungen Bezugsbindungen hingenommen werden können". Auch sollten die Beteiligten jeweils prüfen, ob nicht durch Mittelstandsempfehlungen die gewünschten Ziele erreicht werden können.

Angesichts der zahlreichen vorerwähnten Probleme war es zu begrüßen, daß der frühere Präsident des *BKA*, Herr Prof. *Kartte*, seinerzeit anläßlich des 1. Deutschen Franchisetages in Franfurt/Main am 12.5.1986 mitteilen konnte, daß seine Behörde

---

[33] Vgl. *Steindorff*, Beil. 3/79 zum Heft 8/1979 des Betriebs-Beraters (BB); ders. BB 1981 (Heft 7), S. 377 ff.
[34] Vgl. *BKA*, Tätigkeitsschwerpunkte 1979/80, S. 9 f.

nunmehr entsprechend vergleichbaren Dienstleistungen der Bundespost ein kartell-
rechtliches „Seelsorge"-Telefon eingerichtet habe. Dieses soll bei Zweifeln jeglicher
Art, auch über Fragen des europäischen Rechts, bei entsprechenden Anfragen einschlägige Auskünfte geben. Der Telefonanschluß hat in Berlin die Telefon-Nr. 030/69580-0.
Als Experte steht jetzt Herr *Burchardi* zur Verfügung, der über die Durchwahl-Nr. 209
(statt der letzten 0) direkt zu erreichen ist.

XXVIII. Franchising und Finanzierung

1. Finanzierungsbedarf der Franchise-Partner

Es sind nicht nur die Franchisenehmer, die sich rechtzeitig über ihren Finanzbedarf Gedanken machen müssen, da sie fast niemals genügend Eigenkapital besitzen, um sich einem Franchise-System anzuschließen. Es ist vielmehr auch der Franchisegeber, dem zunächst die Last der Planung und des Aufbaus eines Franchise-Systems obliegt, der sich über seinen voraussichtlichen Finanzbedarf vom ersten Moment der Planung eines Systems an über die auf ihn zukommenden Investitionen klar sein muß. Diese Planung, ob beim Franchisegeber oder bei den Franchisenehmern, muß von dem Gedanken ausgehen, in welcher Weise bei einer erfolgreichen Unternehmensgründung die finanziellen Mittel sichergestellt werden können, um den Zeitraum bis zu einer zufriedenstellenden Ertragslage, mithin der Rentabilität seines Unternehmens sichergestellt werden können. Normalerweise setzt sich der Finanzbedarf aus folgenden Elementen zusammen: den Investitionen, den gründungsspezifischen Aufgaben, den Anlaufverlusten und der Liquiditätsreserve.[1]

Sind zunächst diese Grundlinien bei Franchisegeber und Franchisenehmer im Prinzip dieselben, so sind doch die wirtschaftlichen und rechtlichen Situationen bei den Franchise-Partnern im einzelnen weitgehend verschieden, so daß die differenzierte Betrachtung der Lage der beiden Franchisepartner erforderlich ist.

2. Finanzierung und Liquiditätsplanung des Franchisegebers

Die faktische Situation kann bei einem angehenden Franchisegeber durchaus verschieden sein. Bei den großen Investitions-Franchisen (z.B. Hotels) handelt es sich um Franchisegeber, die über lange geschäftliche Erfolge verfügen und neben Eigenkapital über laufende Kontakte und Kreditlinien bei verschiedenen Großbanken meist im Inland wie im Ausland verfügen. Die Finanzierung eines Pilotprojektes dürfte hier kaum auf Schwierigkeiten stoßen, vielleicht sogar aus den eigenen Mitteln zu bewirken sein. Ist die Pilotphase mit Erfolg verlaufen, so kann der angehende Franchisegeber ihm dafür geeignete, mit seinem Franchise-Konzept vertraute Kreditinstitute für den Aufbau des geplanten Franchise-System vorlegen.

Soweit der Franchisegeber selbst ein potentes Unternehmen ist, das auf Expansion bzw. Diversifizierung in größerem Rahmen gesetzt hat, so werden seine Hausbanken sicher angemessene Kredite gewähren, wenn sie sehen, daß das Franchise-Konzept erfolgversprechend ist. Die Kreditgewährung kann im übrigen stufenweise vorgesehen werden, da der Finanzbedarf nicht aus einer einmal entstehenden Notwendigkeit, sondern mit fortlaufender Expansion zunimmt.

---

[1] Vgl. *Dieterle/Winkler* (Hrsg.), Unternehmensgründung, 1990, S. 237 ff.

Soweit der Franchisegeber selbst ein nur kleineres Unternehmen ist, aber über ein brauchbares Konzept für die Franchisierung des Vertriebs seiner Produkte und/oder einer Dienstleistung verfügt, so wird die Zurverfügungstellung von Krediten sich naturgemäß langsamer entwickeln, und zwar schon deshalb, weil der andere Vertragspartner, nämlich der Franchisenehmer, seinerseits eine gewisse Zeit braucht, um sich selbst zu finanzieren, bevor er seinen Franchise-Betrieb aufbauen und eröffnen kann.

Der Franchisegeber kann sich neben Krediten auch auf andere Weise Finanzmittel beschaffen, um den meist relativ langsamen Aufbau seines Systems zu fördern. Hierzu ist gelegentlich die Aufnahme eines potenten Partners in sein eigenes Unternehmen vorgeschlagen worden oder auch die Bildung eines Gemeinschaftsunternehmens (Joint ventures). Er sollte aber mit äußerster Vorsicht zu Werke gehen, da es zwischen den Partnern im Hinblick auf die Behandlung des Franchisenehmers und aus sonstigen Gründen leicht zu Unstimmigkeiten kommen kann. Der Franchisegeber sollte niemals in die Situation kommen, an zwei verschiedenen Fronten kämpfen zu müssen.

Auch die Aufnahme von „venture capital" ist gelegentlich, wenn auch ziemlich selten, zur Finanzierung von Franchisegebern herangezogen worden, nicht immer mit Erfolg. „Venture capital" ist Beteiligungskapital, das ausgesuchten, nicht emissionsfähigen mittelständischen Betrieben zur Verfügung gestellt wird. Möglich wäre nach *H. Lang*[2] eine venture-typische Beteiligung bei Franchisegebern, die

- ein Franchise-System begründen,
- eine Master-Franchise aus dem Ausland übernehmen,
- nach der Pilotphase in die Expansion fest eintreten oder
- ein als zweites Bein etabliertes Franchise-System ausgliedern und verselbständigen wollen.

Obwohl das Franchising für einen „Venturer" vielfach erhebliche Chancen bieten würde, ist diese Kapitalbeteiligungsmethode bisher offenbar nicht ausreichend erkannt worden.

3. Die Finanzierung von Franchisenehmern

Der Franchisenehmer, der nicht über genügend eigene Mittel und eigene Kreditmöglichkeiten verfügt, die zur Gründung oder Erweiterung eines geschäftlichen Vorhabens ausreichen, wird sich der zahlreichen Förderprogramme bedienen müssen, die Bund und Länder ihm zur Verfügung stellen können. In welcher Weise wird er hierbei vorgehen? Um in den Genuß von Förderhilfen zu kommen, welche die öffentliche Hand anbietet, muß er sich an ein geeignetes Kreditinstitut wenden, um dort eine oder mehrere Förderhilfen zu beantragen. Ein solches Institut wird für die Zwecke seiner Finanzierung die sogenannte Hausbank werden. Diese kann sowohl eine Bank sein, mit der er ohnehin schon in geschäftlichem oder privatem Kontakt steht. Es können aber auch andere seriöse Banken sein, die sich für die Durchführung der Finanzierung empfehlen. Im allgemeinen wird es empfehlenswert sein, sich an eine größere Bank oder eine ihrer Niederlassungen zu wenden, welche Erfahrungen mit der Finanzierung von Franchisenehmern besitzen. Es ist auch zweckmäßig, daß der künftige Franchise-

---

2 Vgl. Vorauflage, S. 154.

geber dem neuen Franchisenehmer mit Rat und Hilfe bei seinen Bemühungen um eine zügige und zweckmäßige Finanzierung beisteht.

Förderhilfen werden namentlich von der *Deutschen Ausgleichsbank (DtA)* gewährt, die eine auf die Belange von Existenzgründern spezialisiertes Kreditinstitut des Bundes ist und günstige Finanzhilfen in Form von Darlehen, Bürgschaften und eigenkapital-ähnlichen Mitteln bereithält. Zu den anderen öffentlichen Instituten, die Finanzhilfen für die gewerbliche Wirtschaft anbieten, gehört z.B. die *Bayerische Landesanstalt für Aufbaufinanzierung (LfA)*, die besonders günstige Zinssätze für den Existenzgründer oder Existenzerweiterer anbietet. Entsprechende Landesanstalten gibt es auch in anderen Bundesländern. Auch die dem Bund gehörende *Kreditanstalt für Wiederaufbau (KfW)* befaßt sich mit der Vergabe von Förderkrediten für die Wirtschaft.

Der Antrag auf Fördermittel muß über die gewählte Hausbank geleitet werden, die manchmal als durchleitende Kreditanstalt bezeichnet wird, obwohl sie sehr häufig auf Wunsch oder freiwillig auch einen Kredit aus eigenen Mitteln bereitstellen wird. Im übrigen obliegt es der Hausbank, die Unterlagen von dem Existenzgründer anzufordern, zu prüfen und erst nach Vervollständigung des gesamten Materials dieses an das öffentliche Kreditinstitut oder mehrere von ihnen zu leiten, deren Förderhilfen begehrt werden.

Vor allem ist die Förderfähigkeit eines Vorhabens zu prüfen. Der Existenzgründer muß die entsprechenden Formulare ausfüllen und folgende Unterlagen vorlegen: eine komplette Systembeschreibung, eine Kopie des Franchise-Vertrages, ein Einrichtungskonzept bzw. Einrichtungsplan, einen Kostenvoranschlag über Baumaterialien und Geräte, eine Rentabilitätsberechnung und eine Liquiditätsberechnung. In ihrem Merkblatt von Oktober 1993 hinsichtlich der „Existenzgründungs-Programme in den alten Bundesländern" nennt die *Deutsche Ausgleichsbank* folgende Fördervoraussetzungen:

- Der Existenzgründer ist fachlich und kaufmännisch qualifiziert und hat einschlägige Berufserfahrungen.
- Die selbständige Tätigkeit wird hauptberuflich ausgeübt, also als Haupterwerb, und ist auf Dauer angelegt.
- Altersgrenzen gibt es nicht. Bei über 60jährigen Antragstellern sollte allerdings eine Nachfolgeregelung getroffen sein.
- Vorhandene Eigenmittel werden entsprechend der Vermögenslage und Ertragskraft in angemessenem Umfang eingebracht. Die ERP-Mittel erleichtern dann die Fremdfinanzierung als Hilfe zur Selbsthilfe.
- Das Existenzgründungs- und Investitionskonzept läßt einen nachhaltigen wirtschaftlichen Erfolg erwarten.
- Die Investitionen werden als Produktionsmittel für den eigenen Betrieb erworben und nicht vermietet oder verpachtet.
- Eine vom Antragsteller frei wählbare Hausbank ist bereit, das Kreditrisiko zu übernehmen.
- Für die Förderung ist grundsätzlich die Wahl des Gewerbezweiges oder der Branche ohne Belang.

Die Existenzförderung nach dem ERP-Programm erstreckt sich nicht nur auf den Kapitalbedarf für die Betriebseröffnung oder -übernahme, sondern fördert auch „Festigungs-Investitionen" in den darauf folgenden 36 Monaten nach der Betriebsgründung. Damit bieten solche Förderhilfen dem Franchisenehmer zu günstigen

Festzinssätzen und langen Laufzeiten eine verläßliche Kalkulationsbasis.

Die ERP-Darlehen dienen der Förderung **kleiner und mittlerer Unternehmen**. Dabei sind folgende Obergrenzen zu beachten:

- nicht mehr als 250 Beschäftigte,
- ein Vorjahresumsatz von nicht mehr als 20 Mio. ECU (z.Zt. 39,0 Mio. DM) oder
- eine Bilanzsumme von nicht mehr als 10 Mio. ECU (z.Zt. 19,5 Mio. DM) im Vorjahr,
- ferner darf das zu fördernde Unternehmen sich zu höchstens 25% im Besitz eines oder mehrerer diese Definition nicht erfüllenden/r Unternehmen/s befinden.

Der Finanzierungsanteil der ERP-Mittel soll 50% der förderfähigen Investitionen nicht überschreiten. Mit den anderen öffentlichen Mitteln (beispielsweise Investitionszuschüssen und Darlehen) zusammen liegt die Obergrenze in den alten Bundesländern einschließlich Berlin (West) bei zwei Drittel der Investitionssumme. Für Gründungsvorhaben und anschließende Festigungsinvestitionen beläuft sich der Höchstbetrag pro Kalenderjahr auf 1 Mio. DM je Antragsteller. Darlehenszusagen von über 500 000 DM stehen unter dem Genehmigungsvorbehalt der EU-Kommission.

Abgesehen von den ERP-Darlehen unterstützt die *Deutsche Ausgleichsbank* sowohl den Aufbau als auch das Wachstum eines Unternehmens innerhalb der ersten acht Jahre nach der Gründung durch sogenannte **DtA-Existenzgründungsdarlehen**. Kombiniert können ERP- und Existenzgründungsdarlehen bis zu 75% der mit einer Gründungs- oder Erweiterungs-Investition verbundenen Kosten abdecken. Die Hausbank trägt gegenüber der *Deutschen Ausgleichsbank* das volle Ausfallrisiko für diese Darlehen. Über die zu stellenden Sicherheiten entscheidet die Hausbank, auch falls der Gründer solche nicht ausreichend stellen kann, wobei sie auch auf die Ausfallbürgschaft einer Bürgschaftsbank (siehe Abschnitt 3) zurückgreifen kann.

Zu den Darlehenskonditionen bei ERP- und DtA-Existenzprogrammen nach den Richtlinien der *Deutschen Ausgleichsbank* vom 27.10.1993 ist folgendes zu sagen:

Bei den ERP-Darlehen in den neuen Bundesländern und Berlin beträgt der Zinssatz z.Zt. 6,5% bei einer Laufzeit bis 15 Jahre (20 Jahre bei Bauvorhaben), Auszahlung: 100%; Höchstbetrag: 2,0 Mio. DM. Im übrigen Bundesgebiet beträgt der Zinssatz z.Zt. 7%, Laufzeit 10 Jahre (Bauvorhaben 15 Jahre); Auszahlung: 100%; Höchstbetrag: 1 Mio. DM.

Beim DtA-Existenzgründungs-Programm beträgt der Höchstbetrag i.d.R. 2 Mio. DM, der Mindestbetrag DM 30 000; Laufzeit i.d.R. 10 Jahre (freie Zeit 2 Jahre); Auszahlung: 98%; Zinssatz in den neuen Bundesländern und Berlin z.Zt. 6,9%, im früheren Bundesgebiet einschließlich Berlin z.Zt. 7,15%.

Eigenkapitalhilfe in den neuen Bundesländern

In den neuen Bundesländern, in denen angehende Franchisenehmer oft nur über sehr beschränkte Eigenmittel verfügen, kann die *Deutsche Ausgleichsbank* zusätzlich eine Eigenkapitalhilfe gewähren (was früher auch bei Franchisenehmern aus den alten Bundesländern möglich war). Die Voraussetzungen und Konditionen ergeben sich aus dem „Eigenkapitalhilfe-Programm zur Förderung selbständiger Existenzen in den neuen Bundesländern und Berlin (Ost)", die auf dem Merkblatt der *Deutschen Ausgleichs-*

bank unter Nr. 2 in der Programmsammlung von November 1993 abgedruckt sind. Die Eigenkapitalhilfe stärkt die Eigenkapital- und damit Haftungsbasis des neuen Betriebs. Sicherheiten hat der Franchisenehmer nicht zu stellen, er haftet jedoch persönlich für das ihm gewährte Darlehen.

Die Eigenkapitalhilfe wird mit einer Laufzeit von 20 Jahren gewährt; die ersten 10 Jahre sind tilgungsfrei. Der bei der Gewährung der Eigenkapitalhilfe festgelegte Zinssatz gilt bis zum Ende des 10. Jahres. Er ist in den Anfangsjahren wie folgt gestaffelt: In den ersten drei Jahren sind keine Zinsen zu entrichten. Danach beträgt der Zinssatz 2% im 4. Jahr, 3% im 5. Jahr und 5% im 6. Jahr. Nach Ablauf von 10 Jahren wird der Zinssatz für die Restlaufzeit neu festgelegt. Der Darlehensnehmer kann entscheiden, ob er die Mittel zu den neuen Konditionen weiterhin behalten oder aber vorzeitig zurückzahlen möchte.

Voraussetzung für die Eigenkapitalhilfe ist die Solidität des Vorhabens und die fachliche sowie kaufmännische Qualifikation des antragstellenden Franchisenehmers. Nachstehend wird das Beispiel einer Investitions- und Finanzierungsplanung für die Bau- und Möbeltischlerei eines Tischlermeisters in einem neuen Bundesland wiedergegeben, so wie dies in dem Informationsheft der *Deutschen Ausgleichsbank* „Womit Existenzgründer und mittelständische Unternehmen rechnen können" vom Dezember 1993 entworfen worden ist:

Investitionsplan	TDM	Finanzierungsplan	TDM
Bau- und Baunebenkosten	260	Eigenmittel	40
Maschinen, Geräte	100	Eigenkapitalhilfe	120
Fahrzeug	20		
Material	20	Haftende Mittel (40%)	160
		ERP-Darlehen	200
Investitionssumme	400	Hausbankkredit	40
Betriebsmittelbedarf	100		
			400
		Kontokorrentkredit	92
		Eigenmittel	8

Der Darlehens-Höchstbetrag der Eigenkapitalhilfe beträgt in den neuen Bundesländern 700 000 DM und bei Privatisierungen und Reprivatisierungen 2 Mio. DM je Antragsteller. Der Zinssatz für Eigenkapitaldarlehen beträgt z.Zt. 7,5% bis 8,5%.

Rechtliche Voraussetzungen für die Darlehensgewährung

Vor Gewährung von Förderhilfen ist angesichts der teilweise recht hohen Beträge neben den wirtschaftlichen und finanziellen Voraussetzungen eine Anzahl rechtlicher Probleme zu beachten. Hierzu gehört zunächst die rechtliche und steuerliche Selbständigkeit des Antragstellers, der auf eigene Gefahr und Risiko sein Geschäft betreiben wird. Das kann z.B. nicht der Fall sein, wenn Einrichtungsgegenstände von den durch den Franchisegeber bestimmten Lieferanten bezogen werden müssen und wenn dem Franchisenehmer verbindlich festgesetzte Verkaufspreise vorgeschrieben werden (es sei denn, es handele sich um unzulässige unverbindliche Preisempfehlungen). Auch eine zu weit gehende, evtl. sogar 100%ige Bezugsbindung ist vielfach beanstandet worden; sie sollte nur bei spezialisierten und unverwechselbaren Produkten des

Franchisegebers zulässig sein. Ein Teil des Sortiments, mindestens das Randsortiment, sollte von der Bezugsbindung ausgenommen sein. Wesentlich für die wirtschaftliche Selbständigkeit des Franchisenehmers sind nach Meinung der *Deutschen Ausgleichsbank* langfristige Vertragslaufzeiten, mithin etwa 10 Jahre oder mindestens fünf Jahre mit fünf Jahre Verlängerungsoption. Die Selbständigkeit des Franchisenehmers kann auch gefährdet sein, wenn Eintrittsgebühren oder laufende Franchise-Gebühren unangemessen hoch sind. Diese und manch andere Probleme werden von der *Deutschen Ausgleichsbank* und den anderen Förderinstituten genau geprüft, da eine Finanzierung nicht solider Systeme für sie zu erheblichen Verlusten führen können. Eine Klarheit sollte immer vor der Unterzeichnung des Franchise-Vertrages bestehen.

Eigenkapitalhilfe in den alten Bundesländern

In den alten Bundesländern war das EKH-Programm des *Bundes für Existenzgründer und Jungunternehmer* vor etwa zwei Jahren ausgelaufen. Nunmehr sind neue Existenzgründungsprogramme für die alten Bundesländer wieder eingeführt worden, offenbar im Hinblick auf die depressive Wirtschaftslage. Die hierfür bereitgestellten ERP-Mittel dienen „der soliden Finanzierung von Investitionen zum Aufbau und anschließender Festigung selbständiger Existenzen". Sie zeichnen sich besonders aus durch:

- günstigen Zinssatz, fest über die volle Laufzeit, z.Zt. 6,5% bei 100% Auszahlung,
- lange Laufzeit bis zu 10, bei Bauinvestitionen bis zu 15 Jahre,
- liquiditätsschonende tilgungsfreie Zeit bis zu 3 Jahren nach Darlehensbewilligung,
- jederzeitige Rückzahlbarkeit ohne Mehrkosten.

Förderfähig sind alle Formen der Existenzgründung, also die Errichtung oder der Erwerb eines Betriebes sowie die Übernahme einer tätigen Beteiligung. Das gleiche gilt für aktive Mitunternehmerschaft in bestehenden oder mit Partnern neugegründeten Betrieben. Dabei soll die Beteiligungsquote 10% des Geschäftskapitals nicht überschreiten.

Über die Förderfähigkeit und die Fördervoraussetzungen informiert im einzelnen das einschlägige Merkblatt der *Deutschen Ausgleichsbank (DtB)*. Wichtig ist die selbständige, hauptberufliche Tätigkeit des Existenzgründers.

Die ERP-Darlehen dienen der Förderung **kleiner und mittlerer Unternehmen**. Dabei sind folgende Obergrenzen zu beachten:

- nicht mehr als 250 Beschäftigte,
- ein Vorjahresumsatz von nicht mehr als 20 Mio. ECU (z.Zt. 30,9 Mio. DM) oder
- eine Bilanzsumme von nicht mehr als 10 Mio. ECU (z.Zt. 19,5 Mio. DM) im Vorjahr.

Überschreiten Unternehmen diese Obergrenzen, erfolgt die Darlehenszusage unter dem Vorbehalt der Genehmigung durch die EG-Kommission.

Neben dem ERP-Existenzgründungsprogramm hat die *Ausgleichsbank* auch noch das *DtA*-Existenzgründungsprogramm erstellt. Der Katalog der Verwendungszwecke ist weiter gezogen als in der ERP-Förderung und beläuft sich auf acht Jahre. Im Gegensatz zu den ERP-Mitteln, die eine Nachfinanzierung ausschließen, ist mit *DtA*-Mitteln eine Umschuldung möglich.

Die Bedeutung der Bürgschaftsbanken/Kreditgarantiegemeinschaften

Diese Institute sind Selbsthilfeeinrichtungen der Wirtschaft zur Förderung des gewerblichen Mittelstandes und der freien Berufe. Ihre Aufgabe ist es u.a., die öffentlichen Fördermittel dem Darlehensnehmer abzusichern, wenn ausreichende andere Sicherheiten für die Absicherung der Kredite nicht zur Verfügung stehen. Bürgschaftsbanken werden mithin dann herangezogen, wenn die Sicherheiten des Existenzgründers nicht ausreichen, um das Risiko der kreditgebenden Banken, die dem Staat gegenüber für diese Gelder die Haftung übernehmen müssen, zu decken. Voraussetzung für eine Förderung durch Bürgschaftsbanken oder Kreditgarantiegemeinschaften ist die Bereitschaft einer Hausbank, einen Kredit mit Ausfallbürgschaft zu gewähren. Durch die Einschaltung der Bürgschaftsbank erhält die Bank eine Risikoentlastung von maximal 80%. Bei üblichen Vorhaben kann eine Bürgschaft bis zu 15 Jahren übernommen werden. Die Kosten liegen bei ca. 1% p.a. des Bürgschaftsbetrages.

Das Spektrum geförderter Geschäftsvorhaben erfaßt nicht nur Investitionen bei Geschäftsgründungen, Betriebserweiterungen und -verlegungen, Rationalisierung etc., sondern auch Finanzierungen im gesamten Betriebsmittelbereich. Bei Existenzgründungen können einem Franchisenehmer Kredite für Bauinvestitionen, Einrichtung und Maschinen, Ausstattung, Kfz, Franchise-Gebühr, Warenerstausstattung, Debitoren, Anlaufkosten etc. verbürgt werden.

Die Anträge auf Übernahme einer Bürgschaft sind auch bei einer Hausbank zu stellen. Die bei der Antragstellung vorzulegenden Unterlagen betreffen namentlich:

* das Vorhaben selbst (Investitionen, Betriebsmittel),
* Finanzierungen (Darlehen, Betriebsmittel, Avale),
* der Franchise-Vertrag nebst Schilderung des Systems,
* eine Markt- und Standort-Analyse,
* eine Rentabilitäts-Vorschau und
* ein Lebenslauf des Antragstellers.

Vor der Entscheidung haben die Bürgschaftsbanken Stellungnahmen bei den zuständigen Industrie- und Handelskammern bzw. Handwerkskammern sowie ggf. des zuständigen Verbandes anzufordern. Es wird dem Franchisenehmer empfohlen, sich persönlich mit dem zuständigen Vertreter bzw. Bearbeiter in den Kammern in Verbindung zu setzen, um allenfalls schwierige Punkte im persönlichen Gespräch zu klären, dies auch deswegen, weil zwar manche Kammern franchise-freundlich sind, andere aber weniger.

Die Absicherung der verbürgten Kredite erfolgt meist einmal auf den mitfinanzierten Investitionen (Grundstück, Betriebsgebäude, Maschinen, Warenlager), dann ggf. auch durch eine Lebensversicherung, die Mithaftung des Antragstellers bzw. Gesellschafters und evtl. die selbstschuldnerische Bürgschaft des Ehegatten. Die Kosten für die Bürgschaft sind i.d.R. eine einmalige Bürgschaftsgebühr zwischen 0,75% und 1% der Bürgschaftssumme, ferner eine laufende Bürgschaftsprovision von meist 0,75% bis 1% p.a. der valutierenden Bürgschaftsbeträge.

Mittelständische Beteiligungsgesellschaften

In einigen Bundesländern, worauf *Heinz Haller* von der *Bürgschaftsbank Baden-Württemberg* in seinem Referat vom 22. Februar 1994 vor dem *Deutschen Franchise-Insti-*

tut hinwies, bestehen **mittelständische Beteiligungsgesellschaften**, die im Rahmen der Existenzgründung von bereits bestehenden Unternehmen stille Beteiligungen zwischen 50 000 DM und 2 Mio. DM zu günstigen Konditionen (Landes- und Bundesprogramme) übernehmen.

Ihr Finanzierungsspektrum ist vielfältig (neben üblichen Investitionen, Erbauseinandersetzungen, Auszahlung von „lästigen" Gesellschaftern, Sortimentserweiterungen oder „Umstellungen", Warenlager-Aufstockungen, Betriebshallen, Innovationen marktmäßig neuer Produkte).

Geboten werden stille Beteiligungen bei einer Laufzeit von 10 Jahren (15 Jahre in den neuen Bundesländern); Rückzahlung zum Nominalwert. Die Konditionen sind günstig (fest- und gewinnabhängige Entgelte z.Zt. 8% Festentgelt und 1,5% bis 2% gewinnabhängiges Entgelt). Außer der Garantie des Unternehmens bzw. der Gesellschaften sind keine Sicherheiten zu stellen. Die Beteiligung ist wirklich „still" und nimmt auf Geschäftsführung und Geschäftspolitik keinen Einfluß.

Mittelständische Beteiligungsgesellschaften gibt es jetzt in jedem Bundesland; sie bieten unterschiedliche Programme an, nämlich Bundes- und Länderprogramme für Existenzgründer, Bundes- und Länderprogramme für technologisch orientierte Betriebsgrößen und ERP-Beteiligungsprogramme für bestehende Unternehmen. Ein bestimmter Eigenkapitaleinsatz kann gefordert werden; bei bestehenden Unternehmen i.d.R. eine Beteiligung nur in Höhe des vorhandenen Eigenkapitals; Jahresumsatz nicht höher als i.d.R. 100 Mio. DM, in Ausnahmefällen 150 Mio. DM.

Finanzielle Förderung durch den Franchisegeber

Sehr häufig wird es der Franchisegeber sein, der dem Franchisenehmer einige finanzielle Stützen bieten muß, deren er bedarf, um seinen Franchise-Betrieb weiterzuführen. Allerdings ist dabei zu beachten, daß die Abhängigkeit des Franchisenehmers niemals so groß werden darf, daß seine Selbständigkeit beeinträchtigt wird. Daher sind Beteiligungen des Franchisegebers an dem Betrieb des Franchisenehmers mit Vorsicht zu betrachten. Sie sollten niemals mehr als etwa 20% betragen. Zu den weiteren Hilfen, die der Franchisegeber dem Franchisenehmer bieten kann, sollen folgende genannt werden: Darlehen, Mietzuschüsse, Warenkredite, Stundung bzw. Staffelung der Eintrittsgebühr oder auch der laufenden Franchise-Gebühren und andere Vorteile, die dem Franchisenehmer geboten werden können.

Résumé

Abschließend kann bemerkt werden, daß die Finanzierung von Franchisenehmern mittels der erwähnten Förderungen häufig ein relativ langwieriges Verfahren bedeutet, das einige Geduld erfordert. Mehrere Monate werden auch bei zügiger Bearbeitung der Anträge durch die beteiligten Stellen vergehen, ehe der Franchisenehmer die gewünschte Finanzierung erhält. Auch muß berechnet werden, daß mit dem Zeitpunkt der Antragstellung auf eine Förderhilfe das Existenzvorhaben nicht begonnen werden darf. Es ist ratsam, den Franchise-Vertrag nicht schon vor Antragstellung zu unterschreiben (da sein Gehalt ja gerade erst der notwendigen Prüfung durch die kreditgebenden Stellen unterliegt). So gesehen ist naturgemäß der Franchisenehmer, der keine Förderhilfen begehrt, besser gestellt, aber auch er wird sich auf üblichen Wegen finanzieren müssen, und auch dieses kostet Zeit.

Schließlich ist noch zu betonen, daß alle Angaben in dem vorstehenden Kapitel einer laufenden Änderung und Ergänzung unterliegen, so daß sich interessierte Antragsteller über den jweils gegenwärtigen Stand der Zinssätze und Konditionen bei ihrer Hausbank bzw. der zuständigen Industrie- und Handelskammer informieren müssen.

XXIX. Steuerliche Aspekte im Franchising

1. Allgemeine Bemerkungen

Bei der Planung von Franchise-Systemen müssen auch steuerliche Probleme berücksichtigt werden. Allerdings ist der überwiegende Anteil steuerrechtlicher Fragen allgemeiner Natur – es sind Überlegungen, die bei jeglicher wirtschaftlicher Betätigung, bei dem Aufbau von Geschäften sowie bei der Gründung und Leitung sonstiger Unternehmen jeglicher Art angestellt werden müssen. Daher sollen in der vorliegenden Darstellung nur einige spezielle steuerlichen Aspekte behandelt werden, die im Zusammenhang mit Franchise-Systemen zu beachten sind. Franchisegeber und Franchisenehmer sollten ohne steuerliche Beratung niemals ein Franchise-Verhältnis beginnen, einschließlich der Laufzeit des Vertrages.

2. Umsatzsteuer

Der Umsatzsteuer (Mehrwertsteuer) unterliegen (§ 1 Abs. 1 Ziff. 1 Umsatzsteuergesetz) „die Lieferungen und sonstigen Leistungen, die ein Unternehmen im Inland gegen Entgelt im Rahmen seines Unternehmens ausführt". Die Gewährung der Rechte aus einem Franchise-Vertrag durch den Franchisegeber gegenüber dem Franchisenehmer ist eine „sonstige Leistung", mithin liegt ein umsatzsteuerpflichtiger Vorgang vor. Hierbei umfassen die kurz unter der Bezeichnung „Franchise-Rechte" zusammengefaßten Leistungen all das, was der Franchisegeber aufgrund des Vertrages zu leisten verpflichtet ist (Gebrauch von Marken, Name und Kennzeichen, Übermittlung geschäftlichen und technischen Know-how, Ausbildung, Unterstützung bei der Führung des Franchisebetriebes etc.).

Steuerschuldner ist der Franchisegeber. Der Steuersatz ist der übliche und beträgt z.Zt. 15% (§ 12 UStG). Auch hier gelten naturgemäß die vom Gesetz vorgesehenen Vorschriften über die Verpflichtung zur Ausstellung von Rechnungen bei Leistungen an andere Unternehmer, den Vorsteuerabzug und die Steuerberechnung (§§ 14 ff. UStG).

3. Einkommensteuer und Körperschaftsteuer

Angesichts der rechtlichen Selbständigkeit von Franchisegeber und Franchisenehmer muß eine Untersuchung steuerlicher Aspekte jeweils aus der Sicht des einen und des anderen Vertragspartners durchgeführt werden. Bei beiden spielen die sogenannten Vorlaufkosten für die Einkommen- bzw. Körperschaftsteuer eine erhebliche Rolle.

Der Franchisenehmer hat Aufwendungen für die Suche des richtigen Partners, Rechts- und Beratungskosten, die Sicherung der Finanzplanung, Reisespesen, die Suche nach einem geeigneten Franchisegeber u.a.m. Diese Ausgaben sind bei ihm Betriebsausgaben, für die er die notwendigen Beweisstücke, Belege und Unterlagen rechtzeitig zusammenstellen muß, was auch für den Vorsteuerabzug wichtig ist. Ferner ist die Eintritts- bzw. Abschlußgebühr, die er dem Franchisegeber für diese Vorlaufkosten zu zahlen hat, eine sofort abzugsfähige Betriebsausgabe, da sie mit den unmittelbaren Leistungen des Franchisegebers in Zusammenhang stehen. Nur insoweit mit der Eintrittsgebühr auch immaterielles Geschäftsrecht, z.B. ein Gebietsschutz, erworben wird, ist die Gebühr zu aktivieren und über die Laufzeit des Vertrages abzuschreiben. Das gleiche gilt für rückständige Gebühren, die beim Franchisenehmer zu passivieren und beim Franchisegeber zu aktivieren sind.

Was die Vorlaufkosten des Franchisegebers anbelangt, so sind dies namentlich Kosten der Vertragskonzeption, Aufwendungen für Schutzrecht, Kosten für die Erstellung der Handbücher, Aufwendungen für die Erstellung eines Pilotbetriebes und Werbeaufwendungen für die Suche nach Franchisenehmern.

Alle diese Aufwendungen sind sofort abzugsfähige Betriebsausgaben. Dies gilt auch für die Schutzrechte, soweit es sich um selbst erstellte immeterielle Wirtschaftsgüter handelt, die nicht aktivierungsfähig sind. Eintrittsgebühren, die nicht als Abschlußgebühren vom Franchisenehmer zu zahlen sind, können in der Regel sofort im Jahr ihrer Erstellung steuerlich erfaßt werden, sie unterliegen umsatzsteuerrechtlich dem Regelsteuersatz.[1]

Soweit dem Franchisenehmer bei Ausscheiden aus dem Vertragsverhältnis eine Abfindung oder Entschädigung gezahlt wird, ist diese Zahlung als Einnahme aus dem Gewerbebetrieb einkommensteuerpflichtig. Kann eine solche Entschädigung einer Ausgleichszahlung an einen Handelsvertreter gemäß § 89b HGB infolge analoger Anwendung dieser Vorschrift gleichgestellt werden, so kann die besonders günstige Versteuerung nach den Steuersätzen bei außerordentlichen Einkünften in Betracht kommen (§§ 24 Abs. 1c, 34 Abs. 2 Ziff. 2 EStG).

Wenn der Franchisenehmer seinen Betrieb an den Franchisegeber oder mit dessen Einverständnis an einen Dritten veräußert, so kann der Gewinn aus der Veräußerung dieses Betriebes (§ 16 EStG) ebenfalls als außerordentliche Einnahme steuerbegünstigt werden. Auf Antrag kann die übliche Steuer bis zur Hälfte des normalen Steuersatzes ermäßigt werden (§ 34 Abs. 1,2 Ziff. 1 EStG).

4. Vermögensteuerrechtliche Gesichtspunkte

Für die Zwecke des Vermögensteuerrechts ist in Betracht zu ziehen, daß die in der Franchise enthaltenen Schutzrechte aller Art sowie das Erfahrungswissen einschließ-

---

[1] Vgl. zu diesem Fragenkomplex: *Leonhardt & Liesegang*, Handelsblatt Nr. 181 v. 20.9.1988, Beilage S. 33; *Leonhardt* in „Franchise-Recht", Vortrag vor dem 1. Franchiserechts-Forum am 9.9.1988, S. 196 ff.; *Limberger*, Sachgerechte Lösungen der verschiedenen Steuerprobleme bei Franchisegebers und Franchisenehmern, Vortrag vor dem Spezialseminar des *Deutschen Franchise-Instituts* am 8.11.1991 in Nürnberg; *Höhenscheidt*, Spezialfragen beim Franchising, Vortrag beim Spezialseminar des *DFI* am 8.11.1991; *Katz*, Steuerliche Aspekte bei grenzüberschreitenden Franchise-Systemen, Vortrag beim Spezialseminar des *DFI* am 8.11.1991; ferner *Deutscher Franchise-Verband*, Rundbrief vom 5.1.1994, Bilanzierung von Franchisegebühren.

lich der Betriebsgeheimnisse einen Teil des Betriebsvermögens des Franchisegebers gemäß § 95 des Bewertungsgesetzes darstellen. Jedoch ist die Bewertung dieser sehr verschiedenartigen Vermögenswerte manchmal recht komplex. Vermögensteuerrechtlich sind nach der Rechtsprechung alle diese Rechte als immaterielle Wirtschaftsgüter anzusehen, wenn sie entgeltlich erworben wurden oder wenn die selbständige Bewertungsfähigkeit durch die allgemeine Verkehrsanschauung oder durch Aufwendungen anerkannt wird, die auf das betreffende Wirtschaftsgut gemacht worden sind.[2]

Es ist seit langem anerkannt, daß Patente, Gebrauchsmuster und nicht geschützte Erfindungen sowie Urheberrechte als bewertungsfähige Güter anzusehen sind. Dies bezieht sich auch auf Waren- und Dienstleistungszeichen, wenn sie „derivativ" erworben worden sind oder für ihre Gebrauchsüberlassung laufend Vergütungen gezahlt werden.[3] Im Prinzip ist heute ferner auch unstrittig, daß Know-how (Erfahrungswissen) als bewertungsfähig anzusehen ist. Dies bezieht sich auch auf gewisse Rechtspositionen, wie sie durch Optionsrechte, Vorkaufsrechte und Wettbewerbsverbote geschaffen werden, jedoch normalerweise nur in den Fällen, in denen für solche Rechte etwas gezahlt wurde.

Bei allen vorerwähnten immateriellen Vermögensgütern muß hiernach beachtet werden, daß sie bei dem Franchisegeber jedenfalls in gewissem Umfang vermögensteuerrechtlich erfaßt werden müssen. Allerdings kann die Rechtslage im Einzelfall sehr differenziert sein und einige der in der Franchise enthaltenen Rechtsgüter können eventuell außer Betracht bleiben. Was wiederkehrende Zahlungen, z.B. laufende FranchiseGebühren, anbetrifft, so sollte die vermögensteuerliche Bewertung normalerweise durch Kapitalisierung gemäß § 15 des Bewertungsgesetzes erfolgen; der Besteuerung ist der Reinertrag zugrundezulegen, ferner die vorgesehene Laufzeit des Franchisevertrages.

Beim Franchisenehmer kommt eine vermögensteuerliche Erfassung der vorerwähnten Rechtsgüter nicht in Betracht. Sollte er indessen das Recht haben, Unterfranchisen oder Unterlizenzen zu vergeben, so ist die vermögensrechtliche Lage insoweit dieselbe wie vorstehend geschildert bei dem Franchisegeber.

Immaterielle Wirtschaftsgüter sind mit dem Teilwert vom Bewertungsstichtag anzusetzen. Dieser kann über oder unter den in der Steuerbilanz aktivierten Beträgen liegen.[4] Wegen der Wertermittlung von geschützten und nicht geschützten Erfindungen und Urheberrechten vgl. auch VStR Abschnitt 64 (2); ferner *Rössler/Troll-Langner*, Bewertungs- und Vermögensteuergesetz, 15. Auflage, München 1989. RNr. 20 zu § 95 Bewertungsgesetz.

5. Gewerbesteuer

Auch bei der Gewerbesteuer können Franchise-Verträge ebenso wie Lizenzverträge Probleme insoweit verursachen, als die Frage der Anrechnung der Hälfte der Lizenzzahlungen und der Franchise-Gebühren gemäß § 8, Ziff. 7 GewStG als Miet- und

---

2   Vgl. hierzu *Bundesfinanzhof* 13.2.1970, BStBl. II, S. 369; *BFH* v. 23.11.1988 (BStBl. 1989 II S. 62).
3   Vgl. *BFH*, a.a.O.; Vermögensteuerrichtlinien 1993, Abschnitt 64/2).

Pachtzinsen in Betracht kommen kann. Soweit diese Anrechnungspflicht zu bejahen ist, müßte die Hälfte solcher Zahlungen dem Gewinn des Franchisegebers aus dem Gewerbebetrieb zugerechnet werden müssen.

Die Entscheidungen dieser Frage, die lange Zeit strittig war, hängt davon ab, ob die vorgenannten Lizenzzahlungen und Franchise-Gebühren unter den gewerberechtlichen Begriff der Miet- und Pachtzinsen einzuordnen sind. Dies wird jedoch heute nicht mehr angenommen, weil Verträge über die Überlassung von betrieblichen Erfahrungen, von sonstigen gewerblichen Schutzrechten, Geheimverfahren und ungeschützten Erfindungen etc. ungeachtet ihrer mannigfaltigen Erscheinungsformen wesentliche pachtfremde Elemente enthalten. Daher sind sie im Prinzip nicht als Pachtverträge im Sinne des Gewerbesteuerrechts anzusehen und eine Zurechnung findet nicht statt.[5]

Eine teilweise abweichende Beurteilung kann dann angebracht sein, wenn gemischte Verträge vorliegen, wenn also z.B. neben der Überlassung von Erfahrungswissen Spezialmaschinen verkauft werden. Hier wird davon ausgegangen, daß die Hälfte des Entgeltes, soweit es auf die Vermietung entfällt, dem Gewerbeertrag hinzuzurechnen ist.[6]

Was für den Gewerbeertrag gilt, muß auch bei der Ermittlung des Gewerbekapitals zur Anwendung kommen: Soweit im ersteren Fall eine Hinzurechnung des Wertes fremder Wirtschaftsgüter zum Gewerbeertrag ausscheidet, weil es sich nicht um miet- oder pachtähnliche Beträge handelt, so ergibt sich für die Gewerbekapitalsteuer dieselbe Folgerung.[7]

6. Bilanzierungsfragen

Franchise-Verträge sind ebsnowenig wie Lizenzverträge in den Steuerbilanzen zu berücksichtigen, denn bei ihnen befinden sich die Rechte und Pflichten der beiden Vertragsparteien in einer Gleichgewichtslage und heben sich wertmäßig gegeneinander auf. Der Franchisenehmer braucht daher das Recht zum Gebrauch der ihm gewährten Franchise-Rechte nicht zu aktivieren, ebensowenig wie die Verpflichtungen zur Zahlung von Franchise-Gebühren zu passivieren sind.

Gelegentlich hat der Franchisenehmer das zu entrichtende Entgelt durch einmalige Zahlung oder aber für mehrere Jahre im voraus zu bewirken. In derartigen Fällen ist davon auszugehen, daß die Vergütungen auch späteren Wirtschaftsperioden zugute kommen. Es wird daher davon auszugehen sein, daß hier der Franchisenehmer seine Rechte aktivieren muß.

---

4   Vgl. Vermögensteuerrichtlinien 1993, Abschnitt 64/2).
5   Vgl. hierzu Urteil des *Bundesfinanzhofes* vom 14.2.1973, BStBl. II 1973, 412; Gewerbesteuerrichtlinie 1990, Abschnitt 57 (3); *Meyer-Scharenberg*, Kommentar zum Gewerbesteuergesetz 1989, RNr. 15.
6   Vgl. das *BFH*-Urteil vom 15.6.1983 in BStBl. 1984 II, S. 17; Gewerbesteuerrichtlinie 1990, Abschnitt 57 (3); *Meyer-Scharenberg*, w.o., RNr. 16.
7   Vgl. Gewerbesteuerrichtlinien 1990, Abschnitt 57 (9) sowie Abschnitt 77 (4).

7. Außensteuer-Probleme

In einer immer größeren Zahl von Fällen kommt es heute zur Franchisierung über die Grenzen, d.h. vom Inland ins Ausland und umgekehrt. Je nach der Art und Weise, in der diese Franchisierung durchgeführt wird, können die steuerrechtlichen Fragen verschieden zu bewerten sein.

Liegt eine indirekte Franchisierung vor, mithin durch ein selbständiges Unternehmen, mindestens aber eine steuerrechtlich als selbständig zu betrachtende Betriebsstätte, die in dem jeweiligen Ausland den Franchisenehmern gegenüber als Master-Franchisenehmer gegenübertritt, so entsteht im allgemeinen überhaupt kein Problem des Außensteuerrechts. Beide Parteien sind dann Steuerinländer.

Im Fall der direkten Franchisierung werden die Franchisegebühren im allgemeinen direkt vom Inland ins Ausland oder umgekehrt entrichtet. Die Besteuerung richtet sich dann nach dem jeweiligen Doppelbesteuerungsabkommen. Diese internationalen Vereinbarungen werden in den letzten Jahren immer mehr dem OECD-Muster für Doppelbesteuerungsabkommen angepaßt. Sie legen bezüglich der „Lizenzgebühren" fest, daß sie nur in dem Staat zu besteuern sind, in dem der Empfänger der Zahlung ansässig ist. In dem Musterabkommen ist im übrigen festgelegt, daß der Terminus „Lizenzgebühren" sich auf Vergütungen jeder Art bezieht, die für die Benutzung oder das Recht auf Benutzung von Urheberrechten, Patenten, Warenzeichen und auch für die Mitteilung gewerblicher, kaufmännischer oder wirtschaftlicher Erfahrungen gezahlt werden.[8]

Bei der überwiegenden Zahl der Länder, mit denen die Bundesrepublik Deutschland in stärkeren Wirtschaftsbeziehungen steht, kann angenommen werden, daß auch Franchisegebühren in dem Land des Empfängers zu besteuern sind. Dies gilt übrigens jetzt auch für die USA aufgrund von Artikel 12 des neuen zwischen Deutschland und der USA 1991 geschlossenen Doppelbesteuerungsabkommens.[9]

In der vorliegenden Zahl der Länder, mit denen sich gegenwärtig Franchisebeziehungen über die Grenzen entwickeln können, kann daher angenommen werden, daß steuerliche Probleme keine besonderen Schwierigkeiten hervorrufen. Allerdings sollte die Rechtslage in jedem Fall vor Eingehung von Verpflichtungen geprüft werden.

---

8   Vgl. Art. 12 OECD Muster DBA, abgedruckt bei *Korn/Dietz/Debatin*, Doppelbesteuerung, Band I, Anhang A.
9   Vgl. deutsch-amerikanisches Doppelbesteuerungsabkommen von 1991, abgedruckt in Steuer-Gesetze II, Textsammlung, C.H. Beck-Verlag.

XXX. Zahlungsunfähigkeit, Überschuldung und Konkurs bei Franchise-Systemen

1. Grundsätzliche Aspekte

Sowohl der Franchisegeber als auch der Franchisenehmer können in eine Lage kommen, in der sie wegen Zahlungsunfähigkeit – oder im Fall von juristischen Personen bei Überschuldung – die Eröffnung des Konkursverfahrens beantragen müssen. Zu diesem Antrag sind weiterhin alle Konkursgläubiger sowie bestimmte Massegläubiger (namentlich Arbeitnehmer) berechtigt (§§ 102, 103 Konkursordnung - KO).

Soweit die Voraussetzungen der Konkurseröffnung gegeben sind und nicht Abweisung mangels Masse erfolgen muß, wird das Verfahren eröffnet (§§ 104 ff. KO) und ein Konkursverwalter vom Gericht ernannt.

Die Möglichkeit des Zusammenbruches oder eines Konkurses, namentlich bei Franchisenehmern, ist vielfach als Schreckgespenst zur Warnung vor Franchise-Systemen an die Wand gemalt worden. Man geht hierbei davon aus, daß ein zahlungsunfähiger oder zusammengebrochener Franchisegeber alle Franchisenehmer mit sich reißen und sie um ihre Vermögenswerte bringen würde. So einfach ist jedoch die komplexe Sache und Rechtslage nicht.

2. Die Rechtssituation bei den Franchisepartnern

Die vorstehende, häufig anzutreffende Auffassung ist schon deswegen unzutreffend, weil Franchisegeber und Franchisenehmer verschiedene, rechtlich unabhängige Geschäftsinhaber sind, bei denen der Kollaps oder Konkurs des einen nicht notwendig den Zusammenbruch des anderen nach sich zieht. Die Eröffnung des Konkursverfahrens – ebenso wie häufig schon der Antrag auf Konkurseröffnung – ist in den meisten Franchise-Verträgen daher logischerweise als Grund für die fristlose Kündigung durch den anderen Partner festgelegt.

Sicher wäre die Kündigungsmöglichkeit wegen wichtigen Grundes auch ohne besondere Vertragsklausel zu bejahen. Dasselbe gilt auch für die Eröffnung eines Vergleichsverfahrens sowie für Zwangsvollstreckungsmaßnahmen gegen einen Partner, die gelegentlich schon alleine das Image des Systems schädigen können und daher auch für die fristlose Kündigung einen wichtigen Grund geben.

Die Kündigungsmöglichkeit bedeutet, daß sich der Kündigende von dem anderen Partner lösen kann und in seinem Geschäftsbetrieb freie Hand erhält. So kann z.B. ein Franchisenehmer alle Maßnahmen ergreifen, um sich vor den Folgen des Zusammenbruchs des Franchisegebers zu schützen. Dasselbe gilt umgekehrt für den Franchisegeber, der Maßnahmen ergreifen muß, um das übrige System vor den Folgen der Fehlentwicklung eines oder mehrerer Franchisenehmer zu schützen.

Allerdings kann im Konkurs der Konkursverwalter bei zeitgebundenen, von beiden Seiten noch nicht oder nicht vollständig erfüllten Verträgen die Vertragserfüllung verlangen (§ 17 KO). Dies würde bedeuten, daß der Franchisenehmer seine Pflichten erfüllen müßte, der Konkursverwalter für den Gemeinschuldner allerdings auch, wogegen er seinerseits die vorgesehenen Dienstleistungen erbringen müßte. Dies wird allerdings im Konkurs des Franchisegebers nicht mehr möglich sein, so daß der Konkursverwalter von der franchisegeberischen Firma kaum die Erfüllung verlangen wird. Im Fall des Konkurses des Franchisenehmers wird das Verlangen der Erfüllung noch nicht erfüllter gegenseitiger Verträge seitens des Konkursverwalters des Franchisenehmers, meist wohl ebensowenig Sinn haben, da der in Konkurs gefallene Franchisenehmer meist keine Mittel mehr haben wird, um den Geschäftsbetrieb weiterzuführen; denkbar ist es allerdings dann, wenn der Konkursverwalter das Geschäft zunächst weiterführt. Da neben den eigentlichen Franchise-Verträgen meist auch ergänzende und begleitende Verträge zwischen den Franchise-Partnern bestehen werden, kann der Gesamtkomplex der gegenseitigen Beziehungen und die Abwicklung im Konkurs sehr kompliziert werden. Bekannte Beispiele aus der Praxis in Deutschland gibt es – soweit ersichtlich – bisher nicht.

3. Abwicklungsmöglichkeiten in der Praxis

Realistisch gesehen wird sich ein Franchisenehmer von dem zusammengebrochenen Franchisegeber möglichst schnell zu lösen suchen und unter anderen Voraussetzungen sein Geschäft fortsetzen. Es gibt natürlich auch Fälle, in denen das System schlecht konzipiert ist und schlecht funktioniert, in denen der Franchisegeber gerade in den entscheidenden ersten Jahren unterkapitalisiert ist und seinen Verpflichtungen nicht nachkommen kann, da das Management schlecht, die Expansion überhastet und die Auswahl der Franchisegeber falsch war, oder daß das System in der Praxis überhaupt nicht funktioniert. In solchen Fällen werden auch die Investitionen des Franchisenehmers häufig ganz oder teilweise verloren sein. Weiterhin sind Fälle zu erwähnen, in denen die Franchisenehmer durch einen unseriösen Franchisegeber tatsächlich bewußt oder grob fahrlässig zu unvertretbaren Investitionen veranlaßt wurden, z.B. überhöhte Abschlußgebühren oder den Ankauf von sog. Warenerstausstattungen, bei denen der angebliche Franchisegeber nur beabsichtigte, sich in den Besitz größerer Geldbeträge durch den Abschluß einer Reihe von Franchise-Verträgen zu setzen (vgl. dazu Kapitel XXXI). Hier wird der gutgläubige, allzu naive Franchisenehmer meist alles oder sehr viel verlieren, wobei meistens kaum realisierbare Schadensersatzansprüche gegen den Gläubiger verbleiben.

Im umgekehrten Fall des schwach werdenden Franchisenehmers wird in der Praxis eine intakte Systemzentrale fast immer eine Möglichkeit suchen, den imageschädigenden Kollaps oder Konkurs eines Franchisenehmers zu vermeiden und die betreffende Vertriebsstelle unter Abfindung des Franchisenehmers zu schließen bzw. selbst oder durch einen neuen Franchisenehmer zu übernehmen. Hierzu sollte sich der Franchisegeber möglichst schnell entschließen, zumal wenn er die schwachen Zeichen im Betrieb seines Franchisenehmers rechtzeitig bemerkt hat, was die Regel sein dürfte.

4. Vergleich von Insolvenzziffern bei Franchise-Betrieben und freien Existenzgründern

Nach Angaben des *United States Department of Commerce* sind im Jahr 1984 46 Franchisegeber mit 1463 Verkaufsstellen zusammengebrochen – die Amerikaner sprechen hier mehrdeutig von „Failures" –, während 79 Franchisegeber Franchising als Konzept aufgaben; hier wird von „Departures" gesprochen, was zwar nicht auf Zusammenbrüche, aber mehr oder weniger auf Erfolglosigkeit des Franchise-Konzepts hinweist.[1] In Umsatzprozenten repräsentieren die vorerwähnten Insolvenzen lediglich 0,1%. Bei der wirtschaftlichen Bedeutung des Franchising in den USA kommen trotz der Geringfügigkeit immerhin hierdurch nicht unerhebliche Beträge zusammen. Die Zahl der Zusammenbrüche in den letzten Jahren wird von dem Franchise Opportunities Guide, Winter 1993, S. 26, mit weniger als 3% angegeben, während „freie" Gründungen von „Einzelkämpfern" innerhalb der ersten fünf Jahre zu 65% scheiterten. Wie auch immer diese Zahlen im einzelnen bei genauer Statistik aussehen werden, eines ist sicher, daß franchisierte Geschäfte in weitem Abstand günstiger abschneiden als Alleingänger.

Zu einem ähnlichen Ergebnis kommt das Franchise-Telex des *Deutschen Franchise-Verbandes* vom April 1994, in welchem von der Aufgabe von 630 Franchisenehmer-Betrieben im Jahre 1993 „aus wirtschaftlichen Gründen" berichtet wird. Dies entspricht einem Anteil von etwa 4,2%. Hierbei ist zu berücksichtigen, daß nicht selten Betriebe nicht unbedingt aus wirtschaftlichen, sondern aus persönlichen Gründen verschiedenster Art aufgegeben werden.

Dieser Umstand sollte allen Existenzgründern oder auch denjenigen, die ihnen Kredite gewähren, zu denken geben. Voraussetzung ist selbstverständlich immer, daß das System gut ist und der neue Partner alle Ziffern und Tatsachen eingehend unter entsprechender Beratung prüfen kann, bevor er sich in ein vielleicht undurchsichtiges Abenteuer einläßt.[2]

---

[1] Vgl. Franchising in the Economy 1984–1986, S. 12.

[2] Die vorstehenden Ausführungen gründen sich noch auf die Deutsche Konkursordnung, die durch eine neue Insolvenzgesetzgebung abgelöst werden soll. Nach einem Bericht des Bundesrats vom 24. Mai 1994 ist der Gesetzentwurf allerdings zunächst an den Vermittlungsausschuß geleitet worden, so daß mit Inkrafttreten einer neuen Regelung in nächster Zeit nicht zu rechnen ist.

XXXI. Fehlerhaftes, unseriöses und kriminelles Franchising

1. Scheitern von Franchise-Systemen

Der Zusammenbruch, das Scheitern oder Nichtfunktionieren eines Franchise-Systems kann vielfältige Gründe haben, die man nachträglich leicht feststellen kann, die aber bei der erforderlichen Klarsicht und Umsicht der Beteiligten sehr häufig vorher schon vorauszusehen waren. Zu den immer wieder genannten Ursachen für den Kollaps von Franchise-Systemen gehören, wie schon erwähnt, hauptsächlich nicht genügend getestete Marktchancen für Produkte oder Dienstleistungen, ein schlecht konzipiertes und strukturiertes Vertriebssystem, unfähiges Management, Unterkapitalisierung des Franchisegebers, zu schnelle Expansion des Vertriebsnetzes und schlechte Auswahl oder auch schlechte Behandlung und Ausbildung der Franchisenehmer infolge von Konzeptions- und Management-Fehlern.

Alle diese Erscheinungen, die früher oder später zum Scheitern einer Franchise führen, dürfen aber nicht mit der offenbar immer noch oder wieder erneut wachsenden Zahl von Vertriebssystemen verwechselt werden, die entweder durch unfaire Vertragsklauseln die Franchisenehmer zu benachteiligen suchen oder zwar das Etikett „Franchising" benutzen, in Wirklichkeit aber unseriöse, wenn nicht sogar betrügerischen Charakters sind. In die erste Kategorie gehören z.B. Fälle, in denen dem Franchisegeber wegen angeblicher Vertragsverstöße des Franchisenehmers Möglichkeiten zu leichterer Vertragsauflösung (z.B. zwecks günstiger Übernahme des Betriebs!) gegeben sind oder wegen angeblicher Vertragsverstöße disziplinäre Maßnahmen auferlegt werden. Diese in den USA jedenfalls früher oft vorgekommenen Fälle[1] sind in Europa offenbar weniger häufig. Die zweite Kategorie von Mißbräuchen beruht immer wieder auf Vertriebsschemata, die dazu führen, allzu naive Zeitgenossen – von denen es mehr gibt, als man glaubt – mit der Vorspiegelung Geld aus der Tasche lockt, sie könnten im Rahmen des gepriesenen Systems einen erfolgreichen Geschäftsbetrieb aufbauen. Sehr häufig ist der Franchisenehmer entweder nur einem nackten Betrug zum Opfer gefallen und das System existiert nicht. Oder der Franchisegeber betreibt zwar ein System, kommt aber seinen typischen Verpflichtungen nicht oder nur unvollkommen nach, bzw. er kassiert überhohe Franchisegebühren, die zu dem Wert der Franchise und seinen Serviceleistungen in keinem Verhältnis stehen. Oder es zwingt den Franchisenehmer dazu, einen übergroßen Anfangsbestand an Waren zu übernehmen, der sich später auch noch als minderwertig herausstellt. Durch dergleichen Methoden, die sich in vielen Fällen ebenso als Verstöße gegen strafrechtliche Bestimmungen darstellen, sind viele nicht vorsichtig genug handelnde Erwerber von Franchises um ihre Investitionen, wenn nicht gar um ihre gesamten Ersparnisse gebracht worden.

---

[1] Vgl. *Gross/Skaupy*, a.a.O., S. 350 f.

2. Schon lange Mißbräuche im Ausland

Auch in anderen Ländern haben Mißbräuche bei Vertriebsorganisationen schon eine „Tradition", wobei leider viele Pressemeldungen durch sensationell aufgemachte Berichte einseitige Vorstellungen bei der Gesellschaft über die in Wirklichkeit zahlenmäßig nicht so erheblichen Mißbräuche hervorgerufen haben. Immerhin hat schon 1969 der Bostoner Anwalt *Harold Brown* unter dem Titel „FRANCHISING – trap for the trusting" – „FRANCHISING – eine Falle für Vertrauensselige" ein ganzes Buch über derartige Mißbräuche veröffentlicht und Möglichkeiten ihrer Abschaffung erörtert.[2]

Die Mißbräuche von Franchise-Konzepten hatten Ende der 60er und Anfang der 70er Jahre in den USA, besonders in New York, einen beunruhigenden Umfang angenommen, nicht nur wurden den Franchisenehmer-Kandidaten über zu erwartenden Umsatz und Gewinn völlig unwahrhaftige Angaben gemacht, sondern es hatten sich in das Vertriebsleben eine größere Anzahl von anrüchigen Existenzen eingeschlichen, die von völlig insolventen Franchisegebers, teilweise schon im Konkursverfahren befindlichen, gestartet wurden, wenn es sich nicht gar um ehemalige Strafgefangene oder unter Anklage stehende Personen handelte.

Um das Franchising angesichts seiner rasanten Entwicklung in überschaubare Bahnen zu lenken und Mißbräuche nach Möglichkeit auszuschließen, sind in den 70er Jahren zunächst in einzelnen Staaten der USA gesetzliche Bestimmungen zur Registrierung und Genehmigung aller Franchise-Angebote geschaffen worden. Für das gesamte Staatsgebiet ließ dann im Jahre 1978 die *Federal Trade Commission (FTC)* eine Franchising-Verordnung unter dem Titel „Disclosure Requirements and Prohibitions concerning Franchising and Business Opportunity Ventures", die seit 21. Oktober 1979 in Kraft ist.

Die *FTC*-Verordnung verpflichtet alle Franchisegeber, die eine Franchise anbieten wollen, Interessenten ein „Disclosure Document" vorzulegen, das in 20 Punkten eine detaillierte Offenlegung („Disclosure") aller nur denkbaren Daten enthält, die sich auf die Franchise sowie ihre Ausübung, Finanzierung etc. beziehen. Dieses Dokument muß vorher bei der *FTC* registriert worden sein. Ferner sind den künftigen Franchisenehmern mindestens fünf Arbeitstage vor der Unterzeichnung des Vertrages der Text desselben und zusätzliche Vereinbarungen vorzulegen.[3]

Wie erwähnt, sehen einzelstaatliche Gesetze in bisher 14 Staaten auch weitergehend die Registrierung und sogar Genehmigung einer Franchisierung vor. Ganz besonders strikte gesetzliche Anforderungen sind zum Schutz investierender Franchisenehmer neuerdings im Staat New York für Franchise-Angebote geschaffen worden. Hier ist genau festgelegt, wie ein anzumeldender und zu genehmigender „Franchise Offering Prospectus" nach dem „General Business Law" auszusehen hat, welcher vorher dem *Bureau of Investors Protection* vorzulegen ist.[4]

Auch in Frankreich und Großbritannien haben Mißbräuche im Franchising, meist im Zusammenhang mit pyramidalen Vertriebssystemen, Schlagzeilen gemacht. In Groß-

---

2 Vgl. *Harold Brown*, Franchising – trap for the trusting, Boston, Toronto 1969.
3 Vgl. Franchise Opportunities Handbook, Oktober 1985, S. XXVIII.
4 Vgl. Business Franchise Guide, S. 8113, New York § 5320.04, Commerce Clearing House.

britannien, wo Presseberichte in den frühen siebziger Jahren dem Image des Franchising zunächst sehr geschadet hatten, hat es der „Fair Trading Act 1973" unternommen, „pyramidale Verkaufsnetze" verbieten zu lassen und neben Strafbestimmungen sogar Vorschriften über Rückforderungsansprüche geschädigter Teilnehmer an solchen Vertriebssystemen festzulegen.[5] Das pyramidale Vertriebssystem, gelegentlich auch Multi-Marketing-Stufen-System („Multi-level marketing scheme") genannt, ist letztlich eine Art Schneeballsystem, das auch nach deutscher Auffassung in vielen seiner Ausführungsformen gegen die guten Sitten verstößt (über die neuen strafrechtlichen Bestimmungen vgl. Abschnitt 3).

Das Schema der pyramidalen Verteilung besteht meist darin, daß ein Verteiler (Franchisenehmer) eine Gebiets-Franchise bzw. Gebietslizenz erwirbt. Seine einträglichste Tätigkeit besteht aber weniger im Vertrieb der Produkte des Systems, sondern in der Anwerbung von Unterverteilern. Hierbei erhält der Verteiler für jede Anwerbung eines Unterverteilers eine Provision von der Eintrittsgebühr, die der letztere entrichten muß. Der Verkauf der zu vertreibenden Produkte ist häufig schwer bzw. beinahe unmöglich. Demgegenüber ist die Anwerbung neuer Verteiler bzw. Unterverteiler auf meist unteren Ebenen, eventuell auch auf der gleichen Ebene, viel lukrativer, und das ist der Zweck des ganzen Systems.

Es ist klar, daß der Moment, in dem ein solches System zusammenbrechen muß, meist nicht fern ist. Inzwischen hat aber der Initiator (Franchisegeber) das Hauptgeschäft gemacht und ist nicht mehr greifbar. Während einige seiner Verteiler, die viele Unter-Lizenzen „verkauft" haben, ebenfalls öfter noch ganz gut davonkommen, sind es hier wiederum die letzten, welche „die Hunde beißen"[6]. Die Verfolgung solcher Machenschaften ist meist angesichts der Langsamkeit der Justiz sehr schwierig, da meist zunächst auch wirklich ein zu verteilendes Produkt vorhanden ist oder sogar auch eine Werkstatt existiert, die äußerlich einen seriösen Eindruck vermittelt. Erst nach einiger, aber nicht zu langer Zeit stellt sich das, was warnende Stimmen und Strafanzeigen gesagt haben, als zutreffend heraus. Dann ist es für die meisten Geschädigten fast immer zu spät.

Auch in Frankreich sind gewisse aus den USA und Kanada importierte Systeme wie *SWIPE, MAJE Distribution*, *EDEN France* und *Holliday Magic* auf dem Gebiet der Schneeballsysteme unangenehm hervorgetreten.[7] Allerdings muß bei pyramidalen Vertriebsformen, wie *Jean-Paul Clément* zutreffend sagt,[8] differenziert werden. Als solcher ist der pyramidale Verkauf nicht unerlaubt und wird von einer größeren Reihe sogar bekannter Gesellschaften in Frankreich praktiziert, z.B. *Avon, Tupperware, Larousse, Hachette* etc. Dieses System besteht oft sogar aus drei oder vier Stufen und die Haupttätigkeit der Verteiler ist wirklich der Verkauf der Ware, während die Rekrutierung von weiteren Mitarbeitern eine Nebenerscheinung in dem Entwicklungsplan dieses Verkaufsnetzes darstellt, dessen Ausmaß und Ausdehnung von vornherein festgelegt ist.

5   Vgl. *Gross/Skaupy*, a.a.O., S. 354 ff.
6   Vgl. *Mendelsohn*, a.a.O., S. 41 ff.
7   *Gross-Skaupy*, S. 353.
8   *Jean Paul Clément*, La Franchise Commerciale et Industrielle, 2e édition, 1983, S. 86.

3. Vielfache Mißbräuche in Deutschland bis heute

Dies ist leider ein betrübliches Kapitel und läßt erkennen, daß eine sehr große Reihe von unseriösen Vertriebssystemen, meist als „Franchising" etikettiert, jederzeit neu aus dem Boden sprießen und sofort bei kaum faßbar naiven Menschen Zuspruch finden, die ohne jede Prüfung sich aufgrund windiger Versprechungen immer wieder auf abenteuerliche Investitionen einlassen.

Die Methoden unseriöser und betrügerischer Franchisegeber ähneln sich in auffälliger Weise. Man beginnt mit einer sehr kleinen, kostensparenden Anzeige, in welcher Partner für ein angeblich erfolgreiches Vertriebssystem unter Verwendung modernster Methoden und EDV-Anlagen gesucht werden. Diese Partner könnten sich, so die Anzeige, schnell eine neue Existenz aufbauen und bald Gewinne (5000 DM, 8000 DM etc. monatlich) erwirtschaften. Dem Interessenten wird dann nach wortgewaltigen Erklärungen des vermeintlichen Erfolgsprinzips ein relativ gut stilisierter „Franchise-Vertrag", „Partnerschafts-Vertrag", „Lizenz-Vertrag" oder „Kooperations-Vertrag" vorgelegt, dessen auffälligstes Merkmal es ist, daß der neue Partner eine, je nach Lage des Falles, zwischen ca. 5000 DM und 50 000 DM liegende Eintrittsgebühr bei Vertragsabschluß zu entrichten hat. Soweit nicht nur „Vermittlungen" Gegenstand der „Tätigkeit" des Systems bilden, sondern angeblich der Vertrieb bestimmter Produkte, muß der neue Partner auch einen „Anfangsbestand" solcher Waren erwerben und bezahlen. Den Kandidaten werden dann mit allen Künsten der Überredung in leuchtendsten Farben und nach den Methoden des „high pressure selling" die Vorteile und Gewinnmöglichkeiten des Systems geschildert, wobei sie zur schleunigsten Unterschrift des Vertrages gedrängt werden, da sonst das besonders günstige Vertragsgebiet an einen anderen, schon wartenden Interessenten abgegeben werden müsse.

Die „Tätigkeitsgebiete" solcher Vertriebssysteme sind überaus vielfältig. Immer wieder ist den Interessenten sowohl in Deutschland als auch in anderen europäischen Staaten z.B. der Direktvertrieb von Kosmetik- und Parfümerieartikel als besonders lohnende Haupt- oder Nebenbeschäftigung angeboten worden. Nach Entrichtung der Eintrittsgebühr und Bezahlung der Waren-Grundausstattung stellen die neuen „Partner" in kurzer Zeit fest, daß sie zwar vereinzelt eine Puderdose oder eine Crème an einen Verwandten oder guten Bekannten loswerden können, im übrigen aber auf der gesamten Ware sitzen bleiben. Das System kann auch gar nicht funktionieren, da eingesessene Vertriebssysteme mit Einzelhändlern sowie über großbetriebliche Unternehmensformen (Warenhäuser, C&C-Märkte etc.) diese Sparte so weitgehend abdekken, daß für einen kleinen Einzelgänger praktisch keine Chancen bestehen.

Andere Tätigkeitsgebiete solcher Systeme sind z.a. das Video-Geschäft, die „visuelle Partnerauswahl", der Vertrieb von Energiesparprodukten, der Vertrieb von Öltankreinigern, Heiratsvermittlungs- und Bekanntschaftsvermittlungs-Büros, Kontaktvermittlungen u.a.m.

Allen solchen Vertriebssystemen, die sich zum Teil auch auf unverdächtigen Geschäftszweigen betätigen, ist das eine gemeinsam: Sie haben es auf schnelle Kasse angelegt, wobei sie genau wissen, daß das konzipierte System entweder gar nicht (der häufigste Fall!) oder nur nach langer Vorbereitungszeit funktionieren kann und damit das Hauptrisiko auf vertrauensselige „Franchisenehmer" oder „Partner" abgewälzt wird, die in Praxis so gut wie niemals einen ihrem persönlichen und finanziellen Einsatz entsprechenden Gewinn machen können.

Eine Erleichterung der Strafverfolgung gegen solche Methoden der „Vertriebskriminalität" ist jetzt bei Vorliegen pyramidaler Vertriebssysteme, wie sie oben unter 2. geschildert wurden, möglich. Die Erweiterung der Straftatbestände des UWG auf sog. Schneeballsysteme, wie hierzulande diese Art von Vertriebssystemen genannt wird, ist nunmehr durch das zweite Gesetz zur Bekämpfung der Wirtschaftskriminalität vom 15.5.1986 (BGBl. I, S. 725 ff.) erfolgt. In das Gesetz ist ein neuer § 6c eingefügt worden, der Strafen bis zu zwei Jahren Haft oder Geldstrafen für derartige Vertriebsmethoden vorsieht. Damit werden allerdings nur schneeballartige Vertriebsmethoden unter Strafe gestellt, in allen anderen Fällen muß jeweils den fraglichen Tätern eine Betrugsabsicht nachgewiesen werden, was in der Praxis häufig nicht leicht ist.

Zu den schlimmsten Entartungen im Franchise-Bereich gehörte vor etwa zehn Jahren ein Franchise-System, das unter dem Namen „gem collection" nicht nur in Deutschland, sondern auch in anderen europäischen Ländern wütete, wie man wohl sagen muß. Hier wurden für den Vertrieb von Kosmetik und Leder unerfahrene, meist junge Leute angeworben, die solche Artikel im Direktvertrieb in ihrem Bekanntenkreis verkaufen sollten. Ihre Zahl soll sich auf über 8250 Franchisenehmer belaufen haben! Jeder Franchisenehmer hatte eine Einsatzgebühr von DM 5000 zu entrichten, der Verkaufspreis für die von ihm abzunehmende Ware belief sich auf etwa DM 6500. Die meisten Franchisenehmer mußten sich hoch verschulden, um in dieses vermeintlich profitable Geschäft einzusteigen. Als besonderer Anreiz war die Kopplung des Franchise-Geschäfts mit einer Art mehrstufigem Schneeballsystem verbunden. Die Franchisenehmer sollten neben dem Warenabsatz weitere Franchisenehmer werben, die ihrerseits das gleiche zu tun hatten. Für jede Beschaffung eines in das System eintretenden neuen Franchisenehmers erhielt der werbende Franchisenehmer eine Provision von 30%, die von den Eintrittsgeldern der neuen Systemmitglieder dem erfolgreichen Werber gezahlt wurde. Dadurch hatte der „erfolgreiche" Franchisenehmer zunächst eine sehr erfreuliche „Einnahme", was darüber hinweg täuschte, daß aus seiner eigentlichen Tätigkeit als Vertriebsmittler für Waren zunächst und auch nachfolgend nur sehr wenig oder kein Umsatz erzielt wurde. In einer süddeutschen Kleinstadt sollen durch solche Multiplikationen von neuen Vertriebsmittlern plötzlich über 50 Franchisenehmer für das System geworben worden sein, deren eigentlicher Warenumsatz jeweils von der Nullgrenze nicht weit entfernt lag.[9]

Ein weiterer interessanter Fall, bei dem auch verschiedene, allzu gutgläubige Interessenten hereingefallen sind, spielte sich auf dem Gebiet der Immobilienvermittlung ab. Diese Vermittlungsfirma speicherte in einem zentralen Computer Adressen von Immobilienanbietern einerseits und Kaufinteressenten andererseits, welcher Angebot und Nachfrage nach einer Vielzahl von Kriterien vergleichen und den Teilnehmern angeblich zielgenaue Objekte und Interessenten nachweisen sollte. Kauf- und Verkaufswillige sollten namentlich dadurch angeworben werden, daß die „Speichergebühr" für den Vermittlungscomputer nur einen Bruchteil der üblichen Makler-Courtage betrug. Die Kunden des Vertriebssystems sollten durch Franchisenehmer oder sonstige Repräsentanten, die in abgegrenzten Gebieten tätig waren, geworben werden und erhielten für jede Speicherung einen Teil der für die Speicherung gezahlten Gebühr. In der von

---

[9] Vgl· OLG München v. 12.9.1985, NJW 1985, S. 1880 ff.

einer Vertriebsgesellschaft durchgeführten Werbung wurden den Franchisenehmer-Kandidaten in überschwenglichen Anpreisungen große Verdienstchancen versprochen. Das ganze System brach jedoch nach einiger Zeit zusammen; Franchisenehmer und Interessenten verloren ihren gesamten finanziellen Einsatz.[10]

Aus jüngster Zeit bekannt geworden ist der Fall „*tom communication AG*" in der Schweiz bzw. die „*tom communication Deutschland GmbH*", beide offenbar niemals ins Handelsregister eingetragen. Durch diese Organisation wurden ahnungslose junge Leute durch raffinierte Werbemethoden, einschließlich einer Großveranstaltung im Kurhaus Baden-Baden, zum Abschluß sog. Franchise-Verträge verpflichtet, durch welche ein Kommunikationssystem vertrieben werden sollte. Gleichzeitig war dies mit einem Schneeballsystem gekoppelt, bei dem jeder Teilnehmer gegen Provision weitere Franchisenehmer zu werben hatte. Die Franchisenehmer hatten ein Eintrittsgeld von mindestens DM 5000 zu zahlen und mußten DM 2500 für den Erwerb eines „multimedia"-Kommunikationssystems aufbringen. In vielen Fällen wurde aber noch weitaus mehr Geld verlangt, teilweise insgesamt bis zu DM 100 000. Der Gesamtschaden soll sich auf eine zweistellige Millionenziffer belaufen. Zwar ermittelte die Staatsanwaltschaft, doch bisher nur wegen unlauteren Wettbewerbs. Inzwischen sind offenbar die Hauptbeschuldigten unbekannt verzogen.[11]

---

[10] Vgl. OLG München vom 13.11.1987, in BB 1987, S. 865, mit Anmerkung *Skaupy*.
[11] Vgl. Focus Nr. 2/1994, S. 133.

XXXII. Die Ausbreitung des Franchising in Deutschland und Europa

1. Die Entwicklung des Franchising in Deutschland

Trotz der seit 1968 beginnenden Erörterung von Problemen des Franchising in Wirtschaftspublikationen und Vortragsveranstaltungen war zu diesem Thema in Deutschland noch vot etwa zehn Jahren eine auffällige Zurückhaltung, teils sogar Interessenlosigkeit oder Ablehnung des Franchise-Konzeptes festzustellen. In den letzten zehn Jahren sind diese Erscheinungen fast völlig verschwunden. Heute kann in fast allen Branchen des Wirtschaftslebens ein wachsendes Interesse festgestellt werden, manchmal sogar offene Begeisterung. Ab der Mitte der achtziger Jahre kann man sogar von einem Boom sprechen.

Ein weiterer Grund ist die von der Bundesregierung propagierte Notwendigkeit der Gründung neuer, selbständiger Existenzen, die auch finanziell gefördert wird. Zwar wird das Franchising von seiten mancher, insbesondere auch öffentlicher Kreditinstitute sowie sonstiger Stellen heute noch immer mit Zurückhaltung betrachtet. In die sog. „Existenzgründungswelle" schaltete sich auch der *Deutsche Franchise-Verband* aktiv ein und machte die interessierte Öffentlichkeit auf verschiedenste Weise auf Franchising als geeignetes Konzept für Neugründungen und Umstrukturierungen aufmerksam. Bei Existenzgründungen wurde hierbei sowohl an Franchisegeber wie an Franchisenehmer gedacht.

Ein besonders augenfälliger Erfolg bei der Aufwärtsentwicklung des Franchising war der am 12. März 1986 in Frankfurt/Main gemeinsam von der Nürnberger *Akademie für Absatzwirtschaft*, dem Magazin *„Impulse"* und dem *Deutschen Franchise-Verband* veranstaltete „1. Deutsche Franchise-Tag".

2. Die Situation in Deutschland im Vergleich zu anderen europäischen Ländern um 1990

Die Entwicklung des Franchising in Europa wird seit ihrer Gründung besonders sorgfältig von der *European Franchise Federation (EFF)*, dem europäischen Dachverband der nationalen Franchiseverbände, verfolgt. Diese Organisation hat per 31.12.1993 eine Tabelle erstellt, die auf Seite 209 wiedergegeben ist.

Die darin enthaltenen Ziffern zeigen in etwa das heute noch bestehende „Kräfteverhältnis" in den einzelnen in Frage kommenden Ländern, wobei leider die Schweiz, die nachfolgend noch besonders behandelt wird, fehlt. Aus der Aufstellung ergibt sich im übrigen, daß an der Spitze der dem Franchising geneigten Länder Frankreich steht, wo Franchising frühzeitig akzeptiert wurde. Numerisch folgen dann die drei größeren europäischen Nationen, nämlich Großbritannien (U.K.), Italien und Deutschland.

Country	Number of Franchisors	Number of Franchisees	Annual Turnover Bn ECU	Employed people
Austria	170	2 700	–	–
Belgium	135	2 495	–	–
Czech Repunlic	7	27	0,83	760
Denmark*	42	500	–	–
France	500	30 000	31	310 000
Germany	420	18 000	40	–
Hungary	150	1 000	–	10 000
Italy	361	17 500	7,5	50 000
Netherlands	340	12 120	6,8	69 750
Norway*	125	3 500	3	–
Portugal	70	–	–	–
Spain*	250	20 000	2,3	–
Sweden	200	9 000	3,6	–
U.K.	396	24 900	6,4	188 500

Eine Sonderstellung nahmen immer die Niederlande ein, wo auf die Einwohnerzahl von etwa 15 Millionen das Franchising die allergrößte Verbreitung je Einwohner erlangt hat. Die engen Verbindungen der Niederlande nach Übersee und zur USA dürften hier die Erklärung für den besonderen Erfolg des Franchising sein. Zu der inzwischen feststellbaren Entwicklung in den einzelnen Ländern wird hiermit auf die kurzen nachfolgenden Länderberichte verwiesen.

Es ist offenkundig, daß die vorstehenden Ziffern einer laufenden Änderung, d.h. fast immer einer Erhöhung unterliegen und die noch nicht erwähnten europäischen Länder, namentlich auch Osteuropa, in den nächsten Aufstellungen enthalten sein werden.

3. Die aktuelle Situation in Deutschland

Seit Ende der 80er/Anfang der 90er Jahre war der Aufschwung des Franchising nicht mehr aufzuhalten und erstreckte sich schnell auf die neuen Bundesländer. Eine sich ständig vermehrende Anzahl von Tagungen und Seminaren verbreitete das Konzept. Hinzu kam jedes Jahr ein Deutscher Franchise-Tag und seit fünf Jahren eine Franchise-Messe, die zunächst in Wiesbaden und seit drei Jahren in Essen abgehalten wird, an deren Stelle später auch andere Orte treten können. Sie ist jetzt eine „Internationale Franchise-Messe", eine Veranstaltung, an der auch eine nicht unbedeutende Zahl ausländischer Aussteller und Besucher teilnehmen, und die einen weit über die Grenzen hinausgehenden Ruf erlangt hat.

Die Gesamtzahl der gegenwärtig in Deutschland am Markt befindlichen Franchise-geber beläuft sich nach Erhebungen des *Deutschen Franchise-Verbandes* auf rund 420 (von denen mehr als 300 dem *Deutschen Franchise-Verband* angehören), die mit ca. 18 000 Franchisenehmer-Betrieben rund 20 Milliarden Außenumsatz erwirtschaf-ten. Dabei entfällt jedoch ein Großteil dieses Umsatzes auf die Franchisegeber aus der Getränkeindustrie (z.B. *Coca-Cola*).

Nach Erhebungen des *Deutschen Franchise-Verbandes* zum 31.12.1993 bei seinen Mitgliedern haben sich folgende Daten ergeben, welche die Entwicklung wie folgt wiedergeben (Franchise-Telex vom April 1994):

Gesamtzahl der Franchisenehmer-Betriebe der *DFV*-Mitglieder rd. 15 000

- davon in den alten Bundesländern   rd. 11 700 (rd. 78%)
- davon in den neuen Bundesländern   rd. 3 300 (rd. 22%)
- davon Neueröffnungen 1993   rd. 2 700

Gesamtumsatz der Franchisenehmer (VK-Preis)   über 13 Mrd. DM

Die Aufstellung der numerisch bedeutendsten Franchisegeber im Hinblick auf die An-zahl der franchisierten Betriebe ergibt sich aus der Tabelle Seite 211.

Weitere Erhebungen in der Bundesrepublik Deutschland haben ergeben, daß Fran-chising in den neuen Bundesländern trotz des beschränkten Zeitraumes einen beach-tenswerten Erfolg gezeitigt hat. Er ergibt sich im Hinblick auf die 20 erfolgreichsten Franchise-Systeme in den neuen Bundesländern aus der Aufstellung Seite 212.

Eine Verteilung der Franchisenehmer auf die alten und neuen Bundesländer per 31.12.1993 ergibt ein Verhältnis von 78% für die alten und 22% für die neuen Bundes-länder.

Eine Gesamtübersicht über die etwa 18 000 Franchisenehmer-Betriebe im gesamten Deutschland läßt erkennen, daß diese, wie der *DFV* betont, eine „dauerhafte Säule des vorwiegend kleingewerblichen Mittelstands" darstellt. Die beste „Empfehlung" für das Franchise-Konzept ergibt sich daraus, daß im Jahr 1993 lediglich 4,2% der Gesamtzahl franchisierter Betriebe aus wirtschaftlichen Gründen ihren Geschäftsbetrieb aufgeben mußten. Auch hieraus ergibt sich, wieviel günstiger der Einzelhändler unter dem Fach eines Franchise-Systems im Vergleich zu den „Einzelkämpfern" dasteht.

Franchise-System	FN gesamt
Porst*	2676
Eismann	1734
Foto-Quelle*	1287
QUICK-SCHUH	422
Schülerhilfe	377
McDonald's	327
FIRST	296
Getifix	278
Musikschule Fröhlich	273
OBI	260
STUDIENKREIS	237
PORTAS	222
Clean Park	215
Sunpoint	181
Goodyear	170
Ihr platz	158
AUFINA	151
TUI	139
KLEENOTHEK	138
Cosy-Wasch	131

*einschließlich Film- und Bildstellen

Deutscher Franchise-Verband e.V.
Top 20
Gesamtzahl der Franchise-Nehmer in Deutschland (Stand 31.12.1993)

Franchise-System	FN neue BL	% der FN gesamt
*PORST**	581	22%
Musikschule Fröhlich	249	91%
Eismann	234	13%
*Foto-Quelle**	167	13%
Getifix	145	52%
PORTAS	78	35%
QUICK-SCHUH	73	17%
KLEENOTHEK	70	51%
Schülerhilfe	60	16%
Stop und Shop	60	100%
CORTIN	56	66%
STUDIENKREIS	55	23%
MAWEDUR	50	94%
Cosy-Wasch	49	37%
Reiseland	46	100%
KULSA	40	80%
Goodyear	36	21%
OBI	35	13%
QUICKBOX	33	83%
ISOTEC	32	74%

*einschließlich Film- und Bildstellen

Deutscher Franchise-Verband e.V.
Top 20
Franchise-Nehmer in den neuen Bundesländern (Stand 31.12.1993)

XXXIII. Franchising – international

1. Vorzüge und Probleme bei der grenzüberschreitenden Franchisierung

Im Grundsatz sind die Vorzüge, die das Franchising im Inlandsgeschäft zeigt, die gleichen wie mindestens in den anderen Ländern, die man der westlichen Welt zurechnet. Die neueste Erfahrung zeigt, daß weitgehend darüber hinaus Franchising fast überall verwendbar ist. Über Franchising kann man in vielen Ländern Erfolge bei der Expansion, beim Marketing, bei der Finanzierung und auch als Werkzeug der Diversifikation erreichen. So können sich langfristige und profitable Partnerschaften entwickeln. Es hatt daher einen tiefen Sinn, daß schon das europäische Franchise-Symposium, welches der amerikanische Franchise-Verband *IFA* im September 1980 in London abhielt, unter dem Motto „Franchising – exporting for international partnerships" stand.[1]

Export durch Franchising verspricht bei Vertriebs-Franchisen oft eine bessere und schnellere Marktdurchdringung als durch die Ausfuhr mit den üblichen kommerziellen Methoden. Selbst reine Dienstleistungs-Franchisen können als wesentliche Motive den Export von Apparaturen, technischen Anlagen und Ersatzteilen bezwecken, welche für die angebotenen Dienstleistungen benötigt werden. Sehr wesentlich sind auch die finanziellen Effekte bei der internationalen Franchise: Der Fluß von Franchise-Gebühren, soweit sie repatriiert werden, kann zur Stärkung und Ausdehnung des heimischen Unternehmens verwendet werden. Wenn diese Gelder aber im Ausland zur Durchführung anderer Projekte benutzt werden, kann man dadurch eine indirekte Diversifizierung erreichen. Ein nicht zu verachtender Vorzug ist es ferner, daß das Image eines Systems durch den Export des Franchise-Konzepts rückwirkend im Heimatland des Systems eine größere Ausstrahlung gewinnen und ihm damit bei der Umsatzausweitung nützen kann.

Bei der Prüfung, welche Länder sich hauptsächlich für die Internationalisierung von Franchise-Systemen eignen, kann am besten von der negativen Seite her angepackt werden. Auf diese Weise erlangt man Gewißheit darüber, in welchen Ländern gewisse Schwierigkeiten auftreten und welche man aus seinen Überlegungen ausscheiden sollte.

Vor längeren Jahren ist in den USA eine Studie darüber veröffentlicht worden, welche Hindernisse dem Export von Franchisen entgegenstehen.[2] Damals waren von 60,8% der Franchisegeber regierungsseitige oder juristische Beschränkungen an erster Stelle genannt worden. Unter den weiteren Problemen rangiert die Schwierigkeit, geeignete Franchisekandidaten zu finden (41,5%), das Fehlen genügender örtlicher Finanzierungsmöglichkeiten (37,3%), die Schwierigkeit der Kontrolle von Franchisenehmern (37,3%), die Schwierigkeit, das ursprüngliche Franchise-Paket in anderen Ländern an-

---

[1] Vgl. *Skaupy*, WuW 1981, S. 17 ff.
[2] Vgl. *Walker/Etzel*, The Internationalisation of U.S. Franchises' systems: Progress and Procedures, in: Journal of Marketing, 1973, S. 46 ff.

zubringen (29,4%), warenzeichen- oder urheberrechtliche Hindernisse (29,4%), die Schwierigkeit, die franchisierten Waren oder Dienste fremden Konsumenten akzeptabel zu machen (21,6%), zu hohe Steuern (15,7%) und neben weiteren Einzelproblemen die Schwierigkeit, geeignete Geschäftslokale zu finden (11,8%).

Ein Teil dieser ungünstigen Faktoren ist sicher übertrieben. Sie sind nur in bestimmten Ländern, namentlich der dritten Welt, zu finden; viele werden inzwischen auch nicht mehr aktuell sein. Gerade die in erster Reihe stehenden rechtlichen und administrativen Hindernisse einschließlich der zeichenrechtlichen und urheberrechtlichen Probleme sind hierbei schon im frühesten Planungsstadium besonders zu beachten.

Abgesehen von Problemen dieser Art sind aber im „gutwilligen" Ausland vor allem folgende Punkte in die Erwägungen mit einzubeziehen: Die Notwendigkeit besonders gründlicher Marktstudien, die Schwierigkeit zufriedenstellender Finanzierungsmöglichkeiten (ein Problem, das sich in manchen Ländern auf dem Wege der Besserung befindet), die Schwierigkeit, das im Heimatland entwickelte Franchise-Paket unter Anpassung des Konzepts an die Verhältnisse des Exportlandes anzupassen. Von Waren und Dienstleistungen erwartet die Öffentlichkeit in einem anderen Land entsprechend der dort vorherrschenden Geschmacksrichtung viele Dinge, die von vornherein in das Kalkül des grenzüberschreitenden Franchise-Systems einbezogen werden müssen. All dies, was mit den Worten „cultural differences" bezeichnet wird, erfordert in jedem besonderen Fall schon beim Beginn der Planung neue Problemlösungen.

In internationalen Erörterungen wird immer erneut auf die Notwendigkeit der Schaffung einer neuen Marke (unter Umständen einer anderen als im Heimatland) hingewiesen. Dasselbe gilt für die Wahl eines der Mentalität des dortigen Publikums entsprechenden Namens sowie einer attraktiven Ausstattung. Im anderen Land sind bei der Einführung eines Franchise-Systems besonders gründliches und den dortigen Verhältnissen angepaßtes anfängliches und laufendes Training der Franchisenehmer, regelmäßige Informationsblätter, persönliche Besuche vor Ort, Orientierungstagungen sowie der fortlaufende Dialog mit dem Franchisenehmer zu beachten. Es ist offensichtlich, daß größere Systeme wie die *Hilton-* und *Sheraton-Hotels* und *Holiday Inn* und die gastronomischen Riesensysteme wie *McDonald's* viel mehr Möglichkeiten haben, durch ihre Finanzkraft Probleme in anderen Ländern zu überwinden als kleinere Systeme, für welche die Finanzierungs- und Beratungskosten zu hoch werden und die sich eventuell finanziell ausbluten können. Kleinere Systeme haben um dessentwillen doch manche Chancen, wenn sie besonders qualifizierte Produkte und Dienstleistungen anbieten und vor allem die richtigen Länder auswählen, bei denen die angesprochenen negativen Aspekte relativ geringfügig sind.

2. Aussichtsreiche Länder für den Export von Franchisen

Die grenzüberschreitende Franchisierung kann mit Erfolg namentlich in folgenden Ländern praktiziert werden: In allererster Linie, besonders von Deutschland aus, sind hier die Länder Westeuropas zu nennen, in denen sich das Franchise-Konzept jetzt überall durchgesetzt hat und in denen vergleichbare rechtliche und administrative Praktiken herrschen. Natürlich gibt es auch hier erhebliche Unterschiede, die in jedem Einzelfall ausgelotet werden müssen. Am wenigsten Probleme dürften in Belgien, Niederlande, Luxemburg, Großbritannien, Frankreich, Schweiz und selbstverständlich für auslän-dische Systeme auch in der Bundesrepublik Deutschland bestehen. In den befreiten osteuropäischen Ländern, wo sich meist schon Franchise-Verbände etabliert haben, ist im Prinzip jetzt das Franchising als Vertriebsmethode akzeptiert und willkommen.

Was überseeische Länder anbetrifft, so sind die USA, Kanada, Japan, Australien, Neuseeland und Südafrika als Ziele für die Franchisierung von Europa aus durchaus zu begrüßen. In manchen dieser Länder existieren jedoch in verschiedenem Umfang Investitionskontrollen und -verbote, Devisenbewirtschaftungen, Importbeschränkungen und Anti-Trust-Vorschriften. Auch das Fehlen von Investitionsanreizen und Krediterleichterungen kann sich nachteilig auswirken.

Gerade die USA als Ursprungsland des heutigen Franchising haben Gesetze bzw. bereiten sie vor, die ausländische Investoren in manchen Geschäftszweigen beschränken oder ausschließen (Banken, Versicherungen, Immobilien, Flugzeugindustrie, Schiffahrt etc.). Vermutlich sind allerdings die meisten dieser Branchen für das Franchising ohne Interesse. Am ungünstigsten ist hier der Aspekt der sehr großen Kosten für den Aufbau eines Systems in den USA, so daß sich wohl nur größere Unternehmen dazu werden entschließen können; z.B. erreichen Rechtsanwalts- und diverse Beratungskosten unwahrscheinliche Höhen. Den Franzosen soll der Durchbruch mit einigen ihrer weltberühmten Marken allerdings gelungen sein. Mittelständische Fran-chisegeber sollten lediglich den Weg einer „Joint venture" mit einer amerikanischen Firma wählen, um das Franchising mit Erfolg in den USA zu betreiben (vgl. nachstehend unter 3.).

In den USA werden gelegentlich für ausländisches Franchising folgende Chancen genannt: „Highline", exklusive Marken (etwa *Rolls Royce*), „Lowline" (etwa preisgünstige japanische Kraftfahrzeuge) sowie qualitätsmäßig besonders gute Produkte (etwa deutsche Fototechnik). Dies ist allerdings ein recht bescheidenes Spektrum. An dieser Situation wird sich in den nächsten Jahren vermutlich wenig ändern.

3. Methoden des internationalen Franchising

Es gibt im Prinzip vier Methoden, mit denen man den Weg des grenzüberschreitenden Franchising gehen kann:

* Die direkte Methode;
* die indirekte Methode der Gründung von Tochtergesellschaften oder der Zwischenschaltung abhängiger Unternehmungen;
* die Erteilung einer sog. „Master-Franchise" bzw. Generallizenz an eine Person oder Gesellschaft im anderen Gebiet (Zielgebiet);
* die Gründung eines Gemeinschaftsunternehmens (joint venture company) mit einer in dem anderen Land (Zielgebiet) ansässigen Person oder Gesellschaft, wobei das gemeinsame Unternehmen ein Vertriebssystem nach dem Franchise-Konzept des ursprünglichen Franchisegebers aufbaut.

(a) Als naheliegendste Methode bietet sich zunächst das **direkte Franchising** an, ein ein-faches und in der Regel viel kostengünstigeres Verfahren. Diese Methode eignet sich – von Deutschland aus gesehen, aber auch umgekehrt – insbesondere für unkomplizierte Märkte, namentlich für die Nachbarländer, und zwar für einen Franchisegeber des deutschen Sprachgebiets in ein anderes Land dieser Sprache sowie in gewissem Umfang für die Beneluxländer. Diese Methode setzt das fertige, dem entsprechenden Land sorgfältig angepaßte Franchise-Paket voraus, wobei in erster Linie auf den Rechtsschutz zu achten ist.

Normalerweise bedeutet dies das Vorhandensein eines eingetragenen, mindetens angemeldeten und unterscheidungskräftigen, möglichst unangreifbaren Markenrechts bei Beginn des Systemaufbaus. Ferner muß dem Handelsnamen des Franchisegebers durch geeignete Publizität eine angemessene Verkehrsgeltung überall dort verschafft werden, wohin sich das System ausdehnen möchte. Auch die Schaffung anderer Kennzeichnungen und Ausstattungen, welche nicht dieselben sein müssen wie im Ursprungsland, sollte in Betracht gezogen werden.

Selbstverständlich sind im anderen Land ausreichende Marktstudien erforderlich, ebenso wie die üblichen unternehmerischen Aspekte zu beachten sind. Auch sollte alsbald in dem jeweiligen Zielgebiet von Anfang an ein in der Materie erfahrener Rechtsanwalt konsultiert werden, da bei Streitigkeiten und Auslegungsfragen im Zweifel das Recht desjenigen Landes anwendbar ist, in welchem der Franchisenehmer tätig ist, was auch für die kartellrechtliche Situation gilt. Bei Ländern gleicher Sprache und mit ähnlicher Rechtsstruktur und Rechtspraxis genügt eventuell die Überprüfung des von dem heimischen Anwalt entworfenen Vertragswerks. Hier muß allerdings schon, wie z.B. bei Österreich, eine Einschränkung gemacht werden: Dort sind alle für Österreich bestimmten Franchise-Verträge aufgrund der neuen Kartell-Gesetzgebung anmeldepflichtig (vgl. näher Kapitel XXXVI.7). Dies läßt erkennen, daß eine Rechtsberatung im anderen Land doch sehr empfehlenswert ist.

Die direkte Methode kann in verschiedener Weise praktiziert werden. Im Normalfall werden die Franchisen unmittelbar an unabhängige Geschäftsleute oder schon bestehende Handelsgesellschaften für bestimmte Bezirke vergeben. Auch die Vergabe einer Franchise an eine Person oder Gesellschaft für das gesamte andere Staatsgebiet ist möglich. Soweit dieser einzige Franchisenehmer dann selbst zur Vergabe von Unterfranchisen ermächtigt wird, liegt praktisch eine Art Master-Franchise vor (siehe Abschnitt c).

Sollte eine größere Anzahl von Franchisenehmern geplant sein, so empfiehlt es sich, zu ihrer Betreuung eine Agentur oder Zweigniederlassung zu gründen. Vertragspartner der einzelnen Franchisenehmer bleibt aber immer der Franchisegeber, also die Systemzentrale des Heimatlandes, denn der Franchisegeber steht allein in direkten Rechtsbeziehungen zu den Franchisenehmern. Auch wenn der Vertrauensmann, Repräsentant oder Leiter einer Zweigniederlassung neue Abschlüsse von Franchise-Verträgen in die Wege leiten sollte, so dürfte es aber vorzuziehen sein, daß der Franchisegeber selbst durch seine gesetzlichen Vertreter den Franchise-Vertrag abschließt, um dem notwendigen Vertrauensverhältnis zwischen Geber und Nehmer gerecht zu werden.

Die unmittelbare Kommunikation des heimischen Franchisegebers mit den verschiedenen Franchisenehmern in den Zielgebieten im Ausland sollte unbedingt sichergestellt werden.

(b) Die **indirekte Methode** unterscheidet sich von der direkten im wesentlichen dadurch, daß der Franchisegeber im anderen Land nicht selbst franchisiert, sondern dies durch eine dort bestehende Tochtergesellschaft oder von ihm beherrschte Gesellschaft tut, die von sich aus in ihrem Namen die Franchisierung beginnt.

Solche Auslandstöchter, die durch entsprechende Kapitalverflechtung an die heimatliche Systemzentrale gebunden sind, empfehlen sich für kompliziertere und größere Märkte, namentlich in weiter entfernten, anderssprachigen Ländern mit stärker abweichenden Gesetzen und Gebräuchen.

In die Geschäftsleitung solcher Auslandstöchter sollten, wenn dies in dem jeweiligen Land nicht ohnehin gesetzlich vorgeschrieben ist, in jedem Fall auch Angehörige des betreffenden Landes aufgenommen werden.

Auslandstöchter leben nach den Gesetzen und Gebräuchen des betreffenden Landes, so daß die Aufnahme dortiger Staatsangehöriger oder Residenten in die Geschäftsleitung auch für die Beziehungen zu den Franchisenehmern und ihre Betreuung wichtig ist.

Bei der indirekten Methode wird der Franchise-Vertrag von der Auslandstochter direkt mit dem Franchisenehmer abgeschlossen, wodurch die Pflichten des Franchisegebers im Hinblick auf den Know-how/Transfer, Informationen, Ausbildung, Werbung, Verkaufsförderung etc. logischerweise bei der Auslandstochter liegen.

(c) Als dritte Methode der Internationalisierung des Franchise-Systems ist die Gewährung von **Master-Franchisen** anzusehen. Hier gewährt der Franchisegeber die Franchise-Rechte einem unabhängigen Geschäftsmann oder Unternehmer, der in dem anderen Land ansässig ist. Auf der Basis der ihm erteilten Franchise, die für das gesamte andere Land oder auch für regionale Bezirke erteilt werden kann, wird dem Master-Franchisenehmer das Recht gewährt, seinerseits weiteren Franchisenehmern dieses Landes Franchisen bzw. Unter-Franchisen einzuräumen.

Im Rahmen der ihm erteilten Master-Franchise entwickelt der Master-Franchisenehmer im Einvernehmen und mit den entsprechenden Weisungen der heimatlichen Systemzentrale in dem gesamten Land oder der betreffenden Region von sich aus ein Franchise-Netz, so daß er praktisch als eine Art von Sub-Franchisegeber für das betreffende Land betrachtet werden kann. Seit einiger Zeit, so kann man sagen, ist Master-Franchising „in" und es sind wirklich viele neue Systeme entstanden oder im Entstehen begriffen. So bilden sich auch neue Varianten aus, wie z.B. ein Schweizer Modell. Bei ihm wird empfohlen, daß der Franchisegeber Geschäftsanteile an der neu gegründeten Master-Franchise übernimmt. Hierdurch werde bewirkt, daß er selbst mit einer höheren Verantwortlichkeit in den fremden Markt einsteigt und zum anderen der Master-Partner nicht das gesamte Risiko auf seinen eigenen Schultern trägt. Dieses Verfahren wird Master Joint Venture-Technik genannt (vgl. *Marc B. Frei*, FRANCHISING. Die schlüsselfertige Existenzgründung, 1994, S. 52 ff., 79 ff., 106).

Für die Praxis des Master-Franchising hat *Mendelsohn*[3] empfohlen, sich auf folgende Schwierigkeiten einzustellen:

(1) das Problem, die richtige Person bzw. Gesellschaft zu finden und auszuwählen, die als Master-Franchisenehmer (Unter-Franchisegeber) geeignet ist;

(2) die Notwendigkeit, eine starke Heimatbasis zu haben, um den Wünschen zu genügen, die der Master-Franchisenehmer geltend machen wird;

---

3   *Martin Mendelsohn*, The Guide to Franchising, 5th Edition, London 1992, S. 219.

(3) die Verwendung von Personal und Geldmitteln aus dem heimatlichen Gesell-schaftsbetrieb; es muß betont werden, daß immer mehr Personal und mehr Geld nötig ist als vorgesehen;

(4) der Zeitfaktor: Es wird alles immer viel länger dauern als vorgesehen.

Gelegentlich wird den Franchisenehmern in dem jeweiligen Land ihrerseits gestattet, Unter-Franchisen zu erteilen. Jedoch dürfte sich dies weniger empfehlen als direkte territoriale Franchisen für kleinere Bezirke, damit der Master-Franchisenehmer den direkten Kontakt zu allen Franchisenehmern behält.

Ein Master-Franchisevertrag unterscheidet sich normalerweise in mancher Hinsicht von einem üblichen Franchise-Vertrag, weil er sich ja nicht mit der Einrichtung eines oder mehrerer einzelner Betriebe im gleichen Lande befaßt, sondern dem auslän-dischen Master-Franchisenehmer allgemeine Verpflichtungen auferlegt, die diesen be-fähigen sollen, das Franchise-Konzept unter entsprechender Anpassung an die Verhält-nisse seines Landes zu realisieren.

Vielfach wird es sich hier nur um allgemeine Richtlinien handeln, und es wird dem Master-Franchisenehmer überlassen, das Konzept selbständig im Einklang mit den Gegebenheiten seines Landes zu entwickeln.

In manchen solcher Fälle wird man eher von einer **Generallizenz** sprechen können, durch welche die Marke, das Know-how und sonstige Schutzrechte lizenziert werden und das übrige diesem Generallizenznehmer überlassen wird. All dies muß natürlich eine Einflußnahme auf die Gestaltung eines solchen ausländischen Franchise-Systems keineswegs ausschließen. Diese Methode der Franchisierung ist besonders in schwieri-gen oder entfernten Märkten zu empfehlen, in denen die Erstellung eines abgeänderten Franchise-Pakets durch eine erfahrene eingesessene Firma des betreffenden Landes vorzuziehen ist.

Naturgemäß werden die Lizenzgebühren, welche in diesem Falle zu zahlen sind, nied-riger als übliche Franchise-Gebühren sein, aber der ausländische Franchisegeber hat dann auch erheblich weniger Leistungen zu erbringen.

(d) Franchising über ein im Exportland zu gründendes **Gemeinschaftsunternehmen** (joint venture company) kann als eine weitere Methode der Internationalisierung von Franchise-Systemen betrachtet werden. Diese Rechtsform hat an sich mit dem Franchi-sing nichts zu tun, da in diesem Fall eine begrenzte Auswahl von Partnern, meist auch auf horizontaler Basis, zusammenkommt und **verschiedene** Erzeugnisse und Dienstlei-stungen beiträgt, während im Franchise-System alle Teilnehmer **dieselben** Güter und Dienste anbieten. Es ist aber durchaus möglich, daß ein Franchisegeber sich mit einer ausländischen Firma im Rahmen einer „joint venture" zusammentut und diese dann in dem anderen Land ein Franchise-System entsprechend den Grundsätzen aufbaut, die von dem Franchisegeber aus dem Ursprungsland der Franchise festgelegt werden.

Wie bei allen gemeinschaftlichen Unternehmungen birgt diese Methode die Gefahr der Uneinigkeit unter den „joint venturers" und damit für Bestand und Entwicklung des Systems. Wesentlich ist daher die vorherige präzise Klärung der gegenseitigen Rechte und Pflichten dieser Partner im Hinblick auf das zu erstellende Franchise-System durch ein wohldurchdachtes Vertragswerk zwischen den das Franchise-System grün-denden Partnern. Letztlich sollte erst nach Klärung aller diesbezüglichen Probleme im Prinzip das System ähnlich aufgezogen werden wie eine Master-Franchise.

4. Allgemeine Grundsätze für die Internationalisierung von Franchise-Systemen

(a) Noch mehr als im Heimatland ist es für die grenzüberschreitende Franchise wichtig, rechtzeitig vorher in allen „Exportländern" den notwendigen **Rechtsschutz** durch Anmeldung von Waren- oder Dienstleistungszeichen sicherzustellen. Ein Rechtsschutz kann zusätzlich auch dadurch geschaffen werden, daß das neue System mit Namen und typischen Kennzeichen in Werbung etc. in Erscheinung tritt, um gute Ausgangspunkte für den wettbewerbsrechtlichen Schutz zu schaffen (vgl. hierzu oben Kapitel XIII).

Gleiches gilt für sonstige gewerbliche Schutzrechte, z.B. Patente und Urheberrechte. Der Urheberrechtsschutz von Betriebshandbüchern, Organisationsschemata, Konstruktionszeichnungen etc. ist für jedes betreffende Land sicherzustellen.

Bei der Anmeldung von Marken in anderen Ländern ist zu bemerken, daß die Zeichen nicht unbedingt dieselben sein müssen wie im Heimatland, was nur bei Inanspruchnahme von Prioritäten aufgrund der Erstanmeldung im Heimatland nach dem *Madrider Markenschutzabkommen (MMA)* nötig ist.

Im übrigen kann z.B. ein Wortzeichen in einer anderen Sprache eine völlig andere Bedeutung haben oder durch Gedanken Assoziationen, Mißverständnisse schaffen, so daß große Vorsicht und Beratung mit lokalen Experten unerläßlich ist.

(b) Unbedingt notwendig ist auch schon in der anfänglichen Planungsphase ein **Besuch des Franchisegebers** – oder besser mehrere – in dem jeweiligen Exportland zwecks Klärung der allgemeinen wirtschaftlichen und geschäftlichen Voraussetzungen für die Einführung des Franchise-Konzepts. Unerläßlich dürfte so gut wie immer die Einholung einer Marktstudie von einer im speziellen Fall geeigneten Beratungsfirma für Marktstudien sein. Der Euro-Kodex sieht dies ausdrücklich vor, und in der Tat bedingt der Erfolg eines Franchise-Konzepts in **einem** Landes keineswegs das Gelingen im **anderen** Land, was manche negative Beispiele erweisen.

(c) Von großer Bedeutung ist im internationalen Franchising die **richtige Auswahl der Partner und Mitarbeiter**. Zunächst muß der Franchisegeber bei allen vier Methoden bewährte eigene Fachkräfte bereithalten, die im Exportland bei dem Aufbau des Franchise-Systems nach dem erprobten Konzept eingesetzt werden. Die größte Sorgfalt ist naturgemäß bei der Auswahl der Vertragspartner im anderen land, des Master-Franchisenehmers oder Generallizenznehmers, des Partners im Gemeinschaftsunternehmen und auch des Managements einer eventuellen Tochtergesellschaft nebst deren wesentlichen Mitarbeitern zu verwenden. Ein Außerachtlassen der notwendigen Vorsicht bei der Auswahl aller dieser Personen kann leicht zum Zusammenbruch des ganzen Konzepts führen und den Verlust erheblicher Mittel bedeuten. Auch für derartige negative Erfahrungen können manche Fälle aufgeführt werden.

(d) Wer im Ausland franchisieren will, muß hierzu ein ausreichendes, nicht zu knapp bemessenes **Sonderbudget** unter realistischen Gesichtspunkten aufstellen. Hierbei sind u.a. Erkundigungen über Reise- und Aufenthaltsspesen, Beratungsspesen und sonstige unvermeidliche Ausgaben in Rechnung zu stellen.

(e) Die **Anpassung** aller Punkte **des ursprünglichen Konzepts an die Sitten und Gebräuche des jeweiligen Exportlandes** und die Lebensart sowie Geschmacksrichtung

der dortigen Bevölkerung ist ein weiteres „must" für jeden die Grenze überschreiten-
den Franchisegeber.

(f) Es bedarf keiner näheren Darlegung darüber, daß alle sonstigen auch im Heimatland bei Planung und Aufbau eines Franchise-Systems zu beachtenden Fakten und
Ziffern in dem jeweiligen Ausland noch sorgfältiger zu prüfen sind, um die Rentabilität der neuen Franchise zu sichern.

5. BC-NET – grenzüberschreitende Partnervermittlung

Die EG-Kommission (jetzt EU-Kommission) hatte es sich angelegen sein lassen, im
Jahr 1988 einen Organismus im Rahmen der Kommission zu schaffen, welcher potentielle Partner für grenzüberschreitende Unternehmen zusammenführen soll. Es handelt
sich hierbei um BC-NET, das „Business Cooperation Network", eine Organisation, die
aus einem computerisierten Netzwerk von internationalen Geschäftspartnern, Beratern
und Vermittlern besteht. Das Netzwerk ist in allen EU-Ländern, der EFTA und einer
größeren Anzahl von Nicht-Mitgliedsstaaten tätig. Es stellt eine schnelle und vertrauliche Darstellung potentieller Partnerfirmen in anderen Mitglieds- oder Nicht-Mitgliedsstaaten zur Verfügung, um spezifischen Anbietern oder Nachfragern geeignete
Kooperationen zu ermöglichen.

BC-NET-Mitglieder sind öffentliche und private Organisationen sowie Handelskammern, Beratungsfirmen, Berufsorganisationen, Anwaltsbüros und Banken. Diese Berater können Unternehmen in jedem Stadium der Partnersuche durch Definition des
gewünschten Kooperationstyps und durch eine Partnersuche über das Netzwerk sowie
durch Beistands- und Beratungsdienste während der Verhandlungen und bei Abschluß
von Kooperationsverträgen unterstützen.

Das Netzwerk ermöglicht es insbesondere kleineren und mittleren Unternehmen, stärker an Gemeinschaftsprogrammen teilzunehmen, besonders auf dem Gebiet der Forschung, der Entwicklung und Beschaffung. BC-NET hilft dabei, Schwierigkeiten zu
überwinden, die einer Kooperation zwischen Firmen im Wege stehen und ermutigt
eine Expansion der geschäftlichen Kooperationen in Nicht-Mitgliedsländer.

Der Tätigkeitsbereich von BC-NET ist außergewöhnlich weit: von Basisindustrien zu
neuen Technologien und Dienstleistungen jeder Art.

Eine zusammenfassende Darstellung der Tätigkeit von BC-NET in englischer Sprache
ist im Anhang beigefügt.

Zur näheren Information kann mit nachstehender Stelle Kontakt aufgenommen werden:

BC-NET
Mrs. *Patricia de Smet*
Commission of the European Communities
DG XXIII
80, Rue d'Arlon
B - 1040 Bruxelles
Tel. 32 2 296.04.53 - Fax 32 2 296.25.72.

XXXIV. Besondere Rechtsfragen im internationalen Franchising

1. Rechtliche Aspekte und Hindernisse bei der Franchisierung in anderen Staaten

Bei der Internationalisierung eines Franchise-Systems ist es offensichtlich, daß eine größere Reihe von Rechtsfragen auftreten, die für jedes Land gesondert untersucht werden müssen, wenn auch, wie etwa in den deutschsprachigen Ländern, die rechtliche Situation in mancher Beziehung ähnlich oder gleich ist. Die rechtliche Beratung in dem jeweiligen Land ist daher schon am Anfang eine unbedingte Notwendigkeit. Ein von einem deutschen Rechtsanwalt entworfener Franchise-Vertrag muß immer erst von einem geeigneten Kollegen im Exportland geprüft werden – ganz abgesehen von einer zuverlässigen Übersetzung.

Beim Franchising im Ausland ist davon auszugehen, daß anwendbar das Recht desjenigen Landes ist, in dem der „Schwerpunkt des Rechtsverhältnisses" liegt. Dies ist das Land, in dem der Franchisenehmer seine Tätigkeit ausübt; er ist insoweit dem Handelsvertreter oder Vertragshändler vergleichbar. Man kann natürlich auch den Vertrag einem anderen Recht unterstellen, z.B. dem des Franchisegebers. Solche Vereinbarungen werden in den meisten Ländern anerkannt. Nicht ausschließbar sind aber Bestimmungen öffentlich-rechtlichen Charakters für ein anderes Land ebenso wie zwingende Rechtsbestimmungen des betreffenden Landes, insbesondere wenn sie zum sog. „ordre public" dieser Rechtsordnung gehören.

Soweit der Franchisegeber einem Franchisenehmer im anderen Land Erzeugnisse liefert, müssen normalerweise besondere Lieferbedingungen vereinbart werden, um den Besonderheiten des Exports in dieses Land Rechnung zu tragen. Solche Bedingungen müssen hinsichtlich der Gewährleistungs- und Haftungsfragen im Einklang mit den Rechtsordnungen der beiden in Betracht kommenden Länder stehen. In den meisten europäischen Ländern wird insoweit das einheitliche Kaufgesetz (EKG) anwendbar sein. Bei dem Eigentumsvorbehalt von Waren, die ins Ausland an Franchisenehmer geliefert werden, ist zu berücksichtigen, daß die Voraussetzungen für einen gültigen Eigentumsvorbehalt in den einzelnen Ländern verschieden sind. So ist z.B. in Italien die Registrierung eines Eigentumsvorbehalts notwendig, anderenfalls wird er nicht anerkannt. Da die Rechtslage überall verschieden ist, werden sich häufig andere Kreditsicherungsmittel sowie Bankgarantien und Bankbürgschaften empfehlen.

Wichtig für Franchisegeber ist es immer, daß er für den Fall von groben Vertragsverletzungen ein Recht der außerordentlichen Kündigung des Vertrages hat. Dieses Recht wird auch in anderen Ländern anerkannt; gelegentlich ist auch eine vorherige Abmahnung mit Fristsetzung üblich bzw. notwendig. Entsprechende Vereinbarungen unter Beachtung der rechtlichen Situation des betreffenden Staates sind daher zu empfehlen.

Unter den Rechtsfragen, die bei der Internationalisierung eines Franchise-Systems zu beachten sind, seien folgende kurz erwähnt: In Frankreich kann eine zu große wirtschaftliche Abhängigkeit und der Anschein, als ob der Franchisenehmer nur ein Agent des Franchisegebers ist (théorie de l'apparence), evtl. zur direkten Haftung der Systemzentrale für Handlungen des Franchisenehmers oder zur Einbeziehung von Franchisenehmern in die Sozialversicherung führen. In Italien und in Großbritannien gibt es Bestimmungen, die die Eröffnung, Verlegung und Erweiterung von Verkaufsstellen manchmal von der Durchführung langwieriger Genehmigungsverfahren kommunaler bzw. staatlicher Behörden abhängig machen.

Die Festlegung eines Gerichtsstandes im Vertrag dürfte sich im allgemeinen empfehlen. Der europäische Ehrenkodex für Franchising empfiehlt, dasjenige Gericht für zuständig zu erklären, an dessen Ort sich der Sitz des Franchisenehmers befindet. Nach dem europäischen Gerichtsstands- und Vollstreckungsübereinkommen (GVÜ) kann eine Partei aber auch dort verklagt werden, wo eine vertragliche Verpflichtung zu erfüllen ist (Erfüllungsort) oder dort, wo im Falle einer unerlaubten Handlung das schädigende Ergebnis eingetreten ist.

2. Das grenzüberschreitende Franchising innerhalb der EG

Zu den vorstehend in Abschnitt 1 erörterten rechtlichen Problemen des internationalen Franchising treten im Rahmen der EG, die nunmehr als EU 16 Staaten umfassen wird, besondere Rechtsfragen. Sie ergeben sich daraus, daß die EG darauf angelegt ist, schrittweise die zunächst wirtschaftliche Vereinigung der zur Gemeinschaft gehörigen Staaten herbeizuführen, welcher ein späterer politischer Zusammenschluß als Fernziel folgen soll. In langsamen Schritten wird zunächst auf dem Wege der „Richtlinien" eine „Harmonisierung" wichtiger Wirtschafts- und Rechtsgebiete herbeigeführt, die in immer stärkerem Maße eine Einheitlichkeit in entscheidenden Bereichen der Wirtschaft herbeiführen soll. Diese bringt naturgemäß für das Franchising besondere Probleme besonders auf kartellrechtlichem Gebiet, da die bekannten Bestimmungen der Art. 85 ff. des EG-Vertrages die Absicht verfolgen, ein Zusammenwachsen der einzelstaatlichen Wirtschaften zu fördern und die gegenseitige Abschließung der nationalen Märkte aufzulockern und zu beseitigen.

Zur Durchführung der vorgenannten Ziele sind in Art. 85 Abs. 1 EWGV nachfolgende „verbotene Vereinbarungen" normiert (der halbfette Druck einiger Sätze bzw. Satzteile ist für den hier in Betracht kommenden Fragenkomplex von besonderem Interesse und ist von dem Verfasser veranlaßt):

„Mit dem Gemeinsamen Markt unvereinbar und verboten sind alle Vereinbarungen zwischen Unternehmen, Beschlüsse von Unternehmensvereinigungen und aufeinander abgestimmte Verhaltensweisen, **welche den Handel zwischen Mitgliedstaaten zu beeinträchtigen geeignet sind und eine Verhinderung, Einschränkung oder Verfälschung des Wettbewerbs innerhalb des Gemeinsamen Marktes bezwecken oder bewirken, insbesondere**

(a) **die unmittelbare oder mittelbare Festsetzung der An- oder Verkaufspreise oder sonstiger Geschäftsbedingungen;**
(b) die Einschränkung oder Kontrolle der Erzeugung, des Absatzes, der technischen Entwicklung oder der Investitionen;
(c) **die Aufteilung der Märkte oder Versorgungsquellen;**

(d) die Anwendung unterschiedlicher Bedingungen bei gleichwertigen Leistungen gegenüber Handelspartnern, wodurch diese im Wettbewerb benachteiligt werden;

(e) die an den Abschluß von Verträgen geknüpfte Bedingung, daß die Vertragspartner zusätzliche Leistungen annehmen, die weder sachlich noch nach Handelsbrauch in Beziehung zum Vertragsgegenstand stehen."

Mit dieser Vorschrift greift der EG-Vertrag zutiefst auch in alle vertikal ausgerichteten Vereinbarungen ein, u.a. in Ausschließlichkeitsvereinbarungen, Alleinvertriebsverträge, Lizenzverträge verschiedenster Art, Vertriebsverträge aller Schattierungen und damit auch in den Bereich der Franchise-Verträge.

Die vorstehende Regelung von Art. 85 Abs. 1 steht im Gegensatz zum deutschen Kartellrecht, welches im Prinzip gem. § 18 GWB vertikale Verträge erlaubt und nur einer Mißbrauchsaufsicht unterwirft (vgl. hierzu näher Kapitel XXVII).

Die Nichtbeachtung dieser Regeln, deren Tragweite sich viele Vertragsparteien und auch manche ihrer Berater nicht bewußt sind, zumal auch sehr viele Zweifelsfragen bestehen, hat nach dem zweiten Absatz von Art. 85 die Folge, daß die verbotenen Vereinbarungen bzw. Beschlüsse **nichtig** sind. Allerdings erfaßt die Nichtigkeit keinesfalls unbedingt einen gesamten Vertrag, sondern bezieht sich nur auf die betreffende Klausel, falls sie nicht unverzichtbar für den Vertrag und seine Durchführung ist.[1]

Allerdings hat der EG-Vertrag immerhin vorgesehen, daß die Verbote von Art. 85 (1) unter bestimmten Voraussetzungen für „nicht anwendbar" erklärt werden können, und zwar von

„– Vereinbarungen oder Gruppen von Vereinbarungen zwischen Unternehmen,

– Beschlüssen oder Gruppen von Beschlüssen von Unternehmensvereinigungen,

– aufeinander abgestimmten Verhaltensweisen oder Gruppen von solchen,

die unter angemessener Beteiligung der Verbraucher an dem entstehenden Gewinn zur Verbesserung der Warenerzeugung oder -verteilung oder zur Förderung des technischen oder wirtschaftlichen Fortschritts beitragen, ohne daß den beteiligten Unternehmen

(a) Beschränkungen auferlegt werden, die für die Verwirklichung dieser Ziele nicht unerläßlich sind, oder

(b) Möglichkeiten eröffnet werden, für einen wesentlichen Teil der betreffenden Waren den Wettbewerb auszuschalten." (Art. 85 Abs. 3 EWGV)

Dieses für den Normalverbraucher kaum verständliche „Kartellchinesisch" läßt aber immerhin erkennen, daß die möglichen Ausnahmen praktisch an sechs Voraussetzungen geknüpft sind. Sie müssen der *EG-Kommission* dargelegt werden, damit eine ausnahmegenehmigung möglich ist. Die Vereinbarungen müssen daher (Art. 4 der EWG-KartellVO Nr. 17) bei der Kommission angemeldet werden, wobei gewisse Ausnahmen von dieser Anmeldepflicht zugelassen sind; eventuell kann ein sog. Negativattest (Art. 2) bei der Kommission beantragt werden.

Für das Franchising ist ein großer Teil dieser Probleme inzwischen durch die Freistellungs-VO für Franchise-Vereinbarungen geklärt.

---

1 Vgl. *EuGH* Entscheidungen Slg. 1966, S. 322, S. 392 *(Grundig/Consten)*; *EuGH* Slg. 1966, S. 282, S. 304 *(Maschinenbau Ulm)*.

3. Die Gruppenfreistellungsverordnungen vom Kartellverbot

Nachdem sich infolge der vorerwähnten Rechtslage in den ersten Jahren des Bestehens der EWG eine kaum vorstellbare Flut von Anmeldungen – man sprach allein bei Alleinvertriebsvereinbarungen von mehr als 30 000 – auf die Kommission ergossen hatte, schritt die Generaldirektion Wettbewerb dieser Behörde zum Erlaß von sog. Gruppen-Freistellungsverordnungen (block exemptions), in denen generell die Voraussetzung für die **Freistellung vom Kartellverbot** des Art. 85 für bestimmte Kategorien von solchen Vereinbarungen und Absprachen festgelegt wurden. Soweit sich diese im Rahmen der in den Freistellungsverordnungen für zulässig erklärten Klauseln hielten, galt das Kartellverbot als „nicht anwendbar"; mithin waren solche Vereinbarungen praktisch gültig.

Zunächst wurde in der Praxis vielfach davon ausgegangen, daß übliche Franchise-Verträge ohne absoluten Gebietsschutz, d.h. ohne Im- und Exportverbote, als freigestellt galten, und zwar aufgrund der Verordnung Nr. 67/67 *EG-Kommission* vom 22.3.1967, später ersetzt durch die Verordnung Nr. 1983/83 und Nr. 1984/83 vom 22.6.1983.[2]

Diese Gruppenfreistellungsverordnungen stellen Vereinbarungen von dem Kartellverbot frei, falls an ihr nur zwei Partner teilnehmen; dies wäre bei jedem einzelnen Vertriebsvertrag und daher auch jedem Franchise-Vertrag der Fall, gleichgültig, wieviele Franchisenehmer einem Vertriebssystem beigetreten sind. Diese Verordnungen nannten unter den „erlaubten Wettbewerbsbeschränkungen" u.a. die Bezugspflicht gegenüber dem Lieferanten, das Verbot des aktiven Marketing in einem anderen Vertragsgebiet, die Pflicht zur Abnahme vollständiger Warensortimente oder Umsatzmengen, den Vertrieb unter dem Warenzeichen des Vertragspartners sowie die Pflicht zu vertriebsfördernden Maßnahmen in Werbung, Lagerhaltung, Kundendienst und Verwendung ausgewählten Personals. Niemals durften aufgrund dieser Verordnung andere Wettbewerbsbeschränkungen vereinbart werden, wie z.B. Verbot des Exports in andere Mitgliedstaaten, das Verbot, aus anderen Mitgliedstaaten eingehende Bestellungen auszuführen, die gegenseitige Übertragung des Alleinvertriebs und die Verhinderung von Parallelimporten durch Ausübung gewerblicher Schutzrechte. Von solchen Wettbewerbsbeschränkungen konnten und können nur Einzelfreistellungen erteilt werden, wobei entsprechende Anträge wohl nicht immer sehr aussichtsreich waren bzw. sind.

4. Die Entscheidung des Europäischen Gerichtshofes (EuGH) zum *Pronuptia*-Fall

Die Anwendbarkeit der vorerwähnten Freistellungsverordnungen war allerdings niemals gerichtlich getestet worden. Hierzu kam es jedoch in dem – man kann sagen: weltweit bekanntgewordenen – *Pronuptia*-Fall, in welchem eine französische Franchisegeberin für Brautkleider und Zubehör und ihre deutsche Tochter laufende Franchise-Gebühren von einer deutschen Franchisenehmerin einklagte. Das Oberlan-

---

2 Vgl. hierzu *Skaupy*, WuW 1984, S. 388 ff.; ABl. 1983, Nr. L 173, S. 1–11; *Weltrich*, Franchising im Kartellrecht, Köln 1992, S. 121 ff.

desgericht Frankfurt am Main hatte in einem Urteil vom 2.12.1982[3] die Klage wegen zu starker Wettbewerbsbeschränkungen im Sinne der VO 67/67 abgewiesen und den Vertrag für nichtig erklärt. Durch Beschluß des mit der Revision angerufenen *Bundesgerichtshofes (BGH)* vom 15.5.1984[4] wurde die Angelegenheit zur Vorabentscheidung einer Anzahl von Rechtsfragen europäischen Rechts entsprechend der zwingenden Bestimmung von Art. 169 des EWG-Vertrages an den *EuGH* überwiesen. Dieser erließ nach langer Prüfung die viel erörterte Entscheidung vom 28.1.1986, welche die bisher für einschlägig gehaltene Gruppenfreistellungs-Verordnung für **nicht anwendbar** erklärte, da Verträge über Vertriebs-Franchising sich in manchen Punkten von üblichen Alleinvertriebsverträgen unterscheiden. Insbesondere die „Benützung derselben Geschäftsbezeichnung" und die „Anwendung einheitlicher Geschäftsmethoden" und die Zahlungen von Gebühren, die alle ein typisches Merkmal des Franchising darstellen, ließ nach Ansicht des *EuGH* Franchise-Verträge als einen Vertragstyp erscheinen, der sich von Alleinvertriebsverträgen stark unterscheidet."[5]

Obwohl hiernach Franchise-Verträge unter das Kartell-Verbot des Art. 85 EWG-V fallen und mangels einer speziellen Gruppenfreistellungsverordnung nach Art. 85 Abs. 2 in Verbindung mit Art. 4 der EG-Verordnung Nr. 17 angemeldet werden müssen, zeigte sich jedoch der *EuGH* in vielen Punkten sehr positiv dem Franchising gegenüber. Seine Entscheidung wollte er allerdings nur für die Vertriebs-Franchisen gelten lassen, nicht jedoch für die beiden anderen Hauptgruppen von Franchisen, nämlich die Dienstleistungs- und die Produktionsfranchise, für welche man aber ähnliche Beurteilungen erwarten kann. Eine größere Reihe für das Vertriebsfranchising typischer Vertragsklauseln betrachtet der Gerichtshof, nach welchem jeder Vertrag individuell betrachtet werden muß, grundsätzlich **nicht** für wettbewerbsbeschränkend und damit **zulässig**. Der Gerichtshof sah im Franchising weniger eine Vertriebsform als „eine Art wirtschaftlicher Verwertung eines Wissensschatzes".

Der *EuGH* mißt daher dem Know-how-Schutz zugunsten des Franchisegebers große Bedeutung bei, was nicht nur für die Vertragslaufzeit, sondern auch für einen „angemessenen Zeitraum" nach Vertragsbeendigung gilt. Da für Alleinvertriebsverträge keine nachvertraglichen Konkurrenzklauseln mehr zulässig sind (VO Nr. 1983/83) könnte es sich sogar als Vorteil erweisen, bisherige Alleinvertriebsverträge in Franchiseverträge umzustrukturieren.[6] Zum Schutz des Know-how gilt auch die Verpflichtung des Franchisenehmers, sein Geschäft nicht ohne vorherige Zustimmung des Franchisegebers zu übertragen, als zulässig, damit dieses Know-how nicht unmittelbar einem Konkurrenten zugute kommen kann. Der Gerichtshof hält ferner ohne weiteres die Maßnahmen des Franchisegebers für **zulässig**, welche der unerläßlichen Kontrolle dienen und zur Erhaltung der Identität und des Systemimages notwendig sind. Sie werden nachfolgend bei der Erwähnung der Freistellungs-VO für Franchise-Vereinbarungen besprochen.

---

3 Vgl. Wirtschaft und Wettbewerb (WuW) 1983, S. 804.
4 Vgl. ABl. vom 19.7.1984, Nr. C 191/11.
5 Vgl. *EuGH* Ziff. 33 der Entscheidung vom 28.1.1986, abgedruckt in: WuW 1986, S. 523 ff.; NJW 1986, S. 1415 ff.
6 Vgl. *Skaupy*, WuW 1986, S. 448 f.

5. Die Bagatell-Bekanntmachung der EG-Kommission

Für die Franchise-Partner kleinerer Systeme war es schon bisher eine Erleichterung des strengen EG-Wettbewerbsverbotsprinzips, daß die Kommission im Jahre 1977 eine sog. Bagatellbekanntmachung erlassen hatte. Nach ihr fielen Vereinbarungen nicht unter das Wettbewerbsverbot von Art. 85 Abs. 1 EWGV, wenn die betroffenen Waren nicht mehr als 5% des Gesamtmarktes dieser Produkte „in einem wesentlichen Teil des Gemeinsamen Marktes" ausmachen, und wenn der gesamte Umsatz der beteiligten Unternehmungen innerhalb eines Geschäftsjahres eine Summe von 50 Mio. ECU (1 ECU = ca. DM 1,91) nicht überschritt.

Bei Anwendung dieser bisherigen Bekanntmachung, die aber keine bindende Wirkung für die Gerichte hatte, fiel schon bisher in der Praxis ein erheblicher Teil der kleineren Franchise-Systeme ohne weiteres aus dem Anwendungsbereich von Art. 85 Abs. 1 des EG-Vertrages heraus. Inzwischen hat unter dem 3. September 1986 die *EG-Kommission* eine neue sog. Bagatell-Bekanntmachung erlassen, nämlich die „Bekanntmachung … über Vereinbarungen von geringer Bedeutung, die nicht unter Artikel 85 Absatz 1 des Vertrages zur Gründung der Europäischen Wirtschaftsgemeinschaft fallen".[7] Wegen ihrer weitreichenden Bedeutung für alle grenzüberschreitenden Vereinbarungen einschließlich der Franchise-Verträge ist diese neue Bekanntmachung im Anhang zu diesem Buch abgedruckt, so daß bezüglich der Einzelheiten auf ihren Wortlaut verwiesen werden kann.

Neben den zahlreichen Neuerungen der Bekanntmachung ist hervorzuheben, daß sie sich nicht wie bisher nur auf Waren, sondern auch auf Dienstleistungen beziehen. Nach ihr fallen Vereinbarungen „regelmäßig" nicht unter das Wettbewerbsverbot,

- wenn die Waren oder Dienstleistungen, die Gegenstand der Vereinbarung sind (im folgenden „Vertragsprodukte" genannt) und die sonstigen Waren oder Dienstleistungen der beteiligten Unternehmen, die vom Verbraucher aufgrund ihrer Eigenschaften, ihrer Preislage und ihres Verwendungszwecks als gleichartig angesehen werden, in dem Gebiet des Gemeinsamen Marktes, auf das sich die Vereinbarung auswirkt, nicht mehr als 5% des Marktes sämtlicher dieser Waren oder Dienstleistungen (im folgenden „Produkte" genannt) ausmachen und
- wenn der Gesamtumsatz der beteiligten Unternehmen innerhalb eines Geschäftsjahres 200 Millionen ECU nicht überschreitet (Ziffer II (7)).

Diese erhebliche Erweiterung des Kreises der Bagatell-Vereinbarungen schafft für kleinere und mittlere Betriebe einen erheblich größeren Bewegungsraum innerhalb dessen sie sich keine allzu große Sorge um das kartellrechtliche Wettbewerbsverbot machen müssen. Allerdings müssen die Klauseln über die Berechnung des Marktanteils der beteiligten Unternehmungen innerhalb des sachlich und räumlich relevanten Marktes sowie des Gesamtumsatzes der beteiligten Unternehmen beachtet werden: Dem Umsatz der vertragschließenden Unternehmen sind auch diejenigen der mit ihnen zur Hälfte des Kapitals bzw. Betriebsvermögens oder des Stimmrechts und des Managements verflochtenen Unternehmen mit hinzuzurechnen (Ziffer II (9) ff.). Entscheidend für die Berechnung des Gesamtumsatzes der beteiligten Unternehmen, der für die

---

[7] Vgl. ABl. 1986 Nr. C 231, S. 2 ff. vom 12.9.1986.

Anwendbarkeit der Bagatell-Bekanntmachung unter 200 Mio. ECU liegen muß, ist Ziffer II (15), wo es heißt:

Für die Berechnung des Gesamtumsatzes sind die Umsätze zusammenzuzählen, welche die beteiligten Unternehmen im letzten Geschäftsjahr mit allen Waren und Dienstleistungen vor Steuer erzielt haben. Hat ein Unternehmen auf dem relevanten Markt gleichartige Vereinbarungen mit verschiedenen anderen Unternehmen getroffen, so sind die Umsätze aller beteiligten Unternehmen zusammenzuzählen. Dabei werden Umsätze zwischen den beteiligten Unternehmen **nicht** mitgezählt.

Damit ist klargestellt, daß bei einem Franchise-System die Umsätze von Steuern aller beteiligten Unternehmen des Vertriebsnetzes nebst der Hälfte der mit ihnen verflochtenen Unternehmen zusammengerechnet werden, wobei die Geschäfte innerhalb des Systems zwecks Vermeidung der Doppelzählung nicht mitgerechnet werden.

In einer weiteren Entscheidung hat die Kommission ferner bestimmt, daß Vereinbarungen selbst dann nicht unter das Kartellverbot fallen, wenn der vorerwähnte Marktanteil während zweier aufeinanderfallender Geschäftsjahre um nicht mehr als ein Zehntel überschritten wird (Ziffer II (8)). Weiterhin kommt der quantitativen Definition der „Spürbarkeit" von Wettbewerbsbeschränkungen nach Auffassung der Kommission keine ausschließliche Bedeutung zu. Deshalb „ist es im Einzelfall durchaus möglich, daß Vereinbarungen zwischen Unternehmen, welche die (oben) aufgeführten Schwellen überschreiten, den Handel zwischen Mitgliedsstaaten oder den Wettbewerb unter Umständen nur geringfügig beeinträchtigen und deshalb nicht von Art. 85 Abs. 1 erfaßt werden" (Ziffer II (3)). Diese im Einklang mit der heutigen Praxis stehende Klausel läßt erkennen, daß gelegentlich auch umsatzstarke Franchise-Systeme, welche die vorerwähnten Grenzwerte überschreiten, nicht zwangsläufig vom Wettbewerbsverbot erfaßt werden sollen. Dies kann insbesondere bei Vertriebssystemen der Fall sein, die eine rein nationale oder regionale (evtl. sogar nur lokale) Geschäftstätigkeit entfalten, die in kaum fühlbarer Weise den Handel mit einem EG-Land berühren bzw. beeinträchtigen.

Der *EuGH*, nationale Gerichte und selbst die Kommission sind an die Bekanntmachung nicht gebunden. Es handelt sich bei ihr nur um Hinweise, wie der Regelfall zu beurteilen ist und wie die Kommission den Regelfall beurteilen wird. Sie darf jedoch nicht willkürlich von der Beurteilung entsprechend der Bekanntmachung abweichen.[8] Wichtig ist dies vor allem für ein evtl. Bußgeldverfahren; hier gibt die Bekanntmachung vollen Vertrauensschutz und eine Geldbuße wird nicht verhängt werden, es sei denn, daß der Irrtum bei der Berechnung der Marktanteile fahrlässig begangen würde (Ziffer I.5). Insoweit die Bagatell-VO zur Anwendung kommen kann, sind demnach Franchise-Systeme als unbedenklich einzustufen. Sie bedürfen keiner Freistellung und können ohne weiteres praktiziert werden[9], obwohl die Bekanntmachung keine bindende Wirkung hat und kein Präjudiz für die Rechtsprechung bildet. Sorgfältige Prüfung ist daher auf jeden Fall angebracht, aber die relativ großzügige Bekanntmachung stellt für kleinere und auch größere Franchise-Systeme eine erhebliche Erleichterung dar.

---

8 Vgl. *Gleiss/Hirsch*, Kommentar zur EWGV, RNr. 94 ff. zu Art. 85 (1).
9 Vgl. *Schröter*, a.a.O., S. 69.

XXXV. Die EG-Gruppenfreistellungs-Verordnung für Franchise-Vereinbarungen

1. Allgemeines

Nachdem das *Pronuptia*-Urteil des *EuGH* in erheblichem Umfang Fragen aufgeworfen hatte, die von allgemeiner Bedeutung für das grenzüberschreitende Franchising in der EG sind, ergab sich die Notwendigkeit, durch eine neue Freistellungs-VO für Franchising-Vereinbarungen eine weitgehende Klärung der vielfältigen Rechtsfragen herbeizuführen; dies um so mehr, als noch in keinem EG- bzw. EU-Staat eine einschlägige Gesetzgebung bestand und inzwischen nur in Frankreich durch die *Loi Doubin*[1] die Ansätze einer Regelung dieses neuen Rechtsgebietes eingeführt wurde. Nachdem das *Pronuptia*-Urteil die grundlegenden Anstöße für die Freistellung von Franchise-Verträgen vom strikten Kartellverbot des Art. 85, Abs. 1 des EG-Vertrages gegeben hatte, beschloß die EG-Kommission aufgrund der Ermächtigung des EG-Ministerrates (EWG-VO-Nr. 19/65) gemäß Art. 85 Abs. 3 eine Freistellungs-VO für **ganze Gruppen** von Franchise-Vereinbarungen zu erlassen. Daher erließ die Kommission mit Wirkung vom 1.2.1989 die VO-Nr. 4087/88 vom 30.11.1988 über die Anwendung von Art. 85 Abs. 3 des EG-Vertrages auf Gruppen von Franchise-Vereinbarungen.[2] Sie ist „in allen ihren Teilen verbindlich und gilt unmittelbar in jedem der Mitgliedsstaaten" (Art. 9 der VO).

Solche Freistellungsverordnungen sollen Erleichterungen für Absprachen schaffen, welche zwar vom Verbot des Art. 85 Abs. 1 erfaßt werden, für die Entwicklung des Wettbewerbs innerhalb der Gemeinschaft sowie des Handels zwischen den Mitgliedsstaaten aber regelmäßig ungefährlich sind und außerdem zur Verwirklichung der allgemeinen Aufgaben und Ziele der Gemeinschaft beitragen[3]. Die Freistellungsverordnungen gelten überdies durch ihre mittelbare Wirkung als nützliches Instrument der Wettbewerbspolitik. Auch bei Franchise-Verträgen, die den Voraussetzungen der Freistellungs-VO an sich nicht entsprechen, bietet sich die Möglichkeit der Anpassung, so daß individuelle Freistellungsentscheidungen der EG-Kommission nicht notwendig sind.

2. Die Erwägungsgründe der Gruppen-Freistellungs-VO

Der Franchising-Freistellungs-VO sind, wie bei ihren Vorgängern, Erwägungsgründe vorangestellt, die ebenfalls „verbindlich" sind und direkt in den Mitgliedsstaaten gelten. Bei der praktischen Anwendung einer Gruppen-Freistellungs-VO ist neben dem

---

[1] Vgl. näher unten in Kapitel XXXVI.
[2] ABl. Nr. L 359/46 vom 28.12.1988.
[3] Vgl. *Schröter* in: *v.d. Groeben/Boeckh, Thiesing/Ehlermann*, Kommentar zum EG-Vertrag, 4. Auflage.

Wortlaut und -sinn der jeweiligen Vorschrift insbesondere der Zweck zu beachten, wie er sich aus den Begründungserwägungen zu den Verordnungen ergibt. Als weitere Auslegungshilfen nennt die Kommission die Rechtsprechung des *EuGH* sowie die in ihren Einzelentscheidungen entwickelten Rechtsgrundsätze.

Bisher sind von der Kommission Freistellungsverordnungen für Spezialisierungs- vereinbarungen, Alleinvertriebs- und Alleinbezugsvereinbarungen, Patentlizenzver- einbarungen, Vertriebs- und Kundendienstvereinbarungen für Kfz sowie Vereinbarungen für Forschung und Entwicklung erlassen worden.[4] Hierzu ist neben einer Frei- stellungs-VO für Gruppen von technologischen Know-how-Vereinbarungen[5] die VO für Franchise-Vereinbarungen getreten. Insgesamt bieten sämtliche Gruppen-Freistel- lungsverordnungen einen Block von Rechtsvorschriften, so daß die praktische Anwen- dung des EG-Kartellrechts zusammen mit den individuellen Freistellungsentschei- dungen der EG-Kommission für Franchise-Vereinbarungen[6] in vielen Punkten geklärt ist.

Im Falle der Gruppen-Freistellungs-VO für Franchising enthalten die umfänglichen Erwägungsgründe unter Bezugnahme auf die einzelnen in Art. 85 Abs. 3 genannten Merkmale für die Zulässigkeit der Freistellung eine Darstellung der Motive für den Erlaß der VO. Eine besonders erfreuliche Klarstellung enthält im Gegensatz zu den Vorentwürfen Erwägungsgrund Nr. 17. Hiernach gilt die neue VO für alle Wirtschafts- zweige, einschließlich derjenigen, für welche die Kommission schon besondere Freistellungsverordnungen erlassen hat. Vereinbarungen können demnach entspre- chend ihrer Eigenart in den Genuß entweder der vorliegenden oder einer anderen VO gelangen, sofern sie die für deren Anwendung jeweils erforderlichen Voraussetzungen erfüllen.

So könnte z.B. eine industrielle Franchise, welche nicht durch die vorliegende VO ge- deckt wird, in den Genuß der Patentlizenz-VO oder/und der neuen technologischen Know-how-VO gelangen, wie Erwägungsgrund Nr. 4 übrigens andeutet. Weiter heißt es in Erwägungsgrund Nr. 17, daß aus einer Verbindung von Vorschriften verschiede- ner Freistellungsverordnungen den betreffenden Vereinbarungen kein Rechtsvorteil zu- wächst. Ein Franchisegeber muß sich bei seinem Vertragswerk daher im Zweifelsfall immer genau überlegen, ob er es nicht besser einer anderen Freistellungsverordnung unterstellen sollte.

3. Die neuen Begriffsbestimmungen der Verordnung für Franchise-Vereinbarungen

Von besonderer Bedeutung für die Rechtspraxis des Franchising ist es, daß die neue Verordnung nach langen Vorarbeiten und Kontakten mit internationalen Stellen, u.a. auch mit der *European Franchise Federation (EFF)*, dem Dachverband aller nationa-

---

4 Vgl. näher *Bunte/Sauter*, EG-Gruppen-Freistellungs-Verordnungen, 1988, S. 24 ff.
5 ABl. 1984 Nr. C 101/2.
6 Vgl. bisher die Fälle *Yves Rocher*, ABl. Nr. L 8 vom 10.1.1987; *Pronuptia*, ABl. Nr. L 13 vom 15.1.1987; *Computerland*, ABl. Nr. L 222 vom 10.8.1987; *Servicemaster*, ABl. Nr. L 332 vom 3.12.1988 (vgl. DB 1988, S. 2621) und *Jourdan*, ABl. Nr. L 367/31 vom 7.2.1989.

len, europäischen Franchise-Verbände, einige Definitionen zum Franchising geschaffen hat, die bisher in gesetzlicher Form in Europa nicht geregelt waren. Die VO sagt zunächst in Art. 1 Ziff. (3) a)–c) folgendes:

a) „Franchise" ist eine Gesamtheit von Rechten an gewerblichem und geistigem Eigentum wie Warenzeichen, Handelsnamen, Ladenschilder, Gebrauchsmuster, Geschmacksmuster, Urheberrechte, Know-how oder Patente, die zum Zwecke des Weiterverkaufs von Waren oder der Erbringung von Dienstleistungen an Endverbraucher genutzt wird.

b) „Franchisevereinbarungen" sind Vereinbarungen, in denen ein Unternehmen, der Franchisegeber, es einem anderen Unternehmen, dem Franchisenehmer, gegen unmittelbare oder mittelbare finanzielle Vergütung gestattet, eine Franchise zum Zwecke der Vermarktung bestimmter Waren und/oder Dienstleistungen zu nutzen. Sie müssen den folgenden Gegenstand enthalten:

  •   Die Benutzung eines gemeinsamen Namens oder Zeichens sowie die einheitliche Aufmachung der vertraglich bezeichneten Geschäftslokale und/oder Transportmittel,
  •   die Mitteilung von Know-how durch den Franchisegeber an den Franchisenehmer,
  •   eine fortlaufende kommerzielle oder technische Unterstützung des Franchisenehmers durch den Franchisegeber während der Laufzeit der Vereinbarung.

Diese Definition stimmt im wesentlichen mit dem Franchise-Begriff in Europa und USA (business format franchising) überein. Allerdings umfaßt die Definition „Franchisevereinbarungen" nur den Vertrieb gegenüber **Endabnehmern** (obwohl Franchising von allen denkbaren Marktstufen praktiziert werden kann). Ebensowenig bezieht sie sich auf die industrielle Franchise (Produkt-Franchise), dem dritten Grundtypus der allgemein akzeptierten Dreiteilung der Franchise. Im ersteren Falle will die Kommission das Problem noch weiter untersuchen, im zweiten Fall erwägt sie, ob die Produkt-Franchise nicht eher einer anderen Verordnung zugeordnet werden sollte.

In Art. 1 Abs. 1 weist die Kommission ferner darauf hin, daß die VO für Franchise-Vereinbarungen gilt, „an denen nicht mehr als zwei Unternehmen beteiligt sind", d.h. für jeden einzelnen Franchise-Vertrag. Ausnahmen sind die sog. Hauptfranchise-Vereinbarungen, d.h. die international als „Master-Franchisen" bezeichnet werden (vgl. Kapitel XXXIV).

Von erheblicher Bedeutung ist, daß die vorstehende Definition der Franchise-Vereinbarungen in Art. 1 f)–l) den Begriff des Know-how beinhaltet, den die VO in   einer Art Unterdefinition folgendermaßen begrifflich wie nachstehend erläutert:

•   „Know-how" ist eine Gesamtheit von nichtpatentierten Kenntnissen, die auf Erfahrungen des Franchisegebers sowie Erprobungen durch diesen beruhen und die geheim, wesentlich und identifiziert sind.

•   „Geheim" bedeutet, daß der Know-how in seiner Substanz, seiner Struktur oder der genauen Zusammensetzung seiner Teile nicht allgemein bekannt oder nicht leicht zugänglich ist. Der Begriff ist nicht in dem engen Sinne zu verstehen, daß jeder einzelne Teil des Know-how außerhalb des Geschäfts des Franchisegebers völlig unbekannt oder unerhältlich sein müsse.

•   „Wesentlich" bedeutet, daß das Know-how Kenntnisse umfaßt, die für den Verkauf von Waren oder die Erbringung von Dienstleistungen an Endverbraucher, insbesondere für die Präsentation der zum Verkauf bestimmten Waren, die Bearbeitung von Erzeugnissen im Zusammenhang mit der Erbringung von Dienstleistungen, die Art und Weise der Kundenbedienung sowie die Führung des Geschäfts in verwaltungsmäßiger und finanzieller Hinsicht wichtig sind. Das Know-how muß für den Franchisenehmer nützlich sein; dies trifft zu, wenn es bei Abschluß der Vereinbarung geeignet ist, die Wett-

bewerbsstellung des Franchisenehmers insbesondere dadurch zu verbessern, daß es dessen Leistungsfähigkeit steigert und ihm das Eindringen in einen neuen Markt erleichtert.
- „Identifiziert" bedeutet, daß das Know-how ausführlich genug beschrieben sein muß, um prüfen zu können, ob es die Merkmale des Geheimnisses und der Wesentlichkeit erfüllt. Die Beschreibung des Know-how kann entweder in der Franchisevereinbarung oder einem besonderen Schriftstück niedergelegt oder in jeder anderen geeigneten Form vorgenommen werden.

Von besonderer Bedeutung bei dieser Definition ist das Merkmal „wesentlich", welches in den früheren Entwürfen noch nicht enthalten war. Es stellt das weite Spektrum des „Know-how", seines Umfangs und Wertes für ein Franchise-System heraus.

4. Die weiße Liste der freigestellten (erlaubten) Wettbewerbsbeschränkungen

In den Art. 2, 3 und 5 der VO hat die Kommission eine größere Anzahl üblicher Wettbewerbsbeschränkungen benannt und diese in „unschädliche" und solche eingeteilt, die sie als wettbewerbswidrig ansieht. Die Art. 2, 3 und 4 befassen sich mit der weißen Liste, Art. 5 umfaßt die „schwarze Liste".

Art. 2 befaßt sich mit den für die Sicherung des Franchisenehmers unerläßlichen Wettbewerbsbeschränkungen (keine Nutzung durch Dritte oder Nutzung bzw. Vertrieb von Vertragswaren durch den Franchisegeber selbst im Vertragsgebiet). Freigestellt ist andererseits die Verpflichtung des Franchisenehmers, die Franchise nur von seinem Geschäftslokal bzw. einem vertraglich bestimmten Transportmittel zu nutzen, kein aktives Marketing außerhalb seines Vertragsgebietes zu betreiben, sowie keinen Handel bzw. Dienstleistungen im Hinblick auf Konkurrenzwaren des Franchisegebers zu betreiben, wobei diese Beschränkung des Franchisenehmers im Interesse des freien Warenverkehrs sich nicht auf Ersatzteile oder Zubehör beziehen darf, die nach Auffassung der Kommission nicht zu wesentlichen Vertragswaren gehören; insoweit wird also keine generelle Freistellung gewährt.

In Art. 3 Abs. 1 und 2 befinden sich einmal sieben Freistellungen und zusätzlich zehn weitere. Hierbei handelt es sich bei den ersten sieben Fällen (Abs. 1) um Verpflichtungen des Franchisenehmers, „soweit" sie zum Schutz der Rechte des Franchisegebers an gewerblichem oder geistigem Eigentum oder zur Aufrechterhaltung der Einheitlichkeit des Ansehens des Franchise-Netzes erforderlich sind, nämlich:

- Verpflichtung zur Innehaltung der festgelegten Mindestqualität für Produkte und Dienstleistungen: Beschränkung des Vertriebs auf Produkte und Dienstleistungen aus der Herstellung des Franchisegebers oder der von ihm autorisierten Lieferanten, „falls es wegen der Art der Erzeugnisse, die Gegenstand der Franchise sind, praktisch unmöglich ist, objektive Qualitätskriterien anzuwenden",
- Verbot der Nutzung der Franchise in Gebieten, in welchen der Franchisenehmer mit dem Franchisegeber oder anderen Franchisenehmern in Konkurrenz treten würde,
- ein auch nachvertraglich bis zu einem Jahr zulässiges Wettbewerbsverbot: das Verbot der Kapitalbeteiligung an konkurrierenden Unternehmen, die es dem Franchisenehmer ermöglichen würden, einen „wesentlichen" Einfluß auf das geschäftliche Verhalten jenes Unternehmens auszuüben (eine in dieser Formulierung nicht ausreichende Einschränkung),

- Vertragswaren nur an Endverbraucher, andere Franchisenehmer und an Wiederverkäufer abzusetzen, die in andere, vom Hersteller der Waren oder mit dessen Zustimmung belieferte Vertragswege angegliedert sind (beschränktes Quer-Lieferverbot),
- sich mit besten Kräften dem Warenabsatz und den erforderlichen Dienstleistungen zu widmen;
- ein „Mindest"-Sortiment von Waren zum Verkauf anzubieten, einen Mindestumsatz zu erzielen, Bestellungen im voraus zu planen, ein Mindestlager zu unterhalten sowie Kundendienst und Garantieleistungen zu gewähren;
- Werbebeiträge zu leisten bzw. eigene Werbung mit Zustimmung des Franchisegebers zu betreiben.

Die dem Franchisenehmer nach dem 2. Abs. Art. 3 auferlegten Verpflichtungen, die ebenfalls freigestellt sind, entsprechen weitgehend den üblichen Vertragsklauseln, nämlich:

a) Das von dem Franchisegeber mitgeteilte Know-how nicht an Dritte weiterzugeben; diese Verpflichtung kann dem Franchisenehmer auch für die Zeit nach Beendigung der Vereinbarung auferlegt werden;

b) dem Franchisenehmer alle bei der Nutzung der Franchise gewonnenen Erfahrungen mitzuteilen und ihm sowie den anderen Franchisenehmern die nichtausschließliche Nutzung des auf diesen Erfahrungen beruhenden Know-how zu gestatten;

c) dem Franchisegeber Verletzungen seiner Rechte an gewerblichem oder geistigem Eigentum mitzuteilen, für die er Lizenzen gewährt hat, gegen Verletzer selbst Klage zu erheben oder den Franchisegeber in einem Rechtsstreit gegen Verletzer zu unterstützen;

d) das vom Franchisegeber mitgeteilte Know-how nicht für andere Zwecke als die Nutzung der Franchise zu verwenden; diese Verpflichtung kann dem Franchisenehmer auch für die Zeit nach Beendigung der Vereinbarung auferlegt werden;

e) an den vom Franchisegeber durchgeführten Ausbildungsvorgängen selbst teilzunehmen oder sein Personal daran teilnehmen zu lassen;

f) die vom Franchisegeber entwickelten Geschäftsmethoden mit allen späteren Änderungen anzuwenden und die lizenzierten Rechte an gewerblichem und geistigem Eigentum zu nutzen;

g) die Anforderungen des Franchisegebers hinsichtlich der Einrichtung und Gestaltung des vertraglich bezeichneten Transportmittels zu erfüllen;

h) dem Franchisegeber zu gestatten, das vertraglich bezeichnete Geschäftslokal und/oder die vertraglich bezeichneten Transportmittel, den Umfang der verkauften Waren und die erbrachten Dienstleistungen sowie das Inventar und die Bücher des Franchisenehmers zu überprüfen;

i) das vertraglich bezeichnete Geschäftslokal nur mit Erlaubnis des Franchisegebers zu verlegen;

j) Rechte und Pflichten aus den Franchise-Vereinbarungen nur mit Erlaubnis des Franchisegebers zu übertragen.

Alle Vertragsklauseln der vorstehenden „weißen" Liste gelten allerdings gemäß Art. 4 der Freistellungs-VO nur unter drei Voraussetzungen:

a) Der Franchisenehmer muß das Recht haben, Vertragswaren von anderen Franchisenehmern zu beziehen sowie auch von Händlern dieser Ware über ein anderes, vom Franchisegeber errichtetes Netz zugelassener Händler (Querlieferungen);

b) die einem Franchisenehmer auferlegten Garantieleistungen müssen auch erbracht werden, wenn die Vertragserzeugnisse von einem anderen Unternehmen des Franchise-Netzes oder „von einem anderen Vertriebshändler im Gemeinsamen Markt" geliefert worden waren, den eine „ähnliche" Garantiepflicht trifft;

c) der Franchisenehmer muß seine Stellung als unabhängiger Händler bekanntgeben, wobei jedoch das einheitliche Erscheinungsbild des Systems nicht beeinträchtigt werden darf.

Während die Voraussetzungen a) und c) den rechtlichen Anliegen des Kartellrechts entsprechen, sind gegen b) mehrfach mit Recht Bedenken erhoben worden; den Franchisenehmern können dadurch nämlich Garantieleistungen eines anderen Franchisenehmers oder sogar eines „Vertriebshändlers im Gemeinsamen Markt" aufgebürdet werden, ohne daß ein Schadensausgleich sichergestellt ist.

5. Die schwarze Liste

In dieser Liste (Art. 5 der VO) sind alle diejenigen Vereinbarungen aufgenommen worden, die **nicht** freigestellt, also verboten sind. Es sind dies folgende:

a) reziproke Franchise-Vereinbarungen zwischen Herstellern und Dienstleistern gleicher oder auf Grund ihrer Eigenschaften, ihrer Preislage und ihres Verwendungszwecks als gleichartig anzusehenden Waren oder Dienstleistungen;

b) Vereinbarungen, die den Franchisenehmer an dem Bezug von Waren hindern, die in ihrer Qualität den vom Franchisegeber angebotenen Waren entsprechen, wobei jedoch das Verbot des Bezuges konkurrierender Waren oder des Vertriebs solcher Erzeugnisse aus der Herstellung des Franchisegebers oder autorisierter Dritter unberührt (vgl. Art. 2 e) und Art. 3 Abs. 1 b)) bleibt (bei dieser Bestimmung ist die praktische Bedeutung zweifelhaft, da qualitätsgleiche Waren wohl meist Konkurrenzerzeugnisse sein werden);

c) Vereinbarungen, aufgrund derer der Franchisegeber sich weigern kann, vom Franchisenehmer „vorgeschlagene dritte Unternehmen als Hersteller zuzulassen", falls diese Weigerung nicht zwecks Schutzes seines gewerblichen Eigentums und des Erscheinungsbildes des Franchise-Netzes begründet ist, wobei jedoch Art. 2 e) (Verbot des Vertriebs von Konkurrenzwaren) unberührt bleibt. (Auch hier fragt es sich, ob die Bestimmung praktische Bedeutung hat. Im übrigen widerspricht es dem Sinn des Franchising, wenn der Franchisenehmer ohne Beschränkung dritte Unternehmen als Hersteller durchsetzen kann, was ihm gestatten könnte, aus beliebig vielen Quellen Vertragswaren zu beziehen);

d) das nachvertragliche Verwertungsverbot gegenüber dem Franchisenehmer bezüglich des Know-how, falls dieses allgemein bekannt oder leicht erhältlich geworden ist;

e) die mittelbare oder unmittelbare Einschränkung der Freiheit des Franchisenehmers, seine Verkaufspreise festzulegen, wobei das Recht des Franchisegebers, Verkaufspreise zu empfehlen, unberührt bleibt (zum Problem der Preisempfehlungen siehe näher unten im Abschnitt „Das Verhältnis der EG-VO zum deutschen Recht");

f) das Verbot gegenüber dem Franchisenehmer, zur Franchise gehörende Rechte an gewerblichem oder geistigem Eigentum anzugreifen, wobei das Recht des Franchisegebers unberührt bleibt, in solchem Fall die Vereinbarung „zu beenden" (auch diese Bestimmung ist bedenklich. Im Interesse des Vertrauensschutzes in Franchise-Systemen ist das Verbot des Angriffs auf gewerbliche Schutzrechte an sich unerläßlich, wie das selbst bei Lizenzverträgen schon in § 20 Abs. 2 Nr. 4 GWB vorgesehen ist. Jedenfalls aber sollte dem Franchisegeber wie dem Patentlizenzgeber im „Angriffsfall" gemäß Art. 3 Ziff. 1 der Gruppen-Freistellungs-VO für die Patentlizenzvereinbarungen das Recht der fristlosen Kündigung vorbehalten bleiben);

g) die Verpflichtung des Franchisenehmers, Endverbraucher im Gemeinsamen Markt „aus Gründen des Wohnsitzes" nicht mit Waren oder Dienstleistungen zu beliefern (ein wohl wenig praxisnaher Fall).

6. Widerspruchsverfahren und Entziehung der Freistellung

Es gibt auch einige Fälle, die nicht von der „weißen" Liste gedeckt sind, andererseits aber auch nicht unter die „schwarze" Liste des Art. 5 fallen. Hierfür ist in Art. 6 der VO ein „Widerspruchsverfahren" für solche Vereinbarungen vorgesehen, unter der Voraussetzung, daß sie bei der Kommission unter Bezugnahme auf Art. 6 angemeldet werden. Bei Nichtwiderspruch durch die Kommission innerhalb von sechs Monaten können dem Anmelder die Vorteile der Freistellungs-VO zugute kommen.[7] Andererseits enthält Art. 8 eine nicht ganz erfreuliche Einschränkung der Großzügigkeit der Freistellungs-VO: Das Rechtswohl der Anwendung der Freistellungs-VO kann entzogen werden, wenn die Freistellung gleichwohl Auswirkungen hat, die mit Art. 85 Abs. 3 unvereinbar sind (Art. 8 der VO). Zu den hierher gehörenden Fällen sollen u.a. diejenigen gehören, in denen den Franchisenehmern Gebietsschutz gewährt wurde, wenn dadurch der Zugang zu einem Markt erheblich eingeschränkt wurde, oder wenn bei gleichen oder gleichartigen Waren kein wesentlicher Wettbewerb besteht, oder wenn die Vertragspartner Endverbraucher daran hindern, anderweitig Waren zu beziehen, oder wenn die Franchisenehmer einen Verkaufspreis untereinander abstimmen. So wichtig es ist, Mißbrauch zu verhindern, so werden doch wohl die Untersuchungen solcher Fälle zu unerfreulichen Vorgängen führen, von denen nur im äußersten Fall Gebrauch gemacht werden sollte.

7. Wann kann bei Franchise-Verträgen das europäische Kartellrecht zur Anwendung kommen?

Entsprechend Art. 85 Abs. 1 EG-Vertrag kommt das EG-Kartellrecht dann zur Anwendung, wenn Franchise-Vereinbarungen

> den Handel zwischen Mitgliedsstaaten zu beeinträchtigen geeignet sind und eine Verhinderung, Einschränkung oder Verfälschung des Wettbewerbs innerhalb des Gemeinsamen Marktes bezwecken oder bewirken, insbesondere ... die Aufteilung der Märkte oder Versorgungsquellen ...

Normalerweise werden Franchise-Verträge zwischen Vertragschließenden innerhalb des gleichen Mitgliedsstaates vom EG-Verbot nicht betroffen, jedoch kann in gewissen Fällen doch der zwischenstaatliche Handel berührt werden, z.B. bei einem größeren Vertrieb von Waren in einem anderen oder von einem anderen Mitgliedsstaat in einen anderen. Die allgemeine Tendenz der Rechtsprechung geht dahin, den Anwendungsbereich des europäischen Rechts weiter auszudehnen. So genügt es, nach einer Stellungnahme eines Luxemburger Generalanwalts,[8]

---

[7] Vgl. hierzu *G. Wiedemann*, DB 1988, S. 2345.
[8] Vgl. BNIC/Claire vom 31.1.1985, Slg. 391, S. 398.

„wenn sich anhand einer Gesamtheit objektiver, rechtlicher oder tatsächlicher Umstände mit hinreichender Wahrscheinlichkeit voraussehen läßt, daß die Vereinbarung unmittelbar oder mittelbar tatsächlich oder der Möglichkeit nach den Warenverkehr zwischen den Mitgliedsstaaten beeinflussen kann."

Entscheidend ist für das Vorliegen einer Beeinträchtigung des innergemeinschaftlichen Handels, wenn der jeweilige Vertrag in seiner Gesamtheit diese Wirkung hat, nach welcher Feststellung die einzelnen Wettbewerbsregeln des EG-Vertrages anzuwenden sind.[9] Soweit Zweifel bestehen, dürfte es sich empfehlen, einen Antrag auf Erteilung eines Negativattestes bei der Kommission zu stellen.

8. Die Anwendung des EG-Kartellrechts durch den nationalen Richter

Die Bestimmungen des EG-Kartellrechts einschließlich der Freistellungs-Verordnungen stimmen oft keineswegs mit dem deutschen Kartellrecht überein. Für den Bereich der Freistellungs-VO selbst hat Art. 9 die unmittelbare Verbindlichkeit seiner Regelungen in allen EG-Staaten ausdrücklich festgestellt. Ein gleicher Rang der beiden Rechtssysteme wurde schon früh in einer Entscheidung des *EuGH*, des sog. *Walt-Wilmann*-Falles vom 13.9.1969[10] zurückgewiesen. Auch das Bundesverfassungsgericht hat den Vorrang des Gemeinschaftsrechts anerkannt und darauf hingewiesen, daß die deutschen Gerichte das EG-Recht anzuwenden haben, da dieses in die innerstaatliche Rechtsordnung hineinwirke.[11]

Fraglich ist es jedoch, ob eine Freistellung vom Kartellverbot durch einzelne Entscheidungen oder aufgrund der Freistellungs-VO vor dem nationalen Gesetzesrecht Vorrang hat, denn hier liegt keine Kollision auf gesetzlicher Ebene vor. Besonders auf dem Gebiet der Preisempfehlung ist das Problem viruell geworden, nachdem § 38a GWB mit seinen strikten Beschränkungen im Gegensatz zu Art. 5 e) der Freistellungs-VO die Preisempfehlungen weitgehend im EG-Recht zugelassen hat. Es könnte nämlich passieren, daß die Preisempfehlungen bei einem internationalen Franchise-System im milderen EG-Recht und evtl. in anderen milderen Rechtsordnungen akzeptiert werden, während dies in Deutschland den strikten Anforderungen des § 38a GWB unterworfen wird. Dies wäre eine unerfreuliche Folge, so daß offenbar das *BKA* nicht beabsichtigen möchte, in diesem Punkt strenge Maßstäbe auf internationale Systeme und auch auf in Konkurrenz mit solchen stehende deutsche Systeme anzulegen. Auch sonst ist offenbar das *BKA* zur Tolerierung von evtl. nicht in Einklang mit § 38a GWB stehenden Preisempfehlungen bereit, besonders wenn für diese eine Einzel-Freistellung der EG-Kommission beantragt ist, die in Deutschland in entsprechendem Umfang anerkannt würde[12], wie insbesondere auch zu nachvertraglichen Wettbewerbsklauseln.

Im Verhältnis zwischen der Tätigkeit der Kommission und der Rechtsprechung der nationalen Gerichte hat überdies die Kommission am 13.2.1993 eine „Bekanntmachung über die Zusammenarbeit zwischen Kommission und den Gerichten der Mit-

---

9   *EuGH* vom 25.2.1986, ABl. 1986, Nr. C 79, S. 8 ff. = BB 1986, S. 1914.
10 Vgl. Rs 14/68, Slg. 1969, S. 1 ff.
11 Vgl. BVerfGE 31, S. 143; 37, S. 271; BVerfGE in DB 1987, S. 2339.
12 Vgl. näher *Skaupy*, DB 1989, S. 769/770.

gliedsstaaten bei der Anwendung der Art. 85 und 86 des EWG-Vertrages" veröffentlicht[13], welche der Verstärkung der Zusammenarbeit, der gegenseitigen Amtshilfe und der Abgrenzung der Befugnisse dienen soll.

9. Was geschieht mit Franchise-Verträgen, die von der Freistellungs-VO nicht gedeckt sind?

Gelegentlich wird es den Partnern eines Franchise-Vertrags nicht klar sein, ob die Bestimmungen sich im Rahmen der Freistellungs-VO für Franchise-Vereinbarungen halten. Sie müßten zunächst alle Klauseln daraufhin prüfen, ob sie mit der Freistellungs-VO im Einklang sind. Sollten sie zu einem negativen Ergebnis kommen, bestehen verschiedene Möglichkeiten, dieser Situation gerecht zu werden. Der übliche Weg wäre es, eine Individual-Freistellung des Vertrages zu beantragen und eine Anmeldung bei der Brüsseler Kommission zu bewirken. Die Anmeldung muß auf den Formblättern A/B bei der EG-Kommission in Brüssel, Generaldirektion Wettbewerb, Rue de la Loi 200, B-1049 Brüssel, vorgenommen werden. Weitere Informationen und auch Formblätter sind ggf. bei den Informationsbüros der EG-Kommission in der Bundesrepublik Deutschland zu erhalten.

Eine weitere Möglichkeit ist es, gemäß Art. 2 der Ratsverordnung Nr. 17 ein Negativattest zu beantragen. Dieses Verfahren ist viel schneller als der formelle Antrag auf Freistellung, aber die Kommission antwortet darauf nur mit der Bemerkung, daß sie aufgrund der „ihr bekannten Tatsachen" keinen Anlaß zum Einschreiten wegen Verletzung des Art. 85 Abs. 1 EWGV sieht. Dadurch wird allerdings keine bindende Freistellung erreicht.

Anstelle einer formellen Freistellung kann die Kommission auch zur Vereinfachung des Verfahrens durch einfaches Verwaltungsschreiben (sog. comfort letters) den Antragstellern mitteilen, daß sie nach den ihr bekannten Tatsachen keinen Anlaß sehe, gegen die mitgeteilten Verträge oder Verhaltensweisen einzuschreiten und daher die Akten geschlossen habe.[14]

Auch können die franchisierenden Unternehmen seit Inkrafttreten der Freistellungs-VO am 1.2.1989 in bestimmten Fällen (Art. 6 der VO) die getroffenen Vereinbarungen anmelden und abwarten, ob die Kommission innerhalb einer Frist von sechs Monaten seit dem Zeitpunkt des Eingangs der Anmeldung keinen Widerspruch gegen die Freistellung erhebt. Infrage kommen hier Franchise-Vereinbarungen, welche zwar einige grundsätzliche Freistellungsvoraussetzungen (Art. 4 der VO) erfüllen, aber nicht durch die Fälle der weißen Liste gedeckt sind und auch nicht unter die schwarze Liste fallen. Durch das vorgesehene Widerspruchsverfahren können Franchise-Vereinbarungen dieser Art genehmigt werden.[15]

---

13 ABl. 93, C 39/6.
14 Vgl. Mitteilung der Kommission in ABl. 1982, C 343, S. 4; Rechtsnatur und Wirkung von „comfort letters"; vgl. auch *EuGH* Slg. 1980, 2327, 2451, 2511 und 3775 - Parfümfälle - sowie Antwort der Kommission im Europäischen Parlament, ABl. 1982, C 275, S. 15; C 287, S. 22.
15 So insbesondere *Weltrich*, Franchising im EG-Kartellrecht, 1992, S. 143/146.

Zur Illustration des Vorgehens der Brüsseler Kartellbehörde sind im Anhang dieses Buches der seitdem praktizierte und wenig veränderte Standard-Franchise-Vertrag der *Yves Rocher GmbH* unter Nr. 4 und die entsprechende vorausgegangene Veröffentlichung der EG-Kommission betreffend die Anmeldung dieses Vertrages unter Nr. 5 abgedruckt.

XXXVI. Situation und Tendenzen im Franchising einiger wichtiger Länder – Ein Überblick

Franchising ist so international geworden, daß ein Blick in die dem Franchising am meisten zugewandten Länder unerläßlich ist, um das Ausmaß dieser, fast über alle Länder der westlichen Welt in einer Art Gründerbewegung auftretenden Erscheinung in ihrer Gesamtbedeutung zu erkennen.

In diesem Rahmen ist aber keine ins einzelne gehende Darstellung der Situation des Franchising in den verschiedenen Ländern möglich. Daher sind die nachfolgenden Ausführungen nur Zusammenfassungen mit weiterführenden Hinweisen, wobei die dem Verfasser vorliegenden Fakten und Ziffern aus einigen Ländern vollständiger, bei anderen erheblich weniger vollständig sind und nur allgemeine Überblicke vermitteln. Manche Zahlen sind im übrigen sehr zeitbedingt, da sich Franchising nicht nur in Deutschland in ständigem Fluß befindet.

1. Vereinigte Staaten von Amerika

Die Entwicklung des modernen Franchising in seinen verschiedenen Ausgestaltungen und auch die größte Hauptantriebskraft ging von den USA aus, die trotz vergleichbarer und nationaler Einzelerscheinungen in anderen Ländern weiterhin als Mutterland des modernen Franchise-Konzepts anzusehen sind. Nach dem von der *International Franchise Association – IFA –*, dem amerikanischen Franchise-Verband, zum 15. August 1994 erstellten „Franchise Fact Sheet" wurde der Gesamtumsatz aller im Franchising für 1992 (neuere Ziffern liegen offenbar noch nicht vor) auf $ 805,2 Milliarden geschätzt, was etwa 40,9% aller Einzelhandelsumsätze entspricht (wobei die traditionellen Franchisen offenbar eingerechnet sind). Man nimmt an, daß bis zum Jahr 2000 der Gesamtumsatz im Franchising etwa eine Trillion $ erreichen wird. Was die Zahl der erteilten Franchisen anbetrifft, so schätzt die *IFA* sie bis Ende des Jahres 1992 auf 558 125.

Beeindruckend ist die Zahl der Arbeitsplätze, die in den Franchise-Betrieben geschaffen wurden: Sie beziffern sich auf mehr als acht Mio. Angestellte mit einer Durchschnittszahl von 8–14 Angestellten je Betrieb. In den letzten zwölf Monaten sollen in Franchise-Betrieben 170 000 neue Arbeitsplätze geschaffen worden sein.

Nach Angaben der *IFA* zählt sie jetzt etwa 700 Mitglieder, zu denen 300 000 Franchise-Betriebe gehören. Diese repräsentieren etwa 70% aller Umsätze, die im modernen „business format franchising" erzielt werden (also nicht inklusive des Kfz- und Treibstoffhandels etc.). Man ist in den USA sehr optimistisch über die in naher Zukunft bevorstehende Entwicklung des Franchising, wie sich aus dem „News Release" der *IFA* vom 15.2.1994 anläßlich der Jahrestagung der *IFA* in Las Vegas ergibt. Man rechnet mit einem Ansteigen von 8,49% bei der Zahl der Franchise-Betriebe für 1994

– mit einer 12,9prozentigen Umsatzsteigerung in diesem Jahr. Eine Studie der Universität von Louisville, die in Las Vegas präsentiert wurde, folgert aus diesen Zahlen, daß Franchising Amerika dabei helfen wird, aus der wirtschaftlichen Rezession herauszukommen.

Die Internationalisierung amerikanischer Franchise-Systeme kann als enorm bezeichnet werden; einige von ihnen sind praktisch in fast allen Ländern der Erde vertreten. Die nachfolgende Aufstellung gibt einen Eindruck über einige der größten international aktiven Systeme bei Angabe der Gesamtzahl der 1992 unter bekannten Namen tätigen Betriebe:

McDonald's	12 643
7-Eleven Convenience Stores	12 469
Subway (Schnellimbiß)	6 862
Burger King	6 490
Century 21 Real Estate (Immobilien)	6 150
Pizza Hut	5 745
Dairy Queen (Milchprodukte)	5 347
Domino's (Pizza)	5 154
ServiceMaster (Reinigung)	4 076
Snap-On Tools Corp. (Werkzeughandel)	4 000
Wendy's Intl. (Schnellimbiß)	3 586
Baskin Robbins (Eiscreme)	3 526
Budget Rent a Car (Autovermietung)	3 366
Dunkin' Donuts (Gebäck)	3 002
Coca-Cola Co.	3 000
Pepsi-Cola Co.	3 000
Midas Intl. (Kfz-Reparaturen)	2 472
Holiday Inn Worldwide	1 692
Goodyear Tire Centers (Autoreifen)	1 576
Decorating Den (Innendekoration)	1 186

Abschließend mag bemerkt werden, daß – außer in Frankreich – auch in den USA auf Bundesebene, wie ebenfalls in 16 Einzelstaaten, eine Franchise-Gesetzgebung existiert. Ihr Zweck ist in erster Linie der Schutz der Franchisenehmer, denn auch in Amerika gab es und gibt es eine nicht unerhebliche Kriminalität auf dem Vertriebssektor. Dabei ist jeder Franchisegeber in USA im gesamten Staatsgebiet aufgrund der „Trade Regulation Rules" gegenüber der *Federal Trade Commission* verpflichtet, ein sogenanntes „disclosure document" für jeden angehenden Franchisenehmer zu erstellen und bei dieser Behörde einzureichen. „Disclosure" bedeutet eine Offenlegung der eigenen Vermögens- und Geschäftsverhältnisse des Franchisegebers. In dem Dokument sind in 20 verschiedenen Kategorien differenzierte und detaillierte Informationen zu geben, so daß den Franchisegebern dringend angeraten wird, sich hierbei eines Anwalts und eines Buchsachverständigen zu bedienen (vgl. Franchise Opportunities Guide, 1994 Edition, S. 24/25).

Auf staatlicher Ebene sind es weiterhin 16 Bundesstaaten, die Gesetze erlassen haben, welche Angebot und Verkauf (sale) von Franchisen regeln. Zu diesen Staaten gehören u.a. California, Illinois, Michigan, New York und Wisconsin. In den meisten dieser Staaten ist der Schutz des angehenden Franchisenehmers insofern noch größer als auf

Bundesebene, da jeder Franchisegeber vor dem Angebot oder dem Verkauf einer Franchise sich bei dem zuständigen „state administrator" zu registrieren hat.

Alle die vorstehend erwähnten Maßnahmen haben mit dazu beigetragen, daß in den letzten Jahren weniger als 3% der Franchisenehmer gescheitert sind oder aber ihre Betriebe aus anderen Gründen aufgeben hatten. Demgegenüber sind nach Angaben der *U.S. Small Business Administration* etwa 65% der freien Betriebsgründungen gescheitert (vgl. Franchise Opportunities Guide, Winter 1993 Edition, S. 26).

2. Frankreich

Mehr als in jedem anderen westeuropäischen Land ist in Frankreich schon früh die praktische Bedeutung des Franchising erkannt worden. Gründe hierfür mögen einerseits in einer bisher als unbefriedigend empfundenen Vertriebsstruktur zu finden sein, andererseits in dem Vorhandensein von schon seit langer Zeit bestehenden franchiseähnlichen Konzessionärs-(Eigenhändler-)Systemen sowie von berühmten Marken für hochwertige französische Produkte des gehobenen Bedarfs. Die Ausgangsbasis des Franchising war daher ganz anders und günstiger als in Deutschland.

So gut wie alle französischen Franchise-Systeme – in solche sind im Laufe der Jahre viele der vorhandenen Konzessionärs-Systeme verwandelt worden – gehören heute zur Kategorie des „Business format franchising", dessen Definition heute diejenige der europäischen Franchise schlechthin ist. Auch in Frankreich gibt es keine statistisch exakten Ziffern über die Zahl der Franchise-Systeme; die *Fédération Française de la Franchise (FFF)* schätzt allerdings, daß jetzt etwa die Zahl von 550 erreicht ist, die bisher höchste in einem europäischen Land. Von diesen sind etwa 100 Mitglieder der *FFF*. Die Zahl der Franchisenehmer wird auf 30 000 geschätzt, ihr Gesamtumsatz auf 210 Milliarden FFr. Dieser Betrag entspricht etwa 12% des Einzelhandels in Frankreich. Die Zahl der im Franchising beschäftigten Personen wird auf 400 000 geschätzt, wobei allein im Jahr 1993 14 000 neue Arbeitsplätze geschaffen worden sind.

Unternehmungen aller auch in anderen Ländern üblichen Branchen haben sich in Frankreich dem Franchising verschrieben, wobei einzelne Systeme beinahe amerikanische Ausmaße haben. So stehen neben anderen Franchisen im Vordergrund des Interesses die bekannten, dem Textil-Konzern *La Lainière de Roubaix* entstammenden Systeme wie *Pingouin-Stemm* (Strickwolle, Strümpfe, Socken, Strumpfhosen) mit 1100 Franchise-Betrieben in Frankreich und 1300 im Ausland, *Rodier* (hochwertige Damenbekleidung) mit etwa 200 Franchise-Betrieben in Frankreich und 540 im Ausland. Sehr beachtlich ist auch das überaus aktive System von *Yves Rocher* (Parfümerien und Kosmetik) mit 606 Franchise-Betrieben in Frankreich und über 470 im Ausland.

Von anderen schon längere Zeit etablierten Systemen in Frankreich seien folgende erwähnt: Die Hotellerie-Gruppe *ACCOR* mit einer Reihe bekannter Hotelketten wie *Sofitel, Novotel, Ibis* und *Mercure*, eine rein französische Gruppe; *La Brioche Dorée, Courte Paille, McDonald's, Le Poulailler de France* (Gastronomie, Bäckereien); *Descamps* (Haushaltswäsche); *Lévitan, Maison de la Literie, Roche-Bobois* (Möbel, Einrichtungen); *Prémaman, Prénatal* (Umstands- und Babymoden); *Charles Jourdan* (Schuhe); *Simone Mahler, Coryse Salomé* (Schönheitsinstitute, Kosmetik). Hierzu treten, wie auch in anderen Ländern, eine Reihe von Franchisen amerikanischer Abstammung, die allerdings in Frankreich in erheblich geringerem Umfang vertreten sind. Die Internationalisierung der französischen Systeme mit starkem Profil ist weit fortgeschritten und wird zügig fortgeführt. Unter den neueren, besonders erfolgreichen Franchise-Systemen werden folgende genannt: *Chantegrill* (Restaurants), *Jeff de Bruges* (Brüsseler Schokolade), *Electre* (Konfektion), *Laforêt* (Immobilien), *Groupe PROMODES* (mit fünf Marken für Super- und Hypermärkte, acht à Huit, Shopi, Champion, Codec, Continent), *Wagon Lits Travel* (Reisedienste), *Europcar* (Autovermietung), *Ada* (Autovermietung), *Jacques Dessange* (Friseurbetriebe).

Der französische Franchise-Verband, die *Fédération Française de la Franchise*, hat durch ihre große Mitgliederzahl und Stützung durch verschiedene Organisationen schon seit längerer Zeit das große Interesse der Öffentlichkeit und der Medien gefunden und ist stark in das allgemeine Bewußtsein eingedrungen. Die *FFF* gibt monatlich ein Bulletin unter dem Titel „La Lettre de la Franchise" (früher „Franchise Actualitées") mit fortlaufenden Berichten aus dem Franchise-Bereich und Grundsatz-Aufsätzen heraus.

Zu den Organisationen, die sich ebenfalls dem Franchising widmen, ist als unabhängiges Institut des *CECOD (Centre d'Etudes du Commerce et de la Distribution)*, welches einschlägige Publikationen herausbringt. Andere Institute sind das *IRFF (Institut de Recherche et de Formation de la Franchise)*. Zu nennen ist ferner das in Colmar beheimatete *Institut de Promotion de la Franchise*. Besondere Vorlesungen und Kurse zum Franchising werden weiterhin durch die Rechtsfakultät der Universität Straßburg geboten.

Zeitschriften, die sich entweder vollinhaltlich oder in erheblichem Umfang dem Franchising widmen, sind: *Franchise Magazine, Défis, Entreprendre, PIC, ICF*.

Frankreich ist das einzige Land neben den Vereinigten Staaten von Amerika, welches eine Franchise-Gesetzgebung geschaffen hat, die im wesentlichen dem Schutz der Franchisenehmer vor unreellen Geschäftspraktiken dient, die anderswo naturgemäß auch zu finden sind. Zunächst ist hier ein neues Gesetz vom 31.12.1989 zu nennen; die vielgerühmte „Loi Doubin" (Loi n° 89–1008). Dieses Gesetz schafft die Grundlagen eines Schutzes nicht nur für Franchise-Systeme, sondern auch für alle anderen Vertragsgestaltungen, in welchen unter Lizenzierung von Markenzeichen, Namen etc. ein Recht zur Ausübung bestimmter gewerblicher Tätigkeiten geschaffen wurde. In Artikel 1) dieses Gesetzes wird im wesentlichen festgelegt, daß ein Vertrag über den Beitritt von Franchisenehmern und sonstigen Partnern mindestens zwanzig Tage vor der Unterschrift den Betreffenden vorgelegt werden muß und die Zahlung der Eintrittsgebühr auch erst nach Ablauf dieses Zeitraums fällig wird.

Das vorstehende Gesetz ist durch eine Ausführungsverordnung (décret d'application) konkretisiert worden. Diese sieht vor, daß einem eintrittswilligen Partner in ein Vertriebssystem eine größere Anzahl von schriftlichen Angaben übermittelt werden sollen, die dem Betreffenden einen Einblick in die wirtschaftliche Situation ermöglichen. Abgesehen von der Angabe über Sitz und Eintragung des Franchisegebers sollen auch die Adressen der Bankverbindungen desselben angegeben werden. Ferner ist es notwendig, eine historische Darstellung der wirtschaftlichen Entwicklung des Franchisegebers darzustellen. Weiterhin sind die Adressen derjenigen Unternehmungen zu nennen, mit denen ebenfalls eine Partnerschaft, also ein Franchise-Vertrag, geschlossen oder in

Aussicht genommen ist, und zwar unter Angabe des Vertragsabschluß-Datums und der Verlängerungsbedingungen. Soweit ein Vertriebsnetz mehr als 50 Partner besitzt, sind die vorerwähnten Angaben für die 50 Partner zu machen, die räumlich dem Franchise-Kandidaten am nächsten domizilieren. Auch das Ausscheiden von Partnern aus dem Vertriebssystem ist anzugeben, wie auch das Vorhandensein von Konkurrenzbetrieben in dem künftigen Vertragsgebiet. Neben den üblichen Bedingungen des Vertriebs-vertrages (Vertragsdauer, Verlängerungs- und Kündigungsklauseln) muß das Dokument, das dem Partner vorgelegt wird, auch die Art und Höhe der Ausgaben und Investitionen vor Beginn der Tätigkeit des Partners enthalten. Das Anwendungsdekret verordnet ferner die Grundlagen für Geldstrafen, die bei Nichtbeachtung der vorer-wähnten Bestimmungen zu zahlen sind.

Nach einem französischen Gesetz von 1943 ist die Maximaldauer eines Franchise-Vertrags in Frankreich zehn Jahre. Zu Angaben über Literatur und Rechtsprechung siehe unten die Fußnote 1.

Es ist zu hoffen, daß durch die vorbeschriebene Gesetzgebung unreellen Franchise-gebern und anderen Gründern von Vertriebsnetzen eine Benachteiligung von Partnern solcher Systeme vermieden wird. Andere Länder einschließlich Deutschland stehen gesetzlichen Regelungen bisher ablehnend gegenüber, da die bestehenden Gesetze für die Behandlung vorstehender Probleme als ausreichend angesehen werden.

Der französische Franchise-Verband, die *Fédération Française de la Franchise*, ist für weitere Informationen unter ihrer Anschrift: 60, rue de la Boétie, F-75008 Paris, Telefon von Deutschland aus: 0033(1)53 75 22 25, Fax: 0033(1)53 75 22 20, zu erreichen.

Das für die Medien und die Öffentlichkeit vor allem herausragende Franchise-Ereignis des Jahres ist der „Salon International de la Franchise", der im Jahre 1994 zum elften Male in Paris stattgefunden hat. Der Salon ist weitgehend ein Ort für den Abschluß oder die Anbahnung von Franchise-Beziehungen, denn viele Systeme haben laufend einen Neubedarf bzw. Ersatzbedarf an neuen Partnern, andererseits gibt es viele Personen, die sich durch den „Kauf" einer Franchise eine selbständige Existenz gründen wollen.

3. Großbritannien – United Kingdom

Während die Entwicklung von Franchise-Systemen modernen Typs in Großbritannien im Vergleich zu den USA bis etwa zum Jahr 1970 nur sehr schleppend vonstatten ging und ihr Ansehen durch negative Presseberichte und durch Vergleich mit pyramidalen Vertriebssystemen beeinträchtigt wurde, hat sich die Situation in den letzten zwanzig Jahren drastisch zum Positiven verändert. Großbritannien ist inzwischen mit in die Reihe der Spitzenreiter des Franchising in Europa gerückt.

Nach der im März 1994 erschienenen „NatWest BFA Franchise Survey", betreffend das Jahr 1993 – mithin von dem britischen Franchise-Verband und der *National West-*

---

1   *Leloup, Jean-Marie*, La Franchise – Droit et Pratique. 2. Auflage, Paris 1993; *Gast, Olivier*, Le Guide Pratique de la Loi Doubin, Paris 1991; *Clément, Jean-Paul*, 20 Ans de Jurisprudence, Paris 1994.

minster Bank – durch Erhebung bei Franchisegebern und Franchisenehmern erstellten Übersicht konnten 396 aktive Franchise-Systeme im Vereinigten Königreich identifiziert werden. Dies ist eine Zunahme von 23 Systemen in einem Jahr. Bei ihnen konnten unter Vermehrung von weiterhin 7000 franchisierten Betrieben nunmehr 24 900 franchisierte Einheiten gezählt werden. Der Gesamtumsatz aller dieser Betriebe wurde jetzt auf 5,0 Milliarden £ geschätzt, eine Vermehrung von über 10% im Vergleich zu der Ziffer des Vorjahres. Insbesondere neue Geschäftszweige, wie die Milchzustellung (diary delivery) trugen zu der Vermehrung der Zahl aus dem vorangegangenen Jahr bei. Die Zahl der Angestellten im Franchise-Bereich ist in einem Jahr von 172 000 auf 188 500 gestiegen.

Im Hinblick auf die künftige Entwicklung glauben 87% der Franchisegeber an eine geschäftliche Verbesserung innerhalb der darauffolgenden zwölf Monate. Franchisenehmer sind dagegen vorsichtiger, aber immerhin 76% von ihnen teilen die optimistischen Erwartungen bezüglich des laufenden Jahres und nur 7% meinen, daß die Geschäftsentwicklung schwieriger sein wird. Auch die Voraussichten für die längerfristige Entwicklung erscheinen vielen Franchisegebern günstig, insbesondere für die Expansionsaussichten nicht nur im Vereinigten Königreich, sondern auch in ganz Europa. Bis 1998 beabsichtigten 54%, ihre Systeme in anderen europäischen Ländern zu etablieren, was schon jetzt bei 22% der Fall ist.

Zu den bekannten, in den meisten Ländern vertretenen historischen Franchisen auf dem Sektor der Getränkeabfüllung sowie bei Kraftfahrzeug-Vertrieb und Kraftstoffhandel treten folgende, teils international bekannte Systeme auf: *Avis* und *Budget Rent-a-Car* (Autovermietung), *Burger King* (Schnellimbiß), *Holiday Inn* (Hotellerie), *Kentucky Fried Chicken* (Schnellimbiß), *Home Tune Ltd.* (Kfz-Schnellreparaturen), *Phildar* (Strickwolle), *Prontaprint* (Schnelldruckereien), *Rodier Paris* (Damenmoden), *ServiceMaster* (Reinigungsdienste), *Wimpy* (Schnellimbiß), *Dyno-Rod* (Rohrreinigung), *McDonald's* (Fast food). Im übrigen sind fast alle Geschäftszweige wie in anderen Ländern mit starker Franchise-Entwicklung vertreten.

Der sehr aktive britische Franchise-Verband, die britische *Franchise-Association* (Thames View, Newton Road, Henley-on-Thames, Oxon. RG9 IHG, Tel.: 0491/ 57 80 50, Fax: 0491/57 35 17) zählt etwa 75 Vollmitglieder, zu denen etwa 25 Firmen auf einer „Provision list" figurieren, u.a. als einziges System deutschen Ursprungs des *Eismann-Tiefkühlkost*-System. Der britische Verband hat dann mit 30 Eintragungen eine „Associated members list", die in etwa den deutschen außerordentlichen Mitgliedern entspricht. Schließlich gibt es noch ein „Affiliate System", namentlich mit Anwälten, chartered Accountants, Franchise-Berater, Presseorgane und Banken, insgesamt 51 Eintragungen. Die Banken waren von Anbeginn sehr aktiv und hilfreich bei der Entwicklung von Franchise-Systemen, namentlich die *National Bank of Westminster*, die *Barclays Bank*, die *Midland Bank*, die *Lloyds Bank* und die *Royal Bank of Scotland.*

Eine große Zahl von Veranstaltungen bringen die Idee des Franchising einem breiten Publikum nahe. Zweimal im Jahr findet unter den Auspizien des britischen Franchise-Verbandes eine „British Franchise Exhibition" in London bzw. Birmingham statt. Eine Organisation, die sich „The British Franchise-Exibition" nennt, veranstaltet ebenfalls zweitägige Ausstellungen mit Presse- und Bankunterstützung in London und Manchester. Zwei Zeitschriften, die „Business-Franchise" und die „Franchise world", die zweimonatlich erscheinen, sind ausschließlich dem Franchising gewidmet.

4. Italien

In Italien kam das Franchising nur sehr langsam in Gang, obwohl die *„Associazione Italiana del Franchising"* bereits 1971, also erheblich vor dem deutschen Verband, gegründet war und das Interesse in Franchise-Kreisen bald stark zunahm. Heute kann Italien auf eine Zahl von etwa 360 Franchisegebern verweisen, während etwa 17 500 Franchisenehmer gezählt wurden. Diese Franchise-Betriebe haben nach den Feststellungen des europäischen Franchise-Verbandes einen Gesamtumsatz von 2,5 Milliarden ECU zu verzeichnen. Die Gesamtzahl der in Franchisebetrieben beschäftigten Angestellten wird auf über 50 000 geschätzt, deren Gesamtumsatz mehr als 14 000 Milliarden Lire beträgt. Diese Angaben wurden anläßlich der 9. Italienischen Franchise-Messe in Mailand (25.–28.2.1994) bekannt. Alle diese Zahlen sind variabel, lassen aber ziemlich klar die allgemeine Situation und Tendenz erkennen.

Der italienische Franchise-Verband hat etwa 70 Mitglieder, von denen allerdings 20 Berater-Unternehmen oder Dienstleistungsbetriebe sind, welche Leistungen Franchisegebern oder Franchisenehmern erbringen. Der italienische Verband verfügt über ein Verbandsorgan, das „Giornale del Franchising", das etwa fünf- bis sechsmal im Jahr herauskommt. Weiterhin veröffentlicht die Monatszeitschrift „Millionairi" einen Franchise-Dienst in jeder ihrer monatliche erscheinenden Ausgaben. Auch sonst erscheinen in anderen Zeitschriften und Zeitungen jeder Art einschlägige Artikel, besonders im Zusammenhang mit der Franchise-Messe und dem Franchise-Salon, die jedes Jahr Ende Februar abgehalten werden.

Unter den Mitgliedern des italienischen Verbandes befinden sich 67, die mehr als 20 Franchisenehmer haben, und etwa 20, die über 100 Franchisenehmer verfügen, mithin eine relativ hohe Anzahl größerer Systeme. Genannt seien hier:

Il Fornaio (Backwaren, Pastazubehör)	1700
Scudo-Sidis (Supermärkte)	867
Amico Gio (Spielwaren)	850
Stefanel (Textilien)	800
Tecnocasa (Immobilienagentur)	450
Pingouin (Wollwaren)	260
Standa (Kaufhäuser)	250
Maggioli (Bürowaren)	240
Upim (Kaufhäuser)	220
Max Mara (Kleidung)	140
Jean Louis D,. (Friseurgeschäfte)	161
Nara Camicie (Damenhemden)	140
GB Pedrini (Naturprodukte)	135
Orsogril (Haushaltsapparaturen)	120
Sweet Sweet (Süßwaren)	118
Ideal Line (Abmagerungskuren)	117
Figurella (Gymnastik-Studios)	117

Prodet Beauty & C. (Schönheitsmittel)   100
Blue Spirit (Juwelierwaren)   96

Weiterhin seien erwähnt die Graphische Verlagsanstalt *Buffetti* und als international operierende Systeme *HERTZ Autovermietung* und *McDonald's* (Schnellrestaurants). Letztere haben sich trotz der ursprünglich ablehnenden Haltung vieler Italiener als überaus erfolgreich erwiesen.

Der italienische Franchise-Verband, die *Associazione italiana del Franchising*, domiziliert an folgender Adresse: Corso die Porta nuova 3, I-20121 Milano, Telefon von Deutschland aus: 00392/29 00 37 79.

5. Niederlande

Von allen europäischen Staaten sind die Niederlande dasjenige Land, das im Verhältnis zu seiner Einwohnerzahl (15 Millionen) die meisten Franchise-Systeme aufweisen kann. Leider sind die abschließenden Zahlen für 1993 erst im späten Herbst 1994 greifbar, so daß die nachfolgenden Ziffern sich noch auf das Jahr 1992 beziehen.

Entsprechend dem von dem niederländischen Franchise-Verband, der *Nederlandse Franchise Vereniging*, aufgestellten Zahlenwerk waren Ende 1992 381 Franchisegeber in Holland tätig. Diese teilen sich auf in 64 Betriebe des Lebensmittel-Einzelhandels, 192 Betriebe im sonstigen Einzelhandel und 22 Betriebe auf dem Sektor der Restauration, der Hotels und der Schnellimbiß-Gaststätten; ferner werden 53 Verkaufsstellen gezählt, die Dienstleistungen anbieten. Die Gesamtzahl der Franchisenehmer beträgt nach der vorerwähnten Aufstellung 12 640 Betriebe, die insgesamt einen Umsatz zu Konsumentenpreisen in Höhe von 6514 Mio. ECU. Ferner ergibt sich aus der Aufstellung, daß per Ende 1992 die Gesamtzahl der bei Franchisenehmern tätigen Angestellten einschließlich Teilzeit-Arbeitskräften sich auf 69 000 belief.

Die einzelnen Franchise-Systeme haben in der Mehrzahl nur eine beschränkte Franchisenehmerzahl, allerdings gibt es auch einige Groß-Franchisen, von denen allerdings ein erheblicher Teil ausländischen Ursprungs ist. Zunächst sei der bekannte Kaufhauskonzern *HEMA* genannt; weiterhin unter den Baumärkten und Bastlerläden das *HUBO*-System; ferner ist *DECORETTE* auf den Vertrieb von Farb- und Bastlerwaren spezialisiert; in den Niederlanden selbst ist auch die Lebensmittelkette *HEIJN* entstanden.

Unter den Franchise-Systemen ausländischen Ursprungs ist an erster Stelle – was nicht erstaunlich ist – *McDonald's Nederlande* zu nennen, die erst in diesem Jahr den 100. Betrieb eröffnet haben. Unter den Systemen deutschen Ursprungs seien genannt: *Eismann* (Tiefkühlkost), *Portas* (Türen und Küchenrenovation), *Foto-Quelle, Marc O'Polo* (Bekleidung). Unter den Systemen französischen Ursprungs sei *Prénatal* (Mutterschafts- und Kinderbekleidung) hervorgehoben.

Nachdem eine früher publizierte Zeitschrift nicht mehr erscheint, gibt es nunmehr eine monatliche Zeitschrift unter dem Namen „FRANCHISE Vakblad voor de Samenwerkende Ondernemer".

Rechtliche Probleme bereiten in den Niederlanden keine nennenswerten Hemmnisse. Preisbindungen, die früher nur für horizontale Verbindungen verboten waren, sind es jetzt auch für vertikale Vereinbarungen, was demgemäß für Franchising gilt. Preisempfehlungen sind grundsätzlich erlaubt, falls keine Verstöße gegen sonstige wettbewerbsrechtliche Normen vorliegen.

6. Belgien

Wie in den Niederlanden, so ist Franchising auch in Belgien sehr schnell akzeptiert worden, wenn auch die Zahl der Franchise-Systeme hier noch geringer ist. Abgesehen von dem Einfluß vieler in Brüssel vertretener Konzernspitzen für Europa, hatte zunächst das *Comité belge de la Distribution* das Verdienst, die Idee des Franchising nachdrücklich in Belgien und in angrenzenden Ländern gefördert zu haben. Seit 1970 wurde alle zwei Jahre von dem Comité, einem auch für zahlreiche andere Vertriebsprobleme zuständigen Gremium, das stark besuchte „Europäische Franchise-Symposium" mit zahlreichen Referaten veranstaltet. In den dazwischen liegenden Jahren fand gleichzeitig mit der „Visumat"-Fachmesse für moderne Ladengestaltung – eine Franchise-Messe bzw. Franchise-Börse, bei der Franchisegeber ihre Konzeption der Öffentlichkeit präsentieren, insbesondere für Interessenten, die als Franchisenehmer in ein System eintreten, statt. Nachdem ein früherer Verband sich aufgelöst hatte, wurde am 12. März 1992 dank einer Initiative von 40 Franchisegebern und einer Anzahl prominenter Persönlichkeiten aus dem Wirtschaftsleben die neue *„Fédération belge de la Franchise"* gegründet. Der Verband ist angesichts seiner erst kurzen Lebenszeit noch recht klein; die Zahl der ordentlichen und assoziierten Mitglieder beläuft sich auf 30. Im belgischen Franchising sind mehr als 20 000 Personen beschäftigt, eine relativ große Zahl im Vergleich zur Einwohnerzahl in diesem Land (10 Millionen). Die Zahl der Franchisegeber wurde schon 1990 mit 120 angegeben und die Zahl der Franchisenehmer mit 7000. Der gesamte Umsatz franchisierter Betriebe soll sich bereits damals auf etwa 100 Milliarden belgische Franken (etwa 5 Milliarden DM) belaufen haben, was etwa 5% des Einzelhandelsumsatzes ausmachte.

Neben den bekannten, international in vielen Ländern aktiven Franchise-Systemen, wie *McDonald's, Coca-Cola* u.a., haben sich in Belgien eine nicht unerhebliche Zahl mittelgroßer Systeme etabliert, von denen folgende genannt werden sollen:

Louis del Food (Lebensmittel und Getränke) mit 370 Franchisenehmern;
Nopri (Lebensmittel) mit 212 Franchisenehmern;
Unic (Lebensmittel, Drogerie- und Papierwaren) mit 365 Franchisenehmern;
Brico G.B. (Heimwerkerbedarf) mit über 100 Franchisenehmern;
Christiaensen (Kinderbedarfsartikel) mit 70 Franchisenehmern;
Superbois (Heimwerkerartikel) mit 75 Franchisenehmern;
Press Chop (Zeitungen etc.) mit 255 Franchisenehmern; sowie ferner
Quick (Schnellrestaurants) und
Casa (Haushaltswaren).

Auffällig und geographisch verständlich sind auch eine größere Anzahl von aus Frankreich stammenden Franchisen, u.a. *Tonton Tapis, Prémaman, Yves Rocher, Rodier, Pingouin-Stemm.*

Das starke Interesse am Franchising hat sich in Belgien auch auf die Banken übertragen, namentlich so führende Institute wie die *Société Générale*, die *Kredietbank* und die *Banque Lambert*. Diese Institute haben Spezialformeln für die Finanzierung von Franchisenehmern von Systemen entwickelt, deren jeweilige Franchisegeber bankseitig anerkannt sein müssen.

Die neue Anschrift des jetzigen belgischen Verbandes lautet: Groot Molenveldlaan, 52, B-1850 Grimbergen.

7. Österreich

In Österreich kam die Entwicklung des Franchising am Anfang nur sehr langsam voran. Natürlich waren *Coca-Cola* und die amerikanischen Schnellimbiß-Gaststätten schon lange auf dem Plan erschienen. *Burger-King* war in Wien und Innsbruck mit einiger Verzögerung vertreten, hat aber den österreichischen Markt inzwischen aufgegeben. Erfolgreicher waren *McDonald's*, die es bis jetzt auf 35 Franchise-Betriebe neben einigen selbstgeführten Betrieben gebracht haben. Ferner waren zwei größere Franchisen von *Hertz* und *Budget Rent-a-Car* vertreten; ferner ist *Avis* mit einem gemischten Vertriebssystem am Markt.

Heute zählt man in Österreich 170 Franchise-Systeme. Von diesen sind etwa fast die Hälfte ausländischen Ursprungs, wobei an erster Stelle 30 aus Deutschland, 17 aus USA und 15 aus Frankreich stammen. Nach Franchise-Typologien aufgeschlüsselt zählt man 81 Dienstleistungs-Franchisen, 80 Vertriebs-Franchisen und 9 Produktions-Franchisen. Die größten Zuwachsraten haben heute die Dienstleistungs-Systeme.

Was die Zahl der Franchisenehmer anbetrifft, so zählten Anfang 1994 in Österreich etwa 2700, um über 1000 mehr als noch zwei Jahre vorher.

Der überaus aktive *Österreichische Franchise-Verband* wurde erst sehr spät, nämlich am 18. April 1986, gegründet. Sein Präsident ist Herr *Andreas Hacker*, der das österreichische *McDonald's*-System im World-Trade-Center am Wiener Flughafen leitet, wo sich jetzt auch die Geschäftsräume des Verbandes befinden. Die Franchise-Beratung wird hingegen durch Frau Mag. *Waltraud Frauenhuber* geleitet, deren Geschäftsräume sich bei der *Syncron GmbH* in der Nonntaler-Hauptstraße 48 in A-5020 Salzburg, Tel.: 0043 662/825 670, befinden.

Der *Österreichische Franchise-Verband* zählte am 1. Januar 1994 46 ordentliche Mitglieder, von denen folgende zu erwähnen sind:

ALMDUDLER A&S Klein in Wien (Limonaden und Softdrinks),
Gazelle AG in Wien, ein schon lange bestehendes Textil-Einzelhandelsgeschäft,
PORTAS GmbH in Dietzenbach b. Frankfurt a.M. (Renovierung von Türen und Küchen),
Resch und Frisch Franchise-GmbH in Wels (Backwaren),
Skribo in Wels (Papier, Büro-Schreibwaren),
Yves Rocher GmbH in Salzburg (Kosmetik),
Essanelle Franchise-GmbH in Düsseldorf (Friseur-Dienstleistungen),
LOLLIPOP Vertriebs-GmbH in Salzburg (Spielwaren),
d.t.h. Diamant-Herdecke in Herdecke (Diamant-Werkzeuge),
ZGS Zentrale Gelsenkirchen in Wels (Nachhilfeunterricht),
Multi Deko System GmbH in Düsseldorf (Laden- und Messebau),
MANPOWER in Wien (Personal-Dienstleistungen).

Ferner umfaßt der *Österreichische Franchise-Verband* 16 assoziierte Mitglieder, deren Franchise-Systeme sich noch in der Entwicklung befindet. Von ihnen seien genannt:

die *Quick Appetit Franchise* in Wien (Gastronomie) und als Originalität das *Christbaumland* in Klosterneuburg (Züchtung von Christbäumen).

Nach Mitteilung des Rundbriefs des *Deutschen Franchise-Verbandes* vom 3. Februar 1994 müssen seit 1. November 1993 alle in Österreich praktizierten Franchise-Verträge beim *Österreichischen Kartellgericht* registriert werden. Dies beruht nach Angaben von RA Dr. *Liebscher* in Salzburg auf der Novellierung des Österreichischen Kartellgesetzes, wonach vertikale Vertriebsverbindungen ungeachtet des Umsatzes oder Marktanteils bei Vorliegen der für die meisten Franchise-Systeme typischen Wettbewerbsbeschränkungen (Gebietsschutz, Bezugsbindung ...) angezeigt werden müssen.

Zur Anzeige ist der bindende Unternehmer (Franchisegeber) verpflichtet, gleichgültig, wo er seinen Sitz hat, z.B. in Deutschland. Die Anzeige hat ein **Muster** des Franchise-Vertrages zu enthalten. Der im Einzelfall jeweils konkret abgeschlossene Franchise-Vertrag ist nicht anzuzeigen. Das Muster kann insbesondere so gestaltet werden, daß die zu schützenden Betriebs- und Geschäftsgeheimnisse dort nicht aufgenommen werden, sondern z.B. dem Handbuch vorbehalten bleiben, das nicht vorzulegen ist.

Eine Verletzung der Anzeigepflicht führt nicht zur Unwirksamkeit der Franchise-Vereinbarung. Die Unterlassung der Anzeige (neue Verträge vor ihrer Durchführung, schon bestehende bis spätestens 30. Juni 1994) zieht jedoch von Amts wegen ein empfindliches Bußgeld in der Höhe von bis zu ÖS 500 000 (ca. DM 71 000) nach sich.

Die Anschrift des *Österreichischen Kartellgerichts* ist folgende:
Kartellgericht beim Oberlandesgericht Wien, Museumsstraße 12, A-1010 Wien.

8. Schweiz

Die Entwicklung von Franchise-Systemen in der Schweiz kam seit den 70er Jahren nur langsam voran. Im Jahre 1975 äußerte sich noch *Viktor Schulthes*[2] dahingehend, daß die Entwicklung des Franchising wohl deswegen so zögernd sei, weil sich der relativ kleine Markt bereits mit einem Dutzend Filialbetrieben leichter erschließen und kontrollieren läßt. Seither aber hat Franchising entsprechend der Entwicklung in anderen europäischen Ländern doch einen nicht unerheblichen Aufschwung genommen.

Die *Schweizerische Franchise-Vereinigung* (Anschrift: Pilatusstr. 55, Ch-6003 Luzern) hat z.Zt. noch keine detaillierten Angaben über die Anzahl der Franchisegeber in der Schweiz, geht jedoch aufgrund der dort bekannten Zahlen von der Größenordnung von etwa 100 Franchisegebern aus. Nähere Angaben zum Franchising erwartet man von einer Marktstudie, die in einiger Zeit vorliegen wird.

In der Schweiz sind naturgemäß eine Reihe der bedeutenden internationalen Franchise-Systeme zu finden, die auch in anderen Ländern tätig sind. Hierzu gehören: *McDonald's, Pizza-Hut, Eismann* (Tiefkühlkost), *PORTAS* (Türen- und Küchen-

---

2 Vgl. *Viktor Schulthes*, „Der Franchise-Vertrag nach schweizerischem Recht", S. 64 ff.

renovierung), *Yves Rocher* (Kosmetik), *Bodyshop* (Kosmetik), *Rodier, Pingouin* (Woll-waren), *Anni Blatt* (Textilien), *Daniel Hechter* (Konfektion).

Unter den schweizerischen Ketten befinden sich: *Mövenpick* (Restaurants), *Kieser* (Training), *Swatch* (Uhren), *Bernina* (Lamellen-Storen), *Inlingua* (Sprachschulen).

Unter den modernen, aufstrebenden Schweizer Franchise-Systemen werden in dem Buch von *Marc. B. Frei*, FRANCHISING - Die schlüsselfertige Existenzgründung, Idstein 1994, folgende genannt: *Bio-Rondom-Samina* (Gesundheitsförderung, Schlaf-systeme); *Box Stores Company GmbH* (modernes Bekleidungsangebot); *Computer Clean Service AG* (Computerreinigung); *Diversicum AG* (Großhandel mit Haushalts-artikeln); *Eismann* (Tiefkühlkost); *Jet Cut Systems AG* (Wasserstrahlschneiden); *McShirt Factory* (bedruckte Hemden, Master-Franchise); *Z Way SA* (Internationale Personalformation, Master-Franchise).

Die *Schweizerische Franchise-Vereinigung* befindet sich bei Abfassung dieser Zeilen in einer Reorganisation, rechnet aber damit, bis Ende 1994 über einen Mitglieder-bestand von etwa 30 Franchisegebern als Aktiv-Mitglieder und über die entsprechende Anzahl von Passivmitgliedern zu verfügen, welche Kategorien offenbar den ordent-lichen und außerordentlichen Mitgliedern des *Deutschen Franchise-Verbandes* ent-sprechen.

Rechtliche Fragen sind etwa gleich gelagert wie in Deutschland, doch sind Gerichts-entscheidungen noch nicht bekannt. Die Diskussion gleicht sich nach Meinung der *Schweizerischen Franchise-Vereinigung* derjenigen in Deutschland an. Eine eigent-liche spezialisierte Zeitschrift des Franchising gibt es in der Schweiz nicht. Die Ver-einigung informiert ihre Mitglieder bis dahin unregelmäßig über einzelne Aktivitäten und Entwicklungen. Die Information wird weitgehendst anläßlich von Veranstaltungen der Vereinigung verbreitet. Sie findet sich aber auch in redaktionellen Beiträgen in ver-schiedenen Zeitschriften und Zeitungen. Die Publikation einer eigentlichen Franchise-Zeitschrift ist für die nähere Zukunft vorgesehen.

9. Spanien

Franchising ist in Spanien, wenn auch zunächst durch ausländische, allgemein bekann-te Namen wie die Getränkeabfüller und *McDonald's*, bekannt geworden. Dasselbe gilt auch für einige international bekannte französische Franchisen wie *Yves Rocher* und die *FRAN* (die spanische Tochter der französischen *SODIMA-Gruppe*), welche ihre Franchise in vielen Ländern der Welt unter dem Namen *YOPLATT* für den Vertrieb von Milchprodukten konzipiert hatte. Weiterhin seien erwähnt: *IBIS*-Hotels, *HOME TEWINE* (Kfz-Dienste), *Prontoprint* (Schnelldruckereien).

Seit 1975 hat sich das Franchise-System in Spanien kontinuierlich ausgedehnt, vor allen Dingen in den letzten Jahren, so daß sich Ende 1993 die Zahl der in Spanien täti-gen Franchise-Systeme auf 250 belief. In den letzten Jahren kamen durchschnittlich 30 neue in- und ausländische Franchisegeber hinzu. Ende 1993 verfügten die 2150 Fran-chise-Systeme einschließlich ihrer eigenen Verkaufsstellen über etwa 23 000 Geschäf-te. Den ersten Rang unter diesen Geschäften nehmen 85 Systeme ein, die sich mit dem Vertrieb der Artikel des persönlichen Bedarfs befassen. An zweiter und dritter Stelle folgen die Fachgeschäfte und die Hotel- und Gaststättenbranche mit je 39 bzw. 32 Marken.

Die durchschnittliche Investition für die Einrichtung eines franchisierten Betriebes liegt bei ca. 11 1/2 Mio. Peseten (1 DM = ca. 78 Peseten). Diese Summe umfaßt allerdings lediglich die Aufwendungen für Geschäftsgründung, Ladeneröffnung und Anfangs-Warensortiment, während weder die Erwerbskosten für das Geschäftslokal noch die Kosten für evtl. durchzuführende Umbauten mit eingerechnet sind.

10. Kanada

Angesichts der engen Verflochtenheit der kanadischen und amerikanischen Wirtschaft sind auf wirtschaftlichem Gebiet die Verhältnisse in den beiden riesigen nordamerikanischen Ländern recht ähnlich. Eine große Zahl potenter Franchise-Systeme in den USA drängte schon früh hinein in die weiten kanadischen Gebiete. So erklärt es sich, daß nach den Angaben des *U.S. Department of Commerce* schon vor Jahren mehr als 250 amerikanische Franchisegeber über die Grenze Kanadas gegangen sind, so daß schon diese importierten Franchisen allein diese Ziffer erreichen. Zusammen mit den eigenständigen kanadischen und aus anderen Ländern stammenden Franchisen wird die Zahl der in Kanada 1994 tätigen Systeme etwa mit 1150 angegeben. Die Zahl der franchisierten Betriebe wird auf etwa 60 000 geschätzt. Von den operierenden Franchise-Systemen sind aber nur eine verhältnismäßig kleine Anzahl in den sehr gut geführten kanadischen Franchise-Verband, die *Canadian Franchise Association*, eingetreten: Die Zahl der regulären und assoziierten Mitglieder beträgt 146, die „affiliate members", unter denen sich hauptsächlich Anwälte, Berater und Wirtschaftsprüfer befinden, beläuft sich auf 61.

Eine Ziffer über den Gesamtumsatz der zahlreichen Franchise-Betriebe liegt nicht vor; in der Vorauflage wurde sie jährlich auf 4,8 Milliarden Kanadische Dollar geschätzt.

Die Tätigkeitsgebiete der kanadischen Systeme sind letztlich dieselben wie in Europa. Hervorgehoben seien der Einzelhandel in Nahrungsmitteln, Autodienste, Hausrenovierungen, Bürodienste und sonstige Dienstleistungen (Reisen, Körperpflege, Parties). Nicht eingeschlossen sind in allen Zahlen die „traditionellen" Franchisen (Kfz-Betriebe, Tankstellen und Getränkeabfüller).

Unter den international bekannten Franchise-Systemen in Kanada sei zunächst *McDonald's* mit heute über 400 Franchise-Betrieben (neben 250 Eigenbetrieben der Franchisegeberin) genannt.

Im übrigen haben offenbar die meisten Systeme nur eine relativ begrenzte Anzahl von Franchisenehmern, die unter dem europäischen Durchschnitt zu liegen scheinen. Hervorgehoben seien aus dem Mitgliederverzeichnis des Verbandes u.a. *Choice Hotels* mit 174 franchisierten Einheiten (mittlerer Standard); *Subway Franchise Systems of Canada Ltd.* (Sandwich- und Salatgerichte in der U-Bahn) mit 8100 franchisierten Betrieben; *Burger King* (Schnellrestaurants) mit 192 Franchise-Betrieben in Kanada allein.

Der kanadische Verband gibt eine monatliche Verbandszeitschrift unter dem Namen „The Franchise Voice" heraus. Im übrigen gibt es ein Magazin, das sich so gut wie ausschließlich dem Franchising widmet, nämlich „Canadian Business Franchise". Zum 25. Bestehen des kanadischen Franchise-Verbandes ist eine ansprechende Broschüre unter dem Titel „THE CANADIAN FRANCHISE ASSOCIATION CELEBRATES 25 YEARS OF EXCELLENCE" erschienen.

11. Weitere europäische und außereuropäische Länder

Die Idee des Franchising ist heute praktisch in allen Ländern der Alten und Neuen Welt, in moslemischen, ostasiatischen und ehemals kommunistischen Ländern präsent. Sie können an dieser Stelle nicht alle im einzelnen dargestellt werden, zumal die zur Verfügung stehenden Angaben nicht vollständig genug sind. Die nachstehende Übersicht wird dem Leser jedoch eine annähernde Idee über den Siegeszug des Franchising und seine Bedeutung geben.

Über die schon erwähnte Entwicklung in den neuen Bundesländern hinaus ist das neue Vertriebskonzept zunächst auch in den osteuropäischen, ehemals „sozialistischen" Staaten nicht nur mit großem Interesse, sondern vielfach mit Begeisterung aufgenommen worden. Fast überall haben sich Franchise-Verbände gegründet, deren Anschriften, soweit bekannt, im vorliegenden Buch auf den folgenden Seiten angegeben sind. Sehr aktiv war zunächst Ungarn, wo schon früh zahlreiche Veranstaltungen und Messen stattfanden, ausländische Systeme ihren Einzug hielten und sich eigene ungarische Franchise-Systeme etablierten. Ähnlich ist die Lage in Tschechien, wo schon 1991 der *Deutsche Franchise-Verband* auf Wunsch interessierter Kreise um die Abhaltung eines Seminars in Prag gebeten wurde. Seitdem haben unzählige Kontakte über die Grenze auch in andere westliche Länder stattgefunden. Auch Polen mit seiner aufstrebenden Wirtschaft hat Franchising voll akzeptiert und im November 1994 eine internationale Franchise-Messe mit Seminaren organisiert.

Erwähnt seien auch weitere westeuropäische Länder, in denen das Franchising schon seit einer Anzahl von Jahren zum Teil sehr erfolgreich praktiziert wird, namentlich die skandinavischen Länder, Portugal, Griechenland, Türkei, Kroatien und Bulgarien, wo auch Fachveranstaltungen und Franchise-Messen stattfinden.

Im mittleren Osten, namentlich den arabischen Emiraten und Saudi-Arabien, ist das Konzept schon seit längerem bekannt und gefördert worden. Internationale Konferenzen und Messen zum Thema Franchising, die besonders von dem amerikanischen Verband, der *IFA*, organisiert wurden, stießen auf reges Interesse. Die größte Aktivität im Gebiet der Golfstaaten findet in Dubai statt, wo vom 6. bis 8. Dezember 1994 eine Messe mit Konferenzen zum Thema „Franchising und Licensing" abgehalten wurde.

Es ist verständlich, daß insbesondere die englisch sprechenden früheren Mitgliedsstaaten bzw. Dominions und Kronkolonien Englands unter den außereuropäischen Staaten sehr empfänglich für das Franchise-Konzept sind. In Australien, Neuseeland und selbst Südafrika kann die Situation mit Kanada verglichen werden, und selbst schwarzafrikanische Staaten wie Kenia und Simbabwe zeigen Interesse für Franchising.

In Lateinamerika sind es namentlich Brasilien, Mexiko und Argentinien, wo das Franchise-Konzept in steigendem Maße akzeptiert wird. Im fernen Osten steht naturgemäß Japan mit seinem ungeheuren Wachstumspotential an der Spitze der Ausbreitung des Franchising, welche offenbar diejenige auch der größeren europäischen Länder überflügelt hat. Korea, Malaysia, die Philippinen, Taiwan und Singapur folgen den Spuren der USA und Japans in hohem Maße.

Eine neue Zeitschrift unter dem Namen „Global Franchising and Alert" hat sich zum Ziel gesetzt, über Franchising, Licensing und die Vertragsvertriebe auf der ganzen Welt zu orientieren. Die jeden Monat erscheinende Ausgabe wird in England von dem amerikanischen Verlag *CCH Editions Limited*, Telford Road, Bicester Oxfordshire =X6 OXD herausgegeben.

12. Anschriften der Franchise-Verbände

International Franchise Association
William Bill Cherkasky, Präsident
Stephen Lynn, Chairman
1350 New York Avenue N.W. Suite 900
Washington D.C. 20005-4709, USA
Tel. 1 (202) 628 80 00
Fax 1 (202) 628 08 12

Argentine Franchise Assn.
Osvaldo Marzorati, Präsident
Santa Fe 995, piso 4
Buenos Aires 1059, Argentinien
Tel. (54) 1-3935263

Franchisors Association of
Australia & New Zealand Limited
Peter Stirling, Präsident
Unit 9
2/6 Hunter Street
Parramatta NSW 2150, Australien
Tel. 61 (2) 89 149 33
Fax 61 (2) 89 144 74

Fédération Belge de la Franchise
Marc van Keymeulen, Präsident
Reinhilde Hendrickx, Geschäftsführerin
Groot Molenveldlaan, 52
1850 Grimbergen, Belgien
Tel. 32 2 253 27 12
Fax 32 2 253 40 37

Associaçao ABF Brasileira
de Franchising
Bernard Jeger, Präsident
Travessa Meruipe, 18

04012 Sao Paulo, Brasilien
Tel. 55 (11) 571 1303
Fax 55 (11) 575 5590

Bulgarian Franchise Association
Lubka Kolarova, Geschäftsführerin
25a OHRID Str.
9000 Varna, Bulgarien
Tel. 359 52 244 056/Fax 359 52 256 891

Canadian Franchise Association
Nick Javor, Präsident
Richard Cunningham, Geschäftsführer
5045 Orbitor Drive, Building 12
Unit 201, Mississauga
Ontario L4W 4Y4, Canada
Tel. 1 416 6252896
Fax 1 416 6259075

Association Québécoise de la Franchise
Alain P. Villeneuve
2550 Daniel Johnson, Suite 450
Laval - Québec - H7T 2L1
Franz. Canada
Tel. (514) 073 8450
Fax (514) 973 9015

Dansk Franchisegiver-Forening
Lene Rudbeak, Präsidentin
Peter Arendorff, Geschäftsführer
Amaliegade 37
1256 Copenhagen K, Dänemark
Tel. 45 (33) 15 60 11
Fax 45 (33) 91 03 46

Deutscher Franchise Verband e.V.
Oskar Biffar, Präsident
Manfred Maus, Vizepräsident
Hans Lang, Geschäftsführer
Paul Heyse-Straße 33–35
80336 München, Deutschland
Tel. 089 53 50 27
Fax 089 53 13 23

Finnish Franchising Association
Antti Wathen, Präsident
PL 212
Helsinki, Finnland
Tel. (338) 1234584
Fax (338) 1234542

Fédération Française de la Franchise
Elmalek, Präsident
Chantal Zimmer, Geschäftsführerin
60, rue La Boétie
F-75008 Paris
Tel. 0033(1)53 75 22 25
Fax 0033(1)53 75 22 20

British Franchise Association
Max Woolfenden, Präsident
Brian Smart, Geschäftsführer
Thames View-Newton Road
Henley on Thames
Oxon RG 9 1 HG, Großbritannien
Tel. 44 (491) 578050
Fax 44 (491) 573517

Hong Kong Franchise Association
Charlotte Chow
22/F United Centre
A505 Queensway
Hong Kong
Tel. (65) 529 92 29
Fax (65) 527 98 43

Indonesia Franchise Association
Anang Sukandar
Jl. Pembangunan I/7
Jakarta 10130, Indonesien
Tel. (62) 21-3800233
Fax (62) 21-3802448

Irish Franchise Association Ltd.
Frank Sweeney, Präsident
13 Frankfield terrace

Summerhill South, Cork, Irland
Tel. 353 (21) 208 59

Israel Franchise Association
Leon Koffler, Präsident
73 Rothschild Str., P.O.B. 697
Petah-Tikva 49106, Israel
Tel. 972 (3) 930 00 31
Fax 072 (3) 930 79 54

Associazione Italiana del Franchising
Nicola Fabbri, Präsident
Michele Scardi, Geschäftsführer
Corso di Porta Nuova, 3
20121 Milano, Italien
Tel. 39(2) 2900 3779
Fax 39 (2) 655 5919

Japan Franchise Association
Haruyasu Orihashi, Präsident
Elsa Building 602
Roppongi 3-13-12
Tokio, Japan
Tel. 81 (3) 3401 0421
Fax 81 (3) 423 2019

Associacion Mexicana de Franquicias
German
Fernandes del Busto, Präsident
Juan Manuel Gallestegui, Vizepräsident
Fernando Rivadeneyra, Geschäftsführer
A.C. Av. Insurgentes Sur
1783-303
Col. Guadalup Inn
C.P. 01020
Mexico D.F.
Tel. und Fax 52 (5) 6610655

Netherlands Franchise Association
van Acken, Präsident
A.W.M. Brouwer, Generalsekretär
Boomberglaan 12
1217 RR Hilversum, Niederlande
Tel. 31 (35) 243444
Fax 31 (35) 249194

Franchise Association of Nigeria
S.A. Ochapa, Direktor
P.O. Box 71729 Victoria Island
Lagos, Nigeria

Norwegian Franchise Association
Sverre Heidenveich, Präsident
Astveitokogen 41
5084 Tertnes, Norwegen
Tel. 47 (5) 186079

Österreichischer Franchise-Verband
Andreas Hacker, Präsident
Waltraud Frauenhuber,
Geschäftsführerin
c/o Syncon Marketing und Kooperation-
Beratungsges. m.b.H.
Nonntaler Hauptstraße 48
5020 Salzburg, Österreich
Tel. 43 662 82 56 70
Fax 43 662 82 56 71

Polskie Stowarzyszenie Franchisingowe
Mme. *Volanta Kramarz*
Krolweska 27
00-679 Warschau, Polen
Tel. 48 (2) 6255215
Fax 48 (2) 6256555

Associaçao Portuguesa de Franchise
Ronald Brodheim, Präsident
Marcelino Pena Costa, Vizepräsident
Therese Catarino, Vizepräsidentin
Pascale Lagneaux, Geschäftsführerin
Rua Casthilho Nr. 14
1000 Lissabon, Portugal
Tel. 351 (1) 315-18-45
Fax 351 (1) 54 22 20

Svenska Franchise Föreningen
Thomas Sonesson, Präsident
Box 5512
S-14 85 Stockholm, Schweden
Tel. 46 (8) 660 86 10
Fax 46 (8) 662 74 57

Schweizerische Franchise Vereinigung
Marc B. Frei, Präsident
Dr. *Christoph Wildhaber*, Generalsekretär
Pilatusstraße 55
6003 Luzern, Schweiz
Tel. 41 41 222001
Fax 41 41 222004

Singapore Franchise Association
Nigel Yeung, Tan Thuan Seng, Präsiden-
ten
World Trade Center
10-40 (Lobby D)
Singapur 0409
Tel. (65) 271 9388
Fax (65) 274 0770

Asociacion Espanola de Franquiciadores
Jorgue Piquer Mascaro, Präsident
Eduardo Garcia de Los Rios, Geschäfts-
führer
Avda. de la Ferias S/N
PO Box 476
46080 Valencia, Spanien
Tel. 34 (6) 386 1123
Fax 34 (6) 363 6111

South African Franchise Association
Jack Barber, Direktor
P.O. Box 31708
Braamfontein 2017, Südafrika
Tel. 27 (11) 403 3468
Fax 27 (11) 403 1279

Ceska Asociace Franchisingu
Josef Fidler, Präsident
Eva Fabiankova, Geschäftsführerin
Rytirska 31
POB 706
110 00 Praha 1, Tschechien
Tel. und Fax 42 (2) 242 30566

Türkish Franchising Association
Temel Sahingiray, Generalsekretär
Headquarters
Istiklal Cad. Nr. 65
80060 Beyoglu
Istanbul, Türkei
Tel. und Fax 90 (1) 252 5561

Hungarian Franchise Association
G. Szemere, Präsidentin
Dr. *Istvan Kiss*, Geschäftsführer
POB 446
Budapest H-1536, Ungarn
Tel. 36 (1) 212 41 24
Fax 36 (1) 212 57 12

XXXVII. Der Deutsche Franchise-Verband e.V. und das Deutsche Franchise-Institut

Der *Deutsche Franchise-Verband E.V.* wurde am 14. April 1978 in Deutschland gegründet. Gründungsmitglieder waren: *Portas Deutschland GmbH* (Frankfurt a.M.), *Manpower Planen & Leisten GmbH* (Frankfurt a.M.), *Kaub & Kuffler GmbH* (München), Dr. *Hubertus Boehm* (München), *OBI Heimwerker- und Freizeitbedarf* (Wermelskirchen), *Service-Master AG* (Zürich), Dr. *Jürgen Knigge* (München), Dr. *Walther Skaupy* (München).

Der *Deutsche Franchise-Verband (DFV)* ist gegründet worden, um das Franchising in Deutschland zu fördern und die Interessen der franmchisierenden und franchisierten Wirtschaft nachdrücklich wahrzunehmen. Der Verband ist unter VR-Nr. 9327 im Vereinsregister des Amtsgerichts München eingetragen. Nach § 1 Abs. 3 seiner Satzung bestehen die Hauptaufgaben des Verbandes namentlich darin:

a) die Mitglieder bei allen Problemen des Franchisings zu beraten, unterstützen und sie über einschlägige Entwicklungen auf dem laufenden zu halten;
b) Fachveranstaltungen abzuhalten und ein Vereinsorgan mit fachlichen Informationen herauszugeben;
c) Verbindung mit anderen interessierten Wirtschaftsverbänden und Institutionen aufzunehmen und mit diesen Organisationen fachliche Probleme des Franchising im Interesse der Förderung der wirtschaftlichen Kooperation zu erörtern;
d) Öffentlichkeit, Medien, Behörden sowie parlamentarische und andere Gremien über die Bedeutung des Franchising zu unterrichten und auf Wahrung der Belange der franchisierenden und franchisierten Wirtschaft hinzuwirken;
e) Verbindungen mit den internationalen Franchise-Verbänden aufzunehmen und ggf. die Mitgliedschaft in denselben zu beantragen;
f) Gedanken und Erfahrungen mit internationalen Franchise-Verbänden und den Fachverbänden anderer Länder auszutauschen.

Einen wirtschaftlichen Geschäftsbetrieb bezweckt der *DFV* nicht.

Ordentliche Mitglieder des Verbandes können Unternehmen – gleichgültig welcher Rechtsform – werden, die das Franchising als Vertriebsform verwenden, oder Beratungsunternehmen und Berater, die nachweislich auf dem Gebiet des Franchising in erheblichem Umfang selbständig sind.

Dem Verband können auch Unternehmen und Einzelpersonen als außerordentliche Mitglieder beitreten, wenn sie beabsichtigen, das Konzept des Franchising in ihr Vertriebssystem einzuführen und sich durch die Leistungen des Verbandes mit dem Franchising näher vertraut zu machen. Außerordentliche Mitglieder haben das Recht auf Teilnahme an allen Veranstaltungen und Aussprache bei der Mitgliederversammlung, sind jedoch nicht wählbar und besitzen kein Stimmrecht. Sie dürfen in der Öffentlichkeit nicht mit dem Verbands-Logo werben.

Ferner können dem Verband Firmen, Institutionen und einzelne Personen als fördernde Mitglieder beitreten, wenn sie die Arbeit und die Ziele des Verbandes von außen stützen und fördern wollen.

Die Mitgliederversammlung kann mit einfacher Mehrheit Ehrenmitglieder, Ehrenvorstandsmitglieder und Ehrenpräsident des Vereins bei Vorliegen besonderer Verdienste wählen.

Die Entwicklung des Verbandes machte zunächst nur langsame Fortschritte, gleichwohl fanden ab 1979 zahlreiche Symposien, Seminare und Erfahrungsaustausch-Tagungen statt, die der Verband entweder selbst organisierte, betreute oder in Gemeinschaft mit anderen Organisationen veranstaltete.

Im Jahre 1979 wurde der Verband auch Mitglied der *European Franchise Federation*, deren ursprünglicher Sitz in Paris im Jahre 1981 nach Brüssel verlegt wurde. Die Geschäftsstelle des Verbandes befindet sich zum gegenwärtigen Zeitpunkt aber in dem Büro des französischen Verbandes, der *Fédération française de la Franchise*. Die meisten anderen europäischen Franchise-Verbände sind ebenfalls Mitglieder dieses europäischen Dachverbandes, der ständig Kontakt mit der EG-Kommission hält und in diesem Rahmen das Franchising auf europäischer und internationaler Ebene fördert und die wirtschaftlichen und rechtlichen Probleme des Franchising im Interesse aller Mitglieder erörtert.

Unter den vielen Aufgaben und Veranstaltungen des *Deutschen Franchise-Verbandes* sei im folgenden erwähnt: Seit 1981 gibt der Verband den „franchise report" heraus. Dieses Verbandsorgan erhalten alle Mitglieder. Überdies erhalten diese auch noch laufend einschlägige Informationen durch Rundbriefe.

Schon im Mai 1979 gab sich der Verband einen Ehrenkodex, der sein Verhalten regelte und eine Aufstellung von ethischen Geschäftsgrundsätzen beinhaltete, zu deren Beachtung sich alle Mitglieder des Verbandes in ihrer Betätigung im Rahmen ihrer Franchise-Systeme verpflichten. Dieser Verhaltenskodex ist allerdings durch die Übernahme des „Europäischen Verhaltenskodex für Franchising" abgelöst worden; alle Mitglieder der *European Franchise Federation* haben diesen Verhaltenskodex gleichlautend bei sich eingeführt (vgl. Kapitel XXXIX).

Höhepunkte der Verbandstätigkeit waren die jährlich stattfindenden Erfahrungsaustausch-Tagungen des Verbandes, an welche jeweils eine Jahres-Mitgliederversammlung gekoppelt war. Zum ersten Mal veranstaltete der *DFV* am 12. Mai 1986 in Gemeinschaft mit der *Nürnberger Akademie für Absatzwirtschaft (NAA)* und dem Nachrichten-Magazin „IMPULSE" in Frankfurt a.M. den 1. Deutschen Franchise-Tag. Mit etwa 400 Teilnehmern und darüber hinausgehenden Anmeldungen, die nicht alle angenommen werden konnten, war dies zu jenem Zeitpunkt die bisher größte in Europa veranstaltete Franchise-Tagung.

Zu den weiteren Tätigkeitsgebieten des Verbandes gehörten von Anfang an seine Bemühungen um Verbreitung der notwendigen Kenntnisse bei der Finanzierung vor allem von Franchisenehmern (vgl. hierzu Kapitel XXVIII).

Laufend verstärkt der Verband im Einklang mit der Aufwärtsentwicklung des Franchising seine Leistungen für die Mitglieder, namentlich auf wirtschaftlichen Gebieten: Informationen über alle wirtschaftlich und rechtlich relevanten Probleme des Franchising; Organisation von Erfahrungsaustausch-Tagungen (auch für Gäste); Beratung und Hilfen bei der Lösung von betrieblichen Einzelproblemen; Interessenvertretung im wirtschaftspolitischen Raum (z.B. bei staatlichen Existenzgründungshilfen). Der *DFV* leistet ferner Öffentlichkeitsarbeit für ein seriöses Franchising und zur Vermeidung unlauterer Franchise-Systeme.

Jährlich finden einmal die „Deutschen Franchise-Tagungen" statt, und zwar im allgemeinen einen Tag vor der seit einigen Jahren gegründeten „Internationalen Franchise-Messe", die zunächst in Wiesbaden, in den letzten drei Jahren jedoch in Essen veranstaltet wurde. Diese Messe hat von Jahr zu Jahr einen größeren Erfolg, zahlreiche Aussteller und viele Besucher aus allen Kreisen der Bevölkerung und der Wirtschaftsbereiche.

Um das Wissen und die Praxis des Franchising allen dafür interessierten Kreisen zugänglich zu machen, gründete der *DFV* im Jahre 1990 das *„Deutsche Franchise-Institut"*, und zwar in Gemeinschaft mit der *Deutschen Akademie für Absatzwirtschaft* und der *Syncon GmbH*.

Zahlreiche Kurse über alle Aspekte des Franchising werden unter immer stärkerer Beteiligung von Interessenten aus allen Wirtschaftskreisen abgehalten.

XXXVIII. Der Europäische Franchise-Verband

Die *European Franchise Federation (EFF)*, der europäische Franchise-Verband, ist ein gemeinnütziger internationaler Verein, der bereits am 23. September 1972 in Paris gegründet wurde. Seine Mitglieder sind in erster Linie die nationalen Franchise-Vereinigungen in Europa. Ferner nimmt die *EFF* auch solche nicht europäischen Franchise-Vereinigungen oder -Verbände als zusätzliche Mitglieder auf, wie auch andere juristische und natürliche Personen, die sich für Franchising interessieren bzw. mit Franchising in sonstiger Weise verbunden sind. Solche Mitglieder besitzen kein Wahlrecht und können kein Amt innerhalb der *EFF* bekleiden.

Die Ziele der *EFF* sind namentlich folgende:

1. die Verbreitung des Franchise-Gedankens in Europa;
2. der Schutz der Franchise-Wirtschaft durch Schaffung eines europäischen Verhaltenskodex für Franchising (diese Aufgabe wurde bereits erfüllt);
3. die Förderung der Entwicklung des Franchise-Konzepts in Europa;
4. die Repräsentation der Interessen der Franchise-Wirtschaft gegenüber internationalen Organisationen wie der *Kommission der EU* und dem *Europäischen Parlament*;
5. die Förderung und Repräsentation der europäischen Franchise-Wirtschaft und ihrer Mitglieder weltweit;
6. der Austausch von Informationen und Dokumentationen zwischen den nationalen Franchise-Verbänden in Europa und in der Welt;
7. die Erbringung von Dienstleistungen gegenüber den Mitgliedsverbänden.

Die *EFF* besitzt auch einen Rechtsausschuß. Jeder europäische Landesverband entsendet in diesen Ausschuß je zwei Juristen als Mitglieder, die in Franchise-Angelegenheiten hochqualifiziert sein müssen.

Ferner ist ein Franchising-Schiedsgericht eingerichtet worden, das denjenigen Parteien zur Verfügung steht, welche Auseinandersetzungen diesem Gremium zur Entscheidung vorzulegen wünschen.

Die Leitung der *EFF* liegt bei einem auf zwei Jahre gewählten Präsidenten und einem Vize-Präsidenten. Der Präsident wird jeweils turnusmäßig aus den verschiedenen Landesverbänden gewählt. Im übrigen setzt sich der Vorstand aus je einem Vertreter der ordentlichen Mitglieder der *EFF* zusammen. Zur Zeit der Abfassung dieser Zeilen hat die *EFF* elf ordentliche Vollmitglieder, nachdem Schweden ebenfalls den europäischen Verhaltenskodex für Franchising angenommen hat.

Die *EFF* hat in der Zeit ihres Bestehens den Zusammenhalt und die Zusammenarbeit mit der EG-Kommission erstellt, ebenso wie den nunmehr seit 1. Januar 1992 in Kraft getretenen, verbesserten und erweiterten Verhaltenskodex für Franchising. Ferner hat die *EFF* in jahrelangen Verhandlungen mit der EG-Kommission auf diese bei der Ausarbeitung der EG-Gruppenfreistellungs-Verordnung Einfluß genommen und die besondere Sachkunde ihrer Mitglieder zur Verfügung gestellt. Diese Verordnung, die in Kapitel XXXV dieses Buches näher erörtert wird und im Anhang in ihrem gesamten

Wortlaut abgedruckt ist, hat die bisher existierenden nationalen Verhaltensregeln abgelöst, so daß sie für das gesamte Gebiet der inzwischen vergrößerten EG – später auch für die gesamte erweiterte EU – einheitlich Gültigkeit haben wird.

Die *EFF* hat inzwischen auch begonnen, einen „EFF News Letter" herauszugeben, dessen erste beiden Nummern im Oktober 1993 und im März 1994 erschienen sind. Diese Publikation soll die Tendenzen im europäischen Franchising-System aufzeigen, über Mitglieder-Bewegungen informieren und Berichte über die Entwicklung des Franchising in den einzelnen europäischen Ländern veröffentlichen.

In ihrem letzten „News Letter" konnte die *EFF* berichten, daß neue Franchise-Verbände inzwischen sowohl in der Tschechischen Republik wie in Polen gegründet worden sind. Der „News Letter" enthält ferner Mitteilungen über die British Franchising Exhibition in Birmingham im Oktober 1993 sowie über die italienische Franchising Exhibition im Februar 1994. In der Türkei wurde ebenfalls die erste Franchising Exhibition veranstaltet. Ihr Erfolg war so groß, daß der türkische Franchise-Verband eine zweite Ausstellung vom 10. bis 13. September 1994 veranstaltet hat.

Die Anschrift der *EFF* befindet sich bei Abfassung dieser Zeilen in Paris, und zwar unter folgender Adresse:
60, rue La Boétie, F-75008 Paris,
Tel. 0033/1)53 75 22 25, Fax: 0033(1)53 75 22 20.

XXXIX. Der europäische Verhaltenskodex für Franchising

1. Grundlagen und Entstehung

Wie auf vielen Gebieten wirtschaftlicher Betätigung hat sich auch für die Praxis des Franchising die Zweckmäßigkeit, wenn nicht gar die Notwendigkeit ergeben, in Ergänzung zu den bestehenden Rechtsnormen Verhaltensgrundsätze aufzustellen, deren Einhaltung im Interesse aller Beteiligten und namentlich auch der Verbraucher liegt. Dem Beispiel Amerikas folgend hatten schon mehrere nationale Franchise-Verbände in mehreren europäischen Staaten, meist EG-Mitglieder, solche Verhaltensregeln aufgestellt. Sie beinhalten, wie es in dem ursprünglichen deutschen Ehrenkodex der Fall war, die Aufstellung von ethischen Geschäftsgrundsätzen, zu deren Beachtung alle Mitglieder (Firmen) des deutschen Verbandes verpflichtet wurden.

Schon frühzeitig beauftragte die EG-Kommission aufgrund dieser Erkenntnis den bereits 1972 in Paris gegründeten, später nach Brüssel verlegten Europäischen Franchise-Verband, die *European Franchise Federation (EFF)* mit der Aufgabe, einen europäischen Verhaltenskodex für Franchising auszuarbeiten. Er sollte zunächst Anwendung in den EG-Ländern finden, namentlich auch für grenzüberschreitende Systeme; bei Fortentwicklung des Gemeinsamen Marktes sollte er einheitlich für alle EG-Staaten gelten. An der Ausarbeitung dieses Dokuments, das im Jahr 1982 veröffentlicht wurde, war auch der *Deutsche Franchise-Verband* als Mitglied maßgeblich beteiligt. Bald zeigte sich, daß der Kodex nicht ausreichend den Anforderungen der Praxis entsprach, und es kam, ebenfalls im Einvernehmen mit der EG-Kommission unter Federführung der *EFF* zur Erstellung eines neuen Verhaltenskodex, der seit 1.1.1992 in Deutschland in der deutschen Fassung in Kraft trat. Inzwischen war bereits ab 1.2.1989 die von der EG-Kommission entworfene Gruppenfreistellungs-Verordnung für Franchising (vgl. hierzu Kapitel XXXV) in Kraft getreten, für welche der Kodex gewissermaßen eine Ergänzung darstellte.

2. Die wesentlichen Regelungen des Europäischen Verhaltenskodex

Der neue Verhaltenskodex ersetzt den bisherigen Verhaltenskodex sowie alle nationalen und regionalen Kodizes, die zur Zeit in Europa bestanden. Ganz klar wird in der Präambel herausgestellt, daß der Verhaltenskodex „als eine praktische Zusammenstellung wesentlicher Richtlinien für einen fairen Umgang zwischen Franchise-Partnern in Europa, jedoch nicht als Ersatz für eventuell anwendbares nationales oder EG-Recht gedacht" ist. Hierdurch soll klargestellt werden, daß es sich bei dem Verhaltenskodex nicht um Rechtsvorschriften handelt, da Franchise-Verträge selbstverständlich den nationalen Rechten bzw. dem Gemeinschaftsrecht unterstehen. Vielmehr sollen die Verhaltensregeln in erster Linie im Vorfeld und während des Lebens eines Franchise-Systems Richtlinien eines Berufsethos darstellen, welche die Partner eines Vertriebsnetzes zum Wohle aller beachten sollen. Gerade der Umstand, daß auf dem Gebiet des Waren- und Dienstleistungsvertriebs so viele unlautere Elemente ihr Unwesen treiben und auf unanständige, ja strafbare Weise ihre Partner schädigen, macht es erforderlich, daß Verhaltensregeln existieren, die in allen europäischen Ländern einen gleichmäßigen Standard für ein ethisches Verhalten im Leben der Franchise-Systeme festlegen. In anderen Gebieten des wirtschaftlichen und kaufmännischen Lebens haben sich berufliche Verhaltensregeln im allgemeinen weitgehend bewährt.

Alle der *EFF* beitretenden Mitglieder, d.h. im wesentlichen die Landesverbände – ob ordentliche oder angeschlossene –, erkennen durch ihren Beitritt den Verhaltenskodex in seiner endgültigen Form ohne Abänderung an. Um nationale Besonderheiten zu respektieren, können im Einzelfall Sonderklauseln oder -bestimmungen notwendig sein. Daher legt die Präambel fest, daß solche in einem Zusatzdokument beigefügt werden können, falls sie dem Kodex nicht widersprechen oder ihn beeinträchtigen. Durch unsere Mitgliedschaft in der *EFF* sind wir wie alle anderen Mitglieder verpflichtet, unsererseits die Beachtung und Anwendung des Kodex bei den eigenen Mitgliedern durchzusetzen. Dies hat der *Deutsche Franchise-Verband* bisher bezüglich seines eigenen früheren Ehrenkodex getan. Er bemühte sich, die europäischen Verhaltensregeln auch bei Franchise-Systemen durchzusetzen, die nicht oder noch nicht Mitglieder sind und vielleicht sogar in diesem Zusammenhang zu einer Verbandsmitgliedschaft veranlaßt werden können, so wie dies auch für andere nationale Verbände zu hoffen ist.

Der eigentliche europäische Verhaltenskodex enthält eine neue, relativ kurz gefaßte Definition des Franchising nebst einer Unterdefinition des Know-how-Begriffs. Diese Definitionen erläutern das Franchising und den Know-how-Begriff in Anlehnung an die Gruppenfreistellungs-Verordnung für Franchise-Vereinbarungen. Allerdings ist die neue Begriffsbestimmung des Franchising im Kodex weitergehend als diejenige der Gruppenfreistellungs-Verordnung, da sie auch den dritten Franchise-Typ, die sog. Produkt- oder industrielle Franchise umfaßt, ebenso wie sie auch den Franchise-Begriff nicht nur auf den Vertrieb von Einzelhändlern beschränkt, da ja Franchising zwischen allen denkbaren Geschäftsstufen betrieben werden kann. Man kann annehmen, daß auch die Kommission später ihre Begriffsbestimmung ausdehnt, wenn sie über ausreichende Erfahrungen und Unterlagen verfügt.

3. Einzelbestimmungen

In Abschnitt 2 werden zunächst die Leitsätze für Franchise-Systeme festgelegt. Zu den Pflichten des Franchisegebers gehört hiernach folgendes: ein in einem angemessenen Zeitraum und mit wenigstens einem Pilotprojekt erprobtes Geschäftskonzept anzubieten (2.1 (a)); das Vorhandensein bei dem Franchisegeber eines Eigentums- bzw. Lizenzrechts bezüglich gewerblicher Schutz- oder besonderer Kennzeichnungsrechte, etwa Patente, Gebrauchsmuster, Ausstattungen (2.1 (b)) sowie die Pflicht, eine Anfangsschulung durchzuführen und dem Franchisenehmer während der Vertragsdauer betriebswirtschaftliche und/oder technische Unterstützung zu gewähren (2.1 (c)).

Mit den Pflichten des Franchisenehmers befaßt sich Abschnitt 2 des Kodex. Von ihm wird erwartet (2.2 (a)), daß er seiner Absatzförderungspflicht intensiv mit dem Ziel des Wachstums seines Betriebes nachkommt und sich um die Wahrung des Systemimages bemüht. Zu seinen Pflichten gehört weiterhin, dem Franchisegeber nachprüfbare wirtschaftliche Informationen zukommen zu lassen, um ihm ein effizientes Systemmanagement zu erleichtern. Auch wird von dem Franchisenehmer erwartet, dem Franchisegeber bzw. seinen Beauftragten Zugang zu seinen Räumen und Unterlagen zu angemessenen Zeiten zu gestatten (2.2 (b)). Schließlich ist es dem Franchisenehmer nicht erlaubt, während oder nach Beendigung des Franchise-Verhältnisses das vom Franchisegeber vermittelte Know-how weiterzugeben (2.2 (c)).

Unter 2.3 (a) und (b) macht es der Kodex beiden Parteien zur Pflicht, in ihren Beziehungen Fairness walten zu lassen. Im Falle von Vertragsverletzungen soll der Franchisegeber seinen Franchisenehmer möglichst unter angemessener Festlegung einer Frist schriftlich abmahnen, innerhalb welcher der Verstoß zu beheben ist. Im übrigen sind beide Parteien gehalten, Klagen, Beschwerden und Differenzen durch faires und sachliches Gespräch in gutem Glauben zu klären.

Die Partnerwerbung ist eine vom Eurokodex besonders sorgfältig behandelte Materie (Abs. 3). Der Franchisegeber soll bei den Verhandlungen ohne Zweideutigkeit genaueste und nachprüfbare Angaben und Zahlen über die Verdienstchancen des Franchisenehmers machen und ihm vor Vertragsabschluß alle für das Vertragsverhältnis wichtigen Informationen zugängig machen. Auch die Übermittlung des gültigen Verhaltenskodex wird in dieser Verhandlungsphase von dem Franchisegeber erwartet (3. (a) bis (c)).

Neue, in den meisten Kodizes noch nicht vorhandene Regeln sind nunmehr für den Fall eines bindenden Vorvertrages festgelegt worden (3. (d)). Folgende Grundsätze sollen hier beachtet werden: Einmal soll der Franchisenehmer vorher eine schriftliche Mitteilung über den Zweck des Vorvertrages und die Höhe des von ihm zur Deckung der vorvertraglichen Aufwendungen des Franchisegebers zu zahlenden Entgelts erhalten, wobei diese Vergütung für den Fall des Zustandekommens des Vertrages zurückzuerstatten oder mit der Eintrittsgebühr zu verrechnen ist. Weiterhin soll der Vorvertrag eine Laufzeit und eine Kündigungsklausel enthalten. Dem Franchisegeber ist es erlaubt, Wettbewerbsverbote und Geheimhaltungsklauseln festzulegen, um sein Knowhow und sein Image zu schützen. Zu bemerken ist hier, daß in Deutschland bestimmte Typen von Vorverträgen häufig praktiziert werden, nämlich sog. Reservierungs- und Optionsverträge, die dem Franchisenehmer für einen gewissen Zeitraum ein Vertragsgebiet in dem betreffenden System reservieren.

In einem kurzen Abschnitt 4 über die „Auswahl von Franchisenehmern" heißt es:

„Ein Franchisegeber wird nur solche Franchisenehmer auswählen und akzeptieren, die aufgrund einer sorgfältigen Überprüfung in ausreichendem Umfang über die notwendige Qualifikation, die Ausbildung, die persönliche Eignung und die finanziellen Mittel verfügen, um einen Franchisebetrieb zu führen."

Durch diese Bestimmung soll den leider öfter vorkommenden Fällen vorgebeugt werden, bei denen wenig seriöse Franchisegeber schnell möglichst viele Franchisenehmer vertraglich verpflichten, um in den Besitz von sofort fälligen Eintrittsgebühren zu kommen, für die sie dann oft wenig oder nichts bieten.

Die Regeln für die Erstellung des Franchise-Vertrages bilden den letzten und fünften Abschnitt des neuen Eurokodex, dessen Inhalt besonders eingehend die Interessen der Mitglieder des Franchise-Netzes widerspiegelt und die Schutzrechte des Franchisegebers und das einheitliche Image des Systems wahren sollen (5. (a)). Ein lange in den Beratungen dieses Verhaltenskodex diskutierter Punkt war die Sprache, in der alle einschlägigen Abmachungen abzufassen sind. Man entschied sich für die Sprache des Landes, in welchem der Franchisenehmer seinen Sitz hat. Das bedeutet auch, daß dies die Sprache des Landesteils ist, in dem der Franchisenehmer tätig ist, mithin im Hinblick auf offiziell mehrsprachige Länder wie z.B. Belgien oder die Schweiz. Auf die persönliche Muttersprache des Franchisenehmers kommt es somit nicht an, da die Anerkennung eines solchen Grundsatzes zu mehr rechtlichen Komplikationen führen kann, als dies sinnvoll ist.

Als „unentbehrliches Minimum" für den endgültigen Franchise-Vertrag zählt der neue Kodex folgende, hiermit wörtlich wiedergegebenen Regelungen für seinen Inhalt (5. (c)) auf:

- die Rechte des Franchisegebers;
- die Rechte des Franchisenehmers;
- diejenigen Bestimmungen, die sich auf den Gebrauch der typischen Kennzeichnungen, des Systemnamens, des Warenzeichens, der Dienstleistungsmarke, des Ladenschilds, Logos oder andere besondere Identifikationsmerkmale des Franchisegebers beziehen;
- die Waren und/oder Dienstleistungen, die dem Franchisenehmer zur Verfügung zu stellen sind;
- die Pflichten des Franchisegebers;
- die Pflichten des Franchisenehmers;
- die Zahlungsverpflichtungen des Franchisenehmers;
- das Recht des Franchisegebers, das Franchise-System an neue oder geänderte Verhältnisse anzupassen;
- die Vertragsdauer, die so befristet sein soll, daß der Franchisenehmer seine Anfangsinvestitionen amortisieren kann;
- die Grundlage für eine Verlängerung des Vertrages;
- die Bedingungen, nach denen der Franchisenehmer das Franchise-Geschäft verkaufen oder übertragen kann sowie mögliche Vorkaufsrechte des Franchisegebers;
- Regelungen über die Beendigung des Vertrages;
- Bestimmungen über die sofortige Rückgabe des materiellen und immateriellen Eigentums des Franchisegebers oder eines anderen Inhabers nach Vertragsende.

Diese an sich schon weitgehend üblichen Regelungen allgemeinen Charakters enthalten allerdings zwei kleinere Probleme. Einmal wurde bezüglich der Vertragsdauer in den Beratungen erörtert, ob es dem Franchisenehmer gestattet sein soll, alle Investitionen oder nur Anfangsinvestitionen bis zum Ende der Vertragszeit zu amortisieren. Man entschied sich für die letzte Alternative, da sie allein bei Vertragsschluß eine übersehbare Größe ist und dem Franchisegeber nicht zugemutet werden kann, sich angesichts aller möglichen weiteren Investitionen des Franchisenehmers, die nicht unbedingt erforderlich sein können, auf eine ungewisse Dauer des Vertrags einzulassen.

Ferner hat auch die Regelung des drittletzten Absatzes bei einigen Stellen, z.B. auch den Amerikanern, Bedenken hervorgerufen, da man dem Franchisenehmer nicht jederzeit die Möglichkeit des Verkaufs seines Betriebes mit den inhärenten unabsehbaren Folgen zugestehen wollte. Jedoch erschien dies als beste Methode, um das friedliche Ausscheiden eines Franchisenehmers zu ermöglichen, der aus den verschiedensten

Gründen aus dem System ausscheiden möchte. Mit dieser Lösung werden auch mögliche unerfreuliche Streitigkeiten im Falle von Kündigungen vermieden.

XXXX. Ausblick: Franchising vor der Wende des Jahrhunderts

Während in der Vorauflage der Ausblick auf die künftige Entwicklung des Franchising noch relativ zurückhaltend beurteilt werden konnte, hat sich in den seitdem vergangenen fast acht Jahren die Akzeptanz des Franchising, man kann beinahe sagen, in fast allen Ländern dieser Welt so gut wie ausnahmslos durchgesetzt.

Vom 15. bis 18. Juni 1994 hat in Lissabon eine gemeinsame Tagung der amerikanischen *International Franchise Association (IFA)* und der *European Franchise Federation (EFF)*, dem europäischen Dachverband der europäischen Landesverbände, stattgefunden. Die Präsidenten und Delegierten der teilnehmenden Verbände haben sich auf die Gründung eines *World Franchise Council*, mithin eines Weltverbandes aller Franchise-Verbände geeinigt, welcher die weltweite Koordination des Franchising festlegen soll. Die Ziele dieser neuen weltweiten Struktur sind:

- der Erfahrungsaustausch unter den Verbänden,
- die Förderung des Ehrenkodex für Franchising,
- die Harmonisierung und Vertiefung des Franchising.

Der *World Franchise Council* soll im Jahre 1995 seine Tätigkeit aufnehmen. Die herausragenden Verhandlungen und der multikulturelle Ideenaustausch haben den Franchisegebern die Möglichkeit gegeben, ihre Strategien neu zu orientieren, um in der Lage zu sein, eine immer universellere Angleichung der Volkswirtschaften herbeizuführen.

Allein die Lissaboner Tagung und die dort erörterten Zukunftspläne des Franchising lassen erkennen, daß heute der Wert des Franchising als solcher überhaupt nicht mehr einer kritischen Beurteilung unterliegt, sondern daß es sich um eine allseits anerkannte wirtschaftliche Vertriebsstruktur handelt.

XXXXI. Anhang – Texte

1. Modell eines Franchise-Vertrags 268

2. Europäischer Verhaltenskodex für Franchising zugleich Ehrenkodex für Mitglieder des *Deutschen Franchise-Verbandes e.V. München* (gültig ab 1.1.1992) 279

3. Gruppenfreistellungs-Verordnung für Franchise-Vereinbarungen Verordnung (EWG) Nr. 4087/88 der Kommission vom 30. November 1988 über die Anwendung von Artikel 85 Absatz 3 des Vertrages auf Gruppen von Franchise-Vereinbarungen 284

4. Standard-Franchise-Vertrag der *Yves Rocher GmbH* 296

5. Veröffentlichung der EG-Kommission betreffend Anmeldung des Vertrags von *Yves Rocher* 307

6. Merkblatt Schlichtungsverfahren 311

7. BC-NET – grenzüberschreitende Partnervermittlung General presentation 314

8. Gesetz gegen Wettbewerbsbeschränkungen (Kartellgesetz) – Auszug . . 316

9. Gesetz zur Regelung des Rechts der Allgemeinen Geschäftsbedingungen (AGB-Gesetz) – Auszug 322

10. Gesetz gegen den unlauteren Wettbewerb – Auszug Vom 7. Juni 1909 (RGBl. S. 499) mit allen Änderungen und einer Anwendungsmaßnahme für das Gebiet der ehem. DDR (BGBl. III 43-1) . . 328

11. Bürgerliches Gesetzbuch (BGB) – Auszug 332

12. Handelsgesetzbuch (HGB) – Auszug 334

13. Verbraucherkreditgesetz (VerbrKrG) – Auszug 343

14. Richtlinien des *Deutschen Franchise-Verbands e.V.* „Training bei Franchise-Systemen" 347

1. Modell eines Franchise-Vertrages*

Franchise-Vertrag

zwischen

der Firma A & B Großhandels GmbH … (nachfolgend Franchisegeberin genannt)

und

Herrn (Firma) X … (nachfolgend Franchisenehmer genannt)

Präambel

Die Franchisegeberin betreibt seit längeren Jahren einen Großhandel mit Möbeln und Teppichen und genießt auf dem Markt allgemeine Anerkennung. Sie hat nunmehr nach intensiver Vorbereitung auf der Grundlage einer zeitgemäßen Markting-Konzeption ein neues Vertriebssystem entwickelt, durch welches Einzelhändlern in der gesamten Bundesrepublik Deutschland, die sich dem System anschließen, die Möglichkeit geboten wird, im Rahmen dieses Vertriebssystems für den gehobenen Wohn- und Gewerbebedarf ihren Kunden ein optimales Angebot von hochwertigen Möbeln und Teppichen für die Neugestaltung, Verschönerung und Erweiterung von Innenräumen anzubieten. Die wesentlichen Merkmale des neuen Vertriebssystems sind folgende:

a) Das bei dem Deutschen Patentamt in München als Warenzeichen unter der Nr. … eingetragene (angemeldete) Wortbildzeichen „A & B",

b) Der Name und die Bezeichnung „A & B",

c) die systemtypische Verwendung der Farben und Farbkombinationen grün-rot-grün …

d) die weiteren Kennzeichen, Symbole und sonstigen Geschäftsbezeichnungen, welche von der Franchisegeberin für das Vertriebssystem künftig noch benutzt werden.

e) ein hochwertiges Möbel- und Teppichsortiment, sowie ein sich ständig erneuerndes Erfahrungswissen (Know-how) auf dem Gebiet des Vertriebs von hochwertigen Möblierungen, Teppichen sowie Zubehör,

f) ein umfassendes Marketing- und Werbekonzept,

g) die laufende Beratung des Franchisenehmers sowie Lehrgänge für ihn und geeignete Mitarbeiter.

---

* Dieses Modell soll nur zeigen, wie ein Franchisevertrag gestaltet werden kann. Es soll und kann keineswegs die Ausarbeitung eines individuellen Vertrages und die dazugehörende Beratung ersetzen.

Der Franchisenehmer erklärt, daß er den vorliegenden Vertrag und die ihm gemachten Angaben nebst sämtlichen Unterlagen und Ziffern einschließlich des Betriebshandbuchs, der Richtlinien und Anweisungen des Franchisegebers eingehend geprüft und Gelegenheit gehabt hat, Funktions- und Rentabilitätschancen des Systems mit seinen Beratern zu erörtern, und daß er mit dem Inhalt des Vertrages konform geht. Die Vertragschließenden vereinbaren nunmehr folgendes:

§ 1   Gewährung der Rechte an den Franchisenehmer

1. Nach Maßgabe der nachfolgenden Bestimmungen gewährt die Franchisegeberin hiermit dem Franchisenehmer das Recht, in ... (Ort) in den in seinem Besitz befindlichen Geschäftsräumen in der ... (Straße) ein Einzelhandelsgeschäft für Möbel und Teppiche im Rahmen des in der Präambel beschriebenen Vertriebssystems entsprechend den Bestimmungen des Vertrages und den Richtlinien der Franchisegeberin zu eröffnen.

2. Die gegenständliche Franchise wird für ein Vertragsgebiet erteilt, welches nachstehend beschrieben und in der beigefügten Karte eingezeichnet ist: ... Die Franchisegeberin wird für dieses Gebiet keine andere Franchise erteilen und auch selbst dort keine systemtypischen Gegenstände vertreiben.

§ 2   Die rechtliche Stellung des Franchisenehmers

1. Der Franchisenehmer wird seinen Betrieb auf eigene Rechnung und Gefahr als selbständiger Kaufmann führen.

2. Im Einklang mit den nachfolgenden Bestimmungen und im Rahmen der Richtlinien der Franchisegeberin wird der Franchisenehmer die in der Präambel aufgeführten Schutzrechte, den Namen und die Geschäftsbezeichnung „A & B", die Symbole, Ausstattungen und sonstige zum Vertriebssystem der Franchisegeberin gehörenden Kennzeichen und Bezeichnungen für seinen Geschäftsbetrieb benutzen. Dies gilt auch für künftige Marken, Namen oder sonstige Kennzeichnungen, welche die Franchisegeberin künftig zur Identifizierung ihres Systems einführen wird.

3. Dem Franchisenehmer wird die Franchise nur im Hinblick auf seine persönlichen Eigenschaften, Fähigkeiten und seinen Ruf gewährt. Er darf den Namen und die Wortbildmarke „A & B" sowie andere jetzt schon verwendete oder später von der Franchisegeberin benutzte Symbole oder Farben und sonstige Bezeichnungen nicht in den Firmennamen seines Geschäftsbetriebes, seiner Geschäftsstellen oder seiner Gesellschaft aufnehmen, die er zur Ausübung der ihm durch die Franchise gewährten Rechte gründen sollte oder in welche er zu diesem Zwecke eintritt.

4. Der Name und die Marke „A & B", die Eigentum der Franchisegeberin sind, wird dem Franchisenehmer daher nicht firmenmäßig, sondern lediglich zur Kennzeichnung seiner geschäftlichen Tätigkeit benutzen.

5. Während der Dauer dieses Vertrages wird der Franchisenehmer keine Erzeugnisse fremden Fabrikats gleicher Art vertreiben und jeden unmittelbaren oder mittelbaren

Wettbewerb mit solchen Produkten unterlassen. Dasselbe gilt für die Beteiligung jeglicher Art an konkurrierenden Unternehmen und für die Beratung solcher Firmen.

6. Dem Franchisenehmer ist es nicht gestattet, Unterlizenzen bzw. Unterfranchisen ohne vorherige schriftliche Einwilligung der Franchisegeberin zu erteilen. Der Franchisenehmer ist ferner nicht berechtigt, außer an seiner in § 1 dieses Vertrages bezeichneten Anschrift andere Betriebe und Filialen zu eröffnen, es sei denn, daß die Marktlage dies zuläßt und die Franchisegeberin ihm die entsprechende Erweiterung dieses Vertrages oder einen zusätzlichen Vertrag anbietet.

§ 3   Errichtung der Verkaufsstelle des Franchisenehmers

1. Binnen … Wochen nach Unterzeichnung und Inkrafttreten dieses Vertrages und spätestens einen Monat nach Abschluß des von der Franchisegeberin angebotenen Schulungskurses (vgl. § 5) wird der Franchisenehmer seinen Geschäftsbetrieb auf seine Kosten eröffnen, nachdem er sich die gegebenenfalls hierzu notwendigen behördlichen Genehmigungen beschafft hat.

2. Die Franchisegeberin übermittelt dem Franchisenehmer die fertige Konzeption für die optimale Aufteilung, Gestaltung einschließlich der Außen- und Innenausstattung seiner Verkaufsstelle. Der Franchisenehmer wird sich bei der Einrichtung des Betriebes an die Richtlinien und Empfehlungen der Franchisegeberin halten, damit das gemeinsame Image aller A&B-Verkaufsstellen in der BRD erhalten bleibt.

3. Die Franchisegeberin wird den Franchisenehmer bei Errichtung seines Betriebes in dem erforderlichen und vereinbarten Umfang auf der Grundlage ihrer Erfahrungen mit Rat und Tat unterstützen, um eine zügige und kostengünstige Fertigstellung des Betriebes zu fördern.

4. In seiner gesamten Korrespondenz einschließlich von Lieferscheinen, Quittungen usw. wird der Franchisenehmer Geschäftspapiere benutzen, auf denen der Name und die Marke „A&B" verwendet wird, und zwar unter Hinzufügung seiner eigenen Firma bzw. seine Geschäftsbezeichnung. Die Ausgestaltung der Geschäftspost wird er vorher im Interesse des gemeinsamen System-Images mit der Franchisegeberin abstimmen.

§ 4   Die Führung des Betriebes durch den Franchisenehmer

1. Für die Führung seines Betriebes wird der Franchisenehmer seine gesamte Arbeitskraft zur Verfügung stellen; eine andere Beschäftigung oder Nebentätigkeit wird der Franchisenehmer nur nach schriftlicher Einwilligung der Franchisegeberin übernehmen. Der Franchisenehmer wird sich bei seiner Betriebsführung an die allgemeinen Richtlinien und Instruktionen der Franchisegeberin halten und in seinem eigenen Interesse alles tun, um das Image des Systems zu erhalten und zu fördern, ebenso wie er alles unterlassen wird, was der Franchisegeberin oder anderen Betrieben des Systems schaden könnte.

2. Der Franchisenehmer ist zur konsequenten Betreuung aller potentiellen Kunden sowie auch der ihm infolge der überregionalen Werbung (§ 7) zugegangenen Nachfragen verpflichtet. Er und seine Mitarbeiter werden die Kundschaft über die besondere Qualität und die Ausgestaltung aller Waren aus dem Sortiment der präsentierten Artikel eingehend anhand der ihm von der Franchisegeberin zur Verfügung gestellten Unterlagen unterrichten.

3. Das gemeinsame Image des A&B-Systems macht es erforderlich, daß die Verkaufsstelle des Franchisenehmers sich stets in ordentlichem Zustand den Besuchern präsentiert und das Personal nur in entsprechender Kleidung in Erscheinung tritt. Entsprechende Hinweise und Empfehlungen der Franchisegeberin wird der Franchisenehmer beachten.

§ 5   Unterstützung und Beistand durch die Franchisegeberin

1. Die Franchisegeberin wird dem Franchisenehmer bei seiner Tätigkeit im Rahmen des A&B-Systems jederzeit in allen Angelegenheiten mit Rat und Tat zur Seite stehen.

2. Um das einheitliche Image des A&B-Betriebes zu gewährleisten, werden Vertreter der Franchisegeberin dem Betrieb des Franchisenehmers von Zeit zu Zeit einen Besuch abstatten und in allen einschlägigen Fragen dem Franchisenehmer und seinen Mitarbeitern zur Verfügung stehen. Diesen Beauftragten der Franchisegeberin ist der erforderliche Einblick in die entsprechenden geschäftlichen Unterlagen zu gewähren.

3. Sollten die Beauftragten der Franchisegeberin gewisse Verbesserungen in dem Geschäftsbetrieb des Franchisenehmers für notwendig halten, die im Interesse einer optimalen Ausnutzung der wirtschaftlichen Möglichkeiten sowie der Einheitlichkeit und Wirksamkeit des A&B-Systems angebracht erscheinen, so ist der Franchisenehmer gehalten, entsprechend den Vorschlägen der Beauftragten die empfohlenen Maßnahmen durchzuführen.

§ 6   Seminare und Ausbildung

1. Der Franchisenehmer wird sich vor Eröffnung seines Betriebes in dem Betrieb der Franchisegeberin einer Ausbildung unterziehen, um sich mit den kommerziellen, technischen, betriebswirtschaftlichen und werblichen Problemen seines Betriebes vertraut zu machen. Die Dauer der Ausbildung beträgt mindestens zwei Wochen. Erst nach erfolgreicher Teilnahme kann der Franchisenehmer seinen Betrieb eröffnen.

2. Die Kosten für den vorerwähnten Kurs übernimmt die Franchisegeberin. Die Reise-, Unterkunfts- und Verpflegungskosten gehen zu Lasten des Franchisenehmers. Das gleiche gilt, falls bei gewissen Mitarbeitern des Franchisenehmers eine entsprechende Schulung nach Auffassung der Franchisegeberin notwendig erscheint.

3. Der Franchisenehmer ist ferner gehalten, mindestens einmal jährlich an Informationskursen der Franchisegeberin teilzunehmen, um sich über neue Entwicklun-

gen, Erfahrungen und Produkte zu unterrichten. Dasselbe gilt für solche Mitarbeiter, die auch an einem anfänglichen Ausbildungskurs teilgenommen haben.

§ 7   Werbung und Verkaufsförderung

1. Die Werbung für das A&B-System wird für das gesamte Gebiet der Bundesrepublik Deutschland regional unter Beachtung der landsmannschaftlichen Verschiedenheiten von der Franchisegeberin durchgeführt, so daß deren Vorteile auch dem Franchisenehmer zugute kommen. Bei größerer Ausdehnung des Systems ist auch eine bundeseinheitliche Werbung in Aussicht genommen; insoweit müßten gegebenenfalls zusätzliche Vereinbarungen getroffen werden.

2. Der Franchisenehmer wird auf seine Kosten die lokale Werbung in seinem Vertragsgebiet mit den von der Franchisegeberin konzipierten und gegen Selbstkosten ihm zur Verfügung gestellten Werbemitteln betreiben. Er wird hierbei die Werberichtlinien konsequent einhalten. Abgesehen von kleinen Anzeigen wird er die Werbung nur im vorherigen Einverständnis mit der Franchisegeberin durchführen. Er wird hierbei immer Sorge dafür tragen, daß das Image des gesamten Systems gewahrt und gefördert wird.

3. Die Franchisegeberin wird dem Franchisenehmer die notwendige Verkaufsförderung zuteil werden lassen. Sie kann Absatzförderungs-Programme aufstellen und Werbekampagnen konzipieren, an deren Durchführung sich der Franchisenehmer nach entsprechender Vereinbarung in angemessener Form beteiligen wird.

§ 8   Schutzrechte der Franchisegeberin

1. Die Franchisegeberin wird die zum A&B-System gehörenden Schutzrechte aufrechterhalten und schützen, und zwar namentlich auch, wenn dem Franchisenehmer gegenüber Angriffe erfolgen, welche solche Schutzrechte, insbesondere den Namen des Systems, seine Marke, seine Symbole, Kennzeichnungen sowie das vermittelte Know-how berühren.

2. Der Franchisenehmer seinerseits ist gehalten, die Franchisegeberin im Rahmen der Gesetze bei der Aufrechterhaltung dieser Schutzrechte zu unterstützen und sie von schon vorhandenen oder drohenden Beeinträchtigungen der Schutzrechte des Systems zu unterrichten.

3. In allen Fällen ist es jedoch dem pflichtgemäßen und dem Sinn des Vertrages entsprechenden Ermessen der Franchisegeberin überlassen, ob sie gegen Schutzrechtsverletzungen durch Dritte einschreiten will oder nicht. Das berechtigte Interesse des Franchisenehmers muß bei dieser Entscheidung berücksichtigt werden.

4. Sollte ein gewerbliches Schutzrecht der Franchisegeberin, namentlich das Warenzeichen, später gelöscht, versagt, beschränkt oder für nichtig erklärt werden, so bleibt dies ohne Einfluß auf die Wirksamkeit des vorliegenden Vertrages. Die Franchisegeberin wird gegebenenfalls ein anderes Schutzrecht schaffen bzw. erwirken, das an die Stelle des bisherigen tritt. Über etwa notwendige Anpassungen dieses Vertrages, insbesondere der Gebühren, werden sich die Parteien gegebenen-

falls verständigen. Der Franchisenehmer wird im übrigen die Schutzrechte der Franchisegeberin weder angreifen noch durch Dritte angreifen lassen oder auch Dritte bei solchen Angriffen in irgendeiner Form unterstützen.

§ 9   Lieferung von Waren durch die Franchisegeberin

1. Der Franchisenehmer wird für sein Einzelhandelsgeschäft alle Erzeugnisse und Artikel, die den Namen und die Marke „A&B" tragen, ausschließlich von der Franchisegeberin bzw. von den durch sie benannten Lieferanten beziehen. Er darf Artikel von Firmen, deren Produkte in Konkurrenz zu A&B-Erzeugnissen stehen, nicht zum Verkauf anbieten, um das einheitliche Image des Systems nicht zu beeinträchtigen. Bei vorheriger schriftlicher Einwilligung darf er jedoch Artikel anderer Firmen in seinem Betrieb verkaufen, insbesondere wenn sie nicht in dem Programmspektrum der Franchisegeberin enthalten sind.

2. Die Erzeugnisse der Franchisegeberin werden dem Franchisenehmer zu den Preisen aufgrund der jeweils gültigen Preislisten der Franchisegeberin geliefert. Im übrigen gelten die allgemeinen Lieferungs- und Zahlungsbedingungen der Franchisegeberin, die dem Franchisenehmer übergeben worden sind. Um eine schnelle und rechtzeitige Lieferung zu ermöglichen, wird der Franchisenehmer seine Bestellungen zeitgerecht und unter genauen Angaben anhand der dafür vorgesehenen Formulare und aufgrund der jeweils gültigen ihm zugegangenen letzten Preislisten aufgeben.

3. Der Franchisenehmer ist gehalten, jederzeit alle Artikel des A&B-Programms in genügender Anzahl auf Lager zu halten, um die normale Nachfrage der Kundschaft zu befriedigen. Das gleiche gilt für Ersatzteile, wobei vornehmlich Erzeugnisse der Franchisegeberin bereitzuhalten sind.

§ 10   Haftung und Versicherungen

1. Der Franchisenehmer ist selbständiger Kaufmann und haftet als solcher für alle Ansprüche, namentlich Schadensersatzansprüche, die gegen ihn aus seiner Tätigkeit von irgendeiner Seite hergeleitet werden, sowie für Schäden, die ihn bei seiner Geschäftätigkeit sonst treffen können. Er ist daher verpflichtet, um Schaden für sich und das gesamte System abzuwenden, zur Eröffnung seines Betriebes die üblichen Versicherungen eines Geschäftsbetriebes abzuschließen. Hierzu gehört – neben Versicherungen, die in besonderen Fällen notwendig erscheinen – namentlich der Versicherungsschutz gegen jegliche Haftpflichtansprüche Dritter, auch für Handlungen und Schäden, die durch seine Mitarbeiter entstehen, gegen Feuer, Einbruch etc., gegen Betriebsunterbrechungen sowie gegen alle Risiken, deren Versicherung die Franchisegeberin jeweils für notwendig hält.

2. Der Franchisenehmer wird der Franchisegeberin jederzeit auf Verlangen Auskunft sowie Einblick in die Versicherungsunterlagen gewähren und den Abschluß und die Aufrechterhaltung der notwendigen Versicherungen nachweisen. Gegebenenfalls wird er die Franchisegeberin dazu ermächtigen, zusätzliche Informationen bei den Versicherungsgesellschaften zu beschaffen.

3. Die Franchisegeberin ist durch den Franchisenehmer von allen Schadensersatzansprüchen, die aus dessen Geschäftstätigkeit hergeleitet werden, freizustellen, falls solche gegen sie geltend gemacht werden sollten. Eine unmittelbare Haftung der Franchisegeberin ist nur gegeben, wenn sie selbst oder ihre Erfüllungs- oder Verrichtungsgehilfen im Rahmen der Gesetze ein Verschulden trifft, z.B. im Fall der Produkthaftung.

§ 11   Preisbildung

Als selbständiger Kaufmann ist der Franchisenehmer in der Bildung seiner Preise völlig frei. Er wird sich aber im Interesse des gesamten Systems überhöhter Preise bzw. der Preisschleuderei enthalten. In gesetzlich zulässigem Rahmen wird die Franchisegeberin ihm auf Wunsch Kalkulationshilfen zur Verfügung stellen.

§ 12   Franchise-Gebühren

1. Als Beitrag zur Abgeltung der Leistungen der Franchisegeberin beim Aufbau des Systems wird der Franchisenehmer eine Abschlußgebühr von DM … an die Franchisegeberin zahlen, die innerhalb einer Woche nach Unterzeichnung dieses Vertrages fällig ist.

2. Ferner hat der Franchisenehmer zur Abgeltung fortlaufender Leistungen der Franchisegeberin eine laufende Franchise-Gebühr von … vom Hundert von seinem Gesamtumsatz (abzüglich MwSt.) zu entrichten. Bis zum 10. jeden Monats wird der Franchisenehmer alle Umsätze des Vormonats der Franchisegeberin melden und binnen einer weiteren Woche die sich hieraus ergebenden Gebühren zahlen.

§ 13   Vertraulichkeit und Geheimhaltung

1. Die Vertragschließenden werden alle gegenseitigen Erkenntnisse über ihre Geschäftsbetriebe vertraulich behandeln. Insbesondere wird der Franchisenehmer die ihm von der Franchisegeberin übermittelten Informationen und deren grundlegende Dokumentation über das Know-how sowie alle ergänzenden Mitteilungen hierzu geheim halten.

2. Auch nach Ablauf des Vertrages werden die Vertragschließenden alle als vertraulich und geheim anzusehenden Tatsachen und Mitteilungen geheim halten.

§ 14   Dauer des Vertrages

1. Der vorliegende Vertrag wird für die Dauer von drei Jahren geschlossen. Er tritt mit seiner Unterzeichnung in Kraft.

2. Wird der Vertrag nicht mindestens drei Monate vor seinem Ablauf von einer Partei gekündigt, so verlängert er sich automatisch jeweils um ein weiteres Jahr.

§ 15   Fristlose und außerordentliche (vorzeitige) Kündigung

1. Jede der Parteien ist berechtigt, diesen Vertrag, dessen Durchführung ein besonderes Vertrauensverhältnis zwischen den Beteiligten voraussetzt, aus wichtigem Grund ohne Einhaltung der Kündigungsfrist zu kündigen. Ein wichtiger Grund ist insbesondere die grobe Verletzung des Vertrages und die Nichtzahlung von Gebühren nach Abmahnung. Das gleiche gilt für den Fall der Eröffnung des Konkurses oder des Vergleichsverfahrens über das Vermögen einer Partei bzw. seiner Gesellschaft, sowie im Falle von Zwangsvollstreckungsmaßnahmen gegen ihn oder sein Unternehmen, die das Image des Systems nachteilig beeinflussen.

2. Im Falle des Ablebens des Franchisenehmers ist die Franchisegeberin zur Kündigung des Vertrages mit einer Frist von einem Monat berechtigt. Sie kann jedoch mit einem oder mehreren Erben des Franchisenehmers den Vertrag fortsetzen, wenn diese den an sie zu stellenden kaufmännischen, finanziellen und persönlichen Anforderungen entsprechen.

3. Die Franchisegeberin ist weiterhin berechtigt, mit einer Frist von drei Monaten zum Monatsende diesen Vertrag zu kündigen, falls der Franchisenehmer wegen längerer Krankheit nicht in der Lage ist, seinen Betrieb ordnungsgemäß zu führen. Ohne daß ein wichtiger Grund im Sinne des Gesetzes vorzuliegen braucht, kann im übrigen jede Partei diesen Vertrag mit der gleichen Frist kündigen, wenn das Vertrauensverhältnis ernsthaft gestört ist oder der Umsatz des Franchisenehmers so schwach ist oder so stark gesunken ist, daß eine gedeihliche Weiterentwicklung des Geschäftsbetriebes nicht gewährleistet ist, im letzteren Falle jedoch nur, wenn die Tätigkeit des Franchisenehmers mindestens neun Monate gedauert hat.

§ 16   Rechtsfolgen der Beendigung des Vertrages

1. Mit sofortiger Wirkung hat der Franchisenehmer bei Ablauf dieses Vertrages den Gebrauch des Namens, der Marke, sämtlicher Kennzeichen sowie sonstiger Schutzrechte der Franchisegeberin einzustellen. Er ist verpflichtet, sämtliche ihm übergebenen Handbücher, Richtlinien, Instruktionen und Unterlagen, die mit dem Franchise-System zusammenhängen, an die Franchisegeberin herauszugeben.

2. Bei Zuwiderhandlungen gegen die vorstehenden Bestimmungen hat der Franchisenehmer für jeden einzelnen Verstoß eine Vertragsstrafe von DM … verwirkt, die Geltendmachung weiteren Schadens ist dadurch nicht ausgeschlossen.

3. Bei Vertragsende kann der Franchisenehmer, falls er dies wünscht, binnen zwei Wochen seinen Lagerbestand frachtfrei der Franchisegeberin zurückliefern. Dies bezieht sich jedoch nur auf verkaufsfähige und in erstklassigem Zustand befindliche Waren. Diese wird die Franchisegeberin zum Bezugspreis abzüglich einer Bearbeitungsgebühr von … % zurücknehmen.

§ 17   Nachvertragliches Wettbewerbsverbot

1. Der Franchisenehmer verpflichtet sich, falls dieser Vertrag aus irgendeinem Grund beendet wird, für einen Zeitraum von zwei Jahren weder direkt noch indirekt und

auch nicht beratend in seinem bisherigen Vertragsgebiet oder einem unmittelbar angrenzenden Gebiet für ein Unternehmen tätig zu werden, das sich in dem gleichen oder ähnlichen und mit der Franchisegeberin konkurrierenden Geschäftszweig betätigt. Die Franchisegeberin hat, soweit dies der Billigkeit entspricht, zur Abgeltung dieser Wettbewerbsbeschränkung eine angemessene Entschädigung zu zahlen.

2. Diese Abrede wird noch in einem besonderen Schriftstück festgelegt. Für jeden Fall der Zuwiderhandlung hat der Franchisenehmer eine Vertragsstrafe von DM ... verwirkt; die Geltendmachung weiteren Schadens wird hierdurch nicht ausgeschlossen.

§ 18   Veräußerung des Betriebes durch den Franchisenehmer – Optionsrecht der Franchisegeberin

1. Da dem Franchisenehmer die in diesem Vertrage bezeichneten Rechte persönlich übertragen sind (§ 2), ist eine Abtretung dieser Rechte grundsätzlich nicht statthaft. Sollte der Franchisenehmer jedoch aus irgendeinem Grunde aus dem Vertragsverhältnis während seiner Laufzeit ausscheiden wollen, so kann er seinen Geschäftsbereich mit Zustimmung der Franchisegeberin an einen von ihm in Aussicht genommenen Käufer veräußern, hat aber vorher der Franchisegeberin unter Benennung dieses Kaufinteressenten seinen Geschäftsbetrieb schriftlich unter genauer Angabe derjenigen Bedingungen anzubieten, die er diesem Interessenten genannt hat.

2. Die Franchisegeberin kann dieses Angebot innerhalb von einem Monat annehmen, andernfalls kann der Franchisenehmer seinen Geschäftsbetrieb an den vorgenannten Interessenten zu Bedingungen veräußern, die nicht günstiger sind als die vorher genannten. Voraussetzung für diese Veräußerung an einen Dritten ist jedoch immer, daß der Betreffende in persönlicher, kaufmännischer und finanzieller Hinsicht den Anforderungen entspricht, die das A&B-System an einen Franchisenehmer stellen muß, daß der Betreffende nicht an einem Konkurrenzunternehmen beteiligt ist oder dieses berät, sowie weiterhin bereit ist, an den erforderlichen Seminaren und Schulungskursen der Franchisegeberin gemäß diesem Vertrag teilzunehmen.

3. Wenn diese Voraussetzungen vorliegen, hat die Franchisegeberin ihre Zustimmung binnen einem weiteren Monat nach Ablauf der obigen Frist zu erteilen. Soweit ein Interessent nach vorstehenden Bestimmungen als Erwerber des Geschäfts nicht in Betracht kommt und abgelehnt wird, lebt jeweils das Optionsrecht der Franchisegeberin entsprechend obiger Regelung wieder auf.

§ 19   Nebenabreden/Gerichtsstand

1. Dieser Vertrag tritt mit seiner Unterzeichnung in Kraft. Nebenabreden sind nicht getroffen. Dies gilt nicht für die gemäß § 17 Ziff. 2 zu erstellende Urkunde sowie für begleitende Verträge.

2. Alle Änderungen dieses Vertrages müssen schriftlich erfolgen und von beiden Parteien unterzeichnet werden. Mündliche Abreden sind nicht wirksam.

3. Gerichtsstand für alle aus diesem Vertrage entstehenden Streitigkeiten ist …

§ 20   Unwirksame, undurchführbare Vertragsbestimmungen sowie Ergänzung des Vertrages

Sollte eine Bestimmung dieses Vertrages unwirksam oder nicht durchführbar sein, so werden die übrigen Bestimmungen dieses Vertrages davon nicht betroffen. Die Vertragschließenden sind verpflichtet, in solchem Falle gegebenenfalls die unwirksame Bestimmung entsprechend dem Sinne dieses Vertrages im gegenseitigen Einvernehmen durch eine andere zu ersetzen, durch die der beabsichtigte Vertragszweck, soweit dies möglich ist, in rechtlich zulässiger Weise erreicht werden kann. Das gleiche gilt für den Fall, daß die erforderliche Regelung einiger Punkte in dem Vertrag übersehen worden ist.

…………………, den ……………   …………………, den ……………

………………………………………..   ………………………………………

      Franchisegeberin   Franchisenehmer

Genehmigung des Ehepartners

Ich, der im gesetzlichen Güterstand der Zugewinngemeinschaft mit dem Franchisenehmer lebende Ehegatte, genehmige hiermit die Unterschrift meines Ehegatten unter dem vorstehenden Vertrag und seinen Bestimmungen.

……………, den …………………

………………………………………

      Ehegatte

Zusätzliches Schriftstück* zum Franchise-Vertrag zwischen ... Franchisegeberin und ... Franchisenehmer vom ...

Der Franchisenehmer wird hiermit ausdrücklich darauf hingewiesen, daß er diesen Vertrag gemäß § 7 des Verbraucherkreditgesetzes binnen einer Woche schriftlich widerrufen kann. Diese Frist beginnt an dem auf die Aushändigung dieser Belehrung am ... folgenden Tag zu laufen. Es genügt die rechtzeitige Absendung des Widerrufs. Der Widerruf ist gegenüber der Franchisegeberin, der Firma ... in ... auszusprechen.

................, den ....

....
          Franchisenehmer

---

*   **Besondere Anmerkung:** Bezüglich der drucktechnisch deutlichen Gestaltung dieses Schrift-
     stückes wird auf Kap. XXV, 3, verwiesen. Am besten sollte das Schriftstück auf besonderem
     Blatt und in Lettern geschrieben sein, die größer sind als die Lettern des Vertragstextes.

2. Europäischer Verhaltenskodex für Franchising zugleich Ehrenkodex für Mitglieder des Deutschen Franchise-Verbandes e.V., München (gültig ab 1.1.1992)

Der nachfolgende Europäische Verhaltenskodex stellt eine Neufassung des 1972 von der European Franchise Federation (EFF) herausgegebenen Ehrenkodex dar und wurde wiederum in Abstimmung mit der EG-Kommission in Brüssel erarbeitet.

Dieser Verhaltenskodex ist eine sachdienliche Zusammenstellung von wesentlichen Vorschriften fairer Verhaltensweisen für die Franchise-Praxis in Europa.

Jeder nationale Franchise-Verband und Mitglied der EFF war an der Erstellung des Europäischen Verhaltenskodex für Frachising beteiligt, übernimmt ihn als Ehrenkodex für seine Mitglieder und stellt seine Einhaltung sicher.

1. Der Begriff des Franchising

Franchising ist ein Vertriebssystem, durch das Waren und/oder Dienstleistungen und/ oder Technologien vermarktet werden. Es gründet sich auf eine enge und fortlaufende Zusammenarbeit rechtlich und finanziell selbständiger und unabhängiger Unternehmen, den Franchise-Geber und seine Franchise-Nehmer. Der Franchise-Geber gewährt seinen Franchise-Nehmern das Recht und legt ihnen gleichzeitig die Verpflichtung auf, ein Geschäft entsprechend seinem Konzept zu betreiben. Dieses Recht berechtigt und verpflichtet den Franchise-Nehmer, gegen ein direktes oder indirektes Entgelt im Rahmen und für die Dauer eines schriftlichen, zu diesem Zweck zwischen den Parteien abgeschlossenen Franchise-Vertrags bei laufender technischer und betriebswirtschaftlicher Unterstützung durch den Franchise-Geber, den Systemnamen und/oder das Warenzeichen und/oder die Dienstleistungsmarke und/oder andere gewerbliche Schutz- oder Urheberrechte sowie das Know-how (*), die wirtschaftlichen und technischen Methoden und das Geschäftssystem des Franchise-Gebers zu nutzen.

(*) „Know-how" bedeutet ein Paket von nichtpatentierten praktischen Kenntnissen, die auf Erfahrungen des Franchise-Gebers und Erprobungen durch diesen beruhen und die geheim, wesentlich und identifiziert sind;

– „geheim" bedeutet, daß das Know-how in seiner Substanz, seiner Struktur oder der genauen Zusammensetzung seiner Teile nicht allgemein bekannt oder nicht leicht zugänglich ist; der Begriff ist nicht in dem engen Sinne zu verstehen, daß jeder einzelne Teil des Know-hows außerhalb des Geschäfts des Franchise-Gebers völlig unbekannt oder unerhältlich sein müßte;

– „wesentlich" bedeutet, daß das Know-how Kenntnisse umfaßt, die für den Verkauf von Waren oder die Einbringung von Dienstleistungen an Endverbraucher, insbesondere für die Präsentation der zum Verkauf bestimmten Waren, die Bearbeitung von Erzeugnissen im Zusammenhang mit der Erbringung von Dienstleistungen, die

Art und Weise der Kundenbedienung sowie die Führung des Geschäftes in verwaltungsmäßiger und finanzieller Hinsicht wichtig sind. Das Know-how muß für den Franchise-Nehmer nützlich sein; dies trifft zu, wenn es bei Abschluß der Vereinbarung geeignet ist, die Wettbewerbsstellung des Franchise-Nehmers insbesondere dadurch zu verbessern, daß es dessen Leistungsfähigkeit steigert und ihm das Eindringen in einen neuen Markt erleichtert.

– „identifiziert" bedeutet, daß das Know-how ausführlich nicht genug beschrieben sein muß, um prüfen zu können, ob es die Merkmale des Geheimnisses und der Wesentlichkeit erfüllt; die Beschreibung des Know-hows kann entweder in der Franchise-Vereinbarung oder in einem besondere Schriftstück niedergelegt oder in jeder anderen geeigneten Form vorgenommen werden.

2. Leitsätze

2.1 Der Franchise-Geber ist der Initiator eines Franchise-Netzes, das aus dem Franchise-Geber und den einzelnen Franchise-Nehmern besteht und deren Betreuer der Franchise-Geber auf längere Sicht ist.

2.2 Pflichten des Franchise-Gebers:

Der Franchise-Geber muß:

– vor der Gründung seines Franchise-Netzes ein Geschäftskonzept schon in einem angemessenen Zeitraum und mit wenigstens einem Pilotobjekt erfolgreich betrieben haben;
– der Eigentümer oder rechtmäßige Nutzungsberechtigte des Firmennamens, Warenzeichens oder einer anderen besonderen Kennzeichnung seines Netzes sein;
– eine Anfangsschulung des einzelnen Franchise-Nehmers durchführen und ihm während der gesamten Laufzeit des Vertrages laufende kommerzielle und/oder technische Unterstützung gewähren;

2.3 Pflichten des einzelnen Franchise-Nehmers:

Der einzelne Franchise-Nehmer wird:

– sich nachhaltig um das Wachstum seines Franchise-Betriebs und die Wahrung der gemeinschaftlichen Identität und des guten Rufs des Franchise-Netzes bemühen;
– dem Franchise-Geber nachprüfbare wirtschaftliche Daten zukommen lassen, um ihm die für ein effektives Management notwendige Beurteilung der Leistung und der wirtschaftlichen Ergebnisse zu erleichtern, und er wird dem Franchise-Geber und/oder dessen Beauftragten auf Wunsch des Franchise-Gebers und zu angemessenen Zeiten Zugang zu den Räumlichkeiten und Unterlagen des einzelnen Franchise-Nehmers gewähren;
– dem Franchise-Nehmer ist es nicht gestattet, weder während noch nach Beendigung des Vertragsverhältnisses an Dritte das Know-how weiterzugeben, das ihm vom Franchise-Geber übermittelt wurde.

2.4 Weitere Pflichten beider Vertragsparteien:

– Beide Parteien lassen in ihrem Umgang miteinander Fairneß walten. Im Falle einer Vertragsverletzung wird der Franchise-Geber seine Franchise-Nehmer schriftlich

abmahnen und gegebenenfalls eine angemessene Frist festsetzen, in welcher der Verstoß zu beheben ist;
— beide Parteien sind gehalten, Klagen, Beschwerden und Meinungsverschiedenheiten guten Glaubens und mit gutem Willen durch faire und sachliche Gespräche und direkte Verhandlungen zu klären.

3. Partnerwerbung, -Gewinnung und Offenlegung

3.1 Werbung für die Gewinnung von Franchise-Nehmern soll ohne Zweideutigkeiten und ohne irreführende Angaben erfolgen.

3.2 Alle Anzeigen und jedes Werbematerial zum Zwecke der Franchise-Nehmer-Gewinnung, die direkt oder indirekt auf von den einzelnen Franchise-Nehmern zu erwartende, in Zukunft mögliche Ergebnisse, Zahlen oder Verdienste eingehen, haben sachlich richtig und unmißverständlich zu sein.

3.3 Um es an den angehenden Franchise-Nehmern zu ermöglichen, jede bindende Abmachung in voller Kenntnis der Sachlage zu treffen, wird ihnen innerhalb einer angemessenen Frist vor der Unterzeichnung dieser bindenden Abmachung ein Exemplar des gültigen Verhaltenskodexes ebenso wie die vollständige und genaue schriftliche Offenlegung aller für das Franchise-Verhältnis wichtigen Informationen und Unterlagen übergeben werden.

3.4 Falls ein Franchise-Geber einen zukünftigen Franchise-Nehmer durch einen Vorvertrag bindet, sollen die folgenden Grundsätze beachtet werden:
— bevor ein Vorvertrag geschlossen wird, erhält der zukünftige Franchise-Nehmer eine schriftliche Mitteilung über den Zweck des Vorvertrags und die Höhe des Entgeltes, das er möglicherweise an den Franchise-Geber zu entrichten hat, um dessen tatsächliche Aufwendungen abzudecken, die während und durch die vorvertragliche Phase entstanden sind; wenn der Franchise-Vertrag zustandekommt, ist die besagte Vergütung vom Franchise-Geber zurückzuerstatten oder gegebenenfalls mit der vom Franchise-Nehmer zu zahlenden Eintrittsgebühr zu verrechnen;
— der Vorvertrag soll eine Laufzeit und eine Kündigungsklausel enthalten;
— der Franchise-Geber kann Wettbewerbsverbote und/oder Geheimhaltungsklauseln festlegen, um sein Know-how und seine Identität zu schützen.

4. Auswahl der einzelnen Franchise-Nehmer

Ein Franchise-Geber sollte nur solche Franchise-Nehmer auswählen und akzeptieren, die aufgrund einer sorgfältigen Überprüfung in ausreichendem Umfang über die notwendigen Grundkenntnisse, die Ausbildung, die persönliche Eignung und die finanziellen Mittel verfügen, um einen Franchise-Betrieb zu führen.

5. Der Franchise-Vertrag

5.1 Der Franchise-Vertrag hat den nationalen Gesetzen, dem Recht der Europäischen Gemeinschaften sowie diesem Verhaltenskodex und seinen jeweiligen Ergänzungen zu entsprechen.

5.2 Der Vertrag hat die Interessen der Mitglieder des Franchise-Netzes widerzuspiegeln, indem er die gewerblichen und geistigen Eigentumsrechte des Franchise-Gebers schützt und die einheitliche Identität und das Ansehen des Franchise-Netzes wahrt.

Alle Verträge und alle vertraglichen Vereinbarungen im Zusammenhang mit dem Franchise-Verhältnis sind in der Amtssprache des Landes, in dem der Franchise-Nehmer seinen Sitz hat, abzufassen oder von einem beeideten Übersetzer in diese Sprache zu übertragen und nach Unterzeichnung dem einzelnen Franchise-Nehmer unmittelbar auszuhändigen.

5.3 Der Franchise-Vertrag hat die jeweiligen Verpflichtungen und Verantwortlichkeit der Parteien und alle anderen wesentlichen Bedingungen des Vertragsverhältnisses eindeutig festzulegen.

5.4 Die folgenden Vertragsbedingungen stellen ein unentbehrliches Minimum dar:

- die dem Franchise-Geber eingeräumten Rechte;
- die dem einzelnen Franchise-Nehmer eingeräumten Rechte;
- die dem einzelnen Franchise-Nehmer zur Verfügung zu stellenden Waren und/oder Dienstleistungen;
- die Pflichten des Franchise-Gebers;
- die Zahlungsverpflichtungen des einzelnen Franchise-Nehmers;
- die Vertragsdauer, die so befristet sein soll, daß der Franchise-Nehmer seine franchise-spezifischen Anfangsinvestitionen amortisieren kann;
- die Grundlage für eine allfällige Verlängerung des Vertrages;
- die Bedingungen, nach denen der einzelne Franchise-Nehmer das Franchise-Geschäft verkaufen oder übertragen kann, sowie mögliche Vorkaufsrechte des Franchise-Gebers in dieser Hinsicht;
- diejenigen Bestimmungen, die sich auf den Gebrauch der typischen Kennzeichnungen, des Firmennamens, des Warenzeichens, der Dienstleistungsmarke, des Ladenschilds, des Logos und andere besondere Identifikationsmerkmale des Franchise-Gebers beziehen;
- das Recht des Franchise-Gebers, das Franchise-System an neue oder geänderte Verhältnisse anzupassen;
- Regelungen über die Beendigung des Vertrages;
- Bestimmungen über die sofortige Rückgabe des materiellen und immateriellen Eigentums des Franchise-Gebers oder eines anderen Inhabers nach Vertragsende.

6. Der Verhaltenskodex und das Master-Franchise-System

Dieser Verhaltenskodex gilt für das Verhältnis zwischen dem Franchise-Geber und dessen einzelnen Franchise-Nehmern und gleichermaßen zwischen dem Haupt-Franchise-Nehmer und dessen einzelnen Franchise-Nehmern.

Es gilt nicht für das Verhältnis zwischen dem Franchise-Geber und seinen Haupt-Franchise-Nehmern.

Ergänzende Bestimmungen

1. Der Deutsche Franchise-Verband e.V. betrachtet alle Vertriebsformen als Franchise-Systeme, die der nachfolgenden Definition entsprechen:

Franchising ist ein vertikal-kooperativ organisiertes Absatzsystem rechtlich selbständiger Unternehmen auf der Basis eines vertraglichen Dauerschuldverhältnisses. Dieses System tritt am Markt einheitlich auf und wird geprägt durch das arbeitsteilige Leistungsprogramm der Systempartner sowie durch ein Weisungs- und Kontrollsystem eines systemkonformen Verhaltens.

Das Leistungsprogramm des Franchise-Gebers ist das Franchise-Paket. Es besteht aus einem Beschaffungs-, Absatz- und Organisationskonzept, dem Nutzungsrecht an Schutzrechten, der Ausbildung des Franchise-Nehmers und der Verpflichtung des Franchise-Gebers, den Franchise-Nehmer aktiv und laufend zu unterstützen und das Konzept ständig weiterzuentwickeln.

Der Franchise-Nehmer ist im eigenen Namen und auf eigene Rechnung tätig; er hat das Recht und die Pflicht, das Franchise-Paket gegen Entgelt zu nutzen. Als Leistungsbeitrag liefert er Arbeit, Kapital und Information.

Franchising ist demnach mehr als eine Vertriebsvereinbarung, eine Konzession oder ein Lizenzvertrag, da sich beide Vertragspartner zu Leistungen verpflichten, die über den Rahmen einer herkömmlichen Geschäftsbeziehung hinausgehen.

2. Unterliegt der Franchise-Nehmer zum Zeitpunkt des Vertragsabschlusses dem Verbraucherkreditgesetz (VerbrKrG), muß ihn der Franchise-Geber – entsprechende Bezugsbindungen der Darlehensvereinbarungen vorausgesetzt – formgerecht über sein Widerrufsrecht nach dem VerbrKrG belehren.

3. Bei einem nachvertraglichen Wettbewerbsverbot hat der Franchise-Nehmer Anspruch auf eine angemessene Entschädigung für die Dauer der Wettbewerbsbeschränkung, sofern der Franchise-Geber nicht wirksam auf die nachvertragliche Wettbewerbsabrede verzichtet hatte.

284

3. Gruppenfreistellungs-Verordnung für Franchise-Vereinbarungen – Verordnung (EWG) Nr. 4087/88 der Kommission vom 30. November 1988 über die Anwendung von Artikel 85 Absatz 3 des Vertrags auf Gruppen von Franchisevereinbarungen

DIE KOMMISSION DER EUROPÄISCHEN GEMEINSCHAFTEN –

gestützt auf den Vertrag zur Gründung der Europäischen Wirtschaftsgemeinschaft,

gestützt auf die Verordnung Nr. 19/65/EWG des Rates vom 2. März 1965 über die Anwendung von Artikel 85 Absatz 3 des Vertrags auf Gruppen von Vereinbarungen und aufeinander abgestimmten Verhaltensweisen[1], nicht zuletzt geändert durch die Akte über den Beitritt Spaniens und Portugals, insbesondere auf Artikel 1,

nach Veröffentlichung des Verordnungsentwurfs[2],

nach Anhörung des Beratenden Ausschusses für Kartell- und Monopolfragen,

in Erwägung nachstehender Gründe:

(1) Die Kommission ist nach der Verordnung Nr. 19/65/EWG ermächtigt, durch Verordnung Artikel 85 Absatz 3 des Vertrags auf bestimmte, unter Artikel 85 Absatz 1 fallende Gruppen von Vereinbarungen anzuwenden, an denen nur zwei Unternehmen beteiligt sind und die entweder den Alleinvertrieb oder den Alleinbezug von Waren zum Gegenstand haben oder Beschränkungen enthalten, die im Zusammenhang mit dem Erwerb oder der Nutzung von gewerblichen Schutzrechten auferlegt sind.

(2) Franchisevereinbarungen umfassen im wesentlichen die Erteilung von Lizenzen für die Nutzung von Rechten an gewerblichem oder geistigem Eigentum wie Warenzeichen, sonstigen der Unterscheidung dienenden Zeichen oder Knowhow; derartige Lizenzen können mit Liefer- oder Bezugspflichten für Waren verbunden sein.

(3) Entsprechend ihrem jeweiligen Gegenstand sind verschiedene Arten von Franchisen voneinander zu unterscheiden. Industrielle Franchisen beziehen sich auf die Herstellung von Erzeugnissen, Vertriebsfranchisen auf den Warenvertrieb und Dienstleistungsfranchisen auf die Erbringung von Dienstleistungen.

(4) Aufgrund der Erfahrungen der Kommission läßt sich eine Gruppe von Franchisevereinbarungen bestimmen, die unter Artikel 85 Absatz 1 fallen, aber für welche die Voraussetzungen des Artikels 85 Absatz 3 regelmäßig als erfüllt angesehen werden können. Dies trifft auf Franchisevereinbarungen zu, in denen es einer der Vertragspartner übernimmt, an Endverbraucher Waren zu liefern

---

[1] ABl. Nr. 36 vom 6.3.1965, S. 533&65.
[2] ABl. Nr. C 229 vom 27.8.1987, S. 3.

oder Dienstleistungen zu erbringen. Vereinbarungen über die Vergabe industrieller Franchisen können dagegen nicht in diese Verordnung einbezogen werden. Derartige Vereinbarungen regeln gewöhnlich die Beziehungen zwischen Herstellern und weisen deshalb andere Merkmale als die übrigen Arten von Franchisen auf. Sie umfassen die Erteilung von Herstellungslizenzen aufgrund von Patenten und/oder Know-how sowie damit verbunden die Erteilung von Warenzeichenlizenzen. Einigen unter ihnen kommt der Rechtsvorteil anderer Gruppenfreistellungen zugute, falls sie die Bedingungen der jeweiligen Verordnung erfüllen.

(5) Diese Verordnung muß für Franchisevereinbarungen gelten, die zwischen zwei Unternehmen, dem Franchisegeber und dem Franchisenehmer, geschlossen werden und den Einzelhandelsverkauf von Waren oder die Erbringung von Dienstleistungen an Endverbraucher oder aber eine Verbindung dieser Tätigkeiten wie etwa die Bearbeitung von Erzeugnissen oder deren Anpassung an die besonderen Bedürfnisse der Kunden zum Gegenstand haben. Sie muß auch dann gelten, wenn die Beziehungen zwischen Franchisegeber und Franchisenehmer durch ein drittes Unternehmen, den Hauptfranchisenehmer, begründet werden. Auf Großhandelsfranchisen kann diese Verordnung keine Anwendung finden, weil die Kommission insoweit noch nicht über ausreichende Erfahrungen verfügt.

(6) Franchisevereinbarungen im Sinne dieser Verordnung können unter Artikel 85 Absatz 1 fallen. Sie sind insbesondere dann geeignet, den innergemeinschaftlichen Handel zu beeinträchtigen, wenn sie zwischen Unternehmen aus verschiedenen Mitgliedstaaten geschlossen werden oder wenn sie die Grundlage eines über die Grenzen eines einzigen Mitgliedstaats hinausreichenden Franchisenetzes bilden.

(7) Franchisevereinbarungen im Sinne dieser Verordnung verbessern in aller Regel den Warenabsatz und/oder die Erbringung von Dienstleistungen. Sie ermöglichen es Franchisegebern, mit begrenzten finanziellen Vorleistungen ein einheitliches Franchisenetz aufzubauen. Dadurch wird der Marktzutritt neuer Anbieter, insbesondere kleiner und mittlerer Unternehmen, erleichtert und der Wettbewerb zwischen Erzeugnissen verschiedener Hersteller verstärkt. Derartige Vereinbarungen erlauben es außerdem unabhängigen Händlern, neue Geschäfte schneller zu eröffnen und mit einer größeren Aussicht auf Erfolg zu betreiben als ohne die Erfahrungen des Franchisegebers und dessen Unterstützung. Diese Händler können daher den großen Handelsunternehmen einen wirksamen Wettbewerb liefern.

(8) Franchisevereinbarungen gewährleisten im allgemeinen auch den Benutzern und anderen Endverbrauchern einen angemessenen Anteil an dem entstehenden Gewinn, weil sie die Vorteile eines einheitlichen Franchisenetzes und des Einsatzes von Händlern, die persönlich an der Leistungsfähigkeit ihres Betriebes interessiert sind, miteinander verbinden. Der einheitliche Charakter des Franchisenetzes und die ständige Zusammenarbeit zwischen dem Franchisegeber und den Franchisenehmern sichert die gleichbleibende Qualität der Waren und Dienstleistungen. Die günstigen Auswirkungen von Franchisen auf den Herstellerwettbewerb und die Freiheit der Verbraucher, sich an jedweden dem Netz angeschlossenen Franchisenehmer zu wenden, bieten eine ausreichende Gewähr

dafür, daß diese Vorteile in angemessenem Umfang an die Verbraucher weitergegeben werden.

(9)   Die Verordnung muß die wettbewerbsbeschränkenden Verpflichtungen bestimmen, die in Franchisevereinbarungen enthalten sein dürfen. Letzteres gilt insbesondere für die Franchisenehmern eingeräumte Gebietsausschließlichkeit
sowie für das ihnen zugleich auferlegte Verbot der aktiven Kundenwerbung
außerhalb ihres Gebiets, denn dadurch werden die Franchisenehmer veranlaßt,
ihre Absatzbemühungen auf das Vertragsgebiet zu konzentrieren. Entsprechendes
gilt für die Gebietsausschließlichkeit, die dem Hauptfranchisenehmer eingeräumt
wird und für die ihm auferlegte Verpflichtung, mit Dritten außerhalb seines Gebietes keine Franchisevereinbarungen abzuschließen. Soweit Franchisenehmer
Erzeugnisse, die vom Franchisegeber oder nach seinen Anweisungen hergestellt
und/oder mit seinem Warenzeichen versehen sind, verkaufen oder bei der Erbringung von Dienstleistungen benutzen, können sie verpflichtet werden, keine mit
diesen in Wettbewerb stehenden Erzeugnisse zu verkaufen oder bei der Erbringung von Dienstleistungen zu benutzen, denn nur so läßt sich ein einheitliches
Franchisenetz errichten, das mit den Erzeugnissen des Franchisegebers identifiziert wird. Eine solche Verpflichtung kann jedoch nur hingenommen werden,
wenn sie auf Erzeugnisse beschränkt bleibt, die den Hauptgegenstand der Franchise bilden; sie darf sich insbesondere nicht auf Zubehör oder Ersatzteile für
diese Erzeugnisse beziehen.

(10)   Durch die erwähnten Verpflichtungen werden den Beteiligten somit keine Beschränkungen auferlegt, die für die Verwirklichung dieser Ziele nicht unerläßlich sind. Insbesondere ist ein begrenzter Gebietsschutz für die Franchisenehmer
unerläßlich, um sie gegen den Verlust ihrer finanziellen Aufwendungen abzusichern.

(11)   Es ist zweckmäßig, in der Verordnung eine Reihe von Verpflichtungen zu bezeichnen, die in der Regel nicht wettbewerbsbeschränkend sind, um ihnen den
Rechtsvorteil der Gruppenfreistellung zukommen zu lassen, falls sie aufgrund
besonderer wirtschaftlicher oder rechtlicher Umstände von Artikel 85 Absatz 1
erfaßt werden. Die nicht abschließende Liste derartiger Klauseln enthält insbesondere solche Verpflichtungen, die notwendig sind, um den einheitlichen
Charakter des Franchisenetzes und dessen Ansehen zu bewahren oder um zu verhindern, daß das vom Franchisegeber zur Verfügung gestellte Know-how und die
von ihm geleistete Unterstützung seinen Wettbewerbern zugute kommt.

(12)   Die Verordnung muß die Bedingungen bestimmen, die für die Anwendung der
Gruppenfreistellung erfüllt sein müssen. Damit der Wettbewerb nicht für einen
wesentlichen Teil der den Gegenstand der Franchise bildenden Waren ausgeschaltet werden kann, müssen Paralleleinfuhren möglich bleiben. Damit ist
sicherzustellen, daß Querlieferungen zwischen Franchisenehmern jederzeit vorgenommen werden können. Falls neben dem Franchisenetz ein anderes Vertriebssystem besteht, müssen die Franchisenehmer die Vertragswaren auch von
den zugelassenen Vertriebshändlern beziehen können. Um die Verbraucher besser aufzuklären und auf diese Weise dazu beizutragen, daß sie an dem entstehenden Gewinn angemessen beteiligt werden, ist vorzusehen, daß der Franchisenehmer seine Rechtsstellung als unabhängiges Unternehmen in einer geeigneten

Weise, welche die Einheitlichkeit des Franchisenetzes nicht beeinträchtigt, bekanntzugeben hat. Sofern der Franchisenehmer für Erzeugnisse des Franchisegebers Garantieleistungen zu erbringen hat, muß diese Verpflichtung auch dann gelten, wenn die betreffenden Erzeugnisse vom Franchisegeber, von anderen Franchisenehmern oder von sonstigen zugelassenen Händlern geliefert wurden.

(13) Die Verordnung muß außerdem angeben, welche Beschränkungen nicht in den Franchisevereinbarungen enthalten sein dürfen, damit diesen der Rechtsvorteil der Gruppenfreistellung zukommt, weil sie unter das Verbot des Artikels 85 Absatz 1 fallen und keine allgemeine Vermutung dafür besteht, daß sie die von Artikel 85 Absatz 3 geforderten günstigen Wirkungen haben. Letzteres gilt insbesondere für Marktaufteilungen zwischen konkurrierenden Herstellern, für Klauseln, welche die Freiheit des Franchisenehmers zur Wahl seiner Lieferanten oder Kunden übermäßig einschränken sowie für Fälle, in denen der Franchisenehmer in seiner Preisgestaltungsfreiheit beschränkt wird. Es steht dem Franchisegeber jedoch frei, Preise zu empfehlen, soweit dies nach innerstaatlichem Recht zulässig ist und nicht zu aufeinander abgestimmten Verhaltensweisen zwecks tatsächlicher Anwendung dieser Preise führt.

(14) Auf diejenigen Vereinbarungen, welche nicht ohne weiteres unter die Freistellung fallen, weil sie Klauseln enthalten, die in der Verordnung nicht ausdrücklich zugelassen werden, ohne jedoch Wettbewerbsbeschränkungen vorzusehen, die ausdrücklich ausgeschlossen sind, kann gleichwohl die allgemeine Vermutung der Vereinbarkeit mit Artikel 85 Absatz 3 zutreffen, auf die sich die Gruppenfreistellung stützt. Die Kommission kann schnell feststellen, ob dies der Fall ist. Eine solche Vereinbarung kann deshalb als durch die in dieser Verordnung vorgesehene Freistellung erfaßt betrachtet werden, falls sie bei der Kommission angemeldet wird und diese der Freistellung innerhalb eines bestimmten Zeitraums nicht widerspricht.

(15) Sollten im Einzelfall Vereinbarungen, die unter diese Verordnung fallen, gleichwohl Wirkungen haben, die mit Artikel 85 Absatz 3, insbesondere in seiner Auslegung durch die Verwaltungspraxis der Kommission und die Rechtsprechung des Gerichtshofes, unvereinbar sind, so kann die Kommission den beteiligten Unternehmen den Rechtsvorteil der Gruppenfreistellung entziehen. Dies gilt vor allem dann, wenn der Wettbewerb wegen der Struktur des betroffenen Marktes in erheblichem Maße eingeschränkt ist.

(16) Vereinbarungen, die nach dieser Verordnung ohne weiteres freigestellt sind, brauchen nicht angemeldet zu werden. Es bleibt dem Unternehmen jedoch unbenommen, im Einzelfall eine Entscheidung nach der Verordnung Nr. 17 des Rates[3] zuletzt geändert durch die Akte über den Beitritt Spaniens und Portugals, zu verlangen.

(17) Vereinbarungen können entsprechend ihrer Eigenart in den Genuß entweder dieser oder einer anderen Verordnung gelangen, sofern sie die für deren Anwendung jeweils erforderlichen Voraussetzungen erfüllen. Aus einer Verbindung von Vorschriften dieser Verordnung mit solchen einer anderen Verordnung wächst ihnen dagegen kein Rechtsvorteil zu.

---

3 ABl. Nr. 13 vom 21.2.1962, S. 204/62.

HAT FOLGENDE VERORDNUNG ERLASSEN.

Artikel 1

(1)   Artikel 85 Absatz 1 des Vertrags wird gemäß Artikel 85 Absatz 3 unter den in dieser Verordnung genannten Voraussetzungen auf Franchisevereinbarungen für nicht anwendbar erklärt, an denen mehr als zwei Unternehmen beteiligt sind und die eine oder mehrere der in Artikel 2 bezeichneten Beschränkungen enthalten.

(2)   Die Freistellung nach Absatz 1 gilt auch für Hauptfranchisevereinbarungen, an denen nicht mehr als zwei Unternehmen beteiligt sind. Die Vorschriften dieser Verordnung über das Verhältnis zwischen dem Franchisegeber und dem Franchisenehmer finden, soweit dies möglich ist, auf das Verhältnis zwischen dem Franchisegeber und dem Hauptfranchisenehmer sowie auf das Verhältnis zwischen dem Hauptfranchisenehmer und dem Franchisenehmer entsprechende Anwendung.

(3)   Für die Anwendung dieser Verordnung gelten folgende Begriffsbestimmungen:

a)   *„Franchise"* ist eine Gesamtheit von Rechten an gewerblichem oder geistigem Eigentum wie Warenzeichen, Handelsnamen, Ladenschilder, Gebrauchsmuster, Geschmacksmuster, Urheberrechte, Know-how oder Patente, die zum Zwecke des Weiterverkaufs von Waren oder der Erbringung von Dienstleistungen an Endverbraucher genutzt wird.

b)   *„Franchisevereinbarungen"* sind Vereinbarungen, in denen ein Unternehmen, der Franchisegeber, es einem anderen Unternehmen, dem Franchisenehmer, gegen unmittelbare oder mittelbare finanzielle Vergütung gestattet, eine Franchise zum Zwecke der Vermarktung bestimmter Waren und/oder Dienstleistungen zu nutzen. Sie müssen den folgenden Gegenstand enthalten:

– die Benutzung eines gemeinsamen Namens oder Zeichens sowie die einheitliche Aufmachung der vertraglich bezeichneten Geschäftslokale und/oder Transportmittel;

– die Mitteilung von Know-how durch den Franchisegeber an den Franchisenehmer;

– eine fortlaufende kommerzielle oder technische Unterstützung des Franchisenehmers durch den Franchisegeber während der Laufzeit der Vereinbarung.

c)   *„Hauptfranchisevereinbarungen"* sind Vereinbarungen, in denen ein Unternehmen, der Franchisegeber, es einem anderen Unternehmen, dem Hauptfranchisenehmer, gegen unmittelbare oder mittelbare finanzielle Vergütung gestattet, eine Franchise zum Zwecke des Abschlusses von Franchisevereinbarungen mit dritten Unternehmen, den Franchisenehmern, zu nutzen.

d)   *„Waren des Franchisegebers"* sind Erzeugnisse, die vom Franchisegeber oder nach dessen Anweisungen hergestellt und/oder mit dessen Namen oder Warenzeichen gekennzeichnet sind.

e)   *„Vertraglich bezeichnete Geschäftslokale"* sind die für die Nutzung der Franchise bestimmten Räumlichkeiten oder, wenn die Franchise außerhalb eines solchen Geschäftslokals genutzt wird, der Standort, von dem aus der Franchisenehmer die für die Nutzung der Franchise bestimmten Transportmittel („vertraglich bezeichnete Transportmittel") einsetzt.

f) *„Know-how"* ist eine Gesamtheit von nichtpatentierten praktischen Kenntnissen, die auf Erfahrungen des Franchisegebers sowie Erprobungen durch diesen beruhen und die geheim, wesentlich und identifiziert sind.

g) *„Geheim"* bedeutet, daß das Know-how in seiner Substanz, seiner Struktur oder der genauen Zusammensetzung seiner Teile nicht allgemein bekannt oder nicht leicht zugänglich ist. Der Begriff ist nicht in dem engen Sinne zu verstehen, daß jeder einzelne Teil des Know-how außerhalb des Geschäfts des Franchisegebers völlig unbekannt oder unerhältlich sein müßte.

h) *„Wesentlich"* bedeutet, daß das Know-how Kenntnisse umfaßt, die für den Verkauf von Waren oder die Erbringung von Dienstleistungen an Endverbraucher, insbesondere für die Präsentation der zum Verkauf bestimmten Waren, die Bearbeitung von Erzeugnissen im Zusammenhang mit der Erbringung von Dienstleistungen, die Art und Weise der Kundenbedienung sowie die Führung des Geschäfts in verwaltungsmäßiger und finanzieller Hinsicht wichtig sind. Das Know-how muß für den Franchisenehmer nützlich sein; dies trifft zu, wenn es bei Abschluß der Vereinbarung geeignet ist, die Wettbewerbsstellung des Franchisenehmers insbesondere dadurch zu verbessern, daß es dessen Leistungsfähigkeit steigert und ihm das Eindringen in einen neuen Markt erleichtert.

i) *„Identifiziert"* bedeutet, daß das Know-how ausführlich genug beschrieben sein muß, um prüfen zu können, ob es die Merkmale des Geheimnisses und der Wesentlichkeit erfüllt. Die Beschreibung des Know-how kann entweder in der Franchisevereinbarung oder einem besonderen Schriftstück niedergelegt oder in jeder anderen geeigneten Form vorgenommen werden.

Artikel 2

Die Freistellung nach Artikel 1 gilt für die nachstehend aufgeführten Wettbewerbsbeschränkungen:

a) Die Verpflichtung des Franchisegebers, in einem abgegrenzten Gebiet des Gemeinsamen Marktes, dem Vertragsgebiet,
   - dritten Unternehmen die Nutzung der Franchise weder ganz noch teilweise zu gestatten;
   - die Franchise nicht selbst zu nutzen und Waren oder Dienstleistungen, die Gegenstand der Franchise sind, nicht unter Verwendung einer ähnlichen Methode zu vermarkten;
   - Waren des Franchisegebers nicht selbst an Dritte zu liefern;

b) die Verpflichtung des Hauptfranchisenehmers, mit Dritten außerhalb des Vertragsgebiets keine Franchisevereinbarungen zu schließen;

c) die Verpflichtung des Franchisenehmers, die Franchise nur von dem vertraglich bezeichneten Geschäftslokal aus zu nutzen;

d) die Verpflichtung des Franchisenehmers, außerhalb des Vertragsgebiets für Waren oder Dienstleistungen, die Gegenstand der Franchise sind, keine Kunden zu werben;

e) die Verpflichtung des Franchisenehmers, keine Erzeugnisse herzustellen, zu verkaufen oder bei der Erbringung von Dienstleistungen zu verwenden, die mit Waren des Franchisegebers im Wettbewerb stehen, welche Gegenstand der Franchise sind. Besteht der Gegenstand der Franchise darin, sowohl bestimmte Arten von Erzeugnissen als auch Ersatzteile für diese und Zubehör zu verkaufen oder bei der Erbringung von Dienstleistungen zu verwenden, so darf die Verpflichtung nicht hinsichtlich der Ersatzteile oder des Zubehörs auferlegt werden.

Artikel 3

(1)   Der Anwendbarkeit von Artikel 1 stehen folgende, dem Franchisenehmer auferlegte Verpflichtungen nicht entgegen, soweit sie für den Schutz der Rechte des Franchisegebers an gewerblichen oder geistigem Eigentum oder zur Aufrechterhaltung der Einheitlichkeit und des Ansehens des Franchisenetzes erforderlich sind:

a) ausschließlich Erzeugnisse zu verkaufen oder bei der Erbringung von Dienstleistungen zu verwenden, die eine vom Franchisegeber festgelegte Mindestqualität erreichen;

b) nur solche Erzeugnisse zu verkaufen oder bei der Erbringung von Dienstleistungen zu verwenden, die vom Franchisegeber selbst oder einem von ihm benannten dritten Unternehmen hergestellt worden sind, falls es wegen der Art der Erzeugnisse, die Gegenstand der Franchise sind, praktisch unmöglich ist, objektive Qualitätskriterien anzuwenden;

c) in Gebieten, in denen er mit Unternehmen des Franchisenetzes einschließlich des Franchisegebers in Wettbewerb treten würde, die Franchise weder mittelbar noch unmittelbar in einem ähnlichen Geschäft zu nutzen. Diese Verpflichtung kann dem Franchisenehmer hinsichtlich des Gebietes, in welchem er die Franchise genutzt hat, auch noch für einen angemessenen Zeitraum nach Beendigung der Vereinbarung auferlegt werden, der ein Jahr nicht überschreiten darf;

d) keine Anteile am Kapital eines konkurrierenden Unternehmens zu erwerben, die es dem Franchisegeber ermöglichen würden, einen wesentlichen Einfluß auf das geschäftliche Verhalten des Unternehmens auszuüben;

e) Waren, die Gegenstand der Franchise sind, nur an Endverbraucher, an andere Franchisenehmer und an Wiederverkäufer abzusetzen, die in andere, vom Hersteller dieser Waren oder mit dessen Zustimmung belieferte Vertriebswege eingegliedert sind;

f) sich nach besten Kräften um den Absatz der Waren oder die Erbringung der Dienstleistungen zu bemühen, die Gegenstand der Franchise sind, ein Mindestsortiment von Waren zum Verkauf anzubieten, einen Mindestumsatz zu erzielen, Bestellungen im voraus zu planen, ein Mindestlager zu unterhalten sowie Kundendienst und Garantieleistungen zu gewähren;

g) dem Franchisegebiet einen bestimmten Teil seines Einkommens für Werbezwecke zu überweisen und eigene Werbemaßnahmen durchzuführen, wobei er die Zustimmung des Franchisegebers zu der Art der Werbung einholen muß.

(2)   Der Anwendbarkeit von Artikel 1 stehen folgende, dem Franchisenehmer auferlegte Verpflichtungen nicht entgegen:

a) das von dem Franchisegeber mitgeteilte Know-how nicht an Dritte weiterzugeben;

diese Verpflichtung kann dem Franchisenehmer auch für die Zeit nach Beendigung der Vereinbarung auferlegt werden;

b) dem Franchisegeber alle bei der Nutzung der Franchise gewonnenen Erfahrungen mitzuteilen und ihm sowie den anderen Franchisenehmern die nichtausschließliche Nutzung des auf diesen Erfahrungen beruhenden Know-how zu gestatten;

c) dem Franchisegeber Verletzungen seiner Rechte an gewerblichem oder geistigem Eigentum mitzuteilen, für die er Lizenzen gewährt hat, gegen Verletzer selbst Klage zu erheben oder den Franchisegeber in einem Rechtsstreit gegen Verletzer zu unterstützen;

d) das vom Franchisegeber mitgeteilte Know-how nicht für andere Zwecke als die Nutzung der Franchise zu verwenden; diese Verpflichtung kann dem Franchisenehmer auch für die Zeit nach Beendigung der Vereinbarung auferlegt werden;

e) an den vom Franchisegeber durchgeführten Ausbildungslehrgängen selbst teilzunehmen oder sein Personal daran teilnehmen zu lassen;

f) die vom Franchisegeber entwickelten Geschäftsmethoden mit allen späteren Änderungen anzuwenden und die lizenzierten Rechte an gewerblichem oder geistigem Eigentum zu nutzen;

g) die Anforderungen des Franchisegebers hinsichtlich der Einrichtung und Gestaltung des vertraglich bezeichneten Geschäftslokals und/oder der vertraglich bezeichneten Transportmittel zu erfüllen;

h) dem Franchisegeber zu gestatten, das vertraglich bezeichnete Geschäftslokal und/ oder die vertraglich bezeichneten Transportmittel, den Umfang der verkauften Waren und der erbrachten Dienstleistungen sowie das Inventar und die Bücher des Franchisenehmers zu überprüfen;

i) das vertraglich bezeichnete Geschäftslokal nur mit Erlaubnis des Franchisegebers zu verlegen;

j) Rechte und Pflichten aus der Franchisevereinbarung nur mit Erlaubnis des Franchisegebers zu übertragen.

(3)   Für den Fall, daß die in Absatz 2 aufgeführten Verpflichtungen aufgrund besonderer Umstände von dem Verbot des Artikels 85 Absatz 1 erfaßt werden, sind sie ebenfalls freigestellt, auch wenn sie nicht im Zusammenhang mit den nach Artikel 1 freigestellten Beschränkungen vereinbart werden.

Artikel 4

Die Freistellung nach Artikel 1 gilt unter der Voraussetzung,

a) daß der Franchisenehmer Waren, die Gegenstand der Franchise sind, von anderen Franchisenehmern beziehen kann; werden diese Waren auch über ein anderes vom Franchisegeber errichtetes Netz zugelassener Händler vertrieben, so muß der Franchisenehmer die Möglichkeit haben, sie von diesen Händlern zu beziehen;

b) daß die dem Franchisenehmer vom Franchisegeber auferlegte Verpflichtung, für Erzeugnisse des Franchisegebers Garantieleistungen zu erbringen, auch dann anwendbar ist, wenn diese Erzeugnisse von einem anderen Unternehmen des

Franchisenetzes oder von einem anderen Vertriebshändler im Gemeinsamen Markt, den eine ähnliche Garantiepflicht trifft, geliefert worden sind;

c) daß der Franchisenehmer verpflichtet ist, seine Stellung als unabhängiger Händler bekanntzugeben; dies darf jedoch die Einheitlichkeit des Franchisenetzes, die sich insbesondere aus dem gemeinsamen Namen oder Ladenschild und dem einheitlichen Erscheinungsbild der vertraglich bezeichneten Geschäftslokale und/oder Transportmittel ergibt, nicht beeinträchtigen.

Artikel 5

Die Freistellung nach Artikel 1 gilt nicht, wenn

a) Unternehmen, die Waren herstellen oder Dienstleistungen erbringen, welche gleich sind oder aufgrund ihrer Eigenschaften, ihrer Preislage und ihres Verwendungszwecks als gleichartig angesehen werden, im Hinblick auf diese Waren oder Dienstleistungen untereinander Franchisevereinbarungen treffen;

b) der Franchisenehmer daran gehindert wird, Waren zu beziehen, die in ihrer Qualität den vom Franchisegeber angebotenen Waren entsprechen; Artikel 2 Buchstabe e) und Artikel 3 Absatz 1 Buchstabe b) bleiben unberührt;

c) der Franchisenehmer verpflichtet ist, Erzeugnisse zu verkaufen oder bei der Erbringung von Dienstleistungen zu verwenden, die von dem Franchisegeber oder einem von ihm benannten dritten Unternehmen hergestellt werden und der Franchisegeber sich aus Gründen, die mit dem Schutz seines gewerblichen oder geistigen Eigentums oder der Aufrechterhaltung der Einheitlichkeit und des Ansehens des Franchisenetzes nichts zu tun haben, weigert, vom Franchisenehmer vorgeschlagene dritte Unternehmen als Hersteller zuzulassen; Artikel 2 Buchstabe e) bleibt unberührt;

d) der Franchisenehmer daran gehindert wird, nach Beendigung der Vereinbarung das mitgeteilte Know-how weiterhin zu verwerten, selbst wenn dieses durch andere Umstände als den Bruch einer Verpflichtung durch den Franchisenehmer allgemein bekannt oder leicht erhältlich geworden ist;

e) der Franchisenehmer von dem Franchisegeber in seiner Freiheit, die Verkaufspreise für Waren oder Dienstleistungen festzulegen, die Gegenstand der Franchise sind, unmittelbar oder mittelbar beschränkt wird; das Recht des Franchisegebers, Verkaufspreise zu empfehlen, bleibt unberührt;

f) der Franchisegeber dem Franchisenehmer verbietet, Rechte an gewerblichem oder geistigem Eigentum anzugreifen, die Gegenstand der Franchise sind; das Recht des Franchisegebers, in einem solchen Fall die Vereinbarung zu beenden, bleibt unberührt;

g) Franchisenehmer verpflichtet sind, Endverbraucher im Gemeinsamen Markt aus Gründen des Wohnsitzes nicht mit Waren oder Dienstleistungen zu beliefern.

Artikel 6

(1)   Die Freistellung nach Artikel 1 gilt gleichfalls für Franchisevereinbarungen, welche die Bedingungen des Artikels 4 erfüllen und wettbewerbsbeschränkende Verpflichtungen enthalten, die nicht von den Artikeln 2 und 3 Absatz 3 gedeckt sind, aber auch nicht in den Anwendungsbereich von Artikel 5 fallen, sofern diese Vereinbarungen gemäß der Verordnung Nr. 27 der Kommission[4] bei der Kommission angemeldet werden und die Kommission innerhalb einer Frist von sechs Monaten keinen Widerspruch gegen die Freistellung erhebt.

(2)   Die Sechsmonatsfrist beginnt mit dem Zeitpunkt des Eingangs der Anmeldung bei der Kommission. Bei Anmeldungen, die per Einschreiben versandt werden, beginnt dieser Zeitraum mit dem Datum des Poststempels des Aufgabeortes.

(3)   Absatz 1 gilt nur, wenn:

a)   in der Anmeldung oder einer beigefügten Mitteilung auf diesen Artikel ausdrücklich Bezug genommen wird und

b)   die Angaben in der Anmeldung vollständig sind und den Tatsachen entsprechen.

(4)   Die Anwendung von Absatz 1 kann bei der Kommission unter Bezugnahme auf diesen Artikel und auf die Anmeldung auch für Vereinbarungen beantragt werden, die vor Inkrafttreten dieser Verordnung angemeldet worden sind. Die Absätze 2 und 3 Buchstabe b) gelten entsprechend.

(5)   Die Kommission kann Widerspruch gegen die Freistellung erheben. Sie erhebt Widerspruch, wenn sie von einem Mitgliedstaat innerhalb von drei Monaten nach Übersendung der in Absatz 1 genannten Anmeldung oder der in Absatz 4 genannten Mitteilung einen entsprechenden Antrag erhält. Der Antrag muß auf Erwägungen zu den Wettbewerbsregeln des Vertrages gestützt sein.

(6)   Die Kommission kann den Widerspruch gegen die Freistellung jederzeit zurücknehmen. Ist jedoch der Widerspruch auf Antrag eines Mitgliedstaats erhoben worden und hält dieser seinen Antrag aufrecht, so kann der Widerspruch erst nach Anhörung des Beratenden Ausschusses für Kartell- und Monopolfragen zurückgenommen werden.

(7)   Wird der Widerspruch zurückgenommen, nachdem die beteiligten Unternehmen dargelegt haben, daß die Voraussetzungen von Artikel 85 Absatz 3 erfüllt sind, so gilt die Freistellung vom Zeitpunkt der Anmeldung an.

(8)   Wird der Widerspruch zurückgenommen, weil die beteiligten Unternehmen die Vereinbarung so geändert haben, daß sie die Voraussetzungen von Artikel 85 Absatz 3 erfüllt, gilt die Freistellung von dem Zeitpunkt an, zu dem diese Änderungen wirksam geworden sind.

(9)   Erhebt die Kommission Widerspruch und wird dieser nicht zurückgenommen, richten sich die Wirkungen der Anmeldung nach den Vorschriften der Verordnung Nr. 17.

---

4   ABl. Nr. 35 vom 10.5.1962, S. 1118/62.

Artikel 7

(1)   Die bei der Anwendung des Artikels 6 erlangten Kenntnisse dürfen nur für die Zwecke dieser Verordnung verwertet werden.

(2)   Die Kommission und die Behörden der Mitgliedstaaten sowie ihre Beamten und sonstigen Bediensteten sind verpflichtet, Kenntnisse nicht preiszugeben, die sie bei der Anwendung dieser Verordnung erlangt haben und die ihrem Wesen nach unter das Berufsgeheimnis fallen.

(3)   Die Absätze 1 und 2 stehen der Veröffentlichung von Übersichten oder Zusammenfassungen, die keine Angaben über einzelne Unternehmen oder Unternehmensvereinigungen enthalten, nicht entgegen.

Artikel 8

Die Kommission kann gemäß Artikel 7 der Verordnung Nr. 19/65/EWG den Rechtsvorteil der Anwendung dieser Verordnung entziehen, wenn sie in einem Einzelfall feststellt, daß eine nach dieser Verordnung freigestellte Vereinbarung gleichwohl Auswirkungen hat, die mit den in Artikel 85 Absatz 3 des Vertrags genannten Voraussetzungen unvereinbar sind, insbesondere dann, wenn dem Franchisenehmer Gebietsschutz gewährt wird und:

a) der Zugang zu dem betroffenen Markt oder der Wettbewerb auf diesem Markt durch die kumulativen Auswirkungen paralleler Netze gleichartiger Vereinbarungen, die von konkurrierenden Herstellern oder Händlern errichtet werden, in erheblichem Maße eingeschränkt ist;

b) die Waren oder Dienstleistungen, die Gegenstand der Franchise sind, in einem wesentlichen Teil des Gemeinsamen Marktes nicht mit gleichen Waren oder Dienstleistungen oder solchen, die vom Verbraucher aufgrund ihrer Eigenschaften, ihrer Preislage und ihres Verwendungszwecks als gleichartig angesehen werden, in wirksamem Wettbewerb stehen;

c) die Vertragspartner oder einer von ihnen Endverbraucher aufgrund ihres Wohnorts daran hindern, Waren oder Dienstleistungen, die Gegenstand der Franchise sind, unmittelbar oder mit Hilfe von Vermittlern zu beziehen, oder wenn sie die zwischen Mitgliedstaaten bestehenden Unterschiede in der Beschreibung solcher Waren oder Dienstleistungen zur Abschottung von Märkten ausnützen;

d) Franchisenehmer die Verkaufspreise für Waren oder Dienstleistungen, die Gegenstand der Franchise sind, aufeinander abstimmen;

e) der Franchisegeber sein Recht zur Überprüfung der vertraglich bezeichneten Geschäftslokale und Transportmittel zu Zwecken ausübt oder Anträge des Franchisenehmers auf Zustimmung zur Verlegung des Geschäftslokals oder zur Übertragung der Rechte und Pflichten aus der Franchisevereinbarung an Dritte aus Gründen ablehnt, die mit dem Schutz seines gewerblichen oder geistigen Eigentums, der Aufrechterhaltung der Einheitlichkeit und des Ansehens des Franchisenetzes oder der Sicherung der Vertragserfüllung durch den Franchisenehmer nichts zu tun haben.

Artikel 9

Diese Verordnung tritt am 1. Februar 1989 in Kraft.

Sie gilt bis zum 31. Dezember 1999.

Diese Verordnung ist in allen ihren Teilen verbindlich und gilt unmittelbar in jedem Mitgliedstaat.

Brüssel, den 30. November 1988

Für die Kommission
Peter Sutherland
Mitglied der Kommission

Korrekturen am veröffentlichten Gesetzestext

In Art. 1 (1) muß der Text statt „an denen **mehr** als zwei Unternehmen beteiligt sind" korrekt lauten: „an denen **nicht mehr** als zwei Unternehmen".
In Art. 3 (1d) muß der Text statt „die es dem Franchise**geber** ermöglichen" korrekt lauten: „die es dem Franchise-**Nehmer**".

Diese Änderungen sind autorisiert durch die Generaldirektion Wettbewerb der EG-Kommission. Es handelt sich um die Berichtigung von Fehlern, die bei der Übertragung des Gesetzestextes ins Deutsche entstanden sind.

4. Standard-Franchise-Vertrag der Yves Rocher GmbH

Franchise-Vertrag
zwischen

Yves Rocher GmbH
Albstadtweg 10

70567 Stuttgart

diese vertreten durch ihren
Geschäftsführer Herrn
K.J. Michel

– im folgenden Yves Rocher genannt –
einerseits

und

– im folgenden Franchise-Nehmer genannt –
andererseits.

Präambel

Yves Rocher betreibt u.a. den Vertrieb von Yves Rocher Kosmetik-Erzeugnissen sowie Dienstleistungen in Ladengeschäften – „Yves Rocher-Schönheitsfachgeschäfte" genannt – unter der Marke Yves Rocher nach einheitlichen Regeln, insbesondere betreffend Warenzeichen, Dekor, Ausstattung, Betriebsmethoden und Verfahrensweisen.

Yves Rocher ist Inhaberin der Warenzeichen, die von ihr verwendet werden, insbesondere Yves Rocher, Y.R., sowie alle Warenzeichen, die regelmäßig in der Bundesrepublik Deutschland angewendet bzw. eingetragen werden und die in der Liste Anlage 2 aufgeführt sind, sowie von Rechten an Mustern, die zur „Flaconnage" und Verpackung dieser Produkte dienen.

Yves Rocher GmbH gehört zur französischen Yves Rocher-Gruppe, die in Frankreich und weltweit mehrere hundert Yves Rocher-Fachgeschäfte selbst betreibt oder im Franchise-System vergeben hat. Im Rahmen dieser Organisation kommen dem Franchise-Geber die Vorteile eines bedeutenden Marken-Image und einer großen Erfahrung in der Entwicklung und dem Betrieb dieser Schönheitsfachgeschäfte zugute, die ein „Know-how" bilden. Dieses „Know-how" von Yves Rocher umfaßt alle Gebiete ihrer Betätigung, insbesondere im technischen und kaufmännischen Bereich, in der Promotion, Werbung, Verwaltung, Finanzen, dem Gebiet der Personalausbildung und der allgemeinen unternehmerischen Betätigung.

Das Markenbild Yves Rocher beinhaltet nicht nur deren Schriftzug, sondern eine individuelle Besonderheit, die sich in der Art des Betreibens ihrer Läden, in ihren Sinnbildern, in den Warenzeichen und in einer Farbkombination widerspiegeln.

Das Franchise-System von Yves Rocher ist insbesondere charakterisiert durch

a) eine enge Zusammenarbeit zwischen rechtlich und wirtschaftlich selbständigen Partnern, welche auf einem persönlichen gegenseitigen Vertrauen beruht;

b) eine ausgeglichene Aufgabenteilung zwischen den Partnern mit dem Ziel, Franchise-Nehmer von Aufgaben zu entlasten, die hohe Spezialisierung erfordern, und ihnen die Möglichkeit zu geben, ihre ganzen Anstrengungen auf diejenige Aufgabe zu konzentrieren, die ihrer Funktion entspricht, d.h., den Verkauf der nachgenannten Waren und Dienstleistungen, und somit die Nutzen beider Partner steigern;

c) eine dauernde Unterstützung des Franchise-Nehmers durch Yves Rocher im Rahmen des vorliegenden Vertrages;

d) einer nach außen einheitlichen Darstellung aller Franchise-Nehmer gegenüber der breiten Öffentlichkeit, die naturgemäß erwartet, daß alle ihre Partner dieselben Namen und Markenzeichen, dieselben Warenzeichen, dieselben Arbeitstechniken hinsichtlich Verwaltung, Vertrieb, Werbung und Promotion verlangen.

Der Franchise-Nehmer hat den Wunsch ausgedrückt, ein Yves Rocher-Schönheitsgeschäft, wie es nachstehend beschrieben wird, im Rahmen des Franchise-Systems von Yves Rocher zu betreiben.

Yves Rocher beabsichtigt, dem Franchise-Nehmer eine Franchise für ein Yves Rocher-Schönheitsfachgeschäft zu vergeben gemäß den Bestimmungen des Franchise-Vertrages, der vom Franchise-Nehmer angenommen wird und der durch die Parteien als vernünftig und ausgewogen anerkannt wird.

Paragraph 1
Vertragsgegenstand

1. Yves Rocher erteilt dem Franchise-Nehmer die Franchise zum Betrieb eines Einzelhandelsgeschäfts in ....

   Die Franchise wird dem Franchise-Nehmer persönlich gewährt. Sie ist, außer gemäß der Bestimmung des Par. 13, weder ganz noch teilweise auf Dritte übertragbar.

2. Während der Dauer des Vertrags ist der Franchise-Nehmer berechtigt und verpflichtet, für diesen Geschäftsbetrieb Warenzeichen von Yves Rocher sowie Symbole, Embleme, Werbesprüche und sonstige Kennzeichen sowie alle sonst zum Yves Rocher-System gehörenden Bezeichnungen und Anwendungsmerkmale zu nutzen. Dies gilt auch für künftige Warenzeichen, Symbole, Werbesprüche und sonstige Kennzeichnungen.

3. Eigene Rechte an der Marke Yves Rocher stehen dem Franchise-Nehmer in keinem Falle zu.

   Insbesondere ist dem Franchise-Nehmer die Verwendung der Marke, Warenzeichen, Symbole oder der Geschäftsgeheimnisse an einem anderen Ort und für ein anderes Objekt untersagt.

Paragraph 2
Vertragsgebiet

Yves Rocher wird während der Dauer des Vertrages in dem in Anlage 3 zu diesem Vertrag in roter Farbe eingerahmten Gebiet keinem Dritten eine entsprechende Franchise bewilligen oder selbst eine Yves Rocher-Filiale betreiben. Dies gilt nicht für den Fall, daß im Vertragsgebiet ein Einkaufszentrum errichtet oder vergrößert wird. Hat jedoch Yves Rocher die Absicht, in diesem Einkaufszentrum ein weiteres Schönheitsfachgeschäft zu betreiben oder hierfür eine Franchise zu erteilen, so ist Yves Rocher verpflichtet, dem Franchise-Nehmer dieselbe anzubieten. Dem Franchise-Nehmer ist von Yves Rocher eine Überlegungsfrist von zwei Monaten zu gewähren.

Im übrigen kann Yves Rocher in dem Vertragsgebiet seine Produkte auf jedem anderen Vertriebsweg verkaufen.

Paragraph 3
Vertragsdauer

Der Vertrag beginnt am ……… und ist bis zum ……… fest abgeschlossen. Er verlängert sich stillschweigend jeweils um ein weiteres Jahr, wenn er nicht spätestens zwölf Monate vor Vertragsende per Einschreiben gekündigt wird.

Paragraph 4
Vorbereitung, Einrichtung und Eröffnung oder Übernahme eines Schönheitsfachgeschäftes

1. ist der Franchise-Nehmer Mieter des Ladenlokals, so verpflichtet er sich, Yves Rocher eine Kopie des Mietvertrages zu übergeben; er versichert, daß die Räume nach den einschlägigen Vorschriften sowie nach den Bestimmungen des Mietvertrages für den Betrieb eines Yves Rocher-Schönheitsfachgeschäftes geeignet sind.
2. Für den Fall, daß Yves Rocher Mieter des Ladenlokals ist, gilt folgendes: Der Franchise-Nehmer unterzeichnet den in der Anlage 4 beigefügten Untermietvertrag; dieser wird lediglich wirksam, wenn der vorliegende Franchise-Vertrag rechtswirksam zustande kommt.
3. Der Franchise-Nehmer verpflichtet sich ausdrücklich, die erforderlichen behördlichen Genehmigungen, insbesondere die Gewerbeerlaubnis, einzuholen.
4. Für den Fall, daß das Ladenlokal bereits im Auftrag von Yves Rocher eingerichtet ist, verpflichtet sich der Franchise-Nehmer, die Kosten, die Yves Rocher durch Dritte für die Einrichtung des Geschäftslokals berechnet worden sind, Yves Rocher zu erstatten.

   Soweit die Ladeneinrichtung von Yves Rocher erst in Auftrag gegeben ist, verpflichtet sich Yves Rocher, den Franchise-Nehmer im voraus so weit wie möglich über die voraussichtlich anfallenden Kosten der Ladeneinrichtung zu informieren.

5. Bei der Einrichtung oder bei der Renovierung des Ladenlokals übernimmt der Franchise-Nehmer die Einrichtung auf seine Kosten nach den von Yves Rocher vorher genehmigten Plänen und Entwürfen.

   Yves Rocher leistet dem Franchise-Nehmer jede nach ihrem Ermessen für die Einrichtung und Nutzung des Yves Rocher-Schönheitsfachgeschäfts erforderliche Hilfe zur Erzielung eines nach den Richtlinien einheitlichen Erscheinungsbildes der Yves Rocher-Schönheitsfachgeschäfte.

   Yves Rocher stellt dem Franchise-Nehmer ein oder mehrere Yves Rocher-Schilder kostenlos zur Verfügung; der Franchise-Nehmer ist gehalten, diese an der Vorderseite des Schönheitsfachgeschäfts anzubringen. Die Schilder bleiben Eigentum von Yves Rocher. Die Kosten des Anbringens, der Instandhaltung und des Abnehmens gehen zu Lasten des Franchise-Nehmers.

6. Der Franchise-Nehmer verpflichtet sich, das Yves Rocher-Schönheitsfachgeschäft am .... in vertragsgemäßem Zustand zu eröffnen. Der vertragsgemäße Zustand des Ladengeschäfts ist zuvor schriftlich durch Yves Rocher zu bestätigen.

   Eröffnet der Franchise-Nehmer schuldhaft das Yves Rocher-Schönheitsfachgeschäft nicht zum vereinbarten Zeitpunkt, so ist Yves Rocher berechtigt, eine Nachfrist von 14 Tagen zu setzen. Nach fruchtlosem Ablauf dieser Frist steht Yves Rocher das Recht zur außerordentlichen Kündigung des Vertrages zu.

Paragraph 5
Betrieb des Yves Rocher-Schönheitsfachgeschäfts
Pflichten von Yves Rocher

1. Yves Rocher verpflichtet sich, dem Franchise-Nehmer seine zum Verkauf in den Schönheitsfachgeschäften angebotenen Produkte zu liefern gemäß den Bestimmungen der Anlage 5 oder der Yves Rocher-Richtliniensammlung. Yves Rocher stellt dem Franchise-Nehmer alle ihre technischen Kenntnisse zur Verfügung und liefert ihm eine Aufstellung der für den Betrieb eines Yves Rocher-Schönheitsfachgeschäftes empfohlenen und als notwendig erachteten Gegenstände und Geräte.

2. Allgemeine Unterstützung

   Yves Rocher berät nach pflichtgemäßem Ermessen den Franchise-Nehmer und hilft ihm auf dessen Ersuchen beim Betrieb des Yves Rocher-Schönheitsfachgeschäftes auf den von ihr als geeignet erachteten Gebieten, insbesondere hinsichtlich der Verfahrensweise, der Produkte, der Dienstleistungen, der Werbung und Sonderangebote, der allgemeinen Geschäftsführung, dem Rechnungswesen, der Mitarbeiterschulung usw.

3. Schulung

   Yves Rocher verpflichtet sich, den Franchise-Nehmer vor Eröffnung seines Schönheitsfachgeschäftes in angemessener Weise für die Führung eines Yves Rocher-Schönheitsfachgeschäftes zu schulen. Der Franchise-Nehmer verpflichtet sich, an dieser Schulung teilzunehmen.

Diese Schulung geht zu Lasten von Yves Rocher; Reise-, Übernachtungs- und Verpflegungskosten trägt der Franchise-Nehmer.

Außerdem erteilt Yves Rocher auf ihre Kosten Weiterbildungskurse; Reise-, Übernachtungs- und Verpflegungskosten gehen auch hier zu Lasten des Franchise-Nehmers.

4. Werbung, Promotion, Verkaufshilfe

    a) Allgemeine Werbung

    Um den Bekanntheitsgrad seiner Marke und seines Images zu steigern und um die Verkaufsentwicklung seiner Produkte zu gewährleisten, übernimmt Yves Rocher die allgemeine Werbung durch Medien auf nationalem und regionalem Niveau nach besten Kräften und ihrer Erfahrung.

    b) Technische Verkaufshilfen

    Für die Verkaufsförderung des Franchise-Nehmers stellt Yves Rocher nach ihrem pflichtgemäßen Ermessen dem Franchise-Nehmer Kataloge, Werbebroschüren, Proben und andere Werbemittel zur Verfügung; im einzelnen gilt die Yves Rocher-Richtliniensammlung.

    c) Lokale Werbung

    Der Franchise-Nehmer übernimmt die lokale Werbung und ist dafür verantwortlich. Er verpflichtet sich, alle Anzeigen und Sonderangebote, soweit die Marke, Warenzeichen, Embleme oder Werbesprüche von Yves Rocher verwendet werden, Yves Rocher zur Genehmigung vorzulegen.

    d) Eröffnung des Yves Rocher-Schönheitsfachgeschäftes

    Yves Rocher verpflichtet sich, die Einführung des Yves Rocher-Schönheitsfachgeschäftes durch eine Werbe- und Absatzförderungsaktion zu fördern, die sie nach besten Kräften und ihrer Erfahrung durchführt.

5. Know-how

    Yves Rocher stellt dem Franchise-Nehmer eine Yves Rocher Richtliniensammlung als Ergebnis seiner Erfahrung im Betrieb der Yves Rocher-Schönheitsfachgeschäfte zur Verfügung.

    Die Richtliniensammlung betrifft die praktische und technische Durchführung der Tätigkeit des Franchise-Nehmers und hat zum Ziel, die Abwicklung und das äußere Erscheinungsbild der Yves Rocher-Schönheitsfachgeschäfte entsprechend dem Marken-Image von Yves Rocher zu vereinheitlichen und die Beziehung zwischen dem Franchise-Nehmer und Yves Rocher unter Beachtung der gegenseitigen Interessen zu fördern.

    Diese Richtlinien können ergänzt, geändert oder verbessert werden, soweit dies wesentliche Elemente des Vertrages nicht berührt.

    Die Richtliniensammlung bleibt Eigentum von Yves Rocher. Der Franchise-Nehmer wird den Inhalt vertraulich behandeln und er verpflichtet dazu auch seine Mitarbeiter.

6. Um eine ständige Verbesserung des Verkaufssystems und eine darauf basierende

wirksame technische Hilfe für den Franchise-Nehmer zu ermöglichen, verpflichtet sich Yves Rocher, den Franchise-Nehmer hinsichtlich Lagerbestand und Service-Qualität zu beraten.

7. Yves Rocher verpflichtet sich, den Franchise-Nehmer über die periodische Entwicklung der Schönheitsfachgeschäfte zu informieren. Zu diesem Zweck wird der Franchise-Nehmer Yves Rocher seine Umsätze und Werbekosten mitteilen.

8. Im übrigen gelten zwischen den Parteien die allgemeinen Liefer- und Geschäftsbedingungen von Yves Rocher.

Paragraph 6
Betrieb des Yves Rocher-Schönheitsfachgeschäftes
Pflichten des Franchise-Nehmers

1. Der Franchise-Nehmer wird das Yves Rocher-Schönheitsfachgeschäft sowohl innen wie auch außen entsprechend dem einheitlichen Erscheinungsbild der Yves Rocher-Schönheitsfachgeschäfte unterhalten.

   Die Yves Rocher-Produkte und Dienstleistungen entsprechen ebenfalls dem Erscheinungsbild der Yves Rocher-Schönheitsfachgeschäfte. Demzufolge verpflichtet sich der Franchise-Nehmer, das Schönheitsfachgeschäft zu renovieren im Falle einer Beschädigung oder frühzeitigen Alterung.

2. Der Franchise-Nehmer unterhält in eigener Verantwortung ein hinsichtlich der Auswahl und Menge ausreichendes Warenlager, um jederzeit wirksam der Nachfrage seiner Kunden nach Yves Rocher-Produkten gerecht zu werden.

3. Der Franchise-Nehmer verpflichtet sich, die Förderung des Absatzes der Erzeugnisse und Dienstleistungen nach besten Kräften zu betreiben und ihr seine ganze Arbeitszeit zu widmen sowie der Kundschaft der Übung der Yves Rocher-Schönheitsfachgeschäfte entsprechend Qualität und Wirkung der Erzeugnisse umfassend und genau zu erklären.

4. Der Franchise-Nehmer darf ausschließlich Waren führen und Dienstleistungen erbringen, die von Yves Rocher in vorherige schriftlicher Form bezeichnet wurden.

   Yves Rocher verpflichtet sich, die Genehmigung für den Vertrieb von Waren, deren Verkauf mit dem Image der Marke Yves Rocher vereinbart sind, nicht zu verweigern.

   Der Franchise-Nehmer darf die von Yves Rocher genehmigten Erzeugnisse weder unmittelbar noch mittelbar an andere Wiederverkäufer veräußern außer an andere Yves Rocher-Geschäfte innerhalb der Europäischen Gemeinschaft.

5. Der Franchise-Nehmer leitet sein Yves Rocher-Schönheitsfachgeschäft in eigener Verantwortung und beschäftigt im erforderlichen Umfang qualifiziertes Personal.

6. Der Franchise-Nehmer unterhält eine oder mehrere Behandlungskabinen, die er persönlich oder mit einer Kosmetikerin betreibt, wobei nur die von der Firma genehmigten Produkte und Behandlungen angewandt und durchgeführt werden dürfen.

7. Die Partner werden in vertrauensvoller Zusammenarbeit mit dem gemeinsamen Ziel tätig, den durch Ruf und Namen von Yves Rocher verkörperten hohen geschäftlichen Standard in jeder Weise aufrechtzuerhalten, sämtliche Gesetze und sonstigen Vorschriften zu beachten und alles zu unterlassen, was sich auf Ruf und Namen von Yves Rocher nachteilig auswirken könnte. Für diesen Zweck wird der Franchise-Nehmer eine ordnungsgemäße Buchhaltung führen.

8. Der Franchise-Nehmer schließt auf eigene Kosten alle nach Art und Umfang erforderlichen Versicherungsverträge, insbesondere die in der Richtliniensammlung von Yves Rocher geforderten Versicherungen ab.

Er wird während der Laufzeit dieses Vertrages die Versicherungen aufrechterhalten und auf Verlangen Yves Rocher gegenüber nachweisen.

Paragraph 7
Allgemeine Verkaufsbedingungen

1. Preis

Yves Rocher verpflichtet sich, dem Franchise-Nehmer ihre Erzeugnisse mit einem Rabatt von 30% auf die Nettopreise in den jeweils geltenden Yves Rocher-Katalogen und Preislisten zuzüglich der jeweils geltenden Mehrwertsteuer zu liefern.

Für die Verkaufspreise des Franchise-Nehmers erteilt Yves Rocher – soweit es sich um Waren handelt, deren Verpackung oder Umhüllung mit der Markenbezeichnung Yves Rocher gekennzeichnet sind – unverbindliche Preisempfehlungen.

2. Zahlungsbedingungen

Die erste Lieferung ist abweichend von den Allgemeinen Geschäftsbedingungen zur Zahlung fällig innerhalb von 90 Tagen.

Die Folgebestellungen werden nach den Allgemeinen Geschäftsbedingungen bezahlt.

Kommt der Franchise-Nehmer mit einer Zahlung in Verzug, so muß der Franchise-Nehmer jede künftige Lieferung im voraus bezahlen; Par. 9 A 1b) bleibt unberührt.

Der Franchise-Nehmer kann gegenüber Forderungen von Yves Rocher lediglich mit unbestrittenen oder rechtskräftig festgestellten Forderungen aufrechnen.

Paragraph 8
Schutzrechte

Yves Rocher wird ihre gewerblichen Schutzrechte aufrechterhalten und nach ihrem Ermessen schützen, und zwar auch, wenn dem Franchise-Nehmer gegenüber Angriffe erfolgen, die seine Schutzrechte, den Namen des Systems, seine Symbole, Kennzeichnungen berühren. Der Franchise-Nehmer ist gehalten, Yves Rocher bei der Abwehr von Angriffen auf die Schutzrechte zu unterstützen und sie unverzüglich von vorhandenen oder drohenden Beeinträchtigungen der Schutzrechte zu unterrichten.

Paragraph 9
Außerordentliche Kündigung des Vertrages

1. Unbeschadet der Kündigungsmöglichkeit nach Par. 4 (6) ist jede der Parteien berechtigt, diesen Vertrag ohne Einhaltung einer Kündigungsfrist zu kündigen.

A   Aus wichtigem Grund:

Als wichtiger Grund zur Kündigung gilt insbesondere:

A1 Für Yves Rocher:

   a) Zahlungseinstellung oder Antrag auf Eröffnung des Vergleichs- oder Konkursverfahrens durch den Franchise-Nehmer;
   b) Verzug des Franchise-Nehmers mit Zahlungsverpflichtungen gegenüber Yves Rocher von länger als 6 Wochen;
   c) sobald der Franchise-Nehmer das Yves Rocher-Schönheitsfachgeschäft nicht mehr in den in Par. 1 bezeichneten Räumlichkeiten betreiben kann;
   d) falls der Franchise-Nehmer das Yves Rocher-Schönheitsfachgeschäft in einer Weise betreibt, die für die Gesundheit oder Sicherheit der Kunden, der Beschäftigten oder allgemein in der Öffentlichkeit eine Gefahr darstellt.
   e) sobald der Franchise-Nehmer die persönliche Leitung des Yves Rocher-Schönheitsfachgeschäftes aufgibt oder faktisch oder rechtlich auf Dritte übertragen hat;
   f) wenn der Franchise-Nehmer mittelbar oder unmittelbar für einen Wettbewerber von Yves Rocher tätig wird und dies trotz Abmahnung nicht beendet;
   g) beim Verkauf von Waren und Dienstleistungen, die von Yves Rocher nicht genehmigt sind;
   h) bei vertragswidriger Nutzung von Schutzrechten, Kennzeichnungen oder Sinnbildern von Yves Rocher;
   i) Weitergabe eines Geschäftsgeheimnisses von Yves Rocher;
   j) falls der Franchise-Nehmer eine juristische Person ist: wenn der Geschäftsführer über weniger als 51% des Kapitals und/oder des 75% des Stimmrechts verfügt oder seine Geschäftsführung abgibt.

A2 für den Franchise-Nehmer:

   a) bei Zahlungseinstellung oder Antrag auf Eröffnung des Vergleichs- oder Konkursverfahrens durch Yves Rocher;
   b) Verstoß gegen Par. 2 des Vertrages durch Yves Rocher.

B   Im Falle eines Verstoßes einer der Parteien gegen irgendeine Bestimmung dieses Vertrages und diese trotz Abmahnung durch die andere Partei nicht damit aufhört oder sofort im Falle einer Wiederholung dieses Verstoßes.

2. Im Fall des Ablebens eines Franchise-Nehmers ist Yves Rocher ab einem Zeitraum von 3 Monaten, gerechnet ab Kenntnisnahme vom Ableben des Franchise-Nehmers an berechtigt, den Vertrag mit einer Frist von einem Monat zu kündigen. Zur Sicherung der reibungslosen Fortführung des Betriebes ist Yves Rocher berechtigt, im Falle des Ablebens des Franchise-Nehmers einen Geschäftsführer einzusetzen, der nach Weisungen von Yves Rocher das Geschäft leitet.

Paragraph 10
Folgen der Vertragsbeendigung

1. Der Franchise-Nehmer ist verpflichtet, Yves Rocher innerhalb einer Frist von 30 Tagen alle Forderungen zu bezahlen.

2. Der Franchise-Nehmer ist verpflichtet, Yves Rocher unverzüglich die Richtliniensammlung, sämtliche schriftlichen Anweisungen und Anleitungen sowie sämtliches Werbematerial und alle gelieferten Materialien zurückzugeben, die im Eigentum von Yves Rocher stehen und die ihm zum Betrieb des Yves Rocher-Schönheitsfachgeschäfts zur Verfügung gestellt wurden.

3. Der Franchise-Nehmer ist verpflichtet, den Gebrauch sämtlicher Warenzeichen, Handelsbezeichnungen, Werbetexte, Werbemittel, Drucksachen, Rechnungen usw. einzustellen, die mit Firmenbezeichnungen, Warenzeichen Zeichen, Werbetexten etc. von Yves Rocher ausgestattet sind.

4. Der Franchise-Nehmer entfernt auf eigene Kosten alle von Yves Rocher zur Verfügung gestellten Namensschilder und verändert innerhalb einer Frist von 30 Tagen das Äußere und Innere der Geschäftsräume in der Weise, daß eine Verwechslung seitens der Verbraucher mit Yves Rocher-Schönheitsfachgeschäften ausgeschlossen ist.

5. Der Franchise-Nehmer trifft unverzüglich alle Maßnahmen zur Löschung aller Bezeichnungen „Yves Rocher" im Telefonverzeichnis und sonstigen Verzeichnissen, wie Telefon-Branchenverzeichnissen usw.

6. Yves Rocher kauft alle Yves Rocher-Produkte zum Einstandspreis zurück, soweit sie im Hinblick auf Aufbewahrung, Verpackung und Alter einwandfrei sind. Von Yves Rocher nicht zurückgekaufte Produkte werden vom Franchise-Nehmer auf eigene Kosten vernichtet.

7. Dem Franchise-Nehmer ist es untersagt, nach Vertragsende für die Dauer von einem Jahr im Vertragsgebiet unmittelbar oder mittelbar als Wettbewerber von Yves Rocher als selbständiger Gewerbetreibender, Angestellter oder in sonstiger Weise aufzutreten, außer mit einer schriftlichen Genehmigung von Yves Rocher. Im Falle, daß Yves Rocher ihm keine Genehmigung für berechtigte Projekte erteilt, verpflichtet sich Yves Rocher, ihm eine angemessene Entschädigung zu zahlen. Diese Entschädigung wird jedoch um andere vom Franchise-Nehmer eingenommenen Einkünfte in diesem Zeitraum gekürzt oder andere durch seine Nachlässigkeit nicht eingenommenen Einkünfte.

   Außerdem erhält er keine Entschädigung im Falle einer vorzeitigen Kündigung des Vertrages durch Yves Rocher.

8. Der Franchise-Nehmer verpflichtet sich, nach Beendigung des Vertrages an einer reibungslosen Abwicklung bzw. Übergabe an einen etwaigen Nachfolger des Franchise-Nehmers mitzuwirken. Der Franchise-Nehmer unterläßt alles, was dem Marken-Namen Yves Rocher schaden könnte. Gegebenenfalls kann Yves Rocher ihn sofort durch einen Geschäftsführer seiner Wahl ersetzen.

Paragraph 11
Franchise-Abschlußgebühr

1. Als Gegenleistung für die sich aus dem Vertrag ergebenden Vorteile und Rechte zahlt der Franchise-Nehmer an Yves Rocher eine einmalige bei Vertragsabschluß fällige Abschlußgebühr in Höhe von DM 7000,– zuzüglich MwSt.

2. Außer bei Beendigung des Vertrages gemäß Par. 4 (6) ist diese Abschlußgebühr nicht rückzahlbar.

   Im Falle der Beendigung des Vertrages gemäß Par. 4 (6) erstattet Yves Rocher dem Franchise-Nehmer die Abschlußgebühr abzüglich der bei Yves Rocher tatsächlich entstandenen Kosten.

Paragraph 12
Verzugszinsen

Kommt der Franchise-Nehmer mit seinen Zahlungsverpflichtungen gegenüber Yves Rocher mehr als 15 Tage in Rückstand, so hat er Zinsen mit über 2% über dem jeweiligen Diskontsatz der Bundesbank zu bezahlen.

Paragraph 13
Übertragung und Ankaufsrecht

1. Rechte aus diesem Vertrag dürfen ohne vorherige schriftliche Zustimmung von Yves Rocher weder ganz noch teilweise weder direkt noch indirekt an Dritte abgetreten oder übertragen werden.

2. Der Franchise-Nehmer ist berechtigt, Rechte und Pflichten aus diesem Vertrag in eine Gesellschaft einzubringen, falls der Gesellschaftszweck dieser Firma sich auf den Vertragsgegenstand beschränkt, der Franchise-Nehmer über einen Anteil von 75% des Gesellschaftskapitals und der Stimmrechte verfügt, er die Geschäftsführung der Firma innehat und sich alle Gesellschafter und Anteilseigner zur Erfüllung des Vertrages in schriftlicher Form verpflichten. Der Franchise-Nehmer hat von der beabsichtigten Übertragung Yves Rocher im vorhinein schriftlich unter Vorlage der Vertragsentwürfe zu unterrichten. Der Franchise-Nehmer haftet weiterhin gegenüber Yves Rocher als Gesamtschuldner für die Erfüllung der Pflichten aus dem Franchise-Vertrag.

3. In Ergänzung zu Absatz 1 dieser Vorschrift verpflichtet sich Yves Rocher einer Übertragung oder Abtretung an einen Dritten, der dieselben beruflichen und finanziellen Voraussetzungen wie der Franchise-Nehmer selbst bietet, nicht ohne wichtigen Grund zu widersprechen. Dies gilt auch für den Fall, daß die Geschäftsanteile ganz oder teilweise auf einen Dritten übertragen werden, falls dieser die gleichen persönlichen und finanziellen Voraussetzungen wie der Franchise-Nehmer selbst bietet (vgl. Par. 13 Abs. 2). Der Franchise-Nehmer bzw. der bisherige Geschäfts-

führer haften weiterhin gegenüber Yves Rocher als Gesamtschuldner für die Verpflichtungen aus dem alten Franchise-Vertrag, es sei denn, Yves Rocher stellt ihn ausdrücklich frei.

4. Für den Fall der Übertragung nach den Absätzen 1 bis 3 dieser Vorschrift wird Yves Rocher vom Franchise-Nehmer ein Ankaufsrecht an einem Yves Rocher-Schönheitsfachgeschäft bzw. an den Geschäftsanteilen eingeräumt.

Der Franchise-Nehmer hat Yves Rocher von seiner Übertragungsabsicht durch eingeschriebenen Brief mit Rückschein rechtzeitig vorher zu benachrichtigen und Yves Rocher sämtliche vertraglichen Unterlagen zuzusenden.

Yves Rocher kann ein Ankaufsrecht innerhalb von drei Monaten nach Zugang des Einschreibens ausüben.

5. Yves Rocher hat das Recht, ihr Ankaufsrecht auf einen Dritten zu übertragen.

Kommt über die Bedingungen des Erwerbs keine Einigung zustande, so hat ein von der für den Standort des Geschäftes zuständigen IHK zu benennender Sachverständiger verbindlich die Bedingungen festzusetzen.

6. Im Falle, daß Yves Rocher dem vom Franchise-Nehmer vorgeschlagenen Übernehmer aus wichtigem Grund nicht zustimmt und im Fall, daß Yves Rocher gleichzeitig sein Ankaufsrecht aus nicht zu erläuternden persönlichen Gründen nicht ausübt und sie dieses Recht auch nicht auf Dritte gemäß Par. 13 Absatz 5 überträgt, kann die Übertragung oder Abtretung nicht ohne sofortiges Inkrafttreten des Par. 9 A 1 e erfolgen.

Demzufolge muß der Franchise-Nehmer einen neuen Kandidaten vorschlagen, auf den die Par. 1, 3, 4 und 5 von Rechts wegen Anwendung finden.

Paragraph 14
Verschiedenes

Änderungen und Ergänzungen dieses Vertrages bedürfen der Schriftform. Sind einzelne Regelungen dieses Vertrages, der Richtliniensammlung bzw. der allgemeinen Verkaufs- und Lieferbedingungen von Yves Rocher unwirksam, so bleiben alle anderen Bestimmungen gültig. Die Vertragsabschließenden sind verpflichtet, in einem solchen Fall darauf hinzuwirken, die unwirksame Bestimmung durch eine andere zu ersetzen, durch die der beabsichtigte wirtschaftliche Vertragszweck rechtlich zulässigerweise, soweit dies möglich ist, erreicht werden kann.

Paragraph 15
Erfüllungsort – Gerichtsstand

1. Alle schriftlichen Informationen bezüglich dieses Vertrages sind für die Franchise-Nehmer oder für Yves Rocher an die Adresse des Yves Rocher-Schönheitsfachgeschäftes, wie unter Artikel 1 beschrieben, oder an den Sitz der Firma Yves Rocher zu richten.

2. Im Falle eines Rechtsstreits sind nur die Gerichte in Stuttgart zuständig.

5. Veröffentlichung der EG-Kommission betreffend Anmeldung des Vertrages von Yves Rocher

Veröffentlichung gemäß Artikel 19 Absatz 3 der Verordnung Nr. 17 des Rates[1] in der Sache IV/31.428 bis 31.432 – Yves Rocher (86/C 95/04)

I. Die Gruppe Laboratoires de cosmétologie Yves Rocher mit Stitz der Muttergesellschaft in La Gacilly (Frankreich) hat bei der Kommission am 15. Januar 1985 die Franchise-Standardvertriebsverträge angemeldet, die Yves Rocher mit seinen ausschließlichen Einzelhändlern für die Vermarktung seiner Kosmetika schließt. Yves Rocher hat die Erteilung eines Negativ-Attests und hilfsweise eine Freistellung beantragt.

II. Yves Rocher gehört zu 35% der Familiengruppe Yves Rocher und zu 54% der Sanofi, Tochter von Elf Aquitaine, an deren Gesamtumsatz Kosmetika etwa 25% ausmachen. Yves Rocher stellt insgesamt 430 kosmetische Produkte her und ist einer der wichtigsten Hersteller von Kosmetika in Europa. Die Konzentration des Angebots auf dem betreffenden Markt ist relativ schwach. Vergleicht man die Rangfolge der Hersteller nach ihren Marktanteilen im Laufe der Zeit, ist eine verhältnismäßig große Mobilität erkennbar, in der sich die Bemühungen jedes Unternehmens um die Schaffung eines Markenimages und ein lebhafter Wettbewerb zwischen Herstellern widerspiegeln.

In allen Mitgliedstaaten, in denen Yves Rocher vertreten ist, bestehen zahlreiche und sich ergänzende Vertriebswege. Neben Formen des Großvertriebs steht der Vertrieb durch Fachgeschäfte (selektiver, Allein- oder Franchise-Vertrieb). Der jeweilige Verkaufsanteil ist in den vier Kosmetikmarktbereichen unterschiedlich groß: bei Toiletten- und Haarpflegeerzeugnissen überwiegt der Großvertrieb, während Parfümeriewaren und Kosmetika überwiegend von Fachgeschäften vertrieben werden.

Ursprünglich vertrieb Yves Rocher seine Produktion im Wege des Versandhandels, auf den noch immer ein überwiegender Teil des Absatzes entfällt. Darüber hinaus hat Yves Rocher bisher in sieben Mitgliedstaaten der Gemeinschaft (Frankreich, Bundesrepublik Deutschland, Belgien, Luxemburg, Niederlande, Vereinigtes Königreich und Spanien) ein Netz von Franchise-Einzelhändlern aufgebaut, die ausschließlich Yves Rocher-Erzeugnisse vertreiben. Yves Rocher zählt etwa 10 Millionen Versandkunden und über 1000 Franchise-Geschäfte mit der Firmenbezeichnung „Centre de Beauté Yves Rocher", davon etwas mehr als 600 in Frankreich. Die Franchise-Geschäfte werden direkt von Yves Rocher beliefert: von der Muttergesellschaft in Frankreich und von den verschiedenen Tochtergesellschaften in den übrigen Mitgliedstaaten.

III. Die wesentlichen Merkmale der angemeldeten Standardverträge

Die angemeldeten Franchise-Verträge betreffen vor allem den Vertrieb: die Leistungen der Franchise-Nehmer auf dem Gebiet der Schönheitspflege machen nur einen geringen Teil ihres Umsatzes aus.

---

[1] ABl. Nr. 13 vom 21.2.1962, S. 204/62.

1. Auswahl der Franchise-Nehmer durch Yves Rocher

Die Verträge werden personenbezogen und nach vorheriger Schulung des Franchise-Bewerbers durch Yves Rocher geschlossen. Der Bewerber verpflichtet sich, daß er in seinem Geschäft ausreichendes Fachpersonal beschäftigt. Ohne vorherige schriftliche Genehmigung des Franchise-Gebers darf kein Franchiseelement anderen überlassen oder übertragen werden.

2. Rechtliche Unabhängigkeit der Franchise-Nehmer

Der Yves Rocher Franchise-Nehmer ist Eigentümer seines Geschäfts, das er auf eigenes Risiko betreibt und für das er die Einrichtungskosten nach den Plänen und Vorhaben, die Yves Rocher auf eigene Kosten aufstellen läßt, selbst trägt.

Die in Belgien angewandten Franchise-Verträge bestimmen, daß die Franchise-Nehmer ihr Geschäft ausschließlich auf eigenes Risiko betreiben, ungeachtet der Tatsache, daß sie die gelieferte Ware als Konsignatäre im Namen und auf Rechnung von Yves Rocher verkaufen.

3. Klausel betreffend die Niederlassung des Schönheitszentrums

Jeder Vertrag gibt den genauen Standort des Geschäfts des Vertriebshändlers an und bestimmt, daß es ohne Genehmigung von Yves Rocher an keinen anderen Ort verlegt werden darf.

4. Franchise-Gebiet

Yves Rocher garantiert dem Franchise-Nehmer die Alleinbelieferung für den Wiederverkauf im Einzelhandel in einem ihm vorbehaltenen Gebiet, wobei die Gesellschaft sich verpflichtet, den Ladenverkauf ihrer Waren nur im Geschäft des Franchise-Nehmers vorzunehmen, keinen anderen Franchise-Nehmer einzusetzen und auch selbst kein eigenes „Centre de Beauté Yves Rocher" zu errichten.

Yves Rocher kann hingegen seine Waren direkt oder indirekt in anderer Weise verkaufen (insbesondere im Versandhandel, auf Messen und Ausstellungen).

5. Überlassung der besonderen Zeichen (Firmenschild, Warenzeichen, Symbole) sowie der Muster und Modelle durch Yves Rocher

Mit dem Franchise-Vertrag überträgt Yves Rocher dem Franchise-Nehmer das ausschließliche Recht, das Firmenschild, die Warenzeichen und Symbole, die das Eigentum der Muttergesellschaft sind und bleiben, sowie die Flaschen- und Verpackungsmodelle zu benutzen.

Die Ausübung dieser Rechte ist ausschließlich an den Betrieb des Schönheitszentrums und dessen Gegenstand geknüpft: Der Franchise-Nehmer darf diese Rechte an keinem anderen Ort oder für keinen anderen Zweck ausüben. Die Überlassung der Verwendungsrechte durch Yves Rocher ist an den Kaufwert des Vertrages gebunden.

6. Übertragung des kommerziellen Know-how auf den Franchise-Nehmer durch Yves Rocher

Das von Yves Rocher auf den Franchise-Nehmer übertragene Know-how umfaßt alle

Bereiche seiner Tätigkeit, insbesondere den technischen, den kommerziellen, den Absatzförderungs-, den Werbe-, den Verwaltungs-, den Finanz- und den Bereich der Grundausbildung und Fortbildung des Franchise-Nehmers und seines Personals sowie den Bereich der Geschäftsführung im allgemeinen.

Die Franchise-Nehmer verpflichten sich, an Dritte keine vertraulichen Informationen und Anweisungen weiterzugeben.

7. *Technische und kommerzielle Unterstützung des Franchise-Nehmers durch Yves Rocher*

Bei der Einrichtung des Zentrums bietet Yves Rocher dem Franchise-Nehmer die für die Ausstattung und Aufmachung des Zentrums nach den Normen und dem Markenimage Yves Rocher notwendige Hilfestellung und stellt ihm seine sämtlichen technischen Kenntnisse zur Verfügung.

Während der Dauer des Vertrages berät die Gesellschaft den Franchise-Nehmer regelmäßig und unterstützt ihn, auf seinen Wunsch, bei der Führung des Schönheitszentrums, insbesondere bei Verfahren, Kauf von Erzeugnissen, Lieferungen und Werbung.

8. *Finanzielle Verpflichtungen des Franchise-Nehmers gegenüber dem Franchise-Geber*

Als Gegenleistung für die dem Franchise-Nehmer durch den Vertrag übertragenen Rechte muß dieser eine einmalige Pauschalabgabe zahlen und – in einem Mitgliedstaat – eine Jahresgebühr entrichten, die 1% des Umsatzes des Franchise-Nehmers vor Steuern umfaßt, mit Ausnahme der Schönheitspflegeleistungen.

Darüber hinaus ist der Franchise-Nehmer finanziell an den Werbeaktionen von Yves Rocher beteiligt, indem er vierteljährlich mit einem Pauschalbetrag zu den Werbekosten beiträgt.

9. *Anwendung einheitlicher Handelsmethoden des Franchise-Nehmers unter Kontrolle von Yves Rocher*

Die angemeldeten Verträge verpflichten den Franchise-Nehmer zur Anwendung einheitlicher Handelsmethoden. Der Franchise-Nehmer erklärt sich damit einverstanden, daß er sein Zentrum nach den von Yves Rocher ausgearbeiteten Verfahren führen muß. Außerdem verpflichtet sich der Franchise-Nehmer, in einer oder mehreren Kabinen Schönheitspflege zu betreiben, für die allein die Erzeugnisse und Behandlungen verwendet werden, die von Yves Rocher zugelassen sind.

Der Franchise-Geber behält sich das Recht vor, die Lagerbestände zu kontrollieren und Auskunft über die finanzielle Lage des Franchise-Nehmers zu verlangen.

10. *Wettbewerbsverbot für den Franchise-Nehmer*

a) Während der Dauer des Vertrages:

Dem Franchise-Nehmer ist es ausdrücklich untersagt, direkt oder indirekt entgeltliche oder unentgeltliche Tätigkeiten auszuüben, die mit denen konkurrieren würden, die in einem Schönheitszentrum Yves Rocher ausgeübt werden.

Der Franchise-Nehmer verpflichtet sich, nur Erzeugnisse der Marke Yves Rocher zu führen, mit Ausnahme bestimmter akzessorischer Waren, für die er jedoch die vorherige Zustimmung von Yves Rocher einzuholen hat.

b) Nach Ablauf des Vertrages:

Dem Franchise-Nehmer ist es untersagt, während der Dauer eines Jahres innerhalb des Franchise-Gebietes sowohl von sich aus als auch im Zusammenhang mit einem Konkurrenzunternehmen direkt oder indirekt mit Yves Rocher zu konkurrieren.

11. Bezugsklausel

Der Franchise-Nehmer kann Vertrags-Erzeugnisse nicht nur von Yves Rocher, sondern auch von anderen Franchise-Nehmern beziehen, unabhängig davon, ob sie in demselben oder in einem anderen Mitgliedstaat der Gemeinschaft niedergelassen sind.

Der Franchise-Nehmer darf durch den Franchise-Geber genehmigte akzessorische Waren von frei gewählten Lieferanten beziehen.

12. Wiederverkaufspreise

Yves Rocher spricht gegenüber seinen Franchise-Nehmern Empfehlungen über Höchstpreise aus. Auf Veranlassung der Kommission hat Yves Rocher die in den zunächst abgeschlossenen Verträgen enthaltenen – in der Praxis aber nicht angewandten – Mindestpreisbindungen auch formell aufgehoben.

13. Querlieferungen zwischen Yves Rocher-Franchise-Nehmern

Die ersten Franchise-Verträge verboten es dem Franchise-Nehmer, Erzeugnisse an andere Widerverkäufer direkt oder indirekt abzutreten. Aufgrund von Einwänden der Kommission sieht Yves Rocher künftig in allen Franchise-Verträgen vor, daß sich die Franchise-Nehmer sowohl auf nationaler als auch auf zwischenstaatlicher Ebene gegenseitig beliefern können.

14. Dauer der Verträge

Die Franchise-Verträge sehen, mit Ausnahme von wenigen mit einer längeren Dauer, eine Laufzeit von fünf Jahren vor. Neue Verträge und Vertragsverlängerungen werden nur noch für die Zeit von fünf Jahren vorgenommen.

Die Kommission beabsichtigt eine positive Stellungnahme zu den angemeldeten Verträgen mit den oben beschriebenen wesentlichen Klauseln abzugeben.

Zuvor aber fordert sie alle betroffenen Dritten auf, hierzu ihre etwaigen Bemerkungen innerhalb eines Monats nach dem Datum dieser Veröffentlichung unter Bezugnahme auf „IV/31.428 bis 31.432" an folgende Anschrift zu schicken:

Kommission der Europäischen Gemeinschaften,
Generaldirektion Wettbewerb,
Direktion C,
rue de la Loi 200,
B-1049 Brüssel.

6. Merkblatt Schlichtungsverfahren

Stehen Sie vor der Frage, ob Sie in einer zivilrechtlichen Streitsache beim Franchising das Gericht anrufen sollen? Dann sollten Sie zunächst prüfen, ob Sie die möglichen Risiken und Unannehmlichkeiten einer Prozeßführung durch Inanspruchnahme der vom Deutschen Franchise-Verband E.V. empfohlenen Schlichtungsstellen vermeiden können. Dabei mag für Sie auch von Bedeutung sein, daß ein gerichtliches Verfahren häufig die weiteren persönlichen oder geschäftlichen Beziehungen zu dem Streitgegner weit stärker belasten kann als ein Schlichtungsverfahren. Auch im Gegensatz zu einem Schiedsgerichtsverfahren bietet das Schlichtungsverfahren die *zeitsparende, kostengünstige und unbürokratische Möglichkeit*, zur Vermeidung eines Zivilprozesses (kein Arbeits-, Sozial- oder Verwaltungsrecht) Rechtsstreitigkeiten gütlich zu erledigen und das Ergebnis der gütlichen Beilegung des Streits in einem protokollierten Vergleich festzuhalten. Dieser Vergleich kann vom Schlichter sofort für vollstreckbar erklärt werden und ist somit ein Vollstreckungstitel; es bedarf also anders als beim Anwaltsvergleich keines weiteren – mit Kosten verbundenen – gerichtlichen Verfahrens zur Vollstreckbarerklärung.

Voraussetzung des Schlichtungsverfahrens ist, daß beide Beteiligten des Streits grundsätzlich bereit sind, sich gütlich zu einigen.

Der Deutsche Franchise-Verband e.V. hat seinen Mitgliedern in Anlehnung an § 2.4 Abs. 2 seines Ehrenkodex nachdrücklich empfohlen, das hier vorgestellte Schlichtungsverfahren zu nutzen.

Das Schlichtungsverfahren kann von jedermann in Anspruch genommen werden und wird auf Antrag eines oder beider Streitbeteiligten eingeleitet, wobei es keine Rolle spielt, wo in der Bundesrepublik Deutschland die Parteien ihren Sitz haben. Der Antrag soll schriftlich bei einer der Schlichtungsstellen (Anschriften s.u.) eingereicht werden; er kann auch mündlich zur Niederschrift bei den Geschäftsstellen der Schlichtungsstellen gestellt werden.

Der Antrag soll in doppelter Ausfertigung folgende Angaben enthalten:

* Name und Anschrift beider Streitbeteiligten
* Erklärung, ob auch der Antragsgegner mit der Durchführung des Schlichtungsverfahrens einverstanden ist; ggf. sollte möglichst eine schriftliche Einverständniserklärung des Antragsgegners beigefügt werden
* Kurze Darstellung der Streitsache in tatsächlicher und rechtlicher Hinsicht
* Angabe des Anspruchs, welchen der Antragsteller gegen den Antragsgegner erhebt (bei Zahlungsansprüchen: Höhe der Forderung angeben)
* Wenn der Anspruch urkundlich belegt ist, sollten Ablichtungen der Urkunden vorgelegt werden (s. Franchise-Verträge).

Bereits das Einreichen des Antrags unterbricht die Verjährung. Kommt es zu keiner Einigung, dann steht Ihnen immer noch der Weg zu den Gerichten offen. Sie geben also durch das Beschreiten des Schlichtungswegs keine Rechte preis. Selbst wenn die Verjährung drohen sollte, brauchen Sie sich nicht sofort an das Gericht zu wenden.

Die Schlichtungsstellen sind mit unparteiischen Schlichtern, erfahrenen ehemaligen Richtern, besetzt. Sie werden durch den Präsidenten des Oberlandesgerichts bestellt und erhalten eine Vergütung aus der Staatskasse. Bei Einverständnis des Gegners mit dem Schlichtungsverfahren wird in der Regel eine mündliche Verhandlung vor dem Schlichter durchgeführt. Sie ist nicht öffentlich. Der Schlichter erörtert die Streitsache ohne Zeitdruck sachlich und rechtlich und unterbreitet einen Vergleichsvorschlag. Dessen Annahme steht den Parteien frei. Eine umfangreiche Beweisaufnahme findet im Schlichtungsverfahren in der Regel nicht statt. Eine Ladung von Zeugen oder Sachverständigen durch die Schlichtungsstelle erfolgt nicht, der Schlichter kann aber mitgebrachte Zeugen und Sachverständige vernehmen sowie einen Augenschein einnehmen. Von den Parteien beigebrachte schriftliche Gutachten können in die Verhandlung einbezogen werden. Die durch Einvernahme von Zeugen oder Beibringung von Gutachten entstehenden Kosten trägt der Beweisführer selbst.

Die Parteien können sich in dem Schlichtungsverfahren durch jede prozeßfähige Person als Bevollmächtigten vertreten lassen, was natürlich auch für Rechtsanwälte zutrifft. Jede Partei trägt ihre eigenen Kosten; die Parteien können aber eine hiervon abweichende Vereinbarung treffen.

Für die Durchführung des Schlichtungsverfahrens wird ein Unkostenbeitrag erhoben, der von beiden Parteien je zur Hälfte zu tragen ist. Die Parteien haben ebenso die Auslagen zu erstatten, die dem Schlichter wegen der Durchführung eines Ortstermins zu ersetzen sind.

Der Unkostenbeitrag beläuft sich bei einem Streitwert

bis DM 200,00 auf DM 30,00	bis DM 350,00 auf DM 40,00
bis DM 500,00 auf DM 50,00	bis DM 700,00 auf DM 60,00
bis DM 900,00 auf DM 70,00	bis DM 1200,00 auf DM 80,00
bis DM 1500,00 auf DM 90,00	bis DM 2000,00 auf DM 110,00
bis DM 2500,00 auf DM 130,00	bis DM 3000,00 auf DM 150,00

von dem Mehrbetrag bis DM 100 000,00 für je DM 1000,00 auf DM 25,00.

Der Streitwert wird von dem Schlichter nach freiem Ermessen festgesetzt.

Der Unkostenbeitrag ist von den Parteien je zur Hälfte vor der Durchführung des Schlichtungsverfahrens zu entrichten. Der Schlichter soll das Schlichtungsverfahren erst durchführen, nachdem der Unkostenbeitrag bezahlt worden ist.

Der Schlichter kann einer Partei, die in einem gerichtlichen Verfahren Anspruch auf Prozeßkostenhilfe hätte, die Entrichtung des Unkostenbeitrages oder von Auslagen ganz oder teilweise erlassen.

Hier die Anschriften der drei Schlichtungsstellen:

Schlichtungsstelle bei dem Amtsgericht München
Maxburgstr. 4, Zimmer 106, 80333 München
Tel.: 089/5597-3700

Schlichtungsstelle bei dem Amtsgericht Würzburg
Ottostr. 5, Zimmer 4, 97070 Würzburg
Tel.: 0931/381-108

Schlichtungsstelle bei dem Amtsgericht Traunstein
Herzog-Otto-Str. 1, Zimmer 115, 83278 Traunstein
Tel. 0861/56238.

7. BC-NET – grenzüberschreitende Partnervermittlung
General presentation

As part of its efforts to bring together potential partners for European business interested in cross-border cooperation, the Commission of the European Communities has developed the Business Cooperation Network (BC-NET), a computerized network of business consultants and intermediaries. The network covers all Community countries, the EFTA countries and certain non-member countries (Argentina, Australia, Brazil, Chile, Cyprus, Hungary, Israel, Malta, Mexico, the Philippines, Poland, the Czech Republic, the Slovak Republic, Tunisia, Turkey, Uruguay, …).

The network provides for swift and confidential identification of potential partner firms in other Member States or non-member countries in response to a specific cooperation offer or request.

BC-NET members are public or private bodies such as: consulting firms, Chambers of Commerce and Industry, professional organisations, law firms and banks. These consultants can help enterprises at every stage of the partner search: definition of the type of cooperation desired, partner search through the network, assistance and consultancy services during the negotiation and the finalization of a cooperation agreement.

The members of the network have signed an Agreement with the Commission which defines their task and the charging policy between the Commission and the consultant. The Agreement is completed by a Code of Professional Ethics which lays down the principles they have to observe in order to ensure the quality of BC-NET.

BC-NET consultants analyse cooperation opportunities proposed by enterprises. In the case of a positive result, they forward them to the BC-NET's Central Unit in Brussels. The Unit detects the complementary requests (matching process) and sends the results of the matching process to the consultants.

Subsequently, the consultant examines the answers sent by the Central Unit and, eventually, participates in the negotiations leading to the signing of a cooperation agreement.

The consultant disposes of another opportunity for partner search. He can easily transmit the demand for cooperation to the others BC-NET members who can start searching for an adequate matching to the request (Flash Profile).

The functioning of the network and contacts are facilitated by a computerized support and the computerization of the network.

The network also makes it possible to help SMEs participate more fully in Community programmes, in particular in the field of research and development and public procurement. It helps overcoming the difficulties standing in the way of cooperation between firms and encourage the extension of business cooperation to non-members countries.

The range of activities covered by BC-NET is extremely wide: from basic industries to services using leading-hedge technologies.

The contacts and the agreements generated through BC-NET cover all branches of industry, the services and all types of commercial, technical and financial cooperation such as advertising, building licenses or distribution.

BC-NET differs from other partner search systems and especially traditional data banks in two respects: its network of advisers and its confidentiality. In fact, the identity of the company is known solely to its consultant who discloses it only when he considers it to be in his client's interest, and with his agreement.

Contacts:

In order to obtain more information about the services offered by BC-NET you can contact:

BC-NET
Mrs Patricia De Smet
Commission of the European Communities
DG XXIII
80, Rue d'Arlon
B-1040 Bruxelles

BC-NET Structure
Geographical Coverage (July 1993)

EC-Members	Third Countries	
Belgium	Austria	Tunisia
Denmark	Finland	Cyprus
France	Island	Turkey
Germany	Norway	Chile
Greece	Sweden	Uruguay
Irland	Switzerland	Israel
Italy	Argentina	Philippines
Luxemburg	Australia	Czech Republic
Netherlands	Brazil	Slovak Republic
Portugal	Malta	Hungary
Spain	Mexico	Canada
United Kingdom	Poland	Marocco

P.S. The updated list of Third Countries can be obtained at the BC-NET Central Unit in Brussels or at the Offices of the Commission of the European Communities.

8. Gesetz gegen Wettbewerbsbeschränkungen
(Kartellgesetz) - Auszug

§ 1. [Unwirksamkeit wettbewerbsbeschränkender Vereinbarungen] (1) Verträge, die Unternehmen oder Vereinigungen von Unternehmen zu einem gemeinsamen Zweck schließen, und Beschlüsse von Vereinigungen von Unternehmen sind unwirksam, soweit sie geeignet sind, die Erzeugung oder die Marktverhältnisse für den Verkehr mit Waren oder gewerblichen Leistungen durch Beschränkung des Wettbewerbs zu beeinflussen. Dies gilt nicht, soweit in diesem Gesetz etwas anderes bestimmt ist.

(2) Als Beschluß einer Vereinigung von Unternehmen gilt auch der Beschluß der Mitgliederversammlung einer juristischen Person, soweit ihre Mitglieder Unternehmen sind.

§ 15. [Nichtigkeit von Verträgen über Preisgestaltung oder Geschäftsverbindungen] Verträge zwischen Unternehmen über Waren oder gewerbliche Leistungen, die sich auf Märkte innerhalb des Geltungsbereichs dieses Gesetzes beziehen, sind nichtig, soweit sie einen Vertragsbeteiligten in der Freiheit der Gestaltung von Preisen oder Geschäftsbedingungen bei solchen Verträgen beschränken, die er mit Dritten über die gelieferten Waren, über andere Waren oder über gewerbliche Leistungen schließt.

§ 16. [Zulässigkeit der Preisbindung bei Verlagserzeugnissen] § 15 gilt nicht, soweit ein Unternehmen die Abnehmer seiner Verlagserzeugnisse rechtlich oder wirtschaftlich bindet, bei der Weiterveräußerung bestimmte Preise zu vereinbaren oder ihren Abnehmern die gleiche Bindung bis zur Weiterveräußerung an den letzten Verbraucher aufzuerlegen.

§ 18. [Aufhebung von Ausschließlichkeitsbindungen] (1) Die Kartellbehörde kann Verträge zwischen Unternehmen über Waren oder gewerbliche Leistungen mit sofortiger Wirkung oder zu einem von ihr zu bestimmenden künftigen Zeitpunkt für unwirksam erklären und die Anwendung neuer, gleichartiger Bindungen verbieten, soweit sie einen Vertragsbeteiligten

1. in der Freiheit der Verwendung der gelieferten Waren, anderer Waren oder gewerblicher Leistungen beschränken oder

2. darin beschränken, andere Waren oder gewerbliche Leistungen von Dritten zu beziehen oder an Dritte abzugeben, oder

3. darin beschränken, die gelieferten Waren an Dritte abzugeben, oder

4. verpflichten, sachlich oder handelsüblich nicht zugehörige Waren oder gewerbliche Leistungen abzunehmen,

und soweit

a) dadurch eine für den Wettbewerb auf dem Markt erhebliche Zahl von Unternehmen gleichartig gebunden und in ihrer Wettbewerbsfreiheit unbillig eingeschränkt ist oder

b) dadurch für andere Unternehmen der Marktzutritt unbillig beschränkt oder

c) durch das Ausmaß solcher Beschränkungen der Wettbewerb auf dem Markt für diese oder andere Waren oder gewerbliche Leistungen wesentlich beeinträchtigt wird.

(2) Als unbillig im Sinne des Absatzes 1 Buchstabe b ist nicht eine Beschränkung anzusehen, die im Verhältnis zu den Angebots- oder Nachfragemöglichkeiten, die den anderen Unternehmen verbleiben, unwesentlich ist.

§ 20. [Lizenzverträge] (1) Verträge über Erwerb oder Benutzung von Patenten, Gebrauchsmustern oder Sortenschutzrechten sind unwirksam, soweit sie dem Erwerber oder Lizenznehmer Beschränkungen im Geschäftsverkehr auferlegen, die über den Inhalt des Schutzrechts hinausgehen; Beschränkungen hinsichtlich Art, Umfang, Menge, Gebiet oder Zeit der Ausübung des Schutzrechts gehen nicht über den Inhalt des Schutzrechts hinaus.

(2) Absatz 1 gilt nicht

1. für Beschränkungen des Erwerbers oder Lizenznehmers, soweit und solange sie durch ein Interesse des Veräußerers oder Lizenzgebers an einer technisch einwandfreien Ausnutzung des Gegenstandes des Schutzrechtes gerechtfertigt sind,

2. für Bindungen des Erwerbers oder Lizenznehmers hinsichtlich der Preisstellung für den geschützten Gegenstand,

3. für Verpflichtungen des Erwerbers oder Lizenznehmers zum Erfahrungsaustausch oder zur Gewährung von Lizenzen auf Verbesserungs- oder Anwendungserfindungen, sofern diesen gleichartige Verpflichtungen des Patentinhabers oder Lizenzgebers entsprechen,

4. für Verpflichtungen des Erwerbers oder Lizenznehmers zum Nichtangriff auf das Schutzrecht,

5. für Verpflichtungen des Erwerbers oder Lizenznehmers, soweit sie sich auf die Regelung des Wettbewerbs auf Märkten außerhalb des Geltungsbereichs dieses Gesetzes beziehen,

soweit diese Beschränkungen die Laufzeit des erworbenen oder in Lizenz genommenen Schutzrechts nicht überschreiten.

(3) Die Kartellbehörde kann auf Antrag die Erlaubnis zu einem Vertrag der in Absatz 1 bezeichneten Art erteilen, wenn die wirtschaftliche Bewegungsfreiheit des Erwerbers oder Lizenznehmers oder anderer Unternehmen nicht unbillig eingeschränkt und durch das Ausmaß der Beschränkungen der Wettbewerb auf dem Markt nicht wesentlich beeinträchtigt wird. § 11 Abs. 3 bis 5 gilt entsprechend.

(4) Die §§ 1 bis 14 bleiben unberührt.

§ 21. [Verträge über nicht geschützte Leistungen und über Saatgut] (1) § 20 ist bei Verträgen über Überlassung oder Benutzung gesetzlich nicht geschützter Erfindungsleistungen, Fabrikationsverfahren, Konstruktionen, sonstiger die Technik bereichernder Leistungen sowie nicht geschützter, den Pflanzenbau bereichernder Leistungen auf dem Gebiet der Pflanzenzüchtung, soweit sie Betriebsgeheimnisse darstellen, entsprechend anzuwenden.

§ 22. [Marktbeherrschendes Unternehmen; Befugnisse der Kartellbehörde] (1) Ein Unternehmen ist marktbeherrschend im Sinne dieses Gesetzes, soweit es als Anbieter oder Nachfrager einer bestimmten Art von Waren oder gewerblichen Leistungen

1. ohne Wettbewerber ist oder keinem wesentlichen Wettbewerb ausgesetzt ist oder

2. eine im Verhältnis zu seinen Wettbewerbern überragende Marktstellung hat; hierbei sind außer seinem Marktanteil insbesondere seine Finanzkraft, sein Zugang zu den Beschaffungs- oder Absatzmärkten, Verflechtungen mit anderen Unternehmen sowie rechtliche oder tatsächliche Schranken für den Marktzutritt anderer Unternehmen zu berücksichtigen.

(2) Als marktbeherrschend gelten auch zwei oder mehr Unternehmen, soweit zwischen ihnen für eine bestimmte Art von Waren oder gewerblichen Leistungen allgemein oder auf bestimmten Märkten aus tatsächlichen Gründen ein wesentlicher Wettbewerb nicht besteht und soweit sie in ihrer Gesamtheit die Voraussetzungen des Absatzes 1 erfüllen.

(3) Es wird vermutet, daß

1. ein Unternehmen marktbeherrschend im Sinne des Absatzes 1 ist, wenn es für eine bestimmte Art von Waren oder gewerblichen Leistungen einen Marktanteil von mindestens einem Drittel hat; die Vermutung gilt nicht, wenn das Unternehmen im letzten abgeschlossenen Geschäftsjahr Umsatzerlöse von weniger als 250 Millionen Deutscher Mark hatte;

2. die Voraussetzungen des Absatzes 2 vorliegen, wenn für eine bestimmte Art von Waren oder gewerblichen Leistungen

   a) drei oder weniger Unternehmen zusammen einen Marktanteil von 50 vom Hundert oder mehr haben oder

   b) fünf oder weniger Unternehmen zusammen einen Marktanteil von zwei Dritteln oder mehr haben;

   die Vermutung gilt nicht, soweit es sich um Unternehmen handelt, die im letzten abgeschlossenen Geschäftsjahr Umsatzerlöse von weniger als 100 Millionen Deutscher Mark hatten.

Für die Berechnung der Marktanteile und der Umsatzerlöse gilt § 23 Abs. 1 Satz 2 bis 10 entsprechend.

(4) Die Kartellbehörde hat gegenüber marktbeherrschenden Unternehmen die in Absatz 5 genannten Befugnisse, soweit diese Unternehmen ihre marktbeherrschende Stellung auf dem Markt für diese oder andere Waren oder gewerbliche Leistungen mißbräuchlich ausnutzen.

(5) Die Kartellbehörde kann unter den Voraussetzungen des Absatzes 4 marktbeherrschenden Unternehmen ein mißbräuchliches Verhalten untersagen und Verträge für unwirksam erklären; § 19 gilt entsprechend.[2] Zuvor soll die Kartellbehörde die Beteiligten auffordern, den beanstandeten Mißbrauch abzustellen.

§ 26. [Verbot von Liefer- oder Bezugssperren; Diskriminierungsverbot] (1) Unternehmen und Vereinigungen von Unternehmen dürfen nicht ein anderes Unternehmen oder Vereinigungen von Unternehmen in der Absicht, bestimmte Unternehmen unbillig zu beeinträchtigen, zu Liefersperren oder Bezugssperren auffordern.

(2) Marktbeherrschende Unternehmen, Vereinigungen von Unternehmen im Sinne der §§ 2 bis 8, 99 Abs. 2, § 100 Abs. 1 und 7, §§ 102 bis 103 und Unternehmen, die Preise nach den §§ 16, 100 Abs. 3 oder § 103 Abs. 1 Nr. 3 binden, dürfen ein anderes Unternehmen in einem Geschäftsverkehr, der gleichartigen Unternehmen üblicherweise zugänglich ist, weder unmittelbar noch mittelbar unbillig behindern oder gegenüber gleichartigen Unternehmen ohne sachlich gerechtfertigten Grund unmittelbar oder mittelbar unterschiedlich behandeln.² Satz 1 gilt auch für Unternehmen und Vereinigungen von Unternehmen, soweit von ihnen Anbieter oder Nachfrager einer bestimmten Art von Waren oder gewerblichen Leistungen in der Weise abhängig sind, daß ausreichende und zumutbare Möglichkeiten, auf andere Unternehmen auszuweichen, nicht bestehen. Für das Untersagungsverfahren nach § 37a Abs. 2 wird vermutet, daß ein Anbieter einer bestimmten Art von Waren oder gewerblichen Leistungen von einem Nachfrager abhängig im Sinne des Satzes 2 ist, wenn dieser Nachfrager bei ihm zusätzlich zu den verkehrsüblichen Preisnachlässen oder sonstigen Leistungsentgelten regelmäßig besondere Vergünstigungen erlangt, die gleichartigen Nachfragern nicht gewährt werden.

(3) Marktbeherrschende Unternehmen und Vereinigungen von Unternehmen im Sinne des Absatzes 2 Satz 1 dürfen ihre Marktstellung nicht dazu ausnutzen, andere Unternehmen im Geschäftsverkehr zu veranlassen, ihnen ohne sachlich gerechtfertigten Grund Vorzugsbedingungen zu gewähren. Satz 1 gilt auch für Unternehmen und Vereinigungen von Unternehmen im Sinne des Absatzes 2 Satz 2 im Verhältnis zu den von ihnen abhängigen Unternehmen.

§ 34 [Schriftform von wettbewerbsbeschränkenden Verträgen und Beschlüssen]
¹Kartellverträge und Kartellbeschlüsse (§§ 2 bis 8) sowie Verträge, die Beschränkungen der in den §§ 16, 18, 20 und 21 bezeichneten Art enthalten, sind schriftlich abzufassen. ²§ 126 Abs. 1 des Bürgerlichen Gesetzbuchs findet Anwendung. ³Es genügt, wenn die Beteiligten Urkunden unterzeichnen, die auf einen schriftlichen Beschluß, auf eine schriftliche Satzung oder auf eine Preisliste Bezug nehmen. ⁴§ 126 Abs. 2 des Bürgerlichen Gesetzbuchs findet keine Anwendung.

§ 38. [Ordnungswidrigkeiten] (1) Ordnungswidrig handelt, wer …

11. Empfehlungen ausspricht, die eine Umgehung der in diesem Gesetz ausgesprochenen Verbote oder der von der Kartellbehörde auf Grund dieses Gesetzes erlassenen Verfügungen durch gleichförmiges Verhalten bewirken,

12. Abnehmern seiner Ware empfiehlt, bei der Weiterveräußerung an Dritte bestimmte Preise zu fordern oder anzubieten, bestimmte Arten der Preisfestsetzung anzuwenden oder bestimmte Ober- oder Untergrenzen bei der Preisfestsetzung zu beachten.

(2) Absatz 1 Nr. 11 und, in den Fällen der Nummer 1, Absatz 1 Nr. 12 gilt nicht für

1. Empfehlungen, die von Vereinigungen kleiner oder mittlerer Unternehmen unter Beschränkung auf den Kreis der Beteiligten ausgesprochen werden, wenn die Empfehlungen

a) dazu dienen, die Leistungsfähigkeit der Beteiligten gegenüber Großbetrieben oder großbetrieblichen Unternehmensformen zu fördern und dadurch die Wettbewerbsbedingungen zu verbessern und

b) gegenüber dem Empfehlungsempfänger ausdrücklich als unverbindlich bezeichnet sind und zu ihrer Durchsetzung kein wirtschaftlicher, gesellschaftlicher oder sonstiger Druck angewendet wird.

(3) Die Kartellbehörde kann Empfehlungen der in Absatz 2 bezeichneten Art für unzulässig erklären und neue, gleichartige Empfehlungen verbieten, soweit sie feststellt, daß die Voraussetzungen des Absatzes 2 nicht oder nicht mehr vorliegen oder die Empfehlungen einen Mißbrauch der Freistellung von Absatz 1 Nr. 11 oder 12 darstellen.

(4) Die Ordnungswidrigkeit kann mit einer Geldbuße bis zu einer Million Deutscher Mark, über diesen Betrag hinaus bis zur dreifachen Höhe des durch die Zuwiderhandlung erlangten Mehrerlöses geahndet werden. Die Höhe des Mehrerlöses kann geschätzt werden.

§ 38a. [Mißbrauchsaufsicht über Unverbindliche Preisempfehlungen] (1) § 38 Abs. 1 Nr. 11 und 12 gilt nicht für unverbindliche Preisempfehlungen eines Unternehmens für die Weiterveräußerung seiner Markenwaren, die mit gleichartigen Waren anderer Hersteller im Preiswettbewerb stehen, wenn die Empfehlungen

1. ausdrücklich als unverbindlich bezeichnet sind, ausschließlich eine bestimmte Preisangabe enthalten und zu ihrer Durchsetzung kein wirtschaftlicher, gesellschaftlicher oder sonstiger Druck angewendet wird und

2. in der Erwartung ausgesprochen werden, daß der empfohlene Preis dem von der Mehrheit der Empfehlungsempfänger voraussichtlich geforderten Preis entspricht.

(2) Markenwaren im Sinne des Absatzes 1 sind Erzeugnisse, deren Lieferung in gleichbleibender oder verbesserter Güte von dem preisempfehlenden Unternehmen gewährleistet wird und

1. die selbst oder

2. deren für die Abgabe an den Verbraucher bestimmte Umhüllung oder Ausstattung oder

3. deren Behältnisse, aus denen sie verkauft werden,

mit einem ihre Herkunft kennzeichnenden Merkmal (Firmen-, Wort- oder Bildzeichen) versehen sind. Satz 1 ist auf landwirtschaftliche Erzeugnisse mit der Maßgabe anzuwenden, daß geringfügige naturbedingte Qualitätsschwankungen, die vom Erzeuger durch ihm zuzumutende Maßnahmen nicht abgewendet werden können, außer Betracht bleiben.

1. die Empfehlung allein oder in Verbindung mit anderen Wettbewerbsbeschränkungen geeignet ist, in einer durch die gesamtwirtschaftlichen Verhältnisse nicht gerechtfertigten Weise die Waren zu verteuern oder ein Sinken ihrer Preise zu verhindern oder ihre Erzeugung oder ihren Absatz zu beschränken oder

2. die Empfehlung geeignet ist, den Verbraucher über den von der Mehrheit der Empfehlungsempfänger geforderten Preis zu täuschen oder

3. der empfohlene Preis in einer Mehrzahl von Fällen die tatsächlich geforderten Preise im gesamten Geltungsbereich dieses Gesetzes oder in einem wesentlichen Teil davon erheblich übersteigt oder

4. durch Vertriebsregelungen oder andere Maßnahmen des empfehlenden Unternehmens bestimmte Unternehmen oder bestimmte Abnehmergruppen ohne sachlich gerechtfertigten Grund vom Vertrieb der Waren ausgeschlossen sind.

(4) Die Kartellbehörde kann von Unternehmen Auskunft verlangen, soweit dies zur Prüfung der Voraussetzungen des Absatzes 3 erforderlich ist. § 46 Abs. 2, 5 und 9 gilt entsprechend. Zur Erteilung der Auskunft hat die Kartellbehörde eine angemessene Frist zu bestimmen. Die Befugnisse der Kartellbehörde nach § 46 bleiben unberührt.

(5) Vor einer Verfügung nach Absatz 3 soll die Kartellbehörde das preisempfehlende Unternehmen auffordern, den beanstandeten Mißbrauch abzustellen.

(6) Die Kartellbehörde kann einem Unternehmen die Anwendung von Empfehlungen der in Absatz 1 bezeichneten Art verbieten, wenn gegen das Unternehmen bereits

1. zwei unanfechtbar gewordene Verfügungen nach Absatz 3 oder

2. zwei rechtskräftig gewordene Bußgeldbescheide nach § 38 Abs. 1 Nr. 11 oder Nr. 12 oder

3. eine unanfechtbar gewordene Verfügung nach Absatz 3 und ein rechtskräftig gewordener Bußgeldbescheid nach § 38 Abs. 1 Nr. 11 oder Nr. 12

ergangen sind und zu besorgen ist, daß das Unternehmen weiterhin ordnungswidrige oder mißbräuchliche Empfehlungen aussprechen wird. Die Kartellbehörde kann das Verbot auf Antrag des Unternehmens aufheben, wenn besondere Umstände die Annahme rechtfertigen, daß ein erneuter Mißbrauch der in Absatz 3 bezeichneten Art oder eine erneute Ordnungswidrigkeit nach § 38 Abs. 1 Nr. 11 oder Nr. 12 nicht mehr zu erwarten ist.

9. Gesetz zur Regelung des Rechts der Allgemeinen Geschäftsbedingungen (AGB-Gesetz – Auszug)

Erster Abschnitt. Sachlich-rechtliche Vorschriften

1. Unterabschnitt. Allgemeine Vorschriften

§ 1. Begriffsbestimmung. (1) Allgemeine Geschäftsbedingungen sind alle für eine Vielzahl von Verträgen vorformulierten Vertragsbedingungen, die eine Vertragspartei (Verwender) der anderen Vertragspartei bei Abschluß eines Vertrages stellt. Gleichgültig ist, ob die Bestimmungen einen äußerlich gesonderten Bestandteil des Vertrages bilden oder in die Vertragsurkunde selbst aufgenommen werden, welchen Umfang sie haben, in welcher Schriftart sie verfaßt sind und welche Form der Vertrag hat.
(2) Allgemeine Geschäftsbedingungen liegen nicht vor, soweit die Vertragsbedingungen zwischen den Vertragsparteien im einzelnen ausgehandelt sind.

§ 2. Einbeziehung in den Vertrag. (1) Allgemeine Geschäftsbedingungen werden nur dann Bestandteil eines Vertrages, wenn der Verwender bei Vertragsabschluß

1. die andere Vertragspartei ausdrücklich oder, wenn ein ausdrücklicher Hinweis wegen der Art des Vertragsabschlusses nur unter unverhältnismäßigen Schwierigkeiten möglich ist, durch deutlich sichtbaren Aushang am Ort des Vertragsabschlusses auf sie hinweist und

2. der anderen Vertragspartei die Möglichkeit verschafft, in zumutbarer Weise von ihrem Inhalt Kenntnis zu nehmen,

und wenn die andere Vertragspartei mit ihrer Geltung einverstanden ist.

(2) Die Vertragsparteien können für eine bestimmte Art von Rechtsgeschäften die Geltung bestimmter Allgemeiner Geschäftsbedingungen unter Beachtung der in Absatz 1 bezeichneten Erfordernisse im voraus vereinbaren.

§ 3. Überraschende Klauseln. Bestimmungen in Allgemeinen Geschäftsbedingungen, die nach den Umständen, insbesondere nach dem äußeren Erscheinungsbild des Vertrags, so ungewöhnlich sind, daß der Vertragspartner des Verwenders mit ihnen nicht zu rechnen braucht, werden nicht Vertragsbestandteil.

§ 4. Vorrang der Individualabrede. Individuelle Vertragsabreden haben Vorrang vor Allgemeinen Geschäftsbedingungen.

§ 5. Unklarheitenregel. Zweifel bei der Auslegung Allgemeiner Geschäftsbedingungen gehen zu Lasten des Verwenders.

§ 6. Rechtsfolgen bei Nichteinbeziehung und Unwirksamkeit.
(1) Sind Allgemeine Geschäftsbedingungen ganz oder teilweise nicht Vertragsbestand-

teil geworden oder unwirksam, so bleibt der Vertrag im übrigen wirksam.

(2) Soweit die Bestimmungen nicht Vertragsbestandteil geworden oder unwirksam sind, richtet sich der Inhalt des Vertrages nach den gesetzlichen Vorschriften.

(3) Der Vertrag ist unwirksam, wenn das Festhalten an ihm auch unter Berücksichtigung der nach Absatz 2 vorgesehenen Änderung eine unzumutbare Härte für eine Vertragspartei darstellen würde.

§ 7. Umgehungsverbot. Dieses Gesetz findet auch Anwendung, wenn seine Vorschriften durch anderweitige Gestaltungen umgangen werden.

2. Unterabschnitt. Unwirksame Klauseln

§ 8. Schranken der Inhaltskontrolle. Die §§ 9 bis 11 gelten nur für Bestimmungen in Allgemeinen Geschäftsbedingungen, durch die von Rechtsvorschriften abweichende oder diese ergänzende Regelungen vereinbart werden.

§ 9. Generalklausel. (1) Bestimmungen in Allgemeinen Geschäftsbedingungen sind unwirksam, wenn sie den Vertragspartner des Verwenders entgegen den Geboten von Treu und Glauben unangemessen benachteiligen.

(2) Eine unangemessene Benachteiligung ist im Zweifel anzunehmen, wenn eine Bestimmung

1. mit wesentlichen Grundgedanken der gesetzlichen Regelung, von der abgewichen wird, nicht zu vereinbaren ist, oder

2. wesentliche Rechte oder Pflichten, die sich aus der Natur des Vertrages ergeben, so einschränkt, daß die Erreichung des Vertragszwecks gefährdet ist.

§ 10. Klauselverbote mit Wertungsmöglichkeit. In Allgemeinen Geschäftsbedingungen ist insbesondere unwirksam

1. (Annahme- und Leistungsfrist)
   eine Bestimmung, durch die sich der Verwender unangemessen lange oder nicht hinreichend bestimmte Fristen für die Annahme oder Ablehnung eines Angebots oder die Erbringung einer Leistung vorbehält;

2. (Nachfrist)
   eine Bestimmung, durch die sich der Verwender für die von ihm zu bewirkende Leistung entgegen § 326 Abs. 1 des Bürgerlichen Gesetzbuchs eine unangemessen lange oder nicht hinreichend bestimmte Nachfrist vorbehält;

3. (Rücktrittsvorbehalt)
   die Vereinbarung eines Rechts des Verwenders, sich ohne sachlich gerechtfertigten und im Vertrag angegebenen Grund von seiner Leistungspflicht zu lösen; dies gilt nicht für Dauerschuldverhältnisse;

4. (Änderungsvorbehalt)
   die Vereinbarung eines Rechts des Verwenders, die versprochene Leistung zu ändern oder von ihr abzuweichen, wenn nicht die Vereinbarung der Änderung oder Abwei-

chung unter Berücksichtigung der Interessen des Verwenders für den anderen Vertragsteil zumutbar ist;

5. (Fingierte Erklärungen)
   eine Bestimmung, wonach eine Erklärung des Vertragspartners des Verwenders bei Vornahme oder Unterlassung einer bestimmten Handlung als von ihm abgegeben oder nicht abgegeben gilt, es sei denn, daß
   a) dem Vertragspartner eine angemessene Frist zur Abgabe einer ausdrücklichen Erklärung eingeräumt ist und
   b) der Verwender sich verpflichtet, den Vertragspartner bei Beginn der Frist auf die vorgesehene Bedeutung seines Verhaltens besonders hinzuweisen;

6. (Fiktion des Zugangs)
   eine Bestimmung, die vorsieht, daß eine Erklärung des Verwenders von besonderer Bedeutung dem anderen Vertragsteil als zugegangen gilt;

7. (Abwicklung von Verträgen)
   eine Bestimmung, nach der der Verwender für den Fall, daß eine Vertragspartei vom Vertrage zurücktritt oder den Vertrag kündigt,
   a) eine unangemessen hohe Vergütung für die Nutzung oder den Gebrauch einer Sache oder eines Rechts oder für erbrachte Leistungen oder
   b) einen unangemessen hohen Ersatz von Aufwendungen verlangen kann;

8. (Rechtswahl)
   die Vereinbarung der Geltung ausländischen Rechts oder des Rechts der Deutschen Demokratischen Republik in Fällen, in denen hierfür kein anerkennenswertes Interesse besteht.

§ 11. Klauselverbote ohne Wertungsmöglichkeit. In Allgemeinen Geschäftsbedingungen ist unwirksam

1. (Kurzfristige Preiserhöhungen)
   eine Bestimmung, welche die Erhöhung des Entgelts für Waren oder Leistungen vorsieht, die innerhalb von vier Monaten nach Vertragsabschluß geliefert oder erbracht werden sollen; dies gilt nicht bei Waren oder Leistungen, die im Rahmen von Dauerschuldverhältnissen geliefert oder erbracht werden, sowie bei Leistungen, auf deren Preis § 99 Abs. 1 oder 2 Nr. 1 des Gesetzes gegen Wettbewerbsbeschränkungen Anwendung findet;

2. (Leistungsverweigerungsrechte)
   eine Bestimmung, durch die
   a) das Leistungsverweigerungsrecht, das dem Vertragspartner des Verwenders nach § 320 des Bürgerlichen Gesetzbuchs zusteht, ausgeschlossen oder eingeschränkt wird, oder
   b) ein dem Vertragspartner des Verwenders zustehendes Zurückbehaltungsrecht, soweit es auf demselben Vertragsverhältnis beruht, ausgeschlossen oder eingeschränkt, insbesondere von der Anerkennung von Mängeln durch den Verwender abhängig gemacht wird;

3. (Aufrechnungsverbot)
   eine Bestimmung, durch die dem Vertragspartner des Verwenders die Befugnis ge-

nommen wird, mit einer unbestrittenen oder rechtskräftig festgestellten Forderung aufzurechnen;

4. (Mahnung, Fristsetzung)
eine Bestimmung, durch die der Verwender von der gesetzlichen Obliegenheit freigestellt wird, den anderen Vertragsteil zu mahnen oder ihm eine Nachfrist zu setzen;

5. (Pauschalierung von Schadensersatzansprüchen)
die Vereinbarung eines pauschalierten Anspruchs des Verwenders auf Schadensersatz oder Ersatz einer Wertminderung, wenn
   a) die Pauschale den in den geregelten Fällen nach dem gewöhnlichen Lauf der Dinge zu erwartenden Schaden oder die gewöhnlich eintretende Wertminderung übersteigt, oder
   b) dem anderen Vertragsteil der Nachweis abgeschnitten wird, ein Schaden oder eine Wertminderung sei überhaupt nicht entstanden oder wesentlich niedriger als die Pauschale;

6. (Vertragsstrafe)
eine Bestimmung, durch die dem Verwender für den Fall der Nichtabnahme oder verspäteten Abnahme der Leistung, des Zahlungsverzugs oder für den Fall, daß der andere Vertragsteil sich vom Vertrag löst, Zahlung einer Vertragsstrafe versprochen wird;

7. (Haftung bei grobem Verschulden)
ein Ausschluß oder eine Begrenzung der Haftung für einen Schaden, der auf einer grob fahrlässigen Vertragsverletzung des Verwenders oder auf einer vorsätzlichen oder grob fahrlässigen Vertragsverletzung eines gesetzlichen Vertreters oder Erfüllungsgehilfen des Verwenders beruht; dies gilt auch für Schäden aus der Verletzung von Pflichten bei den Vertragsverhandlungen;

8. (Verzug, Unmöglichkeit)
eine Bestimmung, durch die für den Fall des Leistungsverzugs des Verwenders oder der von ihm zu vertretenden Unmöglichkeit der Leistung
   a) das Recht des anderen Vertragsteils, sich vom Vertrag zu lösen, ausgeschlossen oder eingeschränkt oder
   b) das Recht des anderen Vertragsteils, Schadensersatz zu verlangen, ausgeschlossen oder entgegen Nummer 7 eingeschränkt wird;

9. (Teilverzug, Teilunmöglichkeit)
eine Bestimmung, die für den Fall des teilweisen Leistungsverzugs des Verwenders oder bei von ihm zu vertretender teilweiser Unmöglichkeit der Leistung das Recht der anderen Vertragspartei ausschließt, Schadensersatz wegen Nichterfüllung der ganzen Verbindlichkeit zu verlangen oder von dem ganzen Vertrag zurückzutreten, wenn die teilweise Erfüllung des Vertrages für ihn kein Interesse hat;

10. (Gewährleistung)
eine Bestimmung, durch die bei Verträgen über Lieferungen neu hergestellter Sachen und Leistungen
   a) (Ausschluß und Verweisung auf Dritte)
   die Gewährleistungsansprüche gegen den Verwender einschließlich etwaiger Nachbesserungs- und Ersatzlieferungsansprüche insgesamt oder bezüglich einzelner Teile ausgeschlossen, auf die Einräumung von Ansprüchen gegen Dritte

beschränkt oder von der vorherigen gerichtlichen Inanspruchnahme Dritter abhängig gemacht werden;

b) (Beschränkung auf Nachbesserung)

die Gewährleistungsansprüche gegen den Verwender insgesamt oder bezüglich einzelner Teile auf ein Recht auf Nachbesserung oder Ersatzlieferung beschränkt werden, sofern dem anderen Vertragsteil nicht ausdrücklich das Recht vorbehalten wird, bei Fehlschlagen der Nachbesserung oder Ersatzlieferung Herabsetzung der Vergütung oder, wenn nicht eine Bauleistung Gegenstand der Gewährleistung ist, nach seiner Wahl Rückgängigmachung des Vertrags zu verlangen;

c) (Aufwendung bei Nachbesserung)

die Verpflichtung des gewährleistungspflichtigen Verwenders ausgeschlossen oder beschränkt wird, die Aufwendungen zu tragen, die zum Zweck der Nachbesserung erforderlich werden, insbesondere Transport-, Wege-, Arbeits- und Materialkosten;

d) (Vorenthalten der Mängelbeseitigung)

der Verwender die Beseitigung eines Mangels oder die Ersatzlieferung einer mangelfreien Sache von der vorherigen Zahlung des vollständigen Entgelts oder eines unter Berücksichtigung des Mangels unverhältnismäßig hohen Teils des Entgelts abhängig macht;

e) (Ausschlußfrist für Mängelanzeige)

der Verwender dem anderen Vertragsteil für die Anzeige nicht offensichtlicher Mängel eine Ausschlußfrist setzt, die kürzer ist als die Verjährungsfrist für den gesetzlichen Gewährleistungsanspruch;

f) (Verkürzung von Gewährleistungsfristen)

die gesetzlichen Gewährleistungsfristen verkürzt werden;

11. (Haftung für zugesicherte Eigenschaften)

eine Bestimmung, durch die bei einem Kauf-, Werk- oder Werklieferungsvertrag Schadensersatzansprüche gegen den Verwender nach den §§ 463, 480 Abs. 2, § 635 des Bürgerlichen Gesetzbuchs wegen Fehlens zugesicherter Eigenschaften ausgeschlossen oder eingeschränkt werden;

12. (Laufzeit bei Dauerschuldverhältnissen)

bei einem Vertragsverhältnis, das die regelmäßige Lieferung von Waren oder die regelmäßige Erbringung von Dienst- oder Werkleistungen durch den Verwender zum Gegenstand hat,

a) eine den anderen Vertragsteil länger als zwei Jahre bindende Laufzeit des Vertrags,

b) eine den anderen Vertragsteil bindende stillschweigende Verlängerung des Vertragsverhältnisses um jeweils mehr als ein Jahr oder

c) zu Lasten des anderen Vertragsteils eine längere Kündigungsfrist als drei Monate vor Ablauf der zunächst vorgesehenen oder stillschweigend verlängerten Vertragsdauer;

13. (Wechsel des Vertragspartners)

eine Bestimmung, wonach bei Kauf-, Dienst- oder Werkverträgen ein Dritter an Stelle des Verwenders in die sich aus dem Vertrag ergebenden Rechte und Pflichten eintritt oder eintreten kann, es sei denn, in der Bestimmung wird

a) der Dritte namentlich bezeichnet, oder

b) dem anderen Vertragsteil das Recht eingeräumt, sich vom Vertrag zu lösen;

14. (Haftung des Abschlußvertreters)
eine Bestimmung, durch die der Verwender einem Vertreter, der den Vertrag für den anderen Vertragsteil abschließt,

a) ohne hierauf gerichtete ausdrückliche und gesonderte Erklärung eine eigene Haftung oder Einstandspflicht oder

b) im Falle vollmachtsloser Vertretung eine über § 179 des Bürgerlichen Gesetzbuchs hinausgehende Haftung

auferlegt;

15. (Beweislast)
eine Bestimmung, durch die der Verwender die Beweislast zum Nachteil des anderen Vertragsteils ändert, insbesondere indem er

a) diesem die Beweislast für Umstände auferlegt, die im Verantwortungsbereich des Verwenders liegen;

b) den anderen Vertragsteil bestimmte Tatsachen bestätigen läßt.

Buchstabe b gilt nicht für gesondert unterschriebene Empfangsbekenntnisse;

16. (Form von Anzeigen und Erklärungen)
eine Bestimmung, durch die Anzeigen oder Erklärungen, die dem Verwender oder einem Dritten gegenüber abzugeben sind, an eine strengere Form als die Schriftform oder an besondere Zugangserfordernisse gebunden werden.

§ 24. Persönlicher Anwendungsbereich. Die Vorschriften der §§ 2, 10, 11 und 12 finden keine Anwendung auf Allgemeine Geschäftsbedingungen

1. die gegenüber einem Kaufmann verwendet werden, wenn der Vertrag zum Betriebe seines Handelsgewerbes gehört;

2. die gegenüber einer juristischen Person des öffentlichen Rechts oder einem öffentlich-rechtlichen Sondervermögen verwendet werden.

§ 9 ist in den Fällen des Satzes 1 auch insoweit anzuwenden, als dies zur Unwirksamkeit von in den §§ 10 und 11 genannten Vertragsbestimmungen führt; auf die im Handelsverkehr geltenden Gewohnheiten und Gebräuche ist angemessen Rücksicht zu nehmen.

10. Gesetz gegen den unlauteren Wettbewerb – Auszug
Vom 7. Juni 1909 (RGBl. S. 499)
mit allen Änderungen und einer Anwendungsmaßgabe für das Gebiet der ehem. DDR (BGBl. III 43-1)

§ 1. **[Generalklausel]** Wer im geschäftlichen Verkehre zu Zwecken des Wettbewerbes Handlungen vornimmt, die gegen die guten Sitten verstoßen, kann auf Unterlassung und Schadensersatz in Anspruch genommen werden.

§ 2. **[Waren und gewerbliche Leistungen]** Unter Waren im Sinne dieses Gesetzes sind auch landwirtschaftliche Erzeugnisse, unter gewerblichen Leistungen und Interessen auch landwirtschaftliche zu verstehen.

§ 3. **[Irreführende Angaben]** Wer im geschäftlichen Verkehr zu Zwecken des Wettbewerbs über geschäftliche Verhältnisse, insbesondere über die Beschaffenheit, den Ursprung, die Herstellungsart oder die Preisbemessung einzelner Waren oder gewerblicher Leistungen oder des gesamten Angebots, über Preislisten, über die Art des Bezugs oder die Bezugsquelle von Waren, über den Besitz von Auszeichnungen, über den Anlaß oder den Zweck des Verkaufs oder über die Menge der Vorräte irreführende Angaben macht, kann auf Unterlassung der Angaben in Anspruch genommen werden.

§ 4. **[Strafbare Werbung]** (1) Wer in der Absicht, den Anschein eines besonders günstigen Angebots hervorzurufen, in öffentlichen Bekanntmachungen oder in Mitteilungen, die für einen größeren Kreis von Personen bestimmt sind, über geschäftliche Verhältnisse, insbesondere über die Beschaffenheit, den Ursprung, die Herstellungsart oder die Preisbemessung von Waren oder gewerblichen Leistungen, über die Art des Bezugs oder die Bezugsquelle von Waren, über den Besitz von Auszeichnungen, über den Anlaß oder den Zweck des Verkaufs oder über die Menge der Vorräte wissentlich unwahre und zur Irreführung geeignete Angaben macht, wird mit Freiheitsstrafe bis zu zwei Jahren oder mit Geldstrafe bestraft.

(2) Werden die im Absatz 1 bezeichneten unrichtigen Angaben in einem geschäftlichen Betriebe von einem Angestellten oder Beauftragten gemacht, so ist der Inhaber oder Leiter des Betriebs neben dem Angestellten oder Beauftragten strafbar, wenn die Handlung mit seinem Wissen geschah.

§ 5. **[Gattungsbezeichnungen; Bildwerbung]** (1) Die Verwendung von Namen, die im geschäftlichen Verkehre zur Benennung gewisser Waren oder gewerblicher Leistungen dienen, ohne deren Herkunft bezeichnen zu sollen, fällt nicht unter die Vorschriften der §§ 3, 4.

(2) Im Sinne der Vorschriften der §§ 3, 4 sind den dort bezeichneten Angaben bildliche Darstellungen und sonstige Veranstaltungen gleichzuachten, die darauf berechnet und geeignet sind, solche Angaben zu ersetzen.

§ 6. [Konkurswarenverkauf] (1) Wird in öffentlichen Bekanntmachungen oder in Mitteilungen, die für einen größeren Kreis von Personen bestimmt sind, der Verkauf von Waren angekündigt, die aus einer Konkursmasse stammen, aber nicht mehr zum Bestande der Konkursmasse gehören, so ist dabei jede Bezugnahme auf die Herkunft der Waren aus einer Konkursmasse verboten.

(2) Ordnungswidrig handelt, wer vorsätzlich oder fahrlässig entgegen Absatz 1 in der Ankündigung von Waren auf deren Herkunft aus einer Konkursmasse Bezug nimmt. Die Ordnungswidrigkeit kann mit einer Geldbuße bis zu zehntausend Deutsche Mark geahndet werden.

§ 6a. [Verkauf durch Hersteller oder Großhändler an letzte Verbraucher] (1) Wer im geschäftlichen Verkehr mit dem letzten Verbraucher im Zusammenhang mit dem Verkauf von Waren auf seine Eigenschaft als Hersteller hinweist, kann auf Unterlassung in Anspruch genommen werden, es sei denn, daß er

1. ausschließlich an den letzten Verbraucher verkauft oder
2. an den letzten Verbraucher zu den seinen Wiederverkäufern oder gewerblichen Verbrauchern eingeräumten Preisen verkauft oder
2. unmißverständlich darauf hinweist, daß die Preise beim Verkauf an den letzten Verbraucher höher liegen als beim Verkauf an Wiederverkäufer oder gewerbliche Verbraucher, oder dies sonst für den letzten Verbraucher offenkundig ist.

(2) Wer im geschäftlichen Verkehr mit dem letzten Verbraucher im Zusammenhang mit dem Verkauf von Waren auf seine Eigenschaft als Großhändler hinweist, kann auf Unterlassung in Anspruch genommen werden, es sei denn, daß er überwiegend Wiederverkäufer oder gewerbliche Verbraucher beliefert und die Voraussetzungen des Absatzes 1 Nr. 2 oder Nr. 3 erfüllt.

§ 6b. [Berechtigungsscheine für letzte Verbraucher] Wer im geschäftlichen Verkehr zu Zwecken des Wettbewerbs an letzte Verbraucher Berechtigungsscheine, Ausweise oder sonstige Bescheinigungen zum Bezug von Waren ausgibt oder gegen Vorlage solcher Bescheinigungen Waren verkauft, kann auf Unterlassung in Anspruch genommen werden, es sei denn, daß die Bescheinigungen nur zu einem einmaligen Einkauf berechtigen und für jeden Einkauf einzeln ausgegeben werden.

§ 6c. [Progressive Kundenwerbung; „Schneeballsystem"] Wer es im geschäftlichen Verkehr selbst oder durch andere unternimmt, Nichtkaufleute zur Abnahme von Waren, gewerblichen Leistungen oder Rechten durch das Versprechen zu veranlassen, ihnen besondere Vorteile für den Fall zu gewähren, daß sie andere zum Abschluß gleichartiger Geschäfte veranlassen, denen ihrerseits nach der Art dieser Werbung derartige Vorteile für eine entsprechende Werbung weiterer Abnehmer gewährt werden sollen, wird mit Freiheitsstrafe bis zu zwei Jahren oder mit Geldstrafe bestraft. Nichtkaufleuten im Sinne des Satzes 1 stehen Personen gleich, deren Gewerbebetrieb nach Art oder Umfang einen in kaufmännischer Weise eingerichteten Geschäftsbetrieb nicht erfordert.

§ 6d. [Werbung mit mengenmäßig beschränkten Angeboten] (1) Wer im geschäftlichen Verkehr mit dem letzten Verbraucher in öffentlichen Bekanntmachungen oder in Mitteilungen, die für einen größeren Kreis von Personen bestimmt sind,

1. die Abgabe einzelner aus dem gesamten Angebot hervorgehobener Waren je Kunde mengenmäßig beschränkt oder an Wiederverkäufer ausschließt oder

2. den Anschein eines besonders günstigen Angebots durch Preisangaben oder blickfangmäßig herausgestellte sonstige Angaben über einzelne aus dem gesamten Angebot hervorgehobene Waren hervorruft, deren Abgabe er je Kunde mengenmäßig beschränkt oder an Wiederverkäufer ausschließt,

kann auf Unterlassung dieser Art der Werbung in Anspruch genommen werden.

(2) Absatz 1 ist nicht anzuwenden, wenn sich die Bekanntmachung oder Mitteilung ausschließlich an Personen richtet, die die Waren in ihrer selbständigen beruflichen oder gewerblichen oder in ihrer behördlichen oder dienstlichen Tätigkeit verwenden.

§ 6e. [Werbung mit Preisgegenüberstellungen] (1) Wer im geschäftlichen Verkehr mit dem letzten Verbraucher in öffentlichen Bekanntmachungen oder in Mitteilungen, die für einen größeren Kreis von Personen bestimmt sind, die tatsächlich geforderten Preise für einzelne aus dem gesamten Angebot hervorgehobene Waren oder gewerbliche Leistungen höheren Preisen gegenüberstellt oder Preissenkungen um einen bestimmten Betrag oder Vomhundertsatz ankündigt und dabei den Eindruck erweckt, daß er die höheren Preise früher gefordert hat, kann auf Unterlassung in Anspruch genommen werden.

(2) Absatz 1 ist nicht anzuwenden

1. auf Preisauszeichnungen, die nicht blickfangmäßig herausgestellt werden,

2. wenn ohne blickfangmäßige Herausstellung auf einen höheren Preis Bezug genommen wird, der in einem früheren Katalog oder einem ähnlichen, das Angebot in einem Waren- oder Dienstleistungsbereich umfassenden Verkaufsprospekt enthalten ist,

3. wenn die Bekanntmachung oder Mitteilung sich ausschließlich an Personen richtet, die die Waren oder gewerblichen Leistungen in ihrer selbständigen beruflichen oder gewerblichen oder in ihrer behördlichen oder dienstlichen Tätigkeit verwenden.

§ 16. [Schutz geschäftlicher Bezeichnungen] (1) Wer im geschäftlichen Verkehr einen Namen, eine Firma oder die besondere Bezeichnung eines Erwerbsgeschäfts, eines gewerblichen Unternehmens oder einer Druckschrift in einer Weise benutzt, welche geeignet ist, Verwechselungen mit dem Namen, der Firma oder der besonderen Bezeichnung hervorzurufen, deren sich ein anderer befugterweise bedient, kann von diesem auf Unterlassung der Benutzung in Anspruch genommen werden.

(2) Der Benutzende ist dem Verletzten zum Ersatze des Schadens verpflichtet, wenn er wußte oder wissen mußte, daß die mißbräuchliche Art der Benutzung geeignet war, Verwechselungen hervorzurufen.

(3) Der besonderen Bezeichnung eines Erwerbsgeschäfts stehen solche Geschäftsabzeichen und sonstigen zur Unterscheidung des Geschäfts von anderen Geschäften bestimmten Einrichtungen gleich, welche innerhalb beteiligter Verkehrskreise als Kennzeichen des Erwerbsgeschäfts gelten. Auf den Schutz von Warenzeichen und Ausstattungen *(§§ 1, 15 des Gesetzes zum Schutz der Warenbezeichnungen vom 12. Mai 1894, Reichsgesetzbl. S. 441)*[4] finden diese Vorschriften keine Anwendung.

(4) Die Vorschriften des § 13 Abs. 4 findet entsprechende Anwendung.

§ 17. [Verrat von Geschäfts- oder Betriebsgeheimnissen] (1) Mit Freiheitsstrafe bis zu drei Jahren oder mit Geldstrafe wird bestraft, wer als Angestellter, Arbeiter oder Lehrling eines Geschäftsbetriebs ein Geschäfts- oder Betriebsgeheimnis, das ihm vermöge des Dienstverhältnisses anvertraut worden oder zugänglich geworden ist, während der Geltungsdauer des Dienstverhältnisses unbefugt an jemand zu Zwecken des Wettbewerbs, aus Eigennutz, zugunsten eines Dritten oder in der Absicht, dem Inhaber des Geschäftsbetriebs Schaden zuzufügen, mitteilt.

(2) Ebenso wird bestraft, wer zu Zwecken des Wettbewerbs, aus Eigennutz, zugunsten eines Dritten oder in der Absicht, dem Inhaber des Geschäftsbetriebs Schaden zuzufügen,

1. sich ein Geschäfts- oder Betriebsgeheimnis durch
   a) Anwendung technischer Mittel,
   b) Herstellung einer verkörperten Wiedergabe des Geheimnisses oder
   c) Wegnahme einer Sache, in der das Geheimnis verkörpert ist,
   unbefugt verschafft oder sichert oder
2. ein Geschäfts- oder Betriebsgeheimnis, das er durch eine der in Absatz 1 bezeichneten Mitteilungen oder durch eine eigene oder fremde Handlung nach Nummer 1 erlangt oder sich sonst unbefugt verschafft oder gesichert hat, unbefugt verwertet oder jemandem mitteilt.

(3) Der Versuch ist strafbar.

(4) In besonders schweren Fällen ist die Strafe Freiheitsstrafe bis zu fünf Jahren oder Geldstrafe. Ein besonders schwerer Fall liegt in der Regel vor, wenn der Täter bei der Mitteilung weiß, daß das Geheimnis im Ausland verwertet werden soll, oder wenn er es selbst im Ausland verwertet.

§ 18. [Verwertung von Vorlagen] Mit Freiheitsstrafe bis zu zwei Jahren oder mit Geldstrafe wird bestraft, wer die ihm im geschäftlichen Verkehr anvertrauten Vorlagen oder Vorschriften technischer Art, insbesondere Zeichnungen, Modelle, Schablonen, Schnitte, Rezepte, zu Zwecken des Wettbewerbes oder aus Eigennutz unbefugt verwertet oder an jemand mitteilt.

---

4   Jetzt §§ 1, 25 des Warenzeichengesetzes (Nr. 7).

11. Bürgerliches Gesetzbuch (BGB) – Auszug

§ 12. [Namensrecht] Wird das Recht zum Gebrauch eines Namens dem Berechtigten von einem anderen bestritten oder wird das Interesse des Berechtigten dadurch verletzt, daß ein anderer unbefugt den gleichen Namen gebraucht, so kann der Berechtigte von dem anderen Beseitigung der Beeinträchtigung verlangen. Sind weitere Beeinträchtigungen zu besorgen, so kann er auf Unterlassung klagen.

§ 119. [Anfechtbarkeit wegen Irrtums] (1) Wer bei der Abgabe einer Willenserklärung über deren Inhalt im Irrtume war oder eine Erklärung dieses Inhalts überhaupt nicht abgeben wollte, kann die Erklärung anfechten, wenn anzunehmen ist, daß er sie bei Kenntnis der Sachlage und bei verständiger Würdigung des Falles nicht abgegeben haben würde.

(2) Als Irrtum über den Inhalt der Erklärung gilt auch der Irrtum über solche Eigenschaften der Person oder der Sache, die im Verkehr als wesentlich angesehen werden.

§ 123. [Anfechtbarkeit wegen Täuschung oder Drohung] (1) Wer zur Abgabe einer Willenserklärung durch arglistige Täuschung oder widerrechtlich durch Drohung bestimmt worden ist, kann die Erklärung anfechten.

(2) Hat ein Dritter die Täuschung verübt, so ist eine Erklärung, die einem anderen gegenüber abzugeben war, nur dann anfechtbar, wenn dieser die Täuschung kannte oder kennen mußte. Soweit ein anderer als derjenige, welchem gegenüber die Erklärung abzugeben war, aus der Erklärung unmittelbar ein Recht erworben hat, ist die Erklärung ihm gegenüber anfechtbar, wenn er die Täuschung kannte oder kennen mußte.

§ 138. [Sittenwidriges Rechtsgeschäft; Wucher] (1) Ein Rechtsgeschäft, das gegen die guten Sitten verstößt, ist nichtig.

(2) Nichtig ist insbesondere ein Rechtsgeschäft, durch das jemand unter Ausbeutung der Zwangslage, der Unerfahrenheit, des Mangels an Urteilsvermögen oder der erheblichen Willensschwäche eines anderen sich oder einem Dritten für eine Leistung Vermögensvorteile versprechen oder gewähren läßt, die in einem auffälligen Mißverhältnis zu der Leistung stehen.

§ 139. [Teilnichtigkeit] Ist ein Teil eines Rechtsgeschäfts nichtig, so ist das ganze Rechtsgeschäft nichtig, wenn nicht anzunehmen ist, daß es auch ohne den nichtigen Teil vorgenommen sein würde.

§ 242. [Leistungen nach Treu und Glauben] Der Schuldner ist verpflichtet, die Leistung so zu bewirken, wie Treu und Glauben mit Rücksicht auf die Verkehrssitte es erfordern.

§ 812. **[Grundsatz]** (1) Wer durch die Leistung eines anderen oder in sonstiger Weise auf dessen Kosten etwas ohne rechtlichen Grund erlangt, ist ihm zur Herausgabe verpflichtet. Diese Verpflichtung besteht auch dann, wenn der rechtliche Grund später wegfällt oder der mit einer Leistung nach dem Inhalte des Rechtsgeschäfts bezweckte Erfolg nicht eintritt.

(2) Als Leistung gilt auch die durch Vertrag erfolgte Anerkennung des Bestehens oder des Nichtbestehens eines Schuldverhältnisses.

§ 823. **[Schadensersatzpflicht]** (1) Wer vorsätzlich oder fahrlässig das Leben, den Körper, die Gesundheit, die Freiheit, das Eigentum oder ein sonstiges Recht eines anderen widerrechtlich verletzt, ist dem anderen zum Ersatze des darauf entstehenden Schadens verpflichtet.

(2) Die gleiche Verpflichtung trifft denjenigen, welcher gegen ein den Schutz eines anderen bezweckendes Gesetz verstößt. Ist nach dem Inhalte des Gesetzes ein Verstoß gegen dieses auch ohne Verschulden möglich, so tritt die Ersatzpflicht nur im Falle des Verschuldens ein.

§ 824. **[Kreditgefährdung]** (1) Wer der Wahrheit zuwider eine Tatsache behauptet oder verbreitet, die geeignet ist, den Kredit eines anderen zu gefährden oder sonstige Nachteile für dessen Erwerb oder Fortkommen herbeizuführen, hat dem anderen den daraus entstehenden Schaden auch dann zu ersetzen, wenn er die Unwahrheit zwar nicht kennt, aber kennen muß.

(2) Durch eine Mitteilung, deren Unwahrheit dem Mitteilenden unbekannt ist, wird dieser nicht zum Schadensersatze verpflichtet, wenn er oder der Empfänger der Mitteilung an ihr ein berechtigtes Interesse hat.

§ 826. **[Sittenwidrige vorsätzliche Schädigung]** Wer in einer gegen die guten Sitten verstoßenden Weise einem anderen vorsätzlich Schaden zufügt, ist dem anderen zum Ersatze des Schadens verpflichtet.

12. Handelsgesetzbuch (HGB) - Auszug

Siebenter Abschnitt.* Handelsvertreter

§ 84.* [Begriff des Handelsvertreters] (1) [1]Handelsvertreter ist, wer als selbständiger Gewerbetreibender ständig damit betraut ist, für einen anderen Unternehmer (Unternehmer) Geschäfte zu vermitteln oder in dessen Namen abzuschließen. [2]Selbständig ist, wer im wesentlichen frei seine Tätigkeit gestalten und seine Arbeitszeit bestimmen kann.

(2) Wer, ohne selbständig im Sinne des Absatzes 1 zu sein, ständig damit betraut ist, für einen Unternehmer Geschäfte zu vermitteln oder in dessen Namen abzuschließen, gilt als Angestellter.

(3) Der Unternehmer kann auch ein Handelsvertreter sein.

§ 85. [Vertragsurkunde] [1]Jeder Teil kann verlangen, daß der Inhalt des Vertrages sowie spätere Vereinbarungen zu dem Vertrag in eine vom anderen Teil unterzeichnete Urkunde aufgenommen werden. [2]Dieser Anspruch kann nicht ausgeschlossen werden.

§ 86.*** [Pflichten des Handelsvertreters] (1) Der Handelsvertreter hat sich um die Vermittlung oder den Abschluß von Geschäften zu bemühen; er hat hierbei das Interesse des Unternehmers wahrzunehmen.

(2) Er hat dem Unternehmer die erforderlichen Nachrichten zu geben, namentlich ihm von jeder Geschäftsvermittlung und von jedem Geschäftsabschluß unverzüglich Mitteilung zu machen.

(3) Er hat seine Pflichten mit der Sorgfalt eines ordentlichen Kaufmanns wahrzunehmen.

(4) Von den Absätzen 1 und 2 abweichende Vereinbarungen sind unwirksam.

§ 86a.** *** [Pflichten des Unternehmers] (1) Der Unternehmer hat dem Handelsvertreter die zur Ausübung seiner Tätigkeit erforderlichen Unterlagen, wie Muster, Zeichnungen, Preislisten, Werbedrucksachen, Geschäftsbedingungen, zur Verfügung zu stellen.

---

*   § 75h eingefügt sowie Siebenter Abschnitt (§§ 84 bis 92c) neu gefaßt durch Gesetz vom 6.8.1953 (BGBl. I S. 771).
** §§ 76 bis 82 aufgehoben durch Berufsbildungsgesetz vom 14.8.1969 (BGBl. I S. 1112).
*** § 82a eingefügt durch Gesetz vom 10.6.1914 (RGBl. S. 209). – § 82a gegenstandslos durch § 19 in Verbindung mit § 5 Abs. 1 Satz 1 Berufsbildungsgesetz vom 14.8.1969 (BGBl. I S. 1112).
†   Für das Gebiet der ehem. DDR sind die §§ 82a und 83 aufgrund des Einigungsvertrages vom 31.8.1990 (BGBl. I S. 889, 959, 1020) nicht anzuwenden.

(2) ¹Der Unternehmer hat dem Handelsvertreter die erforderlichen Nachrichten zu geben. ²Er hat ihm unverzüglich die Annahme oder Ablehnung eines vom Handelsvertreter vermittelten oder ohne Vertretungsmacht abgeschlossenen Geschäfts und die Nichtausführung eines von ihm vermittelten oder abgeschlossenen Geschäfts mitzuteilen. ³Er hat ihn unverzüglich zu unterrichten, wenn er Geschäfte voraussichtlich nur in erheblich geringerem Umfange abschließen kann oder will, als der Handelsvertreter unter gewöhnlichen Umständen erwarten konnte.

(3) Von den Absätzen 1 und 2 abweichende Vereinbarungen sind unwirksam.

§ 86b.* **[Delkredereprovision]** (1) ¹Verpflichtet sich ein Handelsvertreter, für die Erfüllung der Verbindlichkeit aus einem Geschäft einzustehen, so kann er eine besondere Vergütung (Delkredereprovision) beanspruchen; der Anspruch kann im voraus nicht ausgeschlossen werden. ²Die Verpflichtung kann nur für ein bestimmtes Geschäft oder für solche Geschäfte mit bestimmten Dritten übernommen werden, die der Handelsvertreter vermittelt oder abschließt. ³Die Übernahme bedarf der Schriftform.

(2) Der Anspruch auf die Delkredereprovision entsteht mit dem Abschluß des Geschäfts.

(3) ¹Absatz 1 gilt nicht, wenn der Unternehmer oder der Dritte seine Niederlassung oder beim Fehlen einer solchen seinen Wohnsitz im Ausland hat. ²Er gilt ferner nicht für Geschäfte, zu deren Abschluß und Ausführung der Handelsvertreter unbeschränkt bevollmächtigt ist.

§ 87.** † **[Provisionspflichtige Geschäfte]** (1) ¹Der Handelsvertreter hat Anspruch auf Provision für alle während des Vertragsverhältnisses abgeschlossenen Geschäfte, die auf seine Tätigkeit zurückzuführen sind oder mit Dritten abgeschlossen werden, die er als Kunden für Geschäfte der gleichen Art geworben hat. ²Ein Anspruch auf Provision besteht für ihn nicht, wenn und soweit die Provision nach Absatz 3 dem ausgeschiedenen Handelsvertreter zusteht.

(2) ¹Ist dem Handelsvertreter ein bestimmter Bezirk oder ein bestimmter Kundenkreis zugewiesen, so hat er Anspruch auf Provision auch für die Geschäfte, die ohne seine Mitwirkung mit Personen seines Bezirkes oder seines Kundenkreises während des Vertragsverhältnisses abgeschlossen sind. ²Dies gilt nicht, wenn und soweit die Provision nach Absatz 3 dem ausgeschiedenen Handelsvertreter zusteht.

(3) ¹Für ein Geschäft, das erst nach Beendigung des Vertragsverhältnisses abgeschlossen ist, hat der Handelsvertreter Anspruch auf Provision nur, wenn

1. er das Geschäft vermittelt hat oder es eingeleitet und so vorbereitet hat, daß der Abschluß überwiegend auf seine Tätigkeit zurückzuführen ist, und das Geschäft in-

---

*   § 86 neu gefaßt sowie § 86b eingefügt durch Gesetz vom 6.8.1953 (BGBl. I S. 771), § 86 Abs. 4 angefügt durch Gesetz vom 23.10.1989 (BGBl. I S. 1910).
**   Wegen des bis zum Ablauf des Jahres 1993 geltenden Übergangsrechts beachte Anm. zu Art. 29 EGHGB; abgedruckt unter Nr. 50a.
*** § 86a eingefügt durch Gesetz vom 6.8.1953 (BGBl. I S. 771), Abs. 2 Sätze 2 und 3 neu gefaßt sowie Abs. 3 angefügt durch Gesetz vom 23.10.1989 (BGBl. I S. 1910).
†   § 87 neu gefaßt durch Gesetz vom 6.8.1953 (BGBl. I S. 771), Abs. 1 Satz 2 und Abs. 2 Satz 2 geändert sowie Abs. 3 neu gefaßt durch Gesetz vom 23.10.1989 (BGBl. I S. 1910).

nerhalb einer angemessenen Frist nach Beendigung des Vertragsverhältnisses abgeschlossen worden ist oder

2. vor Beendigung des Vertragsverhältnisses das Angebot des Dritten zum Abschluß
   eines Geschäfts, für das der Handelsvertreter nach Absatz 1 Satz 1 oder Absatz 2
   Satz 1 Anspruch auf Provision hat, dem Handelsvertreter oder dem Unternehmer
   zugegangen ist.

^{2}Der Anspruch auf Provision nach Satz 1 steht dem nachfolgenden Handelsvertreter
anteilig zu, wenn wegen besonderer Umstände eine Teilung der Provision der Billigkeit entspricht.

(4) Neben dem Anspruch auf Provision für abgeschlossene Geschäfte hat der Handelsvertreter Anspruch auf Inkassoprovision für die von ihm auftragsgemäß eingezogenen
Beträge.

§ 87a.* ** [Fälligkeit der Provision] (1) ^{1}Der Handelsvertreter hat Anspruch auf Provision, sobald und soweit der Unternehmer das Geschäft ausgeführt hat. ^{2}Eine abweichende Vereinbarung kann getroffen werden, jedoch hat der Handelsvertreter mit der
Ausführung des Geschäfts durch den Unternehmer Anspruch auf einen angemessenen
Vorschuß, der spätestens am letzten Tag des folgenden Monats fällig ist. ^{3}Unabhängig
von einer Vereinbarung hat jedoch der Handelsvertreter Anspruch auf Provision, sobald und soweit der Dritte das Geschäft ausgeführt hat.

(2) Steht fest, daß der Dritte nicht leistet, so entfällt der Anspruch auf Provision; bereits empfangene Beträge sind zurückzugewähren.

(3) ^{1}Der Handelsvertreter hat auch dann einen Anspruch auf Provision, wenn feststeht,
daß der Unternehmer das Geschäft ganz oder teilweise nicht oder nicht so ausführt,
wie es abgeschlossen worden ist. ^{2}Der Anspruch entfällt im Falle der Nichtausführung,
wenn und soweit diese auf Umständen beruht, die vom Unternehmer nicht zu vertreten
sind.

(4) Der Anspruch auf Provision wird am letzten Tag des Monats fällig, in dem nach
§ 87c Abs. 1 über den Anspruch abzurechnen ist.

(5) Von Absatz 2 erster Halbsatz, Absätze 3 und 4 abweichende, für den Handelsvertreter nachteilige Vereinbarungen sind unwirksam.

§ 87b.*** [Höhe der Provision] (1) Ist die Höhe der Provision nicht bestimmt, so ist
der übliche Satz als vereinbart anzusehen.

(2) ^{1}Die Provision ist von dem Entgelt zu berechnen, das der Dritte oder der Unterneh-
mer zu leisten hat. ^{2}Nachlässe bei Barzahlung sind nicht abzuziehen; dasselbe gilt für
Nebenkosten, namentlich für Fracht, Verpackung, Zoll, Steuern, es sei denn, daß die
Nebenkosten dem Dritten besonders in Rechnung gestellt sind. ^{3}Die Umsatzsteuer, die

---

*   § 87a eingefügt durch Gesetz vom 6.8.1953 (BGBl. I S. 771), Abs. 1 Satz 4 aufgehoben so-
        wie Abs. 3 Satz 2 und Abs. 5 neu gefaßt durch Gesetz vom 23.10.1989 (BGBl. I S. 1910).

**   Wegen des bis zum Ablauf des Jahres 1993 geltenden Übergangsrechts beachte Anm. zu
        Art. 29 EGHGB; abgedruckt unter Nr. 50a.

***   § 87b eingefügt durch Gesetz vom 6.8.1953 (BGBl. I S. 771), Abs. 2 Satz 3 eingefügt durch
        Umsatzsteuergesetz (Mehrwertsteuer) vom 29.5.1967 (BGBl. I S. 545).

lediglich auf Grund der steuerrechtlichen Vorschriften in der Rechnung gesondert ausgewiesen ist, gilt nicht als besonders in Rechnung gestellt.

(3) ¹Bei Gebrauchsüberlassungs- und Nutzungsverträgen von bestimmter Dauer ist die Provision vom Entgelt für die Vertragsdauer zu berechnen. ²Bei unbestimmter Dauer ist die Provision vom Entgelt bis zu dem Zeitpunkt zu berechnen, zu dem erstmals von dem Dritten gekündigt werden kann; der Handelsvertreter hat Anspruch auf weitere entsprechend berechnete Provisionen, wenn der Vertrag fortbesteht.

§ 87c.* [Abrechnung über die Provision] (1) ¹Der Unternehmer hat über die Provision, auf die der Handelsvertreter Anspruch hat, monatlich abzurechnen; der Abrechnungszeitraum kann auf höchstens drei Monate erstreckt werden. ²Die Abrechnung hat unverzüglich, spätestens bis zum Ende des nächsten Monats, zu erfolgen.

(2) Der Handelsvertreter kann bei der Abrechnung einen Buchauszug über alle Geschäfte verlangen, für die ihm nach § 87 Provision gebührt.

(3) Der Handelsvertreter kann außerdem Mitteilung über alle Umstände verlangen, die für den Provisionsanspruch, seine Fälligkeit und seine Berechnung wesentlich sind.

(4) Wird der Buchauszug verweigert oder bestehen begründete Zweifel an der Richtigkeit oder Vollständigkeit der Abrechnung oder des Buchauszuges, so kann der Handelsvertreter verlangen, daß nach Wahl des Unternehmers entweder ihm oder einem von ihm zu bestimmenden Wirtschaftsprüfer oder vereidigten Buchsachverständigen Einsicht in die Geschäftsbücher oder die sonstigen Urkunden so weit gewährt wird, wie dies zur Feststellung der Richtigkeit oder Vollständigkeit der Abrechnung oder des Buchauszuges erforderlich ist.

(5) Diese Rechte des Handelsvertreters können nicht ausgeschlossen oder beschränkt werden.

§ 87d.* [Ersatz von Aufwendungen] Der Handelsvertreter kann den Ersatz seiner im regelmäßigen Geschäftsbereich entstandenen Aufwendungen nur verlangen, wenn dies handelsüblich ist.

§ 88.* [Verjährung der Ansprüche] Die Ansprüche aus dem Vertragsverhältnis verjähren in vier Jahren, beginnend mit dem Schluß des Jahres, in dem sie fällig geworden sind.

§ 88a.* [Zurückbehaltungsrecht] (1) Der Handelsvertreter kann nicht im voraus auf gesetzliche Zurückbehaltungsrechte verzichten.

(2) Nach Beendigung des Vertragsverhältnisses hat der Handelsvertreter ein nach allgemeinen Vorschriften bestehendes Zurückbehaltungsrecht an ihm zur Verfügung gestellten Unterlagen (§ 86a Abs. 1) nur wegen seiner fälligen Ansprüche auf Provision und Ersatz von Aufwendungen.

---

* §§ 87c, 87d und 88a eingefügt sowie § 88 neu gefaßt durch Gesetz vom 6.8.1953 (BGBl. I S. 771).

§ 89.* ** [Kündigung des Vertrages] (1) [1]Ist das Vertragsverhältnis auf unbestimmte zeit eingegangen, so kann es im ersten Jahr der Vertragsdauer mit einer Frist von einem Monat, im zweiten jahr mit einer Frist von zwei Monaten und im dritten bis fünften Jahr mit einer Frist von drei Monaten gekündigt werden. [2]Nach einer Vertragsdauer von fünf Jahren kann das Vertragsverhältnis mit einer Frist von sechs Monaten gekündigt werden. [3]Die Kündigung ist nur für den Schluß eines Kalendermonats zulässig, sofern keine abweichende Vereinbarung getroffen ist.

(2) [1]Die Kündigungsfristen nach Absatz 1 Satz 1 und 2 können durch Vereinbarung verlängert werden; die Frist darf für den Unternehmer nicht kürzer sein als für den Handelsvertreter. [2]Bei Vereinbarung einer kürzeren Frist für den Unternehmer gilt die für den Handelsvertreter vereinbarte Frist.

(3) [1]Ein für eine bestimmte Zeit eingegangenes Vertragsverhältnis, das nach Ablauf der vereinbarten Laufzeit von beiden Teilen fortgesetzt wird, gilt als auf unbestimmte Zeit verlängert. [2]Für die Bestimmung der Kündigungsfristen nach Absatz 1 Satz 1 und 2 ist die Gesamtdauer des Vertragsverhältnisses maßgeblich.

§ 89a.* *** [Fristlose Kündigung] (1) [1]Das Vertragsverhältnis kann von jedem Teil aus wichtigem Grunde ohne Einhaltung einer Kündigungsfrist gekündigt werden. [2]Dieses Recht kann nicht ausgeschlossen oder beschränkt werden.

(2) Wird die Kündigung durch ein Verhalten veranlaßt, das der andere Teil zu vertreten hat, so ist dieser zum Ersatz des durch die Aufhebung des Vertragsverhältnisses entstehenden Schadens verpflichtet.

§ 89b.* ** *** [Ausgleichsanspruch] (1) [1]Der Handelsvertreter kann von dem Unternehmer nach Beendigung des Vertragsverhältnisses einen angemessenen Ausgleich verlangen, wenn und soweit

1. der Unternehmer aus der Geschäftsverbindung mit neuen Kunden, die der Handelsvertreter geworben hat, auch nach Beendigung des Vertragsverhältnisses erhebliche Vorteile hat,
2. der Handelsvertreter infolge der Beendigung des Vertragsverhältnisses Ansprüche auf Provision verliert, die er bei Fortsetzung desselben aus bereits abgeschlossenen oder künftig zustande kommenden Geschäften mit den von ihm geworbenen Kunden hätte, und
3. die Zahlung eines Ausgleichs unter Berücksichtigung aller Umstände der Billigkeit entspricht.

[2]Der Werbung eines neuen Kunden steht es gleich, wenn der Handelsvertreter die Geschäftsverbindung mit einem Kunden so wesentlich erweitert hat, daß dies wirtschaftlich der Werbung eines neuen Kunden entspricht.

---

*   § 89 neu gefaßt durch Gesetz vom 23.10.1989 (BGBl. I S. 1910).
**   Wegen des bis zum Ablauf des Jahres 1993 geltenden Übergangsrechts beachte Anm. zu Art. 29 EGHGB; abgedruckt unter Nr. 50a.
*** §§ 89a und 89b eingefügt durch Gesetz vom 6.8.1953 (BGBl. I S. 771), § 89b Abs. 3, Abs. 4 Satz 2 und Abs. 5 neu gefaßt durch Gesetz vom 23.10.1989 (BGBl. I S. 1910).

(2) Der Ausgleich beträgt höchstens eine nach dem Durchschnitt der letzten fünf Jahre der Tätigkeit des Handelsvertreters berechnete Jahresprovision oder sonstige Jahresvergütung; bei kürzerer Dauer des Vertragsverhältnisses ist der Durchschnitt während der Dauer der Tätigkeit maßgebend.

(3) Der Anspruch besteht nicht, wenn

1. der Handelsvertreter das Vertragsverhältnis gekündigt hat, es sei denn, daß ein Verhalten des Unternehmers hierzu begründeten Anlaß gegeben hat oder dem Handelsvertreter eine Fortsetzung seiner Tätigkeit wegen seines Alters oder wegen Krankheit nicht zugemutet werden kann, oder
2. der Unternehmer das Vertragsverhältnis gekündigt hat und für die Kündigung ein wichtiger Grund wegen schuldhaften Verhaltens des Handelsvertreters vorlag oder
3. auf Grund einer Vereinbarung zwischen dem Unternehmer und dem Handelsvertreter ein Dritter anstelle des Handelsvertreters in das Vertragsverhältnis eintritt; die Vereinbarung kann nicht vor Beendigung des Vertragsverhältnisses getroffen werden.

(4) ¹Der Anspruch kann im voraus nicht ausgeschlossen werden. ²Er ist innerhalb eines Jahres nach Beendigung des Vertragsverhältnisses geltend zu machen.

(5) ¹Die Absätze 1, 3 und 4 gelten für Versicherungsvertreter mit der Maßgabe, daß an die Stelle der Geschäftsverbindung mit neuen Kunden, die der Handelsvertreter geworben hat, die Vermittlung neuer Versicherungsverträge durch den Versicherungsvertreter tritt und der Vermittlung eines Versicherungsvertrages es gleichsteht, wenn der Versicherungsvertreter einen bestehenden Versicherungsvertrag so wesentlich erweitert hat, daß dies wirtschaftlich der Vermittlung eines neuen Versicherungsvertrages entspricht. ²Der Ausgleich des Versicherungsvertreters beträgt abweichend von Absatz 2 höchstens drei jahresprovisionen oder Jahresvergütungen. ³Die Vorschriften der Sätze 1 und 2 gelten sinngemäß für Bausparkassenvertreter.

§ 90.* [Geschäfts- und Betriebsgeheimnisse] Der Handelsvertreter darf Geschäfts- und Betriebsgeheimnisse, die ihm anvertraut oder als solche durch seine Tätigkeit für den Unternehmer bekanntgeworden sind, auch nach Beendigung des Vertragsverhältnisses nicht verwerten oder anderen mitteilen, soweit dies nach den gesamten Umständen der Berufsauffassung eines ordentlichen Kaufmannes widersprechen würde.

§ 90a.* ** [Wettbewerbsabrede] (1) ¹Eine Vereinbarung, die den Handelsvertreter nach Beendigung des Vertragsverhältnisses in seiner gewerblichen Tätigkeit beschränkt (Wettbewerbsabrede), bedarf der Schriftform und der Aushändigung einer vom Unternehmer unterzeichneten, die vereinbarten Bestimmungen enthaltenden Urkunde an den Handelsvertreter. ²Die Abrede kann nur für längstens zwei Jahre von der Beendigung des Vertragsverhältnisses an getroffen werden; sie darf sich nur auf den dem Handelsvertreter zugewiesenen Bezirk oder Kundenkreis und nur auf die Gegenstände erstrecken, hinsichtlich deren sich der Handelsvertreter um die Vermittlung oder den Abschluß von Geschäften für den Unternehmer zu bemühen hat. ³Der Unterneh-

---

* § 90 neu gefaßt sowie § 90a eingefügt durch Gesetz vom 6.8.1953 (BGBl. I S. 771), § 90a Abs. 1 Satz 2 geändert durch Gesetz vom 23.10.1989 (BGBl. I S. 1910).

** Wegen des bis zum Ablauf des Jahres 1993 geltenden Übergangsrechts beachte Anm. zu Art. 29 EGHGB; abgedruckt unter Nr. 50a.

mer ist verpflichtet, dem Handelsvertreter für die Dauer der Wettbewerbsbeschränkung eine angemessene Entschädigung zu zahlen.

(2) ¹Der Unternehmer kann bis zum Ende des Vertragsverhältnisses schriftlich auf die Wettbewerbsbeschränkung mit der Wirkung verzichten, daß er mit dem Ablauf von sechs Monaten seit der Erklärung von der Verpflichtung zur Zahlung der Entschädigung frei wird. ²Kündigt der Unternehmer das Vertragsverhältnis aus wichtigem Grund wegen schuldhaften Verhaltens des Handelsvertreters, so hat dieser keinen Anspruch auf Entschädigung.*

(3) Kündigt der Handelsvertreter das Vertragsverhältnis aus wichtigem Grund wegen schuldhaften Verhaltens des Unternehmers, so kann er sich durch schriftliche Erklärung binnen einem Monat nach der Kündigung von der Wettbewerbsabrede lossagen.

(4) Abweichende für den Handelsvertreter nachteilige Vereinbarungen können nicht getroffen werden.

§ 91. ** [Vollmachten des Handelsvertreters] (1) § 55 gilt auch für einen Handelsvertreter, der zum Abschluß von Geschäften von einem Unternehmen bevollmächtigt ist, der nicht Kaufmann ist.

(2) ¹Ein Handelsvertreter gilt, auch wenn ihm keine Vollmacht zum Abschluß von Geschäften erteilt ist, als ermächtigt, die Anzeige von Mängeln einer Ware, die Erklärung, daß eine Ware zur Verfügung gestellt werde, sowie ähnliche Erklärungen, durch die ein Dritter seine Rechte aus mangelhafter Leistung geltend macht oder sich vorbehält, entgegenzunehmen; er kann die dem Unternehmer zustehenden Rechte auf Sicherung des Beweises geltend machen. ²Eine Beschränkung dieser Rechte braucht ein Dritter gegen sich nur gelten zu lassen, wenn er sie kannte oder kennen mußte.

§ 91a. ** [Mangel der Vertretungsmacht] (1) Hat ein Handelsvertreter, der nur mit der Vermittlung von Geschäften betraut ist, ein Geschäft im Namen des Unternehmens abgeschlossen, und war dem Dritten der Mangel an Vertretungsmacht nicht bekannt, so gilt das Geschäft als von dem Unternehmer genehmigt, wenn dieser nicht unverzüglich, nachdem er von dem Handelsvertreter oder dem Dritten über Abschluß und wesentlichen Inhalt benachrichtigt worden ist, dem Dritten gegenüber das Geschäft ablehnt.

(2) Das gleiche gilt, wenn ein Handelsvertreter, der mit dem Abschluß von Geschäften betraut ist, ein Geschäft im Namen des Unternehmers abgeschlossen hat, zu dessen Abschluß er nicht bevollmächtigt ist.

§ 92. ** [Versicherungs- und Bausparkassenvertreter) (1) Versicherungsvertreter ist, wer als Handelsvertreter damit betraut ist, Versicherungsverträge zu vermitteln oder abzuschließen.

(2) Für das Vertragsverhältnis zwischen dem Versicherungsvertreter und dem Versicherer gelten die Vorschriften für das Vertragsverhältnis zwischen dem Handelsvertreter und dem Unternehmer vorbehaltlich der Absätze 3 und 4.

---

* § 90a Abs. 2 Satz 2 HGB war jedenfalls bis zum 1.1.1990 mit Art. 12 Abs. 1 GG unvereinbar; vgl. Beschluß des Bundesverfassungsgerichts vom 7.2.1990 - 1 BvR 26/84 - (BGBl. I S. 575).
** §§ 91 und 92 neu gefaßt sowie § 91a eingefügt durch Gesetz vom 6.8.1953 (BGBl. I S. 771).

(3) ¹In Abweichung von § 87 Abs. 1 Satz 1 hat ein Versicherungsvertreter Anspruch auf Provision nur für Geschäfte, die auf seine Tätigkeit zurückzuführen sind. ²§ 87 Abs. 2 gilt nicht für Versicherungsvertreter.

(4) Der Versicherungsvertreter hat Anspruch auf Provision (§ 87a Abs. 1), sobald der Versicherungsnehmer die Prämie gezahlt hat, aus der sich die Provision nach dem Vertragsverhältnis berechnet.

(5) Die Vorschriften der Absätze 1 bis 4 gelten sinngemäß für Bausparkassenvertreter.

§ 92a.* [**Mindestarbeitsbedingungen**] (1) ¹Für das Vertragsverhältnis eines Handelsvertreters, der vertraglich nicht für weitere Unternehmer tätig werden darf oder dem dies nach Art und Umfang der von ihm verlangten Tätigkeit nicht möglich ist, kann der Bundesminister der Justiz im Einvernehmen mit den Bundesministern für Wirtschaft und für Arbeit nach Anhörung von Verbänden der Handelsvertreter und der Unternehmer durch Rechtsverordnung, die nicht der Zustimmung des Bundesrates bedarf, die untere Grenze der vertraglichen Leistungen des Unternehmers festsetzen, um die notwendigen sozialen und wirtschaftlichen Bedürfnisse dieser Handelsvertreter oder einer bestimmten Gruppe von ihnen sicherzustellen. ²Die festgesetzten Leistungen können vertraglich nicht ausgeschlossen oder beschränkt werden.

(2) ¹Absatz 1 gilt auch für das Vertragsverhältnis eines Versicherungsvertreters, der auf Grund eines Vertrages oder mehrerer Verträge damit betraut ist, Geschäfte für mehrere Versicherer zu vermitteln oder abzuschließen, die zu einem Versicherungskonzern oder zu einer zwischen ihnen bestehenden Organisationsgemeinschaft gehören, sofern die Beendigung des Vertragsverhältnisses mit einem dieser Versicherer im Zweifel auch die Beendigung des Vertragsverhältnisses mit den anderen Versicherten zur Folge haben würde. ²In diesem Falle kann durch Rechtsverordnung, die nicht der Zustimmung des Bundesrates bedarf, außerdem bestimmt werden, ob die festgesetzten Leistungen von allen Versicherern als Gesamtschuldnern oder anteilig oder nur von einem der Versicherer geschuldet werden und wie der Ausgleich unter ihnen zu erfolgen hat.

§ 92b.* [**Handelsvertreter im Nebenberuf**] (1) ¹Auf einen Handelsvertreter im Nebenberuf sind §§ 89 und 89b nicht anzuwenden. ²Ist das Vertragsverhältnis auf unbestimmte Zeit eingegangen, so kann es mit einer Frist von einem Monat für den Schluß eines Kalendermonats gekündigt werden; wird eine andere Kündigungsfrist vereinbart, so muß sie für beide Teile gleich sein. ³Der Anspruch auf einen angemessenen Vorschuß nach § 87a Abs. 1 Satz 2 kann ausgeschlossen werden.

(2) Auf Absatz 1 kann sich nur der Unternehmer berufen, der den Handelsvertreter ausdrücklich als Handelsvertreter im Nebenberuf mit der Vermittlung oder dem Abschluß von Geschäften betraut hat.

(3) Ob ein Handelsvertreter nur als Handelsvertreter im Nebenberuf tätig ist, bestimmt sich nach der Verkehrsauffassung.

(4) Die Vorschriften der Absätze 1 bis 3 gelten sinngemäß für Versicherungsvertreter und für Bausparkassenvertreter.

---

* §§ 92a und 92b eingefügt durch Gesetz vom 6.8.1953 (BGBl. I S. 771).

§ 92c.¹⁾ ²⁾ [**Handelsvertreter außerhalb der EG; Schiffahrtsvertreter**] (1) Hat der Handelsvertreter seine Tätigkeit für den Unternehmer nach dem Vertrag nicht innerhalb des Gebietes der Europäischen Gemeinschaft oder der anderen Vertragsstaaten des Abkommens über den Europäischen Wirtschaftsraum auszuüben, so kann hinsichtlich aller Vorschriften dieses Abschnittes etwas anderes vereinbart werden.

(2) Das gleiche gilt, wenn der Handelsvertreter mit der Vermittlung oder dem Abschluß von Geschäften betraut wird, die die Befrachtung, Abfertigung oder Ausrüstung von Schiffen oder die Buchung von Passagen auf Schiffen zum Gegenstand haben.

13. Verbraucherkreditgesetz (VerbrKrG) - Auszug

Erster Abschnitt: Anwendungsbereich

§ 1 Anwendungsbereich

(1) Dieses Gesetz gilt für Kreditverträge und Kreditvermittlungsverträge zwischen einer Person, die in Ausübung ihrer gewerblichen oder beruflichen Tätigkeit einen Kredit gewährt (Kreditgeber) oder vermittelt oder nachweist (Kreditvermittler), und einer natürlichen Person, es sei denn, daß der Kredit nach dem Inhalt des Vertrages für ihre bereits ausgeübte gewerbliche oder selbständige berufliche Tätigkeit bestimmt ist (Verbraucher).

(2) Kreditvertrag ist ein Vertrag, durch den ein Kreditgeber einem Verbraucher einen entgeltlichen Kredit in Form eines Darlehens, eines Zahlungsaufschubs oder einer sonstigen Finanzierungshilfe gewährt oder zu gewähren verspricht.

(3) Kreditvermittlungsvertrag ist ein Vertrag, nach dem ein Kreditvermittler es unternimmt, einem Verbraucher gegen Entgelt einen Kredit zu vermitteln oder ihm die Gelegenheit zum Abschluß eines Kreditvertrages nachzuweisen.

§ 2 Lieferung in Teilleistungen oder wiederkehrenden Leistungen

Die Vorschriften des § 4 Abs. 1 Satz 1 und Abs. 3, des § 7 Abs. 1, 2 und 4 und des § 8 gelten entsprechend, wenn die Willenserklärung des Verbrauchers auf den Abschluß eines Vertrages gerichtet ist, der

1. die Lieferung mehrerer als zusammengehörend verkaufter Sachen in Teilleistungen zum Gegenstand hat und bei dem das Entgelt für die Gesamtheit der Sachen in Teilleistungen zu entrichten ist;

2. die regelmäßige Lieferung von Sachen gleicher Art zum Gegenstand hat;

3. die Verpflichtung zum wiederkehrenden Erwerb oder Bezug von Sachen zum Gegenstand hat.

§ 3 Ausnahmen

(1) Dieses Gesetz findet keine Anwendung auf Kreditverträge und auf Verträge über die Vermittlung oder den Nachweis von Kreditverträgen,

1. bei denen der auszuzahlende Kreditbetrag (Nettokreditbetrag) oder Barzahlungspreis vierhundert Deutsche Mark nicht übersteigt;

2. wenn der Kredit für die Aufnahme einer gewerblichen oder selbständigen beruflichen Tätigkeit bestimmt ist und der Nettokreditbetrag oder Barzahlungspreis 100 000 Deutsche Mark übersteigt;

3. durch die dem Verbraucher ein Zahlungsaufschub von nicht mehr als drei Monaten eingeräumt wird;

4. die ein Arbeitgeber mit seinem Arbeitnehmer zu Zinsen abschließt, die unter den marktüblichen Sätzen liegen.

(2) Keine Anwendung finden ferner

1. § 4 Abs. 1 Satz 2 und 3, § 6, § 13 Abs. 3 und § 14 auf Finanzierungsleasing-verträge;
2. die §§ 7, 9 und 11 bis 13 auf Kreditverträge, nach denen der Kredit von der Siche-rung durch ein Grundpfandrecht abhängig gemacht und zu für grundpfandrechtlich abgesicherte Kredite üblichen Bedingungen gewährt wird; der Sicherung durch ein Grundpfandrecht steht es gleich, wenn von einer solchen Sicherung gemäß § 7 Abs. 3 bis 5 des Gesetzes über Bausparkassen abgesehen wird;
3. die §§ 4 bis 7 und 9 Abs. 2 auf Kreditverträge, die in ein nach den Vorschriften der Zivilprozeßordnung errichtetes gerichtliches Protokoll aufgenommen oder notariell beurkundet sind, wenn das Protokoll oder die notarielle Urkunde den Jahreszins, die bei Abschluß des Vertrages in Rechnung gestellten Kosten des Kredits sowie die Voraussetzungen enthält, unter denen der Jahreszins oder die Kosten geändert werden können.

Zweiter Abschnitt: Kreditvertrag

§ 4 Schriftform; erforderliche Angaben

(1) Der Kreditvertrag bedarf der schriftlichen Form. Die Urkunde muß angeben

1. bei Kreditverträgen im allgemeinen
    a) den Nettokreditbetrag, gegebenenfalls die Höchstgrenze des Kredits;
    b) wenn möglich den Gesamtbetrag aller vom Verbraucher zu entrichtenden Teil-zahlungen einschließlich Zinsen und sonstiger Kosten;
    c) die Art und Weise der Rückzahlung des Kredits oder, wenn eine Vereinbarung hierüber nicht vorgesehen ist, die Regelung der Vertragsbeendigung;
    d) den Zinssatz und alle sonstigen Kosten des Kredits, die im einzelnen zu be-zeichnen sind, einschließlich etwaiger vom Verbraucher zu tragender Ver-mittlungskosten;
    e) den effektiven jahreszins oder, wenn eine Änderung des Zinssatzes oder ande-rer preisbestimmender Faktoren vorbehalten ist, den anfänglichen effektiven Jahreszins; zusammen mit dem anfänglichen effektiven Jahreszins ist auch an-zugeben, unter welchen Voraussetzungen preisbestimmende Faktoren geändert werden können und auf welchen Zeitraum Belastungen, die sich aus einer nicht vollständigen Auszahlung oder aus einem Zuschlag zu dem Kreditbetrag er-geben, bei der Berechnung des effektiven Jahreszinses verrechnet werden;
    f) die Kosten einer Restschuld- oder sonstigen Versicherung, die im Zusammen-hang mit dem Kreditvertrag abgeschlossen wird;
    g) zu bestellende Sicherheiten;

2. bei Kreditverträgen, die die Lieferung einer bestimmten Sache oder die Erbringung einer bestimmten anderen Leistung gegen Teilzahlungen zum Gegenstand haben,
    a) den Barzahlungspreis;
    b) den Teilzahlungspreis (Gesamtbetrag von Anzahlung und allen vom Ver-braucher zu entrichtenden Teilzahlungen einschließlich Zinsen und sonstiger Kosten);

c) Betrag, Zahl und Fälligkeit der einzelnen Teilzahlungen;

d) den effektiven Jahreszins;

e) die Kosten einer Versicherung, die im Zusammenhang mit dem Kreditvertrag abgeschlossen wird;

f) die Vereinbarung eines Eigentumsvorbehalts oder einer anderen zu bestellenden Sicherheit.

Der Angabe eines Barzahlungspreises und eines effektiven Jahreszinses bedarf es nicht, wenn der Kreditgeber nur wegen Teilzahlungen Sachen liefert oder Leistungen erbringt.

(2) Effektiver Jahreszins ist die in einem Vomhundertsatz des Nettokreditbetrages oder des Barzahlungspreises anzugebende Gesamtbelastung pro Jahr. Die Berechnung des effektiven und des anfänglichen effektiven Jahreszinses richtet sich nach § 4 der Verordnung zur Regelung der Preisangaben.

(3) Der Kreditgeber hat dem Verbraucher eine Abschrift der Urkunde auszuhändigen.

§ 6 Rechtsfolgen von Formmängeln

(1) Der Kreditvertrag ist nichtig, wenn die Schriftform insgesamt nicht eingehalten ist oder wenn eine der in § 4 Abs. 1 Satz 2 Nr. 1 Buchstabe a bis f und Nr. 2 Buchstabe a bis e vorgeschriebenen Angaben fehlt.

(2) Ungeachtet eines Mangels nach Absatz 1 wird der Kreditvertrag in den Fällen des § 4 Abs. 1 Satz 2 Nr. 1 gültig, soweit der Verbraucher das Darlehen empfängt oder den Kredit in Anspruch nimmt. Jedoch ermäßigt sich der dem Kreditvertrag zugrunde gelegte Zinssatz (§ 4 Abs. 1 Satz 2 Nr. 1 Buchstabe d) auf den gesetzlichen Zinssatz, wenn seine Angabe, die Angabe des effektiven oder anfänglichen effektiven Jahreszinses oder die Angabe des Gesamtbetrages nach Buchstabe b fehlt. Nicht angegebene Kosten werden vom Verbraucher nicht geschuldet. Vereinbarte Teilzahlungen sind unter Berücksichtigung der verminderten Zinsen oder Kosten neu zu berechnen. Ist nicht angegeben, unter welchen Voraussetzungen preisbestimmende Faktoren geändert werden können, so entfällt die Möglichkeit, diese zum Nachteil des Verbrauchers zu ändern. Sicherheiten können bei fehlenden Angaben hierüber nicht gefordert werden; dies gilt nicht, wenn der Nettokreditbetrag 100 000 Deutsche Mark übersteigt.

(3) Ungeachtet eines Mangels nach Absatz 1 wird der Kreditvertrag in den Fällen des § 4 Abs. 1 Satz 2 Nr. 2 gültig, wenn dem Verbraucher die Sache übergeben oder die Leistung erbracht wird. Jedoch ist der Barzahlungspreis höchstens mit dem gesetzlichen Zinssatz zu verzinsen, wenn die Angabe des Teilzahlungspreises oder des effektiven Jahreszinses fehlt. Ist ein Barzahlungspreis nicht genannt, so gilt im Zweifel der Marktpreis als Barzahlungspreis. Die Bestellung von Sicherheiten kann bei fehlenden Angaben hierüber nicht gefordert werden.

(4) Ist der effektive oder der anfängliche effektive Jahreszins zu niedrig angegeben, so vermindert sich in den Fällen des § 4 Abs. 1 Satz 2 Nr. 1 der dem Kreditvertrag zugrunde gelegte Zinssatz, in den Fällen des § 4 Abs. 1 Satz 2 Nr. 2 der Teilzahlungspreis um den Vomhundertsatz, um den der effektive oder anfängliche effektive Jahreszins zu niedrig angegeben ist.

§ 7 Widerrufsrecht

(1) Die auf den Abschluß eines Kreditvertrages gerichtete Willenserklärung des Verbrauchers wird erst wirksam, wenn der Verbraucher sie nicht binnen einer Frist von einer Woche schriftlich widerruft.

(2) Zur Wahrung der Frist genügt die rechtzeitige Absendung des Widerrufs. Der Lauf der Frist beginnt erst, wenn dem Verbraucher eine drucktechnisch deutlich gestaltete und vom Verbraucher gesondert zu unterschreibende Belehrung über die Bestimmung nach Satz 1, sein Recht zum Widerruf, dessen Wegfall nach Absatz 3 sowie Namen und Anschrift des Widerrufsempfängers ausgehändigt worden ist. Wird der Verbraucher nicht nach Satz 2 belehrt, so erlischt das Widerrufsrecht erst nach beiderseits vollständiger Erbringung der Leistung, spätestens jedoch ein Jahr nach Abgabe der auf den Abschluß des Kreditvertrages gerichteten Willenserklärung des Verbrauchers.

(3) Hat der Verbraucher in den Fällen des § 4 Abs. 1 Satz 2 Nr. 1 das Darlehen empfangen, gilt der Widerruf als nicht erfolgt, wenn er das Darlehen nicht binnen zweier Wochen entweder nach Erklärung des Widerrufs oder nach Auszahlung des Darlehens zurückzahlt.

(4) Auf den Widerruf findet im übrigen § 3 des Gesetzes über den Widerruf von Haustürgeschäften und ähnlichen Geschäften Anwendung.

(5) Die Absätze 1 bis 4 finden keine Anwendung auf die in § 5 Abs. 1 Satz 1 genannten Kreditverträge, wenn der Verbraucher nach dem Kreditvertrag den Kredit jederzeit ohne Einhaltung einer Kündigungsfrist und ohne zusätzliche Kosten zurückzahlen kann.

14. Richtlinien des Deutschen Franchise-Verbands e.V. „Training bei Franchise-Systemen"

Zielsetzung

Die EG-Kommission verpflichtet Franchise-Geber, ihr auf praktischen Kenntnissen beruhendes und durch Erfahrungen und Erprobungen gewonnenes Know-how ausführlich zu beschreiben und den Franchise-Nehmern zu übermitteln. Ebenso bedarf der Franchise-Nehmer einer aktiven, laufenden Unterstützung und Motivation durch den Franchise-Geber. Diese Aufgabenstellung kann am besten durch systemspezifische Trainingskonzepte bewältigt werden. Den Mitgliedern des Deutschen Franchise-Verbands e.V. wird empfohlen, dabei die vorliegenden Richtlinien anzuwenden.

Leitsätze

1. Ein Trainingskonzept ist Bestandteil des Leistungspakets eines Franchise-Gebers. Es beginnt bereits bei der Auswahl der Franchise-Nehmer und reicht von der Anfangsschulung über Fortbildungsangebote bis hin zu Fachschulungen und Spezialausbildungen.

2. Training im Franchising ist eine Dauerverpflichtung für Franchise-Geber und -Nehmer mit zukunftssichernder Funktion für das jeweilige Franchise-System. Es muß deshalb permanent und nicht erst dann erfolgen, wenn Fehlentwicklungen korrigiert werden müssen.

3. Das Training hat zielgruppengerecht zu erfolgen und in angemessener Weise das Aufnahmevermögen der jeweiligen Zielgruppe zu berücksichtigen. Dabei geht sicheres Begreifen eines überschaubaren Stoffgebiets vor Beherrschung einer perfekten Systematik.

4. Jede Trainingsmaßnahme soll dokumentiert und damit nachvollziehbar sein, z.B. im Betriebshandbuch. Grundsätzlich sollte der Franchise-Vertrag den Franchise-Nehmer zur Teilnahme verpflichten. Eine Abstimmung des Trainingskonzepts mit einem bestehenden Franchise-Nehmer-Gremium kann die Akzeptanz erhöhen.

5. Der beste Trainer ist der Vorgesetzte gegenüber seinem Mitarbeiter und der Franchise-Geber gegenüber seinem Franchise-Nehmer. Deshalb sollen externe Berater und Trainer in erster Linie eingesetzt werden, um diesen Kreis im Sinne von „Train-the-trainer" zu qualifizieren. Externe Berater und Trainer sollten in der Regel über Franchise-Kenntnisse verfügen.

6. Besondere Anstrengungen sind bei der Grundschulung der Franchise-Nehmer und deren Mitarbeiter erforderlich. Erfahrungsgemäß muß hierbei neben der Vermittlung der System-, Produkt-, Fach- und Verkaufskenntnisse insbesondere den Bereichen Betriebswirtschaft, Warenwirtschaft, Finanzwesen und Mitarbeiterführung breiter Raum gegeben werden.

7. Gut aus- und fortgebildete Franchise-Nehmer und Mitarbeiter bilden ein interessantes Reservoir zur Rekrutierung von Fach- und Führungskräften bzw. von
neuen Franchise-Nehmern. Hierfür existiert ein Instrumentarium im Sinne eines
„Karriereplans".

Rahmen

Zielgruppen
- Eigenes Management/eigene Franchise-Betreuer des Franchise-Gebers
- Franchise-Nehmer
- Mitarbeiter des Franchise-Nehmers

Inhalte
- Waren- und Sortimentskunde
- Betriebs-/Geschäftsordnungssystem
- Betriebswirtschaft, Finanzwesen
- Warenwirtschaft
- Mitarbeitersuche, -auswahl und -führung
- Verkauf und Verhalten
- Betriebshandbuch

Stufen
- Basis-Ausbildung
- Fortbildungsmaßnahmen
- Spezialausbildungen
- Führungsausbildung

Maßnahmen
- Franchise-Nehmer-Suche
- Hospitationen bei anderen Franchise-Nehmern oder im eigenen Pilotbetrieb
- Patenschaften
- Seminare
- Feldtraining
- Ausbildung bei Lieferanten
- Unterstützung bei Geschäftseröffnung

Durchführung
- Im eigenen Trainingszentrum
- Vor Ort
- Mit eigenen Mitteln und Mitarbeitern
- Mit externer Hilfe

Nachweise
- Fragebögen, Trainingspaß
- Urkunden, Zeugnisse
- Karriereplan

Termine
- Einmalig stattfindende Maßnahmen
- Regelmäßig stattfindende Maßnahmen
- Sporadisch stattfindende Maßnahmen

Finanzierung
- Kosten in den jeweiligen Franchise-Gebühren eingeschlossen
- Kostenbeteiligung des Franchise-Nehmers

Durchsetzung
- Obligatorische Teilnahme
- Freiwillige Teilnahme

Dokumentation • Im Betriebshandbuch berücksichtigt
               • Eigenes Trainingshandbuch

Literaturverzeichnis

Vorbemerkung: Angesichts der Vielzahl von einschlägigen Publikationen werden hier nur diejenigen Werke und Abhandlungen aufgeführt, auf die sich der Verfasser bezogen hat bzw. solche, die zum weiterführenden Verständnis der behandelten Themen für den Leser von Interesse sind. Standardkommentare, Gerichtsentscheidungen, Gesetzessammlungen, behördliche Stellungnahmen, Werbeschriften etc. sind hier nicht besonders angeführt. Es wird insoweit auf den Text des Buches, die Anmerkungen und den Anhang verwiesen.

Ahé, Eberhard, Die Umwandlung einer Auslandstochter in einen Master-Franchising-Nehmer am Beispiel MANPOWER, in: franchise report, Oktober 1985, S. 10 ff.
Amoroso, M./Bonani, G./Colombi, F./Frignani, A., Il franchising, Roma 1985.
Antonoff, Roman, Corporate Identity, Frankfurt 1982.

Baldi, Roberto, Il CONTRATTO DI AGENZIA, La concessione di Vendita – Il franchising, Quinta Edizione, Milano 1992.
Baudenbacher, Carl, Die Behandlung des Franchise-Vertrages im schweizerischen und europäischen Recht, Stuttgart, Bern 1992.
Bechtold, Rainer, GWB, Kommentar, München 1993.
Benisch, Werner, Kooperationsfibel, 4. Auflage, Bergisch-Gladbach 1973.
Biffar, Oskar, Sicherung staatlichen Wollens durch Franchise-Unternehmen bei der Privatisierung, in: Dokumentation der 2. Privatisierungstagung, S. 167, Hrsg.: Frankfurter Institut für gesellschaftspolitische Forschung e.V.
Blaurock, Uwe, Kartellrechtliche Grenzen von Franchise-Systemen, in: Festschrift für Winfried Werner, Berlin 1984, S. 23 ff.
Bodewig, Ausstattung und Franchising – Wirtschaftliche und rechtliche Aspekte, in: Handbuch des Ausstattungsrechts, hrsg. von *G. Schricker* und *D. Stauder*, Festgabe für F.-K. Beier, 1986, S. 937 ff.
Boehm, Hubertus, Strategien – Die Existenzsicherung wird zu einer der wichtigsten Aufgaben des Managements, in: Handelsblatt v. 11.12.1984, Nr. 235, S. 12.
Boehm, Hubertus/Kuhn, Gustav/Skaupy, Walther, Checklist-Franchising, Franchising-Systeme aufbauen und erfolgreich führen, München 1980.
Boehm, Hubertus, Franchising – neue Wege im Vertrieb, München 1984.
Boehm, Hubertus, Die Betreuung von Franchisenehmern, in: Jahrbuch Franchising 1992, Frankfurt a.M. 1992, S. 205 f.
Böhner, Reinhard, Das Know-how muß objektiv geeignet sein, um Umsätze und Erträge zu erzielen, in: Handelsblatt, Thema Franchising, Beilage vom 17.3.1984, B1.
Böhner, Reinhard, Rechtspolitische Ziele des Gesetzgebers zum Franchisenehmer-Schutz, in: Jahrbuch Franchising 1992, Frankfurt a.M. 1992, S. 113 ff.
Bornkamm, Joachim, Anwendung des EG-Kartellrechts durch den nationalen Zivilrichter, in: Schwerpunkte des Kartellrechts 1992–93, Köln, Berlin 1994, S. 51 ff.
Brysch, Ekkehard, Kapitalanlage – Die Risiken eines Investments lassen sich von vornherein klar definieren, in: Handelsblatt v. 11.12.1984, Nr. 235, S. 12.
Bunte, Hermann-Josef, Franchising und EG-Kartellrecht, in: NJW, 1986, S. 140 ff.
Busse, Dieter, in: Der Erfolgsberater, Oktober 1983.

Cesdit, Centro per gli Studi sui Sistemi Distributivi e il Turismo, Il franchising: realtà e prospettive, Milano 1985.
Clément, Jean-Paul, La Franchise, 20 ans de Jurisprudence, Paris 1994.

Creusen, Utho, OBI Bau- und Heimwerkermärkte, in: franchise report, II/1986, S. 23 ff.

Deutscher Franchise Verband, Franchising, München 1983.
Deutscher Industrie- und Handelstag, Handel im Umbruch, Bonn 1985.
Deutsche Vereinigung f. gewerblichen Rechtsschutz und Urheberrechte e.V., Eingabe betr. die Stellungnahme zum Vorabentscheidungsersuchen des Bundesgerichtshofs v. 15.5. 1984 (Pronuptia), erarbeitet v. *Karlheinz Moosecker*, in: GRUR, 1985, S. 25 ff.
Disch, Wolfgang, Der Groß- und Einzelhandel in der Bundesrepublik Deutschland, Köln, Opladen 1966.
Dieterle, Willi K./Winkler, Eicke (Hrsg.), Unternehmensgründung – Handbuch des Gründungsmanagement, München 1990.
Doeser, Thomas, Haftungsschwerpunkte des Franchisegebers, in: „Franchise-Recht“, Vortrag vor dem 1. Franchise-Rechts-Forum, München 1988.
Doeser, Thomas, Multiplikatoreffekt – Expansionsfunktion als notwendiges Bestandteil des Erfolges eines Systems, in: Handelsblatt v. 11.12.1984, Nr. 235, S. 13.
Drucker, Peter F., Innovationsmanagement für Wirtschaft und Politik, Düsseldorf 1985.
Drucker, Peter F., Die Zukunft bewältigen, Düsseldorf, Wien 1970.
Duben, C., Afra-GmbH – Pingouin, in: franchise report, 2/1984, S. 4 ff.

Engelhardt/Witte, Direktvertrieb im Konsumgüter- und Dienstleistungsbereich, Stuttgart 1990.
Erdmann, Günter, Die Laufzeit von Franchise-Verträgen im Lichte des AGB-Gesetzes, BB 1992, S. 795.
Erdmann, Günter/Schulz, Albrecht, in: franchise report Nr. 1/92.

Flohr, Eckhard, Erläuterung der BGH-Entscheidung vom 27.4.1994 – VIII ZR 223/93 betreffend drucktechnische Gestaltung einer Widerrufsbelehrung.
Flohr, Eckhard, Aktuelle Entwicklungstendenzen in der Rechtsprechung zu Franchise-Verträgen, ZAP 1994, Fach 6 (im Druck).
Flohr, Eckhard, Teilnichtigkeit und Salvatorische Klausel bei Franchise-Verträgen, in: Jahrbuch Franchising 1994, S. 194 ff.
Flohr, Eckhard, Aufbau von Franchise-Systemen in der DDR, ZAP-DDR, 1990, Heft 6, S. 185 f.
Flohr, Eckhard, Praxisfragen zum Franchise-Recht, ZAP 1991, Heft 1, S. 23 ff.
Flohr, Eckhard, Aktuelle Entwicklungstendenzen der Rechtsprechung zu Franchise-Verträgen, ZAP 1994, F 6, S. 224.
Flohr, Eckhard, Franchise-Handbuch, Berlin 1994.
Forkel, Hans, Der Franchise-Vertrag als Lizenz am Immaterialgut Unternehmen, ZHR 153 (1989), S. 511 ff.
Franchise-Chancen, 1994/95, *RENTROP*-Verlag Bonn/Bad Godesberg.
Frei, Marc B., FRANCHISING – die schlüsselfertige Existenzgründung, Idstein 1994.
Frignani, Aldo, Il Franchising, Turin 1990.

Gast, Olivier, Le Guide pratique de la Loi DOUBIN, Paris 1991.
Glaap, Winfried, ISO 9000 leichtgemacht, München, Wien 1993.
Gloy, Wolfgang (Hrsg.), Handbuch des Wettbewerbsrechts, München 1986.
Görge, Alfred, Die Internationalisierung von Franchise-Systemen, Diss., Göttingen 1979.
Grohmann, Alexander, Die Praxis des Franchising, Wien 1992.
Gross, Herbert/Skaupy, Walther, Das Franchise-System, Düsseldorf, Wien 1968 (zit.: *Gross/Skaupy*, 1968).
Gross, Herbert/Skaupy, Walther, Franchising in der Praxis, Düsseldorf, Wien 1976 (zit.: *Gross/Skaupy*, 1976).
Gross, Herbert, Das Geistkapital – die vierte Dimension der wirtschaftlichen Dynamik, Düsseldorf, Wien 1970.
Gross, Herbert, Das quartäre Zeitalter, Düsseldorf, Wien 1973.

Helm, Horst, Das Kartellrecht in der Wirtschaftspraxis, 2. Auflage, Heidelberg 1977.
Hanrieder, Manfred, Franchising – Planung und Praxis, 1975.

Jayme, Rechtswahlklausel und zwingendes ausländisches Recht beim Franchise-Vertrag, IPRax 1983, S. 105.
Joerges, Franchise-Verträge und europäisches Wettbewerbsrecht, ZHR Bd. 151 (1987), S. 195.

Kahn, Michel, La Franchise, Guide du candidat franchisé, Paris 1982.
Kartte, Wolfgang, Franchising und nationales Wettbewerbsrecht, Vortrag anläßlich des 1. Franchise-Rechts-Forums, München 1988.
Kartte, Wolfgang, Kampf gegen den Etikettenschwindel, in: Handelsblatt Nr. 78/91, Beilage Franchising, S. B1.
Kaub, Erich, Franchise-Systeme in der Gastronomie, Saarbrücken 1980.
Knigge, Jürgen, Ertragsquellen für Franchise-Geber, Referat auf dem Franchise-Management-Symposium, München 1985.
Knigge, Jürgen, Abteilungs-Franchising – Leichter ins Geschäft kommen, in: Industrie-magazin, 1979, Heft 4, S. 88 ff.
Küstner/v. Manteuffel/Evers, Kartellrechtliche Fragen des nationalen und internationalen Handelsvertreter-, Franchise- und Vertragshändler-Rechts, Referat im *Studienkreis Recht und Wirtschaft*, Heidelberg 26.11.1993.

Lang, Hans, Franchising in den 90er Jahren, in: Jahrbuch Franchising 1990, Frankfurt a.M. 1990, S. 9 ff.
Lang, Hans, Finanzmanagement in den Zentralen ist oft unzureichend, in: *Handelsblatt* Nr. 181 v. 20.9.1988, Sonderbeilage Franchising, S. 26.
Leloup, Jean-Marie, La Franchise, Droit et Pratique, 2. Auflage, Paris 1991.
Leonhardt, Jochen, in: Franchise-Recht, Nürnberg 1989.
Liebscher, Christoph, Franchising in Österreich, Wien 1992.
Liesegang, Helmuth, Die Bedeutung des AGB-Gesetzes für Franchise-Verträge, in: BB 1991, S. 2381.
Liesegang, Helmuth, Der Franchise-Vertrag, Heidelberger Musterverträge, 3. Auflage, Heidelberg 1990.
Liesegang, Helmuth, Die Konzeption des Franchise-Vertrages unter Einschluß der Neben-verträge, Vortrag anläßlich des 1. Franchise-Rechts-Forums, München 1988.
Love, John F., Die McDonald's Story, München 1988.

Mack, Manfred, Neuere Vertriebssysteme in der BRD, Bielefeld 1975.
Martinek, Michael, Moderne Vertragstypen, Band II, München 1992.
Martinek, Michael, Franchising, Heidelberg 1987.
Maus, Manfred, Selbstmanagement als Erfolgsfaktor, Entwicklung einer gemeinsamen Unternehmenskultur, in: FRANCHISE, Beilage der *Süddeutsche Zeitung* v. 16.7.1993, S. II.
Maus, Manfred, Franchising – Herausforderung für Manager, in: Jahrbuch Franchising 1990, S. 18 ff.
Mendelsohn, Martin, The Guide to Franchising, 5. Auflage, London 1992.
Mendelsohn, Martin (Hrsg.), International Franchising – An Overview, Amsterdam, New York, Oxford 1984.
Niebling, Jürgen, Vertriebsrecht von A bis Z, München 1991.
Niebling, Jürgen, Allgemeine Geschäftsbedingungen von A bis Z, München 1989.
Nieschlag, Robert/Dichtl, Erwin/Hörschgen, Hans, Marketing, 14. Auflage, Berlin 1986.

o.V., „Ihr Platz" in Daten und Fakten, in: franchise report, 1/1983, S. 15 ff.
o.V., Mit 38 000 Mark sind Sie dabei – Rodier, in: franchise report, 4/1980, S. 12 f. (zit. aus Textil-Wirtschaft) 40/1980.

o.V., Das SELEX-Kooperationssystem – Selex/A u. O-Handelsgruppe, in: franchise report, 3/1981, S. 15 ff.

o.V., Eismann Tiefkühl-Heimservice, in: franchise report, 2/1984, S. 25 ff.

o.V., Individuell mit Normenbauteilen per Franchise in den Innenausbau, Ip 20. Innenausbausystem, in: franchise report, 2/1983, S. 9 ff.

o.V., Irreguläre Bezugsquellen, in: franchise report, 4/1980, S. 5 ff. (übersetzt aus: franchise world, Ausgabe Nr. 10, von *Armand Deblon*).

o.V. Yves Rocher, in: franchise report, 1/1982, S. 16 ff.

Poeche, Jürgen, Franchising – ein Vertriebssystem mit Zukunft, in: Markenartikel, 1972, S. 291 ff.

Reimer, Günter, Markt-Chance Franchising, Sonderdruck von „pro image", Rosdorf 1982.

Rentrop, Norman, Wie finde ich Franchise-Partner?, in: FRANCHISE, Beilage der *Süddeutsche Zeitung*, Nr. 135 v. 16.7.1993, S. III.

Righetti, Franca/Frei, Marc B., Les franchiseurs en Suisse, in: Franchise-Magazine, Paris Juli/August 1986.

Schiffel, Joachim, Warenwirtschaftssysteme im Einzelhandel, Augsburg 1984.

Schmidt, Axel, Die Praxis des Venture Capitalgeschäfts, Landsberg/Lech 1985.

Schultheiss, Victor, Der Franchise-Vertrag nach schweizerischem Recht, Zürich 1975.

Schüssler, Thomas, Zur Produktverantwortung des Franchisegebers, in: Jahrbuch Franchising, 1990, S. 77 ff.

Semler, Franz Jörg, Aktuelle Fragen im Recht der Vertragshändler, in: DB, 1985, S. 2493 ff.

Skaupy, Walther, Der Franchise-Vertrag – ein neuer Vertragstyp, in: BB, 1969, S. 113 ff.

Skaupy, Walther, Wirtschaftliche und rechtliche Probleme des Franchise-Systems in USA und Europa, in: AWD, 1973, S. 296 ff.

Skaupy, Walther, Markenartikel und Franchising, in: MA, 1981, S. 152 ff.

Skaupy, Walther, Franchisenehmer oder Arbeitnehmer, in: Jahrbuch Franchising 1990, Frankfurt a.M., 1990, S. 99 ff.

Skaupy, Walther, Zu den Begriffen Franchise, Franchising und Franchise-Vereinbarungen, in: NJW, 1992, S. 1785 ff.

Skaupy, Walther, Franchising: Exporting for international partnership, in: WuW, 1981, S. 17 ff.

Skaupy, Walther, Das „Franchising" als zeitgerechte Vertriebskonzeption, in: DB, 1982.

Skaupy, Walther, Zur Frage der Unvereinbarkeit eines Franchise-Vertrages mit der Gruppenfreistellungs-Verordnung 67/67 der EG – Rezension des Urteils des OLG Ffm v. 2.12.1982, in: WuW, 1984, S. 283 ff.

Skaupy, Walther, Zur Frage des Ausgleichsanspruches von ausscheidenden Franchisenehmern, in: franchise report, Oktober 1985, S. 23 ff.

Skaupy, Walther, Pronuptia und die Folgen, in: WuW, 1986.

Skaupy, Walther, Franchise-Vertrag, in: Beck'sches Formularbuch zum bürgerlichen Handels- und Wirtschaftsrecht, 6. Auflage, München 1995.

Skaupy, Walther, Der 1. Deutsche Franchise-Tag, in: WuW, 1986, S. 866 ff.

Sölter, Arno, Bezugsbindungen in vertikalen Kooperationssystemen – „VW-Original-Ersatzteile" als Beispiel –, Düsseldorf, Frankfurt a.M. 1980.

Sölter, Arno, Herausforderung Franchising – Chancen des Vertragsvertriebs, Bericht über das 5. Franchising-Management-Forum am 10. und 11.5.1982 in München, in: WuW, 1982, S. 291 f.

Steindorff, Ernst, Sind Handelsgenossenschaften Kartelle?, Heidelberg 1978.

Steindorff, Ernst, Bezugsbindungen und gemeinsamer Zweck in § 1 GWB, in: Betriebs-Berater, 1981, S. 377 ff.

Steindorff, Ernst, Bezugsbindungen und Konzentrationsrabatte im Bereich der Handelsgesellschaften, in: Betriebsberater, Beilage 3/1979 zu Heft 8/1979.

Steinheuer, Privatisierung kommunaler Leistungen, hrsg. vom *Bund der Steuerzahler NRW*, Köln, 1991, Schriftenreihe Nr. 17, S. 66.

Steuwer, Günther, Filiale oder Franchise-Betrieb? Neben- und Miteinander Zweiersysteme, in: FRANCHISE, Beilage der *Süddeutsche Zeitung* v. 16.7.1993, S. V.

Stockhinger, Wolfgang, Entwicklung einer gemeinsamen Unternehmenskultur bei Franchise-Systemen, in: Jahrbuch Franchising, Frankfurt a.M. 1992, S. 202.

Stumpf, Herbert, Der Vertragshändlervertrag, 2. Auflage, Heidelberg 1979.

Stumpf/Groß, Der Lizenzvertrag, 6. Auflage, Heidelberg 1993.

Tietz, Bruno, Der Direktvertrieb an Konsumenten, Stuttgart 1993.

Tietz, Bruno, Kooperation ist das Gegenkonzept zur Konzentration, in: franchise report, Oktober 1985, S. 17 ff.

Tietz, Bruno/Mathieu, Günter, Das Franchising als Kooperationsmodell für den mittelständischen Groß- und Einzelhandel, Köln, Berlin, Bonn, München 1979.

Ullmann, Eicke, Die Verwendung von Marke, Geschäftsbezeichnung und Firma im geschäftlichen Verkehr, insbesondere des Franchising, in: NJW, 1994, S. 1255 ff.

Ullmann, Eicke, Die Schnittmenge von Franchise und Lizenz, „Franchise-Recht", Beiträge des 2. Deutschen Franchise-Rechts-Forums, München 1991.

Ulmer, Peter, Der Vertragshändler, München 1969.

Wagner, Armin, Franchising oder Filialen?, in: franchise report 3/4 1982, S. 5 f.

Weltrich, Ortwin, Franchising im EG-Kartellrecht, Köln 1992.

Weltrich, Ortwin, DB 1988, S. 806 ff.

Wesseler, Jochen, Qualitätsmanagement und Zertifizierung nach ISO 9000 ff. im Franchising, in: Jahrbuch Franchising 1994.

Wildhaber, Christoph, Franchising im internationalen Privatrecht, St. Gallen 1991.

World Franchise & Business Report, San José, California, 1994, Verlag *Franchise UP-DATE Publications*.

Namenverzeichnis

ACCOR 240
acht à Huit 241
Acken van 253
Ada 241
AEG 16
Afra-Pingouin 32
Akademie für Absatzwirtschaft 208, 256 f.
Aktual GmbH & Co KG 34, 125
Almdudler 38, 247
AloVer Cosmetics GmbH 20
Amico Gio 244
Amtsgericht München 255
Antonoff, Roman 78
Apollo-Optik 103
Aquella 20, 181
Arabische Emirate 251
Arbeitskreis „Gut beraten – zu Hause
    gekauft" 20
Arendorff, Peter 252
Argentine Franchise Assn. 252
Argentinien 252, 314, 315
AS Autoservice-Partnerbetriebe GmbH &
    Co. KG 22
Associacao ABF Brasileira de Franchising
    252
Associacao Portuguesa de Franchise 254
Associacion Espanola de Franquiciadores
    254
Associacion Mexicana de Franquicias 253
Association Québécoise de la Franchise
    252
Associazione Italiana del Franchising
    244 f., 253
Aufina 40, 102, 211
Australien 215, 251, 314, 315
Avis 243, 247
Avon Cosmetics GmbH 20, 204

Bandasch 147
Banque Lambert 247
Barclays Bank 243
Baskin Robbins 239
Barber, Jack 254
Bauder 14
Baumbach 82 f., 87 ff., 173
Bayerische Landesanstalt für Aufbaufinan-
    zierung (LfA) 187

Bayerisches Staatsministerium der Justiz
    154
Bayerisches Staatsministerium für Wirt-
    schaft und Verkehr 175
BC-NET 220, 314 ff.
BDI 24, 153
Bechtold, Rainer 130, 143, 172, 174, 179
Bedell 57
Belgien 107, 209, 214, 246, 307, 315
Belke 19
Beneluxländer 216
Benisch, Werner 19
Bernina 249
Bertelsmann Buchcluborganisation
    Donauland 20
Bethke 154
Betriebsberater (BB) 235
Biffar, Oskar D. 25 f., 253
Bio-Random-Samina 249
Blaurock, Uwe 124, 182
Bleyle-Contex 32, 39
Blue Spirit 245
Bodyshop 249
Boeckh 228
Boehm Dr. Hubertus 8, 43 f., 53, 70 f., 76,
    91, 110, 118, 120 f.. 141, 169, 255
Böhner, Reinhard 148, 157
Boîte à pulls 36
Box Stores Company GmbH 249
Brandi 89
Brandner 152
Brasilien 252, 314 f.
Brico G.B. 246
British Franchise Association 253
British Franchise Exibition 243
British Franchise-Esibition 243
Brodheim, Ronald 254
Brouwer, A.W.M. 253
Brown, Harold 203
Brysch, Ekkehard 56
Buchwald 151
Budget Rent a Car 239, 243, 247
Bürgschaftsbank Baden-Württemberg 191
Buffetti 245
Bulgarian Franchise Association 252
Bulgarien 251
Bund der Steuerzahler NRW 25

Bundesarbeitsgericht (BAG) 127
Bundesfinanzhof 196 f.
Bundesgerichtshof (BGH) 130, 137 ff.,
    142 ff., 152, 153, 156, 158 f., 170 f.,
    172, 180 f., 225
Bundeskartellamt (BKA) 16, 42, 168,
    172 ff., 181, 183, 235
Bundesrat 201
Bundesregierung 208
Bundesverfassungsgericht 235
Bund für Existenzgründer und
    Jungunternehmer 190
Bunte, Hermann Josef 229
Burchardi 184
Bureau of Investors Protection 203
Burger-King 32, 35, 40, 41, 103, 239, 247,
    250
Buschbeck-Bülow, Brigitte 154
Business Cooperation Network (BC-NET)
    220
Business Franchise 244
Busse, Dieter 78
Busto del, Fernandes 253

California 239
Call-a-Pizza 40
Canadian Business Franchise 251
Canadian Franchise Association 250, 252
Candy & Company 32, 39, 96, 102
Casa 246
Catarino, Therese 254
CCH Editions Ltd. 252
C+C-MÑrkte 44, 205
CECOD (Centre d'Etudes du Commerce et
    de la Distribution) 241
Centre de Beauté Yves Rocher 307
Centre d'études du Commerce et de la
    Distributation (CECOD) 31
Century 21 Real Estate 239
Ceska Asociace Franchisingu 254
Champion 241
Chantegrill 241
C.H. Beck-Verlag 198
Cherkasky, William Bill 252
Chile 314 f.
Choice Hotels 250
Chow,Charlotte 253
Christbaumland 248
Christiaensen 241
Clark, Colin 3
Clean Park 211
Clément, Jean-Paul 204
Coca-Cola 2, 33, 38, 210,239, 246 f.
Codec 241
Comité belge de la Ditribution 246

Computer Clean Service AG 249
Computerland 229
Consten 223
Continent 241
Coryse Salomé 240
Courte Paille 240
CORTIN 212
Corvol, Claudie 36
Cosy-Wash-Autoservice 32, 40, 211 f.
Cunningham, Richard 252

Dänemark 209, 315
Daniel Hechter 249
Dairy Queen 239
Dansk Franchisegiver-Forening 252
Debatin 198
Decorating Den 239
DECORETTE 245
Défis 241
Dernbach 151
Der Teeladen 32
Descamps 36, 240
de Smet, Patricia 220, 315
Deutsche Ausgleichsbank (DtA) 187 ff.
Deutscher Franchise-Tag 209, 257
Deutscher Franchise-Verband e.V.(DFV) 6,
    25, 27, 77, 79 f., 90, 108, 111, 128, 153,
    195, 201, 208,210 ff., 248 f., 251, 252,
    255 ff., 260 f., 279, 311, 347
Deutsches Franchise-Institut (DFI) 191,
    195, 255 ff.
Deutsches Patentamt 83, 88, 173
Deutschland 2, 30, 41, 208 f., 210, 247,
    260, 307, 315
Dieterle, Willi K. 73, 185
Dietz, Bruno 198
Disch, Wolfgang 21
Diversicum AG 249
Doeser, Thomas 148 f.
Dohm 89
Domino's 239
Domo-Solar 39
Domus 39
Drucker, Peter F. 29
d.t.h. Diamant-Herdecke 247
Dubai 251
Dubois, Jean 33
Duden 87
Dunkin' Donuts Inc. 57, 239
Dyno-Rod 243

EDEKA 183
EDEN France 204
EFTA 220
EG (EU) 9, 222

EG-Kommission (EU-Kommission) 6, 9,
    13, 33, 220, 223 f., 226 ff., 231, 235 ff.
    258, 260, 279, 284 ff., 307, 310, 315,
    347
Ehlermann 228
1,2,3 AutoService 22
Eismann & Co 20, 32, 39, 64, 103, 127,
    211 f., 245, 248 f.
Electre 241
Elektrolux GmbH 20
Elf Aquitaine 307
Elmalek 253
Emmons 1
Engelhardt 20
Entreprendre 241
Eram 36
Erdmann, Günter 137
1. Deutscher Franchise-Tag 208, 256
Essanelle Franchise-GmbH 247
Etienne Aigner 39
Etzel 213
Europa 2, 7, 208, 230, 260
Europäischer Franchise-Verband
    (European Franchise Federation - EFF)
    6, 90,153, 162, 208, 229, 256, 258 ff.,
    265, 279
Europäischer Gerichtshof (EuGH) 31, 125,
    169 f., 171, 223 ff., 227 ff., 235
Europäisches Franchise Syposium 246
Europäisches Parlament 236, 258
Europcar 241
EWG 224, 284 ff.

Fabiankova, Eva 254
Fabri, Nicola 253
Farwell, Lloyd D. 48
Federal Trade Commission (FTC) 56, 203,
    239
Fédération Belge de la Franchise 246, 252
Federation Française de la Franchise (FFF)
    31, 45, 240 ff., 253, 256
Federation of the Direct Selling
    Associations (FEDSA) 20
Fidler, Josef 254
Fielmann Optik 104
Figurella 244
Finnland 315
Finnish Franchising Association 253
FIRST 211
Flohr 130, 136, 139, 145, 147 f., 149, 152,
    157, 158, 160, 164
Focus 207
Ford Werke AG 39, 124
Foto-Quelle 211 f., 245
Fourastié, Jean 3

FRAN 249
Franchise Association of Nigeria 253
FRANCHISE-BÖRSE für Hotellerie und
    Gatronomie e.V. 108
Franchise Magazine 241
Franchise Opportunities Guide 240
franchise report 159, 163
Franchise-Salon 244
FRANCHISE Vakblad voor de Samenwerk-
    ende Ondernemer 245
Franchise world 244
Franchisors Association of Australia &
    New Zealand Ltd. 252
Frankfurter Institut für wirtschaftlich-
    politische Forschung e.V. 25
Frankreich 1, 36,58, 107, 161, 203 f.,
    208 f., 215, 221, 228, 240f., 247, 307,
    315
Frauenhuber, Waltraud 247, 254
Frei, Marc B. 217, 249, 254
Fuchs, Victor R. 3

Gallestegui, Juan Manuel 253
Garcia de Los Rios, Eduardo 254
Gazelle AG 247
GB Pedrini 244
Getifix 32, 40, 103, 211f.
Getifix-Existenzversicherungsverein e.V.
    64
Getränke Heimdienst 20
Gieskes, Hanna 25
Giornale del Franchising 244
Glaap, Winfried 81
Gleiss 227
Global Franchising and Alert 252
Gloy, Wolfgang 88
Goodyear 39, 40, 211 f., 239
Griechenland 251, 315
Groeben 228
Großbritannien 1, 89, 203, 208 f., 215, 222,
    251, 307, 315
Gross, Herbert 1 ff., 7, 8, 28 f., 202, 204
Groupe PROMODES 241
Grünbeck, Josef 24
Grundig 223

Hachette 204
Hacker, Andreas 247, 254
Haller, Heinz 191
Handelsblatt 195
Hanrieder, Manfred 76
Hansen 152
Hefermehl 82 f., 87 ff., 173
Heidenveich, Sverre 254
HEIJN 245

Heimeran-Emans, Silvia 67
Heinrichs 11
HEMA 245
Hendricks, Reinhilde 252
HERTZ Autovermietung 245, 247
Hilton-Hotel 214
Hirsch 227
Hîhenscheidt 195
Holiday Inn 32, 35, 41,214, 239
Holliday Magic 204
HOME TEWINE 249
Hong Kong Franchise Association 253
Hopt 87
Horn 127, 145, 152
HUBO-System 245
Hungarian Franchise Association 254

Ibis 240, 249
ICF 241
Ideal Line 244
Ifo-Institut für Wirtschaftsforschung 26
IHK Berlin 114
IHR Büro 104
Ihr Platz 17, 32, 41, 211
Il Fornaio 244
Illinois 239
Impulse 107, 208, 256
Indonesia Franchise Association 253
Infratest-Industria 17, 43
Inlingua Sprachschulen 32, 40, 249
Institut de Promotion de la Franchise 241
Interessen-Verband der Foto-Porst-Agenten
    e.V.(IPA-Verband) 124
Internationale Handelskammer 153
Internationale Franchise-Messe 209, 257
International Franchise Association (IFA) 4,
    48, 107, 213, 238, 251 f., 265
IP 20 Einbau 39
IRFF (Institut de Recherche et de Forma-
    tion de la Franchise) 241
Irland 315
Irish Franchise Association Ltd. 253
Island 315
ISOTEC 212
Israel 314 f.
Isreal Franchise Association 253
Italien 208 f., 222, 244, 315
Italienische Franchise-Messe 244
ITT 22

Jack, Andrew B. 2
Jacques Dessange 241
Jacques-Weindepot 128
Japan 2, 215, 252
Japan Franchise Association 253

Javor, Nick 252
Jean Louis D. 244
Jeff de Bruges 241
Jeger, Bernard 252
Jet Cut Systems AG 249
Jourdan 229, 240
Journal of Marketing 213

Kahn, Michel 58
Kanada 204, 215, 250 f., 315
Kartte, Wolfgang 168 f.,183
Katz 195
Kaub, Erich 108
Kaub & Kuffler GmbH 255
Kenia 251
Kenttucky Fried Chicken 243
Kessel 180
Keymeulen van, Marc 252
Kickers 36
Kieser 249
Kiss Dr., Istvan 254
Kleenothek 211 f.
Klinkert 19
Knigge Dr., Jürgen 101, 255
Köhler 145, 147
Koffler, Leon 253
Kolarova, Lubka 252
Korea 252
Korn 198
Kowertz 116
Kramarz, Volanta 254
Kredietbank 246
Kreditanstalt für Wiederaufbau (KfW) 187
Krischer, David E. 4
Kristallbausystem GmbH & Co. Flora
    Loggia 96
Kroatien 251
Küster 145
Kuhn 8, 43, 53, 71, 76, 91, 120 ff., 141
KULSA 212

La Brioche Dorée 240
Laforêt 241
Lagneaux, Pascale 254
La Lainière de Roubaix 240
La Lettre de la Franchise 241
Landesverband des Bayerischen Groß- und
    Einzelhandels 43
Lang, Hans 186, 253
Langen 178
Larousse 204
Lebensmittelzeitung 107
Leloup, Jean-Marie 30 f., 33, 161
Leonhardt 195
Le Poulailler de France 240

Lévitan 240
Liebscher, Dr. 248
Liesegang , Helmuth 12, 239, 195
Limberger 195
Lindacher 127, 152
Lloyds Bank 243
Löwenheim 19, 178 f.
Loi Doubin 228, 241
LOLLIPOP Vertriebs-GmbH 247
Louis del Food 246
Lufthansa 24
Luxemburg 215, 307, 315
Lynn, Stephen 252

Mack 32
Madelon 57
Maggioli 244
Maison de la Literie 240
MAJE Distribution 204
Malaysia 252
Malta 314 f.
Manpower 32, 40, 127, 247, 255
Manteuffel v. 145
Marc O'Polo 102, 245
Marc Picard 39
Marokko 315
Martinek 12, 145
Marzorati, Osvaldo 252
Mascaro, Jorgue Piquer   254
Maschinenbau Ulm 223
Maus, Manfred 253
MAWEDUR 212
Max Mara 244
McDonald's 17, 32, 35, 40, 41, 102 f., 126,
    139, 211, 214, 239 f., 245 f., 247 f.,
    249 f.
McShirt Factory 249
Mendelsohn, Martin 37, 58, 69 f., 90, 100,
    109 f., 204, 217
Mercure 240
Messner, Harald 38
Mewes, Wolfgang 69, 71
Mexiko 252, 314 f.
Meyer-Scharenberg 197
Michigan 239
Midas Intl. 239
Midland Bank 243
Millionairi 244
Mîwenpick 249
Multi Deko System GmbH 247
Musikschule Frîhlich 211 f.
Muth, Rodica-Elena 45

Nara Camicie 244
National Bank of Westminster 242 f.

NatWest BFA Franchise Survey 242
Nederlandse Franchise Vereniging 245
NEFF GmbH 96
Netherlands Franchise Association 253
Neuseeland 215
New York 239
Niebling 152
Niederlande 209, 214, 245, 307, 315
Niederleithinger 178
Nopri 246
Nordrhein-Westfalen (NRW) 25
Norman Rentrop Verlag 107
Norwegen 209, 315
Norwegian Franchise Association 2534
Novotel 240

Oberlandesgericht Frankfurt a.M. 225
Oberlandesgericht München 148, 206 f.
Oberlandesgericht Stuttgart 158
OBI Heimwerkermärkte 19, 35, 39, 102 f.,
    124, 211 f., 255
Ochapa, S.A. 253
OECD 198
Oehl 130, 164
Österreich 209, 216, 247, 315
Österreichischer Franchise-Verband 247 f.,
    253
Österreichisches Kartellgericht 248
Optima 34, 102 f., 125
Orihashi, Haruyasu 252
Orsogril 244
Oscar D. Biffar GmbH und Co. KG 39, 41
Ott Franchise-Vertriebsgesellschaft mbH 40

Palandt 11, 137 f., 159
Paul Bunke DTH GmbH 96
Pena Costa, Marcelino 254
Pepsi-Cola 38, 239
Phildar 39, 243
Philippinen 252, 314 f.
Photo-Porst 39, 124,211 f.
PIC 241
Pingouin 36, 39, 136, 240, 244, 246, 249
Pizza Hut 239, 248
Polen 251, 314 f.
Polskie Stowarzyszenie Franchisingowe
    253
Portas 32 f., 40, 69,100, 103, 123, 211 f.,
    245, 247 f., 255
Portugal 209, 251, 315
Prémaman 240, 246
Prénatal 240, 245
Press Shop 246
Preussag 25
Prodet Beauty & C. 245

Prontaprint 243
Pronuptia 31, 36, 39, 103, 125, 152,
    170,224, 228 f.
Prontoprint 249
Putzo 159

Quick 246
Quick Appetit Franchise 248
QUICKBOX 212
Quick-Schuh 39, 104, 211 f.

Ramp und Mauer 39
Resch und Frisch Franchise-GmbH 247
Reimann 130, 164
Reimers, Günter 71
Reiseland 212
Rentrop, Norman 73
REWE 183
Rivadeneyra, Fernando, 253
Roche-Bobois 240
Rodier 36, 39, 136, 240, 246, 249
Rössler 196
Rolls Royce 215
Rosenberg , Robert M. 57
Royal Bank of Scotland 243
Rudbeak, Lene 252

Sahingiray, Temel 254
Salon International de la Franchise 107,
    242
Sanofi 307
Saudi-Arabien 251
Sauter 229
Scardi, Michele 253
Schaub 129
Schillgalis 152
Schlichtungsstelle bei dem Amtsgericht
    München 312
Schlichtungsstelle bei dem Amtsgericht
    Traunstein 313
Schlichtungsstelle bei dem Amtsgericht
    Würzburg 313
Schmidt 178
Schrîter 227 f.
Schülerhilfe 32, 40, 211 f.
Schüssler 149
Schulthes, Viktor 248
Schultz 137
Schweden 209, 315
Schweiz 207, 215, 248, 315
Schweizerische Franchise-Vereinigung
    248 f., 254
Scudo-Sidis 244
Seng, Tan Thuan 254
Servicemaster 229, 239, 243, 255

7-Eleven Convenience Stores 239
Sheraton-Hotel 214
Shopi 241
Simbabwe 251
Simon Mahler 240
Singapur 252
Singapore Franchise Association 254
Singer Sewing Machine Company 2
Sixt 40
Skandinavische Länder 251
Skaupy Dr., Walther 11 f., 7, 8, 12, 15, 31,
    43, 53, 71, 73, 76, 90 f., 110, 116,
    120 f., 128, 141, 143, 145, 154, 163,
    202, 204, 207, 213, 224 f., 235, 255
Skribo 247
Slowakische Republik 314 f.
Smart, Brian 252
Snap-on-tools 39, 239
Société Général 246
Sodima 33, 249
Sölter, Arno 18
Sofitel 240
Sonesson, Thoma 254
South African Franchise Association 254
Spanien 209, 249, 307, 315
Stadler 180
Standa 244
Stefanel 244
Steindorff 183
Steinheuer 25
Stirling, Peter 252
Stockinger 111, 124
Stop und Shop 212
Studienkreis 211 f.
Stumpf, Herbert 13, 15, 134, 169, 180
Subway 239, 250
Südafrika 215
Sukandar, Anang 253
Sunpoint 211
Superbois 246
Sutherland, Peter 295
Svenska Franchise Föreningen 254
Sweeney, Frank 253
Sweet Sweet 244
Swatch 249
SWIPE 204
Syncon GmbH 257
System-gut Logistik Service GmbH 42
Szemere, G. 254

Taiwan 252
Tapis 246
Tecnocasa 244
Telefunken 16 f.
Textilwirtschaft 107

The Franchise Voice 251
Thiesing 228
Tiefenbacher 151
Tietz, Bruno 48
tom communication AG 207
tom communication Deutschland GbmH 207
Tonton 246
Troll-Langner 196
Tschechische Republik 209, 251, 314 f.
Türkei 251, 314 f.
Türkish Franchising Association 254
TUI 211
Tunesien 314 f.
Tupperware 20, 204

Ullmann 114
Ulmer, Peter 14, 134, 145, 169, 180
UNCITRAL 153
Ungarn 209, 251, 314 f.
Unic 246
United States Department of Commerce 107, 201, 250
Universität von Louisville 239
Upim 244
Uruquay 314f.
USA (Amerika) 1 ff., 30, 33, 35, 37, 58 f., 107, 198, 201, 203 f., 209, 213, 215, 230, 238 ff., 241, 247, 250, 260
U.S.Small Business Administration 240

Valhall 39
Vaughn, Charles L. 2
VEBA 25
Vereinte Nationen 153
Villeneuve, Alain P. 252
Visumat-Fachmesse 246
VW 124, 143

Wagon Lits Travel 241
Walker 213
Walt-Wilmann-Fall 235
Wank 128
Wathen, Antti 253
Welt am Sonntag 107
Weltrich 12, 15, 128, 236
Wendy's Intl. 239
Werner 182
Wesseler, Jochen 81
Westrick 19, 178f.
Wiedemann 234
Wienerwald 40, 102
Wildhaber Dr., Christoph 254
Wilhelm Harzmann GmbH & Co. 34, 125
Wimpy 243
Winckler, Eike 73, 185
Wirtschaft und Wettbewerb 225
Wisconsin 239
Witte 20
Wolf 127, 152
Woolfenden, Max 253
World Federation of the Direct Selling Associations (WFDSA) 20
World FranchiseCouncil 265

Yeung, Nigel 254
Yoplait 33, 38, 249
Yves Rocher 32, 39, 59, 102, 104, 112, 229, 237, 240, 246 ff., 249, 296 ff., 307 ff.

ZGS Zentrale Gelsenkirchen 247
Zimmer, Chantal 253
Z Way SA 249
Zypern 314f.

Sachverzeichnis

Abfassung von Franchise-Verträgen 126 ff., 146
Abschluß-bzw. Eintrittsgebühr 135
Abteilungs-(Mini-)Franchisen 343
Abwicklungsmöglichkeiten bei Insolvenzen 200
Agentur-System 15
Alleinvertriebs-Verträge 18
Andere Vertriebsmethoden, Abgrenzung von Franchisen 11f.
Anschriften der Nationalen Franchise-Verbände 252 ff.
Anwendbarkeit des AGB-Gesetzes auf Franchise-Verträge 128 f.
Anwendung des EG-Kartellrechts durch nationale Richter 235
Anwendungsbereich bei Franchise-Verträgen im Europäischen Kartellrecht 234 f.
Anwendungsbereiche des Franchising 46, 48
Arbeitsplätze durch Franchising 27
Arbeitsrechtliche Probleme 154 f.
Area development agreement 37
Aufbau der Franchise-Betriebe 111 f.
Aufbau eines Franchise-Systems 51
Ausbildung von Franchisenehmern 58 f.
Ausschliefllichkeitsbindungen 170 f.
Auflensteuer-Probleme im Franchising 198
Auswahl von Franchisenehmer-Kandidaten 109 f.

Bagatell-Bekanntmachung der EG-Kommission 225 f.
Bedeutung der Präambel in Franchise-Verträgen 132
Beeinträchtigung des Handels zwischen EG-Mitgliedsstaaten 222
Begleitende Verträge 78
Behandlung von durch Freistellungs-VO nicht gedeckte Franchise-Verträge 236 f.
Beistand der System-Zentrale 59
Beistand für den Franchisenehmer durch System-Zentrale 118 f.
Belehrung über das Widerrufsrecht 157 ff.
Betriebshandbuch 92ff.

Bezugspflichten des Franchisenehmers 170 f.
Business-Format-Franchising 2 f.

Controlling im Franchising 80
Corporate Identity (C.I.) 78

Das „moderne" Franchising 2
Definition des Franchising 2 f.
Depot-System 190
Der Deutsche Franchise-Verband e.V. 255 ff.
Deutsche Begriffsbestimmung des Franchising 6 ff.
Die Franchise in Kanada 250 f.
Dienstleistungs-Franchise 32
Dienstleistungszeitalter 2 f.
Direkt-Vertrieb 20
Direktes Franchising im Ausland 215 f.
Diskriminierungsverbot im Franchising 179 f.
Diversifikation im Franchising 55f.

EDV-Anlage für System-Zentrale 106
EG-Gruppenfreistellungs-Verordnung für Franchise-Vereinbarungen 228
EG-Kommission und Franchising 31
Eigenkapitalhilfe für Franchisenehmer in neuen und alten Bundesländern 188 ff.
Eigenvertrieb des Franchisegebers 41 f.
Einkommensteuerprobleme 194 f.
EKS (Engpaß-konzentrierte Strategie) 71
Entschädigungsansprüche bzw. Ausgleichsansprüche des Franchisenehmers 141 ff.
Entstehung und Tätigkeitsbereich des Europäischen Franchise-Verbandes (EFF) 258 f.
Entwicklung des Franchising in Belgien 246 f.
Erfolgsformel des Systems 57 f.
Ergänzende Verträge 78, 164f.
ERP-Kredite 190
Erprobung im Pilotbetrieb 90 f.
Erstellung des Franchise-Pakets 77 ff.
Erwägungsgründe der Franchising-Gruppenfreistellungs-Verordnung 228 f.
Europäische Definition des Franchising 8 f.

Europäische Marke 89
Europäischer Gerichtshof und Franchising 31
Europäischer Gerichtshof und Pronuptia-Fall 224 f.
Europäischer Verhaltenskodex 8 f., 260 ff.
Exklusivitäts- und Gebiertsschutz 168 f.
Expansion durch Finanzierung 51
Expansion durch Frachising 53
Export und Import von Franchisen 44 f.
Export von Franchisen 214 f.

Filial-Systeme 16
Finanzierung der Franchise-Zentrale 100 ff.
Finanzierung des Franchisegebers 185
Finanzierung des Franchisenehmers 186 ff.
Förderungsprogramm der Deutschen Ausgleichsbank 187 ff.
Frage und Anwort zwischen Franchisegeber und Franchisenehmer 115 ff.
Franchise-Systeme und Verbundgruppen 183
Franchisenehmer-Beiräte 123 ff.
Franchising als Finanzierungs-Werkzeug 54
Franchising als Marketing-Werkzeug 52 f.
Franchising in der Schweiz 248 f.
Franchising in Frankreich 240 ff.
Franchising in Groflbritannien (United Kingdom) 242 ff.
Franchising in USA 238 ff.
Fristlose Kündigung von Franchise-Verträgen 138 f.

Gebühren und Zahlungen im Franchise-Vertrag 135 f.
Gefahr des System-Zerfalls 120 f.
Geheimhaltung 146 f.
Gemeinschaftsunternehmen 22
Gemeinschaftsunternehmen im Ausland 218
Genehmigung zur Veräußerung des Franchise-Betriebes 141
Genossenschaften 21
Geographische Herkunftsangaben 86
Geschäftliche Bezeichnungen 85
Geschäftsbezeichnung der Franchisenehmer 113 f.
Gestaltung des Franchise-Vertrages 126 f.
Gewährung der Franchise-Rechte 132 f.
Gewerbesteuer 196 f.
Gewerbliche Schutzrechte 146
Gleichgewichtslage im Franchise-Vertrag 228 f.
Grenzüberschreitende Partnervermittlung BC-NET 220

Grenzüberschreitendes Franchising 213 f.
Grenzüberschreitendes Franchising innerhalb der EG/EU 222 f.
Groflhandel und Franchising 43 f.
Grundtypen von Franchisen 30 ff.
Gründung eines World Franchise Council 265
Güterrechtliche Probleme 151 f.

Haftung des Franchisenehmers und Absicherung durch Versicherung 149f.
Handelsketten 21
Handelsvertreter-Verträge 15
Handwerksähnliche Betriebe 151
Handwerksordnung 150 f.
Haustür-Widerrufsgesetz 159 f.
Herkunft der Worte „Franchise" und „Franchising" 1
Horizontale Komponenten im Franchising 181 f.

Image von Franchise-Systemen 50, 58, 77 f.
Indirekte Methode des Franchising im Ausland 216 f.
Individuelle Anmeldung von Franchis-Verträgen bei der EG-Kommission 236
Innovations(Weiterentwicklungs)pflichten des Franchisegebers 133
Internationale Markenanmeldungen 88 ff.
Internationalisierung von Franchise-Systemen 219
Investitions-Franchisen 35

Joint ventures 21 ff.

Kartellrechtliche Probleme 167 f.
Kartellverbot und Gruppenfreistellungs-Verordnung 224
Know-how-Definition 9
Know-how-Vereinbarungen 14 f.
Kommissions-Vertriebe 15
Kreditlieferungs-Verträge 165
Kündigung von Franchise-Verträgen 137 f.

Laufzeit von Franchise-Verträgen 137
Lizenzen und gewerbliche Schutzrechte 177 ff.
Lizenzverträge 14

Marken und Kennzeichen 84 f.
Marken und Kennzeichen im Franchise-System 77 ff.
Markenrechtsreform 84

Marktbeherrschende Franchise-Systeme? 179
Marktstufen 38 ff.
Master-Franchisen 36, 40, 217 f.
Mehrfach-Franchisen 36
Merkblatt des Bundeskartellamts 174
Mindestabnahmepflichten des Franchisenehmers 134
Mischformen der Franchisetypen 33
Mischformen im Vertrieb 171
Mißbrauch des Franchising im Ausland 203 f.
Mißbrauch des Franchising im Deutschland 205 ff.
Mitgenuß des Franchisenehmers an Werbung 60
Mittelständische Beteiligungsgesellschaften 191f.
Mittelstands-Empfehlungen 174 ff.
Mittelstandspolitik 24
Mögliche Nachteile des Franchising für den Frachisegeber 65 f.
Mögliche Nachteile für Franchisenehmer 66 f.
Möglichkeiten des internationalen Franchising 215

Nachvertragliche Wettbewerbsverbote 181
Negativ-Attest der EG-Kommission 236
Neue Begriffsbestimmungen der EG-Verordnung für Franchise-Vereinbarungen 229 f.

OECD Muster für Doppelbesteuerungsabkommen 198
Offenlegung-Gesetzgebung in USA (disclosure) 203, 239
Options- und Reservierungsverträge 162 f.
Organisation der Systemzentrale 97 ff.
Organisation und Durchführung in Franchise-Systemen 50, 54
Österreich und die Entwicklung des Franchising 247 f.

Partnerschaftsverträge 12
Partnersysteme 1 ff.
  -Autoservice 22
Personalprobleme im Franchising 55
Pilotbetriebe 59, 90
Planung von Franchise-Systemen 75 f.
Preise und Preisempfehlungen 171 ff.
Privatisierung und Franchising 25
Probleme bei Vertragsbeendigung 139 f.
Product Distribution Franchising 24

Produkt-Franchise (industrielle Franchise) 32
Pronuptia-Fall 224 f.

Qualitätssicherung im Franchise-System 81
Quartäres Zeitalter 29
Quasi-Franchising 175

Rechte und Pflichten der Vertragspartner 133 f.
Rechtliche Verflechtungen 166
Rechtsprobleme im internationalen Franchising 221 f.
Rechtsschutz im Franchise-System 82 f.
Risiken und Haftung des Franchisegebers 148 f.

Salvatorische Klauseln 152
Schiedsklauseln und Schlichtungsvereinbarungen 153 f.
Schneeballsystem 204
Schriftform-Erfordernisse für Franchise-Verträge 129ff.
Schwarze Liste der von der EG verbotenen Wettbewerbsbeschränkungen 233
„Seelsorge"-Telefon des Bundeskartellamts 184
Selbständigkeit des Franchisenehmers 127
Selbständigkeit im Einzelhandel 26
Selektiver Vertrieb 18
Shop-in-shops 35
Situation beim Konkurs des Franchisegebers und Franchisenehmers 200
Situation des Franchising in Deutschland 208 ff.
Situation des Franchising in Italien 244 f.
Sklavische Nachahmung, Markenpiraterie 87 f.
Steuerrecht und Franchising 194 ff.
Suche nach Franchisenehmern 107 f.
Systemwirtschaft und Franchising 28 f.

Training des Franchisenehmers 111
Typologie der Franchisen 30

Übersicht über die Lage des Franchising in weiteren Ländern 251 f.
Umsatzsteuerfragen im Franchising 194
Umwandlung von Vertriebs-Systemen in Franchise-Systeme 42
Unseriöses und kriminelles Franchising 202
Unternehmerische Planung von Franchise-Systemen 69 ff.
Unterscheidungskraft der Marke 86 f.

Venture-capital-Geschäfte 186
Verbreitung des Franchising in den Nieder-
　landen 245f.
Verflechtung von Franchise-Systemen 41
Vergleich von Insolvenzziffern bei Franchi-
　se-Betrieben und freien Existenzgrün-
　dern 201
Verlängerungsanspruch bei Franchise-Ver-
　trägen 145
Vermeidung von Konflikten zwischen Fran-
　chise-Partnern 121 ff.
Vermindertes Risiko des Franchisenehmers
　60
Vermögensteuerrechtliche Fragen 195 f.
Vertragshändler-System 13
Vertragsstrafen 147
Vertriebs-Franchise 31
Vertriebsstrategien im Franchising 51
Vorteile des Franchise-Konzepts 52

Vorteile für den Franchisenehmer 57
Vorteile für den Verbraucher 27
Vorverträge 78, 161 f.
Weiße Liste der von der EG erlaubten Wett-
　bewerbsbeschr. in Franchise-Verträgen
　231 ff.
Wettbewerbsverbot für Franchisenehmer
　180
Widerruf von Franchise-Verträgen 156 f.
Widerspruchsverfahren und Entziehung der
　Freistellung im Widerspruchsverfahren
　234

Zahlungsunfähigkeit und Überschuldung
　bei Franchisepartnern 199 f.
Zuliefer-System 19 f.
Zur Lage des Franchising in Spanien 249 f.
Zusätzlicher Vorteil für den Franchise-
　nehmer 64